调研中国银行业

——银监会系统领导干部调研报告集

(2012)

中国银监会宣传部◎编

中国金融出版社

责任编辑：张智慧　王雪珂
责任校对：潘　洁
责任印制：陈晓川

图书在版编目（CIP）数据

调研中国银行业：银监会系统领导干部调研报告集.2012（Diaoyan Zhongguo Yinhangye：Yinjianhui Xitong Lingdao Ganbu Diaoyan Baogaoji 2012）/中国银监会宣传部编．—北京：中国金融出版社，2013.7
ISBN 978－7－5049－7042－8

Ⅰ.①调…　Ⅱ.①中…　Ⅲ.①银行监管—研究报告—中国—2012
Ⅳ.①F832.1

中国版本图书馆CIP数据核字（2013）第137658号

出版发行　中国金融出版社
社址　北京市丰台区益泽路2号
市场开发部　(010)63266347，63805472，63439533（传真）
网上书店　http://www.chinafph.com
(010)63286832，63365686（传真）
读者服务部　(010)66070833，62568380
邮编　100071
经销　新华书店
印刷　北京松源印刷有限公司
尺寸　185毫米×260毫米
印张　41.75
字数　722千
版次　2013年7月第1版
印次　2013年7月第1次印刷
定价　78.00元
ISBN 978－7－5049－7042－8/F.6602

序

调查研究是做好领导工作的一项基本功，调查研究能力是领导干部整体素质和能力的一个组成部分。无论是总结工作，还是谋划工作，加强调查研究都很有必要。这是习近平总书记对全党的谆谆告诫和明确要求。

响应中央号召，银监会党委在2012年制定了《关于加强领导干部调查研究工作的意见》，提出把调查研究工作作为科学民主决策和转变作风的工作基础，作为深化党委中心组学习的重要途径，作为各级领导干部自觉的经常性活动。按照会党委要求，各级各部门领导同志深入基层、深入群众、深入市场一线，围绕当前银行业改革发展和监管工作的一些重要问题，问政于民、问需于民、问计于民，开展了广泛、系统的调查研究，形成了一系列高质量的调研报告。宣传部将其中一些优秀报告结集出版，有利于推进调研成果转化和信息共享。衷心地希望，这些源于实践、凝结大家智慧的报告，能为类似问题的解决提供参考与借鉴；这些发自心底、广接地气的文字，能架起监管部门与银行市场、领导干部与基层群众的又一连心桥；这些有益探索和示范引领，能进一步推动中心组学习和调查研究工作的深化，产生更多出自领导干部之手的基层调研报告，为贯彻落实中央八项规定、开展群众路线教育实践活动、提高银行服务实体经济水平和监管有效性贡献智慧和力量。

发展目前全系统大兴调查研究之风的良好态势，在调研工作中，一定要增强调研的目的性。当前重点是要围绕基层情况调研，到矛盾突出、风险较大、案件多发的地方调研了解情况，摸实情、明真相，解决具体问题；围绕形势变化调研，增强对形势变化的敏感性，把握国内外、业内外形势变化趋势，提高工作的前瞻性；围绕监管有效性调研，了解辖内银行业金融机构的风险特征，分析成因和演变规律，把握风险防控的主动权；围绕干部队伍状况调研，把握职工思想动态和合理诉求，采取措施激发工作热情，凝聚干部职工干事创业正能量，促进调研工作在求深、求实、求细、求准、求效上下功夫、上水平。

尚福林

目　　录

金融服务篇

风险防控篇

业务创新篇

改革发展篇

队伍建设篇

金融服务篇

对银行业基层网点服务情况的调研报告

2011年，北京银监局党委组建了由部分有经验的处级监管干部组成的专职金融服务巡视督导组，对辖内16个区县35家银行411家网点的合规经营、服务表现、履行社会责任等情况开展了持续巡视督导。2012年3月中旬起，北京银监局班子成员分别到北京市近郊的41家银行基层营业网点开展不打招呼式实地走访，对基层网点软硬件建设、落实监管要求、网点负责人履职等情况进行了摸底调查。

一、对辖内银行基层网点服务的总体评价

从日常巡视督导和专门访查情况看，近年来辖内银行基层网点在服务环境改善、服务礼仪规范、服务效率提升等方面取得较大进步，基层银行网点负责人履职情况总体良好。

（一）网点门面等硬件设施取得较大改善

近几年，经过各行努力改造，辖内银行网点门面等硬件设施已初步呈现“标准化、合理化、现代化、安全化”的特征。一是标准化，同一银行的所有网点装修格局相同，标识准确统一，均在相似的醒目位置悬挂营业执照、经营许可证。如招商银行北京分行网点营业环境标准涉及200余个细节。二是合理化，被巡查网点大多服务功能区划分清楚，便于提高服务效率。如中国银行北京分行将网点营业场所划分为咨询、理财、自助、辅助等八个功能区。一些网点还具有动态调整布局和升级功能，如建设银行北京分行通过实施IBM渠道优化项目，使90%以上的网点具备综合化经营资格。三是现代化，被巡查网点普遍应用电子显示屏、自助机具、触摸屏网络终端、客服电话等现代化设施设备，不少网点还能通过视频介绍相关业务的办理程序。四是安全化，被巡查网点普遍高标准配备安防设施，对自助机具、柜台等敏感区域进行实时监控；保安人员均在门口值勤或在营业场所巡视，配备了必要的防护装备。

（二）网点内部引领介绍、办理服务等软实力有了很大提高

被巡查银行网点注重发挥大堂经理作用，完善残障设施布置，软实力建设成效逐步显现。多数大堂经理能够主动上前服务，对客户进行引导分流，耐心解答提问，确保网点营业秩序井然。网点工作人员着装统一、礼仪规范，如工商银行北京分行网点工作人员做到服务用语有五声，即来有迎声、问有答声、走有送声、错有歉声、赞有谢声。大部分网点内有忙闲时间段提示，便于顾客择时前往银行办理业务，在高峰时段，多数网点窗口使用率达到100%；相当一部分网点门前有残疾人求助提示电话，以便及时提供帮助。

（三）相关监管规定和要求基本执行到位

从访查情况看，辖内银行网点落实日常监管规定的情况总体良好。如大多数网点对存款业务的管理比较规范，能够严格执行法定存款利率，并张贴禁止向存款客户赠送实物、购物卡等变相提高存款利率的公告，自觉接受社会监督。同时，被巡查网点较好执行了“不规范经营”专项治理监管要求，大部分网点将服务收费项目和标准、“七不准”和“四公开”等监管要求以及举报投诉电话等，以纸质张贴形式对外公示。

（四）网点主要负责人在岗及履职情况总体良好

访查中了解到，大多数基层网点主要负责人在岗情况良好，熟悉网点情况。如专门访查的41家基层网点中，33家的主要负责人访查时在网点，其中26人能够详细介绍网点的经营状况、发展规划、管理情况、风险状况和监管政策落实情况；8名网点主要负责人在外营销客户，离岗时大多能指派临时负责人，告知去向并进行工作交接。

二、对辖内银行加强网点服务软实力建设的几点思考

辖内银行特别是基层网点的金融服务水平在不断改善，但与社会大众日益增长的金融服务需求相比还有不小差距。改善银行基层网点金融服务质量，应从硬件和软件两方面着手。网点设施等硬件改造相对容易立竿见影，而人员素质、服务理念等软实力提升是项长久工作。从近些年银行改善服务的历程看，加强服务软实力建设要把握“四个关键”。

（一）培养具有高境界职业精神的基层高管团队是“管理的关键”

基层网点经营状况的好坏，与基层高管的职业精神密切相关。如果基层高管团队的工作作风自由散漫，不能按时上班，网点负责人外出没有工作交接，

这样的基层网点很难经营好。因此，应塑造并发扬基层高管团队的职业精神，充分发挥其基础性作用，为银行持续稳健经营筑好微观基础。此外，适当的高管人才储备也非常必要。

（二）培训具有高素质业务能力的一线服务团队是“服务的关键”

社会大众对银行服务的期望和要求比较高，大堂经理作为银行的门面和形象，一言一行都与银行声誉密切相关。因此，应安排业务素质能力相对全面的员工担任基层网点大堂经理，并在职级和薪酬上对其适当倾斜；授权大堂经理等一线员工在特殊情况下能够直接与网点主要负责人电话联系，确保能够及时有效应对和处置紧急事项和突发事件。

（三）打造具有良好职业操守的基层员工是“规范的关键”

职业操守是银行员工爱岗敬业、遵章守纪的动力源泉，也是其不断提高职业化水平的重要基石。监管要求难以真正落实、服务纠纷层出不穷、基层网点案件频高，很大程度上反映了基层员工在职业操守方面的“短板”。银行机构应通过制度规范、机制约束和文化引导，确保基层员工始终保持日常工作的良好行为，不参与违规融资、民间借贷甚至非法融资等活动，有效防范内部操作风险、道德风险，切实维护银行的声誉和形象。

（四）根据社会大众的金融服务需求“因您而变”是“发展的关键”

“因您而变”的关键在于真正了解客户需求，基层网点是银行机构了解客户需求最灵敏的触角。因此，一方面要注重建立基层网点向银行高层管理者报告和反馈信息的高效渠道，第一时间反映市场客户的需求信息；另一方面，各行（包括基层网点）应积极履行社会责任，理解、体味并不断满足社会大众的金融需求。

三、引导辖内银行做好网点金融服务的工作安排

为引导辖内银行真正把握住上述四个关键，北京银监局将进一步做好以下四项工作。

（一）指导辖内银行完善科学的绩效考评体系

引导辖内银行牢牢把握“稳中求进”总基调，摒弃单纯追求规模、速度和市场份额的做法，制订符合宏观经济形势和自身发展实际的经营计划，逐步由做大做多向做盈做强的可持续经营模式转变。督促各家银行提高风险指标和合规指标在员工特别是网点负责人绩效考评中的权重，纠正片面追求高增长的考

核取向，避免基层网点因业绩压力过大而忽视风险控制的情况。

（二）督导银行加强对网点负责人的管理

督促辖内银行建立健全基层网点负责人管理制度，明确任职条件、工作职责、报告路径、外出授权、履职评价、监督检查等内容，促进基层网点负责人规范履职行为，提高履职能力。要求辖内银行加强对基层网点负责人的日常监督，建立基层网点负责人在岗情况检查制度、工作日志核查制度等，防止基层网点负责人因远离上级管理视线而擅自脱岗或工作不尽职。

（三）进一步加大巡视力度，督导银行持续改善服务

进一步发挥金融服务巡视督导作用，在重要时期和重点工作部署后安排相应的巡视督导，加大对银行基层网点负责人在岗履职、柜员临柜服务技能、客户排队等候状况、银行信息系统运行及应急处理、自助服务设施配备、咨询和投诉渠道、无障碍设施建设等方面的巡视督导，全年巡视范围力争覆盖辖内各中资银行。完善金融服务巡视督导情况通报制度，加大督促整改力度，推动辖内银行切实改善金融服务。

（四）完善银行网点服务联动工作机制

与北京市银行业协会协同建立改进银行网点服务的联动工作机制，支持北京市银行业协会进一步发挥行业自律组织作用，采取座谈、调研、评比、表彰、现场观摩等多种形式，引导辖内银行业不断提高服务水平和社会公众满意度。

（作者楼文龙，时任北京银监局党委书记、局长，
现任中国农业银行党委委员、副行长）

关于当前金融支农情况的调查报告

——以河北省为例

近年来，各级银行业机构积极落实党中央、国务院关于“三农”工作的战略部署，不断加大涉农信贷投入，创新了一系列支农产品、服务方式和服务机制，为农民增收、农业增效、农村发展作出了积极贡献。但当前银行业信贷支农仍面临许多制囿，突出表现为“三个并存、三个主因”。

一、金融支农不到位和农村有效需求不足问题并存，农村有效需求不足是主因

需求产生供给，供给也产生需求，但有效需求是有效供给的基础和前提。农村社会管理水平低、信息获取能力差、产品质量不高、生命周期短、农产品商品化率不高等直接影响了农村金融服务的有效需求，也导致市场化程度较高的现代金融业和以传统模式为主的“三农”对接不畅。

一是人员外流和传统意识限制农村发展。当前，农村土地流转工作效果不明显，现代化农业设施推广应用面积小，机械化水平不高，加之大部分有文化、思路活跃、善于经营的农民纷纷外出发展，难以组织起规模化生产。留守村民多为老弱病残和妇女儿童，仅靠经营自家农田保障口粮需求。有的从事小型种养业和小作坊等手工业，也大都以家庭为单位，生产资金多为家庭储蓄，资金需求量有限。

二是龙头企业带动能力不强。农民专业合作社和农业龙头企业数量较少、竞争力弱，发展规模和程度还处于较低水平，带动农户共同致富的能力有限。如某市380家农业龙头企业中，88%从事初级产品的加工生产，仅2%设立了独立研发机构，产能效率较之全国同行差距大，市级以上龙头企业仅占10%。这些企业也存在经营水平不同、内部管理不规范等问题，客观上成为金融支持

“三农”的瓶颈。

针对上述问题，需要着重培育三大承贷主体。

一要大力培育种、养、购、销大户。发展规模农业是农业生产发展的方向，政府有关部门要切实完善农村土地经营权、林权、水域经营权等权益的流转市场。对愿意从事农业生产、掌握种养知识、懂市场、有技术的农户，逐一实施帮扶指导，从土地租赁、厂舍选择等方面给予大力支持。鼓励发展专业化、特色化种养殖和农资产品购销门市，充分发挥其带头作用。依据当地资源优势和区位特点，大力培育小微型工商企业，活跃地区经济，推动第三产业发展。

二要大力培育农业产业化龙头企业。产业化龙头企业要建立产权明晰、权责明确、管理科学的运行机制，整合现有资本、技术、人才等要素，尽快做大做强。政府部门要运用现代市场经济管理方式，引导农村企业在技术创新和实施品牌战略上下功夫。地方财政应安排专项扶持资金，与银行信贷资金配套使用，以项目形式反哺农业，并发挥政策激励作用。完善龙头企业与农户的利益联结机制，对农业优势产业和主导产品实行区域化布局、专业化生产、一体化经营、社会化服务、企业化管理，形成市场牵龙头、龙头带基地、基地带农户的产业链条。

三要大力加强政银磋商联动。建立财政、农口部门和银行业机构的磋商联动机制，共享财政支农项目和银行贷款项目的调查、评估、审批等信息。具体由财政部门提供大型支农项目的资金需求信息；农口部门根据各自职能搜集农林牧副渔等领域的用款需求及资信情况，定期推介发展潜力强、信用状况好的客户；银行业机构可根据评级授信标准，将优良贷款项目和企业向财政、农口部门反馈，争取财政支农资金投入，同时加强对财农银共同扶持项目的后续资金管理，提高资金使用效率。

二、金融支农动力不足与社会风险分散补偿机制缺位问题并存，社会风险分散补偿机制缺位是主因

金融机构是经营风险的高负债商业机构，以获得的利润全部覆盖风险并使资产有一定回报为其经营基本原则，在其资产安全运营并可获利的前提下承担社会责任。金融机构每开展一项业务，首先是对此项业务可能发生的风险进行评估，确认风险在可控制范围并能实现盈利目标时才去组织实施。

一是涉农金融服务成本高，管理难度大。农村金融服务有地域广、业务量大、单笔金额小的特点，需要足够的网点和工作人员支撑，且涉农贷款的管理难度尤为突出。如农业银行某市支行 2011 年共发放 11.8 亿元小额农户贷款，涉及 16 个县市 170 个乡镇 6.35 万农户。由于农村金融服务对象过多，人手不足，难以保证规范化管理和资金安全。同时，人力配置、管理成本和经营效益之间的矛盾造成金融支农的动力不足。

二是社会风险分散补偿机制缺位。农业天然具有风险的不确定性和广泛性，一旦遭遇重大自然灾害，将会出现减产，甚至绝产，市场波动也会导致农民减收，涉农贷款风险较大。当前，涉农贷款社会补偿主要靠担保和保险。担保方面，现行法律法规还存在许多障碍，如宅基地、承包及租赁土地等无法实现市场流通，农村住房难以抵押；种养大户的场地和设施变现能力差，无法依法登记抵押。大部分担保机构收费偏高，有的还要求缴纳保证金或提供反担保。保险方面，目前尚未建立起覆盖全国的农业保险制度。政府一般采取对受灾严重的农民进行补贴和救助的方式，仅能解决其基本生活需要。农业信贷的风险仍全部或大部分集中在银行业体系内，难以转移和分散。

针对以上问题，需要采取两个方面的措施。

一是着重激发金融支农内生动力。银行业机构首先要在贷款条件、利率等方面实行差别化政策，尽量扩大县域分支机构授信与贷款权限。其次要通过支农联系点和联络员来扩大网点辐射半径，让客户在逐步改变金融消费习惯中得到实惠。最后要推广高管人员双向交流，提升县域分支机构的管理能力，选调业务骨干到发达地区学习培训，在县域分支机构人员招聘、提薪晋级、评先争优等方面制定科学的激励政策。各级银行业监管部门要继续执行县域地区与发达地区在机构准入上的挂钩政策，对县域地区支农力度大、服务质量优的银行业机构，允许其在发达地区适当增设分支机构，并在监管评级中作为重要加分因素。

二是进一步完善风险补偿机制。地方政府可尝试建立完善政策性担保和保险机构，将传统的扶贫、救济等直接救助方式转变为风险防范与补偿。同时，加大商业保险向农业渗透的力度，开展农产品质量和天气指数保险，对农业保险险种给予补贴或适当的税收优惠，解除银行业信贷资金投入的后顾之忧。

三、金融支农深度不够与农村配套政策不完善问题并存，农村配套政策不完善是主因

信贷资金的趋利性与农业投入期限长、风险大、回报低的现实矛盾，决定了在没有足够扶持和优惠政策的前提下，信贷资金难以背离市场规律投放到“三农”领域。要真正实现金融服务基本适应“三农”需要，目前亟待解决农村各项配套政策的完善和落实。

一是金融支农深度不够。有些工作只是浮于表面，深入农村地区了解需求、发现需求、开发需求力度不够。针对“三农”的特殊性需求提供有效金融产品上还不够充分。根据“三农”特点不断设计新的产品，制定新的流程，提供全面的、多样的、适用的、便捷高效的金融服务方面，还有很多工作要做。

二是配套政策未真正落地。当前针对涉农银行业机构的扶持政策有待改进。(1) 存续期短。国家有关部门出台的多项“支农支小”优惠政策中，最核心的税收减免类政策全部属于临时性规定，有的已到期或即将到期。(2) 难以全面落实。如规定对涉农贷款余额增量超过15%部分给予银行业机构2%的奖励，但地方财政基本难以全额兑现，能成功通过审批并获得奖励的银行业机构寥寥无几。(3) 审批程序复杂。如农村金融机构可享受农户小额贷款利息收入免征营业税、小额贷款利息收入按90%计入应纳税所得额等优惠政策，但税务部门要求提供的资料繁多，审核时间也多在半年以上，致使部分农村金融机构主动放弃申报，政策利好难以发挥。(4) 村镇银行、小额贷款公司等机构尚未享受到优惠政策，如3~5年的营业税3%优惠政策未能享受等。

针对以上问题，需从两个方面着力解决。

一是着力提升金融支农服务水平。银行业机构要进一步健全网点设置，尽快实现农村金融服务“全覆盖”。要改善授权授信方式，建立有效管理下的信贷免责机制，尝试一次授信、循环使用，扩大抵押担保范围，积极探索林权质押、仓单质押等多种抵质押形式，开办大额农业贷款、林业长期贷款、果木业长期贷款、农业科技贷款、劳务贷款、农村自然灾害应急贷款等，完善贷款定价方式，借助社会组织平台，大力支持“公司+基地+农户+担保”和“行业协会+联保基金+银行信贷”等模式，积极引领银行业机构加大支持“三农”力度。

二是进一步营造良好的政策环境。针对“三农”的先天性特点和银行业机构的商业化取向，有必要通过一揽子制度设计或政策安排，进一步强化“三农”

对资金的集聚能力。要协调建立银行业“支农支小”优惠政策的长效机制，对现有优惠政策进行梳理、规范、整合、完善。要加强对国家各种补贴资金落实的审计监督，对各项惠农资金实行专项审计、跟踪审计。要科学优化有关优惠政策的申请流程，简化审批环节，提高兑现效率。要健全“支农支小”贷款相关奖励资金兑付管理政策，提高税收减免、财政补贴等政策的可操作性，提高审核工作效率，增强银行业机构贷款投放的积极性。

（作者郭锦洲，河北银监局党委书记、局长）

煤炭行业变化对银行信贷影响的调查与分析

——以山西省为例

近期，煤炭价格连续下跌，市场的变化对刚刚完成兼并重组的山西煤炭行业来说，是一个重大挑战，也使山西经济面临更大的不确定性，给银行信贷带来显著影响。

一、山西省煤炭行业的新发展与煤炭行业贷款的新特点

（一）山西省煤炭行业新发展

山西省人民政府于2008年9月出台了《关于加快推进煤矿企业兼并重组的实施意见》，进一步促进煤炭产业结构优化升级。经过三年多时间，煤炭行业重组基本完成，效果逐步显现。

一是产业集中度和产业水平大幅提升。办矿主体由2 200多家减少至130多家，形成4家年产能亿吨级和3家5 000万吨级以上煤矿企业，培育出同煤集团、焦煤集团、阳煤集团、晋煤集团和潞安集团等五大煤炭企业集团（以下简称五大集团）。产业水平明显提升，70%的矿井规模达到90万吨/年以上，平均单井规模提升至100万吨/年以上。

二是煤炭产能和出省销量逐年增大。2010年，全省煤炭产量7.41亿吨，煤炭出省销量5.13亿吨。2011年，全省煤炭产量8.72亿吨，煤炭出省销量5.81亿吨。截至2012年5月末，煤炭产量累计3.8亿吨，煤炭出省销量2.4亿吨。

三是可持续发展能力和安全保障能力明显增强。坚持以煤为基，多元发展，加快煤炭循环经济建设，培育产业集群。2011年，全省煤矿事故54起，煤矿百万吨死亡率由2008年的0.47降至0.085，为全国平均水平的15.07%。

四是煤炭经济效益和行业贡献率不断提高。2010年，实现利税1 136亿元，煤炭对全省工业经济贡献率达到59.97%，拉动工业经济增长13.9个百分点。

2011 年，实现利税 1 593 亿元，煤炭对全省工业经济贡献率达到 63.2%，拉动工业经济增长 11.3 个百分点。2012 年前 5 个月，全省煤炭销售收入 4 026 亿元，同比增长 19.9%。

（二）煤炭行业贷款呈现新特点

适应煤炭行业新发展，煤炭行业贷款呈现出新特点。

一是信贷投放总量、占比创新高。从余额看，2012 年 5 月末，煤炭行业贷款余额达 2 934.42 亿元，占全部贷款的 23.49%；从增量看，煤炭行业新增贷款占全部新增贷款的 38.5%，同比上升 3.6 个百分点；从增速看，呈逐月上升态势，由 1 月的 2.4% 逐月上升至 5 月的 19.2%。

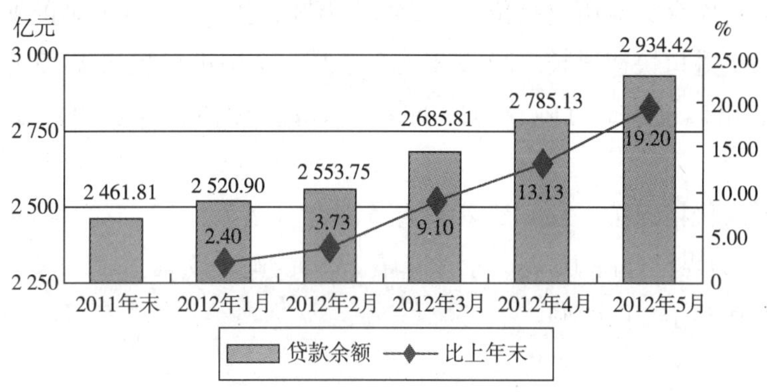

图 1　2012 年前 5 个月煤炭行业贷款增长情况

二是贷款结构发生新变化。2012 年 5 月末，流动资金贷款余额 1 873.3 亿元，占全部煤炭贷款的 63.84%，基建、技改、并购类贷款余额 947.08 亿元，占比为 32.27%。与 2010 年、2011 年相比，短期融资占比分别上升 0.83 个和 1.89 个百分点，中长期贷款占比分别下降 1.17 个和 3.15 个百分点。

三是信贷资产质量总体较好。2012 年 3 月末，全省煤炭行业不良贷款余额

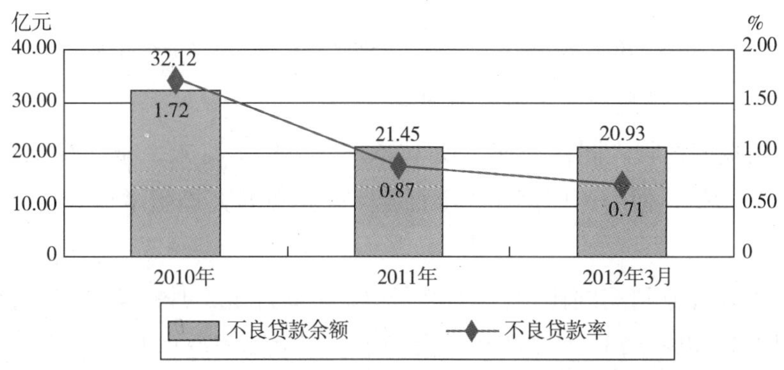

图 2　2010 年至 2012 年 3 月煤炭行业不良贷款情况

20.93 亿元，较年初减少 0.52 亿元，较 2010 年末减少 11.19 亿元，减少 34.84%；不良贷款率 0.71%，较年初下降 0.16 个百分点，较 2010 年末下降 1.01 个百分点，降幅达 58.72%。

二、当前煤炭市场运行的新情况及山西省煤炭行业出现的新问题

（一）煤炭市场运行新情况

一是港口库存大幅增加。据统计，2012 年6 月11 日至6 月17 日，环渤海煤炭库存量增加至2 121.9 万吨，环渤海四港煤炭库存量创历史新高。6 月19 日，秦皇岛港煤炭库存突破历史高位达到946.2 万吨，接近1 000 万吨的上限。

二是煤炭进口快速增长。2012 年前5 个月，全国进口煤炭 1.13 亿吨，同比增长67%；出口仅431 万吨，同比下降 28.3%。山西省煤炭出口仅完成 89.5 万吨。

三是煤炭价格连续下跌。从 2012 年5 月9 日至7 月10 日，环渤海地区发热量5 500K 动力煤已连降10 周，累计降幅 135 元/吨，跌幅达 17.1%，后4 周的单周跌幅均达到了 20 元/吨。

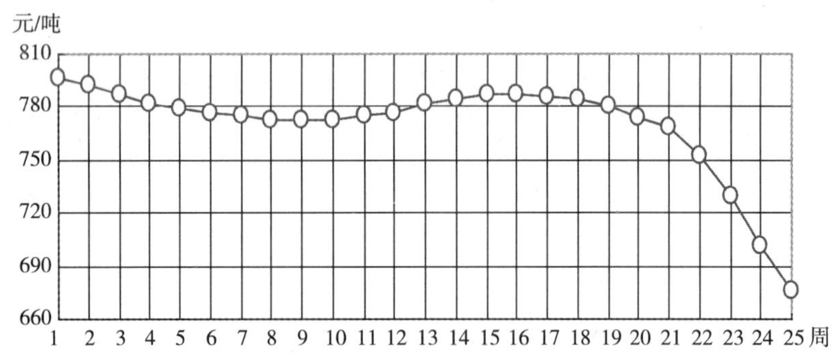

图 3　2012 年环渤海动力煤（5 500K）周综合平均价格曲线

（二）山西省煤炭行业出现的新问题

一是煤炭销售收入同比增速有所下降。2012 年5 月末，全省煤炭行业销售收入增长 19.9%，但增速回落 3.3 个百分点，其中五大集团增速回落 1.97 个百分点。

二是煤炭行业利润同比逐月回落。2012 年2 月至5 月，全省煤炭行业利润增速分别为 18.8%、13.6%、7.9%、3.2%。五大集团盈利 100.7 亿元，同比减少 2.6 亿元，下降 2.5%。

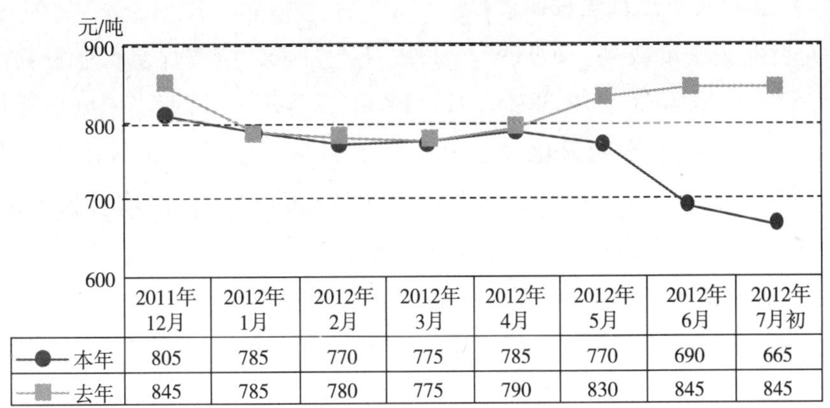

	2011年12月	2012年1月	2012年2月	2012年3月	2012年4月	2012年5月	2012年6月	2012年7月初
本年	805	785	770	775	785	770	690	665
去年	845	785	780	775	790	830	845	845

资料来源：秦皇岛煤炭网。

图4　2012 年 1 月至 7 月秦皇岛港动力煤（5 500K）价格变化曲线

三是部分煤炭企业资金流动性下降。据了解，同煤集团存货周转天数同比增加 5 天，山煤集团增加 4 天，山西煤运集团增加 2 天。

（三）山西煤炭行业运行情况预测

2012 年前 5 个月，山西规模以上工业实现利润 414. 3 亿元，其中 400. 8 亿元来自于煤炭行业，占比为 96. 7%。山西省传统支柱产业中，除煤炭行业以外，只有电力行业实现盈利 11 亿元。当前，全球及国内宏观经济形势低迷，经济增长明显放缓。对于煤炭行业而言，价格回升或将经历一段较长时期，山西省“以煤为基”、“一煤独大”的经济结构将面临重大考验，“一煤独秀”局面难以持续。

三、银行信贷面临新挑战

2008 年以来，煤炭行业贷款余额由 940 亿元增加到 2012 年 5 月的 2 934. 42 亿元，增长达 2. 12 倍，远高于同期贷款增速。煤炭行业贷款过快增长，积累了一系列的问题。

（一）多头授信、过度授信问题突出

以五大集团中的潞安集团本部为例，2010 年、2011 年、2012 年分别获得山西省辖内 14 家银行 437. 90 亿元、14 家银行 444. 85 亿元、15 家银行 419. 65 亿元的授信，实际使用贷款分别为 120. 2 亿元、139. 82 亿元、160. 71 亿元。

（二）贷款集中度风险较高

一是行业集中度较高。2008 年至 2012 年 5 月末，全省煤炭行业贷款占比分别为 15.57%、16.44%、19.38%、21.83%和 23.49%，行业集中度呈逐年上升趋势。二是客户集中度明显偏高。2012 年 5 月末，全省煤炭行业贷款大客户（授信 2 000 万元以上）599 户，贷款余额 2 696.69 亿元，户均贷款 4.5 亿元，分别较 2008 年增加 325 户、1 934.91 亿元和 1.72 亿元。

（三）信用风险开始显现

2012 年 5 月末，山西省银行业煤炭行业大客户逾期贷款余额 18.72 亿元，较上年末增加 3.47 亿元，占全部大客户逾期贷款的 11.92%，较上年末上升 1.3 个百分点。

（四）个别煤企贷款出现较大风险

近期，山西某煤炭企业因经营不善，资金链断裂，无能力还本付息，导致相关债权人资金面临很大风险，其中涉及信托资金 30 亿元。

四、政策建议

（一）地方政府着力调整经济结构，实现多元高端发展

重点是彻底改变“一煤独大”的局面。各级政府应以国家确定山西为资源型经济转型综合配套改革试验区为契机，重点推进产业结构转型，大力发展接续替代产业，培育壮大战略型新兴产业。同时，要加快改造提升传统产业，促进煤与非煤产业协调发展。

（二）煤炭行业着力转变发展模式，实现可持续发展

一是提高煤炭行业整体竞争力。进一步推进煤炭资源整合和煤矿兼并重组，努力掌控定价权，提高市场影响力和整体竞争力。二是适度调控煤炭行业产能。加强对宏观经济的研判和把握，适时适度合理调控产能，力争经济效益不降低。三是加快转变发展模式。进一步提高煤炭资源省内转化率，积极支持煤电化、煤焦化、煤气化、煤液化等发展链条。改善非煤产业比重。提升煤炭行业经济附加值。

（三）银行业着力调整信贷策略，实现稳健经营

一是合理把握信贷投放节奏。既要审慎发放新增贷款，又要合理把握投放节奏，加强存续贷款管理，避免煤炭行业贷款大起大落、大放大收。二是落实还款保障。采取有效措施提高企业销售收入回行率，确保第一还款来源充足；

补充完善采矿权质押登记等保全手续，确保第二还款来源可靠。三是做好重点行业贷款风险监测。加强煤炭、焦炭、电力、钢铁等重点行业风险的识别、计量、评估工作，制定风险处置预案，全面提升风险管控水平。四是积极拓展贷款新领域。优化信贷投向，支持煤炭接续替代和延伸产业特别是战略性新兴产业的发展，加快煤炭行业非信贷业务的发展。

（四）银行监管部门着力加强监管有效性，坚守风险底线

一是做好风险提示。发挥好山西省重点行业贷款统计监测系统功能，做好风险监测与提示。部署开展焦炭、电力、钢铁等行业贷款风险快速调查，引导银行业做好预判预防。二是指导银行业协会发挥好维权、协调职能。协调会员行动，防止单方采取不当措施，提升银行业整体防范风险能力。三是引领银行业加大支持实体经济力度。引导银行业金融机构落实国家政策，积极开展绿色信贷业务，大力支持循环经济和节能环保产业发展。

（作者王占峰，山西银监局党委书记、局长）

关于辽宁辖内城商行打造社区型银行的调查与思考

尚福林主席在全国城商行发展论坛第12次会议上指出，“一个健全的银行体系，必须包含不同的组成主体，但更多的还需要为数众多的社区型银行”，这为城商行未来的发展进一步指明了方向。近年来，在监管部门的指导下，辽宁辖内城商行在社区化发展方面进行了一些积极的探索，积累了一定的经验，但同时也面临诸多矛盾和困难，需要监管部门和城商行进行认真的思考和研究。

一、辖内城商行社区化发展的实践探索

近年来，辖内城商行逐步确立“面向中小、服务市民”的市场导向，在组织架构设计、专业人员安排、目标市场细分和服务产品开发等方面做了许多有益的探索，进一步提升了对小微企业和社区居民的金融服务水平。

（一）在市场定位上逐步突出社区化理念

辖内大多数城商行充分考虑经济环境和自身情况，在市场定位中逐步融入了社区化发展的基本元素。如鞍山银行以“服务地方经济、服务中小企业、服务市民”为市场定位，确立了“中小企业金融服务商”的社区化发展战略规划；锦州银行将主要贷款对象锁定为“小企业、小门店、小摊床”，提出了做“市民银行和小微企业伙伴银行”的经营理念；营口银行确立了“产品向小、服务向细、机构下沉”的发展思路，大力推行“社区银行”服务模式；辽阳银行遵循“市民最亲近的银行、中小微企业的伙伴银行、服务‘三农’的银行”的定位，提出了服务“80%市民和80%小微企业”的战略目标。

（二）在网点设置上逐步体现社区化布局

辖内城商行机构网点布局不断向社区化服务倾斜，相继成立了小企业信贷服务和社区服务专营机构。如锦州银行对全市的小企业、社区实行区域负责制，按各支行所在区域划分，全面覆盖，专人管理，提供24小时信贷服务专线、网

络金融咨询、法律顾问等多种服务；丹东银行选定8家位于大型社区的支行，设立了针对社区人群客户的微小贷款营销管理部，承担200万元以下微小贷款的审核、发放及管理工作；葫芦岛银行将3家支行定位为社区化服务特色支行，辐射周边8个社区，为客户提供全方位金融服务。

（三）在产品开发上逐步满足社区化需求

一些城商行发挥机制灵活、决策链条短的优势，在产品设计上开展大胆创新。如锦州银行分别为小企业、社区居民、创业人群提供了“腾飞计划”、“优质生活计划”和“创业计划”等信贷产品；营口银行根据小企业多样化的市场需求，开发出2 000余种模块化产品，形成“量贩式”信贷模式，客户可根据需求选择相应的信贷服务；丹东银行为小微客户量身定做了“易好贷”、“工薪贷”、“房好贷”三款信贷产品，满足小微客户“短频急”的融资需求。据不完全统计，辖内城商行针对社区的服务及产品创新已超过235项，金融服务水平得到有效提升。

（四）在服务手段上逐步增强社区化功能

许多城商行逐步将服务领域延伸到居民生活的方方面面，赢得了广大社区居民的赞誉。如营口银行通过开办“辽河一卡通”业务，为市民提供社保、医保服务以及代收费等，并坚持做到免开户费和年费；辽阳银行开办的家庭电视银行覆盖96个社区，3.6万户居民通过电视遥控器就能方便快捷地享受缴费、购物、资金转账等多种金融服务；葫芦岛银行经常组织员工深入社区，送金融服务上门，加大了对社区的渗透力。

二、辖内城商行社区化发展面临诸多矛盾

几年来，辽宁城商行已经迈出了社区化发展的步伐，奠定了一些基础，积累了些许经验，但总体上辖内城商行的社区化建设仍处于初期的探索阶段，实践中仍然面临许多问题和矛盾。

（一）理论市场定位与现实经营行为存在矛盾

辖内绝大多数城商行都把社区化发展作为自己的市场定位，管理层也从理论上认识到，这种差异化定位能够使其有效避免与大型银行的正面竞争，从而获得广阔的发展空间。但在现实经营中，一些城商行为了追求短期利益，仍然偏重大企业、大项目；一些城商行片面追求“做大做强”，在本地市场金融需求尚未充分满足的情况下，盲目寻求跨区域经营。这些严重背离其市场定位的经

营行为，短期内可能会收到一些效果，但从长远看，会使城商行丧失稳健发展的环境和契机。一些城商行只把“服务中小、服务市民”作为一种概念和符号，说明城商行在发展战略和经营理念上的问题还没有得到根本性解决。

（二）信贷管理模式与社区融资特点存在矛盾

目前，辖内城商行真正按照社区银行经营模式改革信贷管理方式的还很少，贷款审批程序仍较复杂。一些城商行的贷款审批流程为调查—评估—初审—终审—发放，往往需要一个月时间，而小微企业和社区居民资金需求临时性强、时间要求紧，具有“短、频、快”的特点，从而形成信贷管理模式与实际需求相脱节的矛盾。

（三）产品供给单一与市场需求多样存在矛盾

从辖内情况看，社区居民服务往往以缴费类业务为主，安装一些自助缴费终端，而小额信贷、现金存取和大额转账功能还需到柜台办理，ATM、电话银行等自助设备远未普及，社区金融服务功能受到限制，难以形成具有品牌效应的比较优势。相对单一的金融产品，无法满足日益多元的社区居民和小微企业服务需求，如果不认真研究社会化金融服务需求，开发出具有针对性的金融产品，这种矛盾将进一步加剧。

（四）经营风险加大与扶持政策缺失存在矛盾

城商行服务社区居民和小微企业，成本相对较高、风险较大、收益较慢，必须有相应的外部扶持政策，才能有效推动城商行社区化发展。目前，我国还没有关于社区银行方面的法律制度和政策指引，城商行社区化发展缓慢。此外，一些地方政府对城商行的行政干预较严重，往往指定发放政府项目贷款，在很大程度上干扰了城商行社区化发展进程。

三、推动城商行社区化发展的建议

城商行社区化发展并非一蹴而就，需要城商行的不断探索，需要监管部门的积极引领，也需要政府部门的大力扶持。

（一）找准市场定位，实现错位竞争

城商行要实现社区化发展，真正解决市场定位问题是首要任务。一是建立清晰的社区化发展战略。关键是围绕此战略，解决好企业发展规划、组织架构调整、人力资源配备和业务及管理流程再造等问题，并坚定不移地加以贯彻执行。二是做好地域、客户和产品“三个定位”。地域定位，就是发挥地缘优势，

占领市场空白，“深耕”本地市场；客户定位，就是将市场目标群体定位为本地区中小企业和普通居民，发展关系型业务；产品定位，就是立足于细分市场，培育独特竞争优势，坚持走差异化、特色化发展道路。三是进一步加强监管引领。监管部门要在城商行跨区域经营方面制定更为审慎的监管标准，从政策引导上抑制其“做大做强”的冲动，使真正具备条件的城商行“走出来”，发展成为全国性商业银行。

（二）深度融入社区，掌握竞争优势

社区银行立足的根基在社区，发展的空间也在社区，因此必须解决好对社区市场“进”而不“融”的问题。一是做到机构网点融入社区。要贴近社区生活，优化网点布局，提高专营化水平，解决服务便利问题。二是做到人员活动融入社区。通过与社区居民、小微企业及其他客户群体的长期广泛接触，最大限度地掌握“软信息”，擅于发展关系型客户。三是做到金融服务融入社区。结合社区的不同特点和服务需求，有针对性地提供专业化、精细化的个性服务，建立长期稳定和最具依赖性的合作关系。

（三）完善管理模式，丰富金融产品

在信贷管理上，要改进模式、简化手续、缩短链条，让社区客户真正感受到相比其他银行更加快捷、简化和高效的服务。在服务手段上，要充分发挥在金融产品开发上享有自主权的优势，认真研究社区成员的现实需求，针对不同的社区企业和居民量身定做适合的金融产品，不断丰富金融服务手段和方式。

（四）提供政策便利，优化外部环境

一是建立健全社区银行法律体系。将社区银行的培育和发展纳入整个金融体制改革之中，加强对社区银行的理论研究，完善相关的法律规范。二是提供政策便利。在减免税赋、给予贷款损失财政补贴、落实差别化存款准备金机制和赋予更大范围的存贷款利率决定权等方面给予政策扶持，探讨建立中小银行的存款保险机制。三是优化地方金融生态环境。加强金融知识的宣传和普及，健全社区资信认证和担保体系，建立社区工商、税务、银行的信用信息共享机制，坚决打击恶意逃废债行为。

（作者李林，辽宁银监局党委书记、局长）

“进村入企”引发的浙江金融实践与思考

根据中央关于深入开展“进村入企”走访活动的精神，浙江银监局从2012年3月开始，结对浙江欠发达县（区）衢州市衢江区开展“进村入企”活动，并按照“跳出金融看经济，跳出浙江看全国”的思路，探索浙江银行业科学发展之路。

一、当前欠发达地区金融六大现象

一是经济金融不均衡。笔者带队走访的衢江区是传统的农业区，是浙江省“6+6”[①] 重点扶持的欠发达县，系山区、库区、移民区和革命老区。2011年该区生产总值99亿元、财政总收入7亿元，仅分别为杭州萧山区的7%和3%。从金融服务均等化看，虽然2010年衢江区实现了空白乡镇金融网点全覆盖，而且近三年衢州连续实现涉农贷款增量、增速“两个高于”目标，但是村企代表反映，目前不少地区存取款等基础金融服务仍然存在困难。

二是金融需求多元化。低收入农户处于“保稳定”状态，缺乏足够的收入和抵押品，较难获得商业性贷款，更多关注贷款的可得性和低成本。浙江省推出的扶贫小额信贷在当地很受欢迎，2011年末，衢江农信联社发放扶贫小额信贷2 015户、13 985万元，名列浙江省各县（市）首位。处于“求发展”阶段的农户，融资需求一般在10万元以上，用于发展大棚农业、创立制鞋厂等，更多关注贷款的额度、利率及服务质量。

三是金融便利性有所提高。在浙江银监局的推动下，泰隆商业银行、邮储银行等逐步向衢江延伸网点及服务，还在衢江设立了浙江省首家设在市辖区的村镇银行——衢江上银村镇银行。银行体系的多元化，提高了金融服务的便利

① 浙江省实施重点欠发达县群众增收致富奔小康特别扶持政策，2010年确定泰顺、文成、开化、松阳、庆元、景宁6个县为第一批特别扶持对象，2011年又确定了磐安、衢江、常山、龙泉、遂昌、云和6个县（市、区）为第二批特别扶持对象。

性。比如，车塘村菜市场负责人反映，最近获得了邮储银行一笔90万元贷款，不仅融资额度明显扩大，而且利率优惠了很多。许多农户普遍反映，只有农信社才是农民自己的银行。这一方面说明农信社发挥了农村金融“主力军”作用，但是也反映出欠发达地区信用社“一行独大”的问题。

四是金融惠农政策很受欢迎。村企代表反映，中央出台的金融惠农强农政策，在基层得到了很好落实。比如，目前农业种植大户能够享受基准利率，扶贫小额贷款的专项资金也足额到位。但是，基层也反映出部分支农政策有待落实。比如，按照人民银行和银监会的政策，村镇银行可以加入支付结算系统，享受再贷款和再贴现等政策，但目前辖内尚无村镇银行获许以直联方式加入人民银行支付系统，大部分村镇银行未能开办银行本票、再贷款、再贴现等业务，影响了支农能力。

五是农民自办担保公司。我们十分欣喜地在划船塘村发现，2010年该村自发成立了划船塘村农业担保公司，并逐步形成了一套很好的运作体系。其一是自愿入股。由国家级低收入农户集中村资金互助组织试点资金30万元，划船塘村87户自愿入股20万元，共同组成50万元担保基金。其二是自行管理。由村支书兼任担保公司负责人，在村两委及村民监督下管理运作，定向为本村农民专业合作社成员及村民提供免费担保。其三是自我约束。由于该担保公司引入了村民股金，所以自我约束、相互监督的能力很强。其四是政策扶持。该担保公司定位为非融资性农业担保机构，衢江农信联社按担保基金1:10的比例放大授信。到调查日，该公司累计为农户提供贷款担保180多笔、410万元，没有不良贷款。

六是金融信息不对称。首先，农村金融信息传递困难。农民主动获取金融信息的意识较弱，属于金融信息的被动接受者。其次，基层金融网点宣传能力较弱。欠发达地区金融网点相对匮乏，金融从业人员又向县城积聚，不少网点长期忽视农村金融宣传，不能有效向农户提供金融信息。此外，信用社、邮储银行等在村里聘请了支农联络员，但大部分联络员水平低、服务弱、技能差，未能发挥应有作用。

二、着眼全局解决“进村入企”发现的问题

（一）坚持以点带面，全面推进金融服务升级

针对当前欠发达地区存在的金融问题，以及社会各界反映的银行不规范经

营现象，我们以点带面、对症下药，开展了两项主题活动。开展“完善金融服务、支持实体经济”主题活动，制定实施银行业支持实体经济的指导意见及活动方案。推行农村合作金融机构弹性存贷比管理，制定加强小微企业金融服务意见和批量化设立专营机构方案。开展“整顿规范浙江银行业市场秩序”专项活动，在依法经营、规范收费、惠企减负、履行社会责任上狠下功夫，对发现的违规问题，果断采取行政处罚、暂停业务、高管问责、通报批评等措施，起到敲山震虎的作用。同时，开门接受监督，以最大的努力、最大的决心和最大的诚意，完善金融服务，赢得社会尊重。

（二）增设银行机构，解决金融体系问题

针对欠发达地区农户和小微企业十分朴素的金融需求，作为浙江的银行监管者，我们深感责任重大，通过市场准入挂钩等政策，大力引导和推动银行机构到欠发达地区增设机构网点及自助设备，提升服务质量和水平。在活动中，我们引导邮储银行申报设立衢江支行；鼓励衢江农信联社在车塘村等两个中心村布设自助银行或ATM，在划船塘等村设立金融服务室。

（三）注重典型引路，鼓励金融产品创新

针对“进村入企”中发现的划船塘村农业担保公司的事例，浙江银监局刊发专题信息在全省银行业进行推介。针对欠发达地区金融服务需求，我们引导银行机构不断创新产品。如衢江上银村镇银行、衢江农信联社、农行衢江支行等推出了森林资源资产抵押贷款、农业设施抵押贷款、土地承包经营权抵押贷款、存量农机具贷款等产品。浙江银监局还积极推动小企业信用贷款试点，鼓励和推广中、外资银行行之有效的还贷方式，努力实现小微企业还款与续贷无缝对接。

（四）主动上门服务，满足合理融资需求

在“进村入企”活动中，我们针对村企反映的融资难题，先后6次召集涉农银行机构研究解决措施，并由衢州银监分局召开衢江区银行机构问题交办会。各银行业金融机构针对群众和企业反映的51个问题，上门服务、迅速落实，圆满解决了融资需求。衢江农信联社从制度层面明确了划船塘村农业担保公司贷款办法，中行衢江支行为走访企业开办绿色通道。从浙江银监局“进村入企”回访结果看，广大村企普遍表示满意。

三、思考与建议

（一）深化金融改革，推动城乡金融统筹发展

坚持能改革的抓进度，改革不了的先改良，质变不了的先量变，通过量变

积累为质变，提升农村金融服务能力。首先，以金融支持实体经济发展为导向，研究采取金融资源、市场准入、金融创新、监管支撑等政策，稳步推动各行向欠发达地区延伸网点和服务。其次，优先启动欠发达地区农村合作金融机构股份制改革，实行新型农村金融机构区域挂钩政策，争取在3年内达到村镇银行县（市）全覆盖。最后，鼓励涉农银行机构自主创新，形成有效的抵质押模式和创新产品，努力形成欠发达地区的后发优势。

（二）引入竞争机制，构建普惠型农村金融体系

建议国家统筹谋划欠发达地区的金融发展规划，出台银行业支持欠发达地区加快发展的指导意见，明确具体的银行准入、信贷资金、弹性存贷比管理、不良贷款容忍度等差异化监管政策，支持涉农授信客户数和贷款余额占比达到较高比例的银行机构向县域延伸机构，构建可持续发展的农村金融体系。

（三）加强政策引导，完善强农惠农政策

目前农户小额贷款的额度较小，不少支农优惠政策即将到期，建议及早明确下一步惠农政策，加大低收入农户贴息贷款力度，适当提高和扩大贴息贷款额度及覆盖面。加大涉农金融机构的税收优惠力度，给予欠发达地区县域法人银行业金融机构所得税和营业税减免政策。延长新型农村金融机构定向费用补贴政策，继续对空白乡镇网点给予定向费用补贴政策。

（四）总结典型经验，健全农业担保体系

建议推广农民自办农业担保公司模式，构建地方政府、涉农机构、农民专业合作社“三位一体”、专门服务于“三农”及小微企业的政策性农业担保体系。适当增加财政资金投入，成立农业担保基金和政策性担保机构，为农户、农村大学生等提供贷款担保服务。建立健全农村土地承包经营权、集体建设用地、农房、大型农机具等农民财产的评估、登记、流转平台。

（五）加强金融宣传，深化“信用工程”建设

整合农口部门、金融机构和新闻媒体等力量，采取送金融产品“进村入企”、送金融知识“上山下岛”等形式，策划金融服务实体经济、支持农民创业增收主题宣传。同时，加大信用工程建设和诚信教育力度，制定实施信用建设规划目标，建立健全防控资金链（隐性关联）风险和惩治逃废债的机制，树立正面标杆，实行扶优限劣，优化金融环境。

（作者韩沂，浙江银监局党委书记、局长）

台湾中小企业金融服务的主要做法及借鉴

台湾地区能成为亚洲“四小龙”、创造经济发展奇迹，中小企业（接近大陆小微企业标准）扮演着关键性的角色。台湾中小企业在发展过程中也曾面临与大陆类似的融资难等问题，但历经数十载实践，台湾已形成了一套完善的支持中小企业发展的体系与制度安排。福建银监局运用闽台银行业交流优势，对台湾中小企业金融服务体系进行学习考察，以期为改进大陆小微企业金融服务提供借鉴。

一、台湾中小企业金融服务的基本情况

台湾从20世纪70年代开始构建中小企业金融服务体系，90年代起又相继推出利率自由化、允许设立民营银行、引进外资银行以及成立金融控股公司等重大金融改革，服务中小企业的金融机构激增，竞争充分性大为增强，融资成本与服务水平显著改善，对推动台湾中小企业发展壮大、台湾竞争力提升起到了重要促进作用。

目前，台湾已建有较健全的中小企业金融服务体系，这个体系中除了专业为中小企业服务的中小企业银行外，还有一般商业银行、外资银行，以及各种形式的信用合作社等金融机构。多样化金融机构与多元化融资渠道的支撑，在相当程度上缓解了中小企业融资难的问题。

截至2011年末，台湾地区银行业机构有392家，下设分支机构4 536家，中小企业贷款余额达4.09万亿新台币，较2010年增长11.33%，高于各项贷款平均增速近9个百分点。银行是中小企业融资主渠道，银行贷款占中小企业融资来源70%以上，由于银行业竞争较为充分，银行平均融资成本为4%～5%。

二、台湾中小企业金融服务的主要做法

台湾主要从发展中小企业银行、信用保证基金、征信体系、监管激励、专

案基金贷款以及辅导机制六个方面改进中小企业金融服务。

（一）发展中小企业银行

早期台湾中小企业融资很大程度依靠民间合会进行。从 1975 年开始，台湾将合会改造为专业为中小企业服务的银行——中小企业银行。藉此，台湾的中小企业真正打开了通过专门金融机构信贷支持获得发展所需资金的大门。中小企业银行具有社区银行的性质，因其脱胎于与当地中小企业密不可分的合会，比较了解当地中小企业经营和资信状况。拥有 267 个分支机构，服务覆盖面较广。恪守对中小企业贷款占比不低于 70% 的规定，不以盈利为主要目的，许多没有足够抵押品或没有贷款信用记录的中小企业在此获得它们第一笔贷款，逐步成长并走向成功。

（二）成立中小企业信用保证基金

1974 年 7 月，台湾各级行政主管部门和金融机构共同捐资成立了公益性财团法人——中小企业信用保证基金，其中行政主管部门捐资占 80.16%，旨在通过提供增信以协助信用无严重瑕疵、具备较好发展潜力但担保不足的中小企业获取银行信贷融资。基金与台湾 37 家银行及信用合作社签约办理中小企业贷款信用保证业务。截至 2010 年底，共协助中小企业从金融机构获取融资达 7.87 万亿新台币，其中 500 万新台币以下占 82.43%，代偿率约 2%，经其担保成长的上市公司约占台湾全部上市公司的 45%。

（三）构建完善的征信体系

台湾征信业的发展始于 20 世纪 30 年代，经过 80 多年的发展，已建成较多元化的征信体系，有效解决了中小企业融资过程信息不对称问题。目前为中小企业融资服务的公共征信平台主要是受“财政部”和“中央银行”直接领导的“财团法人金融联合征信中心”，“中心”实行会员制管理，不以盈利为目的，借助政府力量协调各方利益建立了覆盖全岛金融机构的信用信息数据库，避免了征信市场分割，为金融机构从事中小企业金融服务提供了坚实的信息支撑。

（四）提供专案基金贷款

专案基金贷款是指由台湾行政主管部门核拨专款基金，指定金融机构（绝大多数为公营银行）办理的低利率贷款，具有特定使用目的和较强的导向性，如自有品牌推广海外市场贷款、公害污染防治设备贷款、青年创业贷款等，因掺有财政性资金性质，利率低于一般商业利率，且均属中长期贷款，对中小企业具有很强的吸引力。

（五）实施差别化的监管激励措施

台湾“金管会”2011 年制定年度中小企业放款目标至少为 2 000 亿新台币，

对中小企业融资绩效优良的银行，“金管会”在简易型分行升格为一般分行、分支机构跨区迁移等方面给予自动核准，申设台湾岛内分支机构给予加分参考，申设境外及大陆地区分支机构，符合规定条件者优先核准。在监管部门激励推动下，台湾不少商业银行在市场竞争过程中转变经营理念，改进风险管理技术，在中小企业业务市场取得丰厚的回报。如台北富邦银行，2011 年底资产利润率高达 2.38%，为台湾市场之冠。

（六）建立中小企业融资辅导机制

辅导机制是台湾中小企业融资体系中重要一环，有力促进了中小企业规范经营、发展壮大。台湾最重要的辅导机构为 1982 年由台湾银行、土地银行、合作金库、华南银行、彰化银行、第一银行和台湾中小企业银行七家金融机构捐赠基金成立的“中小企业联合辅导中心”，向具发展潜力的中小企业提供融资辅导、财务管理辅导和人才培训等综合辅导，辅导所需费用均由政府承担。此外，各大金融机构营业网点还设置“中小企业融资服务窗口”，为中小企业提供融资保证、投资及财务管理等各类咨询服务。

三、台湾中小企业金融服务经验的启示和借鉴

台湾支持中小企业的发展经验，特别是地方政府的推动作用、融资体系框架的构建以及银行业机构融资方面的成功做法，对解决大陆小微企业融资难问题具有一定的启示和借鉴意义。

（一）完善小微企业金融服务体系

一是大力发展社区银行。社区银行立足基层与社区，能有效地填补现有金融体系难以覆盖的领域。在民营经济发达的地区试点由银行、民企共同发起组建“产权清晰、治理良好、立足社区、服务小微”新的社区银行。二是进一步激励商业银行特别是中小银行服务小微企业。保持用以扶持小微企业发展重要政策的稳定性，加大对小微企业贷款风险的补偿力度，充分运用好市场准入等监管工具，激励商业银行“想为、爱为、善为”小微企业金融服务。

（二）构建为小微企业服务的有效担保体系

由地方政府注资和牵头，在省级及各区市分别成立小微企业担保基金或担保公司，与银行建立风险分担机制，不以盈利为目的，专司为缺乏抵押物，但信用良好、发展潜力大的小微企业提供担保，分散原本由各家银行独立承担的小微企业授信风险，提高银行金融服务积极性。

（三）建立小微企业征信系统

构建专门为小微企业金融服务的征信平台，可先以县或地市为单位建立小微企业征信系统，整合银行、税务、公安、工商、电力、海关等方面信息，在运行成熟后逐步形成全省乃至全国小微企业征信系统，缓解银企信息不对称问题，为贷款有效投入和安全运行创造良好的条件。

（四）建立小微企业辅导体系

建立由地方政府主导，多部门协作的涵盖财务管理、市场营销等在内的小微企业辅导体系，对小微企业实施全方位的辅导和支持，同时推进与金融机构合作，加强融资咨询等辅导，更有效地引导小微企业提高合规经营意识和信用意识，健康成长。

（五）探索改进有效监管

在当前银行业转型发展的关键时期，监管部门应加强资本监管和分类监管，完善差别化监管政策，激励银行业机构加快走特色化、差异化发展道路，向金融服务相对薄弱的地区延伸机构，提升小微企业金融服务覆盖面。

（六）进一步深化金融配套改革

推进利率市场化改革，打破贷款价格的僵化。进一步发展直接融资特别是企业债、创业板和风险投资，拓宽小微企业融资渠道。

（作者周民源，福建银监局党委书记、局长）

引导和推动银行业有效服务实体经济发展

全国金融工作会议指出，各类金融机构都必须牢固树立服务实体经济的指导思想，全面提高服务实体经济的质量和水平。银监会工作会议提出，要切实按照中央关于“牢牢把握发展实体经济这一坚实基础”的要求，提高信贷管理科学化、精细化水平，使信贷资金更好地服务实体经济科学发展。为了贯彻落实好全国金融工作会议和银监会工作会议精神，引导和推动银行业有效服务实体经济发展，湖南银监局组织相关部门和人员对“十一五”以来湖南银行业服务实体经济发展情况进行了调研分析。

一、银行业服务实体经济发展成效明显

（一）贷款持续较快增长

“十一五”以来，湖南新增贷款10 708亿元，增长2.33倍，年均增长20.8%，比GDP增速高7个百分点；湖南年均贷款增速、贷款余额分别位于中部六省第3位、第4位。“十一五”以来，湖南新增贷款占货币市场和资本市场融资总量的77.3%。银行业动员组织储蓄转化投资的效率大幅提升，贷款、缴存央行存款准备金、各种清算备付资金占存款比重比“十五”期末提高7.2个百分点。

（二）信贷支持重点突出

一是重点保障公共基础设施建设、传统支柱产业发展、电力能源供应等资金需求。近三年，交通水利、制造业、建筑房地产、电力四行业新增贷款占全省新增贷款的71.7%；2012年上半年银行业已支持的99个重点工程新增贷款占全省新增贷款的35.8%。二是逐步改善“三农”和“小微企业”等薄弱领域信贷服务。“涉农”和“小微企业”贷款余额占贷款比重分别为29.7%、16.8%，“涉农”和“小微企业”贷款增速连续3年高于全省贷款平均增速。三是稳步扩大战略性新兴产业和节能环保等领域信贷投入。七大战略性新兴产业贷款占全

省贷款比重达5.5%，采矿、造纸、纺织、钢铁、发电等行业节能技改项目贷款占这些行业贷款的29.1%。四是积极支持民生工程建设。民生领域的贷款投放明显加快，保障性安居工程、下岗失业人员和助学贷款余额同比分别增长46.3%、120%和10.4%。

（三）金融创新不断深化

银行业金融机构创新运用银行承兑汇票、信托理财产品、委托贷款、委托投资等多渠道融资工具，为经济社会发展提供有效资金支持。近三年全省银行业签发银行承兑汇票和发放委托贷款增加688.1亿元，相当于同期新增贷款的13.2%；理财产品余额近1 000亿元，两年增长4倍多；上半年通过各类债务融资工具承销、认购专项信托产品等方式为企业提供融资近400亿元。

（四）经济金融互动发展

银行业整体经营状况极大改善，为湖南银行业发展史上最好时期。不良贷款比例持续下降至2.85%，与全国差距大幅缩小；银行业整体连年盈利，2011年资产利润率为1.36%，达到国际先进银行标准。外资、全国和外省银行机构将目光齐聚湖南，增设网点、拓展业务加快。“十一五”以来，湖南共引进外资、全国和外省银行机构12家，设立财务、汽车金融公司等非银行机构3家，全国和外省银行机构还在部分农村地区批量设立村镇银行13家。新引进机构贷款余额占湖南省贷款余额的比重达4.6%。

二、找准银行业服务实体经济发展主要问题

（一）信贷供需结构性矛盾凸现

为支持经济社会发展，银行业集中资金保重点，公路、铁路等基础设施贷款大幅增加，中长期贷款占比持续上升，资金期限错配加剧。“十一五”以来，湖南新增中长期贷款占新增贷款的83.6%，中长期贷款余额占全部贷款余额比重比全国高12.1个百分点。宏观调控逐步深入，“转方式、调结构”加快推进，基本建设等投资领域信贷增长空间缩小。在融资平台清理规范过程中，部分平台暴露出公司治理不完善、资产负债率偏高、还款来源未落实等问题，后续融资能力受到影响。湖南经济社会发展资金紧缺和有效信贷需求不足的信贷供需结构性矛盾显现并呈扩大化趋势。

（二）“涉农”信贷投放制约较多

银行业机构通过增设网点，推进机制建设和深化金融创新，涉农贷款较快

增长，重点满足了农户小额、农田水利和农田基本建设等领域资金需求。2011年末，湖南农户、农田水利和农村基础设施建设贷款占涉农贷款的57.6%。在农业现代化和产业化推进过程中，规模农业、农村专业合作组织、科技创新型企业和产业化龙头企业百万元以上甚至上千万元的大额资金需求急剧扩大，而相应的涉农信贷补偿机制、金融市场体系建设、信贷服务创新等滞后，尚未形成有效的涉农信贷风险保障机制，对涉农信贷投放形成较大制约。2011年末，湖南农发行、农业银行、农村信用社不良贷款比例分别比全国高1.3个、0.7个、5.7个百分点；农产品加工、农业生产资料制造和农业科技等农业企业贷款仅占涉农贷款的5.6%。部分涉农机构盲目“求大求全求快”，热衷发展资金业务和非农大户，“离农、脱农”化倾向严重，金融风险上升。

（三）“小微企业”贷款推进难度增大

银行业机构围绕缓解“小微企业”的“融资难、融资贵”困局，设立“小微企业”贷款专营机构，推进“六项机制”建设和实施“四单管理”，“小微企业”贷款发展步入快车道。2012年上半年湖南“小微企业”新增贷款占全部新增贷款的19.8%，比全国高5.6个百分点，“小微企业”贷款增速比全国高2个百分点。在“小微企业”贷款快速发展过程中，由于信贷产品差异化、特色化不够，同质化竞争严重，助长了部分企业盲目扩张风险，加上财务管理混乱，信息不对称，部分“小微企业”涉足民间融资，甚至涉足高利贷，民间融资风险向银行业金融机构渗透蔓延，已经出现了多家企业法人代表跑路现象，带来了较大负面影响，涉及银行信贷资金6.1亿元，“小微企业”贷款快速推进阻力明显增大。

三、不断提升银行业服务实体经济发展效率和水平

（一）统筹经济金融协调发展

金融是现代经济的核心，各级政府要进一步提高对金融重要性的认识，加强对银行业和银行监管工作的领导。坚持量入为出的原则，科学制定经济社会发展目标，合理确定重点工程和重大建设项目。加强对金融政策的研究分析，有针对性制定对策措施，实现区域经济发展规划和银行信贷政策的有效对接。重视和推进融资平台清理规范，完善公司治理，落实还款保障，增强融资功能，有效缓解经济社会发展资金紧缺和有效信贷需求不足的矛盾。银行部门要加强与政府及有关部门的汇报沟通，围绕经济发展战略和行业发展重点，加大金融

支持力度。

（二）拓宽资金融通渠道

贷款持续较快增长，有关各方对银行业的期望不断提高，但宽松信贷助推经济发展模式不可持续。在做好银行信贷服务，较好满足重点领域和关键环节有效信贷需求的同时，要拓宽资金融通渠道，通过扩大企业上市融资，发展产业投资基金、风险投资基金和私募基金等方式，提高直接融资比重。抓紧研究落实民间资本进入公路、铁路、金融等垄断行业的政策措施，引导和推动民间资本有效服务实体经济发展，缓解信贷资金供给压力。

（三）完善涉农信贷配套机制

推动落实涉农信贷的各项补贴和税收减免政策，提高银行业金融机构加大涉农信贷投放的积极性。加强农村金融基础建设，加快建立土地承包经营权流转市场和集体林权交易平台，引导和支持各级担保公司拓展县域担保业务，有效缓解涉农信贷“抵押难、担保难”制约。完善农业保险体系，扩大农业保险范围，分散农业领域经营风险。深化农村信用社改革，推进风险处置化解，继续引进和设立新型农村中小金融机构，鼓励和支持银行业金融机构网点向县域延伸，不断增强银行业信贷支农能力。

（作者施爱平，时任湖南银监局党委书记、局长，现任湖南银监局巡视员）

广西县域经济及金融服务调研报告

县域经济是国民经济的重要组成部分，发展和壮大县域经济是全面建成小康社会的必然要求，是加快推进城镇化建设、统筹城乡和区域经济发展的重要举措。加强和改进县域金融服务，既是银行业当前面临的一项重要任务，又是急需解决的一个重大课题。

一、广西县域经济金融发展现状及特点

（一）县域经济快速发展

一是经济总量逐年提高。“十一五”期间，广西县域经济年均增速达15.9%，高于同期全区平均增速1.94个百分点。2011年末，广西91个县实现生产总值7 623亿元，占全区经济总量的65.1%。二是收入增长较快。2011年，广西县域城镇居民人均可支配收入和农民人均纯收入分别是2006年的2.01倍和2.04倍。三是工业快速发展。2011年，广西县域工业对县域经济增长的贡献率为52.6%，是县域经济增长的主要动力。四是投资力度加大。“十一五”期间，广西县域固定资产投资年均增长36.5%，高于同期全区平均增速1.8个百分点。

（二）县域金融需求旺盛

一是企业需求旺盛，大部分县域企业的贷款需求增幅都在50%以上，高于同期广西贷款增速约20个百分点。二是固定资产投资增长对银行信贷产生直接需求。按照广西“十二五”规划的目标测算，到2015年，广西县域固定资产投资将带动贷款需求超过1 000亿元。三是农户贷款需求额度逐步增大。有近60%的农户贷款需求超过10万元，农户大额生产经营性贷款占比越来越高。

（三）县域银行业快速发展

一是网点不断增多。截至2011年末，广西县域银行网点达3 554家，全面实现金融服务乡镇全覆盖。二是业务规模扩大。截至2011年末，县域存贷款年均增幅分别达到25.62%、29.09%，分别高于同期GDP年均增幅5.81个和9.28

个百分点。三是运行质量良好。截至2011年末，县域银行机构不良贷款率3.88%，比2006年末下降20个百分点；实现净利润68.75亿元，是2006年的6.36倍。

（四）信贷投放力度加大

“十一五”以来，广西县域贷款以年均28.24%的增幅增长，县域贷款占全区贷款的比重由2006年末的18.86%升至2011年末的23.09%，县域贷款占县域GDP的比重也由2006年末的21.68%升至2011年末的32.25%。

（五）金融创新步伐加快

一是积极推出特色金融产品。近两年来，35个县域银行机构先后开发了20多种特色金融产品，如北部湾银行先后推出“红木货押”、“阳光茉莉”等新型信贷产品。二是扩大抵押担保范围。积极探索生产设备、土地使用权、林权、存货、应收账款、仓单等抵质押，进一步拓宽担保物范围。三是创新服务模式。利用优质企业上下游的产业链关系，积极探索“公司+基地+农户+信贷”的融资模式，推动农业产业集约化发展。

二、制约银行业支持县域经济发展的主要因素

（一）县域经济弱质特征影响了银行信贷投入

产业结构方面，县域经济工业化程度较低，且结构雷同，小而全、低水平的问题突出；农业方面，主要还是以传统农业为主，产业化水平偏低，规模效益较差，并且缺乏风险补偿机制；企业方面，规模小，产品单一，科技含量和附加值较低，负债率高，管理水平低，财务不规范。

（二）现行信贷体制不能完全适应县域信贷需求

一是信贷审批权限偏低，国有银行县域分支机构基本上没有信贷自主权。二是信贷准入门槛偏高。信贷标准和条件一般按照支持城市大企业、大项目的标准制定，许多县域企业或项目因条件不够而无法通过审批。三是贷款审批程序环节多、时间长，与县域企业、农户“急、频、少、高”的信贷需求特点不相适应。四是银行内部激励约束不对称，除了存款业务有奖励措施外，其他业务的激励措施较少。

（三）机构和人员不足制约了县域金融服务能力的提升

在乡镇地区一级，除了农业银行、邮储银行、农村中小金融机构外，其他银行都是“零网点”。以人均网点数看，2011年末县域内每万人网点数为0.74

个，比全区平均水平低0.25个百分点。同时，除农信社外，其他县域银行机构普遍存在信贷人员不足的情况，一般只有3～4人，占全部人员的比重仅为22.4%，严重制约了服务能力的提升。

（四）金融产品和服务难以适应县域金融服务需要

县域银行机构虽然推出了较多融资新产品，但能够较好契合县域经济需要的金融产品却较为匮乏，而由上至下推行的信贷产品由于针对性、适应性不强，又很难被县域接受，应用范围有限。如目前国有商业银行推出的相关金融产品大都存在“城市化”痕迹，缺乏特色，准入门槛高，难以真正满足县域金融服务需要。

（五）金融环境不完善限制了县域金融服务的改善

一是县域金融立法缺失。虽然2010年人民银行、银监会联合出台了《关于鼓励县域法人金融机构将新增存款一定比例用于当地贷款的考核办法》，但作为部门规章，总体效力较弱，无法从根本上解决县域资金外流问题。二是政策扶持有待加强和改进。调研的35个县中，由于地方政府财力有限，仅有12个县出台了金融机构支持地方经济发展的奖励办法。三是各类配套体系建设相对滞后。信用体系方面，调研的35个县中，信用村和信用农户占比分别为6.86%和30%。

三、银行业支持县域经济发展的意见建议

（一）加快县域经济发展，夯实经济金融良性互动的基础

加大县域产业结构调整力度，积极培育特色支柱产业，在产业链上创造金融需求。大力扶持有信用、有实力的企业发展壮大，做大做强规模企业，增强县域资金吸附能力。鼓励和支持更多农户介入务工经商，壮大县域经济群体规模，创造更多的金融需求主体。

（二）加强监管引导支持，着力解决好县域资金外流问题

一是进一步明确和强化“农字号”银行机构服务县域和“三农”的市场定位，切实发挥好主力军作用。二是从制度层面明确银行机构在县域的资金使用比例，设置限制性或惩戒性措施。三是科学设定县域金融服务监管指标，并将结果作为市场准入、监管评级、高管履职评价的重要内容。四是适当提高县域金融服务的监管容忍度，对风险管控能力较强的地方性法人金融机构，逐步放宽存款准备金率、存贷款浮动利率、存贷比等硬性要求。

（三）改进信贷管理模式，切实提升县域金融服务的质效

一是在风险可控和商业可持续的前提下，科学设置信贷审批权限，适当调整小微企业、农户的信用贷款额度，以适应大额生产经营性贷款的实际需求。二是改进贷款定价方法。适当扩大基层分支机构贷款利率自主定价空间，充分发挥基层行的积极性。三是建立适合县域特点的绩效考核体系，实行分类管理、分账核算、单独考核，并鼓励信贷人员积极发展新客户，增加新贷款。

（四）优化机构人员配置，强化县域金融机构的服务能力

一方面，强化市场准入导向作用，继续发展新型农村金融机构，争取村镇银行覆盖全区每一个县域，并在适当条件下引导、鼓励民间资本参与组建地方性社区银行；另一方面，督促各银行机构充实县域银行机构人员力量，注重加强信贷人才队伍建设，有效发挥县域银行机构工作人员的潜力。

（五）鼓励开展业务创新，提升产品服务的针对性和适应性

一是根据县域经济社会发展的特点和需求，积极开发和创新“量体裁衣”式金融产品和服务。二是稳步探索土地承包经营权和宅基地使用权流转配套信贷产品，积极发展大型农用机械、渔船以及应收账款、仓单、存单等抵质押贷款。三是完善支付服务体系。大力推广惠农卡、电话银行、网上银行等新型服务方式，不断扩大服务覆盖面，提高服务便捷性和透明度。

（六）完善县域金融环境，为改善县域金融服务创造条件

一是加强县域金融立法，适时出台《县域金融再投资法》。二是积极协调地方政府，落实各类奖励和补贴措施，发挥好财政资金杠杆效应。三是积极开展信用村、信用农户评选，进一步推动征信系统建设。四是完善担保、中介和农业保险服务体系，为金融服务提供便利，间接降低涉农信贷经营风险。

（作者苏保祥，时任广西银监局党委书记、局长，现任银监会案件稽查局局长）

海南银行业支持国际旅游岛建设的实践及思考

2009 年 12 月 31 日，国务院发布了《关于推进海南国际旅游岛建设发展的若干意见》，标志着国际旅游岛建设正式上升为国家战略。围绕海南银行业支持国际旅游岛建设的实践、创新和制约因素等问题，海南银监局通过走访相关政府部门和深入省内多地市的银行业机构开展实地调研，提出政策建议。

一、海南银行业支持国际旅游岛建设的基本情况

绿色金融助推生态省建设。海南局确定了助推生态省建设的绿色金融扶持机制，积极引导辖内银行业机构贯彻落实国家产业政策和监管要求，节能减排授信占比逐年提升，节能减排授信增幅远超各项贷款增幅，促进绿色金融和绿色经济的同频共振。在海南省工信厅发布的《2011 年海南省淘汰落后产能责任企业名单》中的 77 户企业，银行业机构均未发放贷款。

持续提升金融服务能力。为适应国际旅游岛建设多样化服务的需求，2010 年以来，海南银行业新增及改建网点 211 个、增设自助设备 9 227 个、创新业务品种 1 727 个、改造流程 100 次，金融服务能力进一步提升。此外，通过专设小企业专营机构、引进新型农村金融机构、增设银行县域网点、布设自助服务机具等方式提升了小微企业金融服务和农村金融服务的覆盖面、灵活度和满意度。2010 年及 2011 年，辖内小微企业贷款和“三农”贷款增速连续两年位居全国前列。

信贷投放凸显国际旅游岛特色。近两年，海南银行业每年新增贷款在 550 亿元以上，连续两年以 27. 1% 以上的增速居全国第一，显著拉动旅游业及现代服务业两大核心产业。投放 565. 94 亿元贷款，支持了国际会展中心和大批旅游酒店建设；投放 262. 22 亿元贷款，推进海口美兰机场和三亚凤凰机场旅客吞吐量双双突破 1 000 万人次大关、全省港口货物吞吐量突破 1 亿吨大关，完善东环铁

路和高速公路建设网络；投放7.84亿元贷款，助推三亚及海口美兰机场免税店运营、多家奥特莱斯购物中心开工建设；投放7.6亿元贷款，举办多项大型会展和国际赛事。

信贷效应带动经济效益和社会效益的并进。银行信贷投放66.38亿元贷款，全省实现村村有卫生室，区域医疗中心形成“1小时三级医疗机构服务圈”的目标；投放256.55亿元贷款，推进热带冬季瓜菜等“国家五大基地”建设。多家银行集中支持的陵水黎族自治县更是取得了显著的经济效益和社会效益。2011年，这个全国贫困县的财政收入增幅跃居全省第一位，生产总值、投资总量均居全省第三位，城镇居民可支配收入增幅居全省第四位，该县黎安片区率先成为国际旅游岛先行试验区。

二、海南银行业支持国际旅游岛建设的具体实践与创新

一是战略布局上，紧跟国际旅游岛建设方向。银行业机构根据发展战略、资源优势、政策扶持等个体差异，在现代服务业、热带高效农业、新兴工业等领域寻求拓展空间。2010年及2011年，全辖服务业贷款占比均超各项贷款的60%；海南服务业增加值占GDP比重均在46.1%以上，对经济的贡献率均超56.0%。

二是政策扶持上，凸显对旅游产业的重点倾斜。国际旅游岛的唯一性和国家政策扶持的多样性，使得多家银行总行给予多样的政策倾斜。工行海南省分行获得超过60亿元的贷款额度追加，新增商用房开发贷款等11项业务品种；中行海南省分行获批单设银行卡部，对三亚等城市旅游酒店的开发贷款享有专项授权，成为中行系统首家开办产权式酒店按揭贷款业务的试点行；在全国建行系统审慎介入部分行业的大环境下，建行海南省分行被特许将建筑业等7类海南特色经济行业列为支持类行业。

三是服务模式上，提升多元便捷的优化效应。海南银行业充分利用经营权质押等多元化的融资担保模式，为产业园区、仓储设施、景区等各类硬件设施提供融资支持；建行海南省分行成立星级酒店直营团队，全力做好国际旅游岛建设规划中引进的60家高档酒店营销；中行海南省分行推出“旅馆贷”、“益农贷”，提升家庭旅馆、农家乐服务能力。辖内8家银行参与“游中国系列国际旅游岛卡”的发行，构建海南旅游市场的便捷结算通道；中行海南省分行新增卢布、新台币等小币种兑换业务，这些小而精的特色服务适时满足了客户的个性

需求。

三、海南银行业在支持国际旅游岛建设过程中存在的问题与思考

一是企业自身抗风险能力较弱。海南现代服务业中不乏总量规模偏小、产业层次偏低、实物资产占比较低、信用评级普遍较低的传统型小企业；旅游项目前期建设投资大、资金循环周期长，经营效益易受季节、自然灾害的影响，现金流不够稳定，抗风险能力较弱。景区等大项目多通过政府下设的控股子公司牵头建设，存在行政色彩浓厚、产权不清晰、公司治理不完善等问题。

二是信贷扶持政策存在不稳定因素。《海南国际旅游岛建设发展规划纲要》提出：2010—2020 年，全省固定资产累计投资需达到 3.52 万亿元。2012 年 3 月，海南省政府与全国 50 家中字头企业签约 51 个项目，其中基础设施建设及城镇化建设呈现高占比态势。但受经济发展方式向国内消费需求为主转型的影响，部分银行的信贷政策对城建、公路、电力、房地产行业的贷款总量及占比予以压缩，致使海南省部分银行的信贷政策难以落地，出现了区域性的市场需求与“一刀切”的信贷政策不匹配的矛盾。

三是融资配套机制亟待完善。具有海南地域及产业结构特色的融资担保方式发展滞后，如房地产贷款的在建工程抵押、高新产业的知识产权质押、海域使用权抵押、景区承包经营权质押等均缺乏系统的操作流程和配套机制。此外，旅游文化项目抵押可行性、评估值及风险性本身存在较大争议，加之评估机构的专业性、公信力有待提升，使旅游文化资源难以成为银行业机构认可的有效资产。

四是政银企协作效应有待提升。海南省在产业项目的建设中，更多地依靠政府部门招商引资和自筹资金，政银企沟通机制尚不健全。一方面，降低银企对接成功率，银行业机构处于坐等客户上门的状态，部分银行存款流向总行资金池、存贷比不饱和，资金的本地化应用还有较大提升空间；另一方面，信息的不对称，也容易造成银行业机构间的盲目营销及不透明竞争，形成资源浪费或恶性竞争。

五是金融服务及产品面临挑战。海南银行业多为分支机构，产品设计权限和创新能力受限，金融服务理念和技能面临国际旅游岛建设多样性需求的挑战。目前针对旅游产业特点的金融产品开发仍不能满足现实需求，银行业机构普遍未建立针对旅游文化产业特点的信用评级体系和管理手段。

四、政策建议

首先，要推进政府的支持体系建设。建立各方参与的金融发展联席会议制度，定期分析金融运行形势，解决金融服务国际旅游岛建设中的重大问题。建立政府牵头的重点行业推介平台，统筹、深化旅游产业的建设规划，完善项目库和企业信息查询系统，提升银企对接成功率。完善政府融资平台的法人治理，加强风险防控，增强经营实力，推动实现平台公司实体化、融资与项目建设经营管理一体化。充分发挥各类专项资金、贷款贴息、税费减免等激励机制，鼓励银行业机构将新增存款留存本地。

其次，要完善信贷融资的配套机制。完善相关旅游文化产业的开发规划、激励机制，健全产权质押评估及处置流程等配套体系建设。尽快完善海南区域及产业特色的在建工程，景区承包经营权、林权、海域使用权等融资担保规定，规范抵押登记流程和审核标准。

最后，要提升金融产品的服务功能。一方面，丰富适合旅游产业的信贷产品，加快银行卡、网银、存取款一体机的推广运用，推动开展跨境贸易人民币结算试点、居民个人本外币兑换特许业务试点，探索开办离岸金融业务。另一方面，加快旅游产业投资基金的运作和完善，探索建立符合海南特色的综合旅游保险制度、完善“三农”保险体系，加强风险分散转移和补偿机制建设；支持省级融资担保平台健康发展，提升担保机构的担保效应，多策并举缓释信贷风险，保障银行业支持国际旅游岛建设的积极性。

（作者王晓辉，海南银监局党委书记、局长）

统筹城乡背景下贫困地区金融扶贫的探索与实践

渝东南地区包括黔江区、石柱县、彭水县、酉阳县、秀山县（以下简称一区四县），位于武陵山脉腹地，幅员面积1.69万平方公里，总人口320万，不仅是集中连片的国家贫困地区，也是少数民族聚居的边远山区。与重庆其他地区相比，该地区基础设施落后、产业结构单一、贫困人口分布点多面广，统筹城乡一体化发展任务重、压力大。近年来，重庆银监局引领辖内银行业金融机构努力发挥金融在扶贫开发中的重要作用。2012年5月末，一区四县各项贷款余额317.5亿元，同比增长20%，高于全市平均增幅3个百分点。2011年末，一区四县GDP总量达到456.3亿元，同比增长24.9%，高于全市水平8.5个百分点；农户平均收入达到5 259.4元，比“十五”期末增长了87%。

一、金融扶贫成效

从走访调研情况看，近年来贫困地区金融服务能力不断提升，为当地经济社会发展提供了有力的金融支撑。

（一）健全服务体系，贫困农村地区基础金融服务均等化水平得到提高

“十一五”期间一区四县新增金融网点43家，并率先在全市实现了空白网点乡镇金融服务全覆盖。新设村镇银行3家，农村资金互助社1家，农村基础金融服务已从“乡乡通”向“村村通”迈进。到2012年5月末，共投放“惠农通”657台（发放惠农卡20.13万张），配置“农村便民自助服务终端”130台，占全市总量的26%。在一些村社，农户“足不出村”就能及时领到政府的各项补贴。

（二）创新金融产品，贫困地区重点产业和贫困农户支持力度不断加大

针对武陵山区产业资金链紧、可供担保物少的困境，辖内银行机构在担保方式上积极创新。农商行全市第一笔农副产品动产质押贷款，第一笔农房抵押

贷款均出自该行石柱支行。后者已丰富发展为全市全面推进的“三权”（指农村土地承包经营权，农房、林权）抵押贷款，2012 年 5 月末一区四县此类贷款余额也达到 27.8 亿元。在涉农银行支持下，位于三峡库区的石柱已成为全国最大的长毛兔、辣椒和黄连生产基地县，秀山成为全国最大的金银花生产基地县。辖内银行机构还相继推出了还款方式灵活、担保方式多样的“农户小额贷款”、“再就业担保贷款”、“农村青年创业贷款”、“农民工返乡创业贷款”、“妇女贷款”、“新疆摘棉路费贷款”等信贷品种。截至 2012 年 5 月末，渝东南一区四县贫困农户贷款余额 6.76 亿元，为 3.2 万户农户解决了资金难题。

（三）完善金融扶贫体制机制，银行业支持贫困农村地区发展的内生动力得到增强

辖内主要涉农银行通过采取搭建服务“三农”专营管理机构、建立区别于城市业务的正向考评激励体系及分类管理的信贷决策和风险管理体系等措施，引导资本要素通过金融渠道流入贫困农村地区。如重庆农商行专门建立了“三农业务”差别化考核办法，新增涉农贷款利息收入支行多计提 20% 绩效，新增农户贷款利息收入的 15% 用于直接奖励给客户经理。2009 年政策实施以来，一区四县直接发放用于奖励给信贷人员的专项奖金超过 600 万元。

（四）建设配套体系，金融扶贫效率和质量得到提高

一方面，财政贴息降低了贫困地区借款人融资成本。2011 年，仅全市扶贫部门投入的小额信贷贴息资金就达到 1 910 万元；另一方面，风险补偿和分担机制建设为金融扶贫解除后顾之忧。如黔江区大力发展的 300 万头无公害生猪基地建设，不但当地政府鸿业担保公司对其提供担保，市、区两级财政资金设置对出栏规模养殖户 10 万 ~ 80 万元不等的补贴，当地人保公司和安诚保险公司还推出了生猪保险。

二、存在的问题

（一）推动贫困地区基础金融服务“进村社”存在较多制约因素

贫困地区的行政村较分散，交通不便，全部借助乡镇物理网点延伸金融服务到行政村不现实，已实现全覆盖的空白乡镇网点也存在普遍经营亏损、安全隐患多等压力。“惠农通”以及“金融便民服务终端”等功能尚不全面，小额现金支付（每张卡每天最高 500 元）和简单业务查询功能难以满足部分村民特别是各类专业户的大额取款需求。

（二）政策性金融扶贫力度日趋弱化

随着支持力度不断减弱，渝东南一区四县政策性金融扶贫贷款由最多时占全部贷款12.3%逐年下降到2012年5月末的5.1%。一些民族贫困地区特有的“民贸企业利差补贴”政策，补贴额度从最高时近千万元下降到仅600多万元。一区四县余额存贷比由20世纪90年代最高时的186%下降到目前的67%，低于全市平均水平15个百分点。

（三）银行业对政府曾经主导的“运动式”金融扶贫仍心存畏惧

“八七”扶贫攻坚期末，一区四县政府主导的以小额信贷扶贫为标志的扶贫运动，演变为一场“运动式”扶贫，有的贫困县小额信贷扶贫资金回收率仅为2%。2000年后，政策性小额信贷扶贫全面停滞，银行均不愿再涉足。如2008年重庆选择农商行酉阳支行开展财政“奖补资金”小额信贷扶贫试点，一笔贷款未放就无疾而终。而同期该支行积极参加以贫困农户和妇女为目标，国际农发基金资助的小额信贷项目，取得较好经济效益和社会效益，受益农户达到6 829户。

（四）金融扶贫配套体系建设仍需要不断完善

一是核心金融产品创新发展仍受到制约。如“三权”抵押贷款存在着林权及农村土地交易、流转市场未建立或不完善，抵押物评估难、资产处置办法尚未出台等问题。二是较多采用贷款贴息方式，容易扭曲资金价格，导致使用效益不高甚至偏离扶贫预期目标。三是各贫困区县融资性担保机构较少，现有担保机构整体放大倍数不到3倍，担保能力有限。四是政策性农业保险风险分担作用发挥还不够。由于成本高、风险大，除了烤烟、生猪等个别险种外，其他商业性保险很少。

三、思考与建议

（一）因地制宜创新金融服务方式，提高贫困地区村社基础金融服务水平

考虑到当前贫困地区行政村常住人口以中老年人为主，依托农村小商店、农资店等推广POS小额存、取款业务较为适宜。也可以推广有银行员工操作的自助服务终端，目前辖内农商行已在进行相关试点。同时，开展“送金融知识进村社”工程，强化对偏远地区农户金融基础和安全知识教育。

（二）加强政策扶持力度，引导金融资源配置向贫困地区倾斜

重新强化贫困地区政策性银行的政策性金融扶贫职能，大幅度增加切块专

项信贷扶贫资金数额，由银行自主运用，并实行单独核算、单独考核，提高信贷扶贫资金使用效益。积极鼓励多主体、多形式的小额信贷扶贫创新，增加贫困人口信贷的可获得性。通过监管准入挂钩、差别存款准备金、专项支农再贷款、营业税减免、支农信贷损失补偿等政策，鼓励和引导各类银行业金融机构到贫困地区增设机构网点，持续加大信贷投入。

（三）重构政府与市场边界，探索新时期金融扶贫的有效途径

金融扶贫过分强调福利性可能导致资金大量沉淀，而过分强调商业性则会导致“马太效应”，使大量资金流出贫困地区。政策性信贷扶贫业务，必须坚持政府引导、市场运作、自主自愿原则，让银行在限定范围内，自主选择投放对象和贷款方式。在项目管理上，可借鉴奥援项目、国际农发基金援助项目等经验，或引进非政府组织（NGO）成熟技术。

（四）强化配套体系建设，为金融扶贫营造良好外部环境

一是建设完善农村综合产权交易体系，组建或引进专业“三权”抵押评估机构及配套不良资产处置办法。二是慎用贷款贴息，更多采用农产品价格补贴、对银行机构损失风险补贴等方式，提高资金使用效益。三是以财政扶贫资金为主体，吸收国际援助、地区间对口扶持、民间资助等各类资金，设立不以盈利为目的的信贷扶贫担保机构或担保基金（目前市扶贫部门正准备探索），通过放大担保倍数，撬动更多银行资金流向扶贫领域。四是通过完善税收优惠政策、提高财政补贴力度、鼓励银行网点开展代理业务等，提高政策性农业保险积极性，也可组建专门的政策性农业保险机构。

（作者洪佩丽，重庆银监局党委书记、局长）

西藏农牧区基础金融服务的调查与思考

目前西藏农牧区存在金融服务主体单一、金融服务空白乡镇较多、流动金融服务任务繁重、县域银行机构经营困难等问题，要解决好农牧区基础金融服务不完善问题，必须解放思想，多措并举，协调联动，破解实践难题，才能取得突破性进展。

一、西藏当前农牧区基础金融服务的现状和特点

西藏自治区国土面积120多万平方公里，人口300.12万，其中农牧区人口240多万人，分别从事农业、牧业、半农半牧业生产，绝大部分地区自然环境恶劣，经济发展落后，生产力水平低下，相当一部分地区呈现自然经济特征，由于全民信教，宗教氛围浓厚，个别偏远地方还存在着封建农奴制社会的残余影响。西藏农牧区的基础金融服务总体来讲还比较薄弱，虽然大部分农牧区的基础金融服务能在较低水准上满足农牧民现阶段的生产生活需要，但与社会主义新农村建设的要求还不相适应，基础金融服务比较欠缺，解决问题的难度很大。

（一）西藏当前农牧区基础金融服务的现状

1. 银行机构对西藏乡镇的覆盖情况。截至2012年7月末，西藏全区有537个乡、139个镇。537个乡中有280个乡设立了银行机构，覆盖率为52.14%，139个镇中有127个镇设立了银行机构，覆盖率为91.36%。全区73个县（区、市）中，只有12个县（区、市）的全部乡、镇设立了银行机构，其余51个县（市、区）共有269个乡镇没有金融机构，其中金融机构空白乡257个，金融机构空白镇12个。西藏银行业金融机构对西藏乡镇的覆盖率仅有60.20%。

2. 西藏银行机构对农牧区的服务情况。截至2012年7月末，西藏银行业金融机构各项存款余额1 671.38亿元，各项贷款余额637.14亿元，存贷比为38.12%。其中，县及县以下各项存款289.74亿元，占全区银行机构存款的17.34%，县及县以下贷款83.06亿元，占全区银行机构贷款的13.04%，存贷比

为28.67%。在637.14亿元各项贷款中，涉农牧业贷款86.69亿元［其中农（牧）户贷款68.39亿元］，占比13.61%。

（二）西藏当前农牧区基础金融服务的特点

1. 金融服务主体十分单一。西藏的农村信用社早在20世纪90年代整体并入农业银行成为农行在县和县以下基层网点，西藏邮政储蓄机构没有依托邮政网点普遍设立，只在拉萨市设立了自营网点，拉萨以外的6个地区只在部分县设立了邮储代理机构，不能开办贷款业务，其他国有大型商业银行基本没有在县和县以下设立分支机构，因此，西藏的县域经济和农牧区的金融服务主要依靠农业银行提供。

2. 流动金融服务任务繁重。由于西藏目前仍有269个金融机构空白乡镇，占全区乡镇总数的39.79%，银行业金融机构对全区乡镇的银行网点覆盖率只有60.20%，这些金融机构空白乡镇的金融服务完全依靠农业银行县支行和邻近乡（镇）营业所采取流动服务的方式解决，一般为每月1~2次，特别偏远、高海拔的乡镇为半年2~3次。由于农行西藏分行的基层员工人数严重不足，县支行机关一般为15人左右，1台车辆，乡（镇）营业所为1~3人，无车辆，加上距离遥远，路途艰险，往返一次通常需要3~5天，流动服务的任务繁重，困难很大。

3. 农牧区普遍存款少贷款多。西藏虽然总体上存贷比低，存差大，但在农牧区的情况是反向的，农行乡镇营业所存款少，贷款多，贷差很大。主要是因为农牧民现金收入水平低，贷款后习惯于自行保管现金或到县城购买生产生活资料，乡镇商品交易场所偏少，农牧民聚居地距离农行乡镇营业所较远等原因。

4. 农牧民群众诚信意识好。由于西藏广大农牧民群众笃信藏传佛教，待人淳朴，十分讲究不占非分之财，对所借财物一般都设法按时归还，因此，对银行贷款很讲诚信，能够主动按期偿还，即便因重大意外因素造成还款困难，也会在亲友帮助下设法偿还。据农行西藏分行统计，近10年来对农（牧）户贷款的不良率一直为0.1%的水平。

5. 农行县及县以下机构经营困难。西藏是我国经济发展水平最低的省份，西藏本身又存在地区发展严重不平衡的问题，尤其是县域一级，普遍存在人口少、财力弱、行政成本高、产业基础差、自然环境恶劣、农牧业生产力落后、商品化程度低等问题，在这种经济基础上的金融运行必然呈现有效信贷需求不足、经营成本高、规模效益差的特征。也正因为如此，国家对西藏银行业金融机构采取了优惠贷款利率和差异化的银行经营费用补贴政策，帮助在西藏银行机构（主要是农业银行）实现持续经营和履行社会责任。

二、解决西藏农牧区基础金融服务薄弱问题的思路

（一）西藏邮政储蓄代理机构全部改建为中国邮储银行的自营分支机构

西藏的县城和大部分乡镇邮政网点齐全，通讯网络完备，开办银行业务的基础条件较好。但西藏的邮储网点仅有69个，且拉萨市以外的邮储网点全部为邮政的代理网点，不具备贷款业务功能。建议将拉萨市以外的邮储代理网点全部改建为邮储银行的县支行，未设立邮储代理网点的县城新建邮储银行县支行，县以下的乡镇依托乡镇邮政所设立邮储银行的自营网点或邮储代理网点。对西藏邮政公司因邮储代理网点改建带来的收入减少问题采取财政补贴政策另行予以弥补。

（二）农业银行西藏分行继续加大农牧区金融服务力度

农业银行西藏分行及其分布在全区的500多个分支机构继续发挥好在西藏县域和广大农牧区金融服务主力军作用，加大中小企业和“三农”信贷投入，改进金融服务手段，提高金融服务质量。根据需要和可能，继续在没有银行网点的乡镇一级所在地设立分支机构，或者设立“惠农通”金融服务站，开展银行金融服务。

（三）中国银行和中国建设银行加大在西藏设立分支机构的力度

中行和建行在西藏已发展业务多年，目前市场份额分居第二、第三位，但分支机构尚未向西藏的县域延伸，对农牧区的金融服务严重不足，建议中行和建行根据地方政府的协调意见，采取划分区域的办法，分别在地方政府协调的县域设立分支机构，并承担所在县域的一部分金融机构空白乡镇的流动金融服务。工商银行西藏分行设立已有近5年，要尽快向西藏的地区所在地逐步设立分支机构，开展涉农（牧）金融服务。

（四）西藏银行要尽快切入农牧区基础金融服务

中央第五次西藏工作座谈会提出“帮助西藏组建地方商业银行”的目的，就是要促进西藏地方经济社会发展。西藏银行作为西藏的地方法人银行，理应立足西藏，服务西藏，服务中小企业和“三农”。因此，在西藏银行的发展战略规划中，应当将网点和服务尽快向县域延伸，逐步加大对农牧区的金融服务力度。

（五）逐步推进在西藏农牧区设立村镇银行

建议在“东西挂钩”的商业银行设立分支机构和新型农村金融机构的制度

安排中，特别明确对在西藏设立村镇银行的指标安排，引导商业银行进藏对农牧区开展金融服务，履行社会责任。此外，全国对口支援西藏的省（市）和大多数中央企业都有自己控股的金融机构，建议协调这些援藏省（市）和中央企业推动自己控股的金融机构在对口支援的地、县发起设立村镇银行，既有利于管理运用好援藏资金，又能直接有效地为当地农牧区提供金融服务。

（六）在西藏银行业金融机构创新农牧区金融服务手段

如设立自助银行设备、开办电话银行、手机银行、网上银行等。此外，西藏各级地方政府要大力推进政策性信用担保公司、担保基金、资产评估机构、会计师事务所等市场中介机构建设，联合银行业金融机构开展“信用乡（镇、村）”建设，创造良好的农牧区金融服务环境。

（作者扶明高，西藏银监局党委书记、局长）

欠发达地区银行业支持县域经济的调查报告

县域经济作为城市经济与农村经济的结合部，是国民经济的重要组成部分，是统筹城乡发展、推进城镇化建设的重要载体，也是国家“十二五”规划提出的加强和发展的重点内容。近年来，随着国家惠农政策不断出台，县域经济得到快速发展，但受多重因素制约，欠发达地区县域金融机构网点较少，产品创新不足，金融服务能力与满足县域经济发展多样化需求之间的矛盾还比较突出。近日，为全面了解甘肃银行业支持县域经济发展情况，甘肃银监局对全辖69个县进行了全面调查。

一、基本情况

甘肃省县级行政区划共69个（不含市辖区），其中县级市4个，民族自治县7个，县58个。县域面积43.19万平方公里，占全省面积的95.05%，常住人口1 905.03万，占全省总人口数的74.29%。截至2012年6月末，全省县域实现生产总值931.1亿元，占全省生产总值的40.88%，县域人均生产总值为4 886.9元，低于全省平均水平，仅为全国平均水平的四分之一。6月末，甘肃县域银行业金融机构各项存款余额3 134亿元，比年初增加269.6亿元，增长9.4%，全省县域存款占全省存款的34.18%。各项贷款余额1 816.54亿元，比年初增加279.54亿元，增长18.19%，全省县域贷款占全省贷款的27.24%，低于存款6.94个百分点。县域不良贷款为75.02亿元，不良率为4.13%，高于全省不良贷款率1.77个百分点。

二、银行业支持县域经济发展中存在的主要问题

（一）县域金融资源占有量少，金融服务能力薄弱

甘肃省县域银行机构主要有国有商业银行、农发行、邮储银行的分支机构

及农村信用社，共有网点2 693家，占辖区银行机构网点总数的60%。全省县域每万人拥有网点数量为1.41家，比城市每万人拥有网点数量少1.31家。乡镇一级农信社员工约为7人，其中信贷人员2至3人，平均每名信贷员服务13个村、近千家农户，远不能满足县域经济发展的金融需求。村镇银行因其网点少、服务半径受限，加上其他一些自身及政策方面存在的问题，相对广大县域而言，其金融服务也是杯水车薪。

（二）银行体制机制受限，县域经济融资难

受县域银行机构自身体制机制的影响，县域经济融资难。一是贷款审批权限缺失。国有商业银行县域机构网点除小额存单质押和个人贷款业务外，仅有贷款调查权和推荐权，没有贷款审批权限，加上贷款审批的时滞，增加了县域借款人借款的难度。二是考核指标不合理加剧资金流失。国有商业银行上级管理部门考核县域机构的指标主要以上存资金规模为主。在这种考核模式导致国有商业银行县域机构重存款、轻贷款、忽视中间业务，大量上存资金，导致县域资金外流，县域可贷资金减少。三是约束激励机制存在缺陷。一些县域银行机构实行信贷风险第一责任人追究制度，贷款营销人员有“惧贷”思想，业务拓展积极性不高。四是组织机构建设不到位。县域银行机构基本未建立涉农和小微金融服务内设机构，受信息系统不完善、人员配备不到位等因素影响，影响了服务县域经济的广度和深度。

（三）信用评级脱离实际，贷款定价水平不高

国有商业银行对县域经济缺乏区别对待、因地制宜的信贷政策，信用评级脱离县域实际。信用评级、授信标准照搬成熟客户、大客户模式。由于农村经济发展滞后，农村企业普遍资产规模小、资金实力较差、财务管理水平低，难以通过授信评级获得信贷支持。同时，县域银行机构定价方式简单化，老客户与新客户一个价，好客户与差客户一个价，在一定程度上影响了贷款利率浮动对客户的激励效应。

（四）服务创新不足，县域金融服务滞后

目前，甘肃县域银行机构提供的服务依然以传统的“老三样”，即存、贷、汇为主，业务品种简单，服务创新不足。一是金融产品创新不足。从支农领域看，支农贷款期限短、额度小，只能满足小型、传统农业生产的需求，难以满足涉农企业的大额资金需求。二是产品创新实用性不强。近年来辖内银行业金融机构推出了一些创新产品，但大都是对上级行或外地银行产品的简单复制，没有结合当地经济特征、行业特色，实用性不强，真正适应县域经济发展特点

的创新产品不多。三是现代化科技化创新应用程度低。县域银行机构电子化服务渠道拓展不够，缺少 ATM、POS 机等配套服务设施，银行卡服务业务只能限于柜面操作，提取现金和消费存在“有卡无处刷”的现象。

（五）融资中介服务及相关配套体系发展滞后

相对县域经济发展融资需求，县域融资中介发展明显滞后。一是融资担保公司实力弱。全省 69 个县中有 87 家担保公司，资本金大多在 1 000 万 ~ 5 000 万元，资金实力小，抗风险能力低，专业人员缺乏，内部管理不够规范。二是土地、林权等相关资产评估、产权交易等中介机构仅在个别县开始试点，作用有限。三是抵押贷款评估登记环节多，还存在收费高、重复评估登记和乱收费等问题。据金融机构反映，贷款过程中，资产评估、抵押登记等费用超过贷款金额的 3%，而且手续烦琐。

三、银行业支持县域经济发展的几点建议

（一）构建多层次县域银行体系，增强支持县域经济发展合力

引导国有商业银行延伸县域服务网络，下沉服务重心。农业发展银行政策性业务定位于支持农村基础设施建设和农业产业化发展，商业化业务重点向农业产业化龙头企业和农产品加工企业倾斜。引导邮储银行县域机构推进信贷业务“本土化”、客户对象中小化，使邮储资金真正“取之于县，用之于县”。引导农村中小金融机构在巩固现有机构网点的基础上，延伸服务，提升县域金融服务水平。鼓励和支持设立村镇银行等新型农村金融机构，积极拓宽融资渠道，增强在农村金融市场的竞争力。

（二）转变管理体制和经营机制，增加对县域经济的信贷支持

适度下放基层商业银行的贷款等业务审批权限，减少审批环节，适当放宽县域小企业的贷款条件。科学制定考核标准，废除贷款终身追究制，对不可预测和不可抗拒因素造成的信贷风险免除追究信贷人员责任，设定合理的容忍度，调动基层机构营销贷款的积极性。

（三）加强金融创新，满足县域金融有效需求

全面推进林权抵押贷款业务；大力发展农户、企业联保以及企业、合作社、农户间多种组合形式的多元联保贷款；探索发展订单、股权、仓单、提单、收费权或收益权等权利质押贷款，土地、水域经营权、矿产开采权等权利抵押贷款；推出简式快速贷款、自助循环贷款、贸易链融资工具等新产品。要针对县

域经济资金的季节性、零散性需求，对贷款申请限时办理，及时、快速发放贷款。对银行机构支持县域经济应实行独立经营核算体制。大力推广现代化科技创新在县城、乡镇的普及，推广惠农信用卡、一卡通等特色银行卡业务，增加ATM、POS机等结算机具数量，积极开展网上支付、电话支付、移动支付等支付创新，构建覆盖面广、功能齐全的服务体系。

（四）完善贷款担保机制建设，解决县域企业担保难问题

因地制宜引导银行机构完善与县域经济发展相适应的担保机制建设，解决县域企业“无抵押、担保难”问题。积极推介应收账款质押担保、非标准仓单质押担保、农业生产设施抵押担保和旅游项目经营权质押担保等。科学设计担保方式，在大力发展农村小额信用贷款、联保贷款的同时，进一步推广“龙头企业+农户”、“风险保证金+林权+农户”、“公司+基地+农户”、“农场担保+工资账户质押+农户”等多种担保方式。要对贷款抵押、担保、评估等收费项目进行清理，规范行政收费，实行优惠利率，减少农户融资成本，提高金融服务效率。要督促银行机构加强与信誉良好、经营规范、主营业务突出的担保机构合作，增强业务发展能力。

（作者谢凝，甘肃银监局党委书记、局长）

引导民间资本规范有序进入金融领域

一、青海省民间资本进入地方金融领域现状

（一）民间资本大量进入地方金融领域

截至2012年11月末，青海省法人金融机构股本总额32.74亿元，其中民间资本22.54亿元，占比68.85%，同比增长74.32%。具体分析，青海银行民间资本占比48.68%，全省农村信用社民间资本占比100%，担保公司、小额贷款公司、典当行等民间资本也居主导地位。

（二）融资利率较高

经初步调研，青海民间借贷融资年息最低为36%，普遍为40%～50%。90%的企业和个人之间的融资利率高于金融机构同期利率，利率标准主要依据借款人的实力、信用和借款时间长短而定。

（三）融资担保相对不足

调查显示，在担保形式方面，50%的样本企业由其他企业或个人提供信用担保；25%的样本企业采取资产抵押；另外25%的样本企业在借款时没有任何抵质押等担保措施，风险控制主要依赖个人信用。民间融资由于多发生在熟人之间，主要基于借贷双方的诚信，即使出现无法收回的情况，一般也很少采取法律程序追回。

二、青海省民间融资特点

（一）民间融资趋于活跃

抽样结果显示，海南州2012年前三季度民间融资交易额1 664万元；海东地区300户调查结果显示2012年前三季度民间融资交易额5 526万元；海西州70户调查结果显示2012年前三季度民间融资交易额905万元。总体来看，由于

青海省经济总量小，民间融资规模相对较小。随着经济的发展，企业规模扩大，民间融资规模呈逐步增长趋势。

（二）融资手续比较简便

调查结果表明，只有50%的样本企业严格比照金融机构的《借款合同》与借款方签订合同并公证，另外50%的样本企业只是简单地草拟合同或协议，对借贷双方的权利和义务未能很好地进行规范，给借贷双方都留下了风险隐患。

（三）融资主体多元化

除个人和企业直接贷款、企业集资、私募基金、资金中介以及地下钱庄外，小额贷款公司、典当行、担保公司、自发性金融与产业协作组织等机构大量参与民间融资，组织化程度逐步提高。

（四）资金流向集中化

青海省民间借贷资金主要用途：一是用于一般生产经营；二是用于房地产项目投资和集资炒房；三是借入民间中介；四是民间中介借出（被借款人用于还贷、票据保证金、验资垫款等短期周转）等。在对工业企业借入民间资金用途的问卷调查中，75%的样本企业用于弥补原材料采购等劳务费用资金不足，剩余25%的企业将借款作为扩大生产规模或投资项目的启动资金。

三、民间融资存在的问题与挑战

1. 民间融资的法律制度不完善。现行的法律体系缺乏专门针对民间融资的法律规范，致使民间融资至今仍未获得合法的地位，无法正常开展融资交易活动。

2. 缺乏私有产权制度。目前我国缺乏对私人产权进行明确界定和保护的法律，造成民间金融组织产权主体缺位、产权不清、责任权利不明等问题，这对民间金融的发展形成较大制约。

3. 缺乏专项监管制度。民间融资监管制度不健全，缺乏专门的监管制度，难以对其有些行为进行监管，易出现风险。

4. 民间融资的资金来源单一，主要是自有资金。组织形式的落后和资金规模的劣势导致了其抗风险能力的低下。

5. 民间融资缺少法律的规范和国家的监管，很容易被非法集资、洗钱等违法犯罪活动利用，给经济发展、社会稳定带来隐患。

四、政策建议

（一）大力支持民间资本进入金融领域，坚持“宽进入、严监管”原则

在加强监管、风险可控的前提下，积极扩大对非银行金融机构资金的引入，扩大直接融资规模，把工作重点转移到融资过程的监督管理上，充分发挥民间资本对经济发展的推动作用。

（二）建立民间融资统计监测体系，及时掌握和监测民间融资运行情况

政府监管部门应尽快建立民间融资信息采集机制，定期收集有关数据，以准确把握民间融资的运行情况和发展动向，引导和优化民间资金投向，降低民间融资的系统性风险，对高危民间借贷行为和风险聚集点及时发出红色预警，保证民间融资健康有序发展。

（三）强化民间金融组织管理，防范非法融资行为

政府监管部门必须重视民间金融组织在民间金融中的地位和作用，加强对其资金来源、规模、流向、利率、信用度和风险度等的监督和管理，严防其从事非法融资活动，控制金融风险。

（四）倡导民间融资自律管理，建立行业自律机制

条件成熟时，可以建立各种民间金融行业协会，政府监管部门可以派驻特别会员参与，甚至对某些行业协会授予一定的行业管理权力，以加强民间融资行业的自我管理，提升行业水平和服务能力。

（五）借鉴“温州金融综改试验区”做法，规范民间资本的发展

在引导民间资本进入金融领域的过程中，可以借鉴温州做法，成立专门的民间资本登记管理机构，负责民间资本的进入、核准、贷后监管及年度备案等工作。

（作者冷云竹，青海银监局党委书记、局长）

民间资本进入地方性金融服务机构路径选择及政策建议

为全面了解民间资本进入新疆地方性金融服务机构的现状，更好地引导其服务实体经济，新疆银监局组成调研组，在自治区金融办的支持下，向各类机构、各类民营企业发放并回收了80份调查问卷，走访了4家不同类型的金融机构（城市商业银行、农村信用联社、村镇银行、资金互助社）。

一、基本情况

据调查统计，截至2011年末，新疆辖内融资类金融服务机构共有7类、9种，共321家。其中，包括5家城市商业银行、1家农村合作银行、83家农村信用联社、7家村镇银行、1家资金互助社、116家融资性担保公司、105家小额贷款公司、2家信托公司和1家金融租赁公司。

（一）股本构成

从股本总体情况来看，截至2011年末，321家融资类金融服务机构总股本共计344.73亿元，其中民间资本占44.39%，国有企业股本占35.89%，地方财政股本占19.56%。分机构来看，小额贷款公司股本中民间资本占98.52%；农村合作金融机构为69.96%；新型农村金融机构为61.08%，融资担保公司为37.65%，城市商业银行为10.26%，信托公司为2.81%，金融租赁公司为零。

（二）入股意愿及需求

从问卷调查情况来看，被调查的30家民营企业中，有投资入股金融服务机构意愿的有25家，占83.3%。从偏好性来看，村镇银行、农村合作金融机构、小额贷款公司和融资性担保公司是民营企业依次选择的拟入股机构。而在被调查的50家金融服务机构中，愿意吸纳民间资本入股的有43家，占86%。从偏好性来看，工业、贸易或商业物流及高科技类的中型民营企业和小型民营企业是金融服务机构较愿意吸纳的入股对象。

(三) 入股目的及条件选择

从投资入股金融服务机构的目的性调查来看，主要集中在更便利地得到融资支持、获得金融服务机构的高投资回报及丰富本企业行业投资领域并增强品牌效应等方面。而入股后，最期望取得的是财务回报，其次是管理权。从金融服务机构来看，吸纳民间资本投资入股的目的，最主要的是为了改善法人治理结构，其次是扩充资本和业务规模，最后是在得到长期业务支持的同时增强机构品牌效应。金融机构最关注的是其公司治理机构合理、实力较强、管理规范，拥有持续的资本、业务支持能力。

(四) 制约因素及诉求

被调查企业普遍认为，民间资本受到行政审批的严格把关，难以进入。而另一方面，金融服务机构也存在对民营企业公司治理结构不完善、财务管理不规范以及入股动机和资本支持可持续性的担忧等，认为要在防范风险基础上，动态控制民间资本在金融机构中的持股比例，合理引导民间资本进入。

二、可行性及必要性分析

目前，《商业银行法》中没有禁止民间资本参与商业银行的设立；民间资本历来都是农村合作金融机构资本金的重要来源；在新型农村金融机构、融资性担保公司和小额贷款公司股本份额最大。民间资本进入金融服务机构不存在法律上的障碍，民营企业的发展和民间资本的积累，客观上要求为其开辟新的投资领域和增长空间，因此，民间资本进入金融服务领域就具有了重要的现实意义。

一是有助于解决中小微民营企业的融资难问题，提高为实体经济服务的支持度。调研中发现，民营中小微企业融资“难、贵、险”，本次受调查企业有85%以上表示得不到或只能得到非常少的银行贷款，而利率通常上浮10%到30%，从而对贷款质量造成了较大风险隐患。引导民间资本进入金融服务机构，对投放到民营经济领域的贷款，将有明显的放大效应和“圈层式”风险识别力，进而促进在各自所能辐射的区域（一般表现为县域）、领域（金融或实体）内“各取所需、短长互补、相生相伴、共同成长”，二者之间在资本的市场配置上有着深厚的内在联系，并符合当前经济社会发展的资本运营规律。

二是有助于打破银行业的垄断格局，提高金融资源配置的效率。目前，我国“国字头”商业银行垄断程度较高。民间资本进入金融服务机构，可以更好

地调整当下的垄断格局和利益格局，深化现有金融机构的股权多元化进程，促进金融竞争市场的形成和发展，推动金融业以至实体经济的健康发展。

三是有助于规范民间借贷，提高其公开度和透明度。由于贷款难、贵，有些企业不得不选择民间借贷或地下金融解决其资金问题。而在民间资本难以“名正言顺”地进入金融服务领域的情况下，只能靠“地下”运作。因此，合理地引导民间资本通过正规方式进入金融机构，使其在阳光下运行，就会成为疏导民间资本、规范民间借贷，开创银、企、政、社的多赢局面。

四是有助于金融服务机构分散风险，提高抗风险能力和效率。合理地引导民间资本进入金融服务机构进行投资，不仅拓展了民间资本的投资渠道，而且有助于将存款资产转化为资本投资，减轻付息和流动性压力，分散银行风险。同时，金融服务机构通过引入民间资本，既可持续提高其资本充足率，增进抗风险能力，又可以完善法人治理结构，提高股权结构的灵活性和多元性。

三、路径选择

按照银监会《关于鼓励和引导民间资本进入银行业的实施意见》（以下简称《实施意见》），民间资本进入金融服务机构的路径大体有改制中入股、增资中入股、上市后入股、组建中入股和转让中入股。从新疆当前的实际来看，民间资本通过城商行、农合行增资扩股进入，通过农村信用社股改入股，通过组建新型农村金融机构、融资性担保公司和小额贷款公司持股等是较为现实的选择。

四、政策建议

（一）贯彻落实好《实施意见》，并进一步完善金融相关法律法规

随着民间资本进入金融业后所带来的激烈竞争和由此造成的金融风险，除了加强金融监管特别是股东与机构之间的防火墙制度建设外，还应进一步加快存款保险制度和金融机构破产制度的建立和完善。同时，也要借鉴历史教训，比如单体民营企业（或其关联方）不能控股，要由银行业专业人才开展具体经营，民营企业股东可进入董事会和监事会，进而形成平衡的制约机制，谨防道德风险等。

（二）搭建民间资本畅通、公平、便捷进入金融服务领域的平台和桥梁

财政部专门发布了《金融企业国有资产转让管理办法》，要求非上市金融企

业国有资产转让必须进入省级以上产权交易机构。因此，各省、市（自治区）都应当尽快搭建产权交易平台，为民间资本以控股、参股以及购买非股权性资产等方式，在资本和非资本项目上双向进入金融领域提供相关配套服务。

（三）进一步完善分层次的监管组织体系，提高对地方性金融机构的监管能力

目前，各省金融办代表地方政府对融资担保公司、小额贷款公司等行使监管权力。建议进一步建立和完善分级明确、责权明晰、管理规范、运行高效的监管机制，构建政府监管、专业监管职能部门协同配合、金融机构加强自律、社会舆论加强监督的多层监管体系，防止风险传染和承继性风险（指由地方政府监管的金融服务机构通过改制转化为专业监管部门所监管的金融机构过程中所隐含的各类风险）。

（四）积极规范和引导民间资本特别是民营企业的健康发展，营造良好的外部环境

引导民间资本进入地方金融服务机构，各级政府的态度和作为是关键；股东资格的审查，监管部门的标准是关键；机构的稳健运行，其内部的治理机制是关键。此外，还应不断完善征信体系建设，加强民营企业信用体系建设，集合分散在工商、税务等部门的企业信用记录，建立金融机构及金融服务机构共享的、覆盖面广的征信系统，为民间资本进入金融服务业创建更好的信息环境。

（五）加强经济金融和法律知识宣传，树立正确的舆论导向

提高公众对现代金融市场和金融产品的认知度。同时，积极树立“入股金融领域不是民间资本的唯一出路，实体经济更是其重要选择”的正确舆论导向，为民间资本通过不同路径、不同领域、不同方式更好地推进实体经济发展广开言路、出谋划策。

（作者赖秀福，新疆银监局党委书记、局长）

宁波银行业发展形势、面临挑战和监管对策

2012 年宁波银监局引导辖区银行业金融机构全面落实监管政策，把“支持实体经济、服务小微企业”作为经营转型和提升金融服务的重点，推动了地方经济金融协调发展。取得良好开局的同时，我局通过调研发现，当前国际经济运行仍处于频繁变动期，国内经济发展处于社会转型期，各种矛盾和风险隐患“暗流涌动”，需加以密切关注、提前防范。

一、2012 年初以来宁波银行业改革发展的总体形势

（一）规模增长、效益提升，稳健发展势头得到保持

一是总量指标稳定增长。5 月末，全市银行业的存贷款余额分别为 11 392 亿元、11 305 亿元，比年初增加 733 亿元、630 亿元，存贷款规模在计划单列市中居第二位。二是经济效益稳步提升。前 5 个月，全市银行业累计实现净利润 120 亿元，同比多增 13 亿元；年化资产利润率为 1.89%，较 2011 年提升 0.06 个百分点。三是资产质量平稳可控。5 月末，全市不良贷款余额 124 亿元，不良贷款率 1.1%，资产质量总体保持良好状态。

（二）优化结构、创新产品，金融服务水平明显提升

一是信贷资源进一步向实体经济倾斜。前 5 个月，制造业、批发零售业、交通运输业等行业新增贷款 474.46 亿元，占贷款增量的比重达 75.28%。二是高端服务进一步向重点项目覆盖。前 5 个月，各银行向全市重点项目累计发放贷款 128 亿元，占新增贷款的 20.31%。工行宁波市分行等机构还进一步提供银团贷款、债券融资、设备租赁等产品，有效满足多样化融资需求。三是网点资源进一步向基层区域延伸。2012 年全市银行业计划新设网点 126 个，其中，县域新设网点 64 个。

（三）深化改革、夯实基础，转型发展目标取得突破

一是两家法人机构重组改制顺利完成。在银监会的支持下，象山县绿叶城

市信用社和宁波国际银行改制重组为城商行，既标志着全国城市信用社风险处置的顺利完成，也开创了外资银行法人机构成功改制为中资城商行的全国先例。二是银行业金融机构改革有序推进。镇海联社坚持先行先试，扎实做好股改前各项准备工作，并完成申请文件上报、初审等工作，股改进度在省联社系统居领先地位。宁波银行积极推进新资本管理办法的测试准备，工作进度在全国城商行系列中处于前列。

二、当前银行业改革发展中需关注的突出问题

（一）经济增速下行，贷款质量把控任务艰巨

受各种内外部因素影响，2012 年全市银行业不良贷款反弹明显。前 5 个月，不良贷款余额增加 29.44 亿元，不良贷款率上升 0.21 个百分点。从形势演变的趋势来看，目前国内外经济调整难言“见底”，部分领域行业性、系统性风险可能进一步释放。一是因政策调控而形成的区域代偿性风险，二是因资产价格波动而形成的去杠杆风险，三是因外需收缩而形成的行业性风险，四是因涉贷涉案而形成的系统性风险。

（二）经营差距拉大，单体机构风险有所显现

在经济周期风险的严峻考验下，不同银行在经营发展、管理水平等方面的差距逐渐显现。个别银行出现存贷款规模负增长、改革发展停滞不前等风险苗头，亟须加以关注和预防。如某银行股改进程未能按期启动，面临存续风险。某联社受客户经理骗贷案件影响，监管评级下调，改革步伐受到影响。部分村镇银行和股份制银行分支机构还存在“落地难”现象，经营“异地化”倾向明显。

（三）外部环境变化，银行经营转型压力加大

一方面，存款组织难、波动大。2012 年 1 月，全市各项存款减少 273 亿元；3 月各项存款猛增 530 亿元，存款大幅波动增加了资金平衡和贷款投放的把控难度。另一方面，贷款投放难，风险高。5 月末，全市银行业的整体存贷比高达 99.24%，增贷空间十分有限，贷款投放总量与政府期待、市场需求还存在差距。考虑到信用风险上升，银行贷款投放难度进一步加大。

（四）多种因素叠加，监管工作推进难度增加

一是小微企业贷款发展的内生动力不足。第一季度，全市小微企业贷款同比少增 28.16 亿元，小微企业贷款增速低于各项贷款 0.12 个百分点。二是涉农

贷款发展面临不确定性。第一季度，全市涉农贷款增速虽略高于贷款整体水平，但贷款增量少于上年同期20.99亿元，后续推动压力较大。三是“承诺”监管指标难以落实。5月末，各银行保证金存款占比较年初上升0.25个百分点；票据融资增速明显快于各项贷款，“保证金存款占比”和“票贷比”压降任务较大。

三、下一步工作重点和主要举措

（一）抓大局、促发展，全面贯彻“稳中求进”政策导向

一是加强监管督导，坚持做到“四个稳定”，即信贷投放稳、资产质量稳、存款增长稳、业务运营稳。二是加强风险排查，切实强化“四个防范”，即防案件隐患、防不良反弹、防群体突发事件、防重大负面舆情。三是加强监管引领，努力实现“四个提升”。即着力推动信贷结构优化，提升地方经济、小微企业、县域经济的贷款占比；着力完善政策对接机制，提升与宁波市“六个加快”发展战略、海洋经济发展规划等重点政策的对接水平；着力整治不规范经营行为，强化“减负让利”效果，提升服务实体经济水平；着力完善特色机构的服务体系，提升差异化、特色化发展水平。

（二）抓重点、促稳健，努力实现“稳健发展”工作目标

一是加强分析研判，做到发展形势“看得清”。从政治高度、专业深度和职业敏感度方面多下功夫，不断提高对当前形势的认识水平和把握能力。二是狠抓内控管理，确保风险隐患“盯得住”。三是突出工作重点，实现重大风险“防得牢”。加大推进力度，完善融资平台贷款监管，严密盯防房地产贷款风险，持续加大案防工作力度。加强监管引导，促进辖区银行，尤其是中小法人机构进一步提高对流动性风险、科技风险和声誉风险的防范意识。

（三）抓内控、强基础，全面落实“内控优先”监管理念

一是进一步抓好股权改革和内部治理，促进银行优化股权结构，提升高管履职水平。二是进一步抓好薪酬考核体系，确保薪酬考核体系与公司治理要求相统一，与持续发展能力建设相适应，与风险调整后的经营业绩相匹配，与长期激励机制相协调。三是进一步抓好内控合规体系建设，对内控要素进行全面评估、持续跟踪，促进银行不断提升内控合规管理水平。四是进一步抓好银行从业人员管理，严格高管准入资格审查，实施高管履职评价，制定实施《银行从业人员违规及流动信息监测制度》，防止“带病跳槽”。

（四）抓创新、促转型，加快推进“转型发展”总体战略

一是明确创新目标，始终把优化经济金融结构，促进发展方式转变作为金融创新的工作目的，引导银行创新服务模式，带动整个经济结构的调整优化和发展方式转变。二是把握价值导向，始终把支持和服务实体经济作为金融创新的出发点和立足点，杜绝规避监管的创新、高杠杆复杂化的创新、脱离实体经济需求的创新。三是加强风险防范，坚持制度先行，及时调整运作机制、流程，防范各类风险。四是加强监管跟踪，加强《金融创新指引》的推进力度，引导银行加快创新步伐，深化创新成果，提升转型发展的成效。

（五）抓管理、促改革，努力提升“科学监管”工作水平

一是进一步深化监管内涵。以新资本协议的试点推广工作为抓手，进一步转变监管理念，丰富监管指标体系，优化监管工作环节，加快监管模式转变。二是进一步优化监管体系。完善功能监管体系，发挥现场检查、非现场监管和准入监管工作小组作用，提升监管工作专业化、集约化水平。三是进一步完善监管手段。创新监管手段，探索机构暗访、现场调查、监管协调、交流座谈等方式。加强监管联动，不断强化延伸调查权、现场检查权、行政处罚权、准入审批权的运用效果。四是进一步强化监管服务。发挥政策专业优势，为地方经济发展服务，为银行机构稳健发展和风险处置提供监管服务。

（作者凌敢，时任宁波银监局党委书记、局长，
现任陕西银监局党委书记、局长）

青岛银行业服务实体经济的做法、问题与对策

2012年以来，中央对金融服务实体经济提出了新的要求。青岛银监局积极引导辖区银行业落实中央及银监会要求，加强实体经济金融服务。为全面了解和反映辖区经济运行和银行业支持实体经济情况，近期笔者带队对银行机构、部分企业及政府相关部门进行了专题调研。

一、青岛辖区经济运行情况与银行业服务实体经济的主要做法

（一）青岛经济概况与近期运行情况

青岛是我国重要的经济中心城市和港口城市，是14个沿海开放城市、5个计划单列城市和15个副省级城市、五大外贸口岸之一，也是著名的海洋科研基地，是全国闻名的“品牌之都”。2011年地区生产总值达到6 615.6亿元。2011年1月以来，青岛抓住山东半岛蓝色经济区建设国家战略机遇，致力于建设我国海洋经济科学发展的先行区、山东半岛蓝色经济区的核心区。

（二）银行业服务实体经济的主要做法

一是突出重点，提高金融服务针对性。围绕服务实体经济，辖区银行业切实加大对重点项目、蓝色经济、战略新兴产业、小企业、“三农”等领域的支持力度。如工行青岛市分行确定了先进制造业、战略新兴产业、现代服务业、文化产业等信贷支持实体经济的“四大新市场”。在各方共同努力下，辖区银行业服务实体经济成效初步显现。截至2012年5月末，辖区银行业各项贷款余额8 105.4亿元，增长8.1%，同比增长18.5%；港口相关行业贷款余额463亿元，增长10.2%，同比增长16.4%；小企业及个人经营性贷款余额1 845.9亿元，比年初增加220.9亿元，增长13.6%，实现了“两个不低于”目标。

二是创新业务，增强金融服务多样化。各银行机构加快创新步伐，积极探索创新抵质押方式，拓宽服务渠道，优化服务模式，有效满足客户的多样化需求。交行青岛分行以发行信托方式为青岛前湾港码头建设等重点项目融资21.5

亿元。中信银行青岛分行推出了“港口金融”特色品牌。民生银行青岛分行引进了总行级海洋渔业金融中心，成立了海洋渔业部和4个专业支行，并在信贷投放等方面向海洋渔业倾斜。潍坊银行青岛分行推出了土地承包经营权抵押贷款业务。

三是履行责任，提升金融服务普惠化。辖区各银行机构积极履行社会责任，着眼扩大金融服务覆盖范围，加强个人消费、“三农”、民生等领域金融服务。截至2012年5月末，辖区银行机构个人消费贷款余额1 120.4亿元，同比增长5%；涉农贷款余额1 740亿元，比年初增加140.3亿元，同比增长35.7%，高于各项贷款增速17.2个百分点；截至2012年3月末，辖区限价商品房开发贷款余额18.3亿元，同比增长39.2%。

四是狠抓查纠，提高金融服务规范化。辖区各银行机构在严守风险底线的基础上，认真开展不规范经营整治、金融消费者保护等工作，提升了服务水平和效率。目前，已查处不合理收费2 162万元，整改1 814万元，取消收费项目1 300个，调低收费项目549个，全部清退了97万元的违规收费。同时，有的银行机构还通过优化流程等措施，提升服务效率，降低企业成本。交行青岛分行建立授信项目预审晨会制度，有效提高后期贷审会审批效率。该分行还借助海外融资的价格优势为青岛前湾港集装箱码头公司节约财务成本2 000余万元。围绕提升服务规范化，部分银行机构还注重源头治理，如中行山东省分行取消中间业务收入增长指标考核，胶州农商村镇银行将投诉处理纳入员工绩效考核。

二、当前辖区金融服务实体经济中值得关注的问题

（一）实体经济运行的不确定性加大了银行风险管控压力

2012年以来，国际国内市场需求的下降，行业竞争的加剧，加之原材料、用工成本的上升，导致企业生产增长放缓和利润下降。第一季度，青岛市有720家规模以上工业企业出现亏损，同比增加117家；亏损面为15.2%，同比提高2.5个百分点；亏损总额24.5亿元，同比增长134%。而受经济增长放缓和企业经营困难影响，辖区不良贷款余额连续6个月反弹。

（二）银行金融服务供给与实体经济需求不匹配

一是总体规模不匹配。随着国家连续三次下调存款准备金率，银行资金面紧张情况有所缓解，放贷意愿增强。而受经济总体走势不明朗、销售增长放缓及扩大生产意愿不强等影响，化工、纺织、电力等行业资金需求呈下降趋势。

据对68户企业的调查，截至3月末相关企业贷款需求87.3亿元，比2011年末减少2.7亿元。交行青岛分行反映，因缺乏合适投资项目，部分大企业开始用闲置资金提前偿还银行贷款。二是结构不匹配。与大企业相比，小企业信贷资金缺口呈上升态势。中行山东省分行统计，前5个月小企业贷款申请数目同比增长80%。而银行信贷供给结构与此不相匹配，大量小企业尚无法获得支持。三是节奏不匹配。目前，多数银行对信贷额度和投放节奏的控制仍严格，有的银行还要求分支行逐周报送信贷计划、逐日监测贷款投放情况，信贷增长缺乏灵活性，与灵活多变的信贷需求节奏不匹配。

（三）银行服务实体经济的效率有待进一步提高

一是贷款增长对经济增长的拉动有待强化。2009—2011年青岛辖区贷款年均增速20%以上，考虑贷款的杠杆效应，按均衡比例至少应带来超过20%的年均GDP增长率，但青岛市实际GDP年均增长率不到13%，表明银行贷款对GDP的拉动效率有待提升。二是经营不规范降低服务实体经济的效率。银行不规范经营，过多的收费项目，加之过高的利率，会使得广大小微企业因无力支付过高的信贷成本，而无法获取银行信贷支持，进而影响实体经济发展效率。据调查，目前辖区小企业贷款利率保持在基准利率上浮20%左右，较高的信贷成本加上看涨的生产成本，使其不愿、不敢通过银行融资。

（四）银行服务实体经济的相关环境有待优化

从金融支持低碳经济看，当前我国绿色信贷立法和相关制度尚存在不少空白，导致银行支持产业结构由高碳向低碳转型仍处于起步阶段。配套补偿措施不到位，当前对小企业、支农金融服务政策优惠多体现在营业税、财政奖励和贴息等直接奖励优惠上，对银行机构不良资产处置、拨备提取上的优惠政策措施较少，且执行不到位。信息平台不完备，银行机构相关行业和项目授信中，缺乏详尽的产业及项目审批、环评信息，影响了其决策的科学性。

三、对策建议

（一）提升金融服务实体经济相关风险防控能力

引导银行机构深入研判，科学把握宏观经济发展趋势，建立有效的风险预警机制；不断完善风险管理体系，提高资本充足率和拨备覆盖率，提升风险管理能力，避免银行风险削弱实体经济支持能力，或波及实体经济。

（二）提升金融服务供给与实体经济需求的匹配度

引导银行机构扩大服务覆盖面，着力提高与客户的合作深度与广度，提升综合服务能力，进而强化实体经济需求的引导，实现金融服务供给总量与实体经济需求相匹配。加快自身业务转型，明确差异化的战略定位，不断优化客户结构，主动贴近市场、贴近企业，灵活把控信贷投放节奏，有效满足实体经济对金融服务时点、期限的需求。

（三）提升金融服务实体经济的效率

引导银行机构从提高效能和降低成本两方面入手，充分运用现代科技成果，积极创新产品、改进服务、减少借款人财务负担；不断改善服务标准，创新服务方式，完善客户服务体系，着力提高服务的满意度；合理运用贷款定价机制，建立科学合理、公开透明的收费制度。督促银行机构提高信贷管理科学化、精细化水平，从源头上控制信贷资金挪用风险，严防信贷资金“脱实向虚”。

（四）优化金融服务实体经济的相关环境

建议完善绿色信贷等相关法律法规，为银行服务实体经济提供依据与保障。尽快出台商业银行服务价格管理办法，规范服务收费行为。完善担保体系和奖励办法，提高银行机构小企业、涉农贷款风险抵补能力和信贷投放的积极性。建议相关部门完善定期信息发布制度，及时提供企业节能减排、纳税等方面信息，为银行机构金融服务提供依据。

（作者陈育林，时任青岛银监局党委书记、局长，
现任山东银监局党委书记、局长）

关于北京地区“三农”金融服务情况的调研报告

为贯彻落实中央经济工作会议及金融工作会议精神，北京银监局在2012年上半年通过召开座谈会、深入远郊区县走访等方式，对本地“三农”金融服务情况进行了调研。

一、北京地区“三农”的基本情况

2011年北京市农林牧渔业实现增加值136.2亿元，占地区生产总值的0.9%；当年末农村常住人口达275.3万人，占全市常住人口的14.0%。近年来本地区“三农”发展的成效明显：一是农民人均纯收入不断增长。自2007年至2012年，农民人均年收入增速均在10%以上，收入绝对值明显高于全国平均值，在全国各省市中仅略低于上海。二是农村面貌发生显著变化。“十一五”期间，北京市推行了财政资金购买生态服务政策，实现了“村村通”等农村公共服务的全覆盖，实施了“五项基础设施”和“三起来”工程。三是农业产业不断升级。如平谷区将平谷大桃打造为“中国名牌农产品”和中欧地理标志互认产品，大兴区培育出以秋实农业、资源亚太等为代表的多家国家级农业龙头企业。四是农业内涵继续深化。“十二五”期间，北京市将进一步探索以现代农业产业体系为载体，第一、第二、第三产业相融合的都市型现代农业体系建设，开发都市型农业在生产、生活、生态和产业示范等领域的价值。

二、北京地区银行机构在开展“三农”金融服务中的良好做法

截至2012年6月末，全辖涉农贷款余额达3 003.37亿元，比年初增加531.29亿元，增长21.49%。涉农贷款增量比上年同期增加15.3亿元，增速高于全部贷款平均增速14.67个百分点。

（一）积极回应监管引领，优化“三农”网点布局

近年来，北京银行业通过各种措施积极回应北京银监局提出的提升“三农”金融服务能力号召。如北京银行于2009年整合了远郊区（县）营业网点成立了郊区管理部，探索“涉农”业务的集成管理。邮储银行北京分行在大兴区、密云县等地设立了“三农”信贷专营机构和专业支农型支行，增强专业化服务能力。截至2012年6月末，有8家村镇银行落户7个远郊区县，成为服务县域和“三农”的新生力量。

（二）围绕差别化市场定位，坚持对“三农”的全方位支持

各行通过相互竞争与密切合作，发挥了支农领域的协同效应。如国家开发银行北京市分行、农业发展银行北京市分行等政策性银行近年发放贷款近百亿元用于河流环境综合治理、农村路网或“农村五项基础设施”项目，有力推进了城乡一体化进程。农业银行北京市分行等商业银行通过精心运作，支持秋实农业发展公司资产总额在五年时间内增加了4倍，成长为国家级农业龙头企业。村镇银行等新型金融机构积极扶持中小企业、农村经济组织或农户的发展。

（三）对接政府发展规划，推进都市型现代农业的发展

各行重视与北京市都市型现代农业的发展规划进行对接。如北京银行积极支持设施农业建设，两年时间帮助密云县河南寨镇金沟村建成占地360亩的日光温室大棚169栋。邮储银行北京分行大力促进立体农业构建，支持房山区琉璃河镇村民发展林下经济，构建立体农业生产环境。国家开发银行北京分行全力配合“菜篮子”工程，与首农集团签订融资总量达300亿元的《支持首都“菜篮子”三保障体系建设合作协议》。

（四）创新涉农金融产品与服务手段，满足“三农”差异性需求

近年来，各行先后开发出“农村基础设施贷款”、“雪中炭”、“无声贷”等一揽子特色鲜明的涉农信贷产品，满足了不同客户、不同产业的融资需求；北京农商银行推出了“乡村便利店”、“乡村自助店”等全新服务模式，改善了农村地区特别是偏远村庄居民的基本金融服务环境；部分银行通过在绩效考核、培训晋升等方面的倾斜政策，提高了员工支农的积极性。

（五）积极响应政策号召，切实履行社会责任

为体现对“三农”工作的支持，多家银行均在贷款定价、智力支持或公众教育服务等领域有所作为。如农业发展银行北京分行2011年发放的涉农贷款中近一半执行了下浮利率；国家开发银行北京分行参与了《北京市“十二五”城

乡经济社会一体化发展规划》的编制及《大兴区申请全国农村改革试验区开展农村金融改革试验的方案》的起草；北京农商银行、北京银行等与相关部门配合，开展了“走千村、进万户——送贷下乡”、“金融知识下乡”等活动。

三、金融支农与“三农”需求对接中的主要问题

（一）部分区县政府对都市型现代农业的重视程度和投入力度相对不足，难以契合“十二五”发展规划的需要

调查发现，部分区县政府对都市型现代农业生产领域的重视程度以及有关的财政投入相对不足。如承担国家级“农村金融制度综合改革试验区”任务的大兴区，未来三年区政府拟在城乡结合部拆迁改造和工业大院建设的主导投资将在2 000亿元以上，而同时期对都市型现代农业领域的财政性补贴每年仅为4 000万~5 000万元。

（二）农业保障和补偿机制未能同步跟进，无法充分发挥对银行授信的风险缓释作用

一是现有农业保险不足。目前全市只有4家保险公司①经营农险业务，农险市场竞争不够充分。政策性农业保险的覆盖率②约为40%，实际保障程度③不到40%，部分现代农业项目还不能参保。二是农村信贷的担保瓶颈尚未突破。大量农村区域的权益和资产不能成为抵质押物。农业担保公司受注册资本限制，无法充分满足涉农业务的担保需求。商业性担保公司对涉农项目的担保意愿较弱，且收取的担保费和评审费也较高。三是农村金融服务风险补偿专项基金、网点或金融机具下乡补贴制度等风险补偿机制缺失，银行支农积极性受挫。

（三）财政政策对金融支农的支持力度有待提高

一是中央财政的直接鼓励政策还有待完善。如县域金融机构涉农贷款增量奖励政策，未将北京等大城市纳入；中央财政定向费用补贴政策④仅面向三类新型农村金融机构和西部偏远地区乡（镇）银行业金融机构，对农商行和其他银

---

① 包括中国人民财产保险股份有限公司、中华联合财产保险公司、安华农业保险股份有限公司和华农财产保险股份有限公司。

② 是指开办农业保险的险种总产值占全市农业总产值的比例。

③ 是指政策性农业保险各险种保险金额占各险种产值的比例。

④《关于印发〈中央财政农村金融机构定向费用补贴资金管理暂行办法〉的通知》（财金〔2010〕42文）。

行均不适用。二是部分地方强农惠农政策与银行信贷未能有效配合。如目前区县的农业补贴或扶持政策大多采取的是直补模式，银行参与程度小，难以发挥财政资金对信贷资金的杠杆作用。

（四）部分银行的涉农信贷管理机制亟待改进

部分银行在客户信用等级、抵质押担保条件等方面对涉农业务设定的信贷门槛偏高，造成涉农客户知难而退。未建立涉农不良贷款容忍度或绩效考核等方面的差异性制度，未提供业务培训和技术支持，导致一线人员对涉农业务存在畏难情绪等。

四、相关建议

（一）国家宏观政策要加强引导，提供保障，构建合力支持“三农”发展的局面

通过财政政策构建“三农”风险补偿机制，充分发挥财政支农资金对涉农信贷资金的撬动作用。通过落实涉农税收优惠政策及适度放宽农户不良贷款核销政策，提高银行支农内生动力。通过扶持政策引导保险机构推进农险业务，扩大农险范围和保险覆盖率。通过市场准入的“绿色通道”、差异性监管资本要求等监管政策，增加农村金融市场的供给主体。

（二）地方政府要立足当地，加强服务，建设有利于农村金融改革发展的金融生态环境

积极调整现有的地方财税补贴政策，研究设立涉农金融服务的风险补偿基金，保障优惠政策及时落地。通过提高违约成本、提供信誉正向激励等措施加强信用环境建设，为金融支农营造适宜的信用环境。加快开展农村土地确权、抵押以及变现等工作。科学推进城乡一体化建设，拓宽城乡结合部改造和园区建设的融资渠道，减轻大型项目对银行贷款的依赖程度等。

（三）银行业金融机构要结合实际，差别定位，主动对接区域发展战略，切实履行支农社会责任

大中型机构应继续在支持开发性农业领域作出特色，中小银行要主动对接区域发展规划，农村银行要发挥地缘优势和人脉优势，在服务“小微”、支持“三农”方面打出品牌。各行要加快开发出更多面向现代农业、城乡一体化或农民财产增值等的金融产品。要在商业可持续的前提下，合理确定涉农金融产品及服务定价；要坚持对农村地区的金融知识宣传讲解，增强农村居民的风险意

识；建立物理网点与非物理网点相互补充的多元化服务渠道，提升农村地区金融服务的可获得性。

（作者张中奇，时任北京银监局党委委员、纪委书记，现任银监会机关服务中心主任）

河北沿海港口行业运行情况调查

2011年11月，《河北沿海地区发展规划》获国务院批准实施，标志着河北沿海地区发展战略上升为国家战略。为充分了解港口在河北经济发展和对银行发展的作用和影响，我们进行了专题调研。

一、河北沿海港口行业概况

河北省拥有487公里海岸线，是华北、西北地区重要的出海口。在渤海沿岸依次分布着秦皇岛港、唐山港、黄骅港三大综合性港口。河北港口集团涉及9家核心企业（见表1）。

表1　　经营沿海港口的主要企业概览表

地区	港口主营机构名称	主营范围
黄骅港	神华黄骅港务有限责任公司	煤炭港区
	沧州渤海港务有限公司	黄骅港8个通用杂货码头
	沧州港务集团有限公司	综合港区、散货港区、河口港区
秦皇岛港	河北港口集团有限公司	秦皇岛港区
	秦皇岛港股份有限公司	
唐山港	唐山港口实业集团有限公司	京唐港区
	唐山港集团股份有限公司	
	唐山曹妃甸实业港务有限公司	曹妃甸港2个矿石码头和2个杂货码头
	唐山曹妃甸港口有限公司	曹妃甸港区

二、港口行业运行现状分析

（一）基本情况

1. 投资建设热度不减。2012年上半年，河北省港口建设共完成固定资产投

资95亿元，占全年港口建设计划投资的59.4%，同比增长44.8%，创历史同期最好水平，主要在建项目涉及航道、防波堤、码头、吹填造地等领域。

2. 运输生产基本正常。三大港口共有生产性泊位141个，其中，煤炭泊位36个，油品泊位7个，矿石泊位5个，杂货泊位40个，集装箱泊位9个等。2012年以来，三大港口货物吞吐量、外贸运输均呈同比增长态势。

3. 盈利趋势总体向好。三大港口经营效益同比均有所提升，2012年上半年累计实现营业收入73.62亿元，同比增加14.54亿元，增长24.61%，累计实现净利润17.6亿元，同比增加1.7亿元，增长10.69%。

（二）面临的问题和挑战

1. 区域经济带动作用尚弱，经济形势负面影响较强。河北省港口普遍存在港区产业聚集规模和实力不足的问题，向腹地的扩散效应尚不明显。同时，三大港口的运输以煤炭、矿石等大宗物资为主，散件杂货和集装箱运输量始终在低位徘徊，限制了港口对区域经济的带动作用。

2. 港口服务能力亟需提升，新型管理模式仍待探索。尽管近几年来河北省越发重视港口建设，但是各港在服务能力上仍然存在软硬件方面的不足，存在泊位吨级偏低、码头装卸效率低、储货能力低、航班航线密度不足、港内疏运不畅、口岸通关效率不高等问题。

3. 外部港群竞争压力巨大，内部利益协调难度加剧。环渤海港口群[①]是我国港口分布最为密集的港群。港口的腹地范围交叉、功能定位重叠，港区内的竞争非常激烈。港口的归属关系和投资背景复杂，内部利益关系协调的难度巨大，不利于港口行业的整体规划和协同发展。

三、港口行业信贷情况分析

（一）基本情况

截至2012年8月末，省内共有12家银行对上述9家企业发放贷款，贷款余额为232.36亿元，比年初增长15.62%。上述贷款有三个特点：一是项目贷款占比高，各行项目贷款余额累计179.41亿元，占比为77.21%，项目贷款中已竣工项目的贷款占比为66.54%；二是中长期贷款和信用贷款比重大，1年期以上贷款占比为84.43%，信用贷款占比为79.84%；三是大型银行是信贷支持的

① 环渤海港口群、长江三角洲港口群和珠江三角洲港口群并称我国沿海三大港口群。

主导，5家大型银行贷款余额合计171.65亿元，占比为74%。

（二）存在的不足

1. 业务同质化现象突出，业务创新面临良好发展机遇。港口蕴含着多样化的金融需求，除基础设施建设（如道路、航道、防波堤等公益性设施和码头泊位、机械设备等经营性设施）以及公共信息平台、货运中心、物流园区等配套设施建设的资金需求外，还有进驻临港产业园区企业的融资需求等。但目前，各行对港口服务的重点主要放在了港口建设方面，对于其他涉港企业的贸易、物流等资金需求少有支持。

2. 金融辅助产业跟进迟缓，金融服务延伸空间巨大。在国际上较为成熟的港口，银行服务所及之处，往往伴生会计、审计、评估、投资咨询、经纪公司、保险、金融信息等多种服务平台，为港口经济提供金融辅助服务，而河北省港区内银行机构的部署尚不充分，其他辅助机构的跟进更显迟缓。

3. 金融与港口尚未有效互动，银企、银港合作空间广阔。一方面，三大港口或处于规模新建初期，或处于结构转型阶段，港区的产业聚集和扩散效应尚未发挥足够的效用，且客户规模仍然较小，金融服务总需求量有限，尚不足以支撑银行机构快速成长和发展，一些在其他港口适用的创新业务或服务也缺乏有效载体；另一方面，港区银行体系不完善，仍以大型商业银行为主，难以形成充分竞争、积极创新的金融氛围，致使投资大、期限长的防波堤、航道等基础建设项目获得的资金有限，一定程度上制约了港口的发展。

四、行业建议和金融对策

（一）“谋港口”与“谋经济”一体双赢

港口繁荣和经济发展是相互促进、互为映照的关系，河北省发展港口产业应站在转变经济增长方式的高度，以河北省经济结构调整和产业结构升级为契机，将谋划港口建设与谋划经济发展协调起来，为此应至少在以下五个方面作出努力。

1. 科学规划产能，着力资源整合。应冷静分析全国范围内沿海港口吞吐量已由快速增长转向平稳增长、大宗散货和集装箱运输增速已然放缓的长期趋势，克服产能扩张的冲动，加大规划指导和市场监管力度，确保港口产能与腹地经济资源相适应。对现有港口资源进行统筹管理和整合，避免重复建设和投资，在整合中探索新的港口经营模式和管理方式，全面提高运营企业的核心竞争力。

2. 激发港口能量，推进港城融合。一是加快综合物流园区的建设步伐，推动港口向物流中心、商务中心和信息中心转型；二是有侧重发展临港产业集群，催化优势产业的集聚和扩张；三是推进临港产业的转型升级，大力发展生产性服务业。以此带动城市产业结构升级，促进港口逐步变为城市的新型产业基地和经济增长发动机，城市逐步形成布局合理的产业体系，并成为港口的核心腹地。

3. 借助政策良机，深挖发展潜力。一是在各港区建设过程中，有意识地引入各类银行业机构以及保险、担保等配套服务机构，并成立专项产业投资基金，拓宽港口建设的融资渠道；二是制定可行政策引导民间资本支持港口建设，构建财政资金引导、市场运作为主、多元投资主体参与的港口建设投资体系；三是积极申请建设保税区等以增添港口发展动力，不仅可增加港口业务量，也能为银行业提供良好业务空间；四是制定宽松的产业政策及财税政策，保障各类产业的港区集聚和腹地迁徙有序进行。

4. 依靠科技进步，注重精细管理。一是建立有效的激励机制，着力引进专业化、复合型人才，大力开展港口科技研究，引导和支持创新要素向港口企业聚集；二是通过改善工艺流程提高装卸船效率、港口基础设施利用率、库场库存周转率、集装箱调配率，尽量在保持原有港口设施不扩张的基础上充分挖掘生产潜力；三是加强技术装备的升级改造，重点加快建设物流公共信息平台，整合海事、港口、航运、船检等数据库和信息资源，实现异地订舱、异地报关、全程货物监管等功能，降低物流周期和成本。

5. 强化传统优势，重视港间协作。找准定位，依托钢铁、机械等产业发展基础和大宗物资运输等传统优势，抓牢机遇，通过完善集疏通道、巩固旧有客户、联盟物流企业、推进“内陆港”建设等方式做好对经济腹地的精耕细作。同时，加强与省外港口的沟通，寻求多层次的分工合作以实现优势互补、共同发展。

（二）“强服务”与“控风险”两手皆硬

1. 重视港口经济，拓宽业务视野。加强对港口经济现状和前景的研究分析，将业务视野拓展至港口经营、临港产业、航运服务、集疏运体系、商贸、旅游等相关产业，注重挖掘相关产业链条上的金融需求，积极借助港口物流和信息网路在港区、临港城市、辐射腹地延伸服务内容，扩大业务空间，壮大客户群体。

2. 提升专业水准，审慎产品创新。组建专业团队，建立完善的需求分析、产品设计、流程控制、风险评估等操作体系，审慎进行信贷服务创新，提升港口金融服务的专业化水准和风险控制能力，特别是要善于借助保险服务和公司债券等通道，为港口建设提供多元化、风险可控的金融支持。

3. 加强形势研判，强化同业合作。加强对宏观经济和港口运行情况的分析预测，加强与政府、同业机构和港口运营企业间的信息沟通，积极防范行业风险。同时，应在同业间建立有效、多样的合作渠道，如以银团形式对港口基础设施项目提供贷款，强化对项目的分析监督力量，分散信贷项目风险。

（作者董新国，河北银监局党委委员、纪委书记）

上海小微企业金融服务调研报告

一、上海小微企业经营现状与融资难成因

截至2011年末，按照上海市统计局口径，上海有35.63万户正常经营的小微企业，占全市企业总数的99.62%；吸纳从业人员839.24万人，占全市企业从业人员总数的78.64%；实现营业收入64 858.28亿元，占全市企业营收总额的59.44%。

从2012年情况来看，上海市小微企业发展较为困难，突出表现在生产下滑、订单减少、利润下降、外需不振、成本上升。小微企业经营者普遍认为融资难、融资贵的问题没有得到有效改善，突出表现在融资成本上升较多。从调研银行的反映来看，小微企业由于大都处于产业链末端，基本没有话语权，易被大企业拖欠货款，而且不少小微企业接不到订单，或者由于各种成本上升和经济前景不明朗，不愿意接订单，其生产经营极为困难。

小微企业融资难的成因复杂，不外乎小微企业自身原因和外部原因。其中，内因包括小微企业自身缺乏现代经营管理理念，经营风险高；信息不透明，财务管理混乱；缺乏足值有效的抵押担保；信用意识和自我约束不强等。外因则包括金融机构体系的缺陷，资本市场的缺陷，社会信用体系不健全，政策支持力度不够，周期性的宏观经济下行影响等。

二、上海银行业对小微企业金融服务的现状

（一）做好小微专营机构建设，强化小微金融服务硬件

上海银监局于2011年8月在银监会系统率先下发文件明确了差异化准入政策，激发了银行开设小微专营支行的积极性。截至2012年末，上海已有小企业业务持牌专营机构3家，小微企业业务专营分行3家，小微企业专营支行157家。

（二）设定考核硬指标，加大对小微企业的信贷支持力度

2012 年，上海银监局在小微信贷方面设定“三个不低于”（即小型微型企业贷款增速和单户授信总额500 万元以下，小型微型企业贷款增速不低于全部贷款平均增速、小型微型企业贷款增量不低于上年同期水平）和单户授信 500 万元以下的小型微型企业贷款余额 2012 年末达到 1 000 亿元的量化目标。

（三）推进“六项机制”建设，提高银行服务小微企业能力

专业化经营是银行做好小微企业金融服务的关键。上海银监局通过日常监测、调研、组织交流经验等，倡导小微企业业务专营的理念，提高各银行小微企业业务专业化水平。

（四）鼓励百花齐放，加大小微金融服务产品的创新和推广

上海银监局支持各家银行率先在上海推出小微金融服务的新产品。2012 年指导上海市银行同业公会推出“上海银行业小微信贷产品信息查询平台”，该平台汇集了上海 60 家中外资商业银行的 341 款服务小微企业的特色金融产品，受到了小微企业的欢迎。

截至 2012 年末，上海银行业小微企业贷款余额 8 353. 92 亿元，较年初增量 1 063. 16 亿元。单户授信 500 万元以下小微企业贷款余额 975. 51 亿元。小微企业授信户数为 4. 1 万家。小微金融服务的信贷总额和授信覆盖面都有了较大提高。

三、上海银行业小微金融服务“六项机制”建设情况

（一）利率的风险定价机制

一般银行小微企业贷款定价的主要因素是企业自身的信用状况、申请的贷款情况、企业对银行的综合回报情况，此外，他行及民间利率水平、企业所处行业等也是提及频率较高的相关因素。只有 3 家银行已经建立或正在研究推进独立的小微企业贷款定价体系。目前上海银行对小微企业贷款利率定价普遍在基准利率上浮 20% 以上。

（二）独立的成本利润核算机制

银行基本能够进行小微企业业务独立的收入核算，但独立成本核算困难重重。一般来说，资金成本相对来说较易核算，但是在营业成本、管理成本和税金等方面部分银行特别是中资法人银行由于未建立成本分摊机制，难以清晰地进行核算。

（三）独立高效的信贷审批机制

银行基本设立了专门的小微企业信贷审批部门或科室，由小微企业贷款专业审批人进行授信审批。除专营小微企业业务的泰隆银行外，其他银行没有给基层业务团队授予信贷审批权限。在建立信贷审批系统方面，60%左右参与调研银行已经开发或建立了小微企业信贷审批系统或小微企业授信模块。在审批时间方面，几乎所有的银行表示在信贷材料齐全的情况下，最长不超过五个工作日可完成审批。

（四）激励约束机制

银行的激励措施包括对小微企业金融业务实行信贷计划单列或者财务预算单列；对小微企业贷款不受存贷比限制；对小微企业业务考核设置差异化考核指标；不单纯追求利润、存款等指标，而更多地从工作流程、工作量、客户数等方面去考核客户经理或团队；对小微企业业务的利润在考核计算时乘以一定的倍数等。在不良容忍率方面，参与调研银行将其设置为2% ~5%。

（五）专业化的小企业金融服务人才队伍

上海银行业基本组建了一批专职从事小微企业金融服务的人员队伍，分布在银行的前中后台，建有一套独特的小微从业人员培训体系，有效地提升了银行服务小微企业的专业化水平。

（六）违约信息通报机制

银行都做到了内部的小微企业违约信息通报，但是外部行业性的小微企业违约信息通报机制并未建立起来，主要受制于没有统一的外部平台。

根据调研结果，上海银监局总结了上海辖内银行业金融机构从事小微企业金融服务的经验，制定小微企业金融服务六项机制评价表，分六个方面二十三项指标对小微金融服务专业化水平进行评估，并将其与年度监管评级和银行开设小微专营支行资格相挂钩，以推进银行小微金融服务的专业化机制建设。

四、结论与建议

（一）小微企业融资途径应多元化，不能把解决小微企业融资难问题的责任都压在银行身上

国际上，即使日本这种以间接融资为主的国家，银行贷款占小微企业外部融资比例也不超过六成，与上海95%的比例有明显差异。银行包办不了小微企业的所有融资需求，特别是对于初创期的小微企业和科技型小微企业，不应将

其融资来源的重心放在银行身上。

（二）急需建立整合各方信息资源的小微企业征信体系

银行反复反映，小微企业征信体系的缺失是影响其开展小微企业信贷业务的主要障碍之一。需要建立并逐步完善政府主导的小微企业征信制度，整合各方信息资源，构建统一的小微企业社会征信系统和运行机制。

（三）进一步改善小微企业融资扶持体系

一是制定更加全面细化的法律法规，支持对小微企业的融资。如修改《商业银行法》，增加“商业银行每年新增贷款中必须有一定的比例用于小微企业的信贷投放”，银监会在此基础上明确对每一类银行小微信贷投放的具体比例要求，这样就能对银行支持小微企业融资形成硬约束。二是建立政府主导的统一信用担保体系，为银行向小微企业融资提供增信支持。可以借鉴台湾信保基金的经验，政府拨付资金成立不以盈利为目的的小微企业信用担保基金，最大程度地放大政府资金对小微企业贷款投放的引导效应。三是政府对银行的小微企业贷款应提供风险补偿、减税、贴息等。

（四）银行应对小企业融资选择适度的风险偏好

过低的不良率要求不仅限制了小微企业融资的受众面，而且对银行的经营也是不经济的。一般来说，小企业融资的不良率控制在3%比较适当。目前，我国商业银行普遍的信贷不良率在1%左右，如果将其提高到3%，小微企业融资的受众面可扩大一倍左右，配之于银行小微企业坏账快速核销政策，不仅能增加小微企业融资面，而且能够提高银行的经济效益。

（五）加强监管引导，提高银行小微金融服务专业化水平

从实践经验来看，商业银行从事小微企业业务必须在“六项机制”基础上专营，专业化的道路是目前银行从事小微企业金融服务的最好选择。银行应落实银监会“四单管理”和“六项机制”的监管要求，探索符合自己实际情况的小微金融服务道路。

（作者谈伟宪，时任上海银监局党委副书记、副局长，
现任上海银监局副巡视员）

上海银行业消费者权益保护工作现状与体系构想

一、上海银行业消费者权益保护现状

上海银行业普遍重视消费者权益保护工作，在战略规划和组织管理等方面取得一定进展，有经验可总结推广，体现了积极的一面；但尚未建立产品全流程的消费者权益保护体系，未真正融入“公平对待消费者”的理念，需要进一步推进机制建设。

（一）在战略规划和组织管理上已有积极措施

基于监管要求、企业社会责任、保护消费者不力有损品牌、长远发展基础四个方面的认识，各机构普遍将保护金融消费者权益纳入战略规划，设置管理部门，并加强员工行为管理。

1. 部分机构的战略规划体现了金融消费者保护的原则和目标，侧重点和深度不同。有些机构强调保护金融消费者利益或者公平对待消费者的机制建设，并对董事会以及高管层提出相对清晰的要求；有些机构侧重维护客户利益、保障客户知情权和选择权。

2. 多数机构建立了相应的管理架构，并呈现不同特点。中资机构多采取集中管理，如成立针对金融消费者权益保护的管理委员会或领导小组，由某一部门牵头、多部门参与；而外资机构多趋向分散管理，由相关部门按照内部工作职责相对独立地行使保护金融消费者的职责。

3. 各机构通过员工培训、绩效考核、内部审计等方面加强员工行为管理。如建立系统完善客户投诉处理机制，将合规销售纳入服务行为管理，将金融消费者服务意识纳入员工培训。

（二）仍欠缺贯穿产品全流程的消费者权益保护机制

目前，机构的消费者权益保护工作仅在个别环节有所体现，尚未贯穿至产品的全流程管理中。设计环节对产品合同条款公平性欠考虑，未从权利义务对等的角度，考虑产品合同条款对客户的公平性。审批环节未从客户角度进行评估，虽然建立了产品审批体系，但缺少从客户立场对客户适合度、客户风险、产品条款公平性的评估。营销环节未从引导客户增加金融产品认识和接受程度的角度，建立营销人员对基本金融知识进行宣传解释的制度要求，产品发售后缺少持续评估。

二、金融消费者首要的权益和其维护原则

（一）公平原则是金融消费者保护的首要原则

一是金融特征。金融交易双方存在事实上的地位不对等。机构在提供产品和服务过程中，具有信息优势，可能引发逆向选择和道德风险，导致双方在履行产品义务和获取收益上存在差异。

二是金融消费者自身特点。个人金融消费者资金有限、抗风险能力不强；组织松散，难以用集体诉讼等方式维权；金融产品相对专业、复杂，消费者面临举证难题。这是金融消费者有别于一般消费者的维权障碍。

三是公平原则是金融市场发展的基石。确保公平交易，就是实现消费者相对银行业金融机构的平等地位，最大限度地消除由于信息不对称、消费者弱势产生的负面影响，从而使市场交易得以维持并扩展。

（二）公平交易权与其他权利的关系

知情权是消费者享有知悉其购买、使用的产品或接受服务的真实情况的权利，这是当前实现消费者和银行业金融机构之间“前提条件公平”最为可行的途径。自主选择权是消费者根据自身经验、偏好及风险承受能力自主判断、决定和选择机构、产品和服务，这项权利强调了“交换公平”，对当前社会反映比较强烈的“搭售”、“以贷转存”等银行不规范经营行为有直接约束。获得赔偿权是消费者够买、使用产品或接受服务时，因合法权益遭受损失而享有的通过投诉、仲裁、诉讼等方式要求获得赔偿的权利，这项权利确保消费者合法权益受到侵害时，有足够的救济途径向银行业金融机构追回损失，实现“矫正公平”。

（三）国际上对公平原则的重视

2009年，英国金融服务局（FSA）发布《公平对待客户——结构性投资产品》，要求“在投资者、销售方、结构设计方和发行方之间分配的公平性”，提倡“产品提供方和销售方应考虑在整个产品的生命周期或者服务的各个阶段自

已的作为（不作为）对消费者产生的影响”。美国、澳大利亚、新加坡也发布法规或成立机构确保公平的金融交易。2010 年世界银行援助贫穷者专家组（CGAP）对全世界 142 个国家研究分析表明，已有 87% 的国家在法律上对公平对待消费者有所涉及。2011 年 G20 发布金融消费者保护十项基本原则，进一步明确“所有的消费者都应受到公平、公正、诚实的对待”。由此可见，国际上已将公平对待消费者视为保护金融消费者权益的关键。

三、建立“三合一”工作体系的构想

设想建立“三合一”的工作体系，机构、消费者和监管部门三方形成有机整体，实现金融消费者权益保护目标。

（一）机构建立贯穿产品全流程的消费者权益保护机制

银行业金融机构是保护消费者权益的第一责任方，在治理架构和管理机制中，突出金融消费者权益保护，建立贯穿产品全流程的保护消费者权益机制，重点针对产品开发、销售行为、信息披露等易侵权环节，加强行为管理。

1. 产品开发。产品设计以客户实际需求为导向，赋予客户合同项下相对平等的地位。定价是产品核心内容，对于影响客户利益的定价环节应制定依据。产品审批中对消费者权益予以充分评估，判断产品的适合度。

2. 信息披露。销售或服务过程中，信息披露应清晰、完整和及时。明确告知各相关方的权利义务、客户风险、产品期限、收益测试、产品投向等与产品相关的信息。

3. 销售行为。营销宣传不夸大收益，主动提示产品风险。对宣传材料和广告内容承担合规性责任，建立产品实际效用的售后评价机制，建立必要的产品退出机制。

（二）监管部门通过实施行为监管维护公平原则

1. 现场检查融入金融消费者权益保护原则。通过检查判断机构在产品全流程中是否实现“公平交易”。检查的核心是定价，核实银行内外部交易定价的流程和审批机制，检查银行的信息披露情况，检查复杂产品的运作方式和收益分配。检查的重点是利益输送等侵权行为，这些行为与风险、合规无关，但可能侵害消费者权益。

2. 形成新的监管切入点。保护金融消费者权益不只限于防范销售误导和欺诈，需要从产品全流程入手，分析影响利益分配的各个环节，包括产品设计审批、市场营销、信息披露、售后管理、投诉处理等。

3. 完善银行业机构行为规则体系和标准。鉴于行为监管重在原则导向，为提高监管可操作性，对日常监管提供较清晰的依据，建议针对银行业机构在产品全流程中普遍薄弱的环节，持续研究相关的行为规则体系，包括内外部交易定价是否公平的标准、机构在产品利益分配的合理区间等，特别对于投资类产品，可逐步探索对产品价值的估算，防止银行过多地专注于自身商业地位而“隐性”侵蚀消费者利益。

（三）以有效的金融知识教育提高公众自我保护能力

金融消费者教育是实现消费者自我保护的机制保证。机构应制订与之相关的中长期规划和年度工作计划，在开展专项教育活动的同时，更要注重在展业过程中，通过产品营销普及金融知识，通过客户体验来提高风险意识，加强自我保护能力。特别是针对金融消费者中的弱势群体提供更多的金融基础知识和信息，制订专门的金融教育计划，在日常营销宣传中，注重对这部分群体个性化的咨询服务。最终使广大银行网点和从业人员成为金融消费者教育最广阔的平台和合格的教育者。

（作者蒋明康，上海银监局党委委员、副局长）

江苏中小银行小微企业信贷状况调查

2012 年以来，受经济增长下行压力影响，部分中小银行机构认为小微企业信贷业务风险高，动摇了强化小微企业金融服务的信心，影响了小微企业贷款增速、增量“两个不低于”目标的实现。对此，我们对省内中小银行机构进行了调查。

一、基本情况

近年来，中小银行适应经济社会发展需要，进行业务转型和结构调整，加大了小微企业金融服务的工作力度，小微信贷业务增长较快，小微企业贷款难、融资贵的状况明显改善。但由于体制机制建设不到位，业务发展思路不明晰，客户选择及业务管理粗放等问题，经济增长下行期小微企业信贷风险暴露相对较多。2012 年 9 月末，江苏辖内股份制银行小微企业贷款余额比年初增长 9.38%，低于其各项贷款增幅 1.41 个百分点。不良贷款比年初增加 2.51 亿元，比年初增长 24.05%，比全部企业不良贷款增幅高 13.6 个百分点。其中授信 500 万元以下小微企业不良贷款增加 0.83 亿元，增幅为 113.71%，比全部企业不良贷款增幅高 103.27 个百分点。江苏辖内城商行小微企业贷款余额比年初增长 19.03%，高于其各项贷款增幅 2.97 个百分点。小微企业不良贷款比年初增加 5.23 亿元，比年初增长 27.73%，比全部企业不良贷款增幅高 15.31 个百分点。其中授信 500 万元以下小微企业不良贷款增加 4.29 亿元，增幅 105.62%，比全部企业不良贷款增幅高 93.2 个百分点。小微企业贷款风险压力骤升，使中小银行机构对小微企业信贷业务看淡，有的法人机构调低了小微企业新增贷款的份额。

二、小微企业金融服务的典型情况

江苏长江商业银行。总部位于县域的省内法人城商行，专注于小微信贷业务。2012 年 9 月末，小微企业和个人经营性贷款余额 45.13 亿元，占全部贷款余额的 93.42%，户数占全部企业信贷客户的 99.5%。企业户均贷款 256 万元，个人经营性贷款户均余额 39.2 万元。该行实行“进市场、进园区”的社区化经营模式，小微企业金融服务初步实现了专业化、精细化。信贷客户以面向居民最终消费的小商铺、小店面等批发零售和制造业为主，受外部经济形势变化影响小，两者合计贷款占比 90% 左右。信贷风险没有异常变化，不良贷款和逾期余额分别比年初减少 700 万元和增加 300 万元，当年新发生 1 笔、金额 150 万元的不良贷款。该行有担保和无担保小微客户贷款利率平均在 9% 和 11% 左右，在商业上实现了可持续。

浙江泰隆商业银行苏州分行。2011 年上半年开业，2012 年 9 月末，贷款余额 6.86 亿元，贷款客户 903 户，全部为小微企业和个人经营性贷款，户均贷款 63 万元。该分行专注于拓展苏州专业市场个体工商户，锁定“小商铺、小门面、小摊位”为目标客户，不依赖抵押担保，保证类贷款占比为 99%，保证和信用类贷款合计占比近 100%。贷款客户中初次获得银行贷款的占 40%，首次以保证方式获得贷款的占 90% 以上。14 户小微企业贷款没有发生不良和逾期，889 户共计 6.22 亿元个人经营性贷款中，发生逾期 4 户、合计 244 万元。该分行以批发零售业客户居多，占比为 57%，其次是小制造业，占比为 27%。由于不追求抵押、不引入担保公司，除了贷款利息以外，不附加任何贷款条件、不搭车收取任何费用。平均贷款利率为 9.39%，定价水平介于银行业机构与小额贷款公司之间，开业一年已实现保本盈利。

民生银行南京分行。该分行主打“商贷通”业务，主要面向个体工商户、小业主、小微企业主，提供 500 万元以下用于生产或经营活动的授信业务。2012 年 9 月末，小微企业贷款余额 151.68 亿元，比年初增加 0.7 亿元；小微企业不良贷款余额 1.03 亿元，比年初增加 0.75 亿元，但其中单户授信 500 万元以下小微企业不良贷款余额为 0.04 亿元，比年初没有增加；小微企业逾期贷款余额 1.46 亿元，比年初增加 1.18 亿元，但其中单户授信 500 万元以下小微企业逾期贷款余额为 0.09 亿元，比年初增加 0.05 亿元。

招商银行小企业信贷中心。招商银行在苏州设立的小微企业信贷业务专营机构，以小企业法人为目标客户，不开办个人经营性贷款，以单户 1 000 万元以下授信为主。2012 年 9 月末，贷款客户 5 987 户，贷款余额 397 亿元，户均贷款 663 万元，贷款不良率为 1.21%。2012 年前三个季度，单户贷款 500 万元以下小微企业新发生逾期 17 户、金额 6 428 万元，户数和金额占比均为 0.76%；单

户贷款500万元以上小微企业新发生逾期28户、金额2.76亿元，户数和金额占比分别为2%和1.17%。主要贷款行业为制造业，占比为64.59%；其次为批发零售业，占比为23.23%。抵押贷款占比为32.01%，联保、担保公司担保等其他保证方式合计占比为67.99%，1—9月贷款平均利率为8.31%。

三、主要结论

（一）中小银行小微企业信贷风险总体上升，但专业化程度较高的银行没有发生明显变化

无论从不良贷款还是逾期贷款看，辖内中小银行小微信贷风险总体确在上升，但行际间差别较大。凡是有明确的目标客户和目标行业，单户贷款规模小，以及专业化经营管理水平较高的中小银行机构，小微企业贷款风险并没有发生明显变化。江苏长江商业银行和浙江泰隆银行苏州分行，专注于小微客户金融服务，风险可控、收益可观，银行利益和社会效益得到了双重实现。民生银行南京分行和招商银行小企业信贷中心专注于500万元以下和1 000万元以下小微企业信贷，实现了商业可持续，对全行业务转型和提升收益水平作出了显著贡献。这些银行机构的实践证明，小微企业信贷业务在经济增长下行期能不能拓展不应该成为问题。

（二）银行与客户关系越密切、对客户的了解越深透，小微客户贷款风险越低

江苏长江商业银行、浙江泰隆商业银行苏州分行和民生银行南京分行采取的都是针对专业市场，明确专门客户经理跑市场、盯客户的方式，信贷调查和贷后跟踪涉及客户人品嗜好、家庭财产、业务状况等方方面面，真正做到“了解客户、了解客户的业务”。招商银行小企业贷款中心反映，小企业贷款质量与小企业贷款分中心的层级负相关，设在县域的三级分中心，因对客户熟悉、了解深透，新发生小微企业不良贷款的概率反而低。

（三）新发生的小微企业不良和逾期贷款与客户评级和担保方式无关，但与行业和地区分布有关

江苏长江商业银行和浙江泰隆商业银行苏州分行的小微客户，以小商品市场或小店面、小批发零售为主，其业务直接面向城乡居民生活消费、需求刚性较强，受经济增长下行压力影响较小，即使销售流量有所减少，企业主也能通过自身调整加以适应。招商银行小贷中心新发生的不良贷款，与客户信用评级

和担保方式没有关系，与地区和行业关系密切。该中心不良贷款余额2.95亿元中，浙江地区占一半以上；商贸流通业不良贷款合计占比为40%，其中钢贸行业不良贷款占一半以上。

（四）在小微企业贷款专业化程度较高的情况下，单户贷款规模小风险反而低

江苏长江商业银行和浙江泰隆商业银行苏州分行，单户100万元以下和500万元以下贷款风险没有异常变化。民生银行南京分行和招商银行小企业信贷中心，单户500万元以下小微客户贷款风险明显低于500万元以上小企业贷款。上述银行机构均反映，贷款在100万~200万元的小微客户主要依靠自有资金开展业务，经营成败对个人和家庭影响大，经营风格稳健，只做自己熟悉的业务和能力范围内的业务，不追求业务规模过快增长，不奢望赚快钱发大财，没有动力多元化经营或盲目投资，因此信贷风险相对较小。

总而言之，在国际金融危机和国内经济增长下行期，小微企业与大中型企业一样，都面临风险增大的压力。商业银行小微企业信贷业务不是不能做，而是看怎么做。遵循小微企业的特点和规律，强化细化“六项机制”建设，小微企业信贷市场仍然是中小商业银行转型发展、结构调整的拓疆之地和用武之地。

（作者李鲁宁，江苏银监局副巡视员）

银团贷款业务发展瓶颈及对策

——以国家开发银行安徽省分行为例

近年来，随着各银行业金融机构银团贷款业务的迅速发展，该类业务在降低贷款集中度、完善银行风险管理、增加中间业务收入、促进金融同业协作、缓解流动性压力、降低信息不对称等方面的积极效应正逐步显现。但同时，受国家宏观经济形势以及业务发展中的诸多阻力影响，该类业务的发展正面临严峻的挑战。安徽银监局以国家开发银行安徽省分行（以下简称该分行）为例，对近年来银团贷款业务的发展状况进行剖析，并提出对策建议。

一、银团贷款业务发展现状

（一）贷款规模呈逐年平稳扩张的态势

2009 年末，该分行银团贷款余额 130.63 亿元；2010 年末为 147.81 亿元，占其表内外信贷资产总额的 12.24%，同比新增 13.15%；2011 年末，该分行银团贷款余额 162.11 亿元，占其表内外信贷资产的 11.38%，同比新增 9.68%；2012 年 6 月末，该分行银团贷款余额 162.27 亿元，占全省银行业金融机构银团贷款总余额的 32%，占该分行表内外信贷资产的 11.58%，同比新增 13.32%。该分行银团贷款规模呈逐年上涨趋势。

（二）贷款市场的发展仍然相对滞后

与国际银团贷款市场相比，安徽省内银团贷款市场的整体发展仍较缓慢。2009 年末，该分行的银团贷款余额占其表内外信贷资产总额的 13.24%，同期省内各金融机构银团贷款余额占省内金融机构各项贷款余额的 3.38%；2010 年末上述两个数据分别为 12.24%、2.89%；2011 年末为 11.38%、3.53%；2012 年 6 月末为 11.58%、4.01%。截至 2011 年底，全球银团贷款融资额在全球融资总额中占比已达到 20% 左右。

二、银团贷款业务发展面临的问题

（一）银团贷款支持对象高度集中

一是行业集中度较高。目前，该分行银团贷款业务主要集中在采矿、电力、制造、基础设施、交通运输行业，贷款性质基本属于固定资产和项目投资。二是制造业呈快速增长趋势。近年来，安徽省的制造业客户逐年增多，对银行资金的需求量不断加大，2010 年银团贷款余额较 2009 年增长 259. 11%，2011 年较 2010 年增长 127. 04%。三是从存量银团贷款构成看，流动资金贷款、中小企业贷款所占比例很少，用于经济结构调整和产业升级、转变经济发展方式方面的贷款更少。

（二）缺少统一高效的沟通协调机制

在推动银团贷款业务时，现有沟通协调机制效率仍较低。一是对于牵头行、代理行的确定及其与之相关的利益分配问题，特别是各潜在参与行已经承诺贷款的项目，组建银团往往需要调减承诺额度、统一贷款条件和贷后管理，此过程中涉及的利益协调难度很大。二是该分行贷款支持的基础设施项目、交通行业项目期限较长，通常在 10 年以上，且贷款利率是基准利率，项目建成后的资金回收速度较慢，而其他商业银行通常只接受 3 ~ 5 年贷款期限的银团合作项目，且要求贷款利率上浮，项目建成后资金快速回收，由此导致其他商业银行参与意愿较低。

（三）审批效率不一致，突发状况影响合同执行

直接银团贷款要求各参团银行基于相同的贷款条件、使用同一贷款协议向借款人发放银团贷款，银团贷款要求参贷行独立评审并且协同一致，但在银团组建过程中因各银行评审能力、业务流程等方面的差异导致审批效率参差不齐。此外，当前银团贷款业务主要风险集中在贷款发放阶段，银团贷款合同签订后，受国家宏观及各行阶段性政策调整的影响，参与银行常常出现暂停贷款发放或客户提出调整贷款利率的突发状况，导致银团贷款合同不能按照约定的提款计划发放资金，影响合同执行。

三、造成银团贷款发展瓶颈的原因分析

（一）宏观市场环境有待完善

银团贷款是国际金融市场普遍采用的一种贷款方式，对市场纪律要求较高，

而我国社会信用制度不完备，如目前征信体系尚不完备，导致银行贷后管理难以顺利开展；部分企业信用观念较差，优质客户、优质金融资源有限。同时，我国银团贷款发展缺乏配套的金融市场环境。

（二）银行经营理念较为保守

在大型优质客户相对稀缺的情况下，基于股东回报和盈利考虑，大部分银行以扩大资产规模为发展目标，加之银团贷款业务在银行内部的考核以及监管要求方面并没有相应的规定，因此，一旦银行机构寻找到贷款机会，则首先考虑追求独家承贷或高份额贷款，甚至主动降低融资条件，而不愿以银团方式分散信贷资源和市场份额。

（三）客户的认知度难以提高

一是银团贷款涉及多家银行审批，交易时间较长，管理费用等支出较高，因此，大部分企业客户为节省交易成本拒绝银团贷款，如煤炭、电力、交通运输等行业的重点项目客户，自有资金相对充裕，融资渠道相对多元化。二是借款人偏爱背靠背的贷款模式，即先由公司股东将款项存入银行，再由银行向公司贷款。在这种模式下，借款人容易受短期利益驱使，利用信息不对称实施项目“一女多嫁”，套取银行贷款。三是部分议价能力较强的客户，更愿意与各家银行进行双边谈判，利用各行之间的相互竞争，在谈判中取得优势地位，用以解决贷款资本金不足、降低担保条件和利率等问题，导致需组建银团贷款的部分项目，因客户执意抵触无法实施。

四、突破银团贷款发展瓶颈的对策建议

（一）依托政策扶持，完善制度顺应形势

一是尽快规范银团贷款二级市场管理。过去一段时间里，我国有关银团贷款转让交易平台、交易机制及定价机制的研究与发展几乎处于空白状态，限制了银团贷款转让业务的开展。二是进一步改进定价管理机制，依据市场原则收取合理费用，对贷款转让给予流转税方面的优惠，对参与贷款转让业务的金融机构给予所得税优惠，对金融机构参与债务企业的经营及重组提供政策支持等。

（二）转变发展理念，实现银行同业共赢

一是建议金融机构转变思想观念和经营理念，充分认识到银团贷款作为多边贷款方式，对于分散贷款集中度风险、减少同业竞争、增加市场谈判能力、

优化资产质量和收益结构等的积极作用，借此提高银行核心竞争力。二是银行机构要打破局限于传统产业和基础设施业务的局面，积极投入新能源、新材料、生物医药、节能环保、电子信息、现代农业、先进制造、高技术服务等领域企业，充分体现银团业务的杠杆驱动和导向引领作用。

（三）夯实内在功力，提升银行营销实力

在风险可控前提下，银行机构应通过设立绿色通道或由有权审批部门提前介入的方式，提高信贷审批效率，并建立问题快速反应机制和客户沟通协调机制，为银团贷款工作打下良好基础。要加强上下联动营销，推行高层营销。同时，应尽快培养造就一批了解国际国内金融市场、熟练掌握银团贷款业务知识和操作技能的专业人才队伍。

（四）发挥约束效应，增强监管机制效能

建议监管部门出台具体银团贷款组建硬性约束措施，明确银团贷款筹组起点，如规定一定额度的项目必须组建银团，银团合同签订后各参团行必须按照银团合同约定发放贷款等，对具备组团条件而未组团的贷款给予有效的刚性制度约束。尽快出台具有强制性的实效性强的制度体系，对符合银团贷款的项目，尤其是政府投资类项目，通过激励机制和考核手段鼓励各银行机构积极参与。

（作者刘智勇，时任安徽银监局党委委员、副局长，
现任银监会案件稽查局副局长）

强化社会责任意识　有效支持实体经济

——安徽大型银行支持实体经济发展情况的调查与研究

目前，国际金融危机导致全球经济增速减缓，经济格局发生新变化，我国实体经济发展面临重大机遇和挑战。安徽大型银行支持实体经济发展取得一定成效，但仍存在一些制约因素。

一、安徽大型银行支持实体经济发展现状

（一）信贷投放特点

1. 信贷投放领域更加均衡。截至2012年3月末，安徽五家大型银行贷款余额6 703.39亿元，较年初增加249.44亿元，增幅为3.86%。新增贷款主要投向电力、热力的生产和供应业，煤炭开采和洗选业，批发业，道路运输业，零售业等领域。其中，重点领域新增贷款138.2亿元，占全部新增贷款的55.40%；薄弱环节新增贷款76.42亿元，占全部新增贷款的30.64%。

2. 薄弱环节的实际信贷投放满足度不断提高。截至2012年3月末，安徽五家大型银行受理小微企业贷款申请11 128笔、金额599.6亿元，实际发放8 046笔、金额421.64亿元，实际发放笔数占全部申贷笔数的72.30%，较2011年同期提高1.56个百分点；实际发放金额占全部申贷金额的70.32%，较2011年同期提高1.44个百分点。受理“三农”贷款申请23 059笔、金额282.98亿元，实际发放20 859笔、金额220.94亿元，实际发放笔数占全部申贷笔数的90.46%，较2011年同期提高3.03个百分点；实际发放金额占全部申贷金额的78.08%，较2011年同期提高0.69个百分点。

3. 融资形式凸显担保要求。截至2012年3月末，安徽五家大型银行重点领域担保贷款余额2 919.77亿元，比2011年同期增加155.74亿元，占各项贷

款余额的43.56%，占比较2011年同期提高0.74个百分点；重点领域信用贷款余额1 278.87亿元，比2011年同期增加55亿元，占各项贷款余额的19.08%，占比较2011年同期降低了4.37个百分点。薄弱环节担保贷款余额958.62亿元，比2011年同期增加133.88亿元，占各项贷款余额的14.30%，占比增加1.52个百分点；薄弱环节信用贷款余额92.91亿元，比2011年同期减少了1.59亿元，占各项贷款余额的1.39%，占比较2011年同期减少0.07个百分点。

4. 贷款定价逐年走高。以1年期贷款为例，截至2012年3月末，安徽五家大型银行小微企业贷款最高年利率约为8.528%，最低年利率约为5.91%，与2011年同期相比，最低年利率提高了0.2个百分点；“三农”贷款最高年利率约为8.86%，最低年利率约为5.91%，与2011年同期相比，最低年利率提高了0.4个百分点。

（二）金融服务环境

1. 政府政策与银行策略双管齐下。一是为调动金融机构支持地方经济发展的积极性，安徽银监局、合肥市政府相继出台了《关于实施差异化监管加强小型微型企业金融服务的意见》、《关于印发支持小微企业健康发展若干意见的通知》等文件，提供相关政策保证。二是安徽大型银行积极调整信贷策略，坚持服务实体经济的方向，加大对重点领域、薄弱环节和基础性行业的信贷支持力度。如农业银行安徽省分行积极开展皖江区域信贷调研，制定《皖江城市带承接产业转移示范区信贷政策指引》，加大对重点发展区域的信贷政策指导。

2. 信贷产品和服务方式同步推进。如建设银行安徽省分行陆续出台了中小企业联贷联保、动产质押、助保金贷款等新产品，并完成了“市场通”、“助力贷”、小企业应收账款池质押、小企业林权抵押等多个自主创新产品的研发和推广。

3. 网点布局均匀合理。安徽大型银行进一步完善了机构网点布局，为服务实体经济打下基础。截至2012年3月末，安徽五家大型银行累计新设网点36家，搬迁及改造网点282家，投入自助设备2 725台。其中，新设县域网点11家，投入自助设备226台。

二、制约大型银行有效支持实体经济的原因分析

（一）银行内部因素

1. 金融创新不足。各行种类繁多的投资理财产品在设计理念、产品结构、

风险标准、收益率等方面大致相似，大多为模仿国外或互相模仿，未按照国情、省情设计产品，难以有效支持实体经济发展。

2. 利益驱动缺乏。由于小微企业资产和经营规模较小，抗风险能力较差，银行以规避贷款风险为第一原则，相对于大型企业，小微企业贷款风险较大，客观上造成了小微企业融资难。

3. 信贷规模受限。企业受内外部因素影响，经常会有突发性事件导致贷款需求变化，而大型银行分支机构全年信贷规模由总行核定，且需按月度计划申请使用，导致支持实体经济作用受限。

4. 经营策略转变。随着大型银行股份制改革不断深入，其经营战略发生了深度调整，信贷政策转向重点支持大城市、大企业、大项目和优质客户。

5. 经营机制不活。当前，大型银行实行“抓大放小”政策，加之较高的信贷准入门槛，实际上已把发展中的民营中小企业、小农户排除在贷款支持范围以外。

6. 考核激励短视。一是在统一的考核体系之外保留单项考核，弱化了整体效果。二是区域考核指标设置不科学，影响激励机制的有效性。

（二）银行外部因素

1. 宏观经济环境不容乐观。2012 年第一季度，安徽省国民生产总值 3 289. 4 亿元，按可比价格计算，比上年同期增长 12. 3%，增幅同比回落 1. 5 个百分点，经济下行趋势明显。在此大背景下，银行信贷资金投入企业风险也随之加大，限制了银行支持实体经济的力度。

2. 企业自身发展障碍重重。一是原材料、企业劳动力成本上涨，挤压了企业的利润空间。二是目前部分中小企业仍存在法人治理结构不完善、经营管理能力不强、财务信息透明度不高等问题。三是部分企业处于传统产业价值链低端，技术创新能力弱，难以适应转变发展方式的现实要求。

3. 社会融资环境亟待改善。一是政策法律体系尚不健全，主要反映在支持中小企业发展的政策或制度仍存在空白点。二是中小企业信用担保机制不健全。部分担保机构甚至违规经营、超限投资、变相涉足民间借贷等，难以有效发挥支持小微企业融资的作用。

三、支持实体经济发展的相关建议

（一）宏观政策方面

加强宏观调控，促进银企合作。一是灵活运用货币政策工具，保持货币信贷总量的合理增长，优化融资结构。二是要完善财税政策，大力推进结构性减税。三是促进信贷政策与产业政策更好结合，重点支持实体经济尤其是符合产业政策的中小企业，支持民生工程尤其是保障性安居工程。

（二）地方政府方面

完善制度体系，优化金融环境。一是建议有关部门修订完善支持中小企业发展的相关政策，健全中小企业市场准入和退出机制。二是改善企业经营环境。建议各级地方政府紧紧依托国家已出台的税费减免、信贷支持等政策措施，认真研究，准确把握，创造性地贯彻落实，有针对性地帮助企业解决经营难题。三是逐步建立企业信用体系。四是进一步完善地方金融体系。

（三）商业银行方面

完善经营管理，加快金融创新。一是扩大信贷投放总量，把握投放规模和节奏，发挥信贷在产业结构调整中的导向和推动作用。二是提高经营管理水平，完善考核激励机制。充分发挥县域网点支持经济发展的作用，适度下放贷款审批权限，增加有效信贷投入；优化信贷业务流程，深入推进扁平化管理，更好地为社会提供金融服务；健全考核机制，完善考核体系，有效激励信贷服务实体经济。三是要加快产品和服务创新，拓宽企业服务渠道。

（四）企业自身方面

加强内部管理，强化信息披露。一是在内部管理上，企业应建立较为完善的公司治理结构和财务管理制度。二是在生产经营上，及时了解掌握国家宏观调控政策，据实调整生产规模和生产结构，加快产业升级改造。三是在信息披露上，强化企业财务报表的真实性披露，减少伪造、粉饰报表情况，定期发布企业重大信息，及时加强与政府部门及银行间的信息交流。

（作者袁成刚，安徽银监局党委委员、副局长）

破解资金瓶颈　共建两岸家园

——平潭综合实验区发展建设的资金瓶颈与破解思路

一、平潭综合实验区建设发展的资金瓶颈

2010年以来，实验区围绕着建设“两岸共同家园”与海西产业经济转型升级的目标，大规模推进基础设施建设，2010—2014年规划投资总额为约2 500亿元（见图1）。

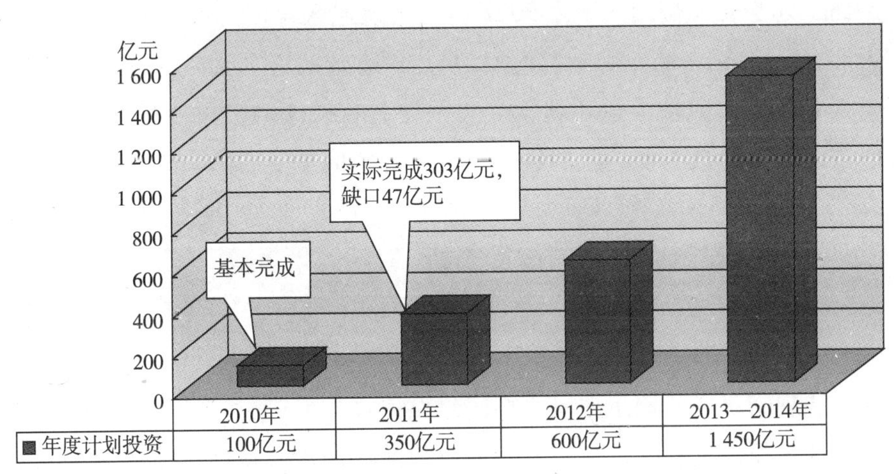

图1　平潭2010—2014年投资规划

从投资进度看，除2010年计划投资的100亿元基本完成外，2011—2012年资金合计缺口约128亿元。2013—2014年是投资的高峰期，假设其间政府投资占比与2012年一致为55%，则两年间实验区政府需要通过BT/BOT、银行及财政等融资渠道筹措资金825亿元。综合分析各方面因素，预期2013—2014年政府投资建设资金将存在较大压力。一是BT/BOT投入逐年下降。实验区2010年建设资金筹措主要采取BT/BOT方式，由中铁等大型央企投资建设。但2011年

和2012年该类投入占比已分别降至13.2%和9%，预计明后年该比例将持续下降，可投入资金进一步减少。二是银行信贷资金到位率低。截至2012年10月，福建银行业对实验区重点建设项目已批复授信总额277.78亿元，但贷款余额仅80.44亿元，尚有197.34亿元授信额度要视贷款条件满足情况适时投放。三是直接融资总量有限。实验区政府目前正尝试企业债券、中期票据、股权信托等融资方式，未来两年计划筹资约95亿元。但是，可能到位的筹资总量和筹资时间受审批程序影响，存在不确定性。四是中央与省级财政支持力度有限。中央与省两级财政承诺两年合计投入仅28亿元。

综上，未来两年1 500亿元投资资金拼盘中，占55%的政府投资很大程度上必须依靠实验区本级财政投入。以当前正在落实的项目资本金拼盘为例，按照政府投资825亿元、最低资本金比例25%测算，未来两年需投入资本金206.25亿元。考虑两年间，中央和省级财政投入28亿元，基金募集、境外证券化信托、股权信托产品等筹资53亿元，资本金缺口仍达125.25亿元，亟需实验区政府通过本级财政注资。

然而，处于开发初期的平潭2011年仅实现地区生产总值111.5亿元，财政总收入27.86亿元，难以为项目建设提供足额有效的资金支持。因此，实验区建设资金（包括其他投资渠道还款资金）最终要依赖于政府的土地流转收益。土地价值实现进度将成为制约实验区建设资金筹措最重要的影响因素。

二、平潭建设资金瓶颈的成因剖析

（一）产业定位对社会投资吸引力不足，影响实验区土地价值实现

现行法规下，已收储土地要有相应建设项目才能进行“招、拍、挂”转让，即实现土地价值的前提是社会资金对项目的有效需求。目前平潭产业基础薄弱，项目投资的收益与风险很大程度上取决于实验区未来的产业定位，以及政策与平潭现有资源对产业定位的支撑力度。

1. 台湾地区产业转移诉求与实验区产业定位不匹配。平潭产业定位于“引导台湾高新技术产业、现代服务业等高端产业向平潭延伸拓展，加强两岸在关键产业领域和核心技术方面的联合研发”，建设成台湾产业的营运中心、研发中心与物流中心。然而，目前台湾产业以电子电器制造业、基本金属制造业为主，迫切将产业链条中的生产环节向岛外（大陆）转移，这与平潭的产业定位明显错位。如现已落户实验区的台商电子信息产业，投资项目主要为生

产基地，较少涉及产品设计研发、订单处理等高附加值环节。初步统计，2012年1—8月，平潭新批外资企业35家（其中台资32家），投资总额仅11 158万美元，户均投资仅318. 8万美元。台湾产业转移诉求与平潭产业规划的不匹配，降低了实验区对台资的吸引力，导致实体经济对实验区土地市场的需求不足。

2. 民间投资潜力挖掘不足。福建省民间投资在全省新增投资中占据半壁江山，是社会投资的重要组成部分，而平潭民间投资占比2011年为35%，2012年为45%，均低于全省平均水平。民间投资相对不足，加大政府投资的压力。

3. 政策支持力度亟需加强。国家各部委和福建省政府赋予实验区的优惠政策原则性强，缺乏可操作性，尤其是金融、土地等解决资金瓶颈的关键政策亟待完善。在金融政策方面，《平潭综合实验区总体发展规划》（以下简称《规划》）提出“支持台湾金融机构在平潭设立经营机构”，但并未提出准入的具体优惠政策；在土地政策方面，《规划》提出“支持平潭综合实验区开展土地管理改革综合试点，积极探索土地管理改革新举措、新政策”，但未见落实的具体措施；同时，用地和项目审批手续繁杂，降低实验区内土地流转的效率。

（二）金融发展程度不足

在成熟的市场经济条件下，完善的金融服务，可增强区域的产业吸引力，促进产业结构升级优化，有效引导各类资源汇聚，形成资源集成效应。目前福建省经济发展相对滞后，金融体系尚不完善，金融服务能力有待提升。

1. 海西经济区金融体系尚不完善。实验区金融资源的供给不仅靠区内金融机构，更依赖于海西金融体系。目前存在以下问题：一是组织体系不够完善。海西金融体系以银行为主体，且多为分支机构，服务手段单一；全国性股份制商业银行仅兴业银行1家，信托、产业投资基金等具备大型项目投资能力的市场主体稀缺，能为台商提供个性化金融服务的台资银行尚处空白。二是融资渠道较为单一。银行信贷是主要融资方式，债券、企业票据、信托等市场尚不发达，非上市股权流通市场刚起步。三是金融创新存在较多管制。审批链条环节多，审批时间长，抑制了金融创新的能力。

2. 平潭自身金融发展滞后。一是机构品种单一，数量较少，目前区内银行业机构13家，保险公司营业网点11家，其他基本处于空白状态。二是机构管理层级较低，银行法人机构仅平潭农商行1家，二级分行1家，其余均为支行网点；高水平、高层次、高素质金融人才紧缺，管理水平和服务水平滞后于实验区发展需求。三是总量较小，截至 2012 年 9 月末，银行业机构存贷款总额分别为 134.68 亿元与 91.86 亿元。

三、政策建议

（一）探索两岸交流合作新机制，有效落实转型升级的产业发展目标

在 ECFA 框架下，坚持转型发展目标，进一步研究制定支持平潭开放开发配套措施。一是拓宽产业发展思路，充分发挥平潭距台湾本岛最近的独特区位优势，尽快制订“对台物流主通道”的实施规划，建设高效的两岸物流合作体系。二是加强两岸融合和优惠政策宣导，让“五个共同”[①] 理念和平潭产业定位深入台湾居民和企业，推动台湾主动调整对外输出的产业类型和种类，提升与实验区产业发展规划的匹配程度。

（二）完善开放开发配套政策，形成资源汇聚效应

研究制定配套措施，激活前期投入资金形成资产价值，促进资金良性循环。一是研究涵盖项目全流程的审批、建设、金融服务等特殊政策以刺激投资，切实予以先行先试。二是研究加速实验区土地流转的新机制，并在农转用土地指标、用地审批时效等方面予以倾斜。

（三）完善海西金融体系

1. 利用实验区的优惠政策与政府的引导，加大力度引入或建立各类金融机构；提升实验区内金融机构层级，配备高素质金融人才，提升服务能力；推动台湾金融机构入驻实验区，鼓励共同建设两岸区域性金融中心。

2. 尽快构建资本、信贷、证券、保险、衍生品等多元化的金融市场，为实验区提供更宽泛的融资渠道。

3. 丰富融资渠道。充分利用多元化的金融市场，努力拓宽实验区融资渠道。充分发挥金融控股集团公司、银行系金融投资公司、资产管理公司、信托投资公司等优势，多渠道筹措项目资本金；加快吸引债权融资、保险资金等风险较为分散的社会资金，投资于平潭大型建设项目；引导银行业机构加强资金融通，统筹多种金融资源，创新信用模式，加大对实验区的信贷投入。

4. 加快对台离岸金融中心建设。健全离岸金融中心相配套的法律法规和特

① “五个共同”指的是“共同规划、共同开发、共同经营、共同管理、共同受益”。

殊的区域性政策，尽快研究制定人民币与新台币跨境流动新机制，积极引进台资银行作为海西的新台币清算银行，为“两岸物流主通道”建设与产业融合提供金融支持。

（作者陈晓南，时任福建银监局党委委员、副局长，现任福建银监局副巡视员）

珠三角四地市小微企业金融服务调研报告

一、当前经济形势下，小微企业经营和融资情况

广东省民营经济发达，2011 年实现增加值 2.33 万亿元，占全省生产总值总量的 44.3%，经济增长贡献度 51.8%，上缴税收占比 31.6%，吸纳 40.1% 就业人口，当前企业经营和融资情况如下。

（一）整体经济下行，小微企业经营压力加大

2012 年上半年，广东省实现地区生产总值 26 659 亿元，同比增长 7.4%，创造了 2009 年上半年以来的最低点，多项经济指标增速低于预期，此次调研地区的主要经济指标如下：

表 1　　2012 年调研四市主要经济指标情况表　　单位：亿元、%

	地区生产总值		规模以上工业增加值		规模以上工业实现利税总额		全社会固定资产投资		出口总值同比	进口总值同比	CPI 同比	PPI 同比
	6 月末	同比	6 月末	同比	6 月末	同比	6 月末	同比				
惠州	1 109.1	11.8	537.8	16.6	142.1	-17.4	519.6	22.2	37.1	27.4	3.6	0.9
东莞	2 167.0	2.5	785.04	0.9	159.9	-14.1	443.18	3.8	7.8	3.8	4.3	0.3
中山	1 155.6	9.3	628.0	5.1	140.8	1.5	425.9	11.4	25.0	9.2	-1.7	0.6
佛山	3 171.7	6.7	1 302.3	9.8	263.1	-8.6	974.2	7.0	7.9	-3.0	3.3	0.2

从以上数据可看出，目前经济发展呈现以下特征：一是经济增速明显放缓，上半年 21 个地市中仅惠州以 11.8% 的增速实现了年初目标（11%）；二是企业"增产不增收"，如惠州市和佛山市，"规模以上工业增加值"同比分别增加 16.60%、9.8%，而"实现利税总额"却同比分别减少 17.4%、8.6%；三是经济增长动力不足，如佛山上半年固定资产投资同比增速回落 6 个百分点，进、出口同比增速分别回落 22 个和 15 个百分点，消费总额同比增速回落 8.7 个百

分点。

在此经济背景下，小微企业经营压力主要表现为“一高一少一难”：一是经营成本高，72%小微企业表示原材料价格较2010年末上涨20%~50%，利润减少30%~40%[①]；二是订单量减少，7月广东省PMI为50.0，延续下行趋势，新订单指数49.8，降到荣枯线以下；三是招工困难，中山市调查显示，仅6.5%企业招到所需工人，20.6%企业招到大部分工人，72.9%企业招到少部分工人。

（二）金融服务力度提高，小微企业融资难仍需改变

2012年上半年，广东银监局辖内小微企业贷款余额8 341.88亿元，比年初增加623.25亿元，增速8.07%，同比多增10.81亿元。此次调研地区小微企业贷款数据如下：

表2　小微企业贷款发放情况表　单位：亿元、%

	小微企业贷款余额	比年初增量	比年初增速	同比增量	同比增速	占各项贷款余额比例
广东省（不含深圳市）	8 341.88	623.25	8.07	1 157.82	16.12	19.52
惠州市	266.47	17.34	6.96	15.89	6.34	16.92
东莞市	802.6	56.15	7.52	-20.48	-2.49	19.24
中山市	367.8	19.49	5.60	-2.22	-0.60	20.46
佛山市	1 470.67	167.43	12.85	219.73	17.57	24.15

注：本表数据日期为2012年6月30日。

虽近年来小微金融服务力度有所提高，但从调研情况看，小微企业融资困难问题依然存在，主要表现为：一是融资渠道单一，广东省约60%的小微企业以自身留存收益作为主要资金来源，外部融资主要依赖银行信贷，风投、债券等方式使用较少；二是缺乏融资抵押物，调研反映仅有不到50%的企业能够满足银行抵质押物等贷款条件；三是融资成本高，目前小微贷款利率较基准利率上浮10%~30%，个别上浮50%，而民间借贷利率更高达16.74%[②]。

① 根据《珠三角小企业经营与融资现状调研报告》，该调研报告由北京大学国家发展研究院和阿里巴巴集团于2011年末联合发布。

② 根据中小企业局对广东300多家小企业的抽样调查结果。

二、小微企业融资困难原因分析

（一）宏观经济因素

在经济下行的背景下，小微企业发展信心不足，融资需求下降，根据《银行家》调查结果，第二季度企业总体贷款需求指数为65.2%，为2004年调查开展以来的最低点。同时，部分涉及“两高一剩”、节能减排等政策调控行业的小微企业发展前景不明，受到银行严格的信贷额度控制。

（二）企业自身因素

一是企业信息透明度不高。大多数小微企业未建立现代企业管理制度，信息披露不完全，据相关调查，50%以上中小企业财务制度不健全，60%以上中小企业信用等级在BBB级或以下①。

二是风险抵御能力不强。小微企业基本年销售收入在5 000万元以下，经营规模较小，且主要依靠廉价的劳动力成本优势来竞争市场份额，不具有核心技术、特色产品和主导品牌。

三是金融工具运用不充分。部分小微企业主过于追求银行信贷规模，忽略自身资金配置合理性，不懂得利用票据结算、发票融资等现代金融工具缓解资金压力。

（三）银行机构因素

一是服务主动性不够。从调研情况看，超过70%小微企业信贷关系是企业主动到银行申请办理的，目前银行依然把经营规模大、资金储备充足的大中型企业作为业务发展重点。

二是产品设计与企业需求不匹配。目前仅8.6%企业对目前银行服务产品评价为较好，43.7%表示一般，信贷双方矛盾主要为：贷款方式上，银行依然以抵质押类贷款为主，截至2012年3月末小微企业贷款中抵质押类占比56.53%；贷款期限上，31.44%企业表示需要3年期贷款，25.33%企业需要2年期贷款，而实际上小微企业贷款以1年内短期贷款为主②。

三是内部流程与业务特点不适应。审批流程上，目前小微企业贷款审批时间大多为15~20天，较前几年有显著提高，但仍有企业主反映因贷款审批时间

① 据《广东省中小企业融资现状调研报告》，由广东省中小企业局提供。

② 据广东省中小企业局2011年末抽样调查数据。

长而错失市场良机；定价机制上，银行通常在小微企业整体信用水平上进行风险定价，导致贷款利率相对偏高，如某银行按内部转移定价机制，小微贷款利率需在9%以上，最终发放利率可达12%，较基准上浮近50%。

四是风险控制能力不强。小微企业存在财务制度不健全、缺乏有效抵质押品、信用记录不完整等问题，银行无法用传统量化指标进行风险评估；同时，小微信贷业务风险评估较为倚重难以量化传递和检验的“软信息”，这对信贷人员素质提出了更高要求。

（四）地方政府因素

一是小微企业信用体系不完善。尚未建立全面、统一的小微企业信息平台，银企信息不对称；对企业失信行为惩戒力度不够，逃、废、赖债务行为时有发生；外部信用评级结果认可度低，部分评级机构为企业出具虚假审计报告、提高抵押物评估价值等。

二是财政支持力度有待提高。2003年以来，广东省每年用于支持中小企业发展的财政预算约2亿元，相比江苏省每年4.2亿元预算资金，财政支持力度不够。

三是融资性担保机构效力尚未发挥。目前，广东省大多数担保机构注册资本金不高、规模较小，缺乏稳定的资金补充机制，担保能力有限；同时，担保机构存在担保资金不实、向客户收取保证金、放松担保审查等不规范行为，银行与其合作意愿不强。

三、相关建议和措施

（一）银行机构要积极探索，持续提升金融服务水平

一要加强产品创新。推行“一行一品”，根据产业集聚特点，通过细分市场、客户、产品，设计针对某一具体行业的产品；改变依赖抵质押物的单一模式，重视对第一还款来源的评估，根据企业经营、资金流等情况发放免抵押贷款；结合汇票、保函等结算工具，提供应收账款质押、发票融资、合同融资等服务。

二要加快流程改造。根据小微企业经营情况复杂、单体风险成本难以计算的实际情况，探索建立单独业务定价机制，并按信用等级合理划分利率浮动区间，尽量降低贷款利率水平；推进前中后台横贯式管理，通过下授审批权限、派驻风控人员等方式，缩短贷款审批的内部流转时间，提高贷款审批效率。

三要提高风险防控。建立以企业存续时间、经营者素质、资信状况和发展前景等为评分指标的风险评估体系，突出对企业主个人信用和所处市场环境的考察；着力提高信贷人员的风险识别能力，鼓励信贷人员走进市场、贴近客户，通过现场实地考察、当面交流的方式获取企业经营的真实信息。

四要落实激励措施。加大小微信贷业务考核权重，从按“业务量”向按“业务笔数”考核转变，鼓励信贷人员“做小做微”；充分利用政策空间，适当提高小微贷款不良率容忍度，积极申请小微贷款专项金融债，制定小微不良贷款责任追究减免条款等。

（二）政府部门要主动作为，创造良好的外部环境

一要加大政府财政资金投入。建立小微贷款风险补偿机制，对发放小微贷款的银行给予财政支持，降低其信贷风险成本；设立小微企业发展专项资金，对有利于促进产业升级、扩大就业的技术型、创业型小微企业进行定向资金支持；加大小微企业税收减免力度，减免抵质押登记、评估、担保、公正等中介费用。

二要构建小微企业信用体系。加快小微企业征信系统建设，整合工商、海关、财政、税务等多方面信息，形成一个全面、统一的信息共享机制；完善小微企业信用评级制度，制定统一的信用评级标准，规范中介服务机构的评级行为；建立企业失信惩戒机制，对企业的不良信用行为进行记录，增大企业的“失信成本”。

三要加强融资担保体系建设。完善配套的法律法规，对各级政府部门出台的担保法规、制度、文件进行梳理，对民营资本进入担保行业的审批程序、准入条件予以明确；吸纳多方面资金投入担保行业，鼓励民营企业、行业协会和其他经济组织出资建立公司制或会员制的小微企业信用担保机构；发挥政府性担保机构的“稳压器”作用，以经济产业政策为导向，明确资金投向。

（作者张坚红，广东银监局党委委员、副局长）

对海南辖内金融消费者权益保护问题的思考

海南银监局围绕海南辖内客户投诉类型、银行业机构侵权行为表现，深入省内多地市的银行业机构开展实地调研，深层分析金融消费者权益保护不足的原因并提出政策建议。

一、辖内客户投诉类型

海南银监局政务值班室投诉登记显示：2011 年全年，共接到金融消费者电话投诉及信访 23 人次，主要投诉及信访问题有以下几类。

（一）强制捆绑销售

银行业机构在营销某种金融产品的同时要求消费者强制购买另一种付费金融产品或服务。如开设存折的同时要求办卡，办理住房按揭贷款利率优惠时，要求开通存款短信服务或者办理贷记卡等。

（二）不实宣传或承诺

片面夸大基金或者理财产品的收益，而对风险及附加条款避而不谈，将保险当成新型储蓄进行不实宣传和大力推销等。

（三）格式合同和霸王条款

在向消费者销售金融产品中经常以格式合同、霸王条款等形式来强迫消费者接受一些前提条件或附加条款，以规避己方责任，加重消费者义务，增加消费风险。如某县农村信用合作社规定自然人贷款时必须扣除贷款本金的 10% 用做股金，且股金不计利息。

（四）商业贿赂

少数金融机构在对中小企业发放贷款时，出现工作人员向企业索贿，要求企业暗中提供回扣或者安排亲朋好友到企业任职等商业贿赂行为。

（五）管理漏洞

银行机构 ATM 管理存在漏洞，犯罪分子利用银行卡犯罪等导致客户资金损失。据调查，2011 年以来，辖内案发形势严峻，特别是出现克隆卡、伪冒申请信用卡等利用银行卡犯罪的案例，使客户损失严重。

二、辖内银行业机构侵权行为分类

一是说明不实的行为。金融产品与普通的商品相比，最大的特点就是具有信息性和复杂性。辖内一些银行在销售各种理财产品时，往往夸大产品的投资收益，甚至对预期的利益作虚假陈述。

二是不规范劝诱行为。辖内一些银行在代销各种不同的理财产品时，采取各种办法向金融消费者推销自己的产品，在单纯追求商业利益的过程中，不规范劝诱行为严重损害了金融消费者的权利。

三是侵犯金融消费者隐私行为。主要有三种表现形式：故意非法向第三人披露自身合法掌握到的金融消费者的隐私，过失泄露金融消费者的隐私，以不合法的方式收集金融消费者的隐私。

四是乱收费现象。诸如 ATM 同城跨行取款涨价、借记卡年费、异地取款授予费、零钞清点费等金融消费费用，金融机构单方面作出收费涨价的决定，金融消费者只能被动接受这些“不合理”的收费规定。其他诸如强制搭售行为，保险合同和其他金融服务合同、产品销售合同中的“霸王条款”等，这些行为都侵害了金融消费者的公平交易权和自由选择权。

三、海南银监局保护金融消费者权益的实践

一是要求辖内机构牢固树立公平、友善对待金融消费者的观念，进一步深化“唯有专业服务才是正道坦途，唯有严谨规范才能连续持久，唯有为客户增值才能受客户欢迎”的思想认识，把消费者权益保护充分体现和落实到工作中去。

二是督导银行业机构不折不扣地落实银监会的各项规定和标准，加大对客户服务满意度的考核力度；加强对客户的引导分流，维护现场秩序，缩减客户等候时间；加快业务创新，为涉农和小微企业有效解决融资难、融资贵的问题。针对客户资产增值需求，努力为客户提供有技术知识含量、价值含量的高质量服务。

三是海南银监局联合银行业协会成立“金融消费者权益保护办”，设在银行业协会，与银行业协会维权部合署办公，专司辖内金融消费者投诉维权事宜。

四是强化声誉风险管理，完善消费者信息传递和反馈机制，分析和监测消

费者对产品和服务的体验。完善投资者评估机制，逐步充实客户风险等级动态评估调整、刚性限购等规定内容。完善金融服务和产品信息披露机制，做到信息披露充分、及时、有效。完善维护消费者权益应急管理和客户投诉处理机制，公布客户投诉电话，及时妥善解决客户投诉事项。

四、金融消费者权益保护不足原因的深层分析

（一）金融消费者权益保护法律法规不健全

目前，我国对金融消费者权利的保护和保障性规定主要散见于《宪法》、《消费者权益保护法》、《银行业监督管理法》、《商业银行法》等法律、行政法规及规范性文件中。这些法律规定仅对金融产品、金融服务、金融交易等提出了原则性要求，很多规定立法层级不高、保护不充分，造成实践中纠纷大量出现。

（二）行业自律机制对金融消费者保护不够

我国银行业协会等自律机构虽已成立多年，但目前还没有从同业合同与协会的层面为金融消费者权益保护提供一个有效平台，也没有相关的制度安排来减少和解决金融机构与金融消费者之间的纠纷。

（三）金融消费者投诉与受理机制缺位

现有的监管法律和行业自律体制都没有对金融消费者投诉问题给予关注，这使金融消费者投诉往往直接诉诸司法途径或者一般性行业的消费者保护机制，这种做法大大激化了金融机构与消费者之间的对抗，也很容易导致金融机构的声誉受到损害。

（四）金融行业相对垄断，金融产品和服务供给不充分

我国金融机构处于天然的垄断优势地位，具有强大的资金实力、技术实力和谈判实力，而广大的普通金融消费者则处于相对的弱势地位。

（五）金融消费者自我保护意识不强

由于我国消费者的法治理论还相对落后，司法和执法环境也有待改善，金融消费者和其他法律主体一样，缺乏私权自我保护意识，对法律法规没有明确规定的私权利更是不能或不敢积极行使。

五、政策建议

（一）健全和完善金融消费者权益保护法律制度

应尽快修订完善有关金融行业维护消费者权益的法律法规，法律中应明确

"金融消费者保护"概念。针对金融服务产品的特殊性，在《消费者权益保护法》的框架下，制定关于金融消费者者权益保护的法规实施细则，增设对金融消费中各种侵权行为的处罚条例，保护消费者在金融消费过程中的合法权益。

（二）完善金融消费者权益保护监管系统

成立金融消费者协会，作为金融消费者权益保护机构或工作部门，评估消费者对产品的理解能力，使消费者免受金融欺诈和不公平交易之害；检查金融产品对金融消费者权益保护的合规情况以及金融机构履行相关保护义务的情况，使金融消费者权益保护得到落实；建立金融消费者投诉机制，确定投诉受理范围、受理具体部门、联系方式、调查期限等，开通金融消费者投诉专线和投诉网站，便利消费者维护合法权益。

（三）加强行业自律组织建设，进一步健全金融消费者保护的自律机制

规范和强化银行业协会在金融消费者保护方面的基本职责，为金融消费纠纷调查提供一个自律性的协会解决机制。金融行业协会可以设立专门的处理消费者投诉会员的机构，并制定相应的处理程序规则，为消费者投诉提供相应支持，以避免和减少金融消费者极端地将有关投诉转向司法机关。

（四）加大执行中的金融消费者权益保护力度

要健全行政法律法规体系，增加和完善有关金融消费者私权保护的内容和程序，规范行政执法行为。同时，应在金融机构中建立健全信息披露制度，要求金融机构对其提供的产品和服务信息做到全方位披露和全过程披露，起到事前制约的作用。

（五）大力加强消费者金融知识教育

作为银行业机构，一方面应在推广金融产品作用的同时，向社会公众普及金融产品相关风险知识，提高其对风险的认识度，预防金融消费陷阱；另一方面，应按照银监会的要求加强社会公众教育，开展金融知识宣传教育活动，通过网络宣传、新闻媒体、社会服务、金融知识下乡等点面并进的形式全方位进行宣传。作为银行业监管部门，一方面应高度重视、积极稳妥处理金融消费者的有关利益诉求，加大金融消费者反映的违规问题的查处力度；另一方面要切实做好相关舆情监测，引导矛盾纠纷化解。

（作者蔡勤武，海南银监局党委委员、纪委书记）

重庆公租房建设可持续融资分析与思考

一、重庆公租房建设概况

（一）目标和进度

重庆市公租房建设目标是3年内（2010年起）开工建设4 000万平方米，加上近年旧城改造、“城中村”、棚户区低收入群体的保障性安置房，力争解决占城镇人口30%的中低收入群众住房难问题。目前，已累计开工2 921万平方米，竣工484万平方米；实行了五次摇号配租，累计分配量达到13万余套，直接惠及民众约35万人。公租房开工、交房、入住率均为全国第一。

（二）建设和管理制度

重庆市政府先后颁布了《重庆市公共租赁住房管理暂行办法》等一系列制度办法。在建设环节，主要由重庆地产集团和重庆城投两家政府融资平台负责主城区公租房建设，实现公租房项目的公司化管理、商业化运作，方便进行各种渠道的融资。在管理环节，公租房建成后由重庆市公租房管理局负责实施配租等日常管理。

（三）土地、财税政策

重庆市政府明确，公租房建设财政投入应占建设资金的30%左右，实际到位的财政资金超过了这个比例。地方政府还通过土地无偿划拨、税费减免等优惠政策对公租房建设予以间接支持。仅在2010年公租房建设土地出让金免收、税费减免等就接近100亿元，公租房建设成本只有普通商品房的一半。

二、重庆市公租房建设融资及偿债安排

（一）公租房建设的融资来源

近两年，重庆公租房建设成本约为3 000元/平方米，以此测算全市“3年4 000万平方米”公租房建设总资金需求约1 200亿元。自2010年公租房开工建

设至2012年3月，累计筹集的公租房建设资金约790亿元。主要分为四类来源：

一是财政投入。实际到位中央财政资金约200亿元，市级财政资金加土地投入172亿元，占比约47%。其中，市级财政投入主要来源于土地储备、土地出让金的一部分，房产税，预算内财政投入等，是重庆市公租房建设到位资金中占比最大的一部分，体现了政府在保障性住房建设中的主导地位。

二是保障性公益资金。市公积金中心提供贷款30亿元，社保基金通过信托方式投入45亿元，占比约9%。

三是向金融市场及金融机构融资。累计获得商业银行授信约290亿元，占比约37%。按项目进度实际发放的银行贷款约为110亿元。另外，中国人寿将以债权投资方式，投资60亿元用于公租房建设。公租房两大建设主体——重庆地产集团和重庆城投2012年均有发债计划，募资用于修建公租房。其中，重庆地产集团已于4月底发行50亿元企业债。

四是其他社会资金。如重庆地产集团已与中国烟草总公司达成框架协议，融资100亿元投向公租房建设。

（二）公租房项目偿债安排

按照前述公租房资金来源安排，1 200亿元的公租房建设投资当中约有900亿元来源于各类社会融资。公租房建设偿债资金渠道主要有三个：一是租金。按公租房租金10元/平方米·月测算，基本覆盖贷款利息。二是配建商业地产出售收入。公租房项目按10%的比例配建商业配套，按目前相同地段商业地产市场价格测算，可收回400多亿元用于归还本金。三是出售部分有限产权公租房收入。按照《重庆市公共租赁住房管理暂行办法》，承租人租赁满5年后，可申请购买。如按30%比例出售，约有400亿元的收入。基本可实现本息平衡。

三、重庆市公租房建设可持续融资需关注的问题

（一）公租房建设和运行的良性发展机制仍未形成

随着城镇化的稳步推进，公租房等保障性住房的兴建也将持续进行。从国外的经验来看，政府的介入程度有一个由深入浅的过程。在大规模兴建公租房的初期阶段，由于保障房的公共属性，需要政府资金为主的投入。但即使是社会福利水平很高的发达国家，政府财力也无法承受长期大量投入保障性住房兴建，需要采取出售有限产权公有住房、住房证券化等手段退出保障房领域，并以此筹集小规模持续兴建保障性住房的资金。当前，重庆市公租房建设的外部

融资比例较高，公租房项目的偿债高峰可能先于项目产生稳定现金流出现，亟需开拓公租房建设的持续稳定资金来源。而住建部新近出台的《公共租赁住房管理办法》特别明确了公租房不得改变其保障性住房性质，实际上不支持公租房出售。因此，重庆市目前投入公租房项目的资金缺乏良性循环，不仅容易引发偿债风险，影响政府对后续公租房建设的持续投入，也不利于形成公租房建设融资可持续的良好机制。

（二）公租房项目的偿债能力存在不确定性

按照市政府对公租房项目的偿债安排，实现资金平衡的关键在于公租房建设后能迅速满租、商业配套和部分公租房满租 5 年后按照预想的价格顺利出售。但这些前提条件的实现存在一定不确定性，尤其在公租房项目建设期和运营初期，建成入住的公租房体量相对较小，而处于建设期的公租房较为依赖外部融资，会出现现金流为负的情况，短期偿债压力大。截至目前，公租房租金收入不足 2 亿元，而项目业主所支付的各类融资利息已经超过 6 亿元。

（三）外部融资过于依赖银行途径

目前，如果除去土地成本，已落实的公租房建设资金中财政投入及各类社会保障资金仅占五成左右，而已经到位的外部融资中银行贷款占到 2/3 以上。

（四）现有制度安排不利于银行控制公租房项目风险

在重庆市，一方面，为方便建设管理和融资，公租房项目建设主体是两大政府融资平台；另一方面，公租房的分配和收益等又由重庆市公租房管理局统一管理。客观上造成公租房建设融资和收益主体不统一，公租房收益未按融资项目进行细分，不利于银行按项目监测还款来源情况，存在潜在的追偿风险。公租房建设管理涉及的部门较多，有建委、国土房管局、财政局等，不利于银行及其监管部门掌握相关信息。保障性住房土地大多来自政府划拨或有限制性用途，银行贷款基本无法办理有效抵押。公租房租售收入作为财政性收入也无法用于质押，银行的公租房贷款只能较多采用信用、保证担保方式。

四、建立可持续公租房融资机制的政策建议

（一）进一步完善公租房建设的顶层政策设计，创新融资渠道

一是完善住房保障的专项立法。明确以公租房为主体的保障性住房建设目的、保障对象、保障资金来源等。

二是设计政府投入公租房建设资金的良性循环机制。在不违背保障性住房

性质的前提下，积极拓展资金来源，如可以考虑出售公租房有限产权；创新金融产品，开发以公租房加上政府信用为基础的房地产信托投资基金、发行公租房建设长期债券等；严格要求从保障房项目退出的政府资金必须用做项目偿债或新的保障房项目兴建。

三是进一步加大公积金和社会保险资金对公租房建设的支持力度，使之成为公租房建设的持续、稳定资金来源。如从新加坡的经验看，政府强制居民缴存的保障性资金是保障房建设的重要资金来源。

（二）进一步明确信贷政策，在有效防范风险的前提下实现可持续信贷投入

一是完善保障性住房开发贷款管理办法，规范相关领域信贷投放。目前在保障性住房信贷管理领域仅有 2008 年出台的《廉租住房建设贷款管理办法》。但保障性住房建设重心已经向公租房转移，迫切需要出台专门的信贷管理办法，明确借款人资质、自有资金比例、建设手续、贷款期限利率、还款安排、信用结构等，有效防范风险。

二是强化地方政府对融资主体资金运作的监管。尽快统一公租房建设和租售主体，实现融资主体和收益主体的一致性。

（三）完善公租房项目的配套，提高项目自偿性

建议出台政策提高保障性住房项目配套商品房或商业物业的比例，与商业地块捆绑开发等，以商业化部分收益增加保障性住房自身现金流覆盖成本的能力，提高项目的自偿性。

（作者李虎，重庆银监局党委副书记、副局长）

对“老少”地区农村金融服务的思考

贵州地处西南，属于经济欠发达地区。农村地区面临金融服务需求与现实情况之间的诸多矛盾，如何改善金融服务，是值得深入探讨的问题。

一、贵州“老少”地区农村金融服务的基本情况

贵州61个“老少”县区分布在全省7个市州，2 512万人口中有近1 000万为贫困人口。在银行业机构组织体系方面，主要由农信社、农行、邮储行和农发行提供农村金融服务，部分地区有工行、中行和建行。“老少”地区2 527个金融机构网点中，城区服务网点845个，占比为33.4%，乡镇服务网点1 682个，占比为66.6%。每万人拥有金融网点数为1.01家。在金融服务需求方面，“老少”地区农户以办理存取款、贷款和资金汇划三项基础业务为主。

二、“老少”地区农村金融服务存在七大突出矛盾

（一）人口众多与金融资源占有量少的矛盾

截至2012年6月末，“老少”地区银行业机构占全省网点数的59%。从金融资源占有量看，“老少”地区县平均存款总量仅占全省县级行政区平均存款的52%，人均存款仅占全省人均存款的49.8%，金融资源占有量明显偏少。从金融服务能力看，“老少”地区金融服务的主力军是农信社。“老少”地区涉农贷款中，农信社涉农贷款占比为58.3%；“老少”地区农户贷款中，农信社农户贷款占比为93.3%。乡镇信用社一般只有4～6人，其中信贷人员1～3人，1名信贷员要服务十几个村，上千农户，且部分网点还兼顾流动网点业务，难以满足农村经济发展需求。从资金匹配度看，农信社存款1 164亿元，占比33%；贷款830亿元，占比38%。吸收的大量存款通过非法人金融机构系统内上存的方式流出县域。

（二）金融机构网点集中与人口分散的矛盾

“老少”地区共有金融机构网点2 527个，其中845个在县城，每个县城平均13.9个网点，其他乡镇平均1.5个网点，只有446个网点在行政村，即只有3%的村有金融机构网点。“老少”地区城市化率不足20%，在村组人口占80%，却只拥有17.6%的金融机构网点，这导致“老少”地区金融服务，特别是信贷服务严重不足，不能有效支持农村经济发展。

（三）金融机构的社会责任与商业可持续性的矛盾

贵州于2010年初实现全省原250个金融服务空白乡镇金融服务全覆盖，有效解决了“老少”地区农村金融服务缺失的问题。但“老少”地区仍存在金融资源配置不合理、原空白网点可持续发展难、服务安全性差等问题，削弱了政策效果和服务效率。据测算，边远贫困山区乡镇固定网点实现盈亏平衡所需存款规模为3 615.9万元，贷款规模为2 932.8万元；设置便民服务网点所需存款规模为1 866.4万元，贷款规模为1 550.4万元。目前大多数网点处于亏损状态。

（四）农村金融服务的便利性与安全性的矛盾

截至2012年6月末，“老少”地区共设立简易金融服务终端14 393个，主要有乡村便利店、流动服务站、助农取款点、电话银行、POS机、ATM等形式，覆盖区域主要是城关镇和经济条件较好的乡镇。简易金融服务终端大大提升了农村金融服务的效率和便利度，降低了农村居民存取款的交通成本，但风险隐患明显大于固定网点。一是风险防范能力薄弱，二是风险责任界限不清。在安全与便利之间很难取得平衡。

（五）金融机构涉农信贷投入与监管考核的矛盾

“老少”地区主要是传统农业生产，信贷风险较大。根据现场检查经验数据，“老少”地区农信社涉农贷款和农户贷款不良率在10%以上，远高于全省农信社5.9%的不良贷款率。虽然监管机构多次在会议上强调增加涉农贷款资产质量考核的监管容忍度，但实际工作要求中并未执行到位。

（六）农村金融服务单一性与金融需求多样性的矛盾

一是金融服务品种单一。目前大多数县域涉农金融机构仍以传统存贷汇为主，缺乏创新，但部分先富裕的农民已经有了理财和投资咨询等金融需求。二是金融产品适应性较差。以贷款额度为例，“老少”地区农户中，希望贷款金额在5 000元到50 000元之间的占比为70%。出于风险控制考虑，缺乏抵质押物的农户大额贷款发放非常谨慎。以“老少”地区农信社为例，2012年6月末，实际获得贷款金额大于50 000元农户仅占5%，已不能满足规模农业发展的资金

需求。

（七）有限的信贷资源与新的信贷资金需求的矛盾

在2012年国务院《关于进一步促进贵州经济社会又好又快发展的若干意见》下发后，贵州“老少”地区城镇化步伐加快，农村投资快速增长，建设资金需求旺盛；外出农民工返乡创业大幅增加，小微企业加快发展，成为新的金融需求主体。截至2012年6月末，“老少”地区农户贷款588.3亿元，其中：种养殖和实体经营占比近60%。但当前，“老少”地区信贷投放除受到资金来源和存贷比制约外，还受到宏观调控影响，难以兼顾各类信贷资金需求。

三、持续推动“老少”地区农村金融服务的政策建议

（一）在监管政策方面

一是细化对涉农贷款中不良率容忍度标准。放宽《农村合作金融机构信贷资产风险分类指引》中自然人一般农户贷款的分类标准，适当延长“老少”地区农户贷款结息期，半年结息一次，防止农户长期不结息形成不良贷款。对完成银监会涉农贷款“两个不低于”目标的机构，因受重大自然灾害形成的不良贷款考核可有一定宽限期，不影响其监管评级和农商行组建。对在偏远乡镇设立固定网点的机构在市场准入、监管评级上给予适当倾斜，激励其做好“三农”金融服务。二是出台《简易金融服务终端管理办法》，明确不同类型简易金融服务终端的性质、准入标准和建设要求，明确管理主体和风险责任主体，推动其规范有序发展。对有集市的村组设机构网点或在商场设POS机；对无集市的村组只设无现金的自助机具，用于查询和转账。三是按照邮储行“为城市社区和广大农村地区居民提供基础性金融服务”的市场定位，要求邮储行加大涉农贷款投放比例“反哺”农村；或允许邮储行与农发行、农信社签订大额存款协议，将资金定向投入“三农”。下放国有银行县级支行一定额度的“三农”贷款审批权，要求其贷款中一定比例用于支农，同时适当调低系统内上存资金比例，以减少农村资金流向城市和其他领域。

（二）在货币政策方面

人民银行加大对农村中小金融机构支农再贷款投入和信贷规模的适度调控，特别是对支持“三农”发展的农村金融机构，在信贷规模调控上不搞全国“一刀切”。对“老少”地区农村金融机构涉农贷款增加较多的适度增加其贷款规模，并适当下调存款准备金率，以增加机构的涉农信贷资金。

（三）在财税政策方面

一是扩大中央财政补贴面。财政部2010年发布的《基础金融服务薄弱地区名单》以外，还有许多乡镇银行网点严重亏损，建议适度扩大“老少”地区中央财政补贴面，增强网点发展可持续性。二是对税收政策进行微调。银行属于高风险行业，监管部门要求拨备计提比例不低于不良贷款余额的150%，税务部门按贷款余额的1%进行税前扣除，超出部分进行企业纳税调整，计收企业所得税，这对贷款风险较大的涉农贷款极不合理。建议对“老少”地区涉农金融机构减半征收营业税，减免所得税，减免发放涉农贷款过程中形成的登记评估等费用，减免处置涉农不良贷款的过户、保全资产等处置费用，调整对农村中小金融机构的拨备计提税收政策。

（四）在金融创新方面

一是出台办法鼓励“老少”地区银行业机构发行专项金融债券，定向用于偏远落后乡镇的农户限额贷款，不计入存贷比和贷款限额考核，缓解资金短缺问题。二是因产业园区兴起形成的“老少”地区失地农民，往往有购买集体经济发展项目物业的投资需求，却自有资金不足，建议在农户有合格抵押物的前提下，允许发放定向定额农户贷款用于入股本地龙头企业，使失地农民获取持续的投资收益。三是鼓励开发更多适合“老少”地区的新业务，加大农户贷款支持力度，加大对产业园区、革命老区红色旅游业、少数民族文化产业等特色产业的信贷扶持力度。不断扩大担保物范围，实现担保方式多样化，以银保合作、银担合作构建多层次、多维度的风险缓释体系。四是继续按照“东西挂钩”原则，加快“老少”地区村镇银行引入力度，不断丰富金融服务组织体系。

（作者冉太模，贵州银监局党委委员、副局长）

2012 年夏粮收购有关情况的调查报告

渭南市地处关中平原东部，素有“粮仓”、“棉库”之称，是陕西省乃至全国的重要商品农业基地，“十五”期间就被国家确定为全国五大商品粮基地之一。历年粮食播种在 620 万亩左右，其中夏粮 400 万亩左右，秋粮 220 万亩左右，产量分别占全省夏粮近 1/3 强，秋粮 1/4 强，其所辖的蒲城县粮食产量居全省第一，是全国 100 个优质小麦基地县之一。2012 年，渭南全市小麦种植面积 430 万亩，较上年增加 12 万亩，小麦生长期间基本上风调雨顺，病虫害较少，长势喜人，丰收在望，预计全辖小麦产量较 2011 年增加三成，总产量达 134 952 万公斤，预计企业收购量 68 825 万公斤，按照 1.05 元/斤的预计收购价格计算，共需收购资金 144 532.5 万元。

一、夏粮收购和金融支持的特点分析

（一）收购主体多元化趋势明显

一是国有企业依然是收购主力。从调查情况来看，中储粮直属库在渭南粮食收购市场占据较大市场份额，约占年收购量的 35%，居主导地位。省市县储备库约占 5% 的市场份额，两者合计约占 40%。二是其他收购主体也发挥着积极作用。农发行陕西省分行 2012 年确定的该地区具备夏粮收购贷款资格企业 17 户，其中除中央储备直属企业 3 户、地方储备直属企业 2 户外，其余 12 户均为产业化龙头企业，此外，还有许多小规模粮食加工企业也参与到粮食收购当中。

（二）粮食经纪人成为粮食收购链条的重要一环

在粮食主产区，逐渐形成了一个较为稳定的粮食收购经纪人群体，经纪人一般会主动到田间地头或上农户家中收购粮食，有效缓解了目前农村缺少青壮年劳动力给卖粮带来的不便。经纪人收购粮食后，或转销给粮食储备企业，或出售给粮食加工企业，部分有仓储能力、头脑灵活的经纪人也储存一些粮食择机销售。以渭南市产粮大县蒲城县为例，约有 200 人的粮食经纪人活跃在各个乡镇，为农民足不出户卖粮提供了极大的便利。

（三）农户售粮呈现向常年售粮转变的新特点

从近两年粮食收购情况来看，受收购主体多元化、卖粮简单方便等因素影响，粮食销售在夏收会较为集中外，其余时间也会出现持续出售现象，粮食收购市场整体呈现淡季不断、常年售粮、长期收购的特点。

（四）涉农银行业机构支持夏粮收购分工有序

针对粮食收购市场的变化，涉农银行业机构根据自身业务特点，支持不同贷款主体参与粮食收购。一是农发行重点保证中央和地方储备资金需要。农发行渭南市分行及时筹措7亿元资金用于2012年夏季粮油收购，保证中央和地方两级储备企业增储、临时收储和轮换的资金需要，确保中央和地方各项收储计划的顺利实施。二是农发行和农信社共同支持市场性收购。农发行渭南市分行按照“区别对待、择优扶持”的原则，在风险可控的前提下积极支持市场性收购。对龙头加工企业的季节性、临时性资金需求，只要具备收购贷款资格、符合政策指导性收购贷款条件，即给予粮油收购贷款支持，2011年，银行业机构共向粮食加工龙头企业发放贷款23亿元。三是农信社利用小额信贷资金支持经纪人粮食收购。当地粮食收购经纪人多为农民，在夏收季节，农信社充分发挥小额信用贷款快捷、无抵押的优势，支持经纪人进行粮食收购。截至2012年4月末，蒲城县农信社已向200多户粮食经纪人发放贷款750余万元用于粮食收购。

二、夏粮收购金融支持中存在的困难

（一）农发行贷款管理机制影响基层粮食收购贷款发放

一方面政策要求收购企业在粮食收购中不准向农民“打白条”，另一方面农发行总行对风险容忍度较低，要求粮食收购贷款在每年新粮收购前实现贷款本息“双结零”。这就要求粮食收购加工企业必须及时完成贷款—收购—加工—销售—还款各环节的工作，确保资金周转顺畅。在实际运转过程中，一旦某个环节出现脱节，资金回笼不及时，就会给“双结零”带来困难。目前在多元化的竞争格局下，渭南粮食加工企业普遍经营不景气，粮食收储企业销售不畅，贷款“双结零”任务完成难度较大，将会影响2012年收购资金的落实。

（二）库存现金限额对集中收购带来不便

应当说，这是个老问题。目前，农发行按照《现金管理暂行条例》要求，结合企业3～5天的收购量，测算粮食收购企业库存现金额度，粮食收购企业按

测算额度向农发行提取现金。但随着机收的大面积作业，在夏粮收购高峰时期，收储企业收购资金需求非常集中，如中储粮蒲城直属库在收购高峰一天的收购现金需求就达到600万至700万元，加之节假日期间，由于银行机构停止对公服务，粮食收购企业在节假日期间难以支取现金，经常出现收购高峰期现金不足的情况。在不能向农民“打白条”赊销的硬约束下，收购进度受到一定影响，也给农民卖粮带来了不便。

（三）农户小额信贷难以有效支持经纪人进行粮食收购

分布在各个乡镇的粮食收购经纪人，极大地方便了农民卖粮。由于绝大多数经纪人本身就是农民，获取信贷支持的主要途径是通过农信社的小额信贷，虽然目前小额信贷额度已经普遍上调至最高20万元，但是仍难满足夏粮集中收购时间内的资金需求。对于部分规模较大经纪人更是如此，如蒲城县某经纪人，年收购粮食8 000万斤左右，但是因无有效抵押，也仅能从当地信用社贷款50万元左右，难以满足收购资金的需求。

（四）贷款风险防范难度较大

一是渭南市粮食加工虽多，但是优质企业比例不高，部分企业法人治理结构不完善，生产经营规模偏小，集约化经营程度不高，管理体制和经营机制面临许多“先天不足”，企业抗风险能力较差。二是由于粮食集中收购的季节性原因，企业往往涉足多个领域，造成收购资金难以封闭管理。三是企业可提供融资抵押的资产较少，本身融资能力较差，仅靠银行信贷资金来满足日常资金周转需求，一旦资金断裂，将直接带来信贷损失。四是为了达到农发行粮食收购贷款“双结零”要求，部分企业之间产生“三角债”，使部分银行机构贷款产生严重风险。

（五）农发行国有粮食购销企业政策性挂账贷款问题长期得不到妥善解决

为了执行国家粮食收购政策，往往出现粮食购销价格倒挂，对此各级财政承诺予以补贴。调查反映，中央及省补贴到位较好，而市县补贴迟迟不能到位，挤占农发行投放的信贷资金，该问题长期得不到妥善解决，使农发行资产质量难以有效改善，直接影响和制约了其政策性金融服务作用的发挥。以农发行渭南市分行为例，截至2012年4月末，仍有政策性挂账贷款4亿元，占各项贷款的5.5%，影响了该行信贷资金的供给。

三、相关建议

（一）加强信贷管理，防范信贷风险

严格执行贷款“三查”制度，尤其要按照要求认真监测收储企业粮食的购进、销售、资金回笼等各个环节，监督贷款使用和销售回笼货款全额归行。建议在切实防范风险前提下，可适当提高粮食收购贷款风险容忍度，便于基层机构更好地支持粮食收购。

（二）创新信贷品种，加大对经纪人收购的支持力度

一是根据粮食收购时效性特征，考虑临时性增加小额信贷授信额度，支持经纪人夏收季节集中性收购。二是通过部分粮食贸易加工企业担保增信，在担保真实可靠的基础上，对经纪人进行和其收购规模相匹配的授信，从而满足其收购资金要求。

（三）强化服务意识，保证收购现金需求

夏粮收获犹如龙口夺食，保证收购资金需求，既是责任，也是使命。银行业机构应进一步增强服务意识，做实做细收购现金需求测算工作，在粮食收购高峰期适当延长服务时间，满足收购集中性的现金需求，保障夏粮收购工作平稳有序进行。同时，《现金管理暂行条例》也应当作出相应的修订，增强处理一些重大事项的灵活性。

（四）盘活存量信贷资源，增加信贷资金供给

各级农发行应当努力争取地方政府支持，出台消化政策性挂账贷款的优惠政策。同时，建议农发行总行加大对政策性挂账贷款核销工作的支持力度，推动政策性挂账贷款问题的尽快解决，盘活这部分信贷资源，增强农发行的支农能力。

（作者胡汝强，陕西银监局党委委员、副局长）

新疆银行业支持民生建设情况调研

民生建设是党和政府联系群众的重要纽带，也是衡量执政理念的重要标准。2011 年，新疆自治区投入民生的财政资金达 1 670.5 亿元，占地方一般预算支出的 73.2%，创历史新高；城镇居民人均可支配收入 15 500 元、农民人均纯收入 5 432 元，分别增长 13.6%、17%，首次超过 GDP 12% 的增幅。新疆银行业对此作出了突出贡献。

一、近年来新疆银行业对民生领域的支持情况

（一）新疆银行业信贷投入基本情况

截至 2011 年末，新疆银行业各项贷款余额 6 682.45 亿元，比年初增长 1 465.46 亿元，增速 28.09%，高于同期全国银行业贷款平均增速 12 个百分点。从 2010 年第三季度开始的 6 个季度以来，新疆银行业贷款环比增速分别高于同期全国银行业贷款平均增速 2 个、1.37 个、5.39 个、1.7 个、3.3 个、2.33 个百分点，信贷支持地方经济发展力度明显增强。

（二）新疆银行业民生领域信贷支持情况

2009 年至 2011 年，新疆银行业各项贷款总额合计 15 807.34 亿元。据统计，三年间新疆银行业对重点民生工程（自治区重点项目和重点设施）、服务“三农”、小微企业、促进城镇就业、保障房建设、扶贫开发六个领域投入的信贷资金总量达 6 798.14 亿元，年均投入信贷资金 2 266.05 亿元，占全部贷款的比重达 43.01%。从民生领域贷款增幅来看，2010 年比 2009 年增加 22.17%，2011 年比 2010 年增加 16.49%，呈连年增长态势。

（三）新疆银行业纳税情况

2009 年至 2011 年，新疆银行业累计向国家和自治区缴纳各类税款 81.76 亿元，其中，营业税及附加 39.96 亿元、所得税 41.8 亿元。

（四）新疆银行业促进就业情况

近三年来，新疆银行业通过招聘新员工直接安排就业人数达 8 219 人，间接

创造了众多的社会就业岗位，发挥了较好的经济效益和社会效益。

二、近年来新疆银行业支持民生建设的主要措施

（一）加大对重点优势行业的信贷投入

新疆银行业将“新型工业化”发展作为信贷投放重点，加大对能源、交通、水利、电力、公共设施等自治区重点优势行业的信贷投入，保障重点项目配套资金落实到位，积极满足对口援疆项目的金融服务需求。截至2011年末，工业企业贷款余额4 164.51亿元，占各项贷款余额的63%。

（二）“三农”领域信贷投放持续快速增长

为配合自治区“农牧业现代化”跨越式发展要求，新疆银行业加大对高效节水、设施农业、特色农产品精深加工等方面的信贷支持，农业贷款总量在各行业贷款中排名第二。截至2011年末，农业贷款余额924.96亿元，同比增长227.2亿元，增速32.56%，高于全部贷款平均增速4.47个百分点，新增农业贷款占全部新增贷款的15.4%。

（三）以特色金融服务助推小微企业发展

新疆银行业围绕跨越式发展主题，打造“棉花收购贷”、“无抵押小微贷”、“林果特色贷”等与新疆小微企业特点相适应的特色金融产品，丰富小微企业征信手段，促进信贷投放。截至2011年末，全疆银行业小微企业贷款余额1 020.23亿元，比年初增加288.52亿元，增量高于上年同期24.4亿元，增幅达39.43%，高于全部贷款平均增速11.34个百分点。

（四）不断加大对南疆贫困地区的信贷支持

南疆三地州是新疆最边远贫困地区。2010年末，占全疆人口近30%的南疆三地州的贷款总额仅占全疆贷款总额的4.12%。截至2011年末，南疆三地州贷款总额301.99亿元，比年初增加87.25亿元，同比增长40.63%，高于全部贷款平均增速12.54个百分点。

三、新疆银行业保障民生举措为社会稳定发挥了积极作用

一是大力支持自治区重点基础产业项目、重大设施项目、农业产业化企业、小微企业、兵团经济的发展，为加快自治区新型工业化进程、推进农牧业现代化发展和城镇化建设“三化”目标作出了贡献。二是通过信贷支持积极帮助小

微企业拓展发展空间，促进地方经济发展，广开就业渠道，提高了各族人民群众物质文化生活水平。三是积极支持民族特需商品生产、特色农业和农村基础设施建设的发展，促进了新疆各民族团结与共同富裕。四是通过发放小额农户贷款、农村个人生产经营贷款、团场法人农业贷款等“三农”贷款，稳定了团场职工队伍，对兵团屯垦戍边功能发挥起到了积极推动作用。

四、新疆银行业支持民生建设过程中存在的问题和困难

（一）经济金融环境不够理想

一是新疆信用体系基础薄弱，缺乏由政府、银行、担保机构、中介机构、小微企业形成合力的社会化信用体系。疆内企业尤其是小微企业存在实力较弱、财务较不规范不等问题。二是农业综合保险覆盖面低，信贷支持“三农”领域的保障措施不足。目前自治区林果业政策性保险尚处于试点阶段，商业保险在林果业方面几乎处于空白状态。三是新疆担保机构数量少，贷款互保情况普遍，贷款征信方式和手段单一。

（二）产业转型与环境保护存在一定的冲突

围绕“十二五”规划，新疆产业转型升级步伐加快，优势产业如煤炭、钢铁、煤化工、稀有金属等重点项目建设力度不断加大。新疆要顺利实现跨越式发展，就离不开这些行业的大发展，然而，这些行业污染大、能耗高。如何发展绿色信贷，在经济快速发展的同时做到不破坏环境、切实保障民生，使经济社会统筹协调发展是一个棘手但又迫切的问题。

（三）信贷规模与民生领域信贷需求存在一定的矛盾

近两年来国家执行持续稳健的货币政策，严控全国信贷投放总量，新疆也面临信贷规模管控，新疆银行业信贷投放总量受到限制。随着全国对口援疆工作的深入推进，民生领域信贷需求持续旺盛的局面比较突出。

（四）小微企业发展与银行业发展的契合度不够紧密

一方面，新疆企业整体素质不高、信用风险较大，尤其是小微企业规模小、技术落后、市场竞争力不强、抗风险能力较弱，许多企业自身仍存在法人治理结构不健全、财务管理不规范、信息透明度不够等问题；另一方面，部分银行业金融机构贯彻落实银监会小企业贷款“六项机制”不完全到位，信贷支持小微企业发展尚有很大的挖潜空间。

五、进一步提高新疆银行业保障民生建设的措施和建议

(一) 进一步优化经济金融环境

一是加大地方信用体系建设力度。建议政府有关部门积极发挥作用，综合运用法律、经济、宣传、舆论监督等手段，奖惩并举，培育良性发展的新疆社会化信用体系。二是建立完善的农业综合保险制度，加强“三农”政策性保险机制建设。督促保险企业加快推出林果业商业保险，引导果农、林果企业参保，提高抗风险能力。

(二) 适当放宽民生领域信贷规模限制

一是对新疆重点民生工程、服务“三农”、小微企业、促进城镇就业、保障房建设、扶贫开发等民生领域的信贷规模区别对待，实行专项切块管理，不纳入各商业银行总行信贷规模内。二是对信贷监管指标差别对待、差异化考核，对存贷比突破限制适当容忍。三是允许政府融资平台贷款在保障民生项目上有所新增，放宽跨越式发展过程中涉及民生领域的信贷准入限制。

(三) 增强小微企业发展与银行业发展的契合度

一方面，作为新疆跨越式发展过程中经济增长动力源的企业（尤其是小微企业）要狠练内功，通过不断进行体制机制创新，摒弃粗放式经营方式，加快建立现代企业制度，牢固树立诚信经营理念，提高财务透明度，提升综合经营实力，增强对信贷资金的承接和容纳能力；另一方面，发挥资金供血作用的银行业金融机构要积极调整信贷结构，将银监会小企业贷款“六项机制”贯彻落实到位，加大对小微企业发展的扶持力度，不断增强银企之间的契合度。

(作者李世谦，新疆银监局党委委员、纪委书记)

宁波银行业金融支持船舶制造业发展的实证研究

一、金融支持宁波船舶制造业概况

船舶制造业是宁波市重点发展的五大临港产业之一。目前宁波地区共有各类船舶修造企业65家，以民营企业为主，造船能力达250万载重吨。宁波船企的资金来源比较单一，除民间融资外，银行授信是最普遍的融资方式。截止到2012年9月末，宁波全辖有25家银行业金融机构对87家船舶制造企业有授信，表内外授信总量340.81亿元，用信余额197.46亿元；不良资产19.07亿元，不良资产率9.66%。

二、当前制约金融支持宁波船舶制造业发展的主要因素

（一）产业结构不尽完善，行业整体竞争力不强

一是船企规模普遍较小。宁波65家船舶修造企业中，建造能力在万吨级以上的目前仅有20家。大型船企仅有4家，多数中小型船企仅能承接小吨位船只的修造工程，市场竞争力较弱。二是区域分布较为分散。宁波船企散布在象山、北仑、象山港区域等地，船企之间难以形成技术信息共享、基础设施综合利用的局面，产业聚集效应难以形成。三是管理方式相对落后。宁波民营船企大多在个体基础上发展起来或从其他行业转入，企业管理决策水平较低，存在短期效益至上、缺乏长远发展规划的问题。

（二）行业不景气情况在延续，船企经营存在“三难”

一是接单难。宁波的造船订单70%来自海外市场，在国际航运市场持续低迷的情况下，宁波造船业受到严重影响。2012年，有三分之一宁波船企没有接到订单，即使拿到订单也是几千吨的小船。二是交船难。船东执行订单的能力和意愿都有所弱化，对船舶建造质量、合同条款履行的要求更趋严格，船企面

临的延期交船或弃船风险增大。三是盈利难。自2008年以来新船价格持续走低，以宁波地区船舶制造企业较为普遍的船型3万吨散货轮为例，售价降幅已达50%。同时，受原材料、国际造船新标准实施和船东先期支付的款项大幅减少等诸多因素影响，造船成本和财务成本大幅上升，严重挤压了企业的盈利空间。

（三）船舶制造业授信风险管理存在“三难”

一是风险识别难。由于船舶授信环节多，相关业务风险点也相应较多。同时受国际航运市场的波动、船舶制造企业经营管理、制造技术等因素的交错影响，授信风险的发生概率加大。二是风险评估难。船舶行业财务报表与一般企业有着明显差别，套用传统分析方法难以判别其真实情况，而银行对船舶制造企业授信主要套用一般企业授信规则，未能针对船舶行业的特征及风险点进行授信。三是风险监控难。目前船企的授信风险主要表现在资金挪用、交船违约以及民间借贷。由于船企基本采用自有资金、银行资金和预付款等混合使用，很难有效监控资金。对于交船违约，银行更加无法有效识别其风险。

三、相关建议

（一）深化内功，全面提升行业风险管理水平

一是银行应加强业务流程整合，探索建立专业化的运作团队，全力推行船舶融资业务战略业务单元。二是加强与船级社、律师事务所、境外机构等国际第三方中介合作，提升对船舶建造业履约风险的防范。三是根据船舶制造业特点，制定符合船舶制造企业的信用评级标准，确定合理的授信额度，解决船舶制造企业的银行需求与现实授信缺陷间的矛盾。四是加强对授信资金使用的全程监控。

（二）加强创新，拓宽渠道满足企业融资需求

一是积极探索在建船舶抵押融资的途径与手段。进一步提高浙江省内船企办理在建船舶抵押登记手续的便捷程度，切实解决船舶制造企业的融资瓶颈。二是提供与兼并重组相配套的金融支持。三是探索设立船舶产业基金。四是推动金融租赁公司开展船舶融资租赁业务。

（三）积极引导，支持企业转型升级、做大做强

一是督促船企提高弃船风险防范意识，进一步加强精细化管理，通过提高材料利用率等各种节约措施，从细节着手降本增效，全面提升企业竞争力。二

是通过差异化的授信策略引导船企做精做细细分市场，提升自主研发能力，打造自己的品牌船型，实现错位竞争。

（作者张亚娟，宁波银监局党委委员、副局长）

扬帆蓝色金融海洋　助推蓝色经济发展

2011 年 1 月国务院正式批准山东半岛蓝色经济区发展规划，标志着山东半岛蓝色经济区建设正式上升为国家发展战略。作为蓝色经济桥头堡的青岛，正致力于建设我国海洋经济科学发展的先行区、山东半岛蓝色经济区的核心区、海洋自主研发和高端产业的集聚区、海洋生态环境保护的示范区。蓝色经济发展对金融服务产生新的需求。为推动辖区银行业更好地支持蓝色经济发展，结合落实全国金融工作会议提出的金融服务实体经济要求，青岛银监局积极引导辖区银行业金融机构抓住蓝色经济发展机遇，加快转变发展方式，围绕蓝色经济区建设，明确差异化战略定位，优化信贷结构，创新产品和服务模式，加强授信审批等流程建设，为蓝色经济发展提供高效的综合性全能金融服务。

一、促转型，着力推动蓝色金融创新

（一）加大窗口引导力度

通过召开辖区银行监管工作会议、分机构类型召开主要负责人座谈会，加强窗口指导。以局领导带队督导、走访座谈等方式，就银行机构支持蓝色经济发展提出了相关要求和监管建议，引导其加强行业研究，根据本行实际，结合落实宏观调控政策和转型，把握好金融支持蓝色经济的方向，重点支持重点项目、节能减排、小企业、“三农”、新兴产业、低碳经济、民生工程等领域。

（二）制定实施配套政策

青岛银监局全程参与制定《青岛市政府关于进一步促进金融业发展的意见》，明确了蓝色金融发展方向，提出了资金奖励、风险补偿等多项配套政策，并优化金融支持蓝色经济的政务服务环境。围绕金融支持小企业、“三农”发展、科技金融相结合和发展蓝色金融建立了相应的考核引导机制，将金融服务与市场准入等有机结合，强化了激励约束。

（三）完善蓝色金融组织体系

通过机构发展规划审核等方式，指导现有银行机构科学做好发展规划，做

精业务，提高金融服务的覆盖面和快捷度、满意度，提升综合竞争力。如积极支持青岛银行"蓝色银行"的战略导向，支持其发展成为服务蓝色经济区的重要金融机构；抓住农村商业银行改制成功的良机，引导其发展为服务"三农"的生力军。

二、显成效，蓝色经济扬帆起航

各银行机构围绕支持蓝色经济，大力发展蓝色金融，加大信贷支持力度，积极开展创新，取得了良好成效。

（一）优化信贷投向结构

针对蓝色经济区获批后基础设施及相关产业发展的新机遇，国开行青岛分行大力转向开拓港口、电力、交通、重大装备制造、海洋工程、海洋生物等重点产业领域，陆续支持了青岛胶州湾隧道、董家口港等30个行业近300个项目的建设。工行青岛市分行确立了借力蓝色经济、加快创新发展的思路，不断加强对海洋产业、临港产业、涉海产业等新兴产业的支持力度，截至2012年9月末，涉及蓝色经济的贷款余额达140多亿元，占公司贷款比例达19%。招行青岛分行以海洋文化产业为突破口，与有关部门达成合作意向，安排了不少于100亿元的贷款额度。

（二）创新涉蓝业务产品

中行山东省分行依托集团综合经营优势，引导企业更多通过IPO、债券、中期票据等方式满足资金需求，同时推出了以"易贷通宝"产品为代表的供应链融资业务，围绕核心企业上下游目标客户，加强针对性资金注入。建行青岛市分行加强与租赁公司的合作，为涉海大型基础设施和临港先进制造业项目的大型设备融资租赁搭建桥梁。该分行还利用青岛港大宗商品贸易资源优势，在建行系统率先开展了大宗商品套期保值业务试点。中信银行青岛分行根据港口经济特点，设计了银港融通等八大特色"港口金融"服务产品。

（三）完善金融服务机制

农行青岛市分行将开发区支行升格为分行，并成立了西海岸经济新区、蓝色硅谷区域服务团队，先后为西海岸发展集团、董家口港区管委会等15个客户量身定制了金融服务方案，在西海岸累计投放贷款37亿元。工行青岛市分行与工银国际合作筹建了"青岛蓝色半岛股权投资管理有限工作，以股权投资形式为青岛市蓝色经济区优质项目提供融资。民生银行挖掘山东半岛海洋渔业产业优势，在青岛设立了海洋渔业金融中心，致力于服务海洋实体经济，助推产业快速发展。浦发银行青岛分行完善蓝色金融考核机制，鼓励加大蓝色金融产品创新力度，鼓励研究适应蓝色经济发展的新业务流程，目前支持青岛港口企业的贷款余额近 12 亿元。

（四）探索涉蓝担保方式

交行青岛分行围绕支持新材料、新能源、环保等战略新兴产业，探索以专利权、商标权为押品，推出了纯知识产权质押融资，首笔金额达 1 000 万元。青岛银行积极探索以海域使用权、渔船为押品，为水产养殖、渔业增值和远洋渔业提供支持，对蓝色经济区内的中小企业贷款则采取多户联保、应收账款质押等担保方式。青岛农商银行积极探索适合海洋产业发展的“渔船抵押 + 保单质押”双重抵押、海域使用权质押等多种担保方式，鼓励成长型海洋高新技术企业以知识产权质押融资。

三、强机制，促进蓝色金融可持续发展

蓝色金融不仅是银行机构的项目融资和产品服务，需要建立相应的机制才能使其可持续发展。考虑蓝色经济发展的特点，当前尤其需要在风险防控、竞争合作和人才建设上加快机制创新。

（一）强化风险防控机制

风险可控前提下的创新才是可持续的。在引导银行机构积极投身蓝色经济发展、加大金融服务蓝色经济力度的同时，应督促其切实坚守风险底线，增强风险意识和忧患意识，前瞻性地预判复杂多变的形势，加强行业特别是涉蓝新兴行业的研究，准确把握风险防控的重点，完善风险控制措施，努力克服各种不稳定、不确定因素的影响，及时解决苗头性、倾向性问题，及早化解重点风险隐患，切实提升风险保障能力，维护区域金融稳定。

（二）强化竞争合作机制

蓝色经济作为金融支持的新兴领域，存在较大的市场发展空间。对于正处于加快转型时期的银行机构而言，无疑是良好的发展机遇。因此，现有各银行机构都高度重视，同时一些新的机构急于进入市场。市场的抢夺必将加剧金融行业竞争格局，为此应督促银行机构坚持“竞争中合作，合作中竞争”的理念，既要努力提升自身核心竞争力，又要加大与同业合作力度，实现优势互补，形成发展合力，还要通过发挥银行业协会的作用，强化行业自律合作，共同助力

蓝色经济发展。

（三）强化人才建设机制

人才是推动经济社会发展的重要因素，也是蓝色金融建设的根本。改善人才发展的环境，大力实施引才、育才、用才计划，完善选人、用人、留人机制，为各类人才施展才华提供更好的环境和条件。推动驻青高校围绕蓝色金融发展需要开展培训课程，着力打造财富管理学院等具有地方特色的金融专业人才培训基地，培养金融业高端人才，为青岛蓝色金融发展提供有力的人才支撑和智力保障。与国内知名高校、培训机构合作，对金融业从业人员开展各类职业培训，有效提高其专业化和知识化水平。加大金融人才引进力度，创新人才引进模式，落实金融人才相关激励政策，营造人才集聚的特区环境，全力打造“蓝色金融人才高地”。

（作者韩冰，青岛银监局党委委员、副局长）

加强境外融资风险控制
支持实体经济“走出去”

——深圳银行业境外融资业务现状调研

近几年来，深圳银行业依托区域外向型经济优势，紧密跟随企业“走出去”步伐，境外融资业务得到较快发展。近期，我局对深圳银行业2010年以来的境外融资情况及存在的问题进行了全面调研。

一、深圳境外融资主要特点

截至2012年7月末，深圳银行业境外融资余额为1 174.74亿元（折合人民币，下同），比年初增加174.05亿元，增幅为17.39%，高于全市平均贷款增幅10.84个百分点，实现了在2011年同比增幅54.6%基础上的持续增长。从调研情况来看，2010年以来深圳银行业境外融资业务呈现出“三集中、两差异、资产质量良好、与企业‘走出去’高度相关”的特点。

（一）“银行、客户、行业”相对集中

一是融资总量集中在国开行、进出口行、中行、工行、招行和平安银行6家机构，业务量占比达到97.6%，其中国开行占比超过60%以上。二是融资客户集中在境内“走出去”企业的上下游供应链企业，其中与中兴通讯、华为、中广核和中集等企业进出口业务相关的客户占比达到56%。三是境外融资所投放的行业主要集中在通讯信息、交通运输、有色金属矿采选和石油能源等几个领域，这几类行业融资余额占比超过了76%。

（二）“产品、区域”明显差异

一是政策性银行境外融资产品多为出口买方信贷、境外项目贷款、船舶飞机租赁和国际银团贷款，占比达到90%；国有银行和股份制银行产品集中在贸易融资、固定资产贷款以及部分出口买方信贷等相对低风险的业务。二是政策

性银行境外融资客户广泛分布在亚洲、非洲、拉美、欧洲及中国香港地区。招行及平安银行的离岸业务，以及外资银行境外融资业务主要在香港地区开展，占比超过62%。

（三）资产质量相对良好

据统计，境外融资不良贷款控制在较低水平。截至2012年7月末，境外融资不良贷款率为0.47%，低于全市0.53个百分点，不良贷款产生的主要原因是境外融资主体项目运行和投产迟于预期。

（四）支持实体经济"走出去"效果显著

近几年来，境外融资支持实体经济的效果十分明显，国开行、进出口行和部分国有银行大力支持中兴通讯、华为、中广核等优质企业"走出去"，仅国开行2010年以来共为华为、中兴通讯的欧洲市场提供了62.3亿美元融资支持。

二、境外融资业务风险管理与控制

境外融资业务风险控制较为复杂，目前各行的境外融资风险管控具有流程控制、风险缓释和内外联动的特点。

（一）以流程控制为重点，打造风控的基础平台

是银行重点挑选境外优质客户或者境内优质客户的境外交易对手，严把"准入"关，从源头着手进行风险控制。二是建立专项制度，严控"审批"关。根据境外融资的特点，银行大都制定了针对境外融资产品的制度、管理办法和操作细则。境外融资业务一般集中在银行的总部审批，部分总行也只授权分行开展贸易融资等低风险境外融资业务。三是强化贷后管理，严格"贷后"关。银行一般比照境内贷款的管理模式开展贷后管理，要求客户按照一定的时间频度将其相关报表、产品和经营管理等情况报送给银行。针对一些融资额较大的客户，银行在实践中力争到境外企业直接开展调查和业务沟通。

（二）以风险缓释为抓手，构建风控的核心防线

一是针对贸易融资类客户，银行一般会要求企业将应收账款、信用证等权益质押给银行。二是针对项目融资客户，企业多以在建项目进行抵押，出口买方信贷客户多以出口产品、飞机船舶等实物资产进行抵押。三是针对风险补偿缺乏的业务，银行普遍选择引入中国出口信用保险公司，通过购买保险的方式来增强风险补偿能力。其中，中行、工行100%的出口买方信贷项目均投保了中信保。四是针对一些所在国国别风险相对偏大的境外客户，部分银行还与中兴

通讯、华为等出口商约定银行可向境内出口商就融资权益进行追索。

（三）以内外联动为途径，完善风控的信息来源

一是中行、工行等银行依托其境外机构，国开行等在境外设置国别风险组，采取内外联动的方式，了解客户经营情况。二是通过付费或者免费方式从中介公司、海外代理行、市场公开信息、行业公开咨询和境内出口商等第三方机构获得客户资讯，拓宽信息渠道，为贷款的管理提供有价值的辅助信息。

三、境外融资业务面临的问题和挑战

（一）管理难度大，风控手段少，风险管理相对较弱

一是除了国开行及进出口行在境外融资方面制定了相对独立且系统的融资制度，其他银行境外融资制度缺乏针对性和操作性，其制度和授信流程基本是嵌套在境内融资制度之内的。二是在出口商不提供融资反担保的情况下，银行境外融资的风险缓释过多依靠保险。中国出口信用保险公司收取费用较高且审批效率较低，增加了融资主体的负担且影响了业务办理时效。三是因距离较远和沟通成本较高等因素，无法频繁地开展境外融资实地贷后检查，风险控制实际效用降低。四是因国内外法律在双方权利义务约定、融资主体的债权债务办理以及抵（质）押的操作等核心问题上的界定存在差异，加之国内专业复合人才的缺乏，法律风险控制难以到位。

（二）资金成本高，收益较低，业务拓展积极性不足

一是一般银行外汇资金来源主要是外币存款以及同业拆借外汇，资金成本高且外债额度紧张。二是境外市场外币资金成本较低，受境外银行外币贷款价格的挤压，境内银行的境外融资价格也只能略高于境外贷款价格，同国内人民币贷款业务比较，银行在低利差的境外融资业务上的积极性略显不足。三是目前商业银行考核大都设置了经济资本占用和经济增加值（EVA）等考核项目。因境外融资成本高、收益低，加之银监会国别风险计提准备金等规定亦再次推高境外融资的成本，相对而言境外融资是一种高投入、低产出的业务。

（三）目标客户少，创新能力弱，发展后劲需提升

一是有实力“走出去”的企业较少，境外融资客户的数量亟待提升，尤其是单纯性的境外客户、中小企业客户占比低。二是与国内丰富的融资产品相比，银行的境外融资产品种类较少，而且多年没有明显的变化。银行在支持中小企业“走出去”、国际银团贷款以及结合国际金融市场的综合资产管理等方面的产

品比较缺乏。

（四）政策需完善，制度待细化，整体管理政策要提升

一是监管部门尚未在境外融资业务特别是在业务操作、贷款管理、风险控制等方面制定有针对性、细化可操作的监管政策、制度或指引，缺乏具体的境外融资监管政策。二是目前国家缺乏将支持企业“走出去”与银行境外融资供给直接结合的具体政策制度，没有为“走出去”企业、境外融资企业以及银行业机构之间搭建一个稳定持续、沟通顺畅的信息交流平台。三是人民币国际化尤其是资本项目改革进程较慢，人民币贷款缺乏市场定价的标准，加之《离岸银行业务管理办法》中规定“离岸银行业务经营币种仅限于可自由兑换的货币”，导致银行直接向境外客户发放的人民币贷款规模较小。

四、境外融资业务发展的监管建议

（一）转变经营理念，强化制度建设，完善管理体系

一方面，商业银行要适应利率市场化和人民币国际化步伐加快的变化趋势，积极融入国际市场，促进经营转型，优化收入结构。同时要深入研究境内企业“走出去”的业务特点，权衡风险和收益关系，合理界定风险容忍度，加强融资产品创新，满足中小企业“走出去”的业务需求。另一方面，要完善融资制度和管理，严格客户准入，摆脱依靠中信保等第三方机构控制风险的理念，自主选择优质目标客户。同时，针对境外融资业务特点建立系统的、操作性强的涵盖贷前调查、贷中审查、贷后检查的管理制度，尤其是完善境外融资的国别风险监控，建立涵盖银行自身、代理机构、分支机构、中介机构等多维度的信息沟通和风险警示系统。

（二）完善监管制度，搭建交流平台，积极先行先试

一是完善境外融资监管制度。为境外融资业务制定涵盖贷前调查、贷后检查、法律合规等方面有针对性的管理要求和指引。制定有差别的风险监管制度，如支持银行提高境外融资不良资产容忍率、实施差别化的国别风险准备金等，支持银行开展境外融资产品创新。二是搭建政策性银行与国有、股份制和外资银行在境外融资方面的业务拓展和沟通平台，实现经验共享。同时在国家层面建议相关政府部门为“走出去”企业和银行之间搭建沟通和交流的平台，并制定税收、融资等方面的优惠政策。

（三）依托前海政策积极先行先试

2012 年 6 月末，国务院在《关于支持深圳前海深港现代服务业合作区开发

开放有关政策的批复》中，银行机构应充分利用前海先行先试的政策，在离岸人民币融资业务、境外融资等方面大胆探索，提升产品创新能力，积极支持实体经济“走出去”。

（作者栾锋，深圳银监局党委委员、副局长）

关于专业化、一圈一链市场开发、客户整合与小微企业综合金融服务现状的调查报告

根据银监会党委《关于加强领导干部调查研究工作的意见》（银监党发〔2012〕3号）的指导精神，本人通过实地调研方式，考察了部分地区小微企业经营状况，总结和思考民生银行小微金融“专业化、一圈一链市场开发、客户整合与小微企业综合金融服务”现状，现将有关情况报告如下。

一、民生银行小微金融实践小结

三年多的实践发展，民生银行的小微金融服务由简单的商贷通贷款，演变为小微企业综合金融服务，并取得良好的实践效果。截至2012年5月末，全行服务小微企业59.7万家，累计发放小微贷款6 000亿元，发展乐收银商户16.7万户。数字的变化源自服务理念和行动措施等方面的切实转变，特别是在以下三个方面：

一是在专业化方面，依托区域特色产业和市场，通过专门的团队、专业的服务，建设小微金融专业支行，实现特色发展和差异化竞争。全行首批20家专业支行已经授牌成立，北京西单服装支行、泉州水头石材支行、厦门江头茶叶支行等专业支行在特色行业开发和专业化服务方面，已经取得突破性进展。

二是在一圈一链开发方面，一方面通过数字地图，对规划中的目标商圈精耕细作，另一方面开展行业研究，实现对产业链节点的价值挖掘和对客户的嵌入式、批量化开发。目前，全行已开发商圈和产业链项目上千个，围绕一圈一链的批量开发方式成为主流。

三是在客户整合方面，通过建立小微企业城市商业合作社，搭建小微企业的交流、共享、协作的服务平台。自2012年4月起，在两个月的时间内，16家分行共成立小微企业城市商业合作社64家，合作社成为今后支行进行客户整合的最重要抓手。

二、当前小微金融存在的主要问题

民生银行的小微金融实践至今不过三年半时间，还处于发展的初级阶段，小微金融在理念认识、措施和方法等方面，还存在许多问题，造成专业化、一圈一链开发、客户整合和综合金融服务还存在许多不足之处。

一是专业化，小微金融自发展之初，就是按照专业的团队、专门的产品和单独的政策制度设计。但由于认识、执行和方法的不到位，造成对小微企业和所属行业的研究不够深入，专业化知识还有欠缺，专门化团队配置不足，专业资源优势和特色服务未能充分体现。

二是一圈一链开发，“规划先行、批量营销、标准作业”是小微金融指导原则，但由于认识、执行和方法的不到位，部分经营机构求速度、上规模，散单数量占比仍较高，部分商圈和产业链的开发浅尝辄止，个别经营机构寄希望于担保公司、商会和协会推荐小微企业客户。

三是客户整合方式，由商户俱乐部，发展到财富大课堂，再升级为小微企业城市商业合作社，但由于认识、执行和方法的不到位，造成合作社的服务内容较为趋同，主要局限于营销金融产品，缺少个性化和黏合度较强的特色服务，合作社组织还较为松散，此外还有将近一半分行未成立小微企业城市商业合作社。

四是综合金融服务，随着小微金融2.0提升版的发布，小微企业综合金融服务正式在全行展开，由简单的信贷服务，转变为结算、财富管理、电子银行、信用卡等服务的并举。但由于认识、执行和方法的不到位，造成产品组合还不够丰富，特色行业和商圈个性化产品数量不足，此外占比30%的贷款户综合开发率不高，综合收益还不明显。

三、下阶段小微金融服务主要改进举措

（一）加快推进专业支行建设，提升专业化服务内涵

加快推进小微金融专业支行建设，通过专门的团队、专业的服务，为特色行业和商圈的小微客户（企业）提供融资、存款、结算和售后等金融与非金融服务，实现民生银行小微金融的特色服务、专业化销售和高水平风险管控。

（二）紧紧围绕一圈一链，做好小微企业综合开发

一是强化小微金融的规划统领作用，集中精力做好重点商圈和特色行业研

究，完善和提升综合服务内涵；二是围绕区域特色行业，大力推进特色行业整合开发，优化行业和客户结构；三是依托专营结构建设，加快商圈网点布局，做深做透所在商圈的小微企业服务，提供专业化和特色化服务。

（三）创新商业模式，加强小微企业培育与整合

未来的小微金融，客户整合是其最重要的发展方向之一。财富大课堂是小微企业进入的门户，是增进交流的磁场，小微企业城市商业合作社是其合作分享的平台，是为小微企业排忧解难、创造商机、培训提升的窗口。

（四）拓展和深化小微综合金融服务内涵

一是提升客户认知，完善分类分层管理，以小微企业客户之声调查为工具，科学合理有针对性地提供产品服务方案；二是在开展行业研究和深化客户认知的基础上，推出更多的金融与非金融服务；三是引入先进的工具和技术，提升小微综合金融服务水平。

（五）加快科技平台建设

以建设专业化、标准化、流程化、集约化的小微信贷工厂为契机，充实科技开发力量，加大技术研发和平台建设力度，依托先进的新核心系统和小微系统，构建稳定而高效的技术支持平台。

（六）加强团队管理和培训提升

整合行内外专家资源，组建强大的讲师队伍，设计内容丰富而新颖的课程体系，提升团队的专业技能和业务管理水平。

（作者毛晓峰，中国民生银行党委委员、副行长）

风险防控篇

对山东辖区城商行发展现状的调查与思考

2003年以来，城市商业银行改革发展取得了很大成绩，实现了从蹒跚上路、举步维艰到焕然一新、光鲜靓丽的蜕变，但城商行还存在诸多风险隐患，个别行甚至爆发了重大金融案件。近期，山东银监局深入到辖区部分城商行进行了专题调研，并结合日常监管掌握的情况，对城商行取得的成绩、存在的风险以及下一步的发展进行了梳理和思考。

一、成就斐然——整体实力迅速提升

山东辖区共有城商行法人13家，营业网点590个，员工15 680人。经过近年来的发展，城商行整体的经营管理水平不断提升，服务能力明显提高，抵御风险能力不断增强。具体体现在：

（一）综合实力迅速提升

截至2012年6月末，辖区城商行存、贷款余额分别达3 968.1亿元、2 715.3亿元，分别是2003年末的13.6倍和12.5倍，市场份额分别为9.11%和8.19%，较2003年末分别提高0.56个和0.08个百分点。2011年实现净利润54.28亿元，是2003年的15.25倍，年均增长149.5%。在“年度全国城市商业银行竞争力排名”中，辖区有5家城商行进入前10位，莱商银行和日照银行连续多年位列全国城商行竞争力前5位。

（二）风险状况明显好转

2012年6月末，辖内城商行统算资本充足率14.29%，较2003年末提高6.53个百分点，并于2006年在全国率先实现全部单体机构资本充足率达标；不良贷款37.29亿元，不良率1.37%，分别较2003年末下降3亿元和3.18个百分点；统算拨备覆盖率246%，13家城商行均保持在150%以上。2011年，山东辖区城商行监管评级2级以上的5家，3级6家，无BBBB级以下机构，在全国属于情况较好的省份。

（三）服务能力显著增强

从金融服务覆盖面看，截至2012年6月末，13家城商行在辖区内共有营业网点534家，覆盖16个地市73个县域，其中县域支行92家，县域覆盖面达到83.9%。从上缴利税情况看，近5年各城商行共上缴利税96.88亿元，有3家行成为省纳税百强企业。小微企业贷款余额达1 158.94亿元，是2005年的4.1倍，已成为支持小企业发展的主力军。

（四）发展基础逐步坚实

2008年，山东省内14家城商行共同发起成立了城商行合作联盟有限公司。自成立以来，联盟已经完成综合业务系统、公务卡系统、网上银行和电子商业汇票系统的研发和建设，为打破中小银行科技信息系统瓶颈、提升市场竞争能力提供了良好平台。此外，6家城商行先后引进了战略投资者，11家城商行陆续更名，公司治理机制不断规范完善。

二、任重道远——面临的主要问题和挑战

城商行改革发展成绩有目共睹，但由于发展时间短、速度快，一些先天不足的痼疾始终未得到根治，后天失调的问题也逐步暴露，实现健康可持续发展仍面临诸多困难。主要有：

（一）管理体制不顺的现状影响城商行市场化运营

目前，城商行董事长、行长基本由地方政府选派，有些地方政府主要考虑安排干部，较少考虑专业背景和从业经历，缺乏对高管人员的考核和交流，导致部分高管人员虽不专业、不称职，但长期得不到调整和轮换，内部人控制十分严重。即使监管部门发现银行在内部管理和经营决策上存在问题，也很难推动高管人员的调整。

（二）公司治理“形似神不似”制约城商行可持续发展

城商行公司治理结构的形式意味较浓，在不少方面存在缺陷。如内部人控制问题较为严重；高管层职责边界不清，越位与缺位问题并存；经营决策官僚化、行政化色彩较浓；监事会职能普遍弱化等。监管部门缺乏硬性的监管制约和惩戒手段，如果地方政府不重视，问题也难以得到有效纠正。比如针对烟台银行行长缺位和内部人控制问题，监管部门2004年以来多次向地方政府发文致函，但一直拖到2012年该行发生案件才得以解决。

（三）内控制度执行“疲软”困扰城商行经营管理精细化的提升

目前，城商行内控制度建立健全有了很大改观，但执行力弱化的现象普遍

存在，使内控制度沦落为难以真正发挥作用的“空架子”。同时，部分城商行内控手段单一、管理水平低下等问题仍比较突出，导致城商行尤其是基层网点存在大量风险漏洞和风险点，一旦被犯罪分子利用，发生案件就不足为奇了。

（四）追大求强的速度情结显示城商行发展模式尚不成熟

所有城商行都把规模、速度和排名作为发展目标，上规模、铺摊子、垒大户，形成了“重速度轻质量、重结果轻过程”的惯性思维。由于片面追大求强，有的城商行长期忽视合规建设，疏于人员管理，选人用人只重业绩不看品行，将胆子大的人捧为“能人”，对违规行为熟视无睹、默许纵容，留下了极大的风险隐患。

（五）利率市场化和竞争的加剧增加了城商行改革发展的难度

大部分城商行业务比较单一，风险定价和管理能力偏弱，净利差收入仍是利润的主要来源。2011 年，辖区 13 家城商行净利息收入对利润的贡献度达 82.5%，远超银行业 66% 的平均水平。面对经济金融环境变化和激烈的市场竞争，利率市场化必然会对城商行产生更大的冲击，使其发展面临极大挑战。

三、未来之路——对下一步可持续发展的几点思考

当前，面对城商行发展的机遇和挑战，必须认真总结城商行十多年来的发展经验，深刻汲取教训，针对性地整改问题，一如既往地推动改革创新，才能推动城商行实现持续稳健发展。

（一）理性看待发展过程中的挫折，坚定发展信心

在受到冲击的情况下，更要稳住阵脚，全面反思发展过程中的粗放经营、内控不力问题，重新审视以前的发展战略及监管策略，作出针对性调整，在更高的层次上求真务实、苦练内功、健身强体、增强免疫力。此外，要进一步健全监管政策、完善监管手段、优化发展环境、创新体制机制，为城商行的发展注入新的生机和活力。

（二）进一步完善公司治理，筑牢发展基础

解决城商行公司治理“形似神不似”的问题，核心是构建“三会一层”制衡机制。一是完善董事长、行长的选配机制，探索实施董事长异地、跨行交流任职管理，通过公开招聘等方式实现高管层的市场化选择。二是进一步完善制衡和运行机制，使各治理主体责权利相互匹配和平衡。三是进一步完善高管激励约束机制，加强地方政府对城商行的考核和管控，打造齐抓共管、共同推动

的监管体系。

（三）强化执行力建设，塑造内控制度的强制强力

着重强化内控制度执行力建设，加强学习培训和监督考核，督促其无弹性、无折扣、强制强力地落实内控制度。对违反制度的行为，要有禁必止，不能菩萨心肠，形成利剑高悬、高压态势。要督促建立制度化、经常化内部“体检”制度，及早发现“病情”，针对性治疗，杜绝把“小病”拖成“顽疾”，甚至是“绝症”。

（四）破除“唯规模论”，实现科学稳健发展

对于城商行做大做强的迫切愿望以及追求跨区域发展的冲动，宜疏不宜堵。应进一步完善差异化监管政策，对于达到监管标准和要求、真正具备跨区域经营的基础和条件的城商行，支持其在审慎经营的基础上做优做强。对于暂不具备条件的，应通过合理方式引导其摆正心态、打好基础，在管控好风险的基础上实现稳健发展。

（五）有的放矢改进薄弱环节，树立良好的社会声誉

一是积极处置案件，尽快启动问责，并择机公布案情，恢复城商行的公信力。二是对公司治理不完善、内控薄弱、操作风险频发等问题，采取针对性的措施积极整改。三是不断提升素质，开展全方位的教育培训，增强城商行的吸引力和凝聚力。四是坚持服务市民、服务社区、服务微小，加强产品和服务创新，提升服务水平。五是充分履行社会责任，树立良好形象，形成声誉优势。

（六）发挥联盟平台作用，更好地实现联合、集成化发展

经过四年的探索，山东城商行联盟不断发展壮大，基本实现了以单家行较少的投入，解决城商行信息系统建设及升级能力不足、IT 技术落后、服务功能不全等问题的初衷，受到各上线行的普遍欢迎。下一步，银监局将督促进一步发挥好联盟的平台作用，加大业务拓展力度，使平台优势惠及更多的中小银行，更好地实现集成化发展。

（作者廖平之，时任山东银监局党委书记、局长，现任湖北银监局巡视员）

辨析地方政府融资平台贷款分类监管的现实路径选择

一、正确认识地方政府融资平台问题

（一）地方政府融资平台是特定历史背景下的产物

地方融资平台的产生与发展根植于体制。从政治背景看，各级地方政府承担了经济建设和社会管理的双重职能，导致在城镇固定资产投资大幅上涨的同时，财政缺口也在不断扩大。从经济背景看，一直以来地方政府不具备发债自主权，均由财政部代地方政府发债，缺失公开负债机制。融资平台将政府增信与融资行为融为一体，是地方政府发展责任的无限性与可支配资源的有限性突出矛盾的产物，并在我国主动应对国际金融危机中发展壮大。

四川作为西部省，城镇化率低于全国9个百分点，历史欠账多，基础薄弱。2008年又遭遇了“5·12”汶川特大地震重创，重建需投入1.7万亿元，同期财政收入仅1 000亿元。地方政府融资平台在全省经济社会发展灾后重建、加速城镇化建设等各个领域，发挥了重要的拉动作用，截至2012年6月末，四川融资平台贷款余额4 656.59亿元，其中59.16%支持了市政基础设施和交通基础设施建设，成为基础设施建设的重要力量。

（二）化解融资平台贷款风险的长期性与艰巨性

随着四川统筹城乡建设和工业化、城镇化两化互动的加速推进，地方财政收支缺口扩大将是一个长期的趋势。融资平台贷款恰好为政府提前垫付了需投入的财政性资金，从而提供了平滑暂时性收支缺口的途径，这决定了融资平台存在的长期性。

另外，土地变现收入是融资平台主要的偿债来源，在房地产调控政策影响下，土地拍卖计划推迟，拉长了以土地出让收入作为还款来源的期限。加之融资平台天然具备的软约束机制，使投资风险十分容易转移到银行体系内部，这又决定了融资平台贷款风险存在的长期性与防范化解风险工作的艰巨性。

（三）化解地方政府融资平台贷款风险要有信心

2008 年以来，四川经济迅速走出地震和金融危机的负面影响，财政综合实力显著增强。在严格落实银监会融资平台贷款总量控制要求的前提下，随着财政收入的快速增长，同时考虑我国土地资源国有的特性，在发展中逐步稳妥地解决四川平台贷款偿还问题是可期的。

二、辩证处理政府平台贷款分类监管的三大关系

2012 年 3 月银监会下发《关于加强 2012 年地方政府融资平台贷款风险监管的指导意见》（银监发〔2012〕12 号），针对当前形势提出了清晰明确的分类监管策略，操作性强，对缓释即期贷款风险发挥了明显的效用。现实操作中，应正确认识与辩证处理好三大关系。

（一）总量控制与分类结果的关系

一是总量控制是大前提。财政收支缺口扩大的同时，城镇化加速建设，地方政府多方举债的冲动必然高企。预算法修正案草案规定地方各级预算按照量入为出、收支平衡的原则编制，不列赤字，财政部门对地方政府债务实施监督管理。中央控制地方政府债务总量是政策导向，银监会要求银行业机构以法人机构为单位严控融资平台信贷总量是深刻领会落实国务院精神的现实举措。总量控制作为基本前提，决定了信贷分类应呈维持类大、支持类与压缩类小的正态分布。维持是常态，周转维护为主，保证到期付息、适当还本，同时压两头，压缩类贷款收回释放出来的规模，用于支持类贷款新增，持续推进信贷结构调整与优化。在目前土地收入还款的现实约束下，即期无偿还能力的，应根据客观实际给予展期，再伺机收回。

二是压缩类可善用活血化淤策略。政府配置资源时主要考虑银行贷款的抵押物需求，未从现金流的角度来配置使用。实际上，有的平台公司有资产，有的平台公司有渠道，资源整合后就有了现金流，压缩类客户可动态上调为维持类。关键是银行业机构要提供智囊支持，推动作为政策制定者和资源配置者的地方政府研究资产重组，整合优化平台资源，打造可独立还贷的商业化公司。

三是思路不应固化于银行体系内。解决地方政府债务问题，多渠道解决融资问题才是方向，应着眼于资本市场。长远看资本市场入市条件会越放越宽，银行业机构可大力推进间接融资，通过票据、中票等各种手段拉长期限，最终

通过资本股权融资途径解决。地方政府与银行是双向选择、自由合作关系，银行业机构应多调研，积极为政府出谋划策，共同解决问题。

（二）分类主体与政府偿还责任的关系

一是运用多层分类法进行分类。目前银行业机构仅针对客户进行分类，未对地区政府整体债务分类，本质上欠缺对同一地区政府债务总量和违约行为的制约措施。一旦出现融资平台贷款违约，债权银行找平台公司根本无法解决问题，银行整体维权不力。解决思路是，首先对同级地区政府统一分类，以地方政府作为统一偿债人，视同集团客户管理。对同一地区政府从政府配合程度、履约情况、偿债能力等方面划分支持类、维持类、压缩类。存量银行债权的整改步骤应该是，各家银行协商出一个统一的还款计划，再统筹确定平台贷款的期限整改，谈判对象应该是政府书记、市长。期限拉长关键看18亿亩全国耕地红线、房地产市场政策，目前中国70%～80%土地资产和国有资产都掌握在政府手中，终极信贷风险还是小的。其次才是单一信贷客户分类的问题。在分类为维持类的同一级财政地区，总量维持不增的前提下，再对客户细分支持类与压缩类，以实现结构调整优化。

二是建立同级政府评级及风险预警体系。将地方政府按照集团客户管理，其信用评级综合考量GDP及区位优势、本级总财力及人均可支配财力、税收增长率及占财政收入比、本级政府债务指标，量化债务率等级指标，按不同程度划分为正常、提示、提醒、关注、预警等类。当指标达到预警，须严格控制地区政府类贷款增量，落实存量贷款还款计划。

（三）分类标准与客户优选标准的关系

一是建立多维度优选客户标准。目前信贷客户三分类前提条件是现金流覆盖情况，而现金流量表极易造假且仅为一种理想状态的还款能力，最终是否履约还取决于政府的实际还款意愿。银行业机构应建立包括盈利能力、资产质量、经营增长能力、综合负债和经营性现金流在内的优选标准，在充分摸清客户承债底线后，制定分户管控措施，最终实施有效的风险分类管控。

二是审慎预测评估优选项目。在优选客户后，还要进一步优选项目。银行放贷前应客观评估项目现金流，着眼宏观政策因素与微观成本因素影响，审慎预测市场风险，落实抵押担保，强化对项目建设及后期运营的资金监管，动态掌握抵押物价值，及时补足缺口。

三、规范提升地方政府债务管理水平

（一）地方政府应建立债务规模总量控制机制

长期看，规范政府债务是控制融资平台贷款风险的根本措施，是满足地方政府偿债与发展双重要求的根本措施。财政部应尽快明确各级地方政府可承受债务规模上限并进行总量控制，同时明确合理负债区间比例，建立各级地方政府负债比例监测体系。相关部门需统筹考虑规划、资源、土地、项目等综合因素，做好科学规划，建立并完善资产管理、账期管理、周转资金管理制度，结合当地城市发展实际需要，合理筹集使用资金，加强项目进程管理，提前筹备计划到期债务偿还，促使地方政府债务良性发展，增强市场和投资者的信心。

（二）督促重点地区平台建立财政支援机制

对于城市建设规划较快，偿债能力对土地收入变化敏感的重点地区，当前的主要任务是规范政府负债和账期管理的基础。对于承接城市化、产业化发展的重点地区平台，地方政府可建立财政支援机制，设立项目偿债基金，委托平台管理和使用，控制区域的系统性违约风险。

（三）大力增进政府信用改善银行信贷外部环境

为改善银行信贷的外部环境，一要大力推动政府信用建设；二要提高地方政府债务信息的透明度，推动地方政府定期披露各类显性和隐性负债；三要积极推动地方政府融资行为的市场化；四要建立地方政府投融资责任制度，避免政府换届引致的新官不理旧账的风险，严格管理地方政府担保行为。

（作者王筠权，四川银监局党委书记、局长）

融资平台贷款风险监管五大主要问题及建议

地方政府融资平台贷款清理以来，贵州银监局认真贯彻落实国务院和银监会融资平台贷款风险监管政策，通过加强融资平台贷款管理，督促融资平台增加资本金、注入优质资产等方式加强融资平台自身经营能力建设，追加合法足值有效的抵质押物落实第二还款来源，平台贷款风险得到有效缓释。但随着融资平台贷款风险监管工作的深入、监管力度的加大，特别是《中国银监会关于加强地方政府融资平台贷款风险监管的指导意见》（银监发〔2012〕12 号，以下简称《指导意见》）下发后，贵州局在监管过程中也发现了一些突出的问题。

一、存在的主要问题

（一）各银行间缺乏沟通协调，融资平台贷款管理不够规范

一是地方政府融资平台贷款台账管理不规范。各银行对融资平台贷款统计报表重视程度不够，融资平台信息填报不准，特别是涉及多家债权银行的融资平台，各行在填报前未相互认真核对信息，上报的基本信息如资产、负债、风险定性等要素存在不一致问题，融资平台更名后也未及时更新。这不仅加重了贵州银监局的统计工作，也影响了融资平台贷款报表填报质量和时效。二是融资平台名单制管理可能引发银行的“监管套利”行为。对于被纳入融资平台名单内进行管理的公司，可获得地方政府的大力支持，并且由于严格的融资平台贷款风险监管政策，在一定程度上有利于增强银行对平台贷款的风险管理，也存在排他优势，即融资平台新增贷款投向限制可能使某些银行具有独有的优势，抑制其他银行的参与，如只允许农发行发放监管类融资平台农田水利类项目新增贷款。这使某些银行倾向于将本不属于融资平台的公司纳入平台管理，或者不愿意将符合退出条件的平台贷款转为一般公司类贷款，不利于融资平台贷款的管理以及“降旧控新”目标的实现。

（二）退出平台时间不确定

按原来的平台退出程序，融资平台退出时间以联席会议纪要印发时间为准。

《指导意见》出台后，新的平台退出程序为“牵头行发起—各总行审批—三方签字—退出承诺—监管（局）备案”，但是并没有明确平台退出时间如何认定，这使得在平台退出操作过程中存在障碍。如果按照地方政府融资平台贷款统计表填报时间作为平台退出时间，那么在统计表填报期间（最长可达一个季度）融资平台合理的融资需求就会受到影响。

（三）保障房融资主要依赖融资平台贷款

保障性住房由于其公益性显著，资金需求量大、投资周期长、收益偏低等特点，对民间资本吸引力不足，多由地方政府融资平台承建，融资主要依赖银行信贷。截至 2012 年 3 月末，贵州省保障性住房（仅指公租房、廉租房和棚户房）贷款余额 43.5 亿元，向融资平台公司发放的保障性住房贷款余额 33.41 亿元，占贵州省保障房贷款余额的 76.8%。在融资平台风险监管要求趋严、监管力度加大的情况下，保障性住房通过融资平台进行融资建设越来越难。

（四）保障房融资平台承贷主体资格存疑

一是省级融资平台能否作为承贷主体“统借统还”有待进一步研究。按照《关于认真做好公共租赁住房等保障性安居工程金融服务工作的通知》（银发〔2011〕193 号）的规定，市县政府投资建设的公共租赁住房项目，可在省级政府对还款来源作出统筹安排后，由省级政府指定一家省级融资平台公司按规定统一借款。但是国发〔2010〕19 号文规定，融资平台公司向银行业金融机构申请贷款须落实到项目，以项目法人公司作为承贷主体。省级融资平台公司并不具体承建保障房项目，能否作为承贷主体统一借款、统筹还款值得商榷。二是多数融资平台难以达到保障房新增贷款条件。《指导意见》中允许保障性住房新增贷款，但必须满足新增贷款条件，多数的融资平台达不到资产负债率低于 80% 和现金流全覆盖的硬性要求。对于主要依靠租金作为还款来源的公共租赁住房来说，更是难以达到现金流全覆盖的准入条件。银发〔2011〕193 号中规定，直辖市、计划单列市、省会（首府）城市政府投资建设的公共租赁住房项目，融资平台公司偿付能力不足的，由本级政府统筹安排还款。按照《指导意见》的要求，保障房新增贷款必须满足现金流全覆盖条件，但是依靠地方政府统筹还款是否可以视为现金流全覆盖并不明确；如果不能把地方政府统筹还款部分计入现金流，那么是否可以按照银发〔2011〕193 号的支持政策发放贷款也不明确。

（五）农田水利类新增贷款困难

工程性缺水问题是制约贵州经济社会发展的瓶颈，党中央、国务院高度重

视贵州水利设施建设，指出要加大信贷投入力度，全面提升又好又快发展的基础条件。贵州水利设施建设项目多、资金需求量大，财政投入严重不足，吸引社会投资难度较大，通过地方政府融资平台进行项目融资运作成为建设的主要方式。《指导意见》中允许监管类平台农田水利类项目新增贷款，但是只能由农发行发放，其他银行想提供信贷支持须满足其他新增贷款投向条件，然而其他投向限制严格很难达到。农田水利类项目新增贷款的限制一方面排斥了其他银行的参与，不利于形成银行间竞争与合作的关系；另一方面由于农发行信贷资金有限，不可能完全满足符合条件的农田水利类项目融资需求，不利于贵州水利设施建设。

二、采取的监管措施

（一）建立融资平台贷款管理联系机制

针对融资平台贷款管理不够规范问题，贵州银监局要求辖内各银行业金融机构指定专人作为融资平台贷款管理联系人，负责融资平台贷款管理的沟通协调，并下发联系人名单，建立了融资平台贷款管理联系机制。在填报融资平台统计报表时，各债权银行充分沟通联系，牵头行负责协调填报事宜，以确保融资平台信息填报的一致性、准确性和及时性，提高数据质量；在平台退出时，牵头行要切实发挥牵头作用，各债权银行要认真审核并形成一致意见；在将一家新公司纳入平台管理前，拟贷款行要向其他银行进行通报，认真听取意见，与其他银行协商，按照国务院和银监会对融资平台的定义决定是否应将该公司纳入平台。

（二）举办融资平台贷款风险监管培训，加强监管政策理解

为进一步提高各银行业金融机构融资平台贷款统计表填报质量，理解掌握融资平台贷款风险监管政策导向，贵州银监局举办了地方政府融资平台贷款风险监管政策解读及报表填报培训班，辖内各银监分局及银行业金融机构相关人员均参加了培训。在培训中，贵州局对各贷款行上报地方政府融资平台贷款统计表时出现的各种问题作了统一规范，特别是对退出为一般公司类贷款的填报注意事项做了说明，并对12号文的相关政策进行了详细解读，获得较好效果。

（三）明确平台退出时间

为规范融资平台退出，解决平台退出时间认定问题，贵州银监局严格按照银监发〔2012〕12号等文件精神，明确平台退出时间以同意登记备案日为准。

贵州局在收到牵头行报送的备案申请资料后，将对资料的完整性、合规性进行核实，核实无误后出具同意备案登记书，登记书印发日期即为平台退出日期，在融资平台报表中标示退出。

三、政策建议

（一）构建多渠道融资体系，拓宽保障房资金来源

要努力改变保障房融资渠道单一，过多依赖银行信贷资金的局面。鼓励有条件的融资平台发行信托产品融资，专项用于保障房项目建设；根据保障房项目的特点，开发设计金融产品，尝试利用公积金和社保资金建设保障房，吸引社会资金参与保障房建设。

（二）加强保障房融资平台经营建设能力

加强资源整合，规范融资平台公司的管理和运作，进行实体化打造，提高保障房融资平台公司的经营建设能力。完善保障房配套政策，加大对保障房融资平台财政性补贴、税收返还、土地出让收益等的支持力度；给予政策扶持，向融资平台注入土地等经营性优质资产，增强保障房融资平台还款能力和抵押担保能力，达到新增贷款的监管要求。

（三）加大对贵州水利建设的支持力度

实行差异化监管，在风险可控的前提下放宽对融资平台新增贷款农田水利类项目的限制，既要发挥政策性金融的优势，也要发挥商业性金融的作用，引导、鼓励各银行加大对水利设施信贷投放力度，以促进贵州经济和社会又好又快发展。

（作者王岩岫，时任贵州银监局党委书记、局长，
现任银监会业务创新监管协作部主任）

关于陕西农民专业合作社融资状况的调查报告

一、陕西农民专业合作社发展概况

（一）增长势头强劲

继2010年突破1万家后，2011年，陕西省农民专业合作社达到14 216家，增长29.5%，平均两个行政村就有一家合作社，入社成员86.1万户，社均61户，占全省农户的11.9%，较上年提高2个百分点，带动非成员农户145.3万户，占全省农户的20%。合作社为社员统一购买农资和统一销售农产品总额达到1 000亿元，社员通过合作社户均增收1 500元以上。

（二）创办者多元化

除了传统的农村能人、种养大户、经营能手、科技人员领办创办以外，还出现了社团协会、龙头企业、公司实体、大学生村官领头办社等形式，随着农业产业化、规模化的发展，一些同类产业合作社的联合社也开始出现。

（三）合作领域日益广泛

合作社从成立初的技术互助、信息传播，扩展到资金、技术、劳动、土地等多要素合作。全省从事产销综合经营的合作社7 387家，占52%；以生产服务为主的3 687家，占26%；以加工为主的988家，占7%；以仓储运输为主的879家，占6%；开展其他服务的1 275家，占9%。2011年，合作社流转土地26.1万亩，占全省农村土地流转面积的6.5%，成为土地流转的重要主体。

（四）发展水平较低

全省能够常年运营的合作社仅占30%，50%只能季节性开展活动，还有20%处于“休眠”状态。2011年，全省拥有注册商标的合作社只有1 365个，占9.6%，而同期浙江省的占比为74%。导致陕西合作社发展层次不高的主要原因是治理流于形式、民主管理难以实施，离真正的合作制有较大差距，影响了其正常发展。此外，外部扶持不足也是合作社发展滞后的重要原因。2011年，合计财政补贴、项目补贴、奖励乃至扶贫资金，陕西省投入到合作社的扶持资金仅8亿元，社均不到6万元。

二、陕西农民专业合作社融资状况

（一）农民专业合作社的融资形式

1. 以合作社为主体融资。这种融资形式是由合作社出面，向金融机构甚至通过民间金融融资。调查显示，无论是正规融资还是民间借贷，都有一个共性特点，这就是合作社的负责人要有本事。用农民的话讲“有本事才能借到钱，别人又不是傻子”。但相对于民间借贷，除关注合作社负责人的本事外，正规金融机构更关注合作社财务的规范，经营的现金流、抵押或保证是否落实等，由此导致符合贷款条件的合作社只是少数。

2. 以合作社成员为主体融资。由于合作社作为主体承贷能力缺乏或不足，一些合作社通过入社企业、农户等成员，采取农户小额信用贷款、合作社担保贷款、抵押贷款等方式，向金融机构贷款，以解决合作社整体发展面临的资金问题。此外，调查显示，合作社成员有过民间借贷的比例不到6%，民间借贷并不是合作社成员融资的主要来源。

3. 以合作社为中介融资。在一些采取“公司＋农民专业合作社＋农户”运作模式的合作社中，部分龙头企业结合标准化生产的实施程度，依托合作社为农户提供资金支持，以保证规模化生产所需。合作社作为融资中介，承担借款人信用审核、真实性评价、借款发放等工作。在农业产业化水平不高的陕西，合作社通过此种形式融资并不突出。

4. 以合作社为依托对内融资。一是互助基金形式。如渭南市大荔县荔民果蔬信用服务专业合作社，为了解决社员之间的资金相互融通，在内部设立了“互助金”，资金全部来源于合作社成员，通常是几个大股东承担了大部分，其他成员根据自身能力自愿缴纳，没有硬性要求。“互助金”遵循“谁入社、谁借款”的原则，依农业生产周期开展资金融通，基金不分红，使用需取得合作社内部评议，利率设定参照农村信用社同期存贷款利率。其他一些合作社设立的诸如“帮扶金”之类的信用互助，在运作模式上与上述案例大同小异。二是赊销货款形式。在渭南市白水县宏达圣苹果专业合作社的案例中，每年秋季苹果收购季节，资金吃紧的合作社会与成员果农约定，对部分苹果收购款先不向果农支付，将其作为果农采购相关生产资料的预收款。待苹果销售后，有了资金的合作社按照成员下一阶段的具体需要，通过集中议价方式提前预定或采购化

肥、农药等生产物资，在农事来临时由果农直接提取使用。

（二）农民专业合作社融资中存在的问题

1. 合作社成为独立的承贷主体面临诸多困难。一是合作社自身条件不足。大多数合作社作为工商注册的主体，治理形同虚设，成员约束机制松弛，财务制度严重缺失，可抵押资产匮乏，缺乏授信评估的最基本条件。二是风险补偿机制不完善。涉农属性意味着多数合作社具有成本高、自然风险大等特点，但相关保险不到位，政府及有关方面配套措施和支持政策的缺乏，限制了合作社获得金融支持。三是银行机构激励不够。《农民专业合作社法》提出，银行机构应采取多种形式为合作社提供多渠道的资金支持和金融服务，但缺乏具体的细则激励银行。

2. 合作社的信用合作活动有待扶助性引导。十七届三中全会提出："允许有条件的农民专业合作社开展信用合作"，而在实践中，多种形式的信用合作处于自流状态。主管合作社的农业部门，尚未就其开展信用合作出台相关规定；颁发营业执照的工商部门，也未就其开展信用合作业务予以明确。在外部规范引导缺失下，多数合作社对开展信用合作没有建章立制或敷衍了事，内部管理混乱，合作性不强，甚至出现了内部人控制的苗头。

3. 超出互助性质的信用活动亟待规范。调查表明，一些合作社的信用活动已偏离服务农业专业化、规模化的主业，远远超出互助性质。这类合作社公开在集镇仿照银行的营业网点开设门店，甚至跨区开办营业网点，以股金名义吸收存款和发放贷款。资金除少量用于合作社外，大多流向矿产、交通运输、酒店餐饮等行业，有时甚至纯粹以资金炒作为主要业务。这种脱离服务合作社生产的盲目扩张，极易触发非法集资风险，酿成第二个"农村基金会"事件。

三、对农民专业合作社融资的几点建议

（一）以合作社成员为主体加大金融支持力度

基于提升承贷资质、满足授信条件等现实因素考虑，金融将支持合作社的重点放在支持其成员上，更具意义。一是将合作社评级与农户小额信贷挂钩。对于加入合作社的农户，应采取区别化的授信政策。金融机构可在合作社主管部门的配合下，主要依据提升农户收入的能力对合作社评级，并将定级与成员的小额信贷授信额度相挂钩，级别越高，授信额度相对越高。二是发展联保贷款。由于合作社成员相对同质，相互了解，相互信任，易于相互监督，应以合

作社为平台，着力发展成员之间的联保和互保贷款。三是建立担保基金或风险补偿基金。以这些基金为基础，金融机构辅之以一定的放大系数，既可分担信用风险，又可增加对合作社的金融支持。

（二）着眼于发展民间金融引导合作社的信用合作

可考虑以加强政府引导而非主导、加强政府支持而非干预为准则，由农业部牵头，其他相关部委配合，尽快出台相关办法，明确农民专业合作社信用合作的形式、用途和范围，对谁来管、怎样管、管什么等作出明确界定。对合作社的信用合作，应当坚持两大原则：资金只能来源于本合作社成员；融入资金只能用于本合作社或其成员的生产经营。

（三）着重于能力培养扶助合作社提升信用合作水平

在农民专业合作社主管部门牵头下，集中金融管理部门的专业能力，就合作社对信用合作的自我管理，制定一些决策程序、财务记录等方面的范本，同时，开展相关知识的普及培训。

（四）分类处置当前超出互助性质的信用活动

建议根据“谁审批，谁负责”的原则，采取分类疏导、限期到位的方法，对超出互助性质的信用活动进行规范。对融资用途与合作社主业关联较大的，应要求其在稳妥做好非成员资金返还的基础上，回归到单纯的自身内部的信用合作；对融资用途与合作社主业几无关联，规模较大且营运较为规范的，促其分期缩减规模直至最终终止活动；对涉及非法集资的，应坚决予以取缔。

（作者李建华，时任陕西银监局党委书记、局长，
现任银监会非银行金融机构监管部主任）

钢铁行业运行整体低迷　银行风险管控需审慎

——对河北省钢铁行业运行及信贷风险状况的调查

2012年初以来，国内外经济运行态势更加错综复杂，国内经济下行压力进一步加大，全国钢铁行业整体运行步入微利时期，行业发展面临严峻形势和较多困难。钢铁行业是河北省经济社会发展的重要支柱，也是银行业信贷资金高度集中的重点领域。为进一步加强对辖内钢铁行业信贷风险研判和管控，我们深入部分银监分局、银行业金融机构和重点企业调研，并结合非现场数据进行了分析预判。

一、总体情况：河北省钢铁行业由“大”转“强”，银行信贷管理有“保”有“压”

经过近几年的结构调整和企业重组，河北省钢铁企业实现了优胜劣汰和强强联合，迈出了由钢铁大省向钢铁强省转变的坚实步伐。截至2012年7月末，全省共有钢铁企业1 501家。自2001年开始，钢铁产量连续11年保持全国第一。产业集中度持续提高，产品结构调整、节能减排、创新能力均明显增强。

钢铁行业是银行信贷支持的重点领域。全省银行业金融机构积极落实国家产业政策和监管要求，有效支持了全省钢铁行业发展和结构调整。2007年以来，累计支持钢铁行业节能减排项目贷款762.69亿元，退出不符合国家节能减排政策贷款6.82亿元，收回落实产能贷款4.32亿元。2012年6月末，全省钢铁行业贷款占比为11.36%，比年初下降0.19个百分点。

二、行业运行：钢铁行业整体低迷，经营面临较多困难

（一）产能过剩问题突出，去产能化任重道远

在当前国内经济下行不断加大的宏观环境下，河北省钢铁行业固定资产投

资进一步加大，将钢铁产能过剩问题推到了更加突出的位置。去产能化的期限更加漫长，过程更加艰难。

（二）钢铁生产增速回落，但仍处高位运行

2012 年前 8 个月，河北省生铁、粗钢、钢材产量分别为 11 419. 1 万吨、12 695. 1 万吨、14 245. 8 万吨，分别占全国的25. 6%、26. 4%、22. 7%，分别比上年末上升 1. 1 个、2. 3 个、0. 9 个百分点。除生铁产量同比增速低于全国水平外，粗钢、钢材产量同比增速增均高于全国水平。

（三）经济效益大幅度下滑，整体行业步入微利时期

2012 年前 7 个月，河北省钢铁产业实现利润总额同比减少 28. 4%，亏损企业同比增加 124 家。其中黑色金属冶炼和压延加工业利润同比下降一半以上。

（四）钢铁价格低位波动，原材料和产成品价格“剪刀差”扩大

钢材价格自上年 9 月开始下降以来，一直处于低位波动运行，2012 年 7 月是年内价格降幅最大的一个月。虽然原燃料价格也有所下降，但降幅明显低于产成品降幅，两者价格“剪刀差”的存在，是除钢铁需求明显下降因素之外，造成钢铁行业运行低迷的另一主要原因。

（五）钢铁出口增速小幅回落，进口量严重受挫

当前世界经济复苏的艰巨性和曲折性进一步突显，主要发达国家经济增长乏力，钢铁需求低迷，导致钢材出口回落。受国内用钢需求尚未回暖因素影响，钢材进口量明显减少，同比减少 20. 0%。

三、风险管控：企业积极应对低迷态势，银行审慎加强风险管理

面对当前钢铁行业整体低迷运行的发展态势，河北省钢铁企业积极采取措施加以应对。主要有以下几种方式：一是根据订单适当减产、限产；二是提前检修或延长检修时间；三是降低装备工作强度；四是向上下游延伸产业链条；五是停产。从调查情况看，黑色金属冶炼企业多采用前四种方式，而部分压延加工企业采用了停产的方式。虽然当前钢铁行业整体处于微利状态，但民营钢铁企业明显好于国有钢铁企业。

河北省银行业金融机构认真贯彻国家产业调控政策和监管部门要求，加强风险管理，积极防范钢铁行业信贷风险。一是加强行业研究。在各总行行业授信政策指引下，因地制宜研究制定钢铁行业信贷投放、压缩和退出计划。二是严格授信管理。适时修订钢铁行业授信政策，提高钢铁行业信贷准入门槛，实

行名单制管理和“环保一票否决制”。三是建立行业风险预警机制。监控钢铁行业及重点企业运行情况，筛查贷款大户及集团客户，对潜在风险较大的进行重点监测。从总体上看，河北省钢铁行业贷款质量表现良好。2012 年 6 月末全省钢铁行业不良贷款率仅为 1.29%。

四、前瞻预判：钢铁微利时期将持续，总体平稳运行依旧可期

（一）相对竞争对手的优势

一是区位优势，河北省拥有丰富的铁矿资源，还有良好的港口资源，可以大大节约进口铁矿石和出口钢铁产品的运输成本；二是产业链条完整；三是装备先进，河北钢铁、首钢京唐等大型国有企业以及国丰钢铁、九江线材等民营企业的钢铁装备先进，特别是首钢京唐钢铁公司的装备水平处于国际领先地位。

（二）相对竞争对手的劣势

一是产业结构失衡，产业集中度较低；二是民营企业间的群体性联合重组属于“粗放捆绑式”重组，不能形成集约化优势；三是产品质量有待提高；四是创新能力亟待提高；五是非钢铁业务收入较少。

（三）外部环境的机会

一是国家《钢铁产业发展政策》《钢铁产业调整和振兴规划》等对钢铁产业集中度、节能减排等提出了要求，河北省《钢铁工业结构调整总体实施方案》结合实际提出了具体落实措施。二是工信部再次出台《钢铁行业规范条件（2012 年修订）》，进一步加强钢铁行业管理，规范企业生产秩序。三是国家将“稳增长”放到了更加突出的位置，特别是近期审批通过了过万亿元的项目。四是河北省与央企的合作进程进一步加快，省内一批重大项目陆续获批，建设沿海经济强省的发展战略面临重要机遇期。

（四）外部环境的威胁

一是全球经济增长持续放缓，进一步制约钢铁有效需求恢复增长。二是国内经济下行压力加大，经济增速回落与物价高位相互交织，房地产、机械、汽车、家电、造船等主要用钢行业运行减缓。三是钢铁企业劳动力、土地、能源资源等要素价格上涨呈长期化趋势，增加了企业生产成本上升的压力。四是钢铁行业“产能过剩、产业集中度低”问题突出。

钢铁行业是国民经济的重要基础产业和实现新型工业化的支撑产业。目前我国正处于工业化加速发展时期，随着城镇化建设进程的逐步加快，钢铁行业

低迷运行到2014年可能会出现转机。河北省钢铁行业仍将保持比较平稳运行的态势，但行业发展将面临严峻形势和较多困难。

五、政策建议：政、企、银三方协作，合力推进钢铁行业可持续发展

（一）政府部门

优化产业布局，控制钢铁产能，把调整钢铁行业结构放到更加重要的位置，坚决淘汰落后产能。科学开发矿产资源，切实加强铁矿生产经营管理。强化信息共享，及时公布钢铁行业政策和行业运行动态。加快推进钢铁企业联合重组，走集团化发展之路。

（二）钢铁企业

一是推进循环经济模式，努力构建环境友好型、资源节约型企业，加快节能降耗，降低产品成本。二是延伸产业链条，一方面加快资源布局，另一方面努力打造自己的销售团队，构建自己的营销渠道，建立稳定、忠诚的客户群。三是实施“走出去”战略，拓展营运空间。四是加快产品结构调整，满足不同市场的多层次需求。

（三）银行业机构

一是强化政策风险意识，主动研究并准确把握政策导向，持续监测宏观经济和钢铁行业运行状况，提早布防钢铁行业信贷风险。二是审慎行业授信管理，加强钢铁企业“名单式”管理，认真落实绿色信贷政策，坚持“有保有控”。充分考虑经济周期和行业周期波动因素，提高钢铁行业信贷资产的经济资本分配系数。三是优化行业信贷投向。重点支持钢铁企业产业结构调整和优化升级，适时、合理支持符合产业政策和行业发展规划、经营效益较好的钢铁企业，稳步推进钢铁企业并购贷款。四是加强钢铁企业贷后管理，科学调整授信额度，充实第二还款来源，防范授信客户间互保和连环担保形成的关联风险。五是建立银行间协作机制，避免因“一刀切”式盲目抽贷，导致钢铁行业系统性、整体性风险事件的发生。

（作者李招军，时任河北银监局党委委员、副局长，
现任中国光大集团光大信托公司筹备组副组长）

对山西银行业数据质量问题的调研与思考

一、银行数据质量方面的主要问题及产生原因

2011—2012 年，通过组织对山西省辖内三家城市商业银行和一家农村商业银行（以下简称四家银行）数据质量核查发现，银行监管统计数据的完整性和准确性还存在明显不足。

非现场监管报表存在的问题主要表现为部分报表指标表内、表间、跨期数据逻辑错误，部分报表指标数据漏报、错报，以及表账不符等形式；主要集中在授信、贴现、理财、大中小微企业贷款、贷款新规、流动性期限缺口、贷款按行业分类等报表领域；主要原因是银行统计业务制度和业务系统建设不完善、更新不及时，部分报表指标定义错误或缺失，手工填报、制度理解执行偏差。

客户风险统计数据存在的问题主要表现为符合填报标准的大额授信和零售违约客户漏报，部分大客户贷款明细信息、关联企业和零售违约法人客户信息漏报，部分大客户上市公司类型、行业标识、资产负债、预警信息和部分违约客户名称、违约天数等信息错报，部分客户贷款质量五级分类不准确，部分客户法人注册地填报不规范，部分客户股东信息、资产负债信息等与系统台账或实际资料不一致等形式；主要原因是银行基础系统源数据录入和维护管理不规范、部分客户信息更新不及时、部分贷款风险分类标准执行不严。

二、影响银行数据质量的主要因素

从四家银行数据质量管理外评及整改后续检查情况来看，当前影响银行数据质量的因素主要有五个方面。

（一）董事会和高管层重视不够，对统计工作的资源支持不足

主要表现：没有将数据质量管理纳入战略规划和内控合规体系，没有建立全行性的数据质量组织领导机制，缺乏对全行数据质量管理的持续督导和有效

性评价；统计协调机制不健全，统计岗位设置不合理，统计人员严重不足，薪酬激励与工作任务不匹配。

（二）统计管理和业务制度不健全，更新完善不及时

主要表现：银行统计管理办法内容不全面，缺乏协调机制、监督检查等实质性内容，未涵盖安全保密、系统保障、数据质量控制、数据源管理以及考核评价等内容；统计业务制度缺失，只在监管统计系统中对部分指标进行业务定义，统计项目的归属和取数路径不够清晰、完整；未及时跟进监管制度调整和本行业务发展对统计管理和业务制度进行评价和更新。

（三）基础系统和监管统计系统不完善，没有完善时间表

主要表现：信息科技规划建设未征询和考虑统计业务需求，不能有效覆盖全部监管数据要求；监管统计系统建设滞后，相当比例甚至全部非现场报表和客户风险数据需手工填报；系统不支持对村镇银行等的并表统计，尚未有系统完善时间表；系统运维和应急管理不到位，质疑信息核查纠正机制缺失，没有启动信息标准化工作，无法保证要素信息数据跨系统一致。

（四）日常监控不到位，监督检查和考核评价机制缺失

主要表现：监管统计系统对监管报表数据覆盖面较小，预警校验规则不完善，人工复核有效性不足，重复性差错时有发生；未将数据质量纳入内控合规检查范围，未建立实施归口部门对业务部门和分支行、业务部门对本条线的统计监督检查和考核评价机制，未将数据质量纳入绩效考核体系。

（五）数据报送和资料存储不规范，分析应用不足

主要表现：未建立数据报送流程管理、联系人报备、报表审核等制度和数据报送应急预案；未明确统计资料档案管理流程；未建立专门的统计档案和统计档案交接制度、借阅管理制度及统计信息保密管理制度，数据存储备份和安全管理不够规范；未建立统计信息共享制度、共享平台和分析框架，归口部门和相关部门对统计信息的分析应用不足，披露信息与监管信息的差异未报备说明。

三、促进银行加强统计管理、提升数据质量的对策建议

（一）要从战略高度重新认识数据质量管理的重要性

尚福林主席指出，银行监管统计数据是有效银行监管的重要基础，是银行经营决策和风险管控的重要依据，银行数据质量是银行经营管理水平的重要标

志。从监管角度讲，提升数据质量是银行监管专业化水平和有效性提高的根本要求，数据质量工作列入2012年银监会五项重点工作；从银行发展角度讲，提升数据质量是银行安全运营和科学发展的客观需求；更进一步讲，银行谋求上市、巴塞尔协议Ⅲ实施等，对数据质量和信息披露提出了更高要求。

（二）董事会和高管层要迅速采取行动

《银行监管统计数据质量良好标准（试行）》（以下简称《良好标准》）明确了银行董事会和高管层对数据质量管理的职责要求。督促银行董事会和高管层尽快将数据质量管理工作列入重要议事日程，作为一项重要议题进行专题研究部署，将数据质量管理纳入发展战略规划和内控合规体系，健全数据质量管理的政策、目标和机制，针对突出问题研究采取切实可行的整改措施，对重大差错进行问责。

（三）督促整改，狠抓落实

针对检查评估发现的问题，在提出监管意见的同时，加大督促整改力度。督促银行主要负责人亲自抓，尽快制定整改计划和措施，对于制度层面和岗位设置等能够立即整改的，要迅速落实；对于系统建设等不能一蹴而就的，要统筹制定完善时间表，有计划稳步推进，及时向监管部门报告反馈整改落实情况。

（四）着力构建数据质量管理长效机制

指导银行机构摒弃数据质量管理只是归口部门职责的错误认识，三个层面联动构建数据质量管理长效机制。首先是董事会和高管层，要持续加强全行数据质量管理的部署督导，给予充足的资源保障；其次是统计归口、业务和科技等数据生产部门，重点完善统计管理和业务制度、系统建设，从制度和技术方面完善数据生产和质量控制流程；最后是内审稽核、法律合规、人力资源等部门，重点完善审计、薪酬、绩效、人力等数据质量管理配套机制。

（五）以竞赛活动为契机强化数据质控

按照银监会“夯实统计信息基础，提升银行业数据质量”竞赛活动要求，督促银行机构加强组织、制定方案、丰富内容，通过培训论坛、简报动态、测试比武、机制完善、系统建设、检查评估等形式，深入开展竞赛活动，加强督导，严格评比，有效提升数据质量。

（六）对照标准持续提升数据质量

《良好标准》具有很强的前瞻性、全面性和实用性，是一套银行数据质量管理的上限标准、全面规范和操作指南。督促银行机构认真学习和深刻领会其内涵实质和具体要求，客观、全面、深入地认识自身差距，合理调整预期，按照

“对照自评—改进完善—再自评—再完善”的思路，持续改进和提高。

（七）制定《良好标准》达标规划目标

银监会应在检查评估全覆盖、摸清现状和问题基础上，制定《良好标准》达标规划，指导银行业全面持续提升数据质量。可区别不同类型银行，采取先大后小、先好后差、先易后难的分步走战略，制定不同类型银行的《良好标准》达标时间表，使其分批次在规定时间内《良好标准》15 项原则均达到“大体符合”以上。

（作者吴增平，山西银监局党委委员、副局长）

山西省农村合作金融机构改革进展、存在问题及对策建议

——对山西省农村合作金融机构当前改革情况的调查

山西省农村合作金融机构以其占全省银行业金融机构20%的资产，承担着县域地区银行网点、人员、贷款50%以上的份额，但其自身由于产权不明、责任不清、机制不活等原因，背负了全省银行业金融机构60%的不良贷款，且部分县级法人机构风险突出，严重制约了支农作用的发挥。对此，山西银监局将推动农村合作金融机构深化改革作为监管工作的重中之重，充分发挥监管引领协调作用，推动全省农村合作金融机构股份制改革，特别是高风险社重组改制取得突破性进展。但随着改革步伐的推进，改革过程中的问题日渐突出，我们对此进行了调查分析，并提出了相应的对策建议。

一、改革成效

（一）股份制改革稳步推进

一是资格股转化工作进入收尾阶段。2012年末，全省农村合作金融机构资格股余额7.82亿元，比年初减少13.8亿元；占比为4.96%，比年初下降13.68个百分点。二是组建农村商业银行工作稳步推进。2012年末，全省已开业农村商业银行13家，正在筹建农村商业银行2家，合计处置不良贷款110.29亿元。

（二）高风险社重组改制取得突破性进展

到2012年末，全省10个地市已启动重组改制的高风险社达13家，累计吸收民间资本10.38亿元，累计处置不良贷款20.32亿元。其中6A级高风险社——潞城市农村信用合作联社已成功改制为潞城农商银行，清徐县农村信用合作联社（5B级）改制农村商业银行已获批筹建。

（三）督促省联社科学履职有所改进

通过建立责任到人的重点工作任务对接制度、提高约见谈话频度、加强与

省政府沟通协调等措施，督促省联社不断改进履职方式。省联社按照监管要求修改了综合考核办法，制定了信息科技建设三年规划，出台了工作人员违规行为处罚办法等考核制度。

二、存在问题

（一）股份制改革总体进展缓慢，部分机构认识仍不到位

一是总体改制步伐与全国同业相比落后。已改制农村商业银行数量以及基本符合改制要求的储备机构数量均落后于其他省份。二是部分机构对改革的认识不足、主观意愿不强。部分高管人员认为改革工作艰辛复杂，且改革后可能降低自身对机构经营发展的话语权，存在畏难情绪和观望思想。三是行业管理部门对组建农村商业银行存在顾虑。省联社及其办事处部分人员担心组建农村商业银行会削弱行业管理职能，因而在基层联社改制前设置审批程序，有选择地进行批复；改制后，对农村商业银行继续严格管制。经监管督促虽有所改进，但对全面推进农村商业银行改制工作的积极性仍然不高。

（二）全省农村合作金融机构机制建设整体落后，改制后的农村商业银行“形似而神不似”

一是信贷风险管控机制薄弱。近三年全省农村合作金融机构贷款余额接近翻番，但信贷管理没有明显改进，风险管控依然薄弱，贷款到期后“倒贷”现象普遍，潜藏很大风险。二是改制后的农村商业银行“形似而神不似”。改制后的农村商业银行虽然从形式上建立了“三会一层”的法人治理架构，但实际运行中由于自身认识的不到位以及严格的行业管理，法人地位弱化和公司治理边缘化问题依然存在。

（三）部分高风险社历史包袱沉重，改革难度非常大

从全省已启动改制的高风险社情况看，清产核资后不良贷款率均达到30%以上，个别机构不良贷款率甚至高达60%以上。为了达到农村商业银行的准入门槛，投资人在入股的同时必须购买大量的不良贷款，投资成本很高。加之，城市商业银行增资扩股、村镇银行大量新设等因素影响，高风险农村合作金融机构重组改制过程中寻找合格投资人非常困难。

（四）省联社自身定位不准，履职边界不清晰

一是在职能定位上“重管理、轻服务”。实际运行中明显偏离“淡化行政管理，强化服务职能”的要求，一方面通过干部任免、财务审批、贷款咨询等方

式不断向上集权；另一方面在提供信息科技支撑等服务职能方面明显落后于法人机构需求。二是在引领发展中“重规模速度、轻风险管控”。自上而下层层下达的存款、中间业务收入等规模性考核指标，导致一些基层法人机构为了完成考核任务不惜放松风险管控。三是在履职过程中“重权利、轻责任”。近两年由省联社牵头协调组织的跨地市、多机构参与的大额社团贷款大量增加，这部分社团贷款表面上由基层社发放，实际由省联社及其办事处主导，贷款发放的“权责不对等”造成贷后管理“真空”，潜藏很大风险。

（五）一些地方政府对农村信用社的风险和改革认识不到位，统筹协调作用发挥不足

高风险社多数已资不抵债，严格意义上应退出市场，但出于金融和社会稳定考虑仍在维持营业。基于此种状况，多数地方政府对高风险社经营恶化可能引发的风险并没有清醒的认识，加之对改制农村商业银行给地方带来的税收增加、软实力提升等利好也没有清晰的认知，多数地方政府对高风险社改制持“可有可无”的态度，没有充分发挥其应有作用。

三、对策建议

（一）坚持股份制改革方向不动摇，积极稳妥推动农村商业银行组建

一是强化政策宣传和辅导，加强与地方政府的沟通，讲明改制意图，取得地方政府的重视和支持。二是加强调研论证，推行“一社一策”、“先后有序”的改制方式，按照“中心城市先行”的原则，加快中心城市农村信用社的改制步伐。三是严格市场准入，重点审核风险处置是否真实有效、股东资质是否合格、股权设置是否合规合理、董（监）事和高管人员是否具备履职能力等关键环节，努力实现“形”“神”并重的彻底改制。

（二）实行差别化监管引导，营造高风险社重组改制的良好氛围

一是引导省联社制定差别化考核激励机制，对5B级以下高风险社，在工资薪酬、职务晋升、高管交流方面作出限制，提升高风险社改制的积极性和主动性。二是实行差别化市场准入政策，对高风险社在新设分支机构和开办业务方面实施准入限制，同时协调“好社”让路，优先支持高风险社重组改制，避免股价不一产生的“挤出效应”。

（三）加强监管引领，紧紧依靠政府，努力构建“五位一体”的大改革格局

农村合作金融机构改革是一项困难多、任务重的复杂系统工程，需要经济、

市场、政策、信用等多方面的良好外部环境。基层地方政府作为农村合作金融机构风险处置的第一责任人和改革发展的最大受益人，对于协调组织各方关系，营造良好外部环境有着不可或缺的作用。对此，推进农村合作金融机构改革，应充分引导基层地方政府发挥作用，努力构建政府主导、监管引领、自身努力、行管支持、多方参与“五位一体”的工作格局，合力推进高风险社重组改制。

（四）以信贷管理为重点，加强风险管控机制建设

一是以现场检查情况为主要参照，全面梳理风险管控薄弱环节，深入分析问题成因，站在制度建设、流程管理、监督制衡、考核激励的高度进行彻底整改。二是针对信贷管理落后，特别是长期“倒贷”掩盖风险、社团贷款责任不清等严重问题，督促省联社从顶层制度建设入手，不断健全和完善风险管控机制。三是督导省联社不断完善责任追究和违规行为处罚办法，健全内部监督制约机制，同时加大对现场检查发现突出问题的监管处罚力度。

（五）完善制度、强化监管，推动省联社转变履职方式

一是建议抓紧完善省联社监管制度框架，按照全国金融工作会议“淡化省联社行政管理”的要求，进一步明确省联社的职责边界。二是督促省联社在充分尊重基层法人机构独立法人地位的前提下，更多地采用市场化、差别化手段实施行业管理，做到“好的少管或不管，差的多管”。三是强化监管约束，通过加强对省联社的履职评价、提高约见谈话频度、对高管人员实行诫勉谈话等措施，督促省联社转变履职方式，强化服务职能。

（作者杨庆和，山西银监局党委委员、副局长）

内蒙古辖区股份制银行信用风险状况及原因分析

2012年以来，内蒙古辖区股份制商业银行信贷资产质量有所下降，除受宏观经济环境影响外，各行经营战略定位及风险管理基础工作不扎实是重要原因。目前虽然信贷风险释放仍在可控范围之内，但宏观经济可能继续深度调整，企业经营困难持续加大所带来的风险管控压力不容忽视，股份制银行应采取有效措施进一步改进风险管理，实现各项业务稳健发展。

一、辖区股份制银行信用风险现状

（一）贷款质量向下迁徙明显，不良贷款增加

截至2012年第二季度末，辖区股份制商业银行关注类贷款余额5.98亿元，较年初增加2.84亿元，增幅为90.45%。不良贷款余额5.43亿元，较年初增长2.35亿元，增幅为76.30%。其中，次级类贷款余额3.39亿元，较年初增加2.35亿元，增幅为221.15%；可疑类贷款略有增加。不良贷款占全部贷款余额的比例为0.44%，比年初增加0.14个百分点。出现关注类贷款的银行由年初的2家增加为7家，出现不良贷款的银行由年初的3家增加为4家。

（二）关注类贷款和不良贷款地区、行业分布集中

截至2012年第三季度末，关注类贷款中，对公贷款余额3.89亿元，占关注类贷款余额的比例为65.05%。其中，鄂尔多斯市企业9户，贷款余额3.19亿元，占比为82%；包头市企业2户，贷款余额0.70亿元，占比为18%。其中，煤炭批发零售业贷款余额2.35亿元、占比为60.41%；建筑业贷款余额0.56亿元、占比为14.40%。次级类贷款中，对公贷款余额2.65亿元，占次级类贷款余额的比例为78.17%。其中，鄂尔多斯市企业3户，贷款余额1.66亿元，占比为62.64%；包头市企业3户，贷款余额0.99亿元，占比为37.36%。其中，煤炭和石油批发零售业贷款余额和占比最大，分别为1.13亿元、70.19%。可疑类

贷款仍为1户交通运输业贷款2.04亿元。

（三）个人贷款和中小企业贷款风险集中暴露

截至2012年第三季度末，关注类贷款中，个人贷款2.09亿元，比年初增加1.21亿元，增幅137.5%。其中，个人工程机械按揭贷款余额1.27亿元，占比为60.77%；个人住房按揭贷款0.39亿元，占比为18.66%；个人经营性贷款余额0.33亿元，占比为15.79%；个人商用房贷款余额0.1亿元，占比为0.05%。中小企业贷款7户、余额1.79亿元，分别比年初增加5户、1.03亿元。不良贷款中，个人贷款0.74亿元，比年初增加0.21亿元，增幅为39.62%。其中，个人经营性贷款0.71亿元，占比为95%。中小企业贷款3户、1.33亿元，全部为2012年新增。

二、原因分析

（一）宏观经济回调

前三个季度内蒙古经济虽然缓中趋稳，但总体上增速呈现出了下滑态势。全区生产总值增速为11.6%，比上年同期下降了3.4个百分点，工业增加值、固定资产投资增速、财政收入增速也明显放缓，对外贸易还有所下滑。作为股份制银行信贷投放重点地区的鄂尔多斯市经济受到的冲击更为明显，其煤炭和房地产两大支柱产业首当其冲。鄂尔多斯的煤炭企业由于煤炭的需求量和价格下跌，以及相应出现的货款结付时间延长，甚至下游企业暂停支付货款的现象，造成煤炭企业收入减少、现金流紧张。当地房地产受调控政策影响销售基本停滞，房地产业资金链断裂，民间借贷市场纠纷频发，地区信用环境和经济环境急剧恶化。

（二）战略定位影响

内蒙古辖区股份制银行均是2005年以后进入本地市场的，大多数机构将经营战略定位于“立足呼、包、鄂，辐射带动全区”。目前7家股份制银行在内蒙古共有机构50家，其中48家都设在呼、包、鄂地区。贷款的行业集中度比较高，采矿业贷款余额273.71亿元，占比为21.96%；批发零售业贷款余额195.81亿元，占比为15.71%；制造业贷款余额171.29亿元，占比为13.74%。股份制银行进入本地市场后，集中力量在“金三角”地区和重点行业营销业务，短时间内实现了经营规模的迅速增长，但同时，由于地区、行业集中度所带来的负面影响也逐步显现。

（三）企业经营脆弱

辖内股份制银行贷款质量向下迁徙的以中小企业为主。一些中小企业都是随着地区煤炭和房地产业快速起飞发展起来的，家族民营企业居多，大部分企业处于发展的初级阶段，抗风险能力较弱。如鄂尔多斯市圣峰商贸有限责任公司，成立于2009年7月6日，注册资本金1 000万元，主营土石方工程施工建材、工程机械、机电设备销售及土木工程施工，股东由2人组成；该企业受整体经济下行影响，主营业务收入大幅下降，与原蒙泰煤炭公司骆驼山煤矿的土方剥离工程合同未按原计划续签，工程回款较慢，现金流出现问题，造成贷款逾期。再如，鄂尔多斯市东方富元商贸有限责任公司，成立于2008年10月23日，注册资本金为500万元，主营业务是建材、焦炭销售，公司由2人出资；受整体经济下行影响，该企业主营业务收入下降，现金流紧张，贷款出现偿付风险。

（四）管理不够精细

截至2011年第三季度末，股份制银行资产规模已达到1 661.36亿元，占全辖银行业金融机构资产总额的比例为9.18%。规模急速增长的同时，风险防控不够精细，在风险管理理念的灌输、风险管理体制机制建设和风险管理人员培训等基础工作方面下功夫不够，出现了盲目准入、贷前调查不到位、贷时审查把关不严和贷后管理跟不上等问题，贷款的真实风险在经济上行期被经济的表面繁荣所掩盖，在经济下行期逐步暴露。

三、几点建议

（一）关注宏观经济走势

要加强对自治区六大支柱产业特别是对煤炭、电力、房地产、冶金和高载能行业经营状况的持续监测。密切关注煤炭交易量减少、价格下行等市场变化对自治区第一大支柱产业的影响，密切关注重点风险区域的房地产开工、建设、市场销售及价格变化等情况，密切关注自治区高耗能行业特别是多晶硅、电石、铁合金行业因市场价格下降引发的经营风险和信用风险，对于前景不明朗的行业和企业要阶段性退出。

（二）严控新增授信风险

要根据当前经济形势制定合理的区域经营战略，不断调整优化业务结构，如信贷资产占总资产的比重、信贷资产内部的各种比重、信贷客户结构、资产负债期限匹配状况等，提高抵抗风险能力。要落实风险管控各个环节的责任，强化授信“三大环节”风险控制，完善风险经理协同作业机制，推动风险全流程管理。

（三）防范存量授信风险

一是开展资产质量排查。对表内各项贷款、自营投资以及表外各类融资等业务进行全面风险排查，特别要对向鄂尔多斯地区发放的贷款、中小企业贷款和个人贷款进行逐一细致排查，尽早发现风险隐患。二是加强房地产贷款和政府融资平台贷款的管理，要保持高度的警觉性，关注房企和平台偿债能力变化。三是进一步加大贷后检查覆盖面和检查频次，对贷款企业生产经营、财务效益与结算账户资金变化情况加强监测，密切关注借款人生产经营与财务信用状况及贷款资金流向。

（四）做好不良资产管理

要密切关注不良贷款客户重大投资、关联企业融资、应收账款清收等情况，深入了解应收账款构成和账龄，督促企业尽快回笼资金，确保客户收入及时偿还贷款。对于确实由于资金周转困难暂时无法偿还贷款的客户，坚持一户一策，通过股权重组、资产转让、处置抵质押物等多样化的策略和手段，实质性化解风险。还可尝试与保险公司、资产管理公司等合作化解不良资产，拓宽风险化解渠道，最大限度保障信贷资产安全。

（五）夯实风险管理基础

要梳理内部控制制度，查漏补缺，做到对不同产品、业务和服务分别制定相应的操作流程，既要规定总原则和程序，又要明确具体的操作步骤和风险点分布，对流程中的重要环节，要详细规定相互监督制约的风险管理措施。要针对中小企业贷款风险突出的实际，加强中小企业贷款风险评估、识别、预警与控制。要明确岗位职责和权限，将业务分解到各部门和岗位，将风险管理责任落实到人，建立起岗位明确、职责清晰、相互监督和制约的风险管理网络，特别是新成立的机构要避免要害岗位的兼职。要注重前中后台部门的协调，加强风险管理信息的横向传递，在部门之间形成相互配合、相互牵制的风险管理模式。要加强员工风险培训，加强员工监督，防范员工道德风险。

（作者刘金明，内蒙古银监局党委委员、纪委书记）

关于防范银行业系统性风险的调查研究

银行业系统性风险除了具有银行风险的一般性特征以外，还有着自身独特的特征：隐蔽性强、传染性快、突发性急、破坏性大。它会以灾难性形式爆发，严重影响金融市场和金融体系的正常运转，甚至会危及国家利益和主权信用。因此，有效防控银行业系统性风险，既紧迫又必要。

一、银行业系统性风险的形成

银行业系统性风险形成原因是多方面的，从银行业现状来看，其现实成因主要有以下六个方面。

1. 银行内外机构庞大，相互连通，缺乏统一实时监测、管控，不能及时发现系统性风险

银行机构自身形成庞大的系统，单点机构基本撤销，出现了全国性银行向国外发展、区域性银行向全国发展、地方性银行向区域性或全国发展、农村信用社向城市发展的趋势；银行业务往来形成系统性交易，银行通过吸收存款、发放贷款等传统业务及各种金融创新业务与储户、借款企业、其他金融消费者及其他金融机构紧密联系在一起，形成完整的金融生态链，各种风险也就通过业务往来在彼此之间传播开来；银行、信托、保险高度关联，银行代理保险，销售信托产品、理财产品，将信托业、保险业关联在一起；大型企业和银行高度关联。大型企业的规模扩张往往伴随银行贷款的迅速上升，而大型企业频繁的兼并收购活动扩张规模，其自身也存在着极大的经营风险，并极易引发银行信贷风险。由于银行间的资金相互连通，缺乏统一实时监测、管控，所以不能及时发现系统性风险。

2. 银行同质化业务竞争激烈

我国银行业发展战略普遍模糊趋同，不能有效进行市场定位和市场细分，银行之间往往是在同一领域集中竞争，而不是选择不同领域分散竞争。金融服

务产品差异性不强，简单复制现象突出，自主创新不足，市场竞争无序。近年来，各行理财产品同质化现象、票据贴现业务恶性竞争就是突出例证，这类行为很容易激发银行过度承担风险的动机和行为。

3. 银行追求规模效益，信贷规模快速膨胀

我国银行信贷扩张的冲动始终存在，节奏失衡、起伏跌宕的问题仍然相当突出。这种情况与经济稳定增长的要求不相符，与商业可持续的要求不相符，与稳健经营的理念不相符，与信贷投放的客观规律也不相符。如果单纯追求规模效益，不处理好放贷速度与节奏的关系，银行机构就可能出现系统性风险。

4. 信贷集中度高，政府融资平台贷款占比大，政府代偿性风险隐患突出

一方面，我国信贷资金供求矛盾长期存在，企业信贷需求快速增长与银行信贷资源增长有限的矛盾突出。特别是全球金融危机以来，银行信贷资金投向呈现出向长期资金集中、向大城市集中、向大企业集中的趋势，银行信贷集中风险日益突出；与此同时，企业短期信贷资金则日趋不足，县域经济和农村经济融资更加困难，中小企业贷款难题日趋无解。另一方面，在投资渠道狭窄且缺乏好的投资项目的条件下，政府融资平台贷款成为银行首选，且由于政府财政紧张导致部分地方政府平台融资过度依赖银行贷款，风险过分集中于银行。我国商业银行地方政府融资平台贷款达 10 万亿元，占全部金融机构本外币各项贷款余额的 18%。一些贷款已经形成潜在性损失。

5. 房地产业的风险关联银行，银行面临巨大压力

房地产业直接或间接地关系到上下游 50 多个行业，是经济的支柱产业之一，这客观上决定了房地产业在传导危机中的突出作用，它能够使危机迅速地扩散蔓延到宏观经济的各个领域。在监管部门对房地产企业集团分析发现，大型房企存在多头授信、内部关联结构复杂、负债率过高和贷款集中到期等诸多值得重点关注的风险点。从贷款期限结构看，房企在近两年内到期的贷款比重较大，随着市场的调整，可能带来房地产企业洗牌风险，进而产生大量泡沫和系统性风险。

6. 影子银行等非银行金融机构引发金融脱媒问题日益突出，已经成为引发银行业系统性风险的重要诱因

在我国，影子银行作为利率市场化改革的一个结果，为满足市场资金需求，某些非银行金融机构从事的一些非传统信贷业务，规模日益扩大。主要包括两部分：一是商业银行理财产品业务，以及各类非金融机构销售的信贷类产品；二是民间信贷和集资为主题的高利贷活动。这里面多少都有银行信贷资金的影子，

比如银信合作，银行通过银信合作的创新释放出大量资金；又比如小贷公司的资金融通，银行资金进入小贷公司进行信贷投放。这些影子银行业务往往游离于严格的银行监管之外，或者打着金融创新的旗号，使银行业系统性风险更加复杂，难以监控和管理。

二、当前防范银行业系统性风险存在的困难

1. 系统性风险的检测技术和方法尚不成熟，未形成统一有效的指标监测体系

当前，银行业系统性风险的测度方法主要有四种：指标预警法，GARCH 方法，经验分析法以及目前通用的风险计量技术和方法——主要有 VaR、RAROC、压力测试、情景分析以及实施新资本协议的高级计量法等；同时针对系统性风险分析的还有 TBTF（Too Big To Fail）和 TICTF（Too Inter – Connected To Fail）模式等。但是，这些方法有效性普遍不足。2008 年全球金融危机使人们意识到，目前尚无有效工具及手段识别及管理系统性风险，现有系统性风险模型还无法像其他传统风险一样准确建模计量，进而准确判别、监控及降低系统性风险。在极端事件面前，目前所采用的市场基础和风险敏感技术，难以将系统性风险考虑在监管和风险管理的设计之中。特别是对我国银行业而言，风险计量手段普遍落后，模型开发、验证和应用处于起步阶段，IT 系统规划不合理，数据仓库和数据集市建设滞后等，难以支持高级风险计量方法和复杂的风险管理流程。同时，国内银行风险管理模型变量的选择还不能及时反映外部环境的变化，特别是无法准确估量金融市场的系统性风险及其影响。比如银行经营指标及监管指标不能全方位反映系统性风险的真实状态。

2. 银行业系统性风险数据较难获得，对银行业系统性风险数据分析失真

我国银行业市场化操作时间不长，缺乏如发达国家那样完善的市场数据采集渠道的影响，如按月、季、年统计存在一定程度的数据失真，压力测试、情景分析等的假设条件和可能发生事件存在差异导致误差，以及银行机构故意隐瞒事实等，国内学者较难开展针对我国实际进行的研究。部分学者采取上市银行的交易数据进行系统性风险实证分析，但研究结论代表性不强，政策意义不大。同时，过于关注国内因素的特殊性，会使相关研究的普遍性不强，对开放条件下一些重要的外部冲击考虑较少，主观判断较多。

三、防范银行业系统性风险的方式和措施

1. 建立动态银行业系统性风险防范预警体系

本次全球金融危机给我们一个深刻教训，就是必须尽快建立起动态银行业系统性风险防范预警体系。只有对商业银行的风险进行早期预警，有关部门才能及时采取预防措施，将风险控制在可以接受的水平之内，防止风险进一步发展和蔓延。该预警体系至少应发挥以下三个方面的功能和作用：一是根据各类指标情况，对银行的经营状况、管理水平和运行环境进行静态的评价分析，判断其各类风险的分布状况和严重程度，以此作为商业银行绩效考核的一项重要依据；二是对商业银行有关风险指标及经营管理活动和综合风险趋势进行动态监测和分析，及时发现风险隐患，并向有关部门和银行机构发出预警信号；三是便于早期预警单个银行风险的性质、特征、严重程度和发展趋势，进而预测对整个银行业的影响，为有关部门提前采取适当的措施提供客观和充分的决策依据，防范和化解银行系统性风险。在该体系建立的同时，我们还应加强对银行业系统性风险的分析和研究，重点是厘清风险传递通道，尤其是来自金融市场的风险传递，以提高风险预警的及时性和准确性。

2. 实施宏观审慎监管

宏观审慎管理的目的是避免危机而非补救危机，优势在于其在监管过程中的主动性。在宏观审慎政策的具体应用上，应当做到以下两点：一是要建立在微观调控的基础之上，坚持风险有效隔离和风险监管全覆盖。要严格监管“大而不倒”的金融机构，高度关注系统性重要机构的风险状况；要处理好银行机构“做大”与“做强”的关系，切实防范竞争过度风险；要实现金融体制全面覆盖，将私募基金、对冲基金、信用评级机构等纳入监管范畴；要重视逆周期的监管，弱化金融体系与实体经济之间的正反馈效应，以缓解经济周期不同阶段变更对银行业经营带来的影响；要进一步强化信息的披露机制，保持合适的信息覆盖范围和信息质量。二是建立多样化的系统性风险测度指标。进一步探索宏观审慎监管指标设计，有效度量系统性风险；进一步探索宏观审慎监管政策工具，宏观审慎监管属于主动性监管，应针对不同市场的变化，动态并灵活地采取相关政策工具。当然，这种框架的建立尚需时日，从定性向定量的过渡需要理论与技术的支持以及实际情况的制约。

3. 建立健全危机处理协调机制

决策迟缓是导致金融危机传导和蔓延的主观因素。建立健全危机处理协调机制，这是应对系统性风险的基础性工作。一是要针对金融风险容易集中爆发的情况和特点，研究建立有效防范银行业系统性风险、维护金融稳定的应急预案；二是要必须从完善金融安全网的角度，理顺并明确监管部门、最后贷款人、存款保险机构、公共财政部门的职责，使危机的处理和应对的成本最小化；三是要完善我国存款保险机制，重视发挥存款保险的积极作用；四是要清晰界定金融损失的承担者，增强金融企业、存款人的风险意识，防范道德风险，保护存款人合法权益；五是要加强与境外金融监管机构和国际金融组织的交流与合作，共同防范跨境金融风险，及时而有效地切断系统性风险的外部来源。

（作者赵俊廷，吉林银监局党委委员、副局长）

从推进地方政府融资平台贷款的风险缓释看提高银行监管有效性的几个问题

对地方政府融资平台贷款的清理和监管，既要保持监管独立又要防止工作孤立，既要有符合实际的监管目标又要有准确清晰的自身定位，防止由于简单化的监管措施触发风险，从而在根本上推动投融资体制改革，规范政府的负债行为，实现银行业和经济社会的长期稳健发展。

一、化解平台贷款风险的过程告诉我们，监管需要保持独立性，但不能孤立——信贷风险的形成和解决，很多情况下是所谓：败也政府，成也政府

从江苏省 2011 年地方政府融资平台情况看，新增土地抵押 4. 24 万亩，新增股权质押 283. 34 亿元，新增其他抵押资产 84. 9 亿元，由此平台现金流增加 1 666. 22 亿元；年末，押品整改率达到 93. 15%，现金流全覆盖达到 85. 05%；全年累计归还银行贷款本息 2 449 亿元，年末平台贷款余额 8 121. 52 亿元，比年初减少 1 110. 65 亿元（下降数占全国的 64. 16%）；平台贷款占全部贷款的比率为 16. 15%，比年初下降 4. 74 个百分点，低于全国平均水平，系统性风险明显缓释。

以上列举的一系列数据，说明监管的成效，也说明平台贷款的风险变化，与地方政府的作为密切相关。如果没有地方政府的扩张冲动，就没有目前平台过度负债的问题；同时不可否认的是，如果没有地方政府的积极参与，也不会有今天的成效。尽管其拿出真金白银是为了继续融资，但离开地方政府的积极性，平台贷款的风险状况就难以改善。俗话说“解铃还需系铃人”，监管的独立性，在于我们可以客观地判断风险并勇敢地指出，但风险的化解取决于双方乃至多方，不是在银行体系内可以解决，也不是监管部门力所能及的。因此，化解地方政府融资平台贷款的风险，以及处置其他的信用风险，监管部门、银行、地方政府是既对

立又统一的关系，特别是在平台问题上，只有尊重历史，实事求是，取得地方政府的理解和支持，监管工作才能顺利推进，而教条的、脱离实际的、企图包打天下的做法，只会削弱监管有效性。因此解决条块矛盾的出发点，既要防范由于不守风险底线而出现的失控，也要防止曲高和寡导致地方的不作为。

二、推进平台贷款清理的得失告诉我们，监管的目标、自身的定位要准确清晰——清理平台贷款，而不是清理平台

在平台贷款清理过程中，有些工作之所以引起地方强烈抵触，使我们银监部门孤军奋战，究其原因，在于我们的监管目标不清晰、方式不科学。比如由监管部门或在监管部门指挥下，对平台逐一分类定性，并由此影响平台的生死去留，则超越了监管的边界，承担了不属于我们的责任，使我们成为银行的挡箭牌，成为矛盾的焦点。

按照国务院2010年19号文件要求，各级地方政府要在年底前核实债务，清理平台。两年过去了，这项工作尚没有有效进展，最典型的是，至今地方政府没有能拿出其辖内的平台名册和债务情况，监管部门目前依据的平台名单是在银行信贷客户基础上形成的，也是不完整的，足见规范地方负债的复杂性和艰巨性。在目前投融资体制改革不到位、政府职能转变不到位、科学发展机制不到位的情况下，银监会难以单兵突进。

另一方面，我们现有的“现金流全覆盖”这把尺子，并不准确，甚至会误导对平台风险的判断。平台的现金流不同于普通企业的现金流，与信用风险大小有一定联系，但并不能说明真实还款能力大小，以此给平台贴标签过于简单化了。一是在审核的时点上，现金流全覆盖的平台，在未来若干年的还本付息期间，其现金流的实现与贷款的总量、结构是否匹配还是充满不确定性，仍与政府的政策和作为密切相关，比如质押的土地是否按预期出让；二是计算现金流时并没有考虑平台除银行贷款外的其他负债，如信托、中票、企业债等，合并计算是否全覆盖是个问题，而在审核的时点上不能全覆盖的平台，在负债适度的前提下，只要宏观经济没有大的问题，政府有还贷意愿，就不会形成现实风险。被审核列为“退出”的平台，不一定是最优信贷对象；仍按平台管理的，可能是应当给予信贷支持的。因此，在总体控制的框架内，能否对某个具体的平台发放贷款，银行自己的风险判断是前提，而不是银监会贴的标签。

三、整改平台贷款问题的经验告诉我们，触发风险的监管不可取——实事求是、不搞简单化，是监管者的宝贵品格

通过对平台资产负债状况的剖析可以看出，平台的实质风险在于资产负债不匹配，有过度负债的问题，也有结构失衡的问题。我们曾对江苏省12家现金流全覆盖的平台进行样本分析，其对应贷款的现金流合计539.7亿元，其中，拥有权证的土地预期出让收入367.84亿元，占68.16%（12家中有7家超过85%）；经营性现金流79.11亿元，占14.66%；股权分红收入76.36亿元，占14.15%；自有资产可变现价值16.39亿元，占3.03%。因此，一方面，平台总体上看具备还贷能力，另一方面，如果银行贷款的还本付息与土地的出让不衔接，就会出风险。

目前的问题恰恰就在于此。2011年以来，由于土地规划的制约，各平台先保工业用地，可拿出用于商业开发的土地相对减少；特别是由于房地产市场波动，土地市场遇冷，价格下行，作为还贷抵押品的土地不能或不愿意按计划出让，土地变现周期和建设周期都被延长，从而与贷款期限发生错配；同时在建项目的后续资金由于平台的“帽子”及存量贷款的规范未完成而难以到位，平台资金普遍是出去的多、进来的少，资金链普遍绷紧，地方财政部门使出浑身解数，东拼西凑还贷和建设资金。据报道，2011年全国国有土地使用权出让收入2.7万亿元，比2010年下降18.6%，因此，平台的系统性风险是不可轻视的，不管现金流全覆盖的比率有多高，集中度和信用风险始终存在；同时我们也应关注平台的流动性风险，通过调查，我们认为目前流动性风险更突出，此时如果采取“逼债”的监管政策，只能促使平台的潜在风险提前爆发，而对解决问题无益。地方政府融资平台在大量负债的同时，也形成了一大批有效资产，政府手中的土地也是可依赖的还债来源，各地方的综合财力在不断增长，只要经济稳定发展，债务规模得到控制，给予一定的时间，来换取风险缓释的空间，潜在风险就有可能化解。俗话说：病来如山倒，病去如抽丝；疏堵结合，才是治水之道。银行的信贷行为往往是，要么一哄而上，要么一轰而散，极易引发风险。就像一个聚满人群、随时有挤踏风险的公共场所，疏散人流时，不可一味要求走快，而应强调走稳。

四、防范平台贷款风险的困境告诉我们，体制不变革，监管总被动——平台退出，风险还在；贷款减少，负债依然

2011年以来，平台进入还贷高峰期，约40%的贷款在近三年到期。从江苏

省的到期还本付息情况看，还是很乐观的：2010 年累计还款 2 099 亿元，2011 年累计还款 2 449 亿元，2012 年第一季度还款 637 亿元。两年来，据反映除了有数亿元存在到期无力偿还由其他途径垫付外，并没有出现大面积的兑现困难，目前全省平台贷款的不良率只有 0.02%。如此理想的数据，似乎与我们对平台的风险判断不符。平台真的没问题?

细加调查分析，这两年平台顺利还贷，一是平台自身积累了一定的现金流；二是地方政府不愿失信于银行而断了财路，抛砖引玉；三是有关方面相信形势将会宽松，哪怕饮鸩止渴，先顶住这一阵。所以，尽管集中到期、一年两还的违约风险是真实存在的，但在各方博弈中被阶段性缓释了。但随着平台自身资金和地方财政的进一步吃紧，以及还款意愿会随现实的选择而发生变化，未来的还贷情况还不容乐观。

需要引起关注的是平台债务随之而来的变化。一方面，地方政府努力偿还到期债务，并且审时度势，清理在建保重点；另一方面，由于还贷来源的不足和投资的刚性需求，通过财政垫付、内部集资、企业间相互腾挪等方式，以解贷款到期之急和新注资不足之困。债券、票据、信托乃至集资，填补了贷款减少后的空缺，以新债还旧债，平台债务总量没有减少，结构更加多元和复杂了。江苏省某平台的债务结构中，银行贷款占比为 59.7%、信托占比为 32.8%、企业债占比为 7.5%。据报道，仅 2012 年 1 月至 3 月中旬，全国发行了 56 只城投债，融资 758 亿元；2012 年前 4 个月，全国发行了 158 只基础设施信托，融资超千亿元。

截至 2011 年底，全国纳入一般公司类贷款管理的“退出类”平台已达 1 867 家，涉及贷款 2.8 万亿元。从目前的平台监管政策上看，是否进入“退出”事关平台能否顺利发债、续贷等，实为“兵家必争之地”，但其实这是我们给自己找的麻烦。监管类和监测类的平台，在根本上没有区别。笔者认为，把平台分一部分“退出”，不利于对平台风险的真实判断和全面管控，而且人为形成政策矛盾。除少部分有经营实体且贷款对应的平台可以自我封闭商业运营外，多数已退出的平台，还是与政府有着千丝万缕的联系。而且，在目前实体经济有效信贷需求不足的情况下，这类“退出”的平台依仗另眼相看的信贷准入条件，是否会成为新的膨胀点，也需要关注。

（作者赵杰，江苏银监局党委委员、副局长）

规范发展商业银行委托贷款业务的若干思考

——基于浙江辖内委托贷款业务的调查分析

近年来，随着内外部环境的变化，商业银行委托贷款业务得到快速发展，并出现了一些新的变化趋势。由于法律法规不健全、尽职管理不到位、业务操作不规范等带来的法律、操作、道德以及声誉等方面的风险相当突出，亟需规范。

一、浙江辖内商业银行委托贷款业务发展趋势

截至2012年6月末，浙江辖内商业银行委托贷款余额1 280.56亿元，同比增长29.19%，比2006年同期增长近3倍；其中，正常类1 177.75亿元，展期类24.40亿元，逾期类77.69亿元，逾期贷款占比6.07%，高于银行不良贷款4.65个百分点。2012年上半年委托贷款手续费收入19 877.57万元，比2011年下半年增加6 103.44万元，同比增长57.79%。主要呈现六大趋势：

一是从行别看，呈普遍化趋势。除外资银行外，辖内5家国有大型商业银行、12家股份制商业银行、14家城市商业银行和绝大多数农村中小金融机构都开办了委托贷款业务。其中，国有大型商业银行委托贷款余额722.64亿元，占比56.43%；股份制商业银行、城市商业银行分别占比为22.38%与17.6%，农村中小金融机构占比为3.59%。

二是从主体看，呈多元化趋势。据抽样调查，各银行前10户委托人中，委托资金655.46亿元，政府融资平台占比20.47%，房地产企业占比11.31%，投融资管理类企业占比12.45%，自然人占比7.03%。其中投融资管理类企业包括投资管理公司、担保公司、典当行以及自然人专为项目设立的有限合伙企业等。

三是从期限看，呈短期化趋势。1年以内（含）的委托贷款余额725.63亿元，占比57.16%，高出2006年9月末近30个百分点；1—3年（含）委托贷款

余额459.44亿元，占比36.19%；3年以上的委托贷款余额84.43亿元，仅占比6.65%。

四是从投向看，呈集中化趋势。委托贷款向难以从银行直接获得信贷支持的领域集中。其中投向房地产行业的委托贷款余额626.68亿元，占比48.94%；投向基础设施建设余额108.51亿元，占比10%；投向制造业余额283.74亿元，占比26.9%；投向投融资服务领域余额89.26亿元，占比5.63%。

五是从价格看，呈两极化趋势。不同委托人、不同委托贷款业务执行的利率、费率差异较大。委托贷款年化利率最高为32.4%，最低为零；平均年化利率在15%左右，相当于一年期贷款基准利率上浮150%；银行收取的手续费率最高为10.59%，最低为零，一般为0.3%～0.6%。自然人委托贷款手续费率明显要高于法人或其他非法人组织。

六是从类别看，呈新型化趋势。委托贷款主要类型还是按照《贷款通则》运作的传统型，但也出现现金管理类、理财类和融资顾问或居间类三种新型委托贷款业务。2012年6月末，此三类业务余额分别达8亿元（有部分银行未将其视为委托贷款）、13.79亿元、13.09亿元。理财类委托贷款已被监管机构叫停；因政策变化、发生风险事件等原因，部分银行也已暂停融资顾问或居间类委托贷款。

二、当前委托贷款业务存在的突出问题

（一）监管缺乏法规的支持

目前商业银行开办委托贷款业务的主要依据仍然为《贷款通则》，但该通则仅对委托贷款的性质和贷款人（受托人）的权利义务作了原则性描述，缺乏规范操作和防范风险的具体指导意见。同时，现有《民法通则》、《合同法》等法律法规对委托贷款的定义也不适合于目前的多方委托贷款和新型委托贷款。委托贷款业务在监管法规方面的真空，给日常审慎监管带来不少问题和难度。

（二）规范性问题值得高度重视

一是深度介入委托贷款业务。如涉及融资顾问或居间业务的委托贷款业务中，委托人由银行推介客户设立的合伙制企业担任，贷款对象和项目也往往由银行负责推介。二是利率费率管理弱化。有的银行往往放松对利率的审查，出现超过同期同档次贷款利率4倍的情况；有的委托贷款利率或费率畸高、畸低，有可能因帮助企业实现利益输送牵涉涉嫌偷逃税款、洗钱等刑事案件之中。三

是违规提供项目担保。有的银行为委托贷款出具承诺函和担保书，以银行名义保证委托贷款本息安全，直接导致表外业务风险向表内转化。有的甚至在违规提供担保的委托贷款出现风险后，采取发放自营贷款方式置换委托贷款，直接危及银行信贷资产的安全。四是会计核算不规范。有的银行对少数业务未开立委托资金专户，而是在合同签订后，直接将委托资金划转至借款人账户，未入委贷科目核算。

（三）法律风险有待深入评估

一是委托人资质条件不符的风险。目前在委托贷款领域，委托人来源较广，尤其是有部分来自于专门设立的有限合伙企业（项目制或投资基金）、投资管理公司、融资性担保公司和典当行等，这些企业是否符合委托人资质条件存在一定争议。二是资金来源不合规的风险。调查发现委托人是本行或他行信贷客户的情况相当普遍，如前10户法人委托人在本行或他行有银行贷款余额1 049.82亿元，是其委托贷款的178%；同时，委托资金大量来自自然人，而一些存在上亿元委托资金的自然人出资背后极有可能还有其他自然人集资。三是资金用途不合规的风险。大量委托贷款投向中小房地产企业、政府融资平台公司等国家产业政策限制或禁止的行业和企业，影响宏观调控效果。四是抵质押有效性问题。目前，大量委托贷款的抵押权人为银行，大部分委托贷款逾期后依据最高人民法院《关于如何确定委托贷款协议纠纷诉讼主体资格的批复》，由贷款人（即受托银行）作为原告提起诉讼。这种模式无疑使银行从中间人变成了债权人，导致承担更多的责任和义务。

（四）尽职管理责任不容忽视

在委托贷款管理中，银行也往往会由于尽职管理不到位而出现各种风险。一是操作风险。如银行未接到贷款发放通知书即放款、未定期与会计部门进行账务核对、未及时对委托贷款进行催收、在日常操作中由抵押人负责将他项权证转交给抵押权人（受托行）等。二是道德风险。由于《贷款通则》规定银行只收取委托贷款手续费而不承担风险，银行及其员工对委托贷款业务的风险管理往往弱于自营贷款，极易引发道德风险。三是诉讼风险。由于信息不对称，银行对企业风险判断较为主观，管控方面很有可能存在不足，一旦出现贷款损失，委托人可以就银行在委托贷款管理中存在的瑕疵，向法院起诉。四是声誉风险。银行在委托贷款管理中存在的问题和风险，将极大损害其在社会公众心目中原本稳健谨慎、专业可靠的形象，而由此涉入的诉讼，将进一步加剧对其声誉的破坏，不利于银行持续经营。

三、规范商业银行委托贷款业务发展的监管建议

（一）尽快推动完善委托贷款相关法律法规

推动修改完善相关法律规定，结合实际制定商业银行办理委托贷款业务的指导意见或风险管理指引，明确委托人与借款人的资格条件、委托贷款的资金来源和资金用途等内容。督促各行要做好自营贷款与委托贷款的风险隔离，严禁给委托贷款提供担保。

（二）引导银行树立正确的金融创新观

各级监管部门要加强监管引领，督促商业银行在金融创新过程中，既着眼于市场及客户，又事前进行充分的市场调查和风险评估，准确衡量创新品种的利与弊，切忌片面追求“新”与“鲜”的金融品种，切实采取措施防范创新风险。

（三）建立健全委托贷款风险管控机制

商业银行要充分认识委托贷款业务风险，建立健全委托贷款管理办法，强化风险管理。按照“了解你的客户”的原则，加强委托贷款委托人、借款人的资格审核，加强对资金来源真实性、合规性的把关，严格审查委托贷款的资金用途。

（四）切实加强委托贷款业务的持续监管

加强委托贷款业务发展和风险状况的非现场跟踪监测，加大对不审慎经营行为的现场检查力度；加强对委托贷款业务的窗口指导和风险提示，督促银行依法合规开展业务，避免引起不必要的法律纠纷，影响商业银行的声誉。

（作者傅平江，浙江银监局党委委员、副局长）

对安徽省太湖县银燕农村资金互助社的调查与思考

太湖县小池镇银燕农村资金互助社前身为救灾扶贫互助储金会，2010 年 7 月经安徽银监局批准转型为全省第一家也是唯一一家农村资金互助社。就其是否具备可持续发展能力以及对下一步发展农村资金互助社有何启迪和借鉴，安徽银监局进行了专题调研。

一、改制设立后的主要成效及比较优势

银燕农村资金互助社位于国家级贫困县——太湖县小池镇银山村，属于村级农村资金互助社。现有员工 4 人，注册资本金 10.61 万元，由太湖县小池镇银山村 292 户农民、1 个农民专业合作社自愿出资入股。该社开业以来发生了很大的变化：资产规模较开业前增长了 80%，2012 年盈利水平是开业前一年的 5 倍多，为社员提供生产、生活性贷款资金 1 200 多万元，支农助农效果明显。该社建立了较为完整、规范的公司治理架构，内部分工明确合理，相互制约监督机制形成，重大事项、重大决策均遵循法定程序；风险管控意识由无到有，从弱到强，自觉遵守农村资金互助社的各项监管规定，减少利润分配，提取各项准备，打牢可持续发展基础。

该社扎根于农村，面向社员，以惠农为目的，以互助为形式，充分体现出了制度设计中的比较优势。其一，信息对称。该社以血缘、地缘、业务缘为纽带，服务对象固定，人际关系紧密，能有效防范因信用信息不对称而形成的资金风险。其二，手续简便。该社既遵循信贷管理的相关规定，又缘于对客户的充分了解和信任，简化贷款程序和手续，实现了真正意义上的随到随贷。其三，融资成本较低。该社贷款利率较当地农合机构低，不仅符合当地农民的实际收入水平，而且对民间高利贷也具有很好的抑制作用。

二、资金互助社获得较快发展的原因和成功经验

（一）具备较好基础，外部大力支持

该社是在已经运作 20 多年的原储金会基础上设立的，有一定的管理基础、经营经验和群众基础。自银监部门批准开业后，其合法地位得到确认，内部员工的优越感、积极性和敬业精神得到极大提升，社员对它的信任度和支持力度显著提高。组建时，银监部门帮助、指导开展了清理规范原有股权、整章建制、开展业务培训等工作，并积极争取税收优惠、涉农贷款资金补助等扶持政策；地方政府给予了一定的资金帮扶和政策优惠，对其经营发展给予了多方关注。

（二）经营决策独立，内部运作规范

该社建立了较为完善的法人治理结构，重大决策、大额贷款以及重要财务支出均遵循法定程序，经过社员大会或理事会决议；定期公布社员贷款，促进形成良好的诚信氛围。确立了监事会制度，按季度开展经营情况、管理状况、财务收支以及高管尽职情况的审计，确保经营的规范化和信息的透明化。坚持“民办、民管、民受益”的原则，采取“自我管理、自我服务、自我受益”的方式，规避了各类干预和利益诱惑，保持了机构的独立性和经营的自主性。

（三）选任放心高管，确保社员优质

该互助社的两名高管、三位理事和三位监事均是银山村村民和互助社社员，且经过社员公推公选，是广大社员高度认可的品行好、讲诚信、会经营、懂管理的“放心人”和“带头人”。同时，在自愿合作的原则下，根据农户的家庭状况、诚信程度等，吸纳有致富愿望、诚实守信且有一定经营能力的社员入股，确保了社员优质。

三、经济发展面临的主要困难

（一）资本实力偏弱，抗风险能力不强

一是由于该社地处农业经济不活跃、农民收入不高的农村地区，入股社员的经济收入不高，导致互助社总体规模不大，盈利能力和水平相对不足，只能保本微利。二是资金互助社属于互助性质，难以追求高额利润。因此，该社自身的资金积累较少，资本实力较弱，抗风险能力不强。

（二）缺乏业务应用系统，金融服务手段单一

该社仅能为社员提供存款、贷款服务；受制于资金、技术和知识等，业务

操作只能靠手工操作，不能实行电算化，无结算渠道，不能满足社员更多的金融需求，也难以适应现代金融企业管理的要求。

（三）资产规模偏小，助富能力难以有效提升

受制于资产规模、贷款限额控制等因素，该社目前只能满足社员发展农业生产初期的资金需求及在解决社员生活急需等济困上发挥作用，难以满足有一定产业规模、资金需求量大的客户的资金需求，助富能力不强。

（四）人员专业素质不高，且难以吸纳人才

该社现有工作人员均为本村农民，文化程度不高，银行从业经验缺乏，业务操作及经营管理的能力和水平均不高。

（五）缺乏配套政策扶持，可持续发展后劲不足

资金互助社服务地域狭小，自然灾害带来的受灾范围一致，风险关联度很高。但是，国家没有出台相关的专项扶持政策，对信贷资金损失予以弥补，农业保险措施也未跟进，一旦社员经济受灾，靠弱小的互助社自身积累难以抗御风险。

四、几点思考和建议

（一）应坚持因地制宜的原则

发展农村资金互助社应尽量选择既有充裕的闲散资金又有旺盛的金融需求的地域，以便有匹配的资金需求。其定位应是这类区域的互助性质的小额信贷组织，是农村金融组织的一种补充形式；其服务对象和范围应该是以血缘、地缘、业务缘为纽带，完全相互熟知的社员。

（二）应坚持正确的办社方向

一是坚持区域性原则。服务区域应限定在法定的村或镇之内，不宜过大，更不能盲目扩张或跨区域经营，否则会造成信息不对称和管理成本加大，资金安全难以保证。二是坚持贴近式经营。农村资金互助社最大的优势在于以血缘、亲缘、地缘为纽带，扎根农村、服务社员，能充分了解农户的信用状况、经营能力和生产生活偏好，充分掌握农户资金的真实用途，保证信息对称。三是坚持互助性宗旨。应充分发挥资金互助的职能，将有限的资金全部用于扶贫、济困和助富上，杜绝人情贷、关系贷，严禁违规经营、违规趋利等行为的发生。

（三）需要监管资源的配套和跟进监管与服务

目前，太湖县现有农委、财政以及扶贫办等部门倡导或扶持的农民专业合

作社217家，由于缺乏有效的监管，其管理不到位、运作不规范、资金运用趋利性十分明显，一定程度上不利于农民的资金安全和农村社会的稳定。对农村资金互助社既要加强监管，又要跟进服务，这与基层银监部门人手少、经费不足、监管资源匮乏的现状存在很大的矛盾。

（四）需要政府的支持和社员的拥戴

国家应出台扶持农村资金互助社的相应配套政策，加大资金扶持力度；地方政府应通过减免税收、补贴、扶贫、转移支付、捐赠等渠道增加其资金实力，抗御风险的能力；各级政府要帮助协调建立农业保险的风险补偿机制，注重农村社会信用环境建设，形成既互助互爱又相互约束的良好诚信环境。

综上，发展农村资金互助社，必须考虑地域条件、群众基础、从业人员敬业态度，以及地方政府的重视程度，包括加大政策扶持和人员素质的培训。否则，盲目发展，可能会导致互助社“变形”。在现阶段，发展农村资金互助社，政府以及银行业监管部门应正确引导和支持，不宜强行推广。对现有的农村资金互助社，还需要大力支持和呵护，给予全方位的正常支持和有差别的监管措施，促进农村资金互助社提高管理水平，提高抗风险能力，实现依法合规经营和可持续发展。

（作者胡沅，安徽银监局党委委员、副局长）

“三高一低”背景下安徽钢铁行业信贷风险的调查分析

2012年，我国钢铁业在经历了10年之久的快速增长之后，进入了高产量、高库存、高成本、低需求的“三高一低”时代，钢铁行业贷款风险有所积聚。为此，对全省钢铁行业贷款及其风险状况开展了一次专题调查，并据此提出相关政策建议。

一、安徽省钢铁行业基本情况

2011年，安徽省钢铁产量6 531万吨，占全国的2.97%。其中，生铁1 830万吨，占全国的2.91%；粗钢1 967万吨，占全国的2.88%；钢材2 735万吨，占全国的3.1%。安徽发展钢铁行业具有一定的比较优势。一是铁矿石资源丰富。安徽省是全国五大铁矿产区之一，探明拥有铁矿石储量45亿吨，居华东第1位，全国第4位。主要分布在六安市（霍邱县）和合肥市（庐江县）。二是拥有一批龙头企业和特色优势产品。马钢集团是中国八大钢铁企业之一，安徽省最大的工业企业，子公司30多家，拥有较为完备的“板、型、线、轮”产品结构，具备1 600万吨的生产规模，2011年生产粗钢1 392万吨、钢材1 320万吨，分别占全省的70.8%、48.3%。马钢的车辆和H型钢具有世界先进水平，铁道用钢材产量居全国第4位，大型H型钢产量居全国第2位，大型U型钢产量居全国第1位。芜湖新兴铸管球墨铸铁管产量居全国第1位。部分产品在市场上享有较高的知名度，拥有2个“中国名牌”（H型钢、火车车轮等），以及一批国家免检产品和质量实物认证产品。

二、钢铁行业信贷基本情况

（一）表内贷款减少，表外授信增加

一方面，全省钢铁行业表内贷款规模呈下降趋势。截至2012年8月末，表内贷款余额210.05亿元，较上年末减少2.03亿元。表内贷款质量整体较好，不良贷款仅有250万元。另一方面，表外授信稳步提升，占表内贷款的六成。截至2012年8月末，全省钢铁行业表外授信余额120.76亿元，比年初增加29.99亿元，增长33.04%；表外授信中，银行承兑汇票近100亿元，占表外授信的八成，较年初增加21.83亿元。

（二）长期资金占比降，短期资金占比升

一方面，由于产能过剩，钢铁企业新增固定资产投资项目较少，中长期贷款稳步回落。截至2012年8月末，全省钢铁行业中长期贷款比年初减少10.33亿元。另一方面，满足日常生产经营需要的短期流动资金占比稳步提升。截至2012年8月末，全省钢铁行业流动资金贷款余额182.70亿元，是固定资产贷款的3.6倍；短期贷款余额158.41亿元，占钢铁行业贷款的75.41%，较中长期贷款占比高出50个百分点。

（三）大型银行信贷减，中小银行信贷增

一方面，国有大型银行钢铁行业信贷投放稳步回落。截至2012年8月末，5家大型银行钢铁行业贷款余额106.99亿元，较上年末减少7.4亿元，占全省钢铁行业贷款的比重为50.94%，较上年末下降3个百分点。另一方面，中小银行钢铁行业信贷稳步增加。截至2012年8月末，股份制银行、徽商银行、邮储银行和农村合作金融机构钢铁行业贷款余额合计55.53亿元，较上年末增加4.17亿元。

（四）落后产能信贷退，优势企业金融服务强

一方面，压降环保风险客户，退出淘汰落后产能贷款。2012年以来，全省主要银行业金融机构共退出10余户中小落后产能钢铁企业，退出授信金额超过1亿元。另一方面，不断加强对重点龙头企业的综合金融服务。截至2012年8月末，马钢公司贷款余额超过130亿元，居全省公司客户第5位。主要银行业金融机构还为龙头企业提供各具特色的金融服务。

三、目前钢铁行业信贷风险分析

（一）关注产业结构调整对钢铁企业的长期性影响

根据“十二五”规划，安徽省将逐渐淘汰400立方米及以下炼铁高炉和30吨及以下炼钢转炉、电炉，淘汰落后产能和兼并重组过程中的银行信贷资产保全和贷款行业集中度风险值得关注。淘汰落后产能将迫使钢铁企业投入巨额资金加大技改力度和升级产能装备，给发展较快的钢铁企业带来较高的资金负担。另一方面，兼并重组过程中的大型银行并购风险加大。如近年来，马钢陆续收购了合肥钢铁和安徽长江钢铁两家公司，仅进行产能置换技术改造就需80亿元巨额资金投入，银行若不及时跟进，将失去固有的市场份额，若及时跟进，信贷风险将进一步增大。

（二）大型钢铁企业信用贷款的偿还缺乏有效保证

由于钢铁行业的经济主导地位，多数银行业金融机构对贷款企业，尤其是大型钢铁企业担保条件较为宽松，信用贷款占比较高。截至2012年8月末，全省银行业金融机构钢铁行业信用贷款余额145.91亿元，占全部贷款余额的69.46%。自2011年第三季度以来，全国钢铁行业亏损面逐渐扩大到40%，大中型钢铁企业信用贷款的偿还缺乏有效保证。如2012年上半年，马钢已亏损近20亿元，其即将于年底前到期的30余亿元贷款偿还应予以密切关注。

（三）中小钢铁企业关注类贷款质量劣化的可能性较大

一是受制于房地产市场调整，部分中小建筑用钢厂商贷款市场风险增加。如主要生产钢筋混凝土、用热轧光圆钢筋的安徽绩溪凯宏钢业有限公司由于产能利用率不高，效益不佳，其在绩溪农村合作银行1 800万元的关注类贷款质量可能进一步恶化。二是存在“还旧借新”、短贷长用现象。如合肥东方特种铸造有限公司于2012年6月15日向徽商银行合肥分行偿还一笔200万元的关注类贷款后，又于6月21日新借200万元短期贷款。

（四）部分钢贸企业贷款质量劣化明显

一是负债偏高。据国资委有关标准，物资批发行业的资产负债率55.7%以下为优秀，大型民营钢贸企业资产负债率应控制在50%以下，中小钢贸企业则应控制在40%以下。目前，安徽省众多钢贸企业资产负债率甚至超过70%。二是信贷管理难度大。钢贸行业的资金结算主要以银行承兑汇票和现金为主，商品销售和现款回笼的监管难度较大，加上银企信息不对称等问题，信贷管理的

有效性不足。三是担保能力差。据不完全统计，马鞍山、芜湖等市共有30余家钢贸企业贷款出现逾期，部分钢贸企业之间互保现象较为突出，风险凸显。如马鞍山市常通金属材料有限公司和金庄铜材有限公司为相关业务单位担保代偿资金数亿元，造成其自身4.58亿元银行信贷资金偿还困难。

四、相关政策建议

（一）加强宏观指导，大力支持产业转型调整

加快钢铁行业的结构调整力度，进一步淘汰落后产能，优先建设以马鞍山市为龙头的沿江和省会经济圈优质钢铁材料生产基地。提高铁矿石自给自足的能力，推动省内矿产资源向优势企业集中，支持优势企业到海外进行资源开发，建立稳定的海外资源供应渠道。

（二）搭建沟通平台，实现政银企有效协调合作

企业应定期向贷款银行发布生产经营的真实数据，对贷款银行的授信管理工作给予足够的支持和配合；贷款银行应加强内外部协作，避免因信息不对称或信息失真导致信贷过于集中。监管部门要发挥好窗口指导和信息平台作用。地方政府可针对目前严峻形势成立重点企业重点帮扶的政银企协调机构，完善政银企联手共进、渡过难关的工作机制。

（三）密切关注行业风险，加强授信尽职管理

跟踪上游行业价格变化，以及下游主要用钢行业经营变动对钢铁企业产品成本和效益的影响。严把信贷准入关，从源头上控制对落后产能行业的信贷支持。充实抵、质押担保，保障自身权益。对已授信的钢铁生产企业以及贸易类企业加强贷后管理，严格落实资金监管，掌握贷款的真实用途，防止出现“流贷固用”、“短贷长用”、“还旧借新”、“以贷还贷”以及虚假贸易背景挪用信贷资金等问题。

（作者施其武，安徽银监局党委委员、副局长）

当前江西银行业不良贷款问题分析与思考

正确认识银行业机构不良贷款问题，对有效防范系统性、区域性金融风险，促进银行业平稳健康发展具有重要现实意义。从对江西银行业机构不良贷款专题调研情况看，当前形势可谓喜忧参半：银行业不良贷款总体保持“双降”，资产质量持续优化，但部分机构不良贷款余额逐月攀升，需警惕经济增长放缓形势下的不良贷款反弹趋势。

一、不良贷款逐年“双降”，资产质量不断优化

截至2012年第二季度末，全省银行业机构各项贷款余额10 282.50亿元，其中不良贷款余额220.31亿元，不良贷款率2.14%，较2007年末分别下降63.77%和12.79个百分点。不良贷款率高出全国水平0.47个百分点，基本接近全国平均水平。

（一）从机构类别看，各类机构降多升少

全省政策性银行不良贷款余额85.92亿元，占全部不良贷款的39%，不良贷款率5.33%，较2007年末分别下降了26.78%和12.28个百分点；国有商业银行不良贷款50.87亿元，占全部不良贷款的23.09%，不良贷款率1.06%，较2007年末分别下降了82.19%和11.66个百分点；农村合作金融机构不良贷款73.36亿元，占全部不良贷款的33.30%，不良贷款率4.10%，较2007年末分别下降了62.78%和28.12个百分点；城市商业银行不良贷款7.06亿元，占全部不良贷款的3.20%，不良贷款率0.85%，较2007年末下降2.60个百分点；股份制银行、邮政储蓄银行、村镇银行不良贷款合计仅占全部不良贷款比重的1.47%，不良贷款率均大大低于全部银行业机构平均不良贷款率。此外，2家外资银行不良贷款率为零。

（二）从行业投向看，行业分布较为集中

贷款投向前十大行业中不良贷款率较低的三个行业分别为租赁和商务服务

业，房地产业，水利、环境和公共设施管理业。不良贷款率较高的三个行业分别为批发零售业、农林牧渔业和制造业，不良贷款余额分别为 91.08 亿元、60.73 亿元和 26.06 亿元，三者合计占全部不良贷款比重达 80.73%，不良贷款率分别为 7.24%、5.54% 和 1.50%，较 2007 年末均有所下降。

（三）从地区分布看，11 个地市占比不均

南昌市不良贷款余额 44.98 亿元，占全省不良贷款总额的 1/5 强，位居首位。上饶、抚州、九江和宜春不良贷款分别为 34.49 亿元、26.61 亿元、24.04 亿元和 23.76 亿元，占全省不良贷款比重均大于 10%，而鹰潭、萍乡、新余不良贷款分别为 7.27 亿元、5.18 亿元、4.20 亿元，占全省不良贷款比重均不足 4%。11 个地市中，抚州市不良贷款率最高，达 6.06%，新余市不良贷款率最低，为 0.91%。

（四）从五级分类看，损失贷款降幅显著

全省银行业机构 220.31 亿元不良贷款中，次级类贷款 109.92 亿元，占不良贷款的比重为 49.89%；可疑类贷款 91.95 亿元，占不良贷款的比重为 41.73%；损失类贷款 18.45 亿元，占不良贷款的比重为 8.37%。2007 年末至 2012 年第二季度末，损失类、可疑类、次级类贷款余额均大幅下降，其中损失类贷款余额下降最为显著，2008 年降幅达 92.95%。

（五）小微企业不良率低于平均水平，涉农贷款不良率相对较高

全省银行业机构小微企业贷款余额 2 060.33 亿元，不良贷款 24.68 亿元，不良贷款率 1.20%，低于平均不良率 0.94 个百分点。涉农贷款余额 3 804.69 亿元，不良贷款余额 88.71 亿元，不良贷款率 2.33%，高于平均不良贷款率 0.19 个百分点。

（六）融资平台类贷款风险基本可控

全省银行业机构 1 823.46 亿元融资平台贷款中，不良贷款 6.92 亿元，不良贷款率 0.38%，处于相对较低水平，平台贷款风险整体可控。

（七）法人机构拨备覆盖率普遍较高

全省城市商业银行拨备覆盖率为 314.07%，农村商业银行拨备覆盖率为 290.55%，农村合作银行拨备覆盖率为 284.33%，农村信用社拨备覆盖率为 134.95%，村镇银行拨备覆盖率为 826.91%，拨备覆盖率普遍较高。较高的拨备覆盖率，为中小法人银行机构抵御与缓释风险提供了重要保障。

二、资产质量总体稳定，阶段反弹压力隐现

预计未来一段时期，江西省银行业机构资产质量将进入相对稳定状态，但考虑到以下因素，不良贷款局部或阶段性温和反弹的可能性仍然存在。

（一）经济增速放缓考验银行资产质量

受全球与国内经济下行影响，江西省各主要经济指标增速呈现下滑态势。2012年上半年全省生产总值增速同比回落2.5个百分点，规模以上工业、固定资产投资增速，社会消费品零售额增速，工业用电量和货运周转量等先行指标也持续下降。伴随经济增速放缓，部分企业尤其是中小企业无法及时偿还贷款本息，一些银行机构不良贷款出现温和小幅反弹，如股份制银行6月末不良贷款较年初增加1.08亿元，不良占比较年初上升0.09个百分点；城市商业银行不良贷款较年初增加1.99亿元，不良占比较年初上升0.16个百分点。经济增速放缓也可能降低贷款需求，使贷款增长对不良贷款的稀释作用减弱。

（二）光伏产业不良贷款可能逐步暴露

受欧债危机、美国“双反调查”及国内产能过剩等因素影响，江西省光伏企业开工严重不足，库存积压严重，现金流入萎缩，流动性风险凸显。至2012年6月末，赛维LDK集团净亏损4.06亿美元，经营现金流极度紧张，偿债能力严重不足。该集团在省内13家银行贷款合计152.1亿元，占全省各项贷款总量的1.48%。已有多家银行将该集团贷款分类下调至关注类别，银行贷款面临大面积违约风险。

（三）房地产业信贷风险并未完全消解

尽管受降息等各种因素影响，江西省房地产总体呈“量降价挺”局面，但由于供大于求格局明显，待售房销售压力和房价下行压力较大。如未来房地产市场成交不景气，房地产开发企业资金面持续承压或将导致房地产开发贷款风险上升，并将波及住房按揭贷款以及相关行业，可能导致不良贷款出现反弹。

（四）影响平台贷款质量的问题依然存在

一是平台还款现金流不确定。特别是随着房地产调控的持续强化，土地出让金收入受影响较大，进而影响平台的债务还付能力，平台面临资金链趋紧压力。二是平台贷款还款仍在较大程度上依赖财政性资金。受宏观经济影响，政府财政收入增长受限，同时又因担负提振经济发展重任，财政支出加大，特别是县级财政资金作为平台贷款偿还的保障性降低。三是平台贷款将迎来到期高

峰期。2013—2014 年有 343.66 亿元贷款到期，占比 19.87%。这部分贷款的集中到期，对平台而言将是重要考验。

（五）利率市场化下银行风险偏好改变

利率市场化的推进将缩窄银行存贷利差，可能提升银行业机构风险偏好。一方面，为缓冲利率市场化背景下存贷利差下降对盈利造成的冲击，总资产中风险较大的贷款占比将提升；另一方面，银行为追求资产业务的高收益，可能将信贷大量投向风险较高领域，高收益高风险贷款占比将提升，不良贷款率可能伴随利率市场化进程推进而提高。

三、政策建议

（一）进一步规范信贷业务操作流程，提高信贷管理水平

加强对贷款的动态跟踪监控，抓好信用风险防范工作，着力做实贷款五级分类。切实做好贷款“三查”工作，一旦发现风险苗头或隐患，采取果断措施控制风险蔓延或扩大。严格执行银监会“三个办法，一个指引”，从源头上控制信贷资金被挪用风险，确保信贷资金有效进入实体经济。

（二）密切关注房地产业形势，加强房地产业信贷风险防范

密切关注房地产市场走势、行业发展动态、房地产企业资金链松紧和居民预期变化等情况。严格执行个人住房按揭贷款发放标准和二套房贷认定标准，高度重视个人购房贷款的合规性、真实性，采取切实有效措施防范“假按揭”、“假首付”现象的发生。加大差别化信贷政策执行力度，动态监测房地产开发企业及其项目公司的授信情况，加强银行间合作，防止房地产企业多头授信逃避银行风险管理。

（三）关注地方政府债务风险，促进平台贷款规范有序运作

提请地方政府换届后继续高度重视平台贷款风险问题，提前安排好还贷资金，认真履约实现合理均衡还款。切实履行贷款抵押担保或增加土地、注入股权等承诺，支持配合做好中长期贷款合同修订补正工作，以良好的政府信用推动平台贷款清理规范工作顺利开展，保持各家银行总行对江西信贷投入的持续加大势头。

（四）提升风险定价能力，应对利率市场化推进带来的风险

银行业机构要加快调整和完善资产负债管理，将市场风险和操作风险的成本体现在各类产品的定价中，实现风险和收益的平衡。建立一整套完整的定价

机制，充分实现因客定价、因产品定价，实现与经济资本管理的无缝衔接，提高经济资本通过支持实体经济发展创造价值的能力。

（五）建立良好金融生态环境，创造有利于银行发展的氛围

不断完善法律环境，依法严厉打击侵吞、诈骗和损害银行资产等各种金融违法犯罪行为，加大对金融债权人合法权益的保护力度。坚定推进信用体系建设，完善信息强制披露制度，健全征信系统和客户风险管理系统，切实提高失信成本，实现金融安全和社会信用建设的良性互动。

（作者柯愈华，江西银监局党委委员、副局长）

规范整顿后江西银担合作现状、问题及对策建议

根据融资性担保业务监管部际联席会议要求，2010 年以来，江西省全面开展了融资性担保机构规范整顿工作，辖内融资性担保行业良莠不齐的局面明显改观，但江西银监局在调查中发现，制约银担合作的一些突出问题仍未得到根本解决，亟待引起重视。

一、规范整顿后银担合作现状

通过规范整顿工作，江西省辖融资性担保机构数量大幅减少，经营实力进一步提升。截至 2012 年 10 月末，通过年审的机构为 192 家，比年初减少 121 家，注册资本金共计 115 亿元，平均单体规模 6 013 万元，比年初增加 1 000 多万元，在保责任总额约为 272 亿元，担保业务平均放大倍数 2. 3 倍，比年初提高 0. 7 个百分点。同时，银担合作保持了平稳发展势头。截至 2012 年 10 月末，全省与融资性担保机构开展业务合作的银行业金融机构共计 509 家（含分支机构），比年初增加 24 家，发放融资性担保贷款（以下简称担保贷款）余额 185. 11 亿元，增加 21. 7 亿元，涉及企业户数 3 382 户。担保贷款中不良余额 2. 33 亿元，增加 1. 37 亿元，不良贷款率 1. 26% 。担保贷款代偿户数 78 户、代偿余额 1. 5 亿元。

二、规范整顿后银担合作中面临的主要问题

（一）合作门槛仍然较高

规范整顿后辖内担保机构经营实力相对更强，业务运作更趋规范，但银行与担保机构合作的准入门槛并未降低。目前，四大国有银行对担保机构注册资金的入围门槛最低分别为：建设银行要求 7 000 万元，股份制银行要求注册资金

在5 000万元以上，农发行则将注册资金要求由1 000万元提高到3 000万元，城商行和农合机构一般要求注册资金为2 000万~3 000万元（或以上）。不少银行还对担保机构执业期限提出了要求。

（二）区别对待仍较明显

辖内银行机构对不同性质的融资性担保机构仍程度不同地采取了区别对待的策略，普遍倾向于与国有担保机构建立合作关系，对民营担保机构则仍有一些差异性规定和条件。如多数银行与省信用担保公司等实力较强的国有担保机构合作时，愿意承担20%的风险责任，放大倍数可达10倍，并视情况减少利率上浮幅度，而对民营担保机构则要求其承担全部风险，且放大倍数小于5倍。

（三）贷款模式仍未调整

辖内担保贷款运作模式仍沿用以往的做法，负面影响仍较明显。一是审贷效率低。担保机构和银行在相近的准入条件、风控流程下对担保贷款进行双重审批，增加了审贷环节和时间，目前一般要1—2个月才能放款到位。二是融资成本高。担保贷款客户不仅要承担资产抵押评估及登记等费用、1%~7%的担保费率和更高的利率上浮幅度，还被要求存入保证金（10%~15%）和办理保险、理财等表外业务。三是反担保措施常态化。多数担保机构要求客户须提供相应的抵（质）押物或企业及个人担保作为反担保措施，否则不予受理。

（四）银担信息仍不对称

辖内银行之间对担保机构准入、授信及代偿、违约情况未建立信息共享机制与违约通报机制，融资性担保机构信息仍未纳入征信管理系统，担保机构监管部门对担保公司情况及行业动态信息大都未及时向银行进行通报，银行对担保公司情况的了解主要限于其提供的有关证照、材料和报表，其真实性和时效性难以保证，易引发担保机构的道德风险，不利于信贷风险的监测与防控。

（五）违规经营仍难杜绝

规范整顿后辖内融资性担保机构违规经营行为有所收敛，但仍未得到根本遏制。一是抽逃注册资金。如江西中诺担保公司成立后不久2.2亿元注册资金中1.49亿元即被划转至关联企业账户。二是挪用或占用客户保证金。在现有担保机构中，收取客户保证金有52家，金额3.8亿元，其中尚未整改到位的33家，主要是被挪用的客户资金仍未归位。三是超比例、超范围经营。目前一些民营担保机构或明或暗地进行高风险投资、发放贷款、委托贷款、关联交易等活动，少数机构甚至吸收社会公众资金，转借给第三方谋取利差，搞非法集资、高利贷等活动，直接影响到银行与担保机构合作的积极性。

三、银担合作问题的主要成因

（一）制度安排不平衡

《融资性担保公司管理暂行办法》对担保机构业务单一化的制度设计初衷是促使担保机构突出主业、规范经营、防控风险，但在实际运作中担保机构收益和风险不对等问题凸显，客观上造成其可持续发展空间受限，促使其超范围违规经营以获取更高收益。调查显示，若仅从事担保业务，担保放大倍数到3倍才能保本，5倍才能盈利，而2012年辖内平均担保倍数仅2.3倍。截至10月末，全省融资性担保行业净资产达119亿元，同期净利润5 331万元，折算后年收益率仅0.54%。

（二）合作基础不牢固

由于担保贷款的最终决定权在银行，担保机构在银担合作中处于从属地位，话语权不足，导致银行借助其强势地位不仅对担保机构准入设置高门槛，且在双方协议中严控放大倍数，约定不分担或较少分担贷款风险（不超过20%），并随意设定保证金比例，以尽可能控制风险，未能充分体现互惠互利的原则。在合作基础不实、诚意不足的情况下，双方难以形成长期稳定的战略合作关系，易引发短期行为，给银担合作带来很大的不确定性。

（三）风险补偿不到位

有关部委在《关于促进融资性担保行业规范发展的意见》中要求地方政府出台财税优惠政策，建立完善风险补偿和分担机制，但辖内多数担保机构未按要求或无能力提取赔偿准备金，风险补偿机制仍未建立到位。受地方财力的制约，国有担保机构资本金补充要求难以满足，坏账损失只能靠每年的微薄利润来消化。同时，对担保机构的扶持奖励政策门槛较高，今年1—10月全省仅有11家机构获得扶持资金2 914.63万元。

（四）监管机制不健全

辖内各级政府成立的金融办承担融资性担保机构的行业综合管理职责，其大多仅2~4人，监管力量不足，虽然每年都组织对担保机构进行现场抽查，但因人员少、时间短，检查效果有限，对其经营及风险状况掌握不够深入，对违规行为查处难以到位。目前，担保机构违规主要集中在非法从事贷款等金融业务，依照《银监法》应由银监机构取缔和处罚，但银监机构不对担保机构开展检查，未能掌握其违规经营金融业务事实，难以作出处理。

四、加强和改进银担合作的政策建议

（一）拓宽多元发展路径

建议修改《融资性担保机构管理办法》，适当调整融资性担保机构的经营范围和规则，放宽担保机构办理贷款和投融资业务限制，允许注册资金达到一定数额、经营能力较强、没有不良诚信记录的担保机构在担保业务达到相当规模的基础上，经审查核准后可按照净资产的一定比例以自有资金向中小企业和“三农”客户（非关联人）发放贷款；并适当提高担保机构以自有资金投资的比例，引导担保机构实现发展转型，走业务多元化发展道路。

（二）做大国有担保机构

应充分利用国有担保机构经营实力较强、较易获得财政资金扶持的优势，由省级政府牵头整合现有部门组建财政控股的行业性担保公司，增加资本金并吸纳市、县财政资金和社会资金入股；组建法人化管理、市场化运作、总—子公司制的大型国有担保机构，负责与银行进行统一对接，协商扩大授信和放大倍数，合理调整银行风险分担比例，并提出科学可行的风险考核指标；加快组建省级政策性再担保机构，进一步发挥国有政策性担保机构的主导作用。

（三）完善监管扶持体系

一是抓紧制定银担合作的指导性意见，明确相关部门和机构的职责，进一步规范银担合作关系。二是在将担保机构纳入征信系统的基础上，推出银担合作信息共享系统，便于各方掌握合作担保机构和在保企业的风险状况，及时共享信息，加强风险管控。三是完善地方金融办、银监局和人民银行等部门的沟通协调和联合查处机制，联手对相关违法违规行为进行处理。四是加快建立扶持政策体系建设。地方各级政府要加大对国有担保机构的注资力度，落实财税优惠政策，并建立融资性担保贷款担保基金，以及时足额给予相应风险补偿。

（作者李洪，江西银监局党委委员、副局长）

当前银担合作业务现状、风险传递和路径选择

一、山东辖区银担合作业务现状

（一）融资性担保组织体系初步形成

截至2012年6月末，山东辖区共有注册融资性担保机构（以下简称担保机构）519家，较2011年初增加64家；注册资本466.2亿元，资产总额556.6亿元，分别较2011年初增长了30.6%、31.6%。同时，辖区融资性担保监管工作初步实现有法可依、有章可循，辖区担保机构公司治理结构不断完善，业务操作规程趋于严格，风险管理水平有所提升。2011年和2012年上半年分别实现担保业务利润17.3亿元和8.6亿元。

（二）银担业务合作范围和深度不断深化

辖区银行业金融机构普遍强化了银担合作的机制和制度建设，建立了与担保公司业务合作的管理办法或实施细则，全面推动与担保公司的业务合作。2012年6月末，辖区银行业金融机构与469家担保公司建立了业务合作关系。担保范围涵盖了贷款、银行承兑汇票、信用证、保函等多个业务品种，发放融资性担保贷款余额485亿元，比2011年初增加187亿元。

（三）对中小微企业的支持作用逐步增强

据调查，2011年山东辖区担保机构累计为中小企业贷款755亿元提供担保。2012年6月末，担保公司共为7 692户中小微企业提供贷款担保，贷款余额358.7亿元，有力支持了辖内小企业贷款“两个不低于”目标的实现。

二、银担合作业务风险传导主要途径

（一）担保机构代偿能力不足的传导风险

一是经营业务偏离主业。有的担保公司业务经营和资金运用不审慎，投资资金超比例、超范围，导致资金流动性偏低，银行贷款的第二还款来源不足。

二是担保集中度偏高。有的担保公司将担保资金高度集中于单个被担保人，导致代偿能力急速下降，增大将风险传递给合作银行的可能性。三是资本金不实或抽逃资本金。部分担保机构采取种种手段以“显性”或“隐性”方式抽逃出资，担保贷款最终“担而不保”。

（二）担保机构充当“资金掮客”的传导风险

一是有的担保机构协助借款人以虚假实物贸易为名获得信贷资金后直接流入民间借贷市场。二是借款企业通过担保公司在银行取得贷款后，将部分资金转给担保公司使用。三是担保机构高额收取、变相收取、挪用或占用客户保证金，若借款企业和担保公司发生利益纠纷，势必影响银行贷款安全性。

（三）银行从业人员不当行为引起的传导风险

一是银行从业人员参与担保机构的“搭桥贷款”，掩盖贷款逾期或不良的现实。二是银行从业人员直接参与担保业务，给银行带来资金损失。三是银行从业人员跳槽或退休后到担保机构任职，引发道德风险。

（四）银行风险管控失守引起的传导风险

一是银行未审慎选择合作担保机构。如缺乏严格的标准和程序，对担保机构的股权、高管层更迭等重大变化缺乏动态跟踪分析。二是银行在银担合作中贷款“三查”不到位。部分银行“重第二还款来源、轻第一还款来源”的贷款管理痼疾，使银行过度依赖担保机构的担保而放松了对借款人信贷风险的管控，导致担保机构成为信贷风险的桥头堡，风险传导给银行的节点前移。三是相关合同执行不力或约定不明确。如银行对保证金用途设置以及账户管理约定不明确，未将担保机构缴的保证金与对应的主债权进行特定化，易造成保证金担保失效，优先受偿受阻。

（五）信息不对称引发的传导风险

一是银行无法掌握担保机构对外担保总额信息，无法及时掌握担保机构对外担保总额是否超过规定比例。二是银行对担保机构代偿、赔付及不良资产信息的了解，只能由担保机构向银行提供，如担保机构故意隐瞒，就会误导银行的判断和决策。至于担保机构抽逃资本金、私下为民间借贷活动担保、从事违法违规活动、与银行从业人员的不正常合作关系等，则更是具有较强的隐蔽性，担保机构往往通过各种形式加以掩盖。

三、构建银担业务合作风险“防火墙”的路径选择

（一）审慎选择合作担保公司，把好“合作准入”关

银行的合作准入管理不但要体现在对担保机构一些定量数据的考核上，更重要的是要体现在对担保机构的资信水平、管理能力等方面的研判。因此，银行在与融资性担保公司合作前，应对拟合作的担保机构进行尽职调查，充分评估其业务合规情况、资本金充足及运用情况、从业人员业务能力和职业操守情况，从法人治理结构、内部组织机构、经营范围、注册资本、信用等级、经营现状等方面进行调查和审查，严把合作机构准入关并确定合作的深度与广度。凡是有逃避保证责任、抽逃注册资金、虚假出资、侵占客户资金等不良记录或违法违规经营活动的，一律不将其作为合作对象，坚决杜绝带病上岗。

（二）把握合作担保公司状况，把好“风险传递”关

担保公司可持续发展是银担长期业务合作的基础和内在要求。担保公司必须实施审慎的会计原则，客观、真实地记录和反映资产与负债价值，确保资金的安全性、流动性、收益性与经营业务的规模和风险偏好相匹配。银行业金融机构要加强合作担保公司日常管理与分析，全面、准确、及时地掌握合作担保机构经营情况，将外部评级结果与银行机构内部考评结合起来，持续跟踪监测融资性担保业务风险，准确评价合作担保公司的代偿能力，对资信状况较差、抗风险能力较弱或发生业务“异化”的担保机构，降低担保放大比例并逐步压缩担保业务量直至终止业务合作。

（三）规范与担保公司的合作行为，把好“业务共赢”关

银行业金融机构要充分认识加强银担合作的意义和作用，采取有效措施进一步加强银担业务合作，充分发挥担保机构增信作用，拓展业务领域，改进小企业和“三农”金融服务，培育新的业务和利润增长点。要建立适合担保机构承保贷款特点的业务模式，推出符合小企业需求和经营特点的信贷品种，进一步优化审贷流程，提高贷款的审批、发放效率。要与担保公司共享项目运营及风险预警信息，为担保机构查询有关信息提供协助和便利，对担保机构代偿后的追偿活动提供必要的协助，共同做好银担合作风险的防范和化解工作。

（四）严格落实担保贷款管理制度，把好“授信尽职”关

一是要建立担保公司担保业务风险综合评估机制，实行担保公司担保业务总量控制管理，防范行业集中风险。二是要切实加强对借款人经营状况、现金

流等第一还款来源的审查，对贷款真实性、资金流向进行审查和监控，不得在借款人第一还款来源缺乏的情况下，以担保方式覆盖风险敞口。三是要严格落实贷款“三查”制度，加强贷前调查和贷时审查，贷后要加强跟踪管理。四是要对银担合作风险定期排查，确保银行信贷资金的安全。

四、新形势下促进担保行业健康发展的思考

（一）科学界定担保机构市场定位和发展方向

担保机构与银行业金融机构相比，缺乏资本高杠杆运作下获得存贷利差的行业地位，即使与小贷公司相比，也没有小贷公司可以直接按低于银行同期贷款四倍的利率放贷、可以向商业银行融入一定比例资金用于运营的优势。担保机构担保费高低要受到企业融资成本的限制，一旦出现了问题，要承担完全赔偿责任，对大多数担保公司而言，如果完全商业化运作和依法合规经营，缺乏可持续生存和发展的业务运作和盈利模式。担保行业的作用在于解决中小企业融资难问题，高风险、低收益的行业特征不适宜定位于纯商业化经营性质，从众多发达国家和地区担保机构发展的经验来看，由民营资本来经营中小企业融资性担保业务的情况较少，多数是将中小企业信用担保纳入政策性机构的范围。因此，应强化担保机构的政策性定位，推动担保机构向政策性、公益性转型。

（二）构建多层次的担保体系和扶持模式

要积极借鉴西方发展经验和模式，建立和完善以非盈利的政策性担保机构为主体、商业性担保机构和互助性担保机构为补充，政府资金引导、民间资本参与的多层次融资担保体系。要引导督促融资性担保机构以扶持中小企业发展、改善融资环境为首要任务，着重发挥增信功能。要积极完善政府行业扶持模式，除对政策性融资担保机构加大政府投资力度，变财政资金一次性拨付和补偿功能为多次性杠杆增信功能外，对担保机构的政策性风险和损失问题，通过财政出资成立再担保公司、税收优惠或减免等方式解决。要将目前分散于多个部门用于补助银行机构、担保机构和中小企业的资金，集中设立担保风险基金，发挥政策优势和资金实力，用于担保机构政策性损失补偿，通过建立融资性担保行业可持续运营模式，完善支持中小企业发展的长效机制。

（三）增强担保行业有效监管

要改变片面以“增长家数”等指标作为担保机构发展的考核理念，根据担保行业的规模效益特征，做好行业发展规划，及时解决机构市场退出问题，推

动机构的整合重组，加快担保机构做大做强的步伐。要以政策性定位为原则，修订完善《融资性担保公司管理暂行办法》，细化担保公司种类，扩大担保公司资金来源，对担保公司资金运用渠道进行明确界定，推行担保行业资本金银行托管制度，对再担保公司、政策性、商业性、互助性等担保机构设立不同的监管标准，在此基础上强化对不同类机构的差异化监管。要充分发挥市场约束、内部控制和行业自律的作用，促进担保行业的可持续发展。

（作者王朝弟，时任山东银监局党委委员、副局长，
现任云南银监局党委书记、局长）

潜规则对银行业健康发展的危害及对策研究

潜规则是相对于明规则、显规则而言的，是指人们在社会交往中逐渐形成的、虽没有明文规定但又实际起作用的、能够使照此行事的人达到某种目的的行为模式。潜规则有些是违法违规的，有些虽未违法违规，但背离了公平公正的原则，其共同的特点就是有悖于社会公理，为社会主流价值观和现行的法规、制度所排斥，对社会公平正义和公序良俗造成破坏。

银行业在其发挥筹集和分配社会资金功能、执行国家调控政策和提供金融服务过程中，同样不可避免地会在与利益各方的互动中形成不同层次、不同范围的潜规则。深入了解、剖析银行业经营活动中存在的潜规则现象，深刻认识潜规则带来的危害，研究应对防范措施，对于提高监管工作有效性、促进银行业健康稳定发展具有现实意义。

一、银行业潜规则的主要表现形式

潜规则的产生以至流行是人们在社会和经济交往中慢慢形成的。从银行业的情况来分析，资产、负债、中间业务这三大传统业务领域都存在潜规则，主要表现形式有以下三个方面。

（一）资产业务存在的潜规则

信贷是银行最主要的资产业务，也是与客户接触最广泛的业务种类。这类业务是客户有求于银行，银行往往凭借其主导地位，对客户提出种种潜规则要求，如在贷款业务中，银行规定某些贷款只对本行的优质客户发放，而要成为其优质客户，则必须在本行保持一定量的资产总额或者购买一定量的指定产品，或者办理指定的业务；又如银行以不同方式向客户推荐其他新业务，这些业务未必适合客户的需要，但如果不办理，则其贷款申请可能长时间得不到审批，或者享受不到利率优待，或者不予协商本应协商确定的贷款条款；再如有的信贷人员不坚持原则，接受借款申请人给予或允诺给予的“好处”后，为不符合

贷款条件的客户放行。

（二）负债业务存在的潜规则

负债业务是银行有求于人，为了获得稳定的负债资金来源，银行往往在分配揽存任务的同时，安排有相关业务费用开支，业务员完成了存款任务，就可以报销相应的费用，对于费用开支的具体去向，银行并不会深究，甚至默许业务员以给予经济利益的方式发展新客户、稳定老客户。表面上银行开支业务费用是合法的，但事实上一部分开支的费用通过业务员之手给了客户，形成了利益输送，是不合法的，监管部门却又难以掌握相关证据，给违规机构以相应的处罚。另外，一些有大量资金结存的客户，也掌握了银行重视流动性管理的心理，以将资金转存他行相要挟，要求银行满足其提出的一些不合理要求，银行迫于竞争压力只能答应，这同样是法律规章所不容许的。

（三）中介业务存在的潜规则

银行在提供资金结算、代理理财等各类中介服务过程中，逐渐形成的潜规则主要有：一是不全面充分告知客户所提供的服务或产品的相关情况。二是不主动告知客户所能提供服务的种类、收费标准。三是延压账款。每到季末、年末等存款考核时点，银行的柜员总是以大额资金转账要提前报计划、要经过领导审批等理由拖延办理转账业务，对结算单位的资金调度和正常结算秩序造成不良影响。

二、潜规则对银行业健康发展的危害

基于以上认识可以断定，在一定区域内盛行、为同业所仿效的潜规则对银行业健康发展的危害是多方面的，足以造成相当严重的后果。

（一）助长投机取巧，损害公平竞争

公平竞争是市场经济的基础，是推动经济发展的蓬勃动力，是市场经济参与各方相互制衡、自我约束的机制。在潜规则下，一部分参与者可能通过非常手段获取经济利益，使其不是注重通过优化服务、提供优质产品，让客户“货比三家”来提高竞争力、吸引客户，而是通过小恩小惠来拉拢客户、迁就无理要求来挽留客户，或者通过强制搭售、不透明收费等手段来获得不合理收益、完成业务指标，从而破坏公平竞争的环境，弱化服务意识，对整个行业的健康发展产生反向作用。

（二）干扰宏观调控，影响调控效果

由于潜规则的存在，处于按国家政策难以继续获得信贷支持行业的企业，有可能透过潜规则渠道，打通各路关节，继续从银行获得信贷资金，从而扭曲信贷投向，使该保的保不住、该压的压不了，导致国家宏观经济政策得不到有效贯彻，信贷调控效果被打折扣，特别是在当前，房地产、政府融资平台、“两高一剩”行业等是产业调整和风险防控的重点领域，也因潜规则的存在而增加了实现工作目标的压力。

（三）规避制度约束，滋生腐败行为

人类的一切行为如果离开了制度约束，都难免产生不正之风，出现腐败行为，银行潜规则行为也不例外。特别是实权部门和关键岗位人员，是潜规则通行的关口，如果把持不住，就有可能出现顾小家不顾大家、顾大家不顾国家的问题，在开展相关业务、审批重要事项时，个人品德低下者向客户索拿卡要，获取个人利益却使单位利益受损，缺乏职业素养者只顾谋求小集体利益，罔顾国家政策法令，想方设法规避行业监管，最终害已害人，败坏单位形象，损害国家利益。

三、防治潜规则的对策建议

潜规则隐而不显，难见其踪却又真实存在，危害甚大而又难以“绳之以法”，不论是从银行业自身发展还是从有效监管的角度看，都必须重视这一问题，采取有效措施减少其发生，使其不能大行其道，以避免对银行业造成重大危害。

（一）加强行风建设，遏制潜规则流行

银行业机构与社会各界有着千丝万缕的联系，要在种种潜规则的侵袭之下保持健康发展，必须旗帜鲜明地反对一切不正之风，坚持不懈地推进行风建设，坚决纠正和惩戒损害国家利益、侵害客户权益的潜规则行为；教育员工严守廉洁从业行为规范，转变经营理念，牢固树立服务至上、公平竞争的经营理念；摒弃不正当的竞争方式，找准自己的市场和客户定位，增强核心竞争力，真正做到守法经营，在服务社会发展中求得自身的发展。

（二）加强制度建设，铲除潜规则滋生蔓延的基础

银行业机构要牢固树立用制度管人、按制度办事的观念，强化内部控制制度建设，落实各项内部控制措施，做到业务拓展到哪里，制度就覆盖到哪里，内部控制就延伸到哪里。建立良好的权力制衡机制、监督机制、成本控制机制、业绩评估机制和激励约束机制，对于实权部门和关键岗位，要特别强调坚持合

理授权和制度约束相结合，解决好“内部人控制”等问题，实现制度、业务流程化，尽可能减少人为因素，提高风险控制能力，彻底铲除潜规则滋生蔓延的基础，确保一切经营活动均置于有效监督之下，依法合规运行。

（三）加强反商业贿赂检查监督，防范潜规则产生危害

要在加强反商业贿赂制度建设的同时，强化重点检查与日常监督相结合的反对和治理商业贿赂工作机制，严肃处理违法违规行为。对于银行客户反映较为集中的业务领域和银行机构，要作为治理防范的重点，加强监督检查力度和频率，督促不断强化内部控制，完善集体决策机制和工作程序，确保即使有潜规则存在，也只可能是小小的“杂音”，不会因此造成实质性的危害。

（四）强化社会监督机制，形成抵制潜规则合力

首先，要做好普及金融知识的宣教工作，使广大的消费者增进对银行业务和工作程序的了解，掌握国家金融政策和专业监管法规，提高识别潜规则行为的能力。其次，监管部门对在监管活动中查获的违规问题要追根溯源，查找在其背后是否存在潜规则行为，并提出整改意见，进行风险提示。最后，银行客户要加强行为自律，积极改善自身经营管理和财务状况，切实维护自身信用，既尊重银行的自主经营权，又充分行使自己选择银行的权利，避免与潜规则发生牵连。

（作者田本全，时任湖南银监局党委委员、纪委书记，
现任湖南银监局党委委员、副局长）

辖内地方政府融资平台贷款还款来源分析

为进一步摸清辖区平台贷款风险，广东银监局对平台贷款还款来源的构成及存在的主要问题进行了专题调研，试图对平台贷款风险的防范和化解提出一些合理建议。

一、广东银监局辖内平台及其贷款的特点

（一）多数平台已成立多年

20世纪90年代起，一些地方政府就开始尝试通过设立平台对外融资。银监局辖内的平台绝大多数是2009年以前设立的，其中，截至2012年6月底，设立时间超过10年的超过三成，如辖内贷款余额排在前列的公路管理局、铁道总公司以及路桥建设有限公司设立时间均超过10年，这些平台一直以来经营状况良好，能正常还本付息。

（二）贷款总量较大但占比不高

截至2012年3月底，银监局辖内全口径平台贷款总量较大，但是占总贷款的比例低于全国平均水平4.4个百分点。从与地方财力的对比情况看，辖内平台贷款占2011年广东（不含深圳）GDP和财政收入的比例分别低于全国平均水平7.8个和38.6个百分点。

（三）平台贷款主要集中在发达地区和大客户

截至2012年6月底，银监局辖内省级平台贷款占比较低，市、县级平台贷款集中在珠三角八市，其中广州和佛山最多，合计占比近八成。这些地区财政实力较为雄厚，平台还款意愿和还款能力较强。此外，辖内平台贷款中，前10大户平台贷款合计占比近半。

（四）服务亚运工程项目的贷款多

2009年以后新发放平台贷款中，大多涉及广州亚运工程项目。一些在亚运背景下成立的平台公司，如建设投资公司、水务投资公司、交通投资公司等，

后续发展也得到了政府的大力支持，目前经营状况良好。

二、广东银监局辖内平台还款来源情况分析

从调查情况来看，广东银监局辖内地方政府融资平台公司的还款来源主要包括经营性现金流、政府补差协议以及财政拨款、土地出让收入、专项税费返还等。具体如下：

（一）经营性现金流

广东银监局辖内约1/4的平台公司贷款以经营性现金流作为唯一还款来源，近四成的平台公司贷款以经营性现金流作为主要还款来源。这些平台公司的项目运营市场化程度较高，投资活动多形成经营性现金流，如辖内某铁道公司的还款主要来源于其城市交通票款收入、沿线物业开发收益和附属资源收入等；某水务公司还款主要来源于其下属的自来水公司、污水治理公司的经营性水费收入、污水处理费收入；某路桥公司还款资金来源为年次票收入、利息收入和其他收入等；某城市建设公司还款来源之一为经营性租金收入。这些平台公司在贷款期限内的经营性现金流入较充足，为正常还款提供可靠保障。

（二）政府补差协议和财政拨款

一些平台公司投资公益性较强的城市投资建设等无经营性收入的领域，项目自身缺乏现金流，还款来源主要依赖财政资金。广东银监局辖内已有多家平台公司签订了政府补差协议，涉及贷款余额的占三成以上。如政府与某平台公司签订了交通建设专项资金使用协议，从2011年起市财政每年安排专项资金用于填补还款资金缺口；政府专门签署了进一步深化某集团改革工作方案和城市建设专项资金使用协议，每年向某集团有限公司及其下属子公司提供还贷专项资金。此外，辖内少量平台贷款以财政拨款作为唯一或主要还款来源。

（三）土地出让收入

辖内1/4以上的平台贷款以土地出让收入作为唯一或主要还款来源，1/5的平台贷款以土地抵押或者土地收费权作为质押。以土地收入作为第一或第二还款来源的行业主要为各类土地储备、开发中心、城市投资建设等。如某建设投资公司贷款的主要还款来源为土地资源开发和经营收入，目前已办理了合法有效的《国有土地使用权证》，正式归属于该公司的土地逾两千亩，预计经营期内土地出让净收益较充足；某水务公司贷款偿还除经营性现金流外，还包括部分地块的出让收益，该地块预计净收益可观，将对项目还款形成有效补充。

（四）专项税费返还

辖内近四成的平台贷款以专项税费返还作为唯一或主要还款来源。涉及行业主要以公路运输、开发区园区类项目为主，如辖内平台贷款次大户某公路管理局的贷款主要依靠成品油消费税收返还，贷款存续期内预计可实现现金流近千亿元；辖内某供水总局贷款的还款来源主要包括水资源增收费和堤围防护费省级调节基金等，贷款存续期内预计可实现充足现金流。

三、存在的主要问题

（一）国内外宏观经济环境趋紧对平台经营性现金流产生不利影响

辖内以经营性现金流作为主要还款来源的平台占比高，而经营性现金流又主要来源于公司经营业务收入、租金收入等方面，这些来源受国内外经济环境的影响大。从目前情况看，国际经济形势持续低迷，外部市场需求总体不振，社会投资意愿减退，国内消费增长缓慢，企业经营压力增大。这些问题叠加在一起给以经营性现金流作为主要还款来源的平台公司带来一定的压力。

（二）土地变现还款具有较大的不确定性

广东银监局辖内约四成的平台贷款还款来源与土地收入有关，但土地变现还款却存在很多不确定性。一是受房地产宏观调控政策、经济周期和土地供求变化等宏观因素影响，土地价格经常出现大幅波动。如在过去一年内，某市土地价格变动大，流拍率呈整体上升态势。二是从规范核查的情况来看，辖内有些土地并未取得土地权证，均为规划和待征用的土地。如政府将已部分完成收储的土地预期出让收入补助给某公司，用于贷款项目建设和本息偿还，但该部分土地没有土地使用权证。三是以土地抵押或土地收费权质押作为第二还款来源的，存在有效性不足的风险。如违规将未取得合法土地使用权的土地进行抵押贷款、抵押物评估价值虚高等。

（三）专项税费返还没有理顺导致公路交通行业不良贷款比例较高

广东银监局辖内公路交通行业的还款来源在国家实行燃油税费改革后，主要依靠财政专项税费返还。但从调查掌握的情况看，辖内平台贷款中，逾期贷款主要出现在公路交通行业，如某公路局、路桥发展有限公司等。出现这种情况主要是由于公路收费取消后，省级政府下拨的专项税费返还没有完全理顺，加上地方年票制的推行又不成功等因素。

（四）依靠财政拨款作为主要还款来源存在代偿性风险

一是信息不对称。在现行财务预算体系下，银行难以掌握地方政府融资总

量、负债规模、可持续财税收入等情况，并准确判断政府的还款能力，可能会影响到银行对该笔贷款风险分类判断的准确性。二是地方政府的偿债压力较大。如某市近几年GDP及财政收入虽稳步增长，但地方政府性债务自2010年开始进入密集偿债期，债务偿还压力较大。三是目前辖内部分平台的财政补助资金并未纳入财政预算经人大批准，而是依据政府计划，通过红头文件逐年下达拨款任务的方式进行。四是银行对财政资金是否专用的监控难度较大，财政补助资金一般由政府部门“打包”下拨，多个项目混杂在一起较难区分资金流向。

四、几点建议

（一）平台应结合经济形势及时转变经营管理模式

一是在当前及未来信贷规模持续趋紧的情况下，应及时调整自身融资结构，努力拓宽融资渠道，通过发行企业债券、中期票据和股票筹资，减少对银行贷款的过度依赖，分散融资风险。二是应提高对宏观经济形势的把握，客观分析政策、市场等不利因素，合理调整建设节奏和发展规模，在与贷款银行充分协商的情况下调整开发节奏，确保可持续发展。

（二）银行应加强对平台贷款的风险管控，争取多元化的还款保障

一方面对于存量平台贷款在实行分类处置的基础上，持续跟踪土地出让变现计划和财政拨付计划的变更等不确定性因素，跟踪经济环境和土地价格的变化趋势，必要时追加其他有效抵押物或者其他方式的还款保障；另一方面对于新增平台贷款，要按照“名单制”管理原则把握准入条件，实行总行集中审批，要确保新发放贷款期限合理，在资金使用上严格执行“三个办法、一个指引”有关规定，降低贷款风险。

（三）监管部门应准确把握和执行政策，加强贷款风险监管

一是要注重平台贷款风险监管的方式方法，坚持监管原则和持续支持地方经济发展相结合，灵活有效地推动工作开展。二是及时通过现场检查发现问题，并适当与监管评级、高管准入相挂钩，促使银行进一步加强对平台贷款的管理，促使地方政府及平台加深对监管政策的理解支持。三是加强与平台的直接沟通，监管部门可通过实地调研、与平台公司管理层直接对话沟通等方式，宣传平台贷款政策，促进平台公司的规范化发展。

（作者林海，时任广东银监局党委委员、副局长，
现任东莞银行党委委员、纪委书记）

广西私人银行发展策略研究

全球金融危机的蔓延和持续影响，大力发展私人银行已经成为实现银行战略转型的重要途径和新的利润增长点。在中国—东盟自由贸易区推进以及北部湾经济区开放开发的大背景下，如何探索一条符合广西发展私人银行的可行路径，对提高广西银行业核心竞争力具有十分重要的意义。

一、广西发展私人银行的 SWOT 分析

（一）优势（strength）因素分析

一是高净值客户增长迅速。据《2011 胡润财富报告》，截至 2010 年末，广西已有 5 000 位千万富豪，在全国排名第 24 位，比 2009 年增加了 400 位。二是理财产品业务发展迅速。截至 2011 年末，广西银行业金融机构累计发售理财产品募集资金 2 429. 36 亿元，同比增加 985. 96 亿元，连续 3 年呈现两位数的增长。三是部分分支机构已经具备自行设计、发售理财产品的能力。2011 年，广西部分银行分支机构自行设计、发售的理财产品达到 127. 12 亿元，同比增加 105. 62 亿元、增长 395. 96%。

（二）劣势（weakness）因素分析

一是产品仍然比较单薄，品种比较单一，且同质现象严重。二是人才缺乏，目前广西辖区银行从事贵宾理财的客户经理中，研究生学历不足 10%，大专及以下学历占据一半的比例。三是服务能力不强。难以灵活地引导客户根据经济环境的变化进行投资产品的结构变动和组合变化，达不到规避风险、实现保值增值的目标。四是基础管理体系不完整，缺乏高净值客户资料后台管理，并且尚未建立起一套较为成熟的风险管理体系。

（三）机遇（opportunity）因素分析

一是广西的区位与政策优势。中国—东盟自由贸易区的建成以及《关于促进广西北部湾经济区开放开发若干政策规定》、《关于进一步促进广西经济社会

发展的若干意见》等政策的出台，广西银行业发展私人银行遇到了千载难逢的好时机。二是良好的经济发展趋势。“十一五”期间，广西经济增长年均增速13.9%，地区生产总值、人均地区生产总值、财政收入、金融机构存款和贷款余额等12个主要指标实现翻一番以上，社会财富总量的扩大为发展私人银行提供了广阔的空间。三是银行体系健康发展，信贷保持平稳增长。从2008年起，广西银行业存贷款数量逐年增长，存贷款的增长速度一直保持在高位运行，双双跨入“万亿俱乐部”。

（四）威胁（threaten）因素分析

一是有分业监管模式和自身管理模式，广西辖区的银行业金融机构难以提供个性化投资产品组合。二是目前广西辖区商业银行尚未建立起统一有效的协调机制和合作机制，在高端客户资源的共享以及私人银行产品的设计、开发、改进和创新上也不能有效地整合与利用全行资源。三是与私人银行生存发展息息相关的重大法律法规，如信托、离岸金融、资产传承、个人隐私保护等都缺乏清晰明确的说法与标准。四是个人金融意识与风险意识还有待提升。许多高净值客户对风险的认识和承受压力不足，一般都喜欢做“稳赚不赔”的买卖。

（五）结论

根据上述的SWOT各个因素分析，构建EFE矩阵（见表1、表2）对所有相关因素进行分析，进而找到广西发展私人银行的相关战略。

表1　　广西私人银行发展外部因素矩阵

关键外部因素	权重	评分	加权分数
机会			
1. 区位优势与政策优势	0.14	4	0.56
2. 良好的经济发展趋势	0.20	4	0.80
3. 传统业务利润率有所下降	0.13	2	0.26
4. 银行体系稳健发展	0.15	3	0.45
威胁			
1. 管理制度有待改革	0.14	4	0.56
2. 法律制度不够完善	0.15	3	0.45
3. 个人金融意识与风险意识还有待提升	0.08	3	0.24
合计	1	23	3.32

表 2　　广西私人银行发展内部因素矩阵

关键内部因素	权重	评分	加权分数
优势			
1. 高端客户基础	0.15	4	0.60
2. 传统网点分布	0.08	3	0.24
3. 银行认可度	0.10	3	0.30
劣势			
1. 产品不足	0.19	1	0.19
2. 人才缺乏	0.21	1	0.21
3. 服务能力弱	0.14	1	0.14
4. 管理体系不健全	0.13	2	0.26
合计	1	15	1.94

通过外部因素矩阵分析，结论是广西私人银行的得分是 3.32 分，高于平均水平 3.28 分（为 7 项因素评分的简单平均值，即 23/7 = 3.28 分），反映广西发展私人银行业务所面临的外部机会大于外部威胁。从内部因素矩阵分析得出，广西私人银行开展的得分是 1.94 分，低于平均水平（2.13 分），反映广西发展私人银行业务面临的内部劣势大于内部优势，广西发展私人银行的策略应该为 WO 战略。

表 3　　广西私人银行发展 SWOT 策略矩阵

内部因素 / 外部因素	优势（S）	劣势（W）
	1. 高端客户不断增长 2. 银行机构齐全，网点分布合理 3. 贵宾理财业务发展基础良好	1. 产品不足 2. 人才缺乏 3. 服务能力弱 4. 管理体系不完善
机会（O）	SO	WO
1. 区位优势 2. 经济基础良好 3. 传统利润率下降与私人银行利润率提升	1. 积极开展私人银行业务，对客户进行准确定位 2. 搭建私人银行的运营平台和网络建设，加大财力与物力的投入	1. 实行产品创新策略，加快品牌建设 2. 对客户实施差异化、个性化服务 3. 加快专业人才队伍建设
风险（T）	ST	WT

二、广西私人银行发展的策略选择

（一）按银行机构类型构建私人银行组织结构

广西辖区大型国有商业银行应成立一个相对独立的私人银行部门，为客户提供完整的私人银行服务；对于股份制商业银行来说，可以单独成立一个私人银行服务中心，也可以依托总行开发的私人银行产品及服务，为达到私人银行客户标准的客户提供相应的服务，本身不建立起私人银行中心；对于广西法人银行机构来说，建议整合资源，共同成立1家私人银行中心，共同参与管理及营销，任何一家法人银行机构的私人银行客户均可以通过该中心享受私人银行服务。

（二）完善私人银行流程

一是进一步确保流程的完整性。整个私人银行服务要从客户的需求分析开始，为客户设计有效的服务方案，在实现客户价值提升的同时，也实现银行利润的最大化。二是进一步整合商业银行内部各类资源。在业务的设计上必须依托银行内部强大的资产管理团队、投资管理团队和专家顾问团队，甚至要依赖外部专业人士。三是业务流程的设计要兼具创新与防风险，将更多关注点放在客户资产安全与银行经营安全之上。

（三）建立相对完整的产品体系

一是建立跨机构的产品服务体系。广西银行业金融机构可以加大与基金公司、证券公司、期货公司、保险公司、信托投资公司以及会计、律师、评估等中介的合作，购买、整合或者共同开发符合政策法规以及市场需求的金融产品。二是为客户提供更多增值性产品及服务。树立差异化的服务理念，针对不同的高净值客户，提供开发产业投资类金融产品，提供艺术品收藏的鉴赏服务、私人健康顾问、顶级休闲娱乐等具有不同特色的产品服务。三是专门推出符合东盟国家高净值客户消费习惯的银行卡和个人消费贷款之间、各种个人本外币账户之间的混合性、复合性产品。

（四）强化和提升服务质量

一是建立广泛的服务项目，包括管理客户庞大的资产、提供智囊服务以及提供个性化服务。二是打造服务的私密性。如旅行等外出活动的行程安排、酒店预订、机票预订；客户的健康咨询与疾病治疗，客户及家庭成员的教育问题等。三是借助境外金融机构扩大私人银行服务范围，大力开拓境内外市场。四是尝试建立面向东盟国家高端客户的私人银行，广泛吸引东盟地区的高端客户，开发在中国—东盟之间能够有效满足投资、理财个性化需求的私人银行。

（五）打造高素质的经营团队

一是要加快人才培养力度，积极打造一批在金融投资、风险控制、产品创新、国际业务等方面拥有丰富理论知识与实践经验的精英团队。二要适度引进高端人才。适度引进一些从事私人银行的优秀金融人才与管理人才，尤其是拍卖、艺术鉴赏、古董鉴定、医疗咨询等方面具有一定造诣的专业人才。三是进一步完善激励机制。为私人银行从业人员制定明确的职业生涯发展规划，并积极促请地方政府出台办公、住房优惠，减低个人所得税等辅助性政策，大力吸收国内外优秀私人银行家，并着力培育本土私人银行人才队伍。

（作者赵汝林，广西银监局党委委员、副局长）

广西房地产市场及房地产信贷风险情况

为了摸清广西辖区房地产领域信贷风险底数，对广西房地产风险情况进行了调研，分析其存在问题，并提出防范辖区房地产领域信贷风险的建议。

一、基本情况及特点

（一）广西房地产市场运行状况

今年1—4月全区房地产市场延续上年以来的走低态势，呈现出回落调整态势。一是房地产投资增速进一步放缓。2012年1—4月，房地产开发累计投资406.06亿元，同比增长13.3%，为十年来最低水平，比年初回落11.1个百分点，低于全国增速5.4个百分点。二是商品房销售持续走低。2012年1—4月全区商品房销售面积653.1万平方米，同比下降15.4%，增幅比上年同期回落25个百分点，销售额246.5亿元，同比下降12.4%，增幅比上年同期回落27.3个百分点，皆为近5年来最低。三是房价出现拐点。从2011年9月开始，辖区房价止涨转跌，从3 806元/平方米跌至2012年第一季度3 667元/平方米。四是房地产企业预期市场继续下行。七成以上房地产企业认为2012年商品房销售价格上涨空间不大，且银行再融资难度大，房地产市场将呈下行趋势。

（二）广西房地产贷款基本情况

截至2012年3月末，广西房地产贷款余额2 342.68亿元，占全区各项贷款的20.87%。主要有以下特点：一是房地产信贷增速持续回落。截至2012年3月末，广西房地产贷款余额2 342.68亿元，比上年同期回落10.67个百分点，比全部贷款平均增速低8.9个百分点。二是以房地产作抵押的贷款继续增长。截至2012年3月末，广西以房地产作抵押的贷款余额4 115.19亿元，占全区各项贷款的36.65%，比年初增加220.72亿元，增长5.67%，高于同期全区各项贷款增速0.22个百分点。三是房地产上下游行业贷款增速放缓。截至2012年3月末，广西7个上下游行业贷款余额共计645.93亿元，比年初增长0.31%，低于同期全区各项贷款增速 5.14 个百分点、低于全区房地产贷款增速 2.68 个百分点。四是保障房贷款快速增长。截至第一季度末，保障性安居工程贷款余额 43.9 亿元，比年初新增 13 亿元，同比增长 121.4%，增量占房地产贷款增量的 22%。

二、总体风险判断

（一）房地产贷款质量保持良好

2012 年 3 月末，广西房地产贷款及相关行业贷款余额 2 988.61 亿元，不良贷款余额 23.8 亿元，不良贷款率 0.80%，低于各项贷款不良贷款率 0.61 个百分点。

（二）房价收入比和商品房空置率维持在合理区间

2006—2011 年，广西的房价收入比稳定在 5 ~ 6 倍，低于全国水平（平均房价收入比 6 ~ 13 倍）。2006—2011 年，广西城镇居民家庭人均收入平均增速为 14.43%，商品房销售均价平均增速为 11.54%，收入增速快于房价增速，房价涨幅仍在合理范围内。

（三）银行业应对房价下跌的风险承受能力尚可

一是抵押物价值充足。广西以房地产作为押品的平均抵押率为 63.01%，对房价下跌带来的风险有较强的缓释能力。二是房地产贷款以个人首套住房贷款为主。广西辖区个人首套住房贷款余额 1 466.62 亿元，占个人住房贷款比重的 91.9%。三是盈利水平和拨备稳步提高增强了抵御房地产贷款风险的能力。2011 年，广西银行业拨备覆盖率由 2010 年末的 94.77% 升至 2011 年的 147.37%，提高了 52.6 个百分点。

三、面临的风险隐患

（一）房地产企业资金链断裂风险

调查发现，辖区房地产企业各项资金来源的增幅均出现大幅回落，2012 年第一季度末，国内贷款、利用外资、自筹资金以及其他资金来源同比增幅分别为 0.6%、-93.2%、9.4% 和 -3.8%，同比下降 26.9 个、151.9 个、11.0 个和 31.1 个百分点。2012 年 3 月末，广西辖区负债率 75% 以上的高负债房企 41 家，平均负债率达 83.76%，同比上升 2.56 个百分点。同时，广西房产开发贷款期

限集中在 1 ~ 3 年，占比达 92.43%，2012—2014 年辖区将有超过 400 亿元开发贷款面临到期偿还，将进一步加剧房地产企业资金链断裂风险。

（二）地方财政风险

一是房地产业是广西税收收入的重点税源行业，涉及 50 多个行业，影响到 16 个税种，近 20% 的财政收入。二是随着房地产市场的降温，土地出让及价格也受到很大影响。2011 年广西辖区土地使用权出让量和出让价分别比 2010 年增加 5.06% 和 7.67%，增速同比分别下降 20.7 个和 116.7 个百分点。三是平台贷款的集中到期对财政收入压力越来越大。广西近三年到期的平台贷款本金 1 042.05 亿元，占平台贷款总额的 42.38%，其中广西平台贷款依靠土地出让收入偿还的占 31.46%。四是土地出让收入占土储机构还款来源比重约为 87.1%，土地出让收入和收益的大幅减少，加剧短期内的偿还风险。

（三）违约风险

一是个人购房贷款违约率和不良率上升压力增大。2012 年 3 月末，辖区个人购房贷款违约率和不良率分别为 0.47% 和 0.56%，比年初分别上升了 0.02 个和 0.07 个百分点。二是关联行业贷款质量向下迁徙。2012 年 3 月末，7 个房地产上下游行业不良贷款余额合计 10.78 亿元、不良率 1.67%，高于同期各项贷款平均不良率 0.26 个百分点。

（四）押品风险

一是以住宅作抵押的押品比率偏高。2012 年 3 月末，广西银行业贷款押品率为 70.58%，高于以房地产作抵押的贷款平均押品比率 7.57 个百分点。二是超过一成贷款的押品比率在 70% 以上，余额为 500.11 亿元，其中有 57.57 亿元的贷款押品比率大于 100%，银行面临较大信用风险。三是押品动态管理水平不高。缺乏房地产信贷管理方面专业人才，对房地产价格行情和抵押物在贷款期间价格损益难以准确把握。

四、建议

（一）坚持房地产调控与风险防范同步推进，做实风险防范预案

一是坚持房地产调控政策不动摇，督促银行业金融机构继续严格实施差别化房贷政策，配合落实好限购政策，巩固调控成果。二是促请地方政府组织有关部门加强对房地产市场走势，特别是对于房价进一步下调对广西经济社会发展可能造成的影响，应尽早制定应对措施及风险防范预案。三是加强与统计、

住建、国土等部门的联动监管，建立信息共享机制，全面掌握辖内土地出让与交易、房地产开发企业经营和市场成交情况及政策信息，做到未雨绸缪。

（二）强化分类监管和动态拨备管理，严防房地产企业资金断链风险

一是督促银行机构严密监测房地产企业资金状况，逐户开展风险排查，根据企业资金实力、负债状况、项目销售情况、偿还能力等，进行分类监测和分类管理。二是加强动态拨备管理，对资金链可能断裂的房地产开发企业应计提不低于50%的贷款风险拨备。三是督促银行机构加强贷款资金监测以及企业销售回流资金的监控，严防房地产开发企业通过假按揭、关联交易、贷款挪用等方式套取银行资金。

（三）加强平台贷款管理，防范财政风险转化为信用风险

一是督促地方政府和平台公司依据新的监管政策和不同企业、项目的还本付息能力，分别制定“收回再贷”、“据实定贷”和“重组增贷”措施。二是针对平台贷款陆续进入还款高峰期的实际，积极促请自治区政府督促各平台公司制定切实可行的偿债方案，统筹偿债安排，稳妥处理到期平台贷款，防止出现大面积集中违约。三是积极促请自治区政府督促各相关部门落实原有承诺，提高各平台公司现金流水平，增强其抗风险能力。

（四）强化贷款押品管理，确保风险可覆盖

一是督促银行建立抵押物管理制度体系，针对房价下调可能带来的贷款偿还风险和押品估值风险，实行动态风险拨备制度。二是强化对以房地产作抵押的贷款的分类管理，按照风险状况计提动态拨备，确保贷款存续期间押品价值充足、风险可覆盖。三是督促银行加强对评估机构资质、信誉等方面的考察，判断其评估抵押物价值的可信度。

（五）加大对违法违规行为的查处力度，促进房地产市场健康运行

一是把房地产贷款合规性作为现场检查的重要内容，督促各银行机构严格落实“三查”制度，加强贷款精细化管理，对违规发放房地产贷款、造成贷款损失的银行机构要予以严肃处理。二是加强银行同业合作，建立违约客户“黑名单”等联合惩戒机制。三是促请政府有关部门加大对房地产市场虚假交易、哄抬房价、商业欺诈等违法违规行为的查处力度，维护房地产市场秩序。

（作者覃刚，广西银监局党委委员、副局长）

关于海南省辖内商业银行房地产贷款风险分析及监管建议

受国家房地产宏观调控政策的不断影响，海南地区房地产项目销售急剧萎缩，房地产贷款风险凸显。为深入贯彻落实银监会关于重点领域风险排查的精神，严盯房地产领域贷款风险，督导银行做好房地产贷款风险缓释工作，近期，海南银监局对辖内商业银行2013年末之前到期的房地产贷款进行调查分析，并提出相关监管建议。

一、房地产贷款主要问题及风险分析

（一）房地产贷款集中度较高

从2010年开始，受海南建设国际旅游岛政策影响，海南地区房地产建设项目呈高速发展趋势，房地产项目融资需求增大，各家商业银行为抢占市场提高经营利润，加快房地产项目贷款审批流程和加大资金投放力度。截至2012年3月末，辖内商业银行房地产贷款占各项贷款余额的33.48%，甚至个别银行房地产贷款占各项贷款余额的40.98%。

（二）房地产贷款还款时间集中

随着国家房地产系列调控政策的相继出台，特别是海南省海口、三亚分别实施“限购令”政策后，海南房地产开发逐步进入低迷状态。商业银行多数房地产开发贷款集中在2009年下半年和2010年发放，2012年与2013年集中到期，从而给这两年到期的房地产贷款带来一定的还款压力。多家商业银行2013年末之前到期的房地产开发贷款金额占房地产开发贷款余额的50%，其中一家行最高，贷款余额54.1亿元，占房地产开发贷款余额的71.73%。

（三）房地产贷款绝大部分未办在建工程抵押登记，存在法律风险

目前，海口、三亚等市县没有开办在建工程抵押登记这项业务，致使银行无法待土建工程轮廓出来后办理在建工程抵押登记手续。根据《物权法》第一

百八十七条关于“以正在建造的建筑物抵押的，应当办理抵押登记，抵押权自登记时设立”的规定，如果不办理在建工程抵押登记，商业银行房地产开发贷款对房产的抵押权就不曾设立。目前，海南省商业银行向开发商发放的绝大部分住房开发贷款都未办理在建工程抵押登记手续，因此这些房地产开发贷款对房产就没有优先受偿权。

（四）贷前调查不深入，对房地产市场预期风险研判不足

商业银行对房地产行业的贷前报告分析评估基本上沿袭调控前的市场形势分析，盲目地预计贷款第一年取得预售证并可以实现销售，其后三年完成销售并偿还银行贷款。实际上，受宏观调控政策的影响，大部分房地产开发贷款项目建设完工与开盘销售均比原计划慢，整体销售率也比原计划低，导致借款人须使用自己资金而非按照合同约定使用销售资金来偿还银行贷款，如借款人股东实力不足，在贷款期限内全部归还贷款将难以实现。

（五）贷款审批制度执行力不足

海南省建设国际旅游岛政策公布后，海南旅游相关产业迅速发展。个别商业银行为争取酒店项目贷款客户，为了完成存款考核任务，积极向总行争取贷款额度，在审批流程中主动降低准入条件，藐视审批制度，在个别贷款项目只取得土地使用证，尚未取得其他“三证”和项目环评批复就向借款人发放贷款，经查，目前贷款风险控制较好。

（六）风险控制能力薄弱，回笼资金监控不力

一是海南地区房地产销售主要靠岛外购买力，部分项目销售资金被股东占用或挪用。二是贷后监控未能掌握贷款项目实际销售情况，导致借款人以“其他应收款”、“往来款”科目通过关联企业或上下游企业间的账务处理转移销售资金。三是贷款项目增加投资规模后，未按借款合同约定的资金投入方式，要求借款人相应增加项目建设自有资金，而是任由借款人挤占销售资金投入项目。

（七）违规办理信贷资产转让业务

为避免不良贷款出现反弹，减少总行对分行当年经营绩效考核的影响，个别商业银行违规办理信贷资产转让业务。如调查发现某银行向借款人发放房地产开发贷款于2012年7月到期，经贷款行与借款人、金融资产管理公司三方协商，该笔贷款以信贷资产转让方式违规向不具备受让主体资格的金融资产管理公司转让信贷资产。

二、相关监管措施和建议

（一）优化信贷结构，分散授信风险

海南银监局将结合地方经济发展特点，以海南省项目建设年为契机，以金融支持实体经济发展为抓手，引导贷款投向交通基础设施建设、现代制造业、新兴战略产业项目和技改项目、保障房民生工程建设等，促进银行业自身转型，有力支持本地区经济健康持续发展。

（二）明确海南国际旅游房地产发展模式，有效利用信贷资金

建议尽快明确海南国际旅游房地产发展模式，做好旅游房地产总体规划。同时，明确海南国际旅游房地产本质上属于投资型房地产，建议有关部门在政策上要尊重客观本质以及经济规律，对宏观政策制定进行新思考，在房地产开发数量上应定位少而优，在层次上要定位高而精，引导信贷资金合理投放。

（三）规范行业管理，降低开发成本，持续营造稳定的房地产市场

一是建议地方政府通过税收、信贷、融资等渠道控制和稳定普通商品房的价格，稳定房地产投资，推动房地产业平稳有序发展。二是监管部门积极引导地方政府组建与旅游房地产相关的信托、保险、金融等配套服务机构以分散旅游房地产的经营风险。三是建立市场信息披露制度，及时向社会公布土地供应、房地产开发及市场交易等信息，成立建设管理服务中心，缩短办事时限。

（四）切实完善在建工程抵押登记制度

海南银监局将继续力促地方政府相关职能部门在现行的法律法规规定的框架内，因地制宜建立与完善土地使用权与在建工程抵押登记制度，落实开办在建工程抵押登记业务，从源头上杜绝“房”、“地”分离抵押风险，有效控制开发企业多头融资行为，为商业银行房地产开发贷款安全提供机制上的保障。同时也建议银监会层面向国家相关部门呼吁强制建立完善在建工程抵押登记制度，确保银行房地产开发贷款抵押物合法有效，切实防范信贷风险。

（五）进一步完善信贷资产转让业务相关管理制度

按照银监会银监发〔2009〕113号和〔2010〕102号文件要求全面清理和规范信贷资产转让业务，责令银行停办违规业务。同时，鉴于目前其他省份及地区也存在违规办理信贷资产转让业务的事实，建议银监会层面对金融资产管理公司和商业银行违规转让信贷资产问题，进一步完善信贷资产转让业务相关管理实施细则，规范该项业务操作流程及业务实施主体，促进银行业机构相关业

务规范、有序、健康发展，维护金融法规及规章制度的严肃性。

（六）严格执行贷款“三查”制度，树立依法合规经营理念

一是做好贷前尽职调查工作，对借款人提交的贷款申请资料要认真进行审核和调查，做到资料真实、合法。二是严格贷款审查，逐一落实各项贷前条件。三是克服“重贷轻管”思想，严格按银监会相关要求加强贷后跟踪检查，及时报告并分析贷款客户经营管理及贷款项目变化情况，按合同约定归还贷款，确保贷款风险可控。

（七）精细管理，强化控制能力

一是针对海南国际旅游岛独特背景和当前房地产销售缓慢、滞销情况以及房地产贷款集中到期等风险，要求各行摸清2013年末到期的房地产贷款有多少是可以依靠销售回笼资金或借款人自有资金归还，对无法到期归还的贷款项目要采取有效措施，督促借款人严格按照借款合同约定还款计划还本付息。二是督促各行要制定或完善相关管理策略，如风险管控措施、风险应急机制，分析和掌控房地产开发企业的销售策略、资金链、现金回流情况，防止房地产开发企业因销售不畅、资金趋紧，导致出现项目完工风险、还款来源不足的情况。三是坚持审慎的信贷经营概念，对房地产贷款客户进行压力测试和资金账户监测，保证对信贷风险早发现、早处置。四是严格执行项目与资金封闭运行管理规定，坚决制止多个项目交叉使用同一监管账户，防止销售资金被挪用，确保销售资金优先用于偿还贷款。

（作者秦会忠，海南银监局党委副书记、副局长）

构建银行业案件防控长效机制思考

——仿生学原理对案件防控体系建设的启示

一、当前银行业案件特点

近年来，银行业案件防控取得了阶段性成效，但案件仍然时有发生、防不胜防，这些案件尽管表现各异，但从其源头、过程和后果看具有共性特点。

（一）结果的高危性

银行业案件发生不仅有巨额的经济损失，还会损害银行声誉，动摇公众信心，撼动银行经营基础，甚至还可能影响金融和经济安全。

（二）源头的多样性

银行绝大多数岗位都伴随有权力和诱惑，成为违规的源头，如信贷、汇出、守库等基层岗位以及各级行长、分理处主任等，均对资金流有着不同程度的控制权、管理权和决策权。

（三）领域的全面性

银行经营过程是资金流运动过程，包括货币存入、运输、保管、运用等各个环节，这些环节都存在高度风险，因此银行的案件防控工作必然要对业务过程深度介入，才能确保案防效果。

二、银行业案件频发原因剖析

银行发案率居高不下，有社会环境中的矛盾和利益冲突等外部原因，但银行内控滞后仍然是主要原因，突出表现在以下四个方面。

（一）经营主导思想偏位

在改革和发展的双重压力下，银行存在三类非理性行为。一是重规模、轻质量。审慎经营认识不清晰、不到位，为追求发展速度盲目下达经营指标，为完成任务急功近利、违反制度。二是重业务、轻管理。存在“四多四少”现象，工作中讲发展的多，强调内控的少；讲市场营销的多，强调风险防范的少；讲物质奖励的多，强调员工思想教育的少；讲建章立制的多，强调执行的少。三是重业绩、轻品行。业绩考核指标单一，方法简单，“绩而优则仕”，只要业绩突出就“一俊遮百丑”。有的将违规经营人员视为所谓的“能人”、强手，无原则地加以重任、重奖，有的甚至带病提拔、带病流动。

（二）案件防控认识错位

主要表现为四个误区：一是“盲目乐观”型。对自身风险管控能力过分自信，对形势的严峻性缺乏清醒认识，放松了案件防控工作。二是“被动应付”型。认为银行案件的发生不可避免，没能将外部监管、外部压力转化为防风险、控案件的内生动力。三是“心存侥幸”型。认为案件不是发生在本单位就可以高枕无忧，没有从他行案件中汲取教训，致使同质同类案件反复发生。四是“事不关己”型。一些业务部门认为案件防控是职能部门或牵头部门的事，懒于主动配合与协作联动，致使案防工作力度大打折扣。

（三）内控制度执行虚位

一直以来，“有章不循、违规操作”是90%以上案件的根本原因，具体表现为“三个代替”：一是信任代替制度。内控制度形同虚设，监督检查流于形式，为图谋不轨之人留下可趁之机。二是习惯代替规章。把习惯当制度，执行上的麻木极易导致案件防范上的麻痹。三是情面代替纪律。人情大于制度、关系高于规章，顾面子、讲人情，对身边的违规现象不提醒、不批评，对上级的违规行为不抵制、不报告。

（四）教育监督机制缺位

一是思想教育工作弱化。没有坚持对员工开展长期化、规范化、制度化的思想教育，致使员工法律法规观念淡薄、遵章守纪的自觉性和防腐拒变能力变差，案件防控基础不牢。二是监督力度不足。一方面，检查监督部门对员工经办业务检查监督不力，该发现的问题没有及时发现，或发现问题没有采取有效措施，使问题越积越大，最后导致重大案件；另一方面，对员工八小时以外的行为监督缺乏有效手段，不能及时发现员工不良行为。

三、借鉴仿生学原理构建银行案件防控体系

银行案件的特点和成因决定了银行必须对案件风险进行系统有效管控，建

立反应灵敏，协调联动的案件防控工作体系。

（一）打造案件防控灵魂：基于合规意识的执行力

所谓灵魂，对于个体来说就是意识和思想，对于单位来说就是文化和执行力，打造案件防控的灵魂就在于打造合规文化、增强执行力。

首先，必须打造良好的合规文化。要按照业务与内控优先速度与质量并重的原则，建立有效的长期激励约束机制，克服短期行为。要将合规意识植入所有管理者和每个员工的心中，并自觉约束行动，让合规蔚然成风。

其次，切实提高内控制度执行力。执行是制度的生命力。要把内控执行情况纳入考核，与提职任用、考核评级、薪酬奖金等直接挂钩。对制度执行力弱，对在各类审计和检查中发现问题多的单位负责人，不提拔、不重用、不晋级，并对执行不力的行为严肃追究责任，决不能法外施恩，自毁长城。

（二）生成强健的筋骨：完善的内控体系

以加强内部控制遏制违规，作为防范案件强健的筋骨，在内控方面实现"五个基础性要求"和"三牵制"原则。五个基础性要求：完善的法人治理结构，严密的制度设计，强大的监督和审计，科学的人力资源管理，先进的科技支撑。坚持三个"牵制"原则：一是体制牵制原则。如信贷经营的审批、操作、监管"三权分离"机制，业务经营与前台服务、后台支撑的协作机制等。二是程序牵制原则。对业务流程的不同环节应由不同的人员完成，通过业务流程设计使不相容的职务相分离，达到岗位牵制目的。三是责任牵制原则。不仅要规定不同部门和个人处理业务的权限，还要明确规定其承担的相应责任，以做到责权分明、有效制约。

（三）打造强大的免疫系统：联动三个机制

为有效防范"案件病毒"突破内控防线，银行应建立包含事前防范、事中控制、事后处理在内的"三位一体"的立体防控机制，打造强大的免疫系统，预防、发现并立即清除病毒。

其一，立足于"防"，构造案件风险预警机制。著名的"海恩法则"告诉我们：在每一起重大安全事故背后，必然有1 000起小事故隐患。不得漠视任何风险，案件防范始于每一起细微风险线索的妥善处置，同时要通过有效的预警机制，举一反三，"一家亡羊大家补牢"，确保案件风险的有效识别、预警和化解。

其二，立足于"控"，强化案件防控的检查监督机制。在案件防控上应始终坚持审慎的态度，构建好一、二、三道防线的多层次监督体系。尤其是处于第三道防线的内部审计稽核，不能耽于一时一地一事的简单查错纠弊，而要敏锐地通过个案分析可能存在的倾向性问题，通过局部追溯可能存在的系统性问题，为董事会和管理层正确决策提供可靠的依据和参考。

其三，立足于“处”，强化案件防控的整改问责机制。要建立对主动发现、成功堵截、检举揭发等行为的奖励基金和严格保密制度，形成有利于案件发现查处的激励机制。要着力解决姑息迁就、避重就轻和追下不追上的案件查处问题，尤其是外部揭露的案件和同质同类案件，要加大处理力度，坚持“一案四问责”、“双线问责”和“上追两级”，切实起到应有的惩戒和警示效应。

（四）必要的体检：强有力的外部监管

银行机构必须接受来自外部的监督力量为自己做“定期体检”，通过必要的外部监督保证内部健康。

一是来自监管机构的审慎监管。通过非现场监管发现异动并提出预警；通过现场检查对案件易发机构、易发岗位、易发环节、易发人群进行深查细究，发现机构在内部控制和案件风险防控方面存在的问题和薄弱环节，提出解决方案督促及时化解。

二是来自中介机构的独立审计。外部审计是银行监管的重要补充，银行应委托具有独立性、专业胜任能力和良好声誉的外部审计机构进行审计。

三是来自社会的公众监督。要设立案件举报专门受理部门，要畅通社会监督渠道，并建立与监管部门、公安、检察等部门相配合的信息共享和工作联动机制，形成发现和查处案件的合力。

（作者邱晓玲，重庆银监局党委委员、副局长）

系统重要性金融机构道德风险的形成与监管

一、系统重要性金融机构的负外部性

2008年国际金融危机给全球经济金融体系带来了巨大冲击，引发了社会对系统重要性金融机构（Systemically Important Financial Institutions，SIFIs）的广泛关注，这些金融机构由于存在巨大的负外部性，“大而不倒”所带来的巨大道德风险，已成为当前国际金融改革的重要对象。根据金融稳定委员会的定义，系统重要性金融机构是指由于规模、复杂性和系统关联性，如果经营失败，会给整个金融系统乃至实体经济带来显著破坏的金融机构。金融机构负外部性的传导主要有两个渠道：一是金融机构资产负债表渠道。当金融机构遭受冲击而暴露损失或以公允价值计量的资产出现减记时，在同一时间，资产市场上将由于出现大量抛售而导致资产价格下降，引发机构倒闭和道德风险。二是市场参与者心理预期渠道。由于市场参与者信息不对称和有限理性，将导致市场冲击扩大，市场流动性迅速消失。

二、“大而不倒”的形成原理及其道德风险

基于SIFIs倒闭可能带来的蝴蝶效应，尤其是在心理预期层面可能造成的恐慌，监管当局从稳定金融系统以及保护存款人和投资人利益的角度出发，往往会选择向该问题机构提供流动性支持，以助其渡过难关，这就是“大而不倒”（Too Big To Fail，TBTF）。目前，“大而不倒”已是“最后贷款人”（Lender of Last Resort，LOLR）制度的重要内容，成为金融监管者无法摆脱的两难选择。

理论上，Goodhart和Huang（1999）的单期、静态模型提供了一个分析的基础和起点。假设在一个商业银行系统中，初始存款规模是外生的，为D^*。各银行规模不一，但有相同的风险偏好或风险厌恶水平h。假设一家银行（或一组银行）拥有的存款数量为j，且$0<j<D^*$，其向央行求援的概率为p，破产概率为

$x=f(h)$，央行对 f 未知。如果银行没有向央行求援，则央行不采取行动，也没有损失，其概率为 $1-p$。一旦银行破产，储户将存款取出变为现金，假设存在线性关系，则由此导致 D 的变化为 $\Delta D = B_1 j + j\varepsilon$，$B_1>0$，$\varepsilon$ 为随机系数，满足 $E\varepsilon=0$，$Var(\varepsilon)=k$，B_1 和 k 均为央行所知。如果银行求援，央行可以选择不救援，通过公开市场操作来使经济中的货币存量 D 改变到最优的水平，假设这个最优水平就是 D^*，也就是使得 $ED=D^*$，由此导致的宏观经济政策失误造成的损失假定为 $E(D-D^*)^2$。由于央行不能消除随机项 ε，也就不能消除 $E(D-D^*)^2$ 中的随机部分 kj^2，也就是 $\min E(D-D^*)^2 = kj^2$。央行可以选择救援，一旦救援过的银行还是破产，则央行损失为 $Z=n+B_2 j$，n 和 B_2 均为正系数。在静态的单期博弈中，h，f，x 都是给定或者固定的，央行的决策为最小化预期损失，也就是 $\min[E(D-D^*)^2, EZ]$。当 $EZ=(n+B_2 j)x \leqslant kj^2 = \min[E(D-D^*)^2]$ 时，央行将选择救援，求解可得

$$j \geqslant \bar{j} \equiv \frac{B_2 x + \sqrt{B_2^2 x^2 + 4knx}}{2k}$$

从该模型可以得出的结论是，当银行的规模超过一定阈值时，其破产可能给整个经济金融系统带来巨大的破坏性。当其出现流动性问题时，央行对其进行救援是理性的行为，这就为“大而不倒”提供了基本的理论支持。$\bar{j}$ 的大小取决于 x、k、n、B_2，与 D^* 和 B_1 无关，对上式比较静态分析可知，$\bar{j}$ 与 x、n 和 B_2 是正相关关系，与 k 是负相关关系，也就是当银行破产的概率 x 越大，存款转移出银行系统的风险，也就是引发挤兑的风险 k 越低，央行救援银行的固定成本 n 和可变成本系数 B_2 越大，则央行提供救援的阈值 $\bar{j}$ 越高。其中，如果挤兑风险 k 非常低，则 $\bar{j}$ 将会非常高，因为银行破产带来的破坏性很低，即使较大的银行面临破产央行也不会救援；如果银行破产的概率 x 非常低，则 $\bar{j}$ 会非常低，因此央行救援行动本身的成本会非常低。

但是事情到此并未结束，如果这个阈值 $\bar{j}$ 为银行所知，则银行的风险偏好水平将发生变化。从“大而不倒”的内在逻辑看，一旦监管者对一家金融机构实施了救助，那么救助规模更大的机构也是必然的选择，这种预期在无形中鼓励了数量更多、层次更深的风险经营行为，道德风险会得到充分释放，这一假定将成为金融稳定性和自由公平市场的严重威胁。随着银行风险偏好的提高，银行的破产概率和一旦倒闭所造成的破坏性就越大，那么 $\bar{j}$ 随之提高，成为一种自我强化的循环。这时，监管者往往必须在容忍这些金融机构倒闭所造成的破坏性和规避“大而不到”的道德风险之间作出选择，这是一个进退两难的选择。

综上所述，系统重要性金融机构的道德风险来源于两个方面：负外部性和“大而不倒”。负外部性使监管者被迫选择“大而不倒”，而“大而不倒”使这些金融机构的风险偏好和规模、复杂性、关联性等更“大”，又反过来使其经营失败的负外部性上升，如何克服系统重要性金融机构的这两类道德风险就成为金融改革的重中之重。

三、对中国金融监管改革的启示

金融危机后，金融稳定理事会、国际货币基金组织、巴塞尔委员会等国际组织，以及英美等国监管者开始从制定全面政策框架出发，积极探索强化对SIFIs的监管，包括对SIFIs的有效识别，明确相关监管主体，扩大监管范围，采取差异化监管标准，完善相关风险处置机制等。从我国的情况看，可以从以下方面加强对SIFIs的监管。

（一）注重加强对大型金融机构的监管

从规模、复杂程度等SIFIs识别指标看，大型银行就是中国金融体系中的SIFIs。股改后的大型银行内控机制和风险防范体系建设还不完善，只要大型银行的准政府行为不改变，那么道德风险的病根就未彻底根除，随着规模的扩张，风险就会不断累积。因此在监管重心和资源上必须对大型银行予以倾斜。

（二）加强金融监管资源的整合

应在现行“一行三会”格局上，从法律和制度上建立两个层次的协调机制：一个是“三会”的协调，确保在跨业经营的SIFIs问题上保持监管衔接和市场公平有序竞争。二是“一行”和“三会”的协调，其主要职能是监测、分析、识别和预警SIFIs及系统性风险，向微观审慎监管机构提出相关建议并评估改进情况。

（三）完善差异化监管体制

可以借鉴国际经验，结合中国实际制定对SIFIs的认定标准。要对SIFIs实施差别化监管，尤其是资本充足率和资本质量要求。要推动SIFIs完善公司治理，提高风险管理能力。此外，监管部门应对金融机构薪酬制度进行必要的监管和干预，避免激励约束机制扭曲带来的道德风险，以及负外部效应导致的短期和过度风险承担。

（四）减少存款保险制度设计的道德风险和制度缺陷

存款保险制度虽然有利于保护中小存款人的利益和提升社会公众对银行业

体系的信心，但也存在很大道德风险，并在一定程度上替换了“大而不倒”的道德风险，而且影响面更广泛。须通过优化制度设计来降低这种道德风险，例如设立赔付上限来使储户更加关注银行经营，强化存款保险机构的监管和处置权力来降低银行的投机行为等。

（五）建立和完善金融机构破产清算的相关制度

赋予金融监管当局对所有类型金融机构尤其是 SIFIs 的处置权，设计出一整套机制和流程，使金融机构包括大型金融机构在发生危机时能够有序破产和清算，而不至于造成金融动荡和更多额外的社会成本。

（六）积极参与国际监管改革和合作

加强跨境合作，除加强并表监管、与相关监管当局签署谅解备忘录外，当前还应围绕维护金融与经济稳定性，提升金融竞争力，积极参与国际监管规则制定以及国际金融重大问题磋商，为我国金融机构国际化发展创造良好环境。

（作者丁灿，时任重庆银监局党委委员、副局长，
现任江苏银监局党委委员、副局长）

调控政策对房地产及信贷质量影响研究

一、市场运行机制及宏观调控政策

（一）市场运行机制

我国房地产供需状况决定了房价将长期处于持续上涨通道中。就需求方说：一是城镇化加速和城镇居民人均收入的不断提高导致住房刚性需求上升；二是国内投资渠道有限和房价不断上涨导致投资投机需求上升；三是稳健的货币政策，使社会流动性总体宽裕，银行按揭贷款支持购房需求上升。就供给方说：一是区域土地稀缺性和供给垄断性构成了价格刚性；二是城市基础设施和交通设施建设提升房屋含金量；三是全国 CPI 累积上涨，地价、人力成本呈逐年上升趋势，构成了房价的成本推动因素。房产作为生活必需品，若任由其按自身属性与运行机制发展，将引致公平与社会稳定问题。同时一旦经济下行，必将波及房地产及相关行业，引发系统性风险。

（二）调控政策综述

国务院于 2010 年初陆续出台政策，拉开了主动调控的帷幕，先后陆续出台了《关于促进房地产市场平稳健康发展的通知》（即“国十一条”）、《关于坚决遏制部分城市房价过快上涨的通知》（即“国十条”）、《关于进一步做好房地产市场调控工作有关问题的通知》（即新“国八条”），国土、住建、国税、银监会等相关部委也相继出台监管措施，分别从普通商品房和保障房用地、处置闲置土地、差别化信贷政策、房产税试点、征收转让营业税等方面进行规范，同时明确重点供应保障房用地，中央补助廉租住房保障专项资金优先满足补贴的前提下，还可用于购买、改建或租赁廉租住房支出等政策。目前调控初见成效，房价快速上升势头得到遏制，但主要采用限购、限贷、限价等行政手段，长期看不可持续。各地房屋登记管理系统建设滞后，家庭住房套数难以准确认定，于操作层面影响了调控对象与效果的准确和实效。

二、政策影响分析

（一）政策影响中观市场与微观主体

对中观市场的影响。一是调节供给。增加低收入阶层保障房供给，督促房企加快普通商品房开发以增加中层收入阶层购房供给，辅助限价政策。截至2012年末，四川省建设建成保障性住房和改造棚户区可覆盖全省16%的城镇居民家庭，“十二五”期间，将达到20%覆盖率目标。二是调节需求。限购、限贷抑制投资投机需求。中国房地产指数百城调查，住宅均价自2011年连续9个月下跌，2012年6月首次止跌后连续4个月微涨，9月百城住宅均价较上年同期下跌1.4%，比2010年来阶段性高点下跌1.4%。四川房地产市场整体下行，新开工面积同比下降4.9%，销售同比下降5.1%。

对开发商的影响。一是销售明显两极分化。大型房企经营平稳，中小房企销售萎缩。限购实施后，多数大型房企销售未明显下降，全国20强开发商销售额和面积最低门槛仍稳步提升。多数中小房企开发业态单一、区域狭窄，销售量与销售额双下降，2012年末四川中小开发商的66个楼盘双下降，9个楼盘销售处于停滞状态。县市三、四线城市经济适用房供给明显挤出了部分中低价位、中小套型普通住房销售。二是资金链明显两极分化。2012年末，万达、万科、保利现金流充裕，部分省级房企仍有富裕资金发放委托贷款套利。中小房企资金链紧张，2012年四川开发商贷款到期项目249个，其中经营性现金流为负的项目42个，部分中小房地产企业绕道表外通过委托贷款融资。三是业务地区转移趋势明显。三、四线城市日益成为地产商的重点布局区域。就四川而言，除置信等本土房企外，万科等外地开发商涉足三线城市的已超50家。

对上下游企业的影响。房地产下行，对钢材、水泥等上游原材料行业消费需求下降，对家具家电等下游消费的带动作用下降。一是炼钢业超三成企业亏损。房地产用钢约占钢铁行业总需求的48%。2012年上半年全国粗钢产量同比增长9.6%，同期全国房屋新开工面积同比下降7.1%，对钢铁需求量减少近3.5个百分点。二是水泥石灰和石膏制造业企业利润下降超50%。房地产对水泥石灰和石膏需求约占总需求的40%，2012年上半年全国房屋新开工面积同比下降影响水泥需求下降2.84%，同期全国水泥产量同比增长5.5%。此外，家具制造业及家用电力器具制造业企业利润下降。2012年6月末，全省家用电力器具制造业、家具制造业营业利润率同比下降的客户占行业总数的41.95%。

（二）政策影响银行信贷

对房地产贷款质量的影响。政策直接影响中小开发商资金链，进而影响银行贷款。风险监测显示，四川中小开发商到期贷款违约风险上升，2012 年到期贷款的4.14%不能偿还，2 户资金链断裂涉及贷款1.08 亿元，现金流为负的121户贷款余额 160.26 亿元。部分中小开发商还绕道表外通过委托贷款融资 149.23亿元，平均年利率达到 11.08%。同时因土地市场冷清，土储贷款到期偿还压力上升，2012 年到期土储贷款的 25.31% 不能偿还。

重度压力下房地产贷款质量恶化。当前开发商的压力主要是流动性，即以高财务融资杠杆经营，资金积压于土地与在建工程，一旦未及时销售，将导致清偿到期债务的流动性风险。压力测试风险驱动因素设为房价和成交面积下降，压力情景分为轻度（房价、成交面积均下降 10%）、中度（下降 20%）和重度（下降 30%），中间影响变量为销售收入下降，进而影响到房企流动性，从而使贷款的违约概率和违约损失概率发生变化。以四川省银行业 2012 年 6 月末时点房地产贷款作为样本，测试结果显示：轻度冲击下，新增不良贷款 4.03 亿元，比基准上升 0.41 个百分点；中度将新增不良贷款 10.85 亿元，上升 1.10 个百分点；重度将新增不良贷款 21.74 亿元，上升 2.75 个百分点。

对上下游行业贷款质量的影响。一是上游行业不良率集中。截至 2012 年末，四川房地产上下游相关行业不良贷款余额 10.91 亿元，其中上游行业占 99.73%。水泥、石灰和石膏制造业与砖瓦、石材和其他建筑材料制造业不良率分别为 7.51%、3.15%。二是部分贷款展期。企业因销售放缓资金紧张，2012 年全省共办理 28 户建筑、水泥等上游行业贷款展期。三是调控作用下相关行业贷款质量整体下迁。压力测试显示，在房地产行业持续疲软状况下，不良将持续双升。重度冲击下，新增不良贷款 16.09 亿元，不良率达 3.68%。

三、房地产贷款风险应对措施

借鉴德国和中国香港等地房地产贷款风险控制经验，我们应对房地产贷款风险应从加强长效风险管控机制建立、妥善处理不良贷款、防范潜在风险暴露和严格执行监管规定四个方面着手。

一是长效机制建立。主动调控房地产是经济可持续发展的必然要求，商业银行应顺应经济结构调整和经济发展方式转变的大趋势，加强制度建设，建立健全风险管控机制，创新产品，加强贷款“三查”管理，有效防范信贷风险。

提高银行房地产贷款信息的透明度，加强房地产贷款情况监测，及时提示风险。

二是存量风险应对。加大逾期和不良贷款清收处置，及早采取措施，防范风险蔓延。加强对新发生不良贷款的责任认定工作，开展对即将到期和展期贷款的风险排查与跟踪管理，确保贷款按期收回。对可能继续下迁的贷款，做好客户沟通协调工作，做实风险处置预案。

三是潜在风险防范。甄别现金流为负的开发商违约风险，跟踪项目建设、销售还款进度匹配程度，掌握开发商银行表外融资和民间借贷、劳资与购房纠纷情况，提前识别违约风险。分析四部委新政策对存量土地储备贷款风险的影响，及早应对。关注上下游相关行业特别是产能过剩行业走势，有步骤地实现潜在风险高的信贷资金平稳退出。

四是严格执行监管规定。认真贯彻落实中央房地产调控政策，督促银行严格执行差别化信贷政策，继续优先支持刚性购房需求，坚决抑制投机投资购房需求。严格执行银监会对土地储备贷款、开发贷款和住房按揭贷款提出的“三四三”的监管要求。支持保障房建设，按照风险可控原则，加大对公租房、廉租房、棚改房等保障房的信贷支持。

（作者李明肖，四川银监局党委委员、副局长）

地方政府融资平台发展现状及对策思考

一、地方政府融资平台的发展和现状

（一）我国地方政府融资平台的组织形式和融资模式大致经历三个阶段

一是地方政府融资平台源于20世纪80年代末。为了缓解市政建设所需资金规模较大，而地方政府财力相对不足的矛盾，部分地区的地方政府先后开办了一些“市政公司”、“城投公司”等经济实体，由其融资参与市政建设。二是亚洲金融危机之后地方政府融资平台逐渐推广开来。1998年亚洲金融危机之后，为了拉动地方经济增长，地方政府相继组建平台公司，借助地方政府信用，间接向银行贷款进行基础设施建设。国家开发银行采取了“银政合作”、“打捆贷款”的做法，引起其他大中型商业银行的仿效。三是在应对本轮国际金融危机中地方政府融资平台快速扩张。2009年3月，有关部门联合发文，支持有条件的地方政府组建投融资平台，拓宽配套资金融资渠道。地方政府进一步集中资源，继续强化融资平台的功能，做大其资本金规模，将部分财政资金、划拨土地、国有股权乃至学校、公用地块等都纳入融资平台的资本金之中。

（二）云南省地方政府融资平台数量多、贷款金额大、集中度高

截至2012年第一季度末，云南省地方政府融资平台（全口径）达490家，贷款余额占全省银行业金融机构各项贷款总额的26.37%。一是省级融资平台贷款余额占比高。12户省级融资平台贷款余额占平台贷款总额的56.42%。二是客户集中度较高。最大单户平台贷款余额占平台贷款总额的24.61%。三是行业集中度高。交通基础设施贷款余额占平台贷款总额的53.31%，市政基础设施贷款占平台贷款余额总额的21.55%。

二、辩证看待地方政府融资平台的风险

（一）融资平台不规范的做法蕴含着风险

1. 地方政府融资平台功能定位不清晰、运作不规范。一是有些融资平台是“一套人马、两块牌子”，缺乏明确的职能界定，资金“借用还”主体不清。二是资本金出资不实。一些地方政府在设立融资平台时出现虚假出资等问题。三是缺少偿付能力的指标约束。有些融资平台几乎不考虑自身负债能力和本级政府负债能力，大规模举借债务，债务风险难以得到有效控制。

2. 地方政府平台融资规模过大对财政资金偿还造成一定压力。以云南为例，2012 年到期的平台贷款规模相当于云南省 2011 年地方财政收入的 22.94%，各地政府与融资平台面临的债务偿还时点压力很大。

3. 金融机构面临潜在的信用风险。一是地方政府担保不具有法律效力。融资平台向银行的借款中，还有相当一部分是由政府财政显性或隐性担保为条件的，这与《担保法》的规定不符。二是信贷资金流向控制较难。由于一些融资平台采取“打捆贷款”的形式，将贷款资金转借给项目公司使用，银行难以监控信贷资金流向。

4. 信息不对称、缺乏有效评估加大了政府融资平台贷款的风险 。地方政府平台公司财务信息缺乏透明度，使银行难以真实、全面评估地方政府整体债务水平。同时，各地财政担保评估体系落后，法规不健全，监管不到位，中介行为不规范，也给银行有效评估和防范信用风险造成较大障碍。

5. 平台贷款受政策变化影响大。云南省较为典型的是二级公路贷款收费政策的变化带来的影响。云南省 2012 年 1 月 1 日开始取消二级公路收费，到期贷款本息的偿还主要依赖中央燃油税返还资金足额到位。截至 2012 年第一季度末，投向二级及以下公路贷款占全口径平台贷款余额的 23.38%。

（二）地方政府融资平台贷款虽然蕴含诸多风险，但总体上处于可控状态

1. 国务院和各部委采取积极措施稳妥处理地方政府融资平台问题。一是以 2010 年 6 月，国务院印发《关于加强地方政府融资平台工作管理有关问题的通知》（国发〔2010〕19 号文）为标志，开始在全国全面清理规范地方融资平台行为和银行贷款工作。二是根据国务院文件精神，财政部、银监会等四部委联合印发通知要求进一步加强对地方政府融资平台的管理。国务院和各部委采取有效的政策措施，对规范地方政府融资平台起到了积极作用。

2. 地方政府融资平台公司贷款清理工作成效初步显现。从云南银监局连续三年对平台贷款所采取的一系列措施，有效缓释银行贷款风险的工作可以窥见一斑。一是推动平台贷款整改保全，有效缓释平台总体风险。同时，积极推进中长期平台贷款整改工作，将整贷整还转变为分期偿还，近98%的中长期平台贷款已整改为分期偿还。截至2012年第一季度末，全口径平台贷款现金流全覆盖贷款的占比从2011年初的41.23%上升至88.92%，提高了47.69个百分点；平台贷款中担保贷款占比由年初的51.92%提升至74.06%，增加了22.14个百分点。截至2012年第一季度，贷款到期偿付比率达99%。同时在云南局的积极推动下，云南省政府2012年初下发了云政〔2012〕2号《关于认真做好政府性融资平台债务偿付工作的通知》，对各级地方政府落实还款计划，切实维护政府性融资平台信用提出了具体要求。二是利用各种监管手段，促进了融资平台规范经营，平台贷款风险得到缓释。从银行的风险准备看，大部分银行拨备覆盖率都在150%以上，有的甚至达到190%；从不良贷款情况看，截至2012年第一季度不良率仅为0.19%；从平台退出看，一般公司管理类平台占全省平台贷款总余额的42%；从现金流覆盖看，现金流全覆盖的平台占比88.92%，基本覆盖的平台占比5.93%，半覆盖的平台占比1.16%，无覆盖的平台占比3.99%。

三、对规范地方政府融资平台的几点思考

1. 深化地方政府投融资体系改革。一是进一步改革投融资体制，培植政府投资主体，完善公司治理结构。二是完善投融资政策，严格界定政府投资范围。三是切实加强监督管理，建立责任追究制度和权力制衡机制，完善稽查制度。四是要设置一系列指标衡量其负债能力，并制定相应法律法规。五是要提高地方债务的透明度。强化本级人大监督和群众的社会监督，建立完备、透明的地方政府债务信息披露制度。

2. 适当放宽地方政府及其“平台”发债权。一是要适当放宽地方政府发债权，由各省级政府量力而行地制订地方政府发债计划，由中央财政统筹核准，由相关监管部门审批。二是要允许“平台”发债、发券，准其进入资本市场融资。应尽快出台鼓励地方政府及其“平台”直接融资的政策措施，形成包括间接融资和直接融资在内的多元化融资结构。

3. 金融监管部门要进一步加强对地方政府债务风险的监测和研究。人民银

行和银监部门要牵头建立协调机制，认真开展地方政府债务的全面调查和涉及金融部门贷款的风险排查，摸清地方政府债务负担的现实情况。要从维护金融系统安全的角度出发，运用联席会议、金融媒体等多种渠道和方式，加大为金融机构代言宣传力度，形成对政府投融资平台理性发展的良性制衡。

（作者马驰，云南银监局党委委员、副局长）

强化信息科技风险管控　提升银行业核心竞争力

——对云南省银行业信息科技状况调查

信息科技风险既是银行业核心竞争力重要组成部分，又成为能够导致银行业金融机构瞬间停运的唯一风险。近年来，云南银监局一直开展辖内银行业金融机构信息科技状况全面调查和分析，现结合其风险特点，从监管政策导向、监管工具箱建立及运用、信息安全管理作用充分发挥等角度提出监管对策，以资研究。

一、云南银行业信息科技基本情况

以下是云南银监局调查收集的银行业基本情况：

（一）信息科技投入与外包费用

云南银行业信息科技投入与机构经营规模、重要信息系统数量之间有一定印证匹配关系。华夏银行 2011 年科技投入增幅达 17%，主要是该行总行前期启动核心系统改造替换项目影响已在一级分支机构科技配套设施建设方面逐渐显现。

本地法人在快速占领市场以及与大行分支机构展开竞争的双重压力下，选择信息科技外包是一条投入较少、专业较好、见效较快的途径。分支机构信息科技外包情况更多受其总行科技发展战略的影响。例如，华夏银行主要委托同业为其开发运维各类系统，自上而下亦遵循此类模式，外包费用占比偏高。

（二）信息科技人力资源

云南银行业信息科技人力资源不足与分布不均情况比较突出且整体应用水平偏低。政策性银行因员工基数远小于商业银行，科技人员与风险管理人员占比相对偏高，其他银行间无大的差别。深发展（平安银行）信息科技人员与信

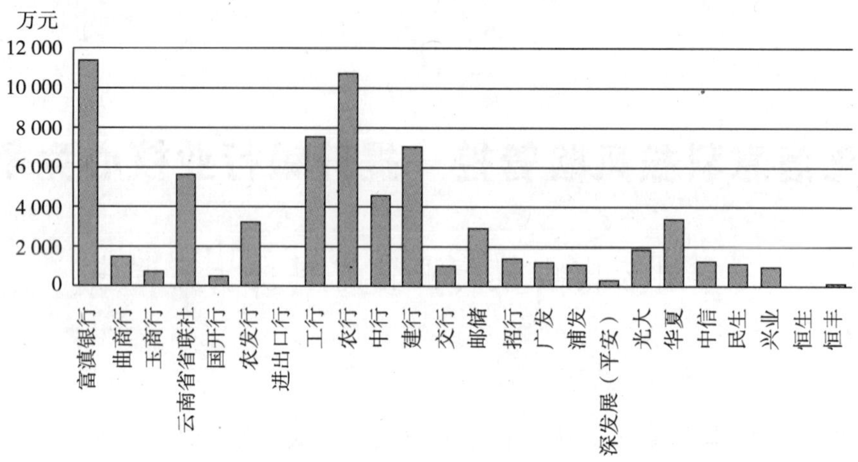

图1　2011年云南银行业信息科技总体投入情况

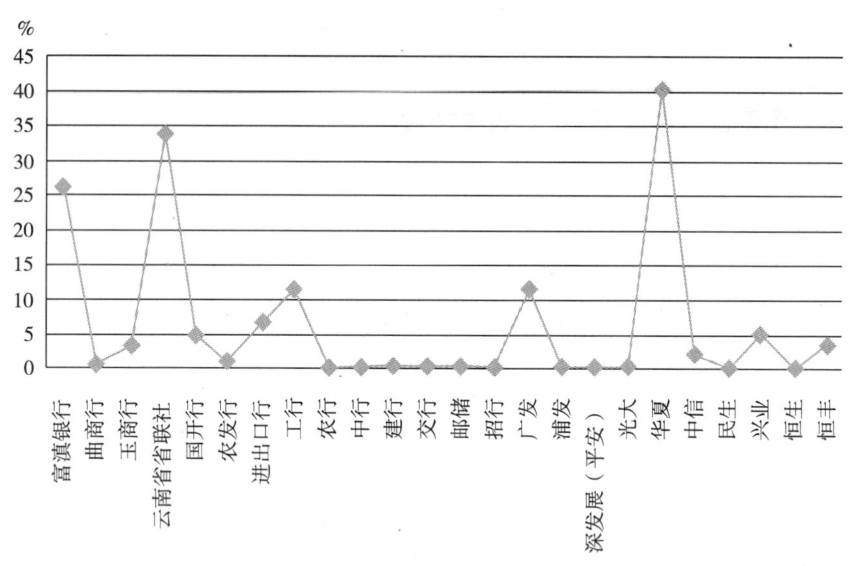

图2　2011年云南银行业信息科技外包费用占比情况

息科技风险管理人员的配比稍好，这与该行一直注重以信息化提高经营水平及重视信息安全的企业文化有关。

（三）经营网点规模

云南银行业经营网点服务范围覆盖并不均衡，有效覆盖全省的仅省联社一家，大型银行和邮储银行处于第二梯次。

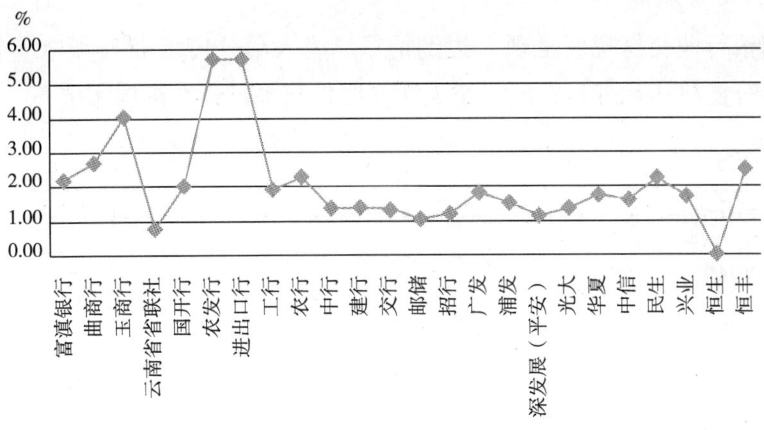

图 3　2011 年云南银行业信息科技人力资源分布情况

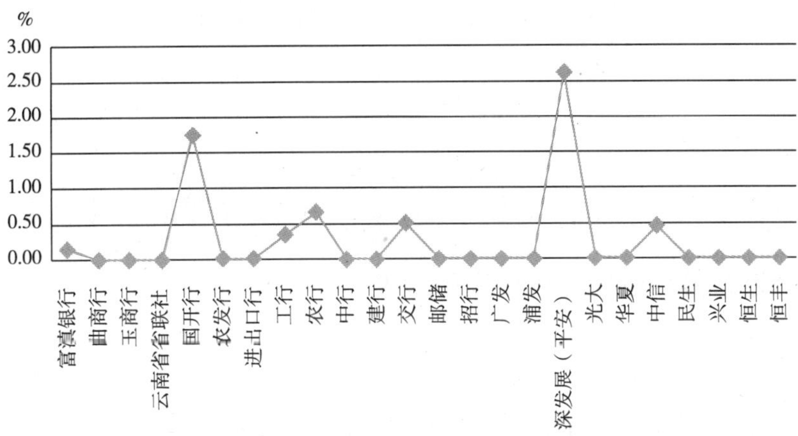

图 4　2011 年云南银行业信息科技风险管理人力资源分布情况

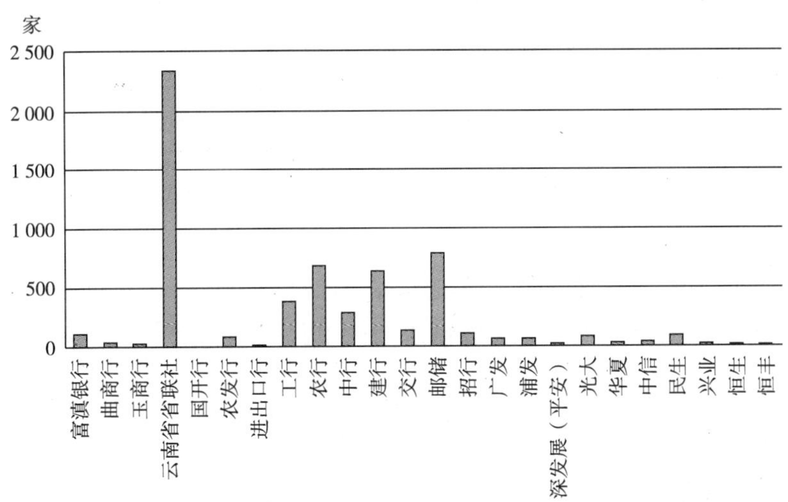

图 5　2011 年云南银行业经营性网点规模

（四）交易规模

云南银行业交易规模呈现一边倒情形，绝大部分传统业务和电子银行业务均由大行分支机构承载，本地甚至无法与股份制银行分支机构相抗衡。

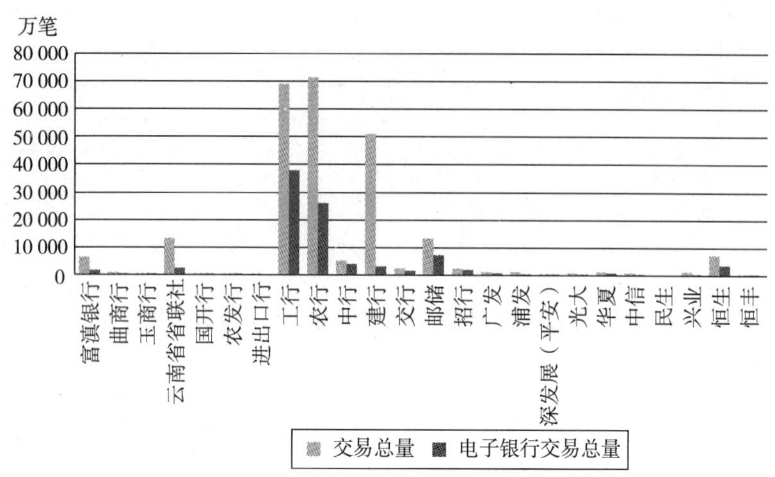

图6　2011年云南银行业交易规模

二、云南银行业信息科技应用水平

（一）辖内法人

云南辖内共有4家数据集中处理的法人机构，3家城商行，1家省联社。其中，富滇银行的金融产品门类最为齐全，除第三方存管业务外，其余实时性较高的业务均有涉及。经营区域跨度也以富滇银行最广，不但跨省（重庆）而且跨境（老挝），其余3家机构为本省经营。

外部环境方面，云南省整体信息化发展水平低于发达地区，信息科技资源主要集中在省会城市，地市级城商行信息化水平受当地资源不足的制约程度甚大。

内部环境方面，城商行用人机制较省联社自由灵活，计算机应用水平基本能够满足需要。省联社的员工计算机应用水平较低等因素已成为省联社信息化发展的主要制约因素之一，这一因素也可能成为妨碍其向农村商业银行转型的一大技术性因素。

（二）分支机构

云南银行业分支机构信息科技应用水平主要体现在运维保障能力方面，业

务持续运行和信息安全成为分支机构管理首要目标。

业务连续性方面，招商银行较好，是唯一实现重要信息系统虚拟化和同城灾备机房的机构。鉴于网络的基础重要性，实现双运营商、双核心网络设备的分支机构占比已近100%。但各分支机构应对突发事件的能力参差不齐，即便是公认科技领先的大行也不一定做得很好，例如，辖内某大型银行省分行也曾发生过近3小时的全省业务中断。

信息安全方面，分支机构均处于一个整体水平较低且发展缓慢的态势，主观因素是全员信息安全意识淡薄。最根本原因是管理层对此已知之甚少，指导员工增强意识更无从谈起。客观上信息安全管理职责归属信息科技部门，跨部门协调力有限。

分支机构中管理技术手段上出现一些好的势头。一是约26%的分支机构开始应用虚拟桌面或桌面安全系统监控敏感信息泄露、病毒威胁、违规操作、误操作等风险。二是生产数据向加密保护方向发展。例如，工行采取普及电子信息加密技术等。

（三）村镇银行

村镇银行的信息科技一直是一个比较特殊的领域。组织结构上独立法人运作，信息系统运维托管至发起行。现场巡查发现，村镇银行信息科技总体应用水平与发起行的 个营业网点相当。全国性股份制商业银行筹建的村镇银行信息科技基础设施、信息安全、信息科技管理等方面要好于本地法人发起的村镇银行。

由于村镇银行与发起行具有统一的信息系统和结算网络，其信息化发展受制于发起行，规模较小的发起行甚至需要对现有的核心系统做大的功能改动才能满足需求，成本与收益之间矛盾突出。随着村镇银行如雨后春笋般在云南各地开办，本地发起行与外来发起行之间信息科技实力以及产品多样性方面的差距，将决定未来各自村镇银行之间的竞争输赢。

三、云南银行业信息科技风险特点

云南银行业信息科技主要呈现以下风险特点：

一是信息科技风险管理自上而下效果不显。分支机构信息科技人力资源占比严重偏低，仅2.03%，信息科技风险管理人力资源占比更是低至0.27%，且多为兼职身份。云南银行业信息科技风险管理人力资源投入与其社会及国民经济影响力之间极不相称。

二是信息科技监管资源难以有效覆盖分支机构。银监会监管理念以法人为重点，但信息科技秉性特殊，一个地市级法人机构业务系统中断 1 小时与一个省分行业务系统中断 1 小时的公众影响力孰重孰轻显而易见。派出机构与辖内分支机构之间长期存在信息不对称、信息科技风险事件处置滞后等问题，发生信息科技突发事件时，监管机构常常处于舆情被动的局面。

三是数据保护成为信息安全控制链条上最薄弱一环。这是一个让监管机构最为忧心的共性问题。云南银行业数据安全备份恢复基础设施具备率尚不足 20%，加之分支机构外包依赖度高，敏感信息泄露敞口大，已成为一个重要风险点。

四、监管对策

（一）通过监管政策导向逐步培植数据安全产品“去欧美化”

在信息安全国有化道路上，我国重视了边界防护安全保密产品，如防火墙、加密设备等，却忽视了信息安全链条上最重要、也最薄弱的一环，即数据存储产品。目前，我国 IT 市场上仅个别产品（如上海爱数）可勉强与国外品牌相提并论，数据安全国有化仍未成气候。因此，强制推行国产数据存储产品以及配套数据安全容灾备份系统，是我国银行业逐步摆脱国外核心技术垄断的关键一步。

（二）逐步提高信息科技监管人员运用专业监管工具的能力

常规的信息科技现场检查和非现场监管手段，并不能达成精确定位识别潜在风险的目标，在信息科技风险识别方法上需要另辟蹊径，构建专业监管“工具箱”，同时采取深入培训和大量实际操作让监管人员发挥工具的威力，才能提高监管效果。

（三）与业务风险挂钩监管

采用信息科技监管的方法，若能发现业务层面的风险，将会收到事半功倍的效果。例如，信息科技人员将业务风险交易模式落实到后台交易数据的查询和甄别上。

（四）调整监管着力点更加注重培植机构信息科技部门信息安全管理团队的独立性和专业性

监管实践说明，推动信息科技风险管理统一纳入银行总体风险管理将是一

个监管机构与银行之间长期博弈的过程。由于缺乏明确的方法和标准，辖内法人、村镇银行的高管对于信息科技风险管理内部职能的履行也充满困惑。反观信息安全管理，国内在这一领域的研究和实践相对成熟，可以考虑利用强化银行内部信息安全团队独立管理职能等途径在信息科技部门内部分化出一道更具专业性的防线。

（作者李波，云南银监局党委委员、副局长）

西藏中小企业发展困境与对策

在西藏实现经济社会跨越式发展的进程中，中小企业成为其中发展最迅速、最有生机和活力的一支力量，成为社会经济的重要组成部分，在激活市场竞争、推动经济发展、为社会提供就业、增加税收、促进区域经济快速发展等方面起到了不可替代的作用。然而因多方面原因，融资困难已经成为阻碍西藏中小企业发展的首要问题。

一、西藏中小企业发展现状

截至2012年6月末，西藏银行业金融机构中小企业贷款余额达80.17亿元，比年初增加40.35亿元，增长101.33%，增幅高于全区贷款平均增幅50.98个百分点。在地方政府、金融机构的大力支持下，全区中小企业在建筑、旅游、餐饮住宿、农产品加工销售、商品批发零售等行业得到了快速发展。截至2012年6月末，西藏中小企业已突破11万户，注册资本（金）达430多亿元，上缴税收近50亿元，中小企业已创造了全区90%以上的工业增加值和40%以上的城镇就业机会，已撑起西藏经济的“半壁江山”。

二、西藏中小企业发展困境

（一）政策机制方面的问题

1. 相关政策规定亟待落实。按照《中小企业法》的规定：县级以上人民政府和有关部门应当推进和组建中小企业信用担保体系。但西藏中小企业信用担保体系尚不健全，地区及以下担保企业仅一家，贷款风险只能由银行独自承担，导致银行不愿向中小企业发放贷款。

2. 金融资源分布亟待改进。西藏银行业金融机构相对单一，特别是地区仅有农行、中行、建行经营贷款业务，在县及县以下仅有农行一家，机构间的竞

争压力不大，难以适应中小企业对金融服务的特殊需求。

3. 区域货币政策亟待完善。西藏实行“宽、特、优”区域货币政策，贷款利率执行西藏特殊优惠的贷款利率，不上浮不下调，人民银行对商业银行的贷款利率有直接的控制权，该制度使商业银行很难规避其资金风险，从而不愿发放中小企业贷款。

（二）企业自身方面的问题

1. 企业管理手段滞后。西藏多数中小企业经营规模小，管理基础普遍薄弱，关联交易复杂，财务制度不健全，且往往不愿也不能够披露所有的信息，使银行无法掌握企业真实的经营财务状况和信用状况，在一定程度上抑制了金融机构的放贷意愿。

2. 社会信用意识淡薄。西藏许多中小企业信用意识淡薄，资信状况不佳，偿债能力差，银行审查企业资金用途和回笼资金困难，风险难以控制。甚至有部分企业借改制之机，恶意逃废和悬空银行债务，致使大量信贷资金形成风险，造成银行信贷资产质量恶化，严重制约了金融机构信贷投入能力和贷款投放信心。

3. 银行贷款依赖性强。目前，西藏多层次资本市场尚未形成，中小企业难以通过直接融资渠道获得有效的资金供给，反而对银行贷款的依赖进一步加大，而较多金融机构着眼于“大行业、大企业”，在很大程度上影响和阻碍了西藏中小企业的发展。

（三）银行机构方面的问题

1. 缺乏长远发展规划。一是政策体系亟待完善。国有商业银行与中小企业在信贷供求上存在先天的“体制不适症”，中小企业复杂的所有制构成决定了商业银行很难形成一个统一的扶持其发展的政策体系，真正适用并对中小企业有益的政策制度并不多。二是市场定位亟待改变。商业银行经营战略定位仍然是面向“大企业”和“重点客户”，现行的经营管理体系未能向中小企业定制相应的服务流程，对中小企业产生了事实上的“不平等”。

2. 缺乏长效帮扶机制。一是考核激励机制不健全。辖内各银行机构出台了不同程度的贷款责任制，而相应的激励机制却未得到根本改善，导致信贷奖惩机制不健全，激励和约束机制不对称，银行普遍缺乏贷款动力。二是风险控制体系不健全。金融机构普遍接受的抵押品仅限于土地、房产以及少量的通用型原材料和机器设备，抵押品种类别过于单一，对中小企业贷款的风险无法实现有效控制，大多数中小企业得不到有效信贷支持。三是金融保障体系不健全。

西藏没有建立起对中小企业贷款担保机构的风险补偿机制，不利于商业银行分散贷款风险，严重影响商业银行发放中小企业贷款的主动性和积极性。

3. 缺乏有效信贷服务。一是适用于中小企业的信贷流程不畅。西藏金融机构对中小企业的贷款程序仍不能完全适应中小企业“需求小、要求急、周转快、经营灵活”特点的需要，企业获得一笔贷款仍需较长时间。二是适用于中小企业的信贷产品不多。近年来，各商业银行相继推出了“成长之路”、“速贷通”等中小企业金融产品，但这些产品都是针对全国中小企业特点统一研发的，适合西藏中小企业特点的信贷产品仍然偏少。三是适用于中小企业的信贷服务不够。2012 年上半年，全区银行业金融机构中有些行中小企业贷款发放额占本行公司类贷款发放额的61. 84%，而个别行仅占1. 69%，各行中小企业金融服务的差异大。

三、西藏中小企业发展对策

（一）在落实政策上求得实效

各银行业金融机构要对中小企业在信贷条件上“一视同仁”，全面落实贷款优惠政策，确保中央赋予西藏的特殊优惠货币政策用好、用足、用活；要在更大程度上积极争取总行在制度设计和政策安排上对在西藏各分支机构实行差异化的信贷管理办法和单独的考核办法，切实增加对中小企业的信贷投入；要积极探索适合西藏中小企业特点的贷款风险覆盖和定价机制，逐步实行有管理的浮动利率政策，有效缓解西藏中小企业贷款难题；要根据西藏中小企业不同的特点，适当放宽贷款条件，确保中小企业的合理信贷需求尽量得到满足；要不断加强同财政部门的沟通和协作，加强信贷资金与财政资金的搭配结合使用，实现以财政政策鼓励金融投入的良性互动。

（二）在内强素质上唱好“主角”

企业应转变观念，视信用为生命，按时偿还贷款本息。要按时向银行报送真实的财务报表，让银行及时了解企业的经营状况和信贷资金的使用情况。要继续深化企业改革，进一步完善企业经营机制，完善企业法人治理结构，使企业真正成为市场的主体，增强企业对外融资的能力。

（三）在完善机制上狠下功夫

各银行业金融机构一定要积极转变经营观念，树立包容性的信贷客户培养和营销理念，偏重对中小企业的支持。要进行激励机制创新，制定有利于信贷

营销的正向激励机制。要严格把关，分类管理，不断完善对中小企业的贷款管理制度，确保信贷有效投入。银行监管部门要根据商业银行中小企业贷款的风险、成本和核销等情况，采取差别监管措施，适当提高其不良贷款比率容忍度，做到尽职免责。

（四）在强化联动上多作谋划

各银行业金融机构应通过银企恳谈会等形式，加强银企双方联系和自主选择，提高衔接效率；要充分利用银行信息优势，为中小企业提供贷款管理等多种信息咨询服务，帮助企业找准市场；要积极帮助企业健全财务会计制度，切实掌握企业财务真实状况，保护投资者等各方利益；要主动及时掌握贷款企业经营情况和资金流向，帮助企业“既出票子又出点子”，切实建立互利共赢的新型银企关系。

（五）在加大扶持上做好文章

各银行业金融机构要继续深化“六项机制”，按照“四单”管理原则，建立健全中小企业贷款管理体制；要加强对融资模式、服务手段、信贷产品及抵（质）押方式的创新，降低优质中小企业的授信门槛，设计不同的金融服务产品，制定相应的个性化服务方案，进行差别化服务；要切实为有偿还意愿和能力、可持续发展的中小企业开辟绿色通道，提供快捷便利的信贷服务，切实满足企业的信贷需求。

（六）在融资渠道上拓宽路径

地方政府应建立中小企业贷款风险补偿基金和中小企业发展基金，对符合条件的中小企业进行直接投资或贷款补贴。适当放宽企业债券和股票发行限制，使条件好的中小企业能尽快从金融市场上筹措到资金。各银行业金融机构要通过大力组织存款，进一步加强系统内资金调度等举措，增加银行信贷资金供给能力。加强同担保机构的沟通协作，按照双方的风险管控能力，合理确定代偿比例，放大担保倍数，有效防范和化解信贷融资风险，确保信贷资金安全，共同破解中小企业融资难题。

（作者杨宝林，西藏银监局党委副书记、副局长）

贷款五级分类管理“短板”及对策建议

一、存在的主要“短板”

（一）监管制度“短板”

近年来，国际上对贷款的分类日渐重视“二维评级框架”。与此同时，我国部分银行推行的十二级分类也引入了“二维评估”，将信贷风险评级分为“借款人评级”和“债项评级”。相比之下，现行监管制度仍停留在以贷款抵押担保和逾期天数为主要考量因素的矩阵模式，贷款分类监管制度滞后于实践发展。

（二）监管政策“短板”

一是新会计准则要求以未来现金流量折现来计提贷款减值准备，但监管规定以五级分类为基础，并引入拨备率，按照拨备覆盖率和拨备率孰高原则计提准备金，降低了准备金与五级分类的关联度，弱化了分类结果对准备金计提的约束力。二是不良贷款“双降”指标的监管考核，使银行在不良贷款持续走低、“双降”空间趋小，经济下行、不良贷款反弹形势严峻的情况下面临较大的不良贷款暴露压力，容易造成部分银行人为压低不良，造成分类结果失真。

（三）银行管理“短板”

一是行际差异大。内控、IT、操作等方面，城商行落后于大型银行和股份制银行，有的法人城商行未按企业类别实行五级分类差别管理，未结合小企业特点制定分类细则。二是整体性“短板”。即使是管理较好的大型银行，也存在信用评级与客户财务报表数据之间因时间间隔较长而影响分类结果真实性和准确性的情况。三是考核机制弊端。重视结果但缺少数据和分类质量管理的绩效考核机制，使被考核者人为调整分类结果，以减少高资金占用成本对绩效考核的影响。

（四）操作“短板”

一是未严格执行分类标准和程序。突出表现在分类频率不够、分类结果维持不变、分类标准人为放宽等。二是掩盖资产质量真实性。个别行对风险较大

的贷款，通过借新还旧、重组、展期等，将即期风险转化为远期风险。三是信息系统滞后。目前部分银行分类系统软件的研发和使用滞后，仍以手工分类为主，从而影响了分类的准确性。

（五）人员"短板"

一是数量"短板"。突出表现是需要复核的公司类贷款多、工作人员少，工作质效难以保证。二是素质"短板"。与五级分类对工作人员的风险意识和能力要求相比，一些银行分类人员业务水平和岗位要求差距大。三是认识误区。个别银行管理人员错误认为贷款分类仅是考核需要，从而人为确定不良贷款数字。

（六）内外部监督"短板"

一是银行内部检查不够。在贷款质量的监管检查之外，银行缺乏内部的贷款分类常规性监督检查指导机制，内审检查少且力度不够。二是监管关注度降低。近几年，监管部门对贷款质量真实性检查频次和跟进措施较少，客观上造成了银行对五级分类的懈怠和放松。

二、成因分析

（一）单向激励的考核机制影响分类准确性

各行对不良贷款考核的重视，使五级分类结果直接影响经济资本回报、盈利、财务资源分配，甚至影响到员工薪酬待遇，造成被考核者不愿主动暴露贷款风险。以辖内某行为例，该行的贷款考核按用途和五级分类设定价格系数，计算资金占用成本。一笔1 000万元贷款，从正常或关注类4.2%的资金成本，到次级类10%的资金成本，分类下调一级，资金收入不变，资金收益将减少58万元。甚至在不良贷款指标考核压力下，人为通过展期、重组、借新还旧等手段调整分类结果，低估不良贷款。而多部门协作的分类机制，造成偏离责任认定困难，难以问责。

（二）人员素质影响到分类质量

一是素质差距。相比贷款五级分类对业务人员知识和能力的要求，一些银行机构从事分类工作的人员缺乏分类知识和业务基础，同时未经系统性培训，很难把握信贷资产质量分类结果的准确性。二是认识误区。有的银行管理人员错误认为贷款分类仅是考核需要，追求结果，忽视过程，人为确定不良贷款数字。三是人员少、任务重的矛盾。部分行信贷员管户量大，贷后管理压力大，常因分类信息不充分，造成分类结果偏差。以某支行3月末265笔应复核公司类贷款为例，一名工作人员需在 1 天内完成，工作疲于应付，分类质效无法保证。

（三）分类执行不规范影响分类质量

一是还款能力评估不准确导致偏差。个别行重担保、轻现金流，完全根据押品价值和保证等担保能力进行贷款分类，对企业的经营、管理、财务等因素不够重视，贷款分类偏离明显。二是贷后管理不到位。贷后检查报告简单、重复，贷款档案中相关资料信息未及时更新，还款能力分析缺乏相关数据支撑。三是偏重于期限分类，未适当参考即期偿债能力，只要未逾期、无欠息，均列入正常类。四是偏重于采信主办人员和基层行的分类结论，未进行实质复核和查验。如某行规定分类工作每月进行一次，由各（分）支行将需调整级次的贷款分类资料和相关表格报总行，但对贷款分类应调整却未调整的情况缺乏应对手段。五是信息系统滞后。贷款五级分类是动态的信贷风险管理过程，要求对借款人的资料数据进行长期积累和分析，对计算机的运用要求较高，而目前部分银行分类系统软件的研发和使用滞后，手工分类大量存在，因而分类质量受到影响。

（四）内外部检查未有效发挥对分类准确性的监督作用

一是银行内部检查不够。除监管要求的贷款质量检查外，银行内审很少安排贷款五级分类检查，检查力度、频率都不足，缺乏常规性的贷款分类监督检查指导机制，一些银行甚至连续几年未开展此方面的审计检查。二是监管部门对贷款偏离度的关注度还不够，贷款质量真实性检查的频次和跟进措施偏少，一定程度上导致银行对五级分类的懈怠和放松。

（五）外部因素影响分类准确性

一是监管部门对不良贷款“双降”的重视和考核，尤其是对不良贷款上行的过度关注，导致银行暴露不良贷款的压力较大，从而使银行人为去压低该数字。二是监管要求不统一造成的分类偏差。如仅对农合机构适用的借款人“经营亏损，支付困难并且难以获得补充资金来源，经营活动的现金流量为负数”被列入次级类的情况，在执行中会造成同一客户在不同机构间的不同分类。三是借款人外部压力影响分类准确性。由于借款人的贷款分类信息在征信系统中被各行共享，为成功营销客户，一些行放松分类标准。

三、对策建议

（一）进一步完善贷款五级分类制度

全面评估贷款五级分类制度和执行情况，借鉴巴塞尔新资本协议内容，修订相关制度办法，改进风险分类体系，加强贷款风险评级、计量体系的建设，引入并加快推进内部评级法的运用。

（二）完善贷款损失准备金监管制度

结合新会计准则的实施，适时修订《贷款准备金计提指引》，与新会计准则全面接轨，消除政策差异，统一贷款减值准备的计提方法，使监管标准更加严格、审慎。

（三）加强检查监督力度

一是加强监管考核要求，对内审部门提交的检查评估报告进行监管评核，对内审检查评估履职尽责不到位的银行进行监管处罚。二是将贷款五级分类列为现场检查必查项目，对于现场检查查出的问题及后续整改中存在的问题，视问题情况及整改效果与准入相挂钩。

（四）引导、督促银行机构完善五级分类管理

一是督促银行将风险分类的理念融入信贷管理，将五级分类作为信用风险管理的最低标准，具体操作标准只高不低。二是引导银行将绩效考核与贷款风险分类真实性挂钩，形成正向激励。三是完善贷款风险分类操作系统，建立贷款质量分析评价体系，减少主观性和人为操作痕迹，提高结果准确性。四是建立人员学习培训常态机制，提高分类技能，降低操作风险。

（作者李华涛，陕西银监局党委委员、副局长）

大连市科技型中小企业融资情况调查报告

一、大连市支持科技型中小企业发展及融资情况

近年来，大连市积极搭建科技研发、创业孵化、科技融资等平台，为科技型中小企业的快速发展提供了动力。据不完全统计，目前大连市科技型中小企业已超过 4 700 家，创造了全市约 66% 的发明专利和 82% 的新产品研发。仅 2011 年就获得专利 1 116 件，同比增长 48%。

在支持科技型中小企业的过程中，大连银行业机构通过完善服务模式、创新金融产品和改进审贷内容等多项措施，为辖内科技型中小企业的发展提供了有力支撑。如浦发银行依托产业园区批量开发客户，利用该平台的政策和信息优势，达到节约营销成本和全流程风险管控的目的；建设银行以能源管理合同形成的应收账款设定质押担保，以用能单位产生的节能收益作为还款来源，满足了能源环保类科技型中小企业客户的经营需求；工商银行逐步优化贷前调查内容，将调查重点落脚为考察企业专利技术、产品价值以及专业机构对其技术产品的认可，更为准确地评估了企业的真实还款能力。截至 2012 年末，大连地区银行业金融机构对科技型中小企业累计授信已超过 150 亿元，贷款余额达 28.95 亿元，比上年同期增长了 4.63 亿元，增速达 19.04%。

二、科技型中小企业融资面临的突出问题

尽管科技型中小企业的发展取得了一定进步，但也依然面临诸多问题。除了自身资产规模较小、缺少抵质押物、经营风险高、财务管理弱化、征信体系不完善等导致的中小企业融资共性问题外，科技型中小企业融资困难还体现在企业创业初期，科学技术成果能否转化为生产力尚待市场证明。

（一）政策性支持力度不足

我国目前对于科技型中小企业的政策性融资工具较为单一，主要依靠科技

型中小企业技术创新基金通过无偿资助、贷款贴息和资本金投入等方式扶持科技型中小企业，且扶持力度仍显不足：在资金审批投放方面，为保证资金安全，科技创新基金偏重于较为成熟的项目，而将大量处于早期研发阶段、尚未投产的创新项目排除在外；在资金支持额度方面，根据国家科技部和大连市《科技型中小企业技术创新基金管理暂行规定》，科技创新基金对企业提供的支持额度分别不得超过100万元和50万元，而调研显示，77.78%的科技型中小企业现有的资金需求均超过100万元，这就导致科技创新基金对企业资助额度整体偏低，远不能满足企业在技术研发和成果转化过程中大量的资金需求。

（二）风险投资行业门槛较高

与欧美国家相比，我国创业投资行业发展仍处于初级阶段，且投资对象主要处于成长期和成熟期，对种子期、创建期中小企业的支持力度严重不足。再加之国内资本市场门槛较高，大部分科技型中小企业难以满足发行债券或上市的诸多条件，导致融资渠道单一，只能依靠银行贷款等间接融资手段满足资金需求。

（三）银行信贷难以获得

第一，由于对核心技术缺乏了解，使得银行难以准确评估科技型中小企业的价值。科技型中小企业的产品和服务通常在某一专业领域具有较高的技术含量，这就对银行和信贷人员的专业知识提出了较高的要求；同时，由于权威机构和中介服务体系缺位，导致银行对企业专利技术和研发项目的经济价值缺乏判断。

第二，由于缺乏有效的风险缓释手段，科技型中小企业难以达到银行发放贷款的标准。相对于传统行业，科技型中小企业资产主要以技术专利等无形资产为主，可用于抵质押的有形资产规模较小、金额低，无法满足各类银行融资担保机构对于融资安全性的基本要求。

第三，由于对科技型中小企业的担保能力不足导致银行“慎贷惜贷”。目前为科技型中小企业服务的专业融资担保公司仍寥寥无几，且现有的常规担保机构也出于对行业领域陌生、缺乏有效反担保措施等原因，难以为科技型中小企业提供融资担保。

三、破解科技型中小企业融资难题的政策建议

（一）国家应加大资源投入，改善科技型中小企业的融资环境

一是加大对初创期科技型中小企业的支持力度。优化现有创新基金运作模式，重点支持种子期和研发期类项目，提高单笔资金额度和资金投入总量；建

立专用于科技型中小企业贷款风险补偿基金，加大对银行信贷风险的分担和转移力度；加强对科技型中小企业的税收优惠，进一步减免企业税赋。

二是发展风险投资增加科技型中小企业的融资渠道。持续优化风险投资环境，鼓励民间资本进入风险投资领域，加快推进我国风险投资行业自律，推广有限合伙人制度，并积极研究出台鼓励风险投资中介服务发展的相关措施。

三是完善科技型中小企业的征信体系建设。整合科技、工商税务、知识产权登记机关等各部门的资信数据，完善企业和个人信用信息共享平台；建立诚信奖励和失信惩戒机制，定期对企业进行信用评级，以此培育良好的市场主体和信用文化。

四是推进科技型中小企业的信用担保体系建设。继续增设不以盈利为目的、专为科技型中小企业提供服务的担保公司；通过注资、补贴、税收减免等形式，积极鼓励已有的专业科技型中小企业担保公司，支持其进一步提高担保能力；引导担保机构降低反担保条件，提高对代偿比率和代偿损失率的容忍度。

五是推动建立知识产权转让登记和处置制度。尽快出台与知识产权相关的交易和配套制度规定，建立便捷的交易方式和产权登记及变更手续，培育知识产权交易流转市场；同时，探索建立政策性知识产权质押贷款质权处置周转金制度，解决金融机构知识产权资产处置变现难的问题。

（二）银行要承担社会责任，创新支持科技型中小企业融资机制

一是持续优化信贷业务流程。不断改进信用评级和贷款项目评审工作机制，充分考虑科技型企业的具体特点和项目的成长性；适当简化信贷审批手续，下放信贷审批权限，设置金融服务“绿色通道”，为科技型中小企业提供快速、便捷的融资服务。

二是不断增强金融产品创新。积极探索多样化的风险缓释措施，开办专利权、商标专用权等知识产权质押信贷业务，重点支持具有自主品牌和自主知识产权的科技型中小企业；发展依托产业园区、孵化基地等批量开发科技型中小企业客户模式，实现批量化、专业化经营。

三是实行对科技型中小企业的差别化支持。重点支持在拥有技术基础、成本优势和创新活力的科技型中小企业做精做强，以“差别金融”代替“普惠金融”；有条件的银行业机构应设立服务科技型企业的内设部门或专营机构，或在国家、省级技术开发区（园区）直接设立科技信贷支行，为科技型企业提供专业化金融服务。

（三）企业应修炼内功，不断提升自身素质以达到融资标准

一是力求“与时俱进”。科技型中小企业要提高对市场机会的把握能力，加

大研发力度，提高科技成果的转化利用速度，不断加快自主创新步伐。

二是优化内部管理。加快建立现代企业制度，推进公司治理，严格遵守财务会计核算制度，不断规范企业会计确认、计量和报告行为，及时、准确、完整地提供财务信息，增强信息透明度。

三是提升诚信意识。各科技型中小企业要不断增强信用观念和法制观念，做到守合同、重信用，保持与银行沟通交流渠道畅通，按期归还贷款，积累企业信用，积极维护金融秩序。

（四）监管部门需给予政策倾斜，引导银行改进科技型中小企业金融服务

积极发挥政策引领和窗口指导作用，允许银行在中小企业标准基础上再适当提高科技型中小企业不良贷款的风险容忍度1~2个百分点；将科技型中小企业的金融服务情况纳入对银行的考核，对贷款发放多、风险控制好的银行可给予政策和准入倾斜；鼓励银行建立或将现有分支机构改建为专为科技型中小企业服务的专业支行；对于支持科技型中小企业有力的担保公司，在风险可控的情况下，允许银行业机构在国家规定的范围内适度提高其担保放大倍数，鼓励银行业不断加大对科技型中小企业的信贷扶持力度，更好地服务实体经济。

（作者王萍，大连银监局党委委员、副局长）

大连市房地产信贷风险调查报告

大连银监局始终将房地产领域的贷款风险作为重点防控风险，并从2010年下半年开始，依靠全方面立体式房地产监测体系，重点监控辖区24家银行业机构190户房地产企业的256个楼盘建设、销售和信贷状况，通过六家联系行制度，及时了解辖内房地产市场和信贷的最新情况。并于2012年10月对辖区150多户房地产企业的经营情况进行了深入调研。调查表明，房地产市场的低迷已影响到房企的正常销售回款和良性发展，房地产市场风险正向银行体系传递，应高度关注当前房地产信贷市场面临的诸多风险隐患。

一、房地产市场及房地产信贷面临的突出问题和风险

（一）房企信心不足，土地市场形势严峻，新开工面积下降，对后市影响较大

2012年1—9月，大连市出让房地产开发用地823.3万平方米，同比下降40.3%，同比缩幅高于全国26.3个百分点，绝大部分以底价成交。此外，新开工面积增速下滑，同比增长仅为4.6%，商品住宅供给同比下降9.8%，本年月均供应量低于2009年期间的最低水平。开工和供应萎缩的影响可能在2013年以后逐步凸显，萎缩的供应如果和市场升温叠加，产生的放大作用将非常不利于未来房地产市场的稳定。

（二）房地产销售市场疲软，库存维持高位，滞销楼盘增多

房屋销售同比下降28.4%，目前18.6万套的房地产库存量仍需要市场消化34个月，与银行存在信贷关系的在售楼盘70%以上销售进度不过半等。房地产市场低迷、库存较高的主要原因有四个方面：一是2010年以来房屋供给持续增大，至2012年到达高点供销比高达4.23倍（供销比=可售商品住宅/销量），是近五年均值的两倍。二是调控政策增大了对房价下降的预期，买涨不买跌的心理使持币观望者增多。三是限购政策将一部分外地客户阻挡在房地产市场之

外。四是限贷政策使得一部分投资客远离房地产市场。

（三）部分非刚需楼盘风险加大，将可能影响房地产市场的良性发展

一些户型过大、价位过高、项目配套不完善等非刚性楼盘，既受到宏观调控的影响，也受到自身项目规划“散乱差”的影响，楼盘整体销售较差甚至停工。如某著名外资房地产企业，由于开发楼盘单套面积过大，总价过高，导致销售进度极慢，目前已开始寻求转让。再如某房地产企业资质不强，开发的温泉度假项目整体配套不足，导致项目整体停工。如果这些项目风险不能得到有效控制，将在一定程度上限制大连地区房地产市场的良性发展。

（四）房地产企业财务风险增大，房企经营面临较大挑战

据对六家重点联系行[①] 151 户房企的调查显示，上述房企经营性净现金流为 -39.7 亿元，同比减少 317.1 亿元，而同期房地产开发贷款比年初仅增加 3 亿元，同比少增 26 亿元。销售低迷加之银行信贷紧缩使得企业现金流更趋紧张。此外，滞销楼盘不断扩大，导致存货显著增加，上述房企存货 2 199.8 亿元，同比增加 605.4 亿元，同比增长 38%。房地产企业面临库存积压、收入下滑、现金流恶化和负债水平攀升等不利局面，部分房企生产经营面临较大挑战，如果明年房市继续低迷，个别中小房企有可能处于破产境地。

（五）房地产贷款继续回落，不良贷款面临较大的反弹压力

截至 2012 年 9 月末，房地产贷款余额 1978.1 亿元，比年初增加 64.39 亿元，增长 3.36%。房地产贷款占各项贷款的比例达 22.6%，比年初下降 1.56 个百分点。房地产不良贷款余额 9.19 亿元，比年初上升 3.52 亿元；不良贷款率 0.46%，比年初上升 0.16 个百分点。据客户风险预警系统显示，辖内房地产企业逾期贷款 21.04 亿元，比年初增加 19.34 亿元，增长 11 倍，房地产贷款质量面临较大的下行压力。

（六）房地产贷款集中到期与房企资金紧张相互叠加，加大到期偿债风险

全辖房地产企业贷款的还款期主要集中在近三年，这三年到期贷款余额占全部房地产公司贷款的 73%。房地产贷款集中到期与房企资金紧张相互叠加，将加大到期偿债风险。调查显示，有 24 户房企还款资金来源（销售收入 + 定金及预售款 + 其他）不能覆盖 2012 年到期的贷款，合计资金缺口达 61.9 亿元，涉及贷款金额 76.3 亿元，其中缺口比例达 100% 的有 10 家，涉及贷款金额 40 亿元。如果房地产市场没有根本改善，2013 年的压力将尤甚于 2012 年，目前有 79

① 六家重点联系行包括工行、中行、建行、农行、大连银行、浦发银行。

户房地产企业贷款于2013年到期，到期贷款金额为211亿元，占近三年到期贷款的1/3。

（七）抵押担保不能有效覆盖风险敞口

据调查，辖内银行机构对房地产开发贷款虽然能够采取措施落实第二还款来源，但抵押担保方式与监管的审慎要求相比还存在一定差距，主要表现在：一是抵押品没有实现全覆盖。在与银行存在信贷关系的204个楼盘中，有6个房产开发项目采用保证还款方式，涉及贷款金额25.17亿元，与银监会关于“在建工程抵押”的审慎监管要求尚有差距，特别是在滞销楼盘中尚存在完全没有抵押品的情况。二是部分楼盘抵押率过低，不能有效覆盖贷款风险敞口。有10个房产开发项目抵押率超过70%，涉及贷款金额34.57亿元，与银监会“贷款总额不得超过在建工程五成”的审慎监管要求尚有较大距离。

（八）化解问题房地产贷款措施的有效性值得关注

面对房地产信贷风险的不断暴露，银行机构采取多种手段化解问题房地产贷款：一是房地产私募基金接盘。某楼盘销售不畅，贷款逾期，由房地产私募基金融资先还此笔贷款后，银行再向此私募基金发放新的贷款。二是转入资产管理公司。某高端楼盘销售不畅，银团小组引入资产管理公司进行债务重组，在此笔贷款到期后，无损失地转让给资产管理公司。三是政府出资购买作为保障房的一部分。如某楼盘销售缓慢，所在区政府已收购此项目部分商品住房作为保障性住房。多种风险处置手段在化解问题贷款的同时，也可能带来新的风险，如项目风险仍留存在银行体系等问题。

二、应对措施及建议

（一）坚持房地产调控方向不动摇

一是坚持通过促使房地产市场回归居住消费属性的长期调控，打消开发企业和投机投资购房者博弈国家调控政策、期望市场转向的企图。建立有利于稳定市场预期的市场化长效机制，深化财税体制改革，土地供应保持合理水平，使房价增长速度慢于居民可支配收入增长速度等政策体制，促进房地产市场平稳健康发展。二是督促银行继续落实差别化住房信贷政策不动摇，优先支持首套自住购房需求，坚决抑制投机投资性购房需求，积极支持中低价位、中小户型普通商品房及优质保障性住房项目建设。三是积极支持那些项目手续齐备、资本金达标、规划设计合理、抵押物足值并且客户还款意愿较强的房地产企业，

合理设计贷款期限。

（二）建设全面的房地产信贷风险监控体系

历史经验表明，房地产风险通常存在从局部到整体，从量变到质变，从市场领域向信贷领域并沿产业链扩散的演变过程。及时捕捉风险苗头并采取有效措施才能防止风险爆发与恶化。因此，针对房地产风险特殊性应建立全面的房地产信贷风险监控体系。新的监控体系应包含以下几个目标：一是增强前瞻性。向市场延伸监测触角，使监管部门能及时全面了解市场销售迟缓到贷款逾期再到不良贷款整个风险演变过程，实现风险关口前移。二是提高灵敏度。细化监测指标，借助明确、齐全的量化指标，从源头筛查风险。三是扩大覆盖面。将监测内容向外围扩展。把以房地产作抵押的贷款风险和房地产上下游行业信贷风险也纳入到监测体系中，增加对集团客户的风险监测，实现对相关风险的全面把控。四是注重实效性。建立新的房地产体系，将有效提高银行风险防控的主动性和科学性。

（三）银行机构应严格落实授信审批条件和资金封闭管理，加强授信期间风险管理和贷款到期管理

一方面，严格按照贷款规定用途和项目建设进度提款，建立专用账户，加强销售资金回笼监控，对贷款资金使用及销售资金回笼实施全过程监控，确保资金不被挪用。另一方面，要关注房地产企业经营资金来源，谨防中小房地产企业在资金压力下非法集资行为或外借高利贷；关注房地产贷款抵质押覆盖率，定期进行抵押品评估；关注房地产企业财务风险，特别关注高峰期拿地、存货多、负债高且进入还款密集期的风险较大的开发商。

（作者王平勇，大连银监局副巡视员）

基于认知心理学角度的银行信贷行为偏差研究

——以当前中小企业融资难现象的心理调查为例

中小企业融资困境可视为银行实际的信贷行为偏离“银行业服务中小企业等实体经济发展”监管期望的外在表象，立足于摆脱这个困境而衍生出的如何提升行为监管有效性的问题，极具意义。

宁波银监局以辖内6家商业银行的304位对公客户经理为调查对象，并对收回的289份有效问卷进行了回归分析。如表1所述，外在因素、行为人的认知偏差与信贷行为偏差（即中小企业融资困境的产生）是显著正相关的，而内在因素中除调查对象的金融从业年限与信贷行为偏差在0.05的水平上显著负相关外，其他因素的影响均不够显著。

表1　　回归分析结果

模型		非标准化系数		标准系数	Sig.
		B	标准误差	试用版	
Model	（常量）	1.291	0.509		0.012
	性别（男）	0.162	0.122	0.065	0.186
	30岁以下	0.082	0.313	0.033	0.795
	30~40岁	0.285	0.267	0.106	0.287
	教育程度1	-0.196	0.293	-0.062	0.504
	教育程度2	-0.130	0.247	-0.046	0.598
	5年以内	-0.555	0.368	-0.227	0.132
	5~10年	-0.704	0.356	-0.240	0.049*
	10~20年	-0.244	0.309	-0.076	0.431
	外在因素	0.562	0.08	0.417	0**
	认知偏差	0.273	0.078	0.209	0**

注：（1）因变量为银行信贷行为（XDXW）；

（2）**在0.01水平（双侧）上显著相关；

（3）*在0.05水平（双侧）上显著相关。

依据上述结论，本文拟就如何化解中小企业融资困境提出如下建议：一是革新基础机制。夯实融资服务外在机制。政府相关部门要落实财政补贴、风险补偿、税收减免等方面的优惠政策，引导中小企业加快产业升级；监管部门应进一步落实差异化监管政策，促推银行调整信贷结构。改进中小企业金融服务内在机制。银行要优化信贷机制，加快推进中小企业金融服务创新工作，并构建起权责利对等的激励约束机制，充分调动银行拓展中小企业信贷业务的积极性。二是夯实准入路径。从机构准入上引导银行走差异化发展道路，加快推进金融机构改革，在条件允许的情况下可考虑设立专为中小企业服务的政策性金融机构，并延伸地方法人金融机构对中小企业的服务面。改进人才筛选机制，进一步强化信贷从业人员的准入管理和从业时限要求；银行内部要加强合规教育培训，引入"合规认证"制，确保有进有退、优胜劣汰。三是层化融资结构。对于创业初期的中小企业，积极引导其通过私募股权投资、创业投资等融资工具进行直接融资，完善创业投资扶持机制。对于符合条件的成长性、创新型中小企业，鼓励这类企业通过发行股票、企业债券在资本市场上直接融资。探索发行专项用于小型微型企业的金融债，创新知识产权质押、仓单质押、商铺经营权质押、商业信用保险保单质押等新兴担保方式。四是加强信息建设。加强信用环境建设，打造群众互助性组织，以政府为协调中介，让企业之间互相监督，增强守信观念。试推具有地域特色的"中小企业金融服务网"、"中小企业融资服务绿色通道"，促推银企"零距离"对接。推进中小企业信用体系建设，丰富中小企业信用档案信息，建立起多层次的中小企业信用评估体系。

附件

研究变量符号表

变量	变量类型及符号表示	指标设计（问卷题目）
银行信贷行为	内生潜变量	首选信贷投向是国有大型企业
		不规范经营行为整治活动影响中小企业金融服务方式
内在因素	哑变量	性别
		年龄
		教育程度
		金融从业年限
外在因素	外源潜变量	国家法律、政府监管对金融市场尤其是行为监管方面的影响
		考核导向对银行金融行为模式的影响
		其他金融机构的行为模式对银行金融服务行为的影响
		财经媒体关于企业的报道对银行信贷行为的影响
		财经媒体关于银行收费和经营的报道对银行信贷行为的影响
		中小企业的贷款意愿限制了银行信贷行为
		市场上部分金融消费者的过度或不合理维权，影响了银行的金融服务行为
认知偏差	内生潜变量	锚定心理：对他行信贷业务的效仿
		羊群效应：自身决策受周边人士的影响
		依赖性偏差：监管政策对解决不规范经营和不合理收费问题有明显影响
		保守性心理：对新的信贷决策方法不会轻易尝试
		可得性启发：信贷决策受到担保公司、评级公司评审报告获得难易程度的影响

（作者吕碧琴，宁波银监局党委委员、副局长）

《贷款风险分类指引》执行中存在的问题及对策建议

《贷款风险分类指引》（以下简称《指引》）自2007年出台至今，在揭示贷款的实际价值和风险程度、及时发现信贷管理过程中存在的问题，加强贷款管理、科学计提存款准备金等方面发挥了重要的作用。然而，随着近些年银行业自身发展及外部经营环境的变化，《指引》本身存在的一些不足也在实践中逐渐显现。

一、存在的问题

（一）效力层级较低

按照通行解释，《指引》中“指引”二字，应理解为该法规的内容是指导性的而非强制性的，对监管对象提出了高于最低容忍限度的行为引导。指引本身不具有法律效力，只是行政机关实施行政指导的一种方式。而《指引》的具体条款却将《指引》内容界定为对银行的最低要求。比如第十七条：“本指引规定的贷款方法是贷款风险分类的最低要求，各商业银行可根据自身实际制订贷款分类制度，细化分类方法，但不得低于本指引提出的标准和要求。”第二十三条第二款：“……可参照本指引建立各自的分类制度，但不应低于本指引所提出的标准和要求。”这类带有强制性要求的规则，应当用更高级别的部门规章规定较为妥当。

（二）贷款分类缺少定量指标

《指引》的分类标准从整体上看还较为主观，对不良类贷款次级、可疑、损失三类可能造成损失的定义分别为“一定损失”、“较大损失”、“收回极少”。模糊的标准给实际操作带来困难。一方面，在具体实施过程中的把握程度难以一致；另一方面，银行内部各分支行、不同的信贷管理人员对风险分类划分的标准把握程度也难以一致。同样，监管部门对银行贷款质量的评价也相对较难。

（三）部分关键因素未纳入评估范围

《指引》第五条到第十二条规定了贷款分类的具体标准，其中考虑了借款人的还款能力、担保方式、企业合并分立等因素，但据银行业金融机构反映，在实践操作中还有相当多的可能对贷款分类有重大影响的因素未纳入评估范围，比如：是否为低风险业务、是否办理过展期、环保违约、行业重大变化、被当地政府吊销许可证、依法关闭取缔等处罚、突发重大事件可能对偿债造成影响等。

例如，厦门某行一信贷客户厂房发生特大火灾，给企业造成了巨大损失，企业灾后生产经营面临严峻考验。在此情况下，该行综合考虑该事件可能对其债权安全形成较大影响，按照审慎经营的原则，将此公司在该行的贷款全部调至关注类。

虽限于篇幅，《指引》不可能穷尽各种影响贷款风险的因素，但贷款本身的标志性指标、企业常见的各类重大事项应当被纳入贷款风险因素。

（四）部分定义模糊

《指引》规定中某些条款解释不明确，操作中容易造成争议。比如第十条第二款“借新还旧，或者需通过其他融资方式偿还”。从多次现场检查的实际情况看，很多贷款都是采用另外融资的方式偿还，即企业先从通过其他方式如民间借贷、关联人等非自有资金渠道融入资金结清贷款，银行再给予续贷。这种还款方式表面上不属于借新还旧，更像是“需通过其他融资方式偿还”的贷款，实际上蕴含着较高的风险，应至少归入“关注类”。但由于“需通过其他融资方式偿还”没有明确的解释，容易造成认定上的困难。

此外，对于借新还旧，银行普遍认为应当区别对待。借新还旧贷款在部分银行贷款中占比较大，但情况有所不同，如为清收贷款本息、保全资产等目的发放的借新还旧贷款与普通的定期借新还旧周转贷款就明显存在风险上的差异。

现行的部分指引对借新还旧类型及其分类指导已有相应的说明，如《农村合作金融机构信贷资产风险分类指引》提到：“同时满足下列条件的借新还旧贷款原则上划为关注类：借款人生产经营活动正常，能按时支付利息；重新办理了贷款手续；贷款担保有效；属于周转性贷款。为清收贷款本息、保全资产等目的发放的借新还旧贷款至少划为次级类。

此外，对第九条“同一笔贷款不得进行拆分分类”，“同一笔贷款”的含义也存在不同解释，应当明确定义使分类口径得到明确。

（五）监管配套制度缺失

《指引》第十九条规定："中国银行业监督管理委员会及其派出机构通过现场检查和非现场监管对贷款分类及其质量进行监管。"虽然有此规定，但由于缺乏各项监管配套措施，对于贷款分类的监管常陷入缺少法条依据的尴尬境地。

如第十四条第一款规定"商业银行应至少每季度对全部贷款进行一次分类"但是对于贷款分类完成时限没有明确规定，导致即使某些机构按季度分类不及时，也无法纠正。

此外，贷款分类现场检查有一定滞后性，针对的一般为上年度末或上季度末的贷款情况，当发现分类不准确的贷款时应当采取什么措施？是否有权要求银行调整上年度末或上季度末分类？对此指引也未进行明确。配套规定的缺失，制约了监管的有效性，限制了《指引》的贯彻落实。

二、对策建议

（一）对《指引》作系统性修订

首先，《指引》应当更名为《贷款风险分类管理办法》，设定贷款风险分类的强制标准而非指导性意见，提高法律效力层级并设定罚则。此外，还应厘清《指引》内容与其他相关规章、指引之间的兼容关系，不应出现同一问题各自表述的情况。比如《银行业金融机构国别风险管理指引》中对国别风险进行分类，明确了各级国别风险定义和相应的风险准备金计提标准。《指引》未考虑国别风险因素，应当加以衔接。上文提到的对于借新还旧贷款的不同处理方式，也存在同样问题，应当进行修订。

（二）分类增加定量因素

分类应当增加定量指标，特别是将期限作为一个重要分类因素，加入到各类形态的资产特征中，如"本金逾期 90 天以上的贷款认定结果至少为次级类，逾期 180 天以上的贷款至少为可疑类"等类似表述。甚至可以借鉴《巴塞尔新资本协议》（以下简称新协议）的相关规定，建立一整套分类量化标准。新协议及风险分类的目的均在于将授信业务按照风险程度进行细分并排序，以便于银行进行信贷风险管理。新协议要求银行需建立 PD 模型和 LGD 模型，基于 PD 和 LGD 的估计值计算贷款可预期损失。贷款进行风险分类则通过衡量借款人偿还贷款本息的能力，反映贷款的风险价值，并在贷款分类基础上，足额计提贷款损失准备，以抵御可预期损失。理论上在评估同一债项的可预期损失的评估上，两者应趋于一致，因而可以在推进新协议实施的同时，逐步建立 EL 与风险分类结果的相关性，进一步量化风险分类认定结果。即便《指引》从立法技术考虑需要保持一些模糊量词，但也应当对此类量词进行一定范围的界定，将人为主观判断因素降低到最小程度。

（三）增加分类因素

在对商业银行贷款进行分类时，除了现有考虑因素外，还应当增加以下几个因素：（1）是否为低风险信贷业务。如为低风险信贷业务，可直接认定为正常类（发生逾期、欠息情况的除外）。（2）是否办理过展期。（3）是否已经被处以或者可能遭受重大行政处罚，或涉及法律、声誉风险。如被吊销营业许可证、环保测评不合格、企业或实际控制人被起诉要求巨额赔偿或者被媒体曝光等。（4）发生其他突发信贷风险事件。如果贷款、借款人存在上述情况，应区分是否会对贷款造成重大影响，并限定最高分类等级。

（四）厘清重要概念

应当对《指引》中的重要概念作出明确解释，避免理解和操作上的混乱，也可以防止银行业金融机构在贷款分类时利用理解上的偏差监管套利，如上文提到的借新还旧、其他融资方式、同一笔贷款等。

（五）完善监管配套措施

《指引》应完善监管配套措施，建议增加如下条款："监管部门对银行贷款进行抽样现场检查后，发现银行的贷款分类存在偏离，银行应根据偏离度情况对所有贷款分类进行一定程度的调整。"

（作者黄源泉，时任厦门银监局党委委员、副局长，
现任厦门银监局副巡视员）

关于厦门银行业服务台资企业情况的调查报告

厦门经济特区因台而设，在吸引台商投资、促进两岸经贸交往有着明显的区位优势。目前厦门有各类台资企业 3 200 多家，台资企业产值约占全市工业产值的 40%，出口额占全市出口贸易总额的一半。厦门银行业在台商金融服务体系方面进行了努力探索，但台商金融服务仍存在着覆盖面受限、满意度有待提高、专业化特色不突出等问题，亟须进一步完善。

一、厦门银行业台商金融服务体系发展情况

（一）建设专营机构

例如，厦门银行利用引进台资背景战略投资者的优势，设立专门服务于台商的台商业务部，引入台湾金融专才，为台商客户量身定做金融产品。农业银行厦门分行设立了台资小企业金融服务中心，专业服务中小型台资企业。厦门同安农银村镇银行确立了对台农业项目金融服务的重点战略，积极推进两岸农业产业对接平台的构建。

（二）创新金融服务产品

针对台商企业业务模式的三大特点（以制造业为主、“两头在外”、重视资金成本管理），一是现金管理和国际结算解决方案。兴业银行厦门分行为台资企业提供网络化的现金管理解决方案和理财服务，提高了资金使用效率。二是涉台特色融资服务。兴业银行厦门分行推出包括外保内贷融资、内保外贷融资、联贷联保融资等系列融资解决方案。中信银行厦门分行为中小型台商提供供应链金融项下授信。三是投行金融服务。2005 年兴业银行即承销了大陆首只台资企业短期融资券——翔鹭石化（厦门）有限公司 10 亿元短期融资券。

（三）加大信贷支持力度

为解决中小台商融资难问题，2012 年辖内 7 家银行机构与厦门市台商协会签署授信合作协议，总计 5 年内提供 1 400 亿元人民币授信，在有效管控风险的前

提下，重点支持台商企业的转型升级和创业投资。

（四）推动人民币跨境结算

厦门银行与台北富邦银行、东亚银行厦门分行与台北分行的人民币同业往来账户先后开立；东亚银行厦门分行与东亚银行高雄分行成功合作两岸首笔人民币信用证业务。跨境人民币业务品种不断丰富，已经拓展到一般贸易收付、服务贸易、贸易融资、外债、直接投资等领域。

（五）深化两岸战略合作

两岸货币清算协议签署后，厦门银行与台北富邦商业银行、中国农业银行与台湾兆丰国际商业银行即签署了人民币金融业务合作协议，成功搭建了厦门、台湾银行业对接营销平台。交通银行与台湾兆丰银行在上海签署业务合作备忘录，进一步推动双方在公司金融、风险管理和人员培训等方面深层次的合作。

二、台商金融服务中存在的问题及其原因分析

厦门银行业台商金融服务的缺陷突出体现在：一是授信服务覆盖面有限，在厦 3 200 多家台商中，银行授信服务的主要是台商企业协会中的 700 多家活跃台商，占比约 1/5；二是台商金融服务需求没有得到充分满足，多数台商认为大陆银行服务能力与台湾本土银行存在差距；三是专营机构专业特色不突出。导致上述问题的，既有两岸银行业经营环境差异的客观原因，也有银行业服务水平和创新能力的主观原因。

（一）两岸银行业市场格局差异导致台商服务感受落差

台湾银行业竞争激烈，平均息差率在 1% 以下，总体来说是一个买方市场的格局，银行处于“被选择”的地位。而大陆银行业客户选择和议价能力明显强于台湾银行业。台商的服务感受存在很大差异。同时，台湾银行业管制较少，融资和汇兑的便利化程度高，跨两岸经营的台资企业容易在对比中形成负面意见。据了解，台资企业对“影响”资金运作效率的政策“抱怨”最集中，主要针对外汇管制政策和“贷款新规”实贷实付的要求等。

（二）跨境信息不对称增加了中小台资企业融资难度

多数台商从事的是“两头在外”的加工制造业，加上台当局对直接投资大陆的政策限制，大陆台商往往有着复杂的治理架构，信息透明度较低，与境外公司关联交易较为普遍。银行难以充分掌握其境外股东、实际控制人、关联企业等情况，难以有效实施贷后检查、风险把握和债权维护，影响了银行授信的

积极性。

（三）资源投入不足影响服务台商专业特色的形成

台资企业专注于成本管理，对于资金效率、财务成本控制的要求较高。在资源有限的情况下，台商往往不会成为银行优先考虑的业务对象。以厦门银行为例，尽管成立了专门的台商服务部，但由于央行实际严格的信贷规模管理（该行存贷比长期维持在40%左右，资本充足率在13%以上），银行倾向于将有限的信贷资源投向边际产出高的企业，以实现资本收益率的最大化。台商服务部成立以来没有取得预期的发展效果，目前台资企业授信余额仅占全行的5%。近年该行台商服务部努力拓展两岸汇兑清算等非授信业务，但由于缺乏衍生产品牌照，无法为客户提供汇率避险等全面的服务，对台特色业务在一定程度上陷入“瓶颈”。而其他能够提供全面业务的大中型银行，由于市场定位不同，服务台商能够成为一个业务增长点，却难以形成功能特色。

三、完善台商金融服务体系的政策建议

（一）立足专业特色，提升服务能力

一是组织架构的专业化。已设立专业化服务机构的银行业应当确保专营机构拥有充足的人力资源和业务资源，包括配置熟悉两岸市场和政策环境的专业化人才、差异化的资本配置方案和激励机制、独立的信贷指标和评级授信体系、业务优先审批安排等。

二是产品设计的专业化。通过“四个着力”，满足台商企业汇兑、融资、避险、资金管理等方面迫切需求：着力于完善两岸同业清算模式，提高汇兑便利性；着力于支持台商产业集群，开拓供应链融资等贸易融资类产品；着力于台商避险要求，提供利率汇率相关的衍生金融产品；着力于提高资金管理效率，加强现金管理和财富管理服务。

三是风险控制的专业化。开拓两岸同业征信网络，开展两岸债权保护制度研究，加强内保外贷、外保内贷等产品风险控制有效性的探索。

（二）适当政策倾斜，优化服务功能

针对银行业台商服务资源投入不足的问题，建议相关监管部门考虑适当进行政策倾斜，以利于台商专营机构优化服务功能，为台商提供全方位的服务。根据调研中反映的台商比较迫切的金融服务要求，建议：

一是在核定信贷规模增长时考虑为台商授信增加一定比例的专项额度，解

决银行在信贷规模偏紧时台商授信额度被挤占或“边缘化”的问题。

二是考虑对以台商服务为战略重点的中小银行（如厦门银行）优先核放金融衍生品业牌照，使其具备代客叙做套期保值等基本衍生品业务的功能，满足台商进行汇率避险等业务需求。

三是将厦门作为两岸新台币和人民币双向清算试点城市，允许辖内的银行在总行的支持下与台湾同业互开清算账户，并作为本行对台货币清算中心，探索新台币与人民币直接汇兑机制的形成，为两岸资金汇兑提供更大便利。

（三）加强信息交流，形成服务合力

一是加强两岸信息资源的共享力度，厦门银行业应加强与台办、台协、台商组织等机构的沟通，加强与台湾金融同业以及信用中介机构的互动，在台资企业信息共享、资信调查等领域建立畅通的沟通渠道。

二是在ECFA框架下加强对征信行业互相开放的研究，探索建立两岸台资企业资信数据，构建两岸客户信息交流平台，通过对台资企业信用记录和跟踪，增加台资企业信息透明度，便利金融机构对有贷款需求的台资企业的资信评估和贷款审查。

三是继续深化两岸金融交往合作，充分发挥厦门建设两岸区域性金融服务中心的政策优势，推动两岸银行机构互设，扩大银行业务合作，争取满足条件的台资银行来厦设立总部、分支机构或代表处，参股地方中小金融机构，形成“你中有我，我中有你”的离在岸互动经营格局。

（作者王福明，厦门银监局党委委员、副局长）

当前经济金融运行中的新情况及银行业面临的新问题

2012 年上半年，青岛辖区经济增速缓中趋稳，银行信贷平稳增长、风险抵御能力保持较高水平，但经济金融运行中也出现了一些新情况和新问题值得高度关注，需要积极应对。

一、银行业运行呈现“三降一升”新变化

（一）各项存款增长乏力，稳定性下降

前 5 个月，辖区银行机构存款增量仅为 2011 年同期的七成，增速同比回落 6.8 个百分点。其中 1 月的存款降幅和 3 月的存款增量均创历史新高，各项存款出现了近年少有的大幅波动，主要原因： 是企业生产放缓，经营性存款资金下降，同时为降低财务成本，部分企业尽可能地提前偿还银行贷款。二是季末冲时点现象较为突出。3 月末辖区月末存款余额超出月日均存款余额的比例为 3.85%，同比提高 2.68 个百分点，部分中小银行的存款偏离度超过 10%。三是对公大客户走款影响较大。如交行反映，自 4 月以来该行大客户青岛港集团和青岛海信电器公司存款分别减少 9 亿元和 6 亿元，带动该行存款出现较大下降。

（二）银行信贷较去年宽松，但企业整体需求下降

资金供给方面，存款准备金率连续三次下调后，银行资金紧张情况有所缓解，放贷意愿增强。前 5 个月，辖区新增贷款 607.4 亿元，同比多增 118.9 亿元。但受销售增幅放缓及扩大生产意愿不强等影响，企业资金需求呈下降趋势，突出表现在化工、纺织、电力、汽车制造等行业及大中型企业。如辖区建行 68 户制造业企业 2011 年 3 月末、2011 年 12 月末和 2012 年 3 月末三个时点的贷款需求分别为 96.72 亿元、89.97 亿元和 87.33 亿元。

（三）贷款期限结构趋于短期化，中长期贷款占比下降

前 5 个月，辖区银行业短期贷款和票据融资同比多增 292.1 亿元，而中长期

贷款同比少增210.7亿元，占比也从2011年同期的57.7%降至2012年5月的52.7%。主要原因：一是企业对经济发展中长期展望较为保守，投资意愿下降，中长期贷款需求下降；二是受利率下行的影响，部分企业开始调整融资结构，增加短期融资，减少中长期贷款；三是票据贴现办理手续简便、效率高，迎合了企业的短期贷款需求。

（四）经济运行不确定性增加，企业信用风险明显上升

自2011年12月以来，辖区银行机构不良贷款余额已连续6个月出现上升，且关注类贷款大幅增加，后期不良贷款反弹压力较大。主要原因是大客户贷款、异地贷款和关联企业互保贷款风险逐渐暴露。2011年末，辖区青岛变压器集团和喜盈门集团先后暴露风险，山东海龙集团等异地大客户的信用风险也在近期上升。

二、企业经营面临“两降两升”新困难

（一）经济放缓，国际、国内市场需求下降

一是欧洲地区需求不振。辖区青纺联集团欧洲客户订单比去年同期下降约50%，开拓新市场难度重重。二是北非和中东多国政局仍不稳定，家电企业对此类新兴地区出口增速大幅放缓。青岛澳柯玛公司1—4月出口2 200万美元，同比下降20%。三是国内需求下降。由于公路、矿山等与轮胎行业密切相关的行业建设速度放缓，青岛双星轮胎公司4月、5月销售收入同比下降30%。

（二）两头挤压，企业利润明显下降

一方面，国际国内经济增速放缓，市场需求相对疲软，行业竞争加剧；另一方面，企业原材料、运输等基础生产要素成本持续上升，如近期国际海运费快速上涨，部分航线同比上涨超过100%。受两头挤压的影响，前5个月，全市规模以上工业企业实现利润同比增长0.97%，增速比第一季度回落3.33个百分点。

（三）汇率波动，企业财务损失上升

受欧债危机影响，欧元对人民币快速贬值，5月单月欧元对人民币累计贬值5%，并跌破“8”的整数关口，创出10年最低点。出口企业普遍反映汇率波动对其出口影响较大，挤压了利润增长空间，有的出口企业甚至因欧元贬值出现亏损。虽然跨境人民币结算业务可以有效规避人民币升值风险，但其难以覆盖全部进出口企业，名单外企业受汇率波动导致的财务损失明显上升。

（四）融资困难，小企业资金缺口上升

受运营成本增加、回款周期拉长、缺乏有效担保方式等因素影响，小企业融资难、融资成本高的问题并未根本改善。据辖区中行统计，小企业贷款项目申请数量比去年同期增长80%，但贷款满足率不足六成，资金缺口仍在上升。此外，由于小企业融资过多依赖担保公司提供担保，进一步加重了其融资负担。目前辖区小企业贷款利率基本保持在基准利率上浮20%左右，担保费率为2%～3%。

三、新形势下银行业运行面临的主要风险

（一）银行业资产质量持续下滑的风险

一是“一大一小”两头客户资产质量下滑明显。至5月末，辖区大客户不良贷款比年初增加4.44亿元，不良率比年初上升了0.01个百分点，特别是批发、食品制造等行业不良贷款较年初反弹较多，对这些行业的风险动向应高度关注。此外，小企业贷款质量也呈下滑趋势，5月末，小企业不良贷款余额和不良率分别比上月增加0.89亿元和上升0.02个百分点。

二是异地及关联客户风险开始暴露。辖区部分中小银行机构异地贷款占对公一般性贷款的比重超过50%，而异地贷款存在管理半径长、银企信息不对称、出现风险处置难度大等方面的问题，近期，山东海龙集团等异地大客户的信用风险已经暴露。此外，担保贷款中一家企业出现风险，贷款风险将传导至担保圈内其他企业，担保的风险缓释能力大幅下降，近期喜盈门集团和青变集团的风险暴露成为例证。

（二）票据融资操作及兑付风险

一是票据欺诈风险。当前利用票据诈骗的手法层出不穷，伪造、变造票据的技术手段不断翻新。据中行报告，近期票据市场上多次发现利用“大票带小票”变造银行承兑汇票套取银行资金的事件，2012年以来已成功堵截7张假银行承兑汇票，涉及金额2 220万元。

二是兑付风险。经济下行使承兑人资金回笼、对外融资难度加大，为票据到期兑付增添了不确定因素，银行承兑汇票出现垫款的可能性增大。5月末，承兑汇票各项垫款余额比年初增加4.02亿元，增长了281.03%。

（三）房地产市场调整对银行贷款的影响

一是项目销售进度未达预期，开发贷展期或逾期增多。多数银行反映，

2012 年以来大部分开发商未能按照预期实现项目开盘或销售，银行开发贷款第一还款来源难以有效落实，到期后申请展期的开发项目明显增多。如工行存量的开发项目中，约有 80% 未能按预期实现销售，贷款到期后出现逾期的风险上升。

二是房地产行业信贷风险向关联行业延伸。5 月末，建筑业贷款同比增长 37.56%，高于全部贷款增速 19.04 个百分点，而同期建筑业逾期贷款比年初增加 1 亿元，风险苗头初步显现，银行业机构对房地产相关贷款的风险管理难度可能增大。

四、相关建议

（一）发挥各类宏观政策的激励引导作用

一是制定出台金融支持实体经济发展指导意见或细则，引导银行机构有效支持实体经济发展。二是继续加大对银行机构涉农、中小企业贷款增量奖励比例和补贴力度，为各种金融创新产品设立专项的奖励基金或贴息政策。三是全面落实已有的差异化监管政策，在资本补充、不良贷款容忍度等方面引导银行业金融机构进一步改善和加强对实体经济的金融服务力度。

（二）稳步推进商业银行发展方式的科学转型

一是完善绩效考评机制。按照银监会出台的银行业金融机构绩效考评监管指引，逐步提高风险和效益相关指标的考核占比。二是打造核心竞争力。根据自身的资本规模、风险偏好和承受能力等，细分市场，走差异化竞争的道路。三是大力推行绿色信贷。继续加强对战略性新兴产业、节能环保等领域的金融支持，促进企业创新和重大科技成果转化。

（三）持续关注集团客户、异地客户信用风险，守住风险底线

一是注重信息共享，强化风险排查。银行监管部门应加强大客户信贷风险排查，发现和提示集团客户授信业务的系统性风险。银行机构要加强行际间授信业务的协商协作，大力开展银团贷款，积极建立有序竞争信贷环境。二是制定统一的异地贷款业务管理办法，引导商业银行强化贷款全流程管理。三是持续加强票据业务风险管控，合理控制同业业务规模。

（作者徐强，青岛银监局党委委员、副局长）

关于负债业务的调查研究报告

在2012年的经营中，负债业务尤其是存款业务的发展，是银行面临的重要挑战和压力所在，存款业务的发展状况，不仅关系到流动性风险管理，也直接关系到信贷投放和对实体经济的支持力度，因此，针对负债业务，实地了解分行存在的困难，并制定相应政策措施，对全年的经营非常重要。同时，“六个提升”思想教育活动对分行及全行的整体经营和长远发展都具有重大意义，也需要通过调研工作进行推动。

一、调研的基本情况

（一）调研的目的

落实银监会关于加强领导干部调查研究工作的要求，促进分行破解经营工作难题，促进分行思想教育活动的开展，促进提高总行经营管理决策的科学性和民主性，通过调查研究来掌握分行经营中的实际情况和对总行管理的要求，鼓舞分行员工士气，解决基层遇到的困难和问题，为总行班子的决策提供依据。

（二）调研的时间和调研的分行

3月15日，赴南昌分行进行调研，所带领调研小组包括资产负债管理部、金融市场部、私人银行部；4月，赴大连分行和天津分行进行调研，所带领调研小组包括资产负债管理部等部门。

（三）调研的内容和过程

调研中，主要针对负债业务及分行的重点业务推动、分行的思想教育活动等进行了充分交流和沟通。

一是听取了分行工作汇报。主要内容包括：负债业务发展情况、公司业务及专业化支行建设情况、区域特色及战略业务执行情况（包括民营企业、小微业务、私人银行业务等）、产品与业务模式（包括理财业务、金融管家、发债业务、公司零售联动、中间业务、资金与票据业务）、网点和人员情况、合规管理、民生家园建设等。

二是听取了分行关于“六个提升”活动的汇报。主要是“六个提升”活动在分行核心团队的开展情况、在“事业心、责任心、协作精神、创新意识和自身形象”等方面存在的问题和整改方案。

三是与分行主要业务部门及管理部门负责人进行了座谈。分行反映的问题主要集中在：（1）小微企业撮合业务具有很大发展空间，但产品不够，总行制定的起点偏高；（2）中小企业业务重点是围绕上下游开展，但在与地方政府中小企业局的合作还需要总行协助；（3）资金业务具有较大发展空间，但受总行资产规模限额约束较大；（4）表外风险资产受总行资本限额约束较大。

四是与支行行长进行了座谈，并走访了部分网点。支行反映的问题主要集中在：（1）小微业务的发展还需要总行的支持；（2）在小微票据业务的定价上还需要灵活性；（3）私人银行的撮合业务亟待总行指导；等等。

五是拜访了部分重要客户，与客户就金融服务及产品需求等内容进行了座谈。

二、调研的结果及分析

（一）观念和思路对分行新领导班子至关重要

此次所调研的南昌、大连、天津三家分行（不含事业部落地业务，下同）发展都比较缓慢，在2011年，存款分别增加了8亿元、7.54亿元、-16.25亿元，在全行中分别处于倒数第4、倒数第3和倒数第1的位置；截止到调研前的3月15日，南昌、大连、天津三家分行分别比年初增加10.13亿元、-1.42亿元、-26.41亿元，在全行中处于落后地位。调研工作开展时，这三家分行刚刚新更换了领导班子，面临的共同问题就是负债业务上遇到了不少困难，制约了分行的整体发展。

调研过程中，调研工作组指导分行应该正视困难，并结合“六个提升”教育实践活动来对照查摆、剖析不足、正视差距、解决问题和建立业务健康发展的长效机制。具体到存款业务上，要更新思路和观念，要创新负债业务模式、提高负债业务效率、前中后台要充分协作，以充满激情的事业心和责任心取得负债业务的新提升，改变以往固有的思维模式，树立信心，在规模瓶颈上实现新的突破，这将对员工的信心是一个很大提振。

（二）分行需要重点解决市场有效客户不足的问题

调研中发现，南昌、大连、天津三家分行普遍存在客户基础较弱的问题，

尤其是南昌分行、大连分行当地市场的经济总量不大，客户基础薄弱的制约更加明显，这不仅是目前需要重点解决和突破的问题之一，也关系到分行的长远可持续发展。分行应将扩大客户基础作为负债业务的抓手之一，制定客户开发规划，从单一的“做存款”转变到“做客户”上来。

（三）一些分行需要解决人员结构问题

一是在确保中后台管理人员、风控人员充足的前提下，注重解决客户经理占比低的问题。客户经理的数量和质量是业务的重要保障，在这方面，这三家分行有的在人员结构上不够合理，应该向领先分行借鉴经验，分析其他分行的员工结构，尽快对客户经理队伍进行充实和优化，分行的员工结构要与业务相匹配。

二是要解决客户经理内部结构不合理问题。随着规模的增长和业务覆盖面的发展，有的分行仍过于依赖资源型客户经理，这必然带来业务发展的瓶颈，使得负债业务综合开发能力薄弱、存款波动大、成本高，因此，对客户经理队伍也要进行优化，要及时进行转型。

（四）要解决产品开发及运用不充分的问题

调研发现，分行反映总行产品支持不够的同时，也存在分行在产品运用方面不充分的问题，尤其在负债产品上，总行有很多好的产品，总行各条线部门也不断有新的商业模式推广，但有的分行在产品的使用上、在业务模式的创新上还有不足，尤其是要在产品结构上、业务模式组合上没有新的安排。另外，要特别通过加强交叉销售来为客户提供多样化的金融服务。

（五）要重视改进负债业务机制和优化网点建设

负债业务薄弱的分行往往在负债业务机制上不够灵活，这些分行如要突破瓶颈，就必须要有开放性的思维，在客户合作上、在产品运用上、在激励机制上，都要能够快速应对市场的变化和同业的竞争。

（六）要重视发展与风险的平衡协调

有个别支行在座谈中，还存在重业务发展、轻风险管理的现象。例如，对于撮合业务，对业务中的法律难题和监管规定还不够清晰，对存在的交叉成本、时间成本和法律风险还认识不够。因此，从总行到分行都要加大对市场的研究，加大对客户的研究，对新业务采取审慎的态度进行推进。

（七）要在“民生家园”建设上加大宣传和推广

调研中发现这三家分行在这方面做得都很不错，都有自己的鲜明特色。面对经营压力，分行核心团队更要注重关心和改善员工生活，构建“民生家园”

文化氛围，这是促进业务长远健康发展、减少道德风险和操作风险的有效举措。这三家分行的经验值得进行宣传和推广。

三、调研结论与思考

（一）管理层的调研工作实效显著，应该长期坚持

总行班子安排的这次调研工作，不仅是对基层员工士气的鼓舞，也是为基层班子出谋划策，帮助分行核心团队更新观念、开拓思路的重要举措，从调研活动取得实效来看，效果非常明显，管理层的调查研究工作应该成为自觉的、经常性的活动。

（二）要以科学的发展观来推动负债业务发展

在金融脱媒越来越深入和利率市场化越来越快的经营环境中，银行再依靠传统的粗放经营方式来推动负债业务，不但投入高，波动也大，其弊端也越来越多。必须以科学的发展观对负债业务发展思路进行调整，应该加强负债业务的基础设施建设，通过产品创新、金融服务创新来发展负债业务，这是促进负债业务稳定增长和规范经营的必由之路。

（三）要持续加强战略执行的观念传导

对于我行“民营、小微、高端”的战略，分行在执行中要根据当地市场的特点做好自己的安排。无论是分行还是总行，还需要深入研究小微业务的可持续增长模式，探索公司、零售联动，坚持专业化，重点发展产业链融资。在负债业务上特别是针对小微业务，要按照“小微金融服务”的理念和商业模式进行运作，真正把对客户的服务放在资金结算上，做好资金归集，通过服务增加资金沉淀，通过结算提升小微存款。在小微业务上也要做好组合管理，以创新的意识和方法做好小微结算存款。

（四）总行要坚持通过创新来解决困难的工作思路

2012 年的负债业务面临两大因素的影响，一是金融脱媒的影响，理财产品迅猛发展，中期票据和短融发行的范围不断扩大，间接融资规模增长迅速，这些都导致银行存款承受很大的流失压力；二是利率市场化的影响，尤其是存款利率市场化将导致中小银行存款面临成本上升和增长下降的挑战。

创新是解决这些困难的重要措施。一是产品的创新。包括公司业务的现金管理产品和“融智通”产品的创新与推行，小微业务的结算服务创新，以及理财产品和其他同业业务的创新，并要加大资产证券化的研究开发，加快业务转

型。二是管理创新。包括资源配置方式的创新、计划考核的优化、网点管理方式的创新等。

（五）总行要发挥好管理工具的杠杆作用，支持分行取得突破发展

一是应适时调整资源配置，促进资产负债协调发展。在继续支持战略业务的同时，适当支持公司负债业务，鼓励负债业务发展，为战略执行提供坚实的业务基础。

二是总行应对于遇到瓶颈的区域和业务，加大扶持力度，帮助经营机构克服困难，解决瓶颈问题。

（六）2012 年形势下，应特别关注风险问题

尽管在调研中尚未发现这三家业务中的风险问题，但在 2012 年的形势下，经济环境不乐观，风险隐患比较多，开展业务时不能贪快求急，既要保持持续发展又要切实控制住风险，应在信贷投放结构上、客户选择上有所取舍。

（作者赵品璋，中国民生银行党委委员、副行长）

业务创新篇

突破瓶颈，促进金融租赁业纵深发展

一、我国金融租赁业创新发展成果

（一）融资规模居世界前列

2007 年，银监会颁布《金融租赁公司管理办法》以来，我国融资租赁业获得快速发展，2010 年交易规模已跃居全球第二。银监会发牌的金融租赁公司虽然只有 19 家且起步晚，但发展迅猛，资产规模占全国融资租赁规模的 50% 以上。以设立在天津的工银、民生、兴业租赁为例，租赁资产年均增长率分别为 99%、104%、170%。截至 2012 年 3 月末，租赁余额共 1 688 亿元，占全国的 38.4%，行业聚集效应明显。

（二）治理和风控体系日益完善

金融租赁公司开业以来，不断健全完善公司治理、内部管理和风控体系。天津 3 家公司发挥了表率作用：一是致力于制度领先，形成涉及内部管理、操作规程、风险控制的 100 多项规范性文件；二是致力于风控领先，民生租赁在业内首创以“派驻风险官制”和“两会审议制”为核心的风险管理体制；三是致力于系统领先，3 家公司业务核心系统相继上线，如工银租赁上线船舶资产管理系统，并在厂商租赁项目上采用了工程机械 GPS 定位监控系统。

（三）业务模式创新取得突破性进展

2010 年银监会下发的《关于金融租赁公司在境内保税地区设立项目公司开展融资租赁业务有关问题的通知》和 2011 年国务院批复的《天津北方国际航运中心核心功能区建设方案》，为我国租赁业在东疆保税港区成功试验“中国 SPV”模式开启了实验之门。目前，工银、民生租赁已设立 SPV 149 家，租赁余额 160 亿元，带动全行业在东疆港注册各类租赁公司 213 家，租赁资产 45 亿美元，有效助推了天津北方国际航运中心建设。

（四）差异化的品牌效应日益显现

金融租赁公司秉承专业化、特色化的发展战略，逐步形成了有序错位、优势互补的竞争格局。以天津为例，工银租赁主攻大型飞机和船舶领域，分别与空客公司和中国商飞公司签署批量购机协议；民生租赁主攻公务机、疏浚船、工程船等专业机船领域，已成为亚洲最大的公务机租赁公司；兴业租赁主攻节能减排、环保设备等优势领域，致力于打造绿色租赁品牌。

（五）服务实体的功能优势不断释放

一是支持制造业产品销售与企业设备投资，累计投入超过800亿元。二是探索中小微企业融资租赁业务模式，为全国两千多小微客户提供租赁融资额265亿元。同时，发挥租赁促销功能，为大型机械设备制造商和供应商的销售端提供资金支持。其中，工银租赁和民生租赁为北奔重卡、三一重工等工程机械企业融资达50亿元。

二、金融租赁业创新发展中面临的突出问题

（一）业务模式不够成熟

目前，我国金融租赁公司业务主要以融资租赁为主，其中又以售后回租方式居多。在售后回租模式下，由于登记制度不完善，部分租赁物只能以合同约定的形式取得名义所有权，租赁物的选择、价值评估、收回和处置往往又不能由出租人把握，易发生“以租赁之名行信用放款之实”的行为，致使售后回租业务风险甚至高于银行抵押贷款。

（二）融资渠道不够通畅

一是融入渠道不通畅。目前，金融租赁公司融资渠道主要为向其他商业银行转让应收租赁款和向金融机构借款，且借款时获得中长期资金的难度较大；而租赁资产主要为飞机、船舶、设备等，租赁期限一般3~5年甚至10年，导致公司资产与负债的期限错配问题比较突出。

二是融出渠道较窄。目前我国金融租赁公司应收租赁款转让对象严格受限，资产证券化工具也仍未放开，导致租赁公司资金不能及时回笼，资产流动性难以提高。

（三）监管体系不够完善

一是监管制度框架仍需改进。对金融租赁公司的监管手段主要借鉴移植于银行监管经验，针对性和精准性有待提高。

二是集中度监管指标亟需调整。随着金融租赁公司专业化经营思路的确立，其行业和客户集中度必然升高。尤其是登记制度相对规范，通用性较强的飞机、

轮船租赁业务，单笔资金需求量大，龙头企业数量较少，若执行现有集中度指标，必然限制租赁公司业务空间。

三是部分监管法规需细化。如银监发〔2010〕2号文中，对母子公司间结算和资金流转，母公司为项目公司融资牵涉的关联融资、担保等问题都有待明确。

（四）法规制度不够配套

一是登记制度缺失。目前船舶金融租赁比照光船租赁进行登记，但由于金融租赁与光船租赁在所有权转让、抵押权设置等方面存在本质区别，光船租赁登记难以满足船舶租赁的需求；对于设备金融租赁，国内基本无法可依。仅有人民银行的应收租赁款登记系统可以做相应登记，但其法律效力并无保障。

二是税收制度不配套。税务部门制定的税收优惠政策，规定较为笼统，缺乏可操作性。

三是信用保险体系建设滞后。融资租赁是解决中小企业融资的有效途径，但中小企业投资风险大，目前也没有相关保险制度降低出租人风险，不利于租赁功能优势发挥。

（五）市场环境不够健全

社会各界对租赁的认知程度仍然很低，加之我国企业征信制度不完善、法院判决执行难、地方保护主义等因素的存在，出租人的权益得不到有效保障。同时，与租赁业务密切相关的二手设备交易市场尚不发达，租赁物残值处理存在很大障碍。此外，我国既懂金融租赁业务又有专业技术知识的复合型人才也相当缺乏。

三、促进金融租赁业纵深发展的政策建议

（一）以租赁关系为基础，建立核心业务模式

一是遵循租赁行业发展规律，从租赁本源出发，逐步退出“类信贷”、“伪租赁”业务，做实租赁关系。

二是加大经营性租赁、厂商租赁、跨境租赁业务领域的创新力度，形成专业特色突出的系列产品线。

三是加强自身品牌的培育，走差异化、个性化、特色化发展道路。

（二）以多元化为导向，拓宽租赁公司融资渠道

一是鼓励金融租赁公司拓展资金来源。可引入社保基金、股权投资等手段开展金融同业合作。允许在依存度指标范围内的母行融资，并扩大应收租赁款

的受让对象至合格的金融机构。允许金融租赁公司发行金融债券。

二是允许租赁公司开展租赁资产证券化试点，提高租赁资产流动性。

（三）以风险为本，构建金融租赁监管新体系

一是完善现有监管法规体系。出台金融租赁公司监管评级指引，改进现有非现场监测体系，增加并细化监管数据指标，探索建立金融租赁公司非现场监管预警体系，出台细致的租赁资产质量分类管理办法。

二是增加金融租赁公司行业和客户集中度监管指标弹性，根据公司经营稳健程度执行差别化的集中度指标要求。

三是充分发挥监管的创新导向作用。界定好母公司和项目公司间的关系，完善项目公司管理机制。允许具备条件的金融租赁公司设立境外项目公司。

（四）以合力共推为依托，完善配套法律制度

一是对租赁物的取回权予以规范，建立统一的租赁登记制度。

二是完善税收政策。协调税务部门细化优惠政策，厘清税收关系，避免重复征税。

三是建立信用保险体系。对于中小企业租赁、出口租赁等政策性导向较强的业务，建议由政府建立租赁信用保险制度，促进中小企业融资和出口贸易。

（五）以互利共赢为纽带，打造良好外部环境

一是引导金融租赁公司找准市场定位，加强与设备厂商、资产管理公司、担保机构等各类专业机构合作，搭建多元化的经营平台。同时，扩大行业知名度和影响力。

二是试点建立全国统一的租赁物二手设备交易市场。

（作者余龙武，天津银监局党委书记、局长）

关于规范和引导商业银行创新资本市场业务的调研报告

一、资本市场相关业务的类型与发展趋势

目前，我国商业银行在资本市场（包括债券市场和股权市场）开展的业务主要有两类：第一类是属于商业银行业务的债券投资与交易类业务、债券市场资产存管托管类业务、资金结算类业务以及股权类并购贷款等；第二类则是属于投资银行业务，包括债券承销、股权投资、产业基金、财务顾问咨询类（如并购重组顾问、私募股权融资顾问、上市综合财务顾问等）以及证券化业务等，这类投行业务经历了一个“自下而上”的发展轨迹。我国《商业银行法》第四十三条明确规定，“商业银行在中华人民共和国境内不得从事信托投资和证券经营业务……”。其中的“证券经营业务”无明确定义，但一般理解为证券相关的投行业务。2002 年，商业银行依据《商业银行中间业务暂行规定》，开始探索开展财务顾问咨询业务，自此涉足投行业务，并不断扩大到债权、股权、综合服务等投行业务。可见，虽然法律有分业经营的原则，但事实上，商业银行已经参与到了许多纯粹投行业务的领域。

在各国的资本市场发展过程中，商业银行都发挥了重要作用。金融深化初期，商业银行因为拥有大规模金融资产，具有信用、融资、渠道和人才等优势，成为债券市场以及资产证券化市场发展的主体。尤其在各国的债券市场中，商业银行都是最活跃的力量。我国也不例外，目前银行间债券市场的发展初步体现了这个规律。2012 年 1—6 月，我国债券发行 3.53 万亿元，其中债券的 OTC 市场——银行间市场发行债券 3.32 万亿元，占全部债券发行的 94.1%；截至 6 月底，债券市场托管量 23.5 万亿元，其中银行间市场托管量占 96.7%。可见，无论交易量还是余额占比，商业银行都是债券市场最大的交易者、投资者和造市商。同时，由于银行间债券市场的承销商主要是商业银行，商业银行自然成为中国最大的债券承销商主体，其债券承销这一投行业务取得了长足进步。

商业银行可以借助资本市场的发展实现转型。其中，通过资本市场发展“轻型资产负债表”的商业模式，降低风险资产占比，节约资本消耗，改善收入结构；通过资产证券化，改善资产负债表结构，增强流动性风险管理能力；通过利用资本市场的价格与风险评估体系，取得更大的自主定价权，培育商业银行的风险管理与金融产品定价能力；通过在特定产品和领域的领先优势，维系客户关系，降低客户对利率的敏感程度，减少金融“脱媒”的冲击。

从长远来看，资本市场的发展有利于降低商业银行的系统性风险。如果现有直接、间接融资结构不发生实质性改变，GDP 和银行资产规模分别按年均 7.5% 和 15% 的速度增长，预计到 2015 年末将分别达到 63 万亿元和 200 万亿元，庞大的银行体系的系统性风险问题，以及规模的边际效用递减等问题会更加突出。我们通过发展资本市场，可以分散全社会的一部分融资风险，缓解巨大银行体系带来的系统性风险。

二、商业银行资本市场业务的风险管理现状和挑战

上述两类资本市场相关业务中，第一类本质上是商业银行业务，风险管理相对成熟，风险水平较低。在银行账户和交易账户两类账户中，前者占绝大部分比例，又基本投向国债、金融债等信用评级较高的信用债，一般都是持有到期，采用摊销法计提收益，市值变化不影响损益，因此信用风险与利率风险的管理难度不大。至今，企业债券也未出现违约。银行账户的风险控制策略普遍是，高管层设有资产管理委员会，决定银行账户的久期、规模和评级标准，交易部门据此操作，这能够满足现有简单品种的风险控制要求。

随着资本市场基础产品和衍生工具的进一步开发，商业银行参与程度必然加深，投行业务规模扩张且趋向复杂化。若要避免风险跨市场传递，商业银行的内部风险管理架构和风险管理技术都需要大力提升。仅使用缺口、久期等简单工具对风险进行计量，远不能满足未来资本市场业务对市场风险和交易对手信用风险的管理要求。特别是按照巴塞尔Ⅲ要求的新的资本管理办法实施以后，交易对手信用风险的识别和计量要求大大提高，随衍生产品价格变动导致的信用敞口要作为一项信用风险纳入统一管理，而市场风险也要通过计算压力情景下的风险价值（StressVAR），实施更严格的资本管理，这些都超过了目前绝大多数中资商业银行的风险管理能力，需要提前做好准备。

第二类业务属于投行业务，风险主要来自两个方面。一是商业银行融资服

务与债券承销活动之间的市场风险和交易对手信用风险传递问题。对此，银监会已经有一些监管制度安排。比如，商业银行承销债券时，要求审慎包销，包销余额不能超过总发行额的20%；包销债券必须全额纳入授信管理，包销余额的处置期不能超过6个月，并实施专户管理，不得与银行自营头寸混淆等。在新的资本管理办法中，对于债券包销头寸规定了50%和100%两档风险权重，并采用逐步计入法实施资本计提管理。类似的风险隔离措施还有待进一步加强。二是商业银行开展的投行业务与商业银行融资业务本身的利益冲突问题。比如，同一重组并购项目中银行同时承担融资与顾问服务的利益冲突问题，同一债券的承销与自营投资的利益冲突问题，以及理财产品投资中各类利益冲突问题。理财产品没有独立的法律主体资格，只能以银行名义进行销售和投资，易导致自营和代客混用，银行资金与客户资金混用、理财资金没有独立托管、客户资金投向不清或不能一一对应，以及投资收益在会计处理时可以随意在中间业务收入和自营交易收入之间调整等问题。对此，我们尚缺乏有效的风险隔离制度安排。

三、对改进外部制度环境与监管的思考和建议

针对目前我国商业银行“自下而上”开展的资本市场相关业务及其影响，应该进行一次系统的风险评估，并加快“自上而下”的顶层制度设计，在市场基础设施建设、外部制度配套以及监管措施等方面给予支持和必要的规范，保障商业银行科学转型和有效的风险管理。

首先，要系统研究和完善金融市场涉及的法律、会计、税收以及中央对手清算平台（CCP）等基础制度。比如，要明确衍生品交易的单一协议、终止净额及履约保障机制的有效性和可执行性；细化会计核算规范，明确会计处理方法；颁布衍生品分类征税规则等。关于场外衍生品的集中清算问题，国际上正在讨论和推进CCP的构建，由于场外衍生产品交易主体是商业银行，因此，金融监管部门应积极指导商业银行参与研究，建设符合中国实际的CCP。

其次，要加快完善相关监管制度和法规，提升风险管理能力。对于商业银行在资本市场上的金融创新，监管当局必须确保：一是商业银行与资本市场风险的有效隔离，抑制“太大不能倒”和“关联性太强不能倒”难题的催生；二是商业银行的风险管理和内控体系与金融市场的创新和变革保持同步发展。在加强金融市场自我防范风险的基础上推进监管法规建设，并在监管中及时预判

和防范新的风险点。

（一）持续推进商业银行风险管理水平

商业银行要构建并表风险管理体系和机构、业务、资产适当分离的防火墙，高层要拥有丰富的资本市场经验，银行风险偏好和风险控制要恰当均衡，高层、业务条线和控股公司之间要有积极沟通与对话的渠道。要重视提高风险确认、计量和管理水平。按照即将实施的新资本管理办法，根据资本市场波动状况，调整乘数因子，督促商业银行审慎准备资本，应对非预期损失。

（二）通过完善制度，甚至立法，确立两个“风险隔离”原则

第一，商业银行业务与投资银行业务的风险隔离。比如，制定财务顾问业务指引，强化行为监管，解决商业银行同时承担项目的财务顾问与融资行的利益冲突和道德风险。第二，代客业务与自营业务的风险隔离。比如，可以考虑允许商业银行设立独立法人地位的资产管理公司，将理财和代客业务独立核算和运作。

（三）对资本市场相关业务的监管法规进行梳理和后评价

比如，研究并购贷款的风险拨备和事后补救、并购后银行被动接管企业经营权和股权的处理、银行在清算中权益的保护与优先偿付顺序等制度，发挥并购贷款对服务实体经济，促进产业结构调整的作用；明确商业银行涉及的非上市股权和私募基金等业务的监管制度；规范商业银行的投资业务和理财产品投资管理等。

（四）在分业监管下加强监管联动和协调

首先，对于目前商业银行新开展的纯投行业务，不能留监管空白。在某些业务领域需要加强监管部门之间的协调。比如，要明确界定在融资融券托管业务中托管行的职责；研究商业银行进入交易所债券市场，以及从事上市公司并购财务顾问业务的可行性，以进一步发展轻资产业务。

其次，要规范发展衍生品市场，优化风险缓释工具。大力推动衍生品和基础产品的良性互动，实现银行间市场、资产交易与转让市场、利率互换市场、信用缓释市场四个市场联动，对促进直接融资的广度与深度有重要意义。目前，我国风险缓释工具（CRM）需要进一步研究和完善，同时要建立相应制度，避免过度使用或误用带来的新风险。

最后，要防范衍生品可能导致的新的系统性风险。银行间衍生品市场是我国主要的场外衍生品市场，利率互换的交易量最大，2011 年名义本金成交额超过 2.5 万亿元，但主要在银行间交易，缺乏合格投资人群体，这是一大缺陷，容

易形成单边交易局面。另一个问题是，截至2012年6月末，商业银行共持有国债4.44万亿元，占全部国债余额的66.55%。国债期货推出后，商业银行获得了新的风险对冲工具，但同时，随着市场价格的变化，商业银行体系大量的国债头寸会出现需要主动或被动地进行风险对冲的情况，一旦形成同质、同向或单边市场，则商业银行又面对新的系统性风险，即所谓的“太大而不能转身”问题。

（作者廖岷，上海银监局党委书记、局长）

江苏银行业经营发展变化的新趋势、新问题

2008年国际金融危机后，银行业市场环境和经营行为都在发生深刻变化，资金市场化、经营多样化、业务表外化、渠道立体化成为商业银行经营发展的趋势。但同时，也出现经营行为异化，监管套利增加，服务实体经济能力弱化，转型滞后和趋同并存，风险系统化、多元化、隐蔽化等问题。江苏银监局在深入调研分析的基础上，提出了积极推进利率市场化、完善存贷比监管指标、推进分类监管、加强系统性风险监管、引导商业银行加快体制机制改革等建议措施。

2008年国际金融危机后，银行业经营行为和市场环境都发生深刻变化。江苏银监局深入研究辖区20家中资商业银行最新发展规划，通过现场调研、工作座谈等方式充分了解商业银行实际状况，分析商业银行经营发展的新趋势，面临的新问题，在监管上需要采取的新举措，为银行业发展和监管提供有益借鉴。

一、商业银行经营发展的新趋势

资金市场化。近年来资金市场化趋势加速，主要体现在以下几个方面：一是理财化。2011年江苏银行机构共发行理财产品29 386只，是2008年的5.26倍；募集资金48 038亿元，是2008年的31.05倍。销售理财产品已成为各家商业银行吸收存款的重要手段。银行理财产品对传统存款的替代，不仅规避了存款利率的规制，还提高了银行负债成本。二是结构化。2011年以来，部分商业银行通过发行具有较高收益的结构性存款来吸收资金，并呈现加速和蔓延的趋势。截至2012年3月末，江苏企业和个人结构性存款余额1 602亿元，是上年同期的11倍。三是同业化。目前同业业务客户已覆盖银行、证券、保险、基金、信托、财务、金融租赁公司等机构，已有存放同业、同业借款、票据、债券、同业代付、机构理财、信托产品等多个业务品种，这些产品定价灵活、渠道广泛，已成为商业银行资金运用和管理的重要渠道。四是专业化。由于传统营销

手段吸收存款已越来越难，许多商业银行开始利用专业优势，为客户提供先进的现金管理技术，据此吸收稳定、低价的资金。同时，积极开拓托管资金、资产管理池、产业基金、企业 IPO、配股增发、私募股权、债券发行等投行业务来获取资金。

经营多样化。商业银行客户服务开始从传统存贷汇向全面金融解决方案转变，积极探索多样化经营。一是综合化。通过收购或成立信托、租赁、证券、基金、保险公司等形式，成立银行控股集团，为客户提供全方位的金融服务。如江苏大型商业银行分行均注重发挥协同效应，加强与集团内其他金融机构的互动，利用综合化经营着力扩大自己的优势。二是专业化。商业银行开始加快各类专营中心建设，如私人银行、财富管理中心、理财中心、个人贷款中心、票据中心、小企业经营中心等，努力为客户提供更加专业化的服务。三是中介化。商业银行普遍将金融资产服务业务作为经营转型的重点，如资产管理、私人银行、资产托管、养老金、基金管理、账户交易类产品、承销发行、代理销售等。这些业务，商业银行不仅不用承担信用风险，而且无须占用资本。

业务表外化。截至 2011 年末，江苏银行业表外业务规模达到 20 996 亿元，是2006 年的4. 15 倍，近五年平均增速超过50%，大大高于贷款增速。银行大力发展表外业务主要有以下几个原因：一是资本驱动。在当前银行经营中，资本是制约商业银行规模扩张的一个主要因素。表外业务由于资本消耗低而收益高，已成为商业银行着力开拓的新业务领域。二是管制驱动。在银行贷款规模控制、平台贷款受限的情况下，银行通过委托贷款、银行承兑汇票等表外融资业务，绕开规模控制和贷款投向限制。三是需求驱动。商业银行利用表内外产品为客户提供综合化金融服务，特别是随着汇率和利率的自由化，市场风险加大，表外业务可以帮助客户更好地管理风险。

渠道立体化。商业银行的服务渠道开始从物理网点为主向“人工网点 + 电子银行 + 客户经理”的立体化、多功能、全覆盖的渠道转变。这不仅大大丰富拓宽了银行的服务渠道，还有力支撑了银行的经营转型和服务优化。一是在物理网点上向富县强镇延伸。2011 年，江苏主要商业银行共设立县域支行 98 家，超过设立支行总数的一半。在商业银行最新规划中，支行网点也开始注重向有条件县镇倾斜。二是自助银行网点快速增加。近三年江苏银行业共设立自助银行 1 066 家，占总数的 65%。各家银行在下步发展中都注重打造与营业网点功能互补、全天候服务的离行式自助银行网点。三是电子银行加速发展。为适应“金融业务虚拟化、银行服务移动化、客户服务非接触化”的新趋势，商业银行都加大网上银行、手机银行、电话银行等电子银行发展，增强客户体验能力和向新兴市场渗透能力。

二、商业银行经营发展中出现的新问题

资金价格双轨制导致经营行为异化。虽然当前存款利率受到严格限定，但商业银行通过理财、同业等方式规避和绕开利率管制，导致实际利率和名义利率相差较多。资金价格双轨制不仅诱发监管套利现象大量发生，还易诱发商业银行单体流动性风险，并传导诱发区域性、系统性风险。因此在监管机制上，如何及时、准确应对商业银行资金价格和资产负债结构的重大变化，需要进一步探索和研究。

服务实体经济能力出现弱化趋势。部分商业银行在经营中为尽快做大经营业绩、完成上级指标考核、满足监管指标要求等，脱离实体经济片面发展理财、票据、信贷资产转让、同业代付等业务，甚至虚增存贷款，不仅削弱商业银行服务实体经济能力，还导致监管指标失真，影响对经济金融形势的准确全面判断，容易积聚和隐藏金融风险。

转型存在滞后和趋同并存问题。根据当前商业银行最新发展规划，仍存在过度追求业务规模、过快追求地域扩张倾向。江苏辖内部分商业银行规划的业务增长目标，远远高于江苏“十二五”规划期间 GDP 年 10% 的增长率，经营方式仍显粗放。另外，商业银行在转型方向上，基本都集中在小企业和零售业务领域，出现趋同化的迹象，缺乏个性化、特色化的转型路径。

风险管理面临新挑战。一是风险系统化。目前，中期票据、短期融资券等信用债券主要由商业银行持有，信用风险向银行业聚集的态势没有改变。二是风险多元化。当前商业银行面临的主要风险仍是信用风险，但表外业务等新型风险日益突出。三是风险隐蔽化。商业银行在经营中常常不是正视和揭示风险，而是通过监管套利、人为逃避等手段，隐藏和拖延风险。

三、政策建议

完善监管机制建设，引导商业银行科学稳健发展。一是积极推进利率市场化。可考虑渐进放开存款利率管制，逐步缩小存贷利差，并真正取消信贷规模控制，稳步推进资产证券化，大力发展中长期债券市场，从机制上解决商业银

行资产负债结构错配等问题。二是完善存贷比监管指标。可考虑按照因地制宜、区别对待的原则，对存贷比适当微调。同时，调整和完善理财、同业等资金来源的统计，更为真实地反映银行资金状况。并综合考虑优质债券、同业资金等其他流动性来源的因素，构建一个更为准确、广泛、灵敏的负债资产比指标。

完善银行分类监管制度，加强对重点风险的管控。一是完善商业银行的分类监管。按照风险为本的原则，将银行分为系统重要性银行和非系统重要性银行，非系统重要性银行再按照规模、业务、地域等维度进行分类监管。这不仅有利于实现微观审慎和宏观审慎监管相结合，还有助于最大程度地节约监管资源。二是加强系统性风险监管。建议在新四大监管工具基础上，进一步利用好贷款集中度工具，从规模上控制好风险。三是加强对流动性等重点风险的监测分析。加强对流动性风险的监测预警，完善流动性风险应急预案。督促商业银行真实反映经营行为和风险情况，加大对各类新型风险管控力度，确保银行稳健运行。

推动商业银行合理布局，持续提高服务实体经济能力。一是加强金融服务普惠化建设，加大薄弱领域的金融支持。引导商业银行将金融服务扎根于当地，真正实现服务地方经济。进一步加大对“三农”、小微企业等薄弱环节的信贷支持，真正实现金融服务普惠于民。二是引导商业银行推进体制机制改革，加快创新力度。指导商业银行完善绩效考核体系，加快产品、流程、服务模式创新力度，尽快实现发展方式从以规模扩张为主向以质量效益为主转变。

（作者于学军，江苏银监局党委书记、局长）

关于民间资本进入安徽中小银行业机构的调查与思考

2012年5月26日，中国银监会发布《关于鼓励和引导民间资本进入银行业的实施意见》，支持民间资本进入银行业，引起社会各界的热议。为全面、深入分析民间资本进入银行业带来的影响，近期，安徽银监局组织相关部门对安徽辖内116家中小法人银行进行了专题调查。

一、基本情况

从调查情况看，民间资本进入安徽银行业呈高速增长态势，为银行业发展注入了生机和活力，其特点主要表现为“四个并存”。

（一）投资稳步增长与占比低于全国水平并存

近年来，安徽省民间资本进入银行业的投资金额、占比逐年上升，但囿于安徽民营经济发展活跃程度相对较低等因素，投资占比明显低于全国平均水平。从纵向看，截至2009年末、2010年末、2011年末，民间资本入股地方中小法人机构金额分别为87.55亿元、125.46亿元、166.91亿元，占银行注册资本总额的比重分别为55.38%、60.18%、67.70%。从横向看，截至2011年末，民间资本入股徽商银行31.36亿元，占其总注册资本的38.37%，低于全国城商行平均水平15.63个百分点；入股农村合作机构125.25亿元，占其总注册资本的84.94%，低于全国平均水平7.44个百分点；入股村镇银行10.3亿元，占其总注册资本的59.37%，低于全国平均水平14.63个百分点。

（二）利润率稳中有升与分红比例稳定并存

地方法人机构经营效益持续增强，股东不断要求提高分红比例，但无论是徽商银行还是农村中小机构均按照审慎监管要求，严格限制分红比例，将更多盈利用于计提准备金和增强资本实力。截至2009年末、2010年末、2011年末，中小法人机构净利润分别为29.82亿元、46.17亿元、65.94亿元，平均资本利

润率分别为12.52%、15.69%、15.99%，呈平稳上升之势；而现金分红比例分别是5.62%、5.73%、5.41%，基本保持同一水准。

（三）股东来源广泛与投资主体集中并存

进入安徽银行业的民间资本涉及众多行业，但主要集中在制造业、商贸流通业、金融业和建筑业四个行业，且集中度呈小幅上升趋势。2009—2011年，源自制造业、商贸流通业、金融业和建筑业的入股金额占民间资本入股总额的比重分别由2009年末的18.68%、15.57%、12.06%和9.87%增长至2011年末的20.16%、17.46%、14.59%和9.97%，累计占比由56.18%提升至62.18%。

（四）关联股东授信有所上升与占比基本持平并存

2011年，安徽中小法人机构向民间关联股东授信总额为93.1亿元，较2009年增加19.59亿元，增长26.66%。向民间关联股东提供授信总额占银行机构总授信额的比例由2009年的2.29%降至2011年的2.18%，占比基本持平。

二、利弊分析

（一）民间资本适度进入产生的正面效应

1. 有利于提升服务水平。截至2011年末，民间资本入股农商行、农合行和村镇银行的占比分别达76.47%、87.90%和59.37%，为农村机构改制提供了大量资金支持，化解了历史包袱，增强了资本实力，扩大了县域银行网点规模，提升了金融服务水平。

2. 有利于弱化政府控制。民间资本适度进入可以稀释国有股权占比，迫使大股东在制定决策时更多地考虑中小股东利益，弱化行政干预。如2009—2011年，徽商银行股份中民间资本占比由27.93%增至38.37%，关联交易额由16.72亿元下降至11.84亿元，其中对国有股东的关联交易额下降更为明显。

3. 有利于疏导民间资金。当前民间资金进入民间借贷等领域进行资金炒作现象大量存在，2011年疯狂升温的民间借贷所产生的危害难以估量。鼓励和引导民间资本适度进入银行业，有助于疏通民间资本投资渠道，引导部分地下民间借贷资金回归阳光领域。

4. 有利于服务实体经济。民间资本股东大多来自民营企业或者个人，可以充分发挥其在小微企业、“三农”等领域信息优势，促进银行加大对小微企业和“三农”的支持力度，有效引导信贷资金投入实体经济。

（二）民间资本大量涌入产生的负面影响

1. 弱化公司治理，形成股东控制。许多较具实力的民间资本持有者希望能够控制所投资的银行以谋求自身利益最大化，虽然单个投资者入股中小银行比例有严格限制，但难以杜绝具有隐性关联的多个企业和个人或具有共同利益的多个投资者结成联盟，实际形成股权的相对集中进而实现对银行机构一定程度的操控。

2. 关联交易丛生，经营风险难控。当前，民间借贷利率高企，民间资本并不满足10%左右的分红收益，想方设法利用或明或暗的关联交易套回投资资金追求更高收益。由于中小银行风险管理相对薄弱，关联交易资金流向难以监控，部分资金甚至间接流入非法领域，风险难以得到有效控制。

3. 股东背景复杂，风险交叉传染。当前，规模较大的民营企业往往通过实施多元化发展战略进入金融领域，在产融结合过程中实现向银行、担保、典当以及小额贷款公司等全方位渗透。在此过程中呈现出资本多方交叉、主业不突出、关联交易隐蔽频繁、高管人员兼职、流动性脆弱等特点，风险交织纠结，易形成区域性风险。

4. 产业资本流失，动摇实体经济。金融危机爆发以来，部分企业经营困难与民间借贷火爆升温之间反差强烈，民间资本纷纷从实体经济领域撤资转战虚拟经济领域，产业空心化趋势愈演愈烈。大量资金退出实业投入包括银行在内的金融市场，可能加剧经济“去实体化”倾向，进而动摇经济发展的根本。

5. 过度追求盈利，忽视社会责任。民间资本以逐利为最根本特性，要求其投资的银行能为其谋取最大收益，这与银行承担社会责任之间存在冲突。因此，民间资本大量进入银行业会导致银行业更趋向于过度追求盈利，忽视社会责任。

三、思考与建议

民间资本进入银行业，要充分考虑各种制约因素，尽可能发挥正面效应，化解负面影响，实现银行业与民间资本双赢。当前，应当注意处理好以下四种关系。

（一）处理好积极引导与适度控制的关系

民间资本进入银行业程度受制于以下因素：一是法制框架不健全，尤其是存款保险制度和市场退出机制缺失，存款人利益实际由国家信用保证，需要更加审慎地把握银行股东的准入；二是监管水平仍待增强，当前金融集团化趋势明显，而分业监管格局致使并表监管为本的功能监管难以真正到位，监管水平不足客观上要求银行业有较为稳定的股东结构；三是银行经营管理水平还较低，

仍需要依赖国有股东主导；四是社会信用水平有待提高，筛选真正合格的民间资本股东存在难度。因此，民间资本进入银行业，既要积极引导，又要适当控制，从整体上把握好股东结构安排。

（二）处理好所有权与经营权的关系

所有权与经营权分离是公司治理的根本要求，也是我国银行业的软肋。民间资本进入银行业应当重点做好以下几个方面：一是形成所有权多元化基础上适度集中的股权结构；二是厘清“三会一层”职责边界，增强所有者和经营者制衡关系；三是加强监管防止“内部人”控制，避免不当关联交易和利益输送；四是加强信息披露机制建设，通过充分及时的信息披露完善监督机制。

（三）处理好追求利润与承担社会责任的关系

引入民间资本根本目的不是抽“实体经济之血”，而是要更好地反哺实体经济尤其是小微企业、“三农”等。因此，民间资本进入银行业要明确定位，立足于服务小微、造福“三农”，充分利用民间资本获取民间信息的便利，积极拓展小微企业和“三农”等薄弱领域。

（四）处理好产融结合与风险控制的关系

民间资本实现产融结合往往会快速扩张，给银行监管带来极大的挑战。因此，一是合理引导优质产业资本投资银行业，允许民间产业资本与金融资本在一定条件下融合；二是建立和完善针对产融结合的风险控制机制，尽快制定和完善产融结合的相关法律法规，构建科学的风险识别预警机制和风险评估方法体系。

（作者陈琼，安徽银监局党委书记、局长）

关于银信合作业务的调查及信托业发展路径的思考

一、江西辖内银信合作业务发展现状

（一）银信合作业务成为信托业主流业务品种

按照与银行业的关联度，信托业务可划分为银信合作和非银信合作两大类。其中，狭义的银信合作主要包括信托贷款、信贷资产转让、信贷资产证券化、信托受益权转让、金融产品投资等。2009—2011 年，全省信托业信托资产规模 3 254.47 亿元，其中，狭义银信合作 2 001.96 亿元，占信托业务额的 61.51%，成为信托业主要业务品种。

（二）发展速度快于银行业信贷增长水平

近三年全省银行业贷款余额分别为 6 416.2 亿元、7 843.28 亿元、9 301.95 亿元，2010 年、2011 年贷款增速分别达到 22.24%、18.6%。同期省内狭义银信合作分别为 222.12 亿元、776.85 亿元、1 003 亿元，2010 年、2011 年增速分别达 249.74%、29.11%，明显高于同期银行业贷款增速。

（三）资金投向趋向利润空间较高的行业

全省通过银信合作渠道筹集的资金，主要投向利润空间较高行业或国民经济支柱性行业。如 2011 年，投向金融业、交通运输业和房地产及建筑业的资金分别占银信合作所筹资金的 23.14%、21.49%、14.46%，三项合计达 59.09%，而投向采矿及制造业的资金比重由 2009 年的 13.97% 降至 2011 年的 9.08%。

（四）理财资金投向银信合作趋于平缓

2011 年开始，银监会着手整顿全国银行业理财产品市场，特别是明确银信理财资金入表核算和信托业净资本管理办法的出台，促使银行改以所谓“自有资金”的名义进入银信合作渠道，银行理财资金池对接信托产品的做法渐趋平缓甚至略有下降。2009 年，全省传统银信理财合作业务达 222.12 亿元，2010 年升至 464.1 亿元，2011 年有所下降，达 378.98 亿元。

（五）低水平传统业务品种仍占据主导地位

尽管省辖银信合作业务出现跨越式发展，但在狭义银信合作品种中，占主导地位的仍是信托贷款，三年来金额累计达 1 621.72 亿元，占银信合作总规模的 81%。金融产品投资和信贷资产转让分别占银信合作总规模的 10.64% 和 5.65%，而技术含量较高的新业务，如信托受益权转让仅占 2.7% 的份额，信贷资产证券化业务更是为零。

二、银信合作业务面临的主要问题

（一）自主管理仍显不足

近几年来，全省信托业发展迅猛，但其中一个不容回避的问题是：银信合作业务成为信托业主流业务品种，表明其对银行业的依赖度居高不下，也揭示出信托业自主管理能力不足，更多地通过开展通道类业务来做大规模，而偏离了信托机构作为专业化理财机构市场定位的现实。造成该状况的原因主要是信托业内部组织结构不完善和产品设计、管理人才储备不足，而银行机构网点分布较广，风控水平较高，掌握的项目和客户资源较多，加之银行受到信贷规模的约束及业务范围的限制，这促使银信双方积极开展以银行为主导的业务合作。近三年，全省累计发行单一信托产品 2 735.68 亿元，其中银信合作类占比为 73.18%。

（二）“去监管化”现象凸显

银信合作业务以传统融资类业务为主，大多数产品的设计、发行、管理基本由银行完成，其实质与贷款无异，信托公司成为银行规避信贷规模管理和监管约束的通道。银信理财合作纳入表内管理后，银行转以“自有资金”对接银信合作业务，此类业务虽计入银行表内“信托产品投资”科目，但仍未纳入贷款规模管理，不计入银行存贷比考核，不计提 100% 的风险资产，从而规避了监管，形成了事实上的监管套利。据测算，近三年共计 1 788.98 亿元银信合作业务处于“去监管化”状态。

（三）发展的可持续性面临考验

随着把稳增长放在更为重要的位置，央行连续降低存款准备金率和存贷款利率，信贷规模控制有所放松，导致企业更易获得银行贷款，对信托融资需求相对下降，信托通道作用出现弱化，银行业与信托业合作的积极性有所下降。另外，随着央行加快利率市场化进程，存款利率上浮会增加信托资金成本，贷款利率下浮又会影响信托收益率，双重挤压将导致信托收益空间缩小。

（四）市场竞争趋向严峻

2012 年以来，证监、保监部门相继推出一系列改革举措，如证监会明确了证券公司创新发展的 11 大类措施，其中包括放宽业务范围和投资方式限制、扩大金融产品代销范围、鼓励中小微企业私募债券试点等方面；又如，近期保监会在推出的13 项保险投资新政中，允许保险机构投资券商的集合资产管理计划、银行的信贷资产支持证券及保证收益型理财产品。一旦放开券商、基金、保险对实业类信托计划的投融资范围，信托公司在资产管理市场上的议价能力将下降，并面临更大的竞争压力。

（五）外部监管有待改善

一是信托业相关配套制度和市场建设仍未到位。如信托财产登记制度和信托产品退出交易机制缺失，信托产品信息披露和营销不够规范等。二是协作监管机制不顺。辖内优质投融资项目和高端客户资源相对不足，信托公司往往赴发达地区开展业务。近三年辖内信托业省外业务 1 791. 34 亿元，占比 89. 48%，但由于并表监管局和属地监管局之间信息未实现共享，增加了监管难度。三是创新监管不足。如对信托创新监管仍缺乏系统性制度安排，一些监管政策措施连续性、稳定性不足，对信托创新业务的规范滞后，创新监管人员配备不够。

三、推动信托业可持续发展的几点思考

（一）把握发展方向，促进发展方式转变

“转方式、调结构”是当前经济发展的重中之重，也是信托行业发展的紧迫要求。信托业应逐步减少通道型业务，增加自主开发、自主管理型业务，提高自主管理能力，以优质的增值服务、可靠的安全保障和专业化的市场形象吸引高端投资者和机构投资者，实现由融资型业务向资产管理型业务的转变，真正成为专业化高端理财机构，实现可持续发展。

（二）适应形势发展，强化产品创新和监管

信托业要在适当减少资管费用、降低融资成本的同时，发挥机制灵活的特点，加快信托产品设计和业务创新步伐，提高信托业的核心竞争力。当前可在加强跨行业合作方面开拓思路，创新合作型信托产品，从而变竞争为合作，实现优势互补、多方共赢。监管部门应在法规层面确认信托创新的合法地位，完善产品创新合规性的界定，减少管制性审批，加强事中监测，将监管触角延伸

至资金投向及使用情况，督促信托业合规创新和稳健运作，减少违规经营，防范资金风险。

（三）强化联动监管，遏制“去监管化”倾向

一方面，要完善内部联动监管。进一步明确银行监管部门和非银行监管部门对涉及银信合作业务的监管职责范围，定期召开部门间联动监管会议，通报分析情况，确定监管任务和要求，加强相互沟通协作。同时，加强各地银监机构的联动监管，建立情况通报制度和联合查处机制，从而形成监管合力，减少监管盲区。另一方面，加强“一行三会”的监管协作，协调监管政策，减少行业壁垒，平衡监管力度，加强信息共享，推动公平竞争，共同防控监管套利行为和系统性金融风险。

（四）坚持差别化原则，完善银信合作模式

一是坚持将表内信贷资金与表外理财资金对应不同风险系数的银信合作产品，不同风险系数银信合作产品对应不同客户。二是结合两年一次的信托公司评级，按照等级评定标准，区分不同等级信托公司确定银信合作产品准入门槛。三是尝试按表外与表内资金配比原则，在限定表外融资种类及规模的基础上，依据银行抵御风险能力的不同，在征得债权客户的许可下，留出一定比例的资金投向低风险增值信托产品。

（五）推进市场建设，培育合格投资者

在做好顶层设计、强化行业自律的基础上，健全信托业相关配套政策制度，放宽信托公司设立分支机构的限制，加快推出信托财产登记制度和信托产品退出交易机制。完善合格投资者制度，采取多种措施开展投资风险和信托知识的宣教活动，大力培育合格投资者。加强信托业务和产品的信息披露工作，解决好信息不对称和误导性营销等问题，维护好投资者合法权益。

（作者曾向阳，时任江西银监局党委书记、局长，
现任广西银监局党委书记、局长）

从公租房受冷评析保障房运营建议

住房是人民群众生产生活的基本保障。新型城镇化推进过程中，需要在城市规模不断扩大的同时，大力推进廉租房和经济适用房建设，以满足城镇低收入群体的住房需求。因此，大规模建设保障性安居工程，是党中央、国务院作出的重大战略决策，事关民生改善、经济发展和社会和谐稳定。其中，“十二五”规划中重头戏的公租房建设，作为约束性指标被列入国民经济发展规划之中，各级政府均将此项工作列为改善民生的重要目标。然而随着2012年的到来，“十二五”之前开工的各类公共租赁住房陆续推出市场，无论是全国一线城市上海①、南京②等公租房，还是誉为全国公租房典型的武汉“洪山模式”③，以及作为全国人口最多的中部城市郑州④的公租房，都不同程度受冷，如何加强保障房运维管理，值得进行深入探讨。

一、实现保障性安居工程良性循环

住房保障的实质是政府承担住房市场价格与居民支付能力的差距，我国作为一个发展中国家，不可能在短时期内大范围解决居民的住房问题，因此，住房保障制度必须体现保障的层次性。一是制订分级计划，有步骤、分层次地解决中、低收入家庭的住房问题，根据不同的经济政策安排、不同的住房

---

① 上海首批两个市筹公租房项目入市之后申请数量不如预期，上海一度将公租房申请截止日期从2月22日延长至3月10日。然而，至3月10日首轮申请截止，各区受理公租房申请总量约2 000户，仅占供应房源总量的四成左右。

② 截至4月中旬，经过街道和区级审核，上报到南京市房管部门的仅267户，而根据此前的调查，江南八区符合申请条件的中等偏下收入住房困难家庭共有1.7万户。

③ 通过采用“租赁一批，兴建一批，周转一批，购置一批”来整合社会资源，聚合闲空置房产，统一改建或装修，作为公租房房源。作为武汉的大区，洪山区廉租房建成后，一年申报仅100户，而江岸、江汉这么小的区，每年申请廉租房的就有几百户甚至上千户。

④ 2011年底面向社会公开配租1 353套公租房，截至2012年3月底，郑州市区递交公租房申请的仅有628户。

发展阶段和不同的居民保障需求，从住房供应结构和供应方式方面建立适应不同收入水平居民住房支付能力的、分层次的住房保障体系。二是要完善制度设计，实现保障房在严格审核条件下的有序转化，引导形成先租后买、梯度消费的住房模式，既可以满足群众在不同经济状况和阶段的住房需求，同时政府也可以减轻管护压力和收回部分资金，周转建设保障性住房，覆盖更多的困难群众。三是保障性住房建设要有整体规划，在区域选择上应安排在交通、生活便利的区域，切实贴近保障对象需求，随着经济社会发展，能实现保值增值，避免“贫民窟”式保障房建设，逐步提升经济效率，运用市场机制保证此项资产稳健保值升值，降低社会资本的资金风险，提供适度的资金回报。四是政府应对选址距离中心城区过远、缺少配套基础设施的项目不予立项，不予审批；对配套基础设施不能满足基本入住条件的项目限期整改，不达标的一律不组织验收；对不按要求配建保障性住房的商品房开发项目，不予办理预售手续。

二、提高建设和运营过程的三公水平

一是抓紧完善保障性住房建设、分配、管理、退出等制度，把公平和公开放在首位，无论是建设招标，还是保障群体门槛审核，都要严格按照政策要求，并做到尽职调查，防止出现“富裕阶层”挤占保障房资源的情况。同时，政府需要有专门的部门，对保障房受益者动态管理，要有入有出，当收入水平高于保障门槛，并有能力通过市场方式购买住房的，要及时作出调整。二是加强房地产市场监测分析，建立健全房地产市场信息系统和统计制度，完善市场监测分析机制，准确把握房地产市场走势，及时发现市场运行中的新情况、新问题，提高调控措施的预见性、针对性和有效性。三是加强质量监管。全面落实质量管理各项制度规范，严把工程建设五道关口，贯彻执行保障性住房工程质量终身负责制和永久标示牌制度，确保工程质量。加强执法监督，定期组织保障性住房工程质量拉网式排查，对建设过程中发现的质量安全隐患，坚决一查到底。四是加强运营管理。要切实抓好存量保障性住房的运营和管理，切实降低成本、提高效率。做好廉租住房租售并举工作，明确保障性住房管理和运营主体，加强租售管理、物业服务和修缮维护工作，健全运营管理费用筹措机制。要以满足城市低收入家庭就医、就学等实际需求为出发点，切实加强保障性住房配套设施建设。五是要积极探索委托管理、购买服务等商业化管理方式，切实降低运营成本。要通过配建的商业用房等经营服务设施的收益，弥补保障性住房运营资金不足，实现可持续发展。

三、多渠道筹集建设资金

一是充分发挥保障性安居工程专用融资平台作用，吸引信贷资金、社保基金、保险资金、社会资金等多元化资金进入，加快投融资体制机制创新，拓宽融资渠道，调动社会资金参与保障房建设的积极性，满足大规模建设保障性安居工程的资金需求。二是对保障性住房建设资金和土地封闭运行，确保资金安全有效运行，政府通过注入土地、商业地产等优质资产确保资金还款来源。三是鼓励金融机构对保障性住房建设的信贷支持，鼓励其发放公共租赁住房建设和运营中长期贷款，鼓励社会各界捐资建立保障性住房建设信托基金，委托住房保障管理部门管理，另外还应加快实施廉租住房和公共租赁房共有产权管理工作，完善相关政策措施，回笼部分建设资金，实现保障性住房建设资金的良性循环。四是通过建立专门的政策性住房金融机构，或者带有政策性、扶持性的金融机构，为保障性住房建设及消费活动提供相关金融服务，以确保保障性住房金融政策的有效执行。五是建立保障房的预售制度、建立社会资金参与的退出机制（特别是参与公租房经营）以及扩大贴息范围或者通过配建适当的商业等方式，提高保障房利润率水平，充分吸引保险、信托和银行贷款资金参与保障房建设。六是鼓励成立专门机构为保障性住房项目融资提供贷款担保或保险，降低银行信贷的风险。

四、明确政府在融资中的主导地位

一是地方政府不仅要以财政拨款、发行债券、设立政府担保基金等方式直接提供资金，还要进行制度设计，为多元化主体提供产权界定等制度激励，对可能出现的垄断等外部性问题进行规制，加强对多元化主体从事公共经济活动的制度约束等。二是借鉴很多国家的经验做法，政府可采取多种方式，设立独立的机构进行具体运作，涉及保障性住房融资、建设或购买房源、享受人群审核、后期运营管理整个运营过程。从资金管理运营看，在政府信用的保障下，这种方式可以提高运营机构的融资能力，增强融资模式的灵活性，降低融资的交易成本，有效地盘活已有购建资金，节约运营管理的成本。三是为了扩大资

金来源、保障资金供应的可持续性，更需要转变政府角色，更大程度上发挥社会各界以及市场的作用，各级政府应由目前的直接投资者和经营管理者，逐步转变为保障性住房融资的引导者、合作者和监督者，在这一过程中政府应制定有效的财政和金融政策，加强与私营企业的合作，发挥资本市场融通资金的作用，并利用土地市场间接融资。四是中央政府和地方政府之间应加强协调、明确职责，共同服务于住房保障目标。中央和地方两级财政拨款，应该是保障性住房融资的首要渠道，确保年度财政预算中保障性住房项目支出的比例，合理安排保障性住房项目的支出结构，适度增加财政预算中保障性住房项目支出比例，适时调整项目支出结构。

（作者李伏安，河南银监局党委书记、局长）

引导规范民间资本服务实体经济发展

国际金融危机爆发以来，我国加强了对政府投资和公共投资的控制，货币政策取向由“适度宽松”转向“稳健”，民间融资日渐活跃，规模扩大，风险上升。从制度安排和实现路径看，垄断行业准入政策逐步放开，民间资本进入金融领域渠道增多，速度加快，但受金融基础建设、金融行业属性等因素制约，金融吸纳民间资本还面临一些障碍。引导和规范民间资本服务实体经济发展，对于防范金融风险，促进经济平稳较快发展具有重要意义。

一、民间融资新的特点和趋势

（一）民间融资规模快速扩大

正规金融供给放缓与实体经济资金紧缺矛盾突出，民间融资日渐活跃，规模庞大。据湖南银监局摸底，辖内民间投融资机构的融资和投资规模均超过1 000亿元，约占贷款余额的7%。民间借贷较快发展，据调查，2011年，益阳、怀化、岳阳三市民间借贷增长32.4%，比银行贷款增速高近15个百分点。

（二）民间融资机构大量涌现

民间融资呈现出组织化、专业化和复杂化趋势，各类融资机构大量涌现，主要有四种类型：民间自由借贷，个人之间、企业之间或个人与企业之间的相互融资行为；有组织无机构的会所，如“同学会”、“老乡会”；有组织有机构，如典当行、寄卖行、投资公司等。不完全统计，湖南这类机构有10余种，数百家；异地商会，融资数额较大，投资已触及包括房地产的众多领域。

（三）民间融资范围领域拓宽

民间融资由“隔夜头寸”性质的资金互助活动，演变为解决日常周转和生产经营资金紧缺的面向社会大众的融资活动。资金来源以分散、短期化的小规模储蓄为主，资金运用向采矿、建筑、房地产等行业集中，呈现长期化趋势。资金来源分散、短期与资金投向集中、长期的矛盾，导致部分机构或企业举新

债还旧债，融资活动循环往复。

（四）民间融资积聚风险上升

大量资金游离于金融体系外循环，监管缺位，发展无序，积聚风险上升，影响金融安全和社会稳定。一是高利贷风险。少数企业融资成本畸高，由对冲性融资向投机性融资发展，甚至演变为庞氏融资，债务“雪球”越滚越大。二是非法集资和非法办金融风险。部分企业和机构涉嫌非法集资和违规吸收存款等非法金融活动，扰乱了金融秩序，危及社会稳定。三是“脱实向虚”风险。部分融资没有实体作支撑，以钱炒钱，过度虚拟，导致产业空心化。四是干扰和影响宏观调控。部分资金流向了国家明令禁止的“两高一剩”行业，个别银行与民间投融资机构不正当合作，规避规模调控。

二、民间资本进入金融领域的现实途径及障碍

（一）民间资本进入金融领域的现实途径

2010 年国务院出台《关于鼓励和引导民间投资健康发展的若干意见》（以下简称国务院 36 条），为民间资本进入金融领域扫除了思想歧视和制度障碍；“十二五”规划又提出，“深化垄断行业改革，进一步放宽市场准入，形成有效的市场竞争格局”。民间资本进入金融领域的速度加快，呈现如下特点：

1. 参股金融机构明显增多。一是支持金融企业重组或股权结构优化。湖南城市商业银行股权结构中，民间资本为 16.04 亿元，占比 23.08%。二是参与农村合作金融机构改革和新型农村金融机构发展。截至 2011 年末，湖南农村合作金融改革吸收民间资本 127.07 亿元，占资本总额的 97%；14 家村镇银行民间资本占比 18.48%。三是证券和保险类机构民间资本占比较高。湖南证券公司、期货公司民间资本占比分别为 47.7%、36.4%；保险代理、经纪、公估机构民间资本占比 85.8%。四是直接参与金融企业 IPO 或在资本市场购买金融上市公司股票。据不完全统计，全国民间投资者对全国性股份制商业银行的持股比例接近 8%。

2. 扶持担保公司和小贷公司稳步发展。2011 年末，湖南融资性担保公司 148 家，实收资本 148.4 亿元，其中民间资本占比 75.1%；小额贷款公司 77 家，注册资本 45.2 亿元，主要为民间资本。2011 年末，湖南融资性担保公司担保贷款余额 230 多亿元，其中为中小企业贷款担保占比达 90% 以上；小贷公司贷款余额 43 亿元，当年累放贷款达 76 亿元。

3. 资本市场直接投资渐趋活跃。2011 年湖南企业发行债券 77.5 亿元，发行中期票据 57 亿元，实现产权和技术交易融资 79.11 亿元，私募股权融资 68.79 亿元，其中以“创业投资”、“风险投资”等为注册名的企业 140 家，吸纳了大量的民间资本。

4. 购买金融产品或借道金融中介投资大幅增加。购买金融产品或借道金融投资成为民间资本保值增值的新途径。湖南银行业机构理财产品余额近 1 000 亿元，两年增长 4 倍；近两年银行委托贷款新增 216.3 亿元，相当于同期银行新增贷款的 5.28%。

（二）金融吸纳民间资本的主要障碍

受金融基础建设、金融行业属性和风险补偿机制等因素制约，金融吸纳民间资本还面临一些障碍。

1. 金融基础建设滞后。一是金融市场发展滞后，民间资本缺乏投资场所。直接融资占比过低，资产证券化进展缓慢，对民间资本流动产生较大制约。二是金融工具创新滞后，民间资本缺乏投资品种。金融市场上以收益较低的传统存款类产品居多，高风险、高收益特性产品较少，民间资本投资渠道受阻。

2. 金融行业属性限制。我国金融以国家信用作支撑，国家对民间资本入股金融机构比较慎重，民间资本控股金融机构存在“玻璃门”障碍。金融企业性质特殊，民间资本竞争劣势明显，对于非上市金融企业，还存在着股权流转不畅等问题，民间资本进入正规金融体系的动力不足。

3. 风险补偿机制缺失。国际通行的存款保险制度，受中小法人金融机构风险处置任务较重因素制约，我国尚未建立；基于《企业破产法》之上的《金融机构破产条例》迟迟没有出台。银行、保险、证券等金融机构退出机制不畅，影响民间资本准入。

三、引导和规范民间资本有效服务实体经济发展

我国经济社会发展已进入新阶段，要高度重视民间资本在经济社会发展中的重要作用，加强引导和规范，推动合理流动，有效服务实体经济发展。

（一）进一步放宽金融市场准入

在产业技术、准入标准和配套政策的制定中，充分考虑民营企业的话语权。在防止套取银行资金的基础上，循序渐进，探索建立民间资本进入金融机构的专门通道。继续引导民间资本参与农村合作金融改革，鼓励支持民间资本参与

村镇银行、小贷公司、担保公司等中小机构组建。

（二）大力推进金融基础建设

加强金融市场体系建设。重点发展主板市场和扩大中小企业板块规模，推进创业板市场建设，适度发展产业基金、风险投资基金和私募股权基金；以价格型管理替代数量型管制，逐步推进资本账户放开；搭建各类民间资本投融资对接平台；推进金融工具创新；加强对资本性债券、回购协议等证券化产品的创新利用，审慎试行推出高收益债，为民间资本投资找出路。

（三）不断健全风险补偿机制

研究制定出台《金融机构破产实施条例》，强化市场约束。加快推进中小法人机构风险处置，适时推出存款保险制度。采取税费减免、资金扶植和政策倾斜等多项举措，推动以民间资本为主导力量的担保公司以及农合机构、村镇银行和小贷公司等新型农村中小金融机构健康发展。

（四）切实加强民间融资监管

完善相关法律法规，将民间融资纳入法制化轨道；按照“谁负责审批、谁负责监管、谁负责退出”的原则，完善行业主管和属地监管的“双线”监管体制；建立对民间融资的统计和监测制度，加强规范引导，防范无序、非理性行为；加强防火墙建设，搞好民间融资与正规金融的风险隔离，确保金融安全，维护社会稳定。

（作者施爱平，时任湖南银监局党委书记、局长，
现任湖南银监局巡视员）

关于我国融资性担保行业可持续发展的几点思考

2012 年初广东华鼎融资担保有限公司、创富融资担保有限公司（以下简称华鼎、创富）被曝涉嫌骗取银行贷款，导致众多中小企业资金受损，银行贷款面临巨大风险。鉴于此，本文结合广东融资性担保行业发展实际，分别从该行业自身、监管机制以及外部环境等方面对发展中暴露的突出问题进行了深入思考并提出了相关政策建议。

一、基本情况

截至 2012 年末，广东省融资性担保公司法人机构 373 家，分支机构 44 家（另有 17 家法人机构因长期未开展业务或已被公安机关立案调查等原因，正在办理退市手续，本次未能提供有关统计数据），注册资本总额 557 亿元，机构净资产 571 亿元，从业人员 9 128 人；在保余额 1 445 亿元，同比下降 2%；其中融资性担保在保余额（含债券担保）960 亿元，同比下降 6%；行业平均放大倍数 1. 7 倍。从盈利情况看，全省担保业务收入 32 亿元，实现净利润 10 亿元，同比下降了 33%；行业平均资本利润率仅为 2%，资产利润率为 1. 6%，均处于较低水平。

受华鼎风险事件影响，截至 2012 年末，广东银监局辖内融资性担保贷款余额和融资性担保贷款企业户数分别为 473. 30 亿元和 5 522 户，比年初分别减少了 25. 88% 和 34. 70%，其中，中小企业融资性担保贷款余额和融资性担保贷款中小企业户数分别为 352. 84 亿元和 5 277 户，比年初分别减少 26. 03% 和 17. 20%。截至 2012 年末，辖内融资性担保不良贷款余额达 14. 15 亿元，比年初增长了 1 398. 70%，其中中小企业融资性担保不良贷款余额达 12. 44 亿元，比年初增长 1 528. 30%，融资性担保公司代偿金额也大幅增长。

另据广东省金融办风险排查，2012 年，广东省融资性担保机构发展面临严峻形势，全省有 50 多家融资担保机构超过半年未能与银行机构开展新业务。

二、存在的问题

通过广东省融资担保行业各项发展指标可以看出，目前整个融资担保行业的生存正遭受挑战，这有单体机构风险显现带来的影响，更多则是由存在监管低效、发展过滥等整体性问题造成的，具体表现在以下几个方面。

一是行业整体信用水平不高。首先，缺乏整体规划，行业自律性不强。目前全国融资担保机构8 000余家，平均资产约为1.1亿元、平均放大倍数仅2.1倍（根据2011年末数据测算）。广东省融资性担保行业2011年平均放大倍数只有1.74倍，市场呈现一种过度饱和状态，容易出现无序竞争、超范围经营的问题。此外，由于融资担保行业发展历史较短，全国性的行业自律组织刚刚成立，整体的自律协调严重不足。其次，公司治理水平较低，专业人才缺乏。现阶段多数融资性担保公司未能建立起有效的集体审核、风险控制和债务追偿等制度，治理结构存在较严重缺陷，缺乏内部有效制衡。此外，懂经济、懂金融、懂法律能胜任风险识别与分析评估的专业人才稀缺，严重制约着该行业的风控与管理水平提升。最后，风险分担与补偿不足，经营异化现象严重。由于实际业务运作中银行处于强势地位，大多要求担保机构对贷款本息全额承担连带保证责任，这种风险承担的不对称性加大了担保机构的经营风险。此外，不少融资性担保机构还暴露出抽逃或挪用资本金等问题，进一步削弱了实际担保能力。部分担保公司甚至出现了公开或变相吸收公众存款等违法行为，背后暗藏巨大风险。

二是监管有效性亟待提升。首先，法规体系建设相对滞后。现已出台的《融资性担保公司管理暂行办法》（以下简称《办法》）属于部门规章，法律层次较低，极可能产生法律适用冲突。同时，担保行业的主管部门几经变更，相关的管理规定散见于不同部门、不同地区在各自领域和地域内颁布的监管规章和规范性文件中，缺乏自上而下的系统性。其次，行业监管效率有待提高。目前我国对融资担保公司实施属地监管。从各省区的情况看，当前各地融资担保公司的审批和监管部门各不相同，而且由于地方政府还承担着促进和扶持担保公司发展，解决中小企业融资难的职责，不可避免与其承担的监管职能产生利益冲突。与此同时，各地对融资担保行业实行专业监管的时间尚短，在资源配备上有所欠缺，导致监管能力严重不足。

三是外部环境欠完善。首先，社会信用体系建设有待加强。目前，人民银行建立的信贷登记咨询系统在数据的有效性、及时性和全面性上还有欠缺，加之国内缺乏专业而权威的信用评级机构，国内信用体系建设任重道远。其次，外部风险补偿机制缺失。国外担保企业普遍采用分保、再保险和不断提取风险准备金的办法，分散和抵御担保风险，并以政府财力作为最终后盾。而目前我国中央政府的补偿多由相关部委以税收减免、行业补贴的形式提供，支持力度有限，各地方政府也尚未形成一个相对统一的稳定的风险补偿机制，且在具体管理上不尽完善。如广东省金融办反映，近年来华鼎、创富通过各种途径骗取政府信任，多次获得有关部委扶持款，每年达千万元以上。

此外，目前对于融资性担保行业缺乏有公信力的征信评估机构，银担合作时保证金账户潜在法律风险，融资担保公司可能存在违规行为，导致银行合作积极性不高，进而影响整个融资担保行业的发展。

三、相关政策建议

本着尊重历史与照顾现实及属地管理原则，当前应坚持从社会信用体系建设的高度，坚持立法先行的原则和市场化运作的方向，规范推动融资性担保行业发展。

一是提升行业监管质量。首先，健全监管法规体系。建议针对实际情况，对《办法》进行修订，并就以往针对融资担保行业颁布的部门规章或规范性文件进行清理，同时建议协调推动最高法院出台司法解释，进一步明确银担贷款保证金的质押效力，加大对债权人合法权益的法律保护。其次，强化监管手段。包括：加快融资担保行业管理信息系统建设，增加业务集中度监测预警；对担保机构实行监管分级；加强行业规划发展，完善融资性担保行业市场退出机制；加强监管队伍建设和业务培训，配足监管力量。

二是推动行业自身建设。首先，提高担保公司抗风险能力。优化股权结构，建立起相对独立的经营管理体制和“审、保、偿”分离的内控制度，完善内部风险补偿制度，确保风险拨备能有效覆盖担保责任。其次，通过行业自律平台提升整体水平。全国性的行业协会建立后，可以会员资格管理为核心，加强相关机构间的合作：开展业务培训、规范业务操作标准、进行资源共享、加强与政府间的关系，尝试建立规范的行业信用评级制度，探索推行担保行业从业人员资格认证制度。此外，部际联席会议成员单位应各司其职，从信用体系建设各环节实现对行业的规范扶持，指导做好融资担保体系工作规划，合理布局，

有序发展，防止过度竞争或服务不足。

三是营造良好外部环境。首先，建立多层次的风险分担和补偿机制。提倡将担保机构对贷款承担连带保证责任改为比例承担，建立起担保机构和银行的合理分险机制；推进政策性省级再担保公司发展，扩大再担保的覆盖范围，建立和补充行业互助风险池，强化行业自助；政府牵头出资建立风险补偿基金，按比例补偿担保机构的代偿损失。其次，健全中小企业信用体系，建议加快升级人民银行征信系统，在担保机构担保业务数据的全面性、准确性和及时性方面为有关单位提供更有力的支持。同时，规范发展资信评级产业。一方面要加快征信立法，以规范促管理；另一方面是由政府主导进行体制创新，成立全国性的、公共征信的再评级机构。再次，引导银行业充分认识融资性担保行业在支持中小企业发展和防范信贷风险中的积极作用，树立与担保公司“利益共享、风险共担”的合作观念，注意提高银行从业人员的合规意识、风险意识和自律意识。同时，推动建立银担合作信息共享和交流平台，加强与融资担保监管部门沟通，使银行间的信息平台成为行业监管系统的有效补充。最后，地方政府对于企业逃废债行为，应摒弃地方保护主义思想，依法严肃处理，并在处理社会性重大事件时，坚持实事求是的原则，切实维护金融机构合法利益。

（作者刘福寿，广东银监局党委书记、局长）

绿色信贷在西部地区的实践与思考

改革开放以来，我国经济持续强劲增长，但随之而来的资源与环境约束也日益显现。尤其在西部欠发达地区，既要尽快改变经济社会落后的面貌，又要尽量减少对环境与社会的危害，银行信贷杠杆优化配置资源的功能更加突出。云南银行业近年来积极推进绿色信贷，取得良好效果，但面临的问题与风险需要高度重视和积极解决。

一、绿色信贷主要成效

云南银监局按照银监会的部署和要求，引导督促银行机构逐步树立绿色理念，完善内部管理，创新金融产品，优化信贷结构，促进云南“绿色经济”发展成效明显。

（一）管理制度与流程不断完善，金融产品不断创新

一是初步建立并完善了绿色信贷管理制度与流程。首先，各银行业金融机构陆续出台支持节能减排相关行业的授信程序和管理要求。如建行云南省分行制定了“进、保、控、压、退”信贷政策；国开行云南省分行建立了节能减排专项贷款制度，对十大节能工程、循环经济等给予贷款政策优惠。其次，将环评信息纳入授信管理流程。如工行云南省分行、华夏银行昆明分行将环保信息纳入贷款“三查”全过程，并实行“环保一票否决制”。最后，建立法人客户环保标识分类制度，严格市场准入门槛。对不同行业实施差异化信贷限额管理，将行业划分为鼓励介入类、适度介入类、审慎介入类和压缩退出类等类别，并初步建立了法人客户环保标识分类制度和环保信息监控体系。如工行云南省分行对企业客户进行四项九类管理。

二是创新了金融产品，提升了金融服务。如浦发银行昆明分行实现绿色金融产品体系化，于2011年11月成功发放“CDM国际碳保理”贷款338万欧元，在风险可控的前提下实现项目融资时点提前和融资期限延长，填补了国内“国

际碳保理”贷款业务方面的空白。光大银行作为碳综合银行，已推出EMC合同能源管理融资模式，并积极推行第一笔EMC模式融资方案，以支持工业节能领域先行者之一的昆明阳光基业股份有限公司发展。

（二）绿色信贷领域不断拓展，贷款结构持续优化

一是大力支持新能源项目及节能环保工程。近年来，云南省重点推进新能源及节能环保工程建设，辖内银行业给予了积极支持。建行云南省分行累计投放395.45亿元，支持水力发电、城市污水处理工程、资源综合利用等项目。农行云南省分行累计向213家企业授信361.38亿元，支持可再生能源和清洁能源发电项目。招行昆明分行累计授信5.6亿元支持昆明中电环保电力有限公司、昆明丰德环保电力有限公司等节能环保企业发展。广发行昆明分行与4家重点节能示范项目企业建立信贷业务合作，共投入贷款3.03亿元给予支持。大理州银行机构与风电企业签订贷款合同项目额度累计28.25亿元，支持风力资源开发利用。

二是全力支持滇池综合治理等生态保护重点工程。滇池流域治理作为国家“两湖”治理重点工程，得到了银行业的大力支持。“十一五”期间，全省银行业支持滇池综合治理的信贷投放总额达114亿元。富滇银行累计投入信贷资金27.82亿元，中行云南省分行2009年审批通过了昆明滇池投资有限责任公司40亿元项目贷款，目前已发放贷款23亿元，均用于支持滇池水环境治理。农发行云南省分行围绕城市污水处理等工程，投放昆明滇池、大理洱海、玉溪抚仙湖、丽江泸沽湖综合治理贷款5.96亿元，共治理水面污染20平方公里，促进了生态环境改善。

三是积极投入林业、水利等民生领域。近年来，云南银监局充分发挥辖内林业资源优势，在全国率先试点《林权抵押贷款管理办法》，有力地激活了边疆民族地区林业资源开发。截至2012年第一季度末，全省银行业林权抵押贷款余额83.52亿元，比年初增加9.41亿元、增长12.7%；2009年至2011年末的3年间，全省除昆明市以外的15个州市累计发放林业及林权抵押贷款105亿元，支持了34 682户林业企业和农户。同时，在云南应对三年连续特大干旱当中，银行业着力发挥“及时雨”作用，截至2012年第一季度末，全省银行业金融机构农田水利基本建设贷款余额233.75亿元，比年初新增9.27亿元，同比增长18.93%。

四是有序退出“两高”及落后产能行业。截至2012年5月末，全省节能减排主要行业中的限制类贷款余额比年初净减少2.81亿元、降幅4.17%，淘汰类

贷款减少1.31亿元、降幅达52.28%，两项合计共压缩了4.11亿元，涉及钢铁、煤焦炭等7个行业，其中，退出最多的前三大行业钢铁、煤焦炭、建材行业分别压缩了7.25亿元、2.52亿元、1.81亿元。

在绿色信贷的有力支持下，云南“绿色经济”发展成效明显。2011年全省单位GDP能耗下降3.22%，规模以上工业企业能源转换效率比上年提升1个百分点，单位工业增加值能耗下降6.6%。“十一五”期间，昆明滇池治理取得令人瞩目的成绩，2012年5月国家环保督察中，验收组给出了滇池治污史上的最高分；同时，昆明空气优良率达99%左右。

二、存在的问题和风险

通过多年的努力，绿色信贷在云南实现了良好起步，但存在的困难与问题仍然不少，潜在风险不容忽视。

（一）信贷供需相关方信息获取的充分性不够

在绿色信贷实践中，不仅信贷供需双方存在信息不对称，而且相关第三方的信息也难以及时、充分共享。如“两高”及落后产能项目行业中的部分企业规模较大，关联企业众多，经营多元化，给银行准确掌握其授信风险情况、经营发展状况带来困难。另外，银行也难以及时准确获取淘汰落后产能企业名单、环保违法企业名单等相关信息。

（二）项目自身条件与银行风险管控要求存在差距

部分重点项目、公益性较强的节能环保类项目等，需要大量投入，投资需求缺口大，需要银行信贷支持，但这些项目往往存在项目资本金到位难、抵押担保落实难、承贷主体选择难等先天不足的问题，与银行信贷准入门槛、风险管控要求存在差距。如“十二五”期间滇池水污染治理拟投资400余亿元，存在各投资主体投入项目资本金压力较大、专司湖泊治理融资的平台公司难以落实有效担保等困难。

（三）绿色信贷管理尚难适应行业风险特点

一是在产业调控政策下，“两高”企业的调整能力较弱，加大了相关绿色信贷管理的难度；二是随着落后产能的逐步淘汰，相关存量贷款潜在风险可能暴露；三是部分绿色信贷项目成本控制难度大，如太阳能发电有着低碳、无污染的巨大优势，但其发电成本远高于国家入网电价，致使目前银行贷款难以直接介入。

三、对策建议

一是要大力倡导绿色理念，为经济社会协调发展提供可持续的金融支持。各级政府、职能管理部门、金融机构等要切实树立绿色理念，促进经济社会与自然环境协调发展。特别是银行业金融机构，要以绿色信贷为契机，把“绿色”基因深深植入银行经营的方方面面，形成绿色信贷的企业文化和长效机制，实现经济利益与社会公共利益的双赢。

二是要不断健全政策制度，引导资源对绿色信贷领域和西部地区的支持与倾斜。金融部门应建立有助于促进绿色信贷产品和服务创新的机制，制定有利于绿色信贷业务开展的激励、约束和考核机制。政府职能部门通过利率优惠、贴息贷款和提供担保等政策以及奖惩机制，引导金融资源优先支持绿色领域。

三是要持续创新信贷管理，切实优化信贷结构强化风险管控。要密切关注国内外经济形势，正确把握国家产业政策取向，加强对绿色产业、重点行业的监测分析；不断完善贷款流程管理，加强贷前调查、贷后监测与风险管控，坚持“有保有控、有进有退”。

（作者林勇力，云南银监局原党委书记、局长）

对新疆银行业支持“两居”工程情况的调查

“安居富民”和“定居兴牧”工程（以下简称“两居”工程）是惠及新疆各族群众的民生工程，对发展经济、稳边固边具有重要意义，为及时了解新疆银行业支持“两居”工程情况，我们进行了专题调研。

一、基本情况

自治区将改善200余万户农牧民生产生活条件列入“十二五”发展目标，计划投资1 110亿元用于“两居”工程建设，除中央财政补贴、自治区财政配套和对口援疆省市支持外，其余约800亿元依靠地县和农民自筹解决。据此测算，“十二五”期间，辖内银行业金融机构每年将向中国人民银行申请80亿~100亿元信贷规模，用于支持“两居”工程建设贷款投放。2011年，新疆银行业机构共向10.77万户农牧民发放“两居”贷款26.56亿元，期末余额33.41亿元。2012年1—5月，全区13个地州（不含克拉玛依市）安居富民工程累计投放贷款金额为9.93亿元。

二、措施及成效

（一）政府出台政策，调动农牧民建房积极性

2012年是自治区党委、人民政府确定的“民生建设年”，自治区财政将安居富民工程建设补助标准由每户补助4 000元提高至8 000元。同时，扩大农民建房财政贴息政策范围、延长贴息年限。各地州（市）也多方协调对口援疆省市，积极争取资金、技术等支持，调动了全区农牧民的建房积极性。

（二）银监部门加强政策支持，引导银行业机构加大投入

1. 争取政策支持。新疆银监局积极向自治区人民政府及银监会建议并促成将“富民安居”、“定居兴牧”工程纳入保障房领域，从而享受平台贷款政策。

截至2012年5月末，辖区银行业金融机构通过地方政府融资平台累计投放保障性安居工程建设贷款24.13亿元，占全部平台贷款的20%。

2. 协调解决资金供求矛盾。各地州银监分局积极协调党政支持信用社发放“两居”工程贷款，凡积极支持“两居”工程建设的金融机构，各县（市）承诺将在财政存款等方面给予大力倾斜。

（三）银行业金融机构履行社会责任，积极加大信贷投入

1. 实施差异化支持政策。对已发放的小额贷款因农户还款资金不足的可展期一年，后续生产贷款额可在现有基础上增加50%～100%；对因故不能按期还款的困难农牧民，可以给予2～4年的宽限期，不纳入农村信用工程和不良贷款考核范围。目前，对“两居”工程贷款中形成的不良贷款，由自治区财政、县级财政和金融机构分别按25%、50%和25%的比例进行核销。

2. 信用社不断加大对“两居”工程的信贷支持力度。新疆各级农村信用社为“两居”工程贷款的主办银行，重点向南疆三地州等“两居”工程建设任务较重的地州倾斜。截至2012年4月末，全疆信用社“两居”工程贷款余额为29.08亿元，涉及12.91万户，2012年累计向4.95万户发放13.51亿元贷款。

3. 创新服务模式。农村信用社试点开展农户安居无担保抵押贷款、宅基地及住房抵押贷款或联保信用贷款、公司担保贷款；将审批贷款周期缩短为2天；农行开设了贷款快速审批的“绿色通道”，开展“一站式”服务。涉农银行“两居”贷款均实行基准利率不上浮，让利于农民，最大限度地减轻农民负担。

三、主要问题

（一）“安居富民”工程建设资金有缺口

新疆农牧民整体收入水平较低，自筹资金缺口较大。同时，“定居兴牧”工程因集中连片建设，定居点配套基础设施资金缺口较大，如和田地区2011年实际开工建设仅占当年计划的39.4%，牧民搬迁积极性不高，形成“定居不安居”的状况。

（二）财政补贴政策执行不到位

由于新疆部分地州财政收入有限，地方配套补助资金（户均5 000元左右）落实不一，财政补贴政策难以落实到位。

（三）受贷款规模及存贷比的限制，信用社流动性风险压力增大

“两居”工程贷款期限长，短期资金无法保障长期贷款需要，随着“两居”

工程项目建设规划逐年增长，农村信用社可支配信贷资金规模受到严重局限，存贷比超越监管红线，容易引发流动性风险。

（四）贷款投放规模大及偿还不确定性给银行带来压力

由于财政贴息资金到位与银行计息时间的不同步，形成部分垫付利息资金。同时，大多数农牧民除定居贷款外，还获取养殖、抗灾保畜等贷款，而定居贷款不能产生经济效益，全区农民人均收入才 5 442 元，还款能力存在很大的问题。部分乡级政府宣传中误导农牧民不用考虑还款问题，使各地农村信用社普遍反映压力很大，支持能力有限，对低保户、丧失劳动能力的残疾农户、信用不良记录用户无法支持。

（五）银行业金融机构出于趋利避险考虑，对支持“两居”工程持谨慎态度

《自治区安居富民工程农户建房贷款财政贴息专项资金管理暂行办法》中规定，要按照同期中国人民银行基准利率向符合条件的农村家庭发放建房贷款，不得上浮。金融机构放贷积极性不高，力度不大。同时，农村信用社规定已申请办理农业生产贷款的不得再次申请办理安居富民工程建设贷款，一定程度上加重了建房农牧民自筹资金负担。

四、相关建议

（一）出台“两居”工程贷款担保政策，建立风险共担机制

建议各级政府尽快建立“两居”工程贷款担保政策，并在县（市）成立法人担保机构，设立“两居”工程担保基金，降低银行业金融机构信贷风险，同时在开展“两居”工程建设的各乡（镇）、场成立“两居”工程监督小组，负责“两居”工程建设前期资金需求调查，监督项目建设配套资金和金融机构信贷资金使用以及金融机构贷款资金的回收，减少金融机构支持“两居”工程的后顾之忧。

（二）完善“两居”工程贷款贴息和不良贷款核销政策

建议由财政出台政策，对“两居”工程贷款提供全额贴息政策，减轻农牧民经济压力。因经济困难确实无法还贷的，经各县“两居”工程贷款审查小组研究确定以后，其贷款可逐年予以核销，由此造成的损失由县级财政、省财政和主办银行业机构共同承担。

（三）将“安居富民”工程建设贷款与农业生产贷款分开

单独核定建房贷款资金，避免建房贷款与农业生产贷款相互挤兑的现象发

生；或者对已经办理生产性贷款的建房农户采取生产性贷款改变科目的方法，将其转变为“安居富民”工程建设贷款，纳入财政贷款贴息范围。

（四）合理统筹全区“两居”工程建设规划和资金来源

实行差异化补贴政策和建房标准，坚持“农民自愿、合理使用”原则，一方面保证农民盖房后不因还贷压力影响生产经营、不降低生活水平；另一方面不提高标准，不增加农民建房负担。坚持自主经营原则，鼓励各类银行业机构积极参与，自主选择客户，在风险可控、贷款可清偿的前提下发放农户建房贷款；对确有建房困难的农户，可由当地政府统筹各类财政补助资金与银行贷款偿还资金来源挂钩，以融资平台形式专项管理和运作“两居”工程。

（五）积极争取信贷规模，大力支持“两居”工程

建议人民银行给予农村信用联社贷款规模倾斜，加大发放再贷款力度，同时延长再贷款期限，不断增强对“两居”工程贷款的供给能力。银行业金融机构积极争取单独核定“两居”工程贷款规模。

（六）加快推进“两居”工程金融产品和服务方式创新

一是在担保方式上，探索尝试以“政府出资担保＋土地承包经营权质押”、“政府保证金＋担保公司”等多种融资担保方式；试点开展农户安居无担保抵押贷款、宅基地及住房抵押贷款或信用贷款，对于经济条件好，偿还能力强的农户，采取“小额保证＋联保贷款”等方式。二是产品设计上，结合实际合理确定贷款期限、利率，在额度和期限上给予放宽。三是在贷款审批中，在风险可控的前提下，简化审贷手续，适度扩大基层行信贷审批权限，缩短审批时限；同时开辟贷款“绿色通道”，对中央、省级、地市级投资补助到位的“两居”工程建设项目，实行上门服务和限时办结，提高贷款审批发放效率。

（作者赖秀福，新疆银监局党委书记、局长）

关于银行业支持厦门建设东南国际航运中心的思考

厦门“由港而市”，航运业是厦门城市经济的发端，也是厦门产业经济重要的组成部分。2011 年国务院批复支持厦门建设东南国际航运中心。厦门银行业就如何建设与航运中心相配套的航运金融服务体系，促进地方产业升级和自身转型发展进行了探索。

一、厦门银行业航运金融发展情况

（一）成立专业服务团队

建设银行厦门分行、兴业银行厦门分行、民生银行厦门分行等成立了东南国际航运中心金融服务专业团队，采用事业部或准事业部的方式，在产品研发、服务标准、业绩评价等方面实行专业化管理，并在总行航运金融专家的指导下，为厦门航运产业提供专业服务。

（二）建立战略合作关系

建设银行、兴业银行等与厦门港口管理局建立了战略合作关系，提供东南国际航运中心系列专题服务方案。2012 年 5 月厦门航运交易所成立后，已有建设银行、兴业银行、民生银行、中信银行四家金融机构入驻，为航运企业提供贴身金融服务。根据银港战略协议，银行将配合航运中心所辖的各类交易中心和市场，提供资本运作、项目融资和债券承销等一揽子综合金融服务方案。同时，厦门港口管理局将推动政府出台支持银行与港航企业合作发展的相关扶持政策，并搭建起银行与企业合作的平台。

（三）提供综合金融服务方案

围绕港口经济辐射拉动的主要产业，厦门银行业积极提供与港口经济各产业商品的自身特点和商品交易模式相适应的融资、结算、配套服务及资产增值等一系列个性化综合金融产品，包括船舶融资、船舶租赁、供应链金融、贸易

融资、国际和国内保理、债务管理、票据库、利率掉期增值产品以及资金资本市场业务等。部分银行将产品分为“成熟类”、“推进类”、“培育类”，实行不同的服务推荐方案。现阶段的成熟类产品主要是围绕船舶购置项目贷款的相关产品，主要包括在建船舶贷款、营运期船舶购置贷款、经营资金贷款和船舶出口买方信贷。推进类产品主要包括船舶贷款类产品和中间业务产品。培育类产品主要包括离岸资产业务、保险类产品和租赁平台。

二、发展航运金融业务面临的困难和制约因素

（一）航运业处于周期性低谷

一是全球经济前景不容乐观，近两年受全球金融危机、欧债危机影响，国际贸易额大幅下降，导致航运市场需求不足，航运市场前景低迷。二是航运企业和造船企业盈利空间下降。2011 年承接的新船价格比金融危机前普遍下降 30% ~40%，加之国内利率提高、原材料涨价、劳动力成本上升、人民币升值，以及国际造船新标准的实施等，造船成本大幅增大，企业盈利空间严重受到挤压。三是航运主体信用风险上升。船舶资产等抵押品价格下跌以及在建船舶抵押权变现难，使银行风险敞口扩大，授信政策更趋审慎。

（二）融资机制有待创新

一是船舶融资参与方式。国内银行主要根据企业信用和未来现金流开展船舶融资授信，而境外银行更关注未来的资产价值，注重考察母公司担保能力以及未来租约保证是否可靠，其行为类似于投行参与。二是资金成本，中资银行开展船舶融资时通常将船舶作为资产长期持有，资金占用期长、回报率低。而境外银行很容易通过资产证券化将资金收回再投资，资金周转快、收益率高。三是信息透明度。船舶融资需求很大一部分来源于外资船公司，由于中资银行难以准确掌握外资船舶信息和国际船东的资信，提供船舶融资的规模有限，难以满足国内外的融资需求，也限制了融资规模。

（三）资金结算便利度低较

在国际结算方面，由于我国现行人民币资本项目未实现完全自由兑换，外资跨境流动受到一定限制，境内外汇资金划转也必须遵守相关规定，与伦敦、新加坡等国际金融和航运中心相比便捷程度较低。船公司在海外运费的结算、资金的归集和调配方面不够灵活、方便，额外增加了很多成本，这也成为航运金融发展的一个限制性因素。

（四）衍生品业务发展存在政策制约

对于航运金融中的新兴业务领域——航运运价指数衍生品，国内商业银行的全面介入还受到政策监管、业务准入、业务能力等一系列限制。在业务准入方面涉足航运指数衍生品交易必须获得事前的监管核准，多数银行尚还不具备从事航运衍生品自营的条件。此外，《贷款通则》不允许借款人利用贷款在有价证券、期货等方面从事投机经营。参照银行代客进行远期外汇结汇业务的模式，企业必须证明其开展的航运运价指数衍生品交易系用于对冲而非投机，银行才有可能为之提供授信。

三、大力发展航运金融，支持东南国际航运中心建设

（一）业务转型，打造航运金融服务特色

目前辖内银行业主要还是通过传统的授信业务为厦门市的港口、码头、物流等企业提供金融支持，同时配套现金管理、供应链金融、融资租赁等产品。下一阶段应引导银行业适应航运中心建设需要，进一步突出专业化服务。一是将船运物流列为信贷重点支持行业，积极跟进东南航运中心进展情况，主动寻找和积极营销航运类客户，并进一步完善航运交易所的各项配套服务。二是加强与航运行业链各类交易主体的多方合作，设计专业化、差异化、综合性的金融服务方案。三是创新融资机制，从目前的以船舶贷款为主逐步向融资租赁、船舶保税区 SPV、船舶出口买方信贷、船舶产业投资基金等业务方面扩展，并积极探索航运运价、大宗交易平台、四方物流、启运港退税等领域的金融服务方案和产品，形成覆盖整个产业链的服务专案和品牌特色。

（二）培育人才，组建航运金融专业队伍

航运金融业务涉及不同国家地区的法律体系和船舶登记、税收、保险等制度，融资结构复杂，技术含量高，要求从业人员具备多层面的知识技能。银行业金融机构应采取引进和培养相结合的方式，依托行内的航运中心顾问团、专家组等智库，培育大批熟悉航运金融业务的本地化人才，同时加强总分行之间的纵向联动，为更好满足航运业金融服务需求提供人力资源保障。地方政府应完善人才激励政策，吸引具备航运、金融、保险、法律等综合专业知识背景和丰富从业经验的专业技术人才。

（三）构建平台，促进航运金融领域更紧密合作

一是与国内外同业和航运中介机构建立良好的合作关系，共同为境内外船

东在我国买、造船项目组织国际银团，扩大银行的国际影响力，同时依托同业开展金融衍生品业务，满足企业多元化金融需求。二是加强航运交易所会员金融服务，通过行业细分，对船舶、石材、大宗交易等板块进行批量服务开发，并通过电子交易平台为会员企业提供在线金融服务。三是整合港口行政管理部门、航运中介服务机构及金融机构资源，推动四方物流市场的活跃繁荣，为会员企业提供支付结算、信用增级、融资补贴、应收款质押贴现等增值服务，有效缓解中小物流航运企业金融服务不足的问题。

（四）政策支持，建立扶持航运金融的产业政策体系

一是采取税收减免政策，鼓励厦门海上货运险本地投保，适当降低银行船舶贷款业务、保险公司海上保险业务的营业税，对国际航运业务收入免征营业税，扩大航运保险免营业税的险种范围，先行试点从事国际航运船舶和飞机融资租赁业务的融资租赁公司（金融租赁公司）等税收优惠政策。二是积极配合国家有关部门完善船舶抵押登记制度，简化抵押登记手续，降低抵押费用。三是加快航运中心的基金发起设立工作，设立航运金融的专项扶持资金、专项风险补偿基金和财政贴息政策。四是争取赋予厦门港两岸国际邮轮直航试点口岸政策，以及授权厦门航运交易所作为两岸航线运价备案受理机构，为打造两岸航运交易共享信息平台提供政策支持。五是发挥对台优势，推动两岸资本相互参股，共同开发两岸港口和经营两岸航线，实现两岸船公司舱位共享，积累两岸航运合作经验。

（作者马忠富，时任厦门银监局党委书记、局长，
现任江西银监局党委书记、局长）

积极发挥债券登记结算体系在金融创新规范服务中的作用

我国的实践经验和全球金融危机的教训表明，中央登记结算体系对金融创新既可助推，又可制衡，在当前经济金融形势下，应当更加凸显其服务实体经济、防范金融风险的作用。

一、债券中央登记结算体系与金融市场创新的关系

（一）中央登记结算体系自身是金融创新的产物

20 世纪 60 年代后期，为优化证券市场运作，有效控制托管与结算风险，支持债券市场安全高效运行，在经济发达国家，中央托管机构作为一项创新的组织和制度安排应运而生。

我国在 20 世纪 90 年代中期，为了解决实物券分散托管的风险，支持市场安全平稳运行，借鉴国际成熟做法，主管部门提出了建立债券中央登记结算体系的建议。1996 年，经国务院同意，中央国债登记结算有限责任公司（以下简称“中央结算公司”）正式挂牌成立，这是我国金融市场发展历程中的一项重要创新。

（二）中央登记结算体系促进了债券市场的创新

在无纸化、网络化的现代债券市场中，中央登记结算体系既是市场稳定运行的核心，更是推动债券市场创新的必要环节。我国中央登记结算体系建设虽然起步较晚，但一经设立，便很快成为引导债券市场创新的重要抓手。

一是推动银行间债券市场的建立和发展。在中央登记结算体系的稳健支持下，银行间债券市场于 1997 年建立，并快速崛起成为中国债券市场的主导市场。

二是促进债券市场运行形态的创新。依托中央登记结算系统提供电子化服务，使我国在较短时间内走完了发达国家几十年才完全实现的无纸化历程；创造了债券发行、登记、托管、结算、兑付、信息等一体化的服务新模式，并引

领了国际上一体化运作方式的潮流；逐步实现债券和资金同步交收的券款对付（DVP）模式，跨进了国际结算发展的先进行列。

三是支持宏观政策操作工具的创新。中央登记结算机构建设运营的债券发行平台，有效满足了政府债券和中央银行票据高频率、大规模、低成本、市场化的发行要求，从而配合了财政政策和货币政策的顺利实施。

四是推动市场监管创新。中央登记结算系统与前台交易系统相互独立，为市场运行的监督制衡机制提供了基础，有效改变了前后台风控弱化的组织缺陷，成为监管体系的重要组成部分。

五是促进产品创新。多年来，中央登记结算机构配合支持了许多创新产品（如资产支持证券、集合票据、含权债等新品种，买断式回购、债券借贷以及债券远期等衍生工具）的推出，研发了中债收益率曲线、中债估值、中债指数、中债统计等一系列中债信息产品，构建并完善了担保品管理系统，从技术环节把握好创新的节奏和力度，使产品创新稳健开展。

二、进一步促进债券市场服务实体经济

创新是金融发展的动力，创新要满足金融服务实体经济的本质要求。

（一）债券市场具有为实体经济服务的良好功能

债券市场具有为实体经济服务的良好功能，主要表现在以下几个方面：

一是企业通过债券市场进行直接融资。我国信用债券市场发展迅速，目前规模达到5万亿元，占全部债券市场的22%，与发达国家市场20%的平均水平大致相当。2011年，实体企业的债券融资额达1.4万亿元，占社会融资总额的10.7%，超过股票融资额。债券市场已经成为企业融资的重要渠道，为实体经济的发展提供了实实在在的支持。

二是国家财政、政策性银行通过发债融资支持实体经济发展。“十一五”以来，国债净融资额达4.4万亿元，相当于财政支出的10.9%，成为政府发展经济、调节产业结构、保障民生的重要资金来源。

三是商业银行在银行间市场发行小微企业金融债，支持小微企业贷款。截止到2012年2月，已发或待发的小微企业金融债规模超过2 800亿元，所募资金有效支持了小微企业发展。

四是中央银行通过在债券市场吞吐资金，使货币供应与实体经济相适应。中央银行通过在债券市场上发行票据、进行回购操作等方式吞吐基础货币，调

节市场流动性，较好保证了货币供应与实体经济的相互协调。

（二）进一步发挥中央登记结算体系作用，促进债券市场更好地服务实体经济

一是为债券招标发行提供更多支持。可进一步降低招标发行门槛，使发行量超过50亿元的企业债券都可以通过招标形式发行，这不仅可以降低发行人的融资成本，还可以发挥一级市场的价格发现功能，为二级市场定价提供价格信号。

二是为发债企业信息披露搭建平台。企业债券发行人也应借鉴金融债券做法，采用标准化格式进行信息披露，便于投资人对企业财务状况进行加工分析。

三是为债券信用评级提供检验。为了进一步发展和完善信用评级市场，应建立有效的评级机构监督机制，由市场对评级公司的评级结果进行检验。登记结算机构可以作为独立公允的第三方，通过提供估值数据对评级结果进行检验。

四是为债券市场提供信息服务。债券登记结算机构具有自身的业务优势，可以获得充分的数据源，建立完善的债券信息统计系统，既可以为债券市场提供客观、中立的价值评估工具，也可以为每一个投资者单独核算投资的风险、收益指标，衡量其业绩表现。

三、进一步发挥中央登记结算体系防范金融风险的作用

为贯彻稳中求进的金融工作要求，中央债券登记结算体系应当在防范金融风险方面进一步发挥好以下几项职能作用。

（一）防范信用风险

目前，由于缺乏制度层面的强制要求，DVP结算实际占全部结算的比例低于国际标准95%的达标水平，适用范围也仅限于二级市场交易。为进一步提高债券市场的安全性和流动性，应积极扩大DVP的使用比例和覆盖范围，使其成为标准的结算方式。此外，目前在回购市场，交易双方在达成交易后没有建立逐日盯市机制，往往导致结算面临质押不足的风险。可以借助中央结算公司建立的担保品管理系统防范此类风险，即为市场机构提供质押不足及其对应操作的提示信息，进行追加或退还的操作。

（二）度量和反映市场风险

目前，中央结算公司开发的以国债收益率曲线为代表的中债价格指标系统，已经成为利率市场化的重要组成部分，可以被监管部门用于观察市场变化、检

测机构异常交易。在对债券发行人财务数据进行深加工的基础上，中债价格指标系统还可为市场成员提供 VaR 值等风控和业绩考核指标，帮助投资者进行市场风险管理。

（三）监测和防范合规性风险

中央登记结算机构通过对机构资金流向和交易对手进行跟踪，可以对做量、对敲、异常交易等行为进行识别，发现机构之间输送利益、隐藏盈利和亏损等不规范行为，从而降低市场成员的道德风险，确保债券市场安全、稳定运行。

（四）防控流动性风险

债券登记结算机构通过与成员的密切交流和分析流动性状况，可以为监管部门判断全市场流动性状况提供辅助性信息；通过担保品管理系统，可以集中高效使用质押券，为债券市场、衍生品市场等多个市场的流动性管理服务，从而促成流动性管理中心的作用；通过债券登记结算系统与支付系统对接，可以提供自动质押融资业务，为成员提供应急管理流动性的渠道；此外，通过进一步创新回购和债券借贷方式（如发展三方回购和自动借贷），可以进一步改善成员的流动性管理。

（五）提升更多创新产品市场的透明度和监管有效性

目前，信托产品、理财产品等持续活跃，且规模不断扩大。然而，相关产品的总体规模、发行结构、持有结构、风险敞口等情况都没有及时、清晰、完整的数据基础。借助债券登记结算机构的成功经验和既有系统，这些产品完全能够以较低的操作成本和监管成本实现中央登记结算，其规范性、透明度将大大增加，监管针对性和有效性也会大大提高。

总之，不断推动债券登记结算机构的创新，可以更好地促进中国金融基础设施集成性和竞争力的提升，更好地促进中国金融市场创新和规范的统一，更好地促进金融服务实体经济的效率提高和成本降低。

（作者刘成相，时任中央结算公司党委书记、董事长，
现任中诚信托公司党委副书记）

中国金融租赁业改革创新与可持续发展研究

我国的金融租赁始于20世纪80年代，受经济体制、公司治理、市场定位、融资模式等因素限制，长期未形成良好发展态势。2007年中国银监会颁布《金融租赁公司管理办法》至今，金融租赁业发生了重大变化。2007年11月注册天津滨海新区的工银金融租赁有限公司作为首家银行系金融租赁公司正式开业，其他银行系金融租赁公司相继设立，民族租赁业的面貌得到根本性改观。截至2012年末，银监会监管的金融租赁公司共19家，资产规模达到7 986亿元。

一、创新推进了经营模式再造和行业标准逐步形成

融资租赁不同于银行信贷，它所依赖的是租赁关系，融物和融资相结合，让渡给交易对手各种具有不同使用价值的资本物品。近几年，金融租赁公司紧紧围绕租赁关系，逐步探索适合的融资渠道、业务模式、内部管理和风险控制体系，取得了显著成就。

（一）项目公司制度创新

对于飞机和船舶的租赁业务，国际上通常采用SPC模式，实现各项目之间的资产隔离和风险隔离，降低租赁成本。2008年底，结合工银租赁、民生租赁在境外设立项目公司的诉求，天津银监局提出在境内保税区设立SPC、开展租赁业务的设想，并设计出较为成熟的运作模式。2010年初，银监会出台文件，允许金融租赁公司在境内保税区设立项目公司开展租赁业务。截至2012年末，工银租赁、民生租赁设立单一项目公司209家，租赁余额193亿元。带动行业在天津东疆保税港区形成以飞机、船舶、海洋工程结构物三大类租赁板块，有效助推了北方国际航运中心建设。

（二）业务经营模式创新

一是航空租赁直接采购取得突破。2011年工银租赁成功与空客签署42架A320系列飞机订购协议，实现了我国租赁公司直接向飞机制造商批量订购飞机

的重要突破。二是研发一体化服务模式。民生租赁在开展公务机租赁业务中，能为客户提供公务机选购、购买谈判、选择飞机托管公司、提供飞机融资方案、财税统筹、飞机资产管理和资产处理等全方位服务。三是引入厂商租赁模式，助推实体经济，有利于促进产销、产融结合。四是兴业租赁通过与专业 EMC 公司合作开展合同能源管理融资租赁业务，共同为客户提供能源审计、项目设计、项目融资等全套节能服务。

（三）融资渠道创新

针对资产负债期限不匹配特点和流动性紧缩形势，发行金融债。工银租赁借助母行境外资源成功发行 7.5 亿美元债券，期限 10 年，提升了工银租赁的国际知名度。民生租赁经国家发改委批准取得 2.62 亿美元、期限 5 年的中长期外债指标，对拓宽融资渠道、缓解流动性压力具有积极作用。

（四）风险管理手段创新

金融租赁公司风险管理的实质是资产价值管理。天津 3 家公司从确认流程、制定标准、完善制度、分类管理等多个方面，逐步建立具有租赁特色的全面风险管理体系。工银租赁上线的船舶资产管理系统和工程机械 GPS 定位监控系统，采用先进设备实现了对租赁物的非现场监控。民生租赁在业内首创以“派驻风险官制”和“两会审议制”为核心的风险管理体制，进一步强化专业化管理能力。3 家公司核心信息系统相继上线，推动了业务标准化、规范化和国际化进程。

二、外部环境的不断完善有力地推动了机构发展

金融租赁业的发展离不开与配套政策的互动。2010 年 9 月，国税总局公告“融资性售后回租业务中承租方出售资产的行为不征收增值税和营业税”。财政部、海关总署、国税总局联合发文，允许天津市融资租赁对企业经营所有权转移给境外企业的融资租赁船舶出口实行为期 1 年的出口退税试点。2010 年，天津市政府发布了《关于促进我市租赁业发展的意见》，明确了支持融资租赁业发展的若干政策措施。2011 年，天津市高级人民法院发布了《关于审理融资租赁物权属争议案件的指导意见（试行）》，为租赁物的物权保护提供了保障。天津银监局构建了全流程、多方位、兼具实效性和前瞻性的金融租赁监管体系。天津正逐渐成为国内融资租赁业的聚集中心。

三、当前发展面临的问题依然严峻

（一）业务快速发展与制度供给不足的矛盾

2007 年后，我国出台的相应政策基本满足了金融租赁公司发展初期的需要，但租赁业发展的目前阶段和体量，还需要继续拓展政策空间。以单一项目公司为例，除银监会发文规范项目公司的设立和运作外，其他相关政府部门尚无明确的配套政策。又如，在税收优惠政策实施中，税务部门对企业在采用融资租赁方式买卖设备时税收优惠政策的适用，还缺乏可操作的细则。

（二）资金来源单一与业务国际化的矛盾

《金融租赁公司管理办法》规定金融租赁公司可以吸收股东定期存款、发行金融债券、向金融机构借款、同业拆借和境外外汇借款。受各种因素限制，金融租赁公司的资金来源目前主要是国内银行借款，而随着业务国际化程度的提高，金融租赁公司面临着越来越高的利率风险和汇率风险。

（三）资产负债期限不匹配的矛盾

金融租赁公司的银行借款大部分是 1 年期以内的短期借款，而对应的租赁资产租赁期限以 3 ~5 年的中长期为主，期限错配问题突出，流动性风险不断累积。租赁业要发展成为金融市场不可替代的一种业态，必须从输入、输出两头融入金融市场体系乃至整个国民经济大循环。

（四）专业化经营与集中度之间的矛盾

金融租赁公司普遍将业务锁定在登记制度相对规范，通用性较强的飞机、轮船、房地产、大型设备上。这类业务资金需求量大，随行业周期的波动性较强，客户集中度的限制使租赁公司极易突破监管底线。因此，在促进租赁业差异化发展的同时，在风险管理、外部监管方面应充分考虑其特殊性。

四、推进金融租赁业可持续发展的对策建议

（一）坚持创新发展为主线

发展会面临风险，但不发展是最大的风险。不创新，中国租赁行业就没有前途。目前中国的经济金融改革已经步入深水区，金融租赁业没有太多的历史经验可以借鉴。金融租赁公司要深入研究行业发展规律，内外兼攻、放眼未来，推进金融创新。

（二）坚持以做实租赁关系为核心

租赁行业的发展规律，核心要求是做实租赁关系。做实租赁关系本质上要求以租赁物为中心、以租赁物价值管理为重点。有效租赁物的三个特点是物权清晰、价值可评估、残值可回收。金融租赁公司要从租赁本源出发，加强对租赁物的通用性、保值性和变现能力的研究，确保“选准、用对、管住、卖好”，实现对租赁物价值全流程管理。

（三）“两头放开”，将金融租赁业融入整个金融市场体系

目前金融租赁公司资金来源单一，资产管理上无法形成购买、维护、处置等完整的资金循环链条，资金成本高企而资产固化是整个行业发展的困局。要实现金融租赁公司的可持续发展，必须在资金来源和运用上“两头放开”，让金融租赁真正融入整个金融市场体系和国民经济循环之中。可引入社保基金、保险资金、私募股权投资基金、资产抵押证券等手段，开辟新的中长期融资渠道。建立存量资产盘活机制，增加应收租赁款的转让主体，开展以租赁业务为基础的股权投资和转让业务，打通上下游产业链条。

（四）积极培育二手设备交易市场，促进租赁业向以融物功能为主的高级阶段发展

应探索建立全国统一的租赁业二手设备交易市场，运用现代化的集中交易系统，形成二手设备定价中心、交易中心，以规模效应降低交易成本，为租赁资产证券化、租赁信托凭证等金融产品的发行打下市场基础。这有利于租赁业务融资、融物功能向纵深发展。

（五）改善行业发展的外部环境

租赁行业的发展需要监管部门、地方政府、海关、税务、司法、外管等各部门协调沟通，形成合力，尽快出台或细化租赁相关政策办法，并在天津滨海新区先行试点，允许金融租赁公司“试错”，积累经验教训，最终探索出一条民族租赁业可持续发展之路。

（作者郭明奇，天津银监局党委委员、副局长）

BT 项目融资模式探索

一、政府公益性项目融资模式现状与问题

在基础设施建设高速发展的“十一五”期间，各地方政府对公益性项目的融资一般采用平台公司项目贷款甚至直接通过“打捆贷款”、“搭桥贷款”和流动资金贷款的方式来筹措建设资金。平台公司融资、政府统筹还款的融资模式，有利于政府集中财力，节约资金，加快推进基础设施建设，在特定阶段内发挥了积极有效的作用。但随着基础设施项目数量及投资规模的增长，法制环境、融资环境日趋规范，原建设方式和融资模式已经不能满足项目管理、项目融资、风险控制等方面要求。

一是借款主体不符合银行信贷管理要求。基础设施项目多为公益性项目，投资规模大、建设周期长，平台公司不论是注册资金还是自身的财务实力，都难以达到银行项目贷款的标准。

二是不利于地方政府债务总量控制。平台公司作为政府的融资窗口，其数量随着基础设施建设项目的增多而不断增加，由于缺乏归口管理，多头举债，形成了大量的政府债务，不利于地方政府债务总量控制。

三是还款来源不明确导致银行贷款潜在风险较大。由于银行无法掌握政府和平台的实际收入和债务，不利于分析其实际偿债能力，加上部分平台贷款存在项目重复融资、流贷用于项目等不规范问题，致使贷款存在较大的风险隐患。

二、BT 融资模式的优势

BT 是 Build Transfer 的缩写，即建设—移交模式，指政府或其授权的单位作为 BT 模式项目发起人，经过法定程序选择拟建的基础设施或公用事业项目的 BT 模式项目主办人，并由该 BT 模式项目主办人在工程建设期内组建 BT 模式项目公司进行投资、融资和建设，在工程竣工后按约定进行工程移交并从政府或

其授权单位的支付中收回投资。

（一）BT 模式实现了“政府按揭”

对政府而言，BT 模式的优势主要体现在：一是降低建设风险。BT 项目的建设风险和违约风险一般由项目主办人承担。二是缓解即期财政压力。BT 模式使基础设施投资领域向社会资本开放，吸引各方资金，有效拓宽政府融资渠道。三是有助于转变政府职能。BT 模式将项目建设职能从政府分离出来，帮助政府从琐碎的项目建设中脱身。

（二）BT 融资模式更符合银行信贷管理要求

对银行而言，BT 模式的优势主要体现在：一是贷款项目更合规。BT 模式的项目运作过程规范、透明，主办人一般通过招投标方式承接项目。二是信贷风险更可控。BT 项目回购资金纳入财政预算，资金来源更稳定，即使回购资金出现问题，借款公司仍须承担还款责任。三是法律关系更清晰。BT 模式中各当事人之间的权利义务均以合同确定，一旦出现纠纷将采取民事解决机制，有利于维护各方的合法权益。

三、规范和完善 BT 模式的建议

由于国内 BT 模式应用时间短、法律关系复杂、涉及资金大、风险因素多，我国目前尚无专门的法律对 BT 模式的相关行为进行规范和调整，因此，如何在新的监管要求下，建立规范化、商业化运作的 BT 投融资管理模式显得至关重要。

（一）建立健全 BT 融资模式的制度规范

为了明确参与各方的权利义务、规范项目操作流程，政府部门应尽快出台规范性的制度办法，以保障 BT 融资模式的健康发展。制度办法中应明确政府各相关部门的管理职责，以及 BT 项目融资各环节的管理要求，应重点规范项目实施方案的提出与批准、项目的招投标及协议签订、项目的建设，以及竣工验收后项目回购的做法。

（二）科学合理地做好政府债务安排

BT 模式融资实质仍是政府负债，因此政府部门不能任意扩大 BT 的融资规模，而是需要对政府的整体负债情况进行科学合理的安排。政府财政部门要根据本地区经济发展、财政收入等情况，对政府负债总规模及还款计划进行统筹安排，确保每一财政年度用于偿还债务本息的资金与当年可支配财政收入相匹配，防止因债务集中到期而出现偿付困难。建议政府参照“政府债务率①不高于100%～120%，政府偿债率②不高于10%～15%”两项财政指标，严格控制债务规模，合理安排债务结构。

（三）确保项目回购资金纳入财政预算并落实到位

政府能否按期支付回购资金是BT项目能否获得成功的关键环节之一。为了降低投融资风险，建议在实际操作中由政府财政部门将BT项目情况及回购资金安排纳入所编制的政府财政预算（鉴于预算外资金的波动性，应由预算内资金予以支付），并提交同级人大审议通过。

（四）采用市场化方式选择项目投资人

建议政府部门根据《中华人民共和国招标投标法》，通过公开招标方式选择BT项目投资人。对部分项目不适宜公开招标的，经政府批准也可以采用邀请招标。同时，综合考虑项目投资人BT项目建设经验和综合实力，竞争性谈判也不失为一种有效的市场化方式。建议政府部门重点关注项目投资人是否有充足的资金实力、能否解决融资问题、是否拥有足够的建设管理能力等。

（五）银行应科学合理地对BT项目进行评估和监控

一是政府债务的合理性。对于BT项目来说，政府回购资金是最主要的还款来源，因此政府财力与其融资总规模是否匹配、债务期限和还款计划安排是否合理，都直接影响到政府是否有能力偿还到期债务。银行在评价政府财力时，需要关注财政资金自给率、政府债务率、政府偿债率等指标，同时要对可支配财政收入的组成部分进行分析，以判断政府财力的持续增长的可能性。对于政府债务规模远超过可支配财政收入的，银行应审慎与其开展BT项目融资。

二是回购资金的可靠性。对于单笔的BT项目贷款来说，银行不仅需要判断政府是否具备偿债能力，还需要政府确保该笔回购资金的可靠性。通常的做法是要求政府的预算编制部门将该项目纳入人大预算审议内容，人大审议不仅是对BT项目合法性的认可，也是对项目总投资、安排财政预算予以回购支付等情况的认可，从而保障项目投资人对政府的债权。

三是BT项目的合规性。BT项目必须已办理合规的项目核准或备案手续，取得了立项批复、项目可研批复、环评批复，以及建设用地规划许可证、建设工程规划许可证等必要证照。同时，项目招投标过程也必须合规，且项目投资

---

① 政府债务率＝（政府BT回购总额＋其他政府性债务总额）/政府当年可支配财力

② 政府偿债率＝（当年BT回购金额＋当年需偿还的其他政府债务金额）/政府当年可支配财力

人的自有资金比例应符合规定等。

四是项目投资人的综合实力。银行在判断 BT 项目时应高度重视对项目投资人的分析，比如，项目投资人的总承包资质、内外部信用评级、经营管理和效益情况、同类工程的建设施工业绩及其财务状况。即使 BT 项目的主要还款来源是政府回购资金，银行也应要求项目投资人自身的现金流足以覆盖项目贷款本息。

五是贷款期限的匹配性。BT 项目贷款期限的确定，要综合考虑项目的建设期以及建成后的回购期。其中，建设期可根据行业、区域等特点合理测算；回购期主要依据项目投资人与政府签订的回购协议确定。此外，还款计划的安排要与还款现金流相匹配，除了参考政府回购资金的支付频率，还要结合项目投资人自身其他可还款现金流情况统筹安排，做到“每年至少两次偿还本金、利随本清”。

六是贷款担保措施的有效性。从 BT 项目贷款的担保措施来看，由于项目具有公益性，因此不能以项目本身为贷款提供担保。因此，建议 BT 项目贷款主要采取以下担保措施：第三方保证（项目投资人为下属项目公司提供担保）、资产抵押（项目投资人名下的其他经营性资产），以及应收账款质押等。

七是信贷资金与项目回款的监控。BT 项目贷款，银行应做到资金的封闭式管理，即强化信贷资金的运用与项目回款的监控。项目投资人或建设单位应在银行开立监管账户，专门存放项目回购资金或其他偿贷储备资金，项目投资人应尽可能通过 BT 协议等形式，告知政府直接将回购资金划入监管账户，账户内资金只能按照约定的条件和方式对外支付。

（作者蔡莹，上海银监局党委委员、副局长）

进出口银行上海分行创新业务经营管理情况调查报告

近年来进出口银行加快金融创新步伐，不断拓展业务发展领域，经营内容大大超越了1994年颁布的《进出口银行章程》（以下简称《章程》）限定的业务范围，对业务准入监管提出挑战。为推进政策性银行改革转型，研究解决立法滞后问题和监管有效依据不足问题，在银监会四部指导下，上海银监局对进出口银行上海分行创新业务经营管理情况进行了专题调研。

一、基本情况

根据《章程》规定，该行主要业务涉及九大类[①]，上海分行传统业务主要为支持境内企业机电产品和成套设备等资本性货物项下的进出口信贷业务，具体可分为出口卖方信贷、自营买方信贷两大类。前者主要涉及船舶、成套设备和高新技术产品，适应优惠贷款利率；后者主要涉及资源类和技术设备，适应基准利率。

近年来，总行陆续开发了信贷业务、贸易融资业务、中间业务项下各类产品，根据创新目录[②]，上海分行共计办理了信贷业务项下3大类15个品种的创新产品，累计发放创新类贷款本外币合计446.5亿元。截至2012年6月末，创新业务贷款余额本外币合计为237.8亿元，占全部贷款余额的48.65%。

---

① 分别为：一是为机电产品和成套设备等资本性货物进出口提供进出口信贷（卖方信贷、买方信贷）；二是与机电产品出口信贷有关的外国政府贷款、混合贷款、出口信贷的转贷，以及中国政府对外国政府贷款、混合贷款的转贷；三是国际银行间的贷款，组织或参加国际、国内银团贷款；四是出口信用保险、出口信贷担保、进出口保险和保理业务；五是在境内发行金融债券和在境外发行有价证券（不含股票）；六是经批准的外汇经营业务；七是参加国际进出口银行组织及政策性金融保险组织；八是进出口业务咨询和项目评审，为对外经济技术合作和贸易提供服务；九是经国家批准和委托办理的其他业务。

② 《关于开展进出口银行创新业务经营管理情况专项调研》（银监四部函〔2012〕84号）统计口径。

表 1　　进出口银行上海分行信贷业务项下创新业务汇总表　　单位：万元

业务类型	业务品种	币种	累计投放额	贷款余额	主要投向
支持进口	进口信贷流动资金贷款	人民币	925 300.00	365 100.00	铜、锂、铅、锌、钨、铁等金属制品、煤矿、农产品、汽车制造、船舶制造
		美元	94 997.37	46 742.25	
	进口信贷固定资产贷款	人民币	125 754.83	117 897.00	航空运输、机电制造
		美元	36 800.00	34 322.00	
	国家鼓励的资源类商品进口信贷	美元	106 500.00	60 000.00	铜业、石油、钢铁
	进口信贷租赁贷款	人民币	56 310.38	48 038.38	其他金融活动（飞机租赁）
		美元	27 554.53	22 369.00	
支持服务贸易	国际物流运输服务贸易贷款	人民币	172 500.00	72 500.00	航空运输、集装箱运输
		美元	3 000.00	—	
	国际物流基础设施建设贷款	人民币	329 195.00	256 361.67	港区、航道、高速公路
		美元	2 000.00	—	
	沿江及沿海船舶贷款	人民币	39 930.00	38 730.00	船舶制造
	旅游文化国际化贷款	人民币	107 659.20	91 159.20	酒店
	文化产品和服务（含动漫）出口信贷	人民币	2 900.00	2 900.00	影视制作
提升企业国际竞争力	出口基地建设贷款（含外派劳务基地建设贷款）	人民币	80 000.00	50 000.00	园区基础建设
	出口企业固定资产投资贷款	人民币	204 376.00	199 476.00	船舶制造、集成电路
		美元	6 950.00	6 850.00	
	转贷项目人民币配套资金贷款	人民币	5 000.00	2 750.00	能源
	支持吸引外商直接投资贷款	人民币	56 000.00	56 000.00	仓储
	开放型产业整合贷款	人民币	600 000.00	—	装卸搬运
	“两自一高”①出口卖方信贷	人民币	3 000.00	—	纺织业

① “两自一高”指具有自主知识产权、自主品牌和高附加值的产品，涉及机电、高新、化工、纺织、轻工、农产品多个行业。

二、主要特点

（一）从单一支持“走出去”到鼓励“引进来”，实现进出口双向并重

近年来，该行发挥专业优势作用，在国家重要资源、能源的储备工作中积极有为，支持了国内一大批龙头企业在国外原材料供应基地的建立。以铜资源储备为例，2010年起，该行在继续向江西铜业股份有限公司（以下简称江西铜业）提供高新技术产品出口信贷支持的同时，又向其发放了资源类商品进口贷款，用于铜矿资源的进口。贷款发放量占公司资金需求量的比例为12.57%、20.72%和20.40%，为江西铜业拓展原材料的供应渠道提供了有力支持。

（二）从支持货物贸易向扶持服务贸易方向转变，积极推动外贸结构的调整

该行的创新业务着力于提高对附加值高的无形产品和研发制造环节的信贷支持力度，相继扶持了高新技术（含软件产品）、物流运输、旅游文化、文化产品和服务（含动漫）等一批新兴服务行业。以支持上海新文化传媒集团股份有限公司（以下简称新文化集团）外向型文化发展为例，经广电总局推荐，2011年起，该行向新文化集团提供文化产品和服务出口卖方信贷贷款，用于电视剧拍摄制作。值得一提的是，该行探索以电视剧的独家采购协议项下应收账款质押的担保方式，有效解决了文化企业“担保难”的问题。

（三）从支持产品销售向支持企业产能转变，推动地方经济增长方式转变

该行传统信贷业务主要用于解决进出口贸易过程中买卖双方资金紧张问题，因而初期的信贷产品多为周转性质的流动资金贷款；而近期的创新业务着力于支持国内出口企业产能升级、技术更新、兼并重组，多为资本项下的项目贷款，如国际物流基础设施建设贷款、国际会展服务设施建设贷款、服务贸易交易平台建设贷款、出口基地建设贷款、进出口企业能效项目贷款、开放型产业整合贷款等。如该行参与上海同盛投资（集团）有限公司内河航道项目银团贷款，助力上海港优化集、疏、运体系建设，促进现代制造业与物流服务业的有机结合，通过信贷支持推动上海经济增长方式的转变。

综上，进出口银行的服务范围从最初的国有企业拓展已到民营、外资、中外合资、台港澳所有所有制形式的企业，服务对象全面化、支持范围纵深化。在取得良好社会效益的同时，该行的创新业务也为自身带来良好的经济效益。一是创新业务中除国家鼓励的资源类商品进口信贷业务使用优惠利率外，其余品种均遵循市场化原则，适用商业化利率；二是信贷类创新业务衍生出众多资

产业务、中间业务，综合回报率高；三是创新业务主要采取质押、抵押、保证等担保方式，风险总体可控，表内外业务资产质量分类结果均为正常类。

三、主要问题

（一）创新业务投向与主营业务方向存在一定偏离度

根据《章程》第三条规定“进出口银行主要是为机电产品和成套设备等资本性货物进出口提供政策性金融支持”。然而近年来该行创新业务投向从“进出口业务”扩张到了“外向型经济”领域，远远超出了《章程》规定的范围。例如以支持“国际物流运输基础设施建设”的名义向内陆省份发放高速公路建设贷款、以稳定外需为名义向外资企业发放“吸引外商直接投资贷款”等。这些业务与商业银行的业务交叉重复，如不尽快明确职责定位，任由其业务无度扩张，既不利于政策性金融资源的有效利用，也会扰乱与商业金融之间错位经营的格局。

（二）创新产品类别管理较难界定

贷款分类标准难统一，既有按照进口、出口方向管理的品种，如出口卖方信贷、进口买方信贷；也有按照投放行业管理的品种，如国际物流运输服务贸易贷款、旅游文化国际化贷款；还有按照贷款性质管理的品种，如进口信贷流动资金贷款、进口信贷固定资产贷款，多维度的交叉造成了管理上的混乱。尤其是“三个办法一个指引”颁布后，绝大部分产品无法直接参照贷款新规的口径进行管理，必须对贷款本身进行还原，重新界定是流动资金、固定资产还是项目贷款，大大降低了执行效力。

（三）风险管控能力与创新业务发展不能完全适应

一是依然延续传统业务的信贷管理方法，侧重对进出口业务的尽职调查、评审和贷后管理，未能结合创新产品特点对借款人进行全面的风险评估和贷前、贷后管理；二是服务方式落后，管理手段有限，由于物理网点较少，无法提供正常的结算服务，很难真正对贷款资金用途、销售回笼情况进行有效跟踪监管。

四、政策建议

（一）明确职责定位，厘清准入边界

应尽快修订《章程》，明确政策性银行职责定位、业务范围。建议今后进出

口银行的业务可根据自主程度进行准入管理：一是指令性业务，即国家交办或委托的任务，根据指令直接办理；二是自主性业务，即银行自主审批办理的业务，纳入准入监管。

（二）统一分类标准，规范贷款品种

建议在对现有业务品种进行系统性梳理的基础上，按照贷款新规三个口径（流贷、固贷和项目贷款）进行归类。同时通过不断制定调整行内信贷政策落实国家外贸、产业、行业发展战略。

（三）坚持合理分工，实现优势互补

进出口银行应充分认识自身在资源、技术方面的局限，建立必要的引导、退出机制。在创新业务办理初期可适时引入商业银行，通过业务代理模式，联手加强风险监管；业务办理后期可择机退出，由商业银行提供后续全方位的金融服务，从而真正发挥政策性银行的导向作用，扶持企业长期发展。

（作者张光平，上海银监局党委委员、副局长）

当前促进小微企业发展政策中存在的问题及对策建议

为了解促进小微企业发展政策的合力情况，江苏银监局通过选取 1 200 家小微企业和 88 家银行机构（其中 21 家法人机构，67 家分支机构），采用问卷、走访等方式对当前促进小微企业发展政策的贯彻实施情况进行了调查了解。调研结果表明，各级政府和相关部门出台的一系列鼓励扶持政策有力地促进了小微企业的发展，但同时，有些政策也存在着不连续、不稳定、不配套、不全面等问题，并且在实践中常常出现政策难到位、难落实等情况。

一、存在主要问题

（一）部分政策不连续、知悉度低

小微企业发展需要一个长期稳定的政策支持体系，而目前出台的优惠政策往往都具有一定的时效性，如针对小微企业的所得税优惠、免征部分行政事业收费及印花税等政策都是阶段性的，许多现行的小微企业财税支持政策通常散见于财税部门文件中，或以补充规定或通知的形式发布，且调整过于频繁，缺乏稳定性，加之宣传力度不够，政策知悉度较低。问卷调查显示，有 42% 的小微企业对各层面、各条线的支持政策只是略知一二，有的基本不清楚，尤其是对财政支持政策，有 54% 的企业不清楚、不了解。

（二）部分政策不全面、起效低

1. 财税优惠政策落实力度不够。调查问卷显示，66.32% 的小微企业认为当前税费优惠政策落实效果一般，仅有 3.95% 的小微企业认为落实效果很好。享受纳税所得额 6 万元以下小微企业减半征收企业所得税受惠的企业，仅占江苏辖内小微企业总数的 9.17%。有 61.37% 的小微企业表示从没享受过财政补贴，有 32.98% 的小微企业认为税费优惠政策最大的问题是配套措施跟不上，尤其缺乏对新开办企业的支持和优惠。

2. 小微企业税收负担仍较重。虽然近年来针对小微企业出台了多项税收优惠政策，但效果不明显。调查问卷显示，有75%的小微企业认为税负过重，直接导致零利润甚至亏损，其中53.2%的企业认为税负超过利润，36.7%的企业只能依靠灵活经营规避各种税费而获得生存；有35.67%的小微企业认为营业税改增值税后，税负无变化，有11.66%的企业认为税负反而增加了。

3. 对小微企业贷款风险补偿激励不高。调查中样本银行获得资金最多的2010年，每家银行平均获得小企业贷款风险补偿奖励资金仅121.4万元，平均获得科技贷款风险补偿奖励资金仅161.77万元，还有17家样本银行从未获得过小企业贷款风险补偿奖励资金。银行反映，由于申报条件苛刻，申报手续繁琐，且使用不够灵活，推动基层机构加大对小微企业信贷投放的作用有限。

（三）部分政策间不配套、不协调

1. 不良贷款呆账核销政策存在矛盾。财政部《金融企业呆账核销管理办法（2010年修订版）》第十七条规定“金融企业对单笔贷款额在500万元及以下的，经追索1年以上，确实无法收回的中小企业和涉农不良贷款，可按照账销案存的原则自主核销”，放宽了小微企业不良贷款呆账核销的条件，但这与国家税务总局《企业资产损失所得税税前扣除管理办法》认可的税前抵扣条件不一致，这部分呆账仍不能在税前核销。

2. 贷款损失准备金税前扣除政策存在矛盾。涉农贷款和小企业贷款的拨备，是按五级分类的固定比例计提数在税前扣除。而除这两类外的其他贷款的拨备，是按贷款余额1%计提数在税前扣除。在银行贷款质量较好时，按五级分类的固定比例计提的拨备反而低于按照贷款余额1%计提的拨备。以江苏为例，2012年6月末，小微企业贷款余额13 405亿元，按照贷款余额1%计算的拨备为134.05亿元，按五级分类的固定比例计提的拨备为60.75亿元，银行如果按五级分类的固定比例计提小企业贷款拨备，在税前抵扣的部分反而少了。如果不选择按照五级分类的固定比例计提拨备，则以前年度的税前抵扣额也要同时进行调整，银行在执行中感觉无所适从。

3. 对信用担保机构鼓励支持政策存在矛盾。2012年新修订的《关于中小企业信用担保机构有关准备金企业所得税税前扣除政策的通知》延续了以往的政策，但允许担保机构在所得税税前扣除准备金，增加将上年提取的准备金余额转为当期收入的要求，因此，企业在享受当年政策时需补缴上年未使用准备金的所得税支出。江苏省财政对信用担保机构的风险准备金给予了补助，但未对业务量给予补助，对担保机构扩大担保业务的引导作用不大。

（四）部分政策难到位、难落实

1. 小微企业呆账贷款税前核销的难度大于大中型企业。税前扣除资产损失相关的证据要包括具有法律效力的外部证据和特定事项的企业内部证据，这些证据必须经过相应的司法、行政等程序确认和来自企业内部完善的会计核算制度，而小微企业很难取证。如辖内某农商行2010年自主核销小微企业贷款3 127万元，但在企业所得税汇算清缴时，当地国税部门核准核销1 666万元，通过率仅为53.3%。同时，小微企业不良贷款税前核销报备还必须与一般公司类贷款一样，逐笔清单申报，由于工作量大，银行积极性不高。

2. 小企业授信业务“六项机制”中的独立核算机制还难以落实。小企业授信成本包括人力成本、资金成本、风险成本、交易成本和分摊成本等多方面，因此要实现业务的独立核算，涉及的部门和环节众多，需银行在管理体制、系统建设等方面进行较大的变动，实际推进过程更为审慎。

二、对策和建议

（一）加强促进小微企业发展政策的合力建设

要对现有各项促进和支持小微企业发展的政策进行梳理，在健全完善相关政策措施的同时，确保政策措施的相互衔接、有效相容，形成政策支持的合力；要加强对政策的宣传，提高透明度和知晓度；要建立政策的检查和评估机制，提高政策的执行力和效用。

（二）持续加大财税政策扶持力度

对新开办小微企业实行一定时期内的减免税收政策，提高减半征收企业所得税的应税额，扩大所得税优惠覆盖面。逐步降低小企业各项税负，优化征税流程，帮助小规模企业规范纳税申报，消除小规模纳税人选择成为一般纳税人的障碍。在营业税改增值税政策实际执行中，要及时下调小规模纳税人的核定税率或定额。完善小微企业贷款呆账核销和损失准备金税前扣除政策，体现对小微企业贷款正向激励的导向。简化商业银行申报财政补偿资金的流程，发挥政策的激励效用。

（三）落实和完善差异化融资监管政策

引导商业银行加强风险管理能力建设，将提高后的小企业不良贷款容忍度落到实处。建立科学合理的小型微型企业贷款定价机制。充分用好优惠措施，在计算资本充足率时，使用优惠风险权重；发行专项金融债的商业银行，将金融债对应的符合条件的小企业贷款在计算存贷比时扣除。扩大小企业金融服务网点覆盖面，将小企业金融服务专营机构向基层延伸。建议银监会对专营小企业贷款的银行，可以逐步放松存贷比要求，由监管指标逐步过渡为监测指标。

（四）完善小企业信用担保体系

应构建以政府居于主导地位、不以盈利为目的的中小企业信用担保体系，同时与银行建立起“信息交流、利益共享、风险共担”的平台和机制，共同推进做好中小企业融资服务工作。信用担保机构要设立担保赔偿准备金和未到期责任准备金两个保证金专户，严格划分客户保证金和自有资金，防范信用担保机构挪用保证金风险。

（五）成立小微企业联合辅导中心

鉴于我国小微企业支扶政策涉及层级多、分散且企业知悉度低等情况，可借鉴台湾地区“中小企业联合辅导中心”① 的做法，联合各相关部门搭建一个综合服务平台，突出服务的全面性、及时性和权威性，为中小企业尤其是小微企业提供产业引导、政策咨询、业务对接、难题问诊、管理培训等全方位的服务和辅导。

（作者黄世安，江苏银监局党委委员、副局长）

① 台湾地区“中小企业联合辅导中心”联合研究服务机构、金融机构、信用保证机构、贸易促进机构、工商业和机关团体共同构建了一个全方位的中小企业辅导网络，辅导内容涉及中小企业经营发展的方方面面。其中，以融资辅导和财务管理辅导两项内容最为重要，中心根据中小企业的申请，派出人员为中小企业的经营管理、融资需求提供全面专业的咨询诊断和指导，辅导中小企业融通资金和强化财务管理。

县域中小金融组织发展与服务需求匹配度研究

——基于温州乐清县辖的典型案例分析

2012 年 7 月起，浙江银监局以温州乐清县为样本，组织开展了县域中小金融组织发展与农村金融服务需求匹配度研究，形成如下研究报告。

一、基于样本的供需匹配度分析

（一）基本的存取款服务

需求特点。涵盖人群广、需求主体分散、注重便利度以及老年群体更加偏好使用存折。

供给现状。乐清两镇现能提供存取款服务的银行网点多达 64 个，其中农村合作银行、村镇银行、小贷公司（以下简称三类组织）的网点占 1/3。

供需匹配度分析。供给方面，合作银行发挥了主要作用。乐清两镇的人均银行网点拥有量为 0. 8 个/万人，属全省拥有银行网点数最多的乡镇之一。问卷显示，95. 8% 的农户距居住地最近的银行网点在 5 公里以内，存取款较为方便，合作银行发挥了主渠道作用。

（二）代理结算类服务

需求特点。一是总体需求层次相对较低，类型单一；二是与农村生活形态密切相关，如领取各类补贴等；三是理财等新需求逐渐凸显，呈多元化趋势。

供给现状。产品方面，合作银行具有完整的代理和资金结算功能，且服务价格相对较低；村镇银行汇票、银行卡等基本结算工具仍在申请批准中；未开通代理业务。服务渠道方面，主要是网点柜台，电子银行、网银等渠道并不普及；合作银行将部分代理业务（如领取社保、代缴水电费等）纳入助农取款点服务，提高了服务覆盖范围。

供需匹配度分析。一是合作银行当前产品及服务能力总体满足农村客户需求，但主动服务意识和能力有欠缺；二是受物理网点限制，部分区域服务供给不充分，村镇银行尚未起到有效的补充作用。

（三）融资服务

1. 资金可得性

需求特点。本次调研选择了100名农户和50家企业进行了问卷调查。问卷结果：有56%的企业及54%的农户存在资金需求，且比较迫切。

供给现状。2011年到2012年6月，三类组织累计向1.48万名个人、620户企业发放贷款107亿元。其中，合作银行的户数占比分别为77%和53%，村镇银行分别为18%和39%，小额贷款公司融资面相对狭窄，为5%～8%。

匹配度分析。数据表明，融资服务的覆盖率仍有较大拓展空间：小贷公司98%的个人客户和85%的企业客户当前在合作银行和村镇银行均没有贷款记录；村镇银行80%的个人客户和90%的企业客户当前在合作银行没有贷款记录。

2. 融资额度

需求特点。户均贷款总体较低，但需求差别较大，从几万元到几百万元不等。

供给现状。个人贷款方面，合作银行户均贷款额度最低，平均为36万元；其次为村镇银行61万元和小额贷款公司91万元。企业贷款刚好相反，小贷公司最低，平均为158万元；其次为村镇银行238万元和合作银行253万元。

匹配度分析。调查表明，合作银行企业及个人户均贷款额度约为客户需求额度的63%和53%，客户存在资金缺口，主要原因是合作银行客户较多，而人力、制度未及时跟进，故降低授信额度以减少信息不对称所带来的风险。村镇银行和小额贷款公司作为市场的后进入者，内部结构简单，有较强的动力和条件紧贴客户，满足度比合作银行要高。

3. 贷款期限

需求特点。贷款期限由季节性向长期性转变，还款要求多样化。

供给现状。三类组织贷款期限高度集中：合作银行一年期贷款占比89.65%；村镇银行半年期贷款占比87.3%；小贷公司期限从几天到1年均有，但只有1/3的贷款期限为1年（含）以上，且有10.83%的贷款期限在1个月以内。

匹配度分析。贷款期限设置简单化，且普遍过短，与实际需求严重不符。问卷显示，98%的企业和59%的农户期望的贷款期限为1年期以上。事实也证

明，三类机构续贷客户数占比超过了70%。

4. 服务价格（贷款利率）

需求特点。关注程度高，但议价能力较低。

供给现状。村镇银行贷款利率最低，个人和企业贷款平均年化利率分别为10%和8%，主要是作为后进入者，可享受中央财政定向费用补贴，采用“以价换市”策略开拓市场。其次为合作银行，分别为11.9%和9.2%。小贷公司利率高达18.1%（相当于基准利率的300%）。

从利率结构分布看，合作银行和村镇银行均呈现多层形态，且主要上浮比例均在150%以内，上浮比例低于50%的贷款占30%。小贷公司利率结构非常单一，99.29%的贷款利率在基准利率基础上上浮300%。

匹配度分析。合作银行和村镇银行相对多元化的贷款利率分布，体现出对需求的识别和对接能力，客户满意度相对较高。小贷公司的利率过高，只有利率完全刚性的客户才会向其申请贷款。

5. 贷款方式

需求特点。一是希望获得信用贷款，但限于传统信贷文化，需求未能得到表达；二是希望贷款方式越简便越好。

供给现状。从贷款方式构成来看，三类组织均以担保贷款为主要贷款方式，其中合作银行担保贷款超过70%，村镇银行和小额贷款公司担保贷款均达到90%左右。从贷款方式和贷款额度的关系来看，抵（质）押和保证贷款户均额度远高于信用贷款。

匹配度分析。与城区相比，农村主体承受传统贷款方式的能力更弱，矛盾更加突出。一是主流的抵（质）押贷款方式在农村地区难以运用；二是担保贷款面临新的挑战，担保链（圈）风险日益突出，农户寻找合适的担保人也愈发困难。

6. 贷款便利程度

需求特点。一是时效性成为客户关注的重点；二是偏好与信贷员（客户经理）的直接沟通。

供给现状。一是申请渠道方面。合作银行主要为客户到银行网点申请的方式，主动上门营销比例相对较低，村镇银行和小额贷款公司主动性更强。办理贷款的便捷度方面，三类组织完成全部贷款流程所需时间分别为：合作银行3～15天，村镇银行3～7天，小额贷款公司1～3天。

匹配度分析。调研发现，部分农户因银行手续繁琐，业务流程“高深莫测”

而产生“惧贷心理”。另外，相对于村镇银行的主动营销策略，及小贷公司灵活高效的服务，合作银行层级多、决策链长，人员配置相对不足。

综上分析，县域金融供需匹配度可形成如下结论。一是当前农村金融服务水平有较大程度的改善，对基础性需求（如存取款）的满足基本到位。二是服务的广度、深度和多样性仍有较大提升空间，特别是资金供需尚存在不同程度的错位和缺口，包括服务覆盖面仍有推进空间、贷款设计与多元化需求脱节、“抵押难、担保难”矛盾依然突出、服务便捷度和时效性不足等。

二、下一步工作对策和思路

（一）研究推动金融便民服务点有序建立

部分农合机构探索建设以 POS 机终端设备为工具，以村内商铺等场所为依托的金融便民点，能够提供最基本的存折或银行卡小额存取款和转账服务，年均成本控制在万元左右，是破解服务难题的有益尝试。应推动农合机构摸清需求、科学规划、分步分类推进，切实发挥好金融便民服务点的功能。

（二）督促引导机构更专注小微金融领域

一要努力克服以下思想积弊：轻视小微客户，懈于了解客户需求；墨守成规，市场灵敏度和创新能力不足；脱离需求实际，局限于政策制度的简单理解和运作，流于形式化和运动化。二要积极借助小微贷技术实现对客户需求的精准匹配，包括建立测度客户第一还款来源的技术体系，探索推行独家融资模式，配备专业客户经理团队及风险控制工具等。

（三）针对各类组织实施差异化监管政策

一是督促农村合作金融机构提高管理水平，更好地发挥主力军作用。二是督促村镇银行继续下沉网点、下沉服务，并扬长避短。三是不应否定小贷公司的作用，但应审慎推进机构发展，并及早关注小贷公司的超高利率模式对社会经济可能产生的负面影响。

（作者袁亚敏，浙江银监局党委副书记、副局长）

特殊背景下的特异现象

——对江西省银行业票据业务高速增长的调查

2009年以来，银行业票据业务保持爆发式增长，其发展状况、增长原因、运行特征、影响作用和潜在风险值得高度关注。

一、江西省银行业票据业务状况及其特征

调查分析近年来江西省银行业票据业务发展情况，有以下几个显著特征。

（一）2009年以来票据业务规模快速扩大

2009年前，江西省银行业票据业务呈平稳、缓慢增长态势，从2009年起这一格局被打破，票据业务迅速扩张，票据业务流量与存量同时快速增长。2012年6月末，江西省银行机构承兑余额、贴现余额、转贴现余额、逆回购余额、正回购余额分别为2008年末的4.44倍、0.64倍、1.46倍、36.63倍、88.9倍。2011年累计签发银行承兑汇票、累计贴现、累计转贴现、累计逆回购、累计正回购分别为2008年的4.59倍、1.2倍、4.54倍、21.72倍、59.54倍。

（二）2009年上半年、2010年第二季度至2011年第二季度是两个井喷式增长时期

2007—2008年，银行承兑、贴现余额季度环比平均增长率约为5.8%，2009年第一季度，银行承兑汇票、贴现业务交易量突然放大，其中，银行承兑环比增长89.51%，贴现累计发生额环比增长194%。2009年下半年小幅回调后，2010年第二季度起承兑、逆回购、转贴现又出现爆发式增长，直线攀升，持续到2011年第二季度。

（三）从2009年第四季度起贴现与承兑走向分离，贴现对承兑的比例已经降至很低

2008—2009年贴现与承兑走向保持一致，贴现与承兑同方向变化。前6个季度同步增长，后2个季度同步下降。2010年起贴现与承兑出现分离走向，承

兑持续大幅增加，贴现持续缓慢下降，这种状况一直持续到2011年第三季度。

(四) 中小银行票据业务活跃程度高于大型商业银行，城商行成为承兑业务主体，大型商业银行成为逆回购业务主体

2010年起城商行承兑业务出现爆发式增长，2011年下半年起因监管部门采取干预措施而出现回调，但承兑业务仍然相当活跃。2011年第二季度以前贴现、转贴现业务以国有银行为主，2011年第二季度以后，股份制银行、城市商业银行业务量均远超过了国有银行。

大型商业银行逆回购业务一直占据主体地位，2010年1月至2012年6月累计交易量中，大型商业银行占比为56.02%；2012年6月存量中，大型商业银行占比为52.28%。

(五) 2012年银行票据业务处在高峰时期

2012年第二季度累计交易量，承兑环比增长14.18 %，逆回购增长44.17%，正回购增长83.11 %，贴现增长52.85%。2012年6月末余额，承兑增长5.56%，逆回购增长44.91%，正回购增长156.12%，贴现增长31.68%。其中，承兑与逆回购的交易量与存量处于或接近历史最高位。

(六) 委托代签汇票业务迅速发展

2010年以前，全省银行代签承兑汇票的业务量较小，2010年代签业务量开始稳步增长，特别是进入2012年以来，代签业务迅猛发展，截至第二季度末，与2008年同期相比增长8.87倍。受托方主要是大型银行，委托方主要是城市商业银行和农村合作金融机构。

二、成因分析

票据业务高速增长是在特殊的宏观经济金融政策背景下，银行、企业与宏观经济金融政策进行博弈的结果；是在特殊的市场环境下，银行、企业应对市场变化的特殊选择。

(一) 2009年票据业务高峰，主要成因是宽松货币政策与特殊利率环境下，银行与企业合作套利

2008年，面对国际金融危机与经济下行风险，央行实施了适度宽松的货币政策，2008年9月以后连续4次共降低了3个百分点的存款准备金率，同时大量央行票据到期，释放了大量流动性。充裕的流动性导致货币市场利率持续下降，这种环境让银行和企业有了套利机会。银行与企业盈利最终体现为央行利

息支出，实际上是央行对商业银行和企业的变相补贴。

（二）2010年以来票据业务再上新高峰，主要成因是银行与企业以规避贷款规模控制与创造支付手段的方式，应对流动性收缩与贷款规模控制

2009年贷款出现井喷式增长后，2010年起恢复实行贷款规模控制，连续12次共提高了6个百分点的存款准备金率，在收缩流动性的同时，刚性控制贷款增长。面对2008—2009年积极财政政策、宽松货币政策创造的巨大资金需求，特别是2009年贷款天量增长的巨大惯性，银行与企业合谋采取票据这个手段增加资金（信用）供给或抢占贷款规模，缓解资金紧张矛盾。

（三）城市商业银行承兑业务爆发式增长，是城商行加快发展与贷款规模管理约束的碰撞效应

江西省共有5家城市商业银行，其中有4家实行了跨区域经营，进入了高速发展时期。2009年至2012年上半年共增设分支机构88个，其中增设省外分支机构7个。在分支机构增多、业务拓展能力不断增强的同时，从2010年起遇到了贷款规模管理的约束，两者形成反差与碰撞。以上年为基数分配的贷款规模远远不能满足城商行业务拓展的需要，在不能满足客户贷款需求的情况下，城商行转而以签发承兑汇票的方式吸引客户、拓展市场，由此形成城商行专注于承兑业务而几乎不做贴现业务的畸形局面。

（四）由于可以在保持流动性的同时，较好地兼顾安全性与盈利性，票据业务已经成为银行流动性管理的重要手段之一

票据业务主要有两种风险，即信用风险与操作风险。在能够有效防范票据诈骗的情况下，票据业务风险主要是信用风险。因承兑人负有到期无条件付款的责任，票据业务的信用风险由承兑人承担，与贷款相比较，贴现、转贴现风险很小，形成不良资产的概率很小。同时，票据又具有较好的流动性与一定的收益性，因而成为银行流动性管理的重要手段，贴现、转贴现银行承兑汇票成为银行超额储备的组成部分。

（五）银行追求业务的驱动

由于实行保证金制度，票据承兑具有组织存款的功能，在市场竞争中不具优势的中小银行以此为手段组织低成本存款，这是城市商业银行、村镇银行承兑业务扩张的一个重要原因。中小银行由于知名度、信誉度与机构网点等方面的差异，开业初期或其异地分支机构设立之初，在吸引客户、开拓市场方面面临较大困难，在追求业绩的驱动下，签发承兑汇票成为某些中小银行机构吸收存款的捷径甚至是主要手段，个别银行机构保证金存款所占比例超过50%。除

了组织存款功能外，承兑还能够为银行增加手续费、贷款（垫款）承诺费等收入，有利于增加中间业务收入。

三、风险与影响分析

（一）放大了银行风险

首先是合规风险。《票据法》规定“票据的签发、取得和转让，应当遵循诚实信用原则，具有真实的交易关系和债权债务关系”，可实际上不同程度地存在套用购销合同与增值税发票等现象，存在一定的合规性风险。

其次是敞口风险。由于实行部分保证金制度，承兑人负有到期无条件付款义务，承兑银行承担着敞口风险。保证金比例平均在50%左右，对敞口风险银行一般运用保证、联保、抵押等方式进行了缓释，但担保权利的实现存在较多不确定性，特别是在经济下行时期更为明显。

最后是存款“泡沫”。银行通过签发银行承兑汇票获取保证金存款，达到“揽存”目的，带来存款“泡沫”。保证金存款是短期存款，一些保证金存款占比高的银行机构为保持存款增长，必须不断增加承兑汇票签发量，以致形成承兑居高难下、欲罢不能的局面。甚至有个别银行机构默许企业挪用贷款充作保证金，滚动开票，这已经成为某些中小银行持续稳健发展的风险隐患。

（二）影响宏观政策效应

在货币市场利率市场化而存贷利率非完全市场化、同时流动性过剩的情况下，当货币市场利率低于基准利率时，银行与企业可能合谋开展票据业务谋取利润，不断放大承兑和贴现，循环往复推动贷款和货币供应量增长，可能形成对贷款与货币供应量的判断误差。在套利模式下，贴现资金往往大量转化为保证金存款，从而降低货币流动性，在一定程度上弱化了货币政策效应。

2010年以来，承兑对贴现的比例持续下降，银行承兑汇票背书转让创造了大量支付手段，扩大了银行信用供给量，由此导致社会信用规模与支付手段大于货币供给量。同时，由于某些银行机构利用票据业务逃避贷款规模管理，导致实际贷款总量超过调控目标。

在经济下行、实行贷款规模管理、有效信贷需求下降的情况下，企业为多占信贷资源、银行机构为扩大贷款基数，导致票据业务高位运行，从而夸大银行信用供给量、放大短期银行信用比重，甚至造成银行信用需求与供给中的“泡沫”成分。

四、政策建议

银行票据业务高速发展是近年特殊背景下的特异现象，其存在的问题和风险不容忽视，加强票据业务管理，已成为当前的一个新课题。

（一）统筹运用货币政策工具，防止运用票据业务寻租

央行在制定与实施货币政策时，须依据调控目标统筹使用各种政策工具，确保各种货币政策工具作用一致、效应一致，消除银行与企业票据业务寻租空间，夯实票据业务健康发展基础。

（二）对票据承兑业务实行适当控制，制约中小银行承兑过量扩张

针对部分中小银行承兑过量扩张的情况，可以考虑采取以下措施对承兑业务实行适当控制：一是不准保证金存款列入绩效考核范围，消除因考核压力或业绩压力驱动票据业务发展；二是对承兑实行上限控制，可以考虑规定承兑余额不能超过存款余额的15%、贷款余额的20%，以此矫正中小银行机构的业务增长模式；三是提高承兑的风险权重，运用资本充足率工具制约票据业务过度发展；四是可规定对非基本客户银行不得承兑。

（三）加强货币政策与监管政策的协调，更好地支持与促进中小银行发展

近年中小银行发展提速，可信贷规模基本上仍然按“上年基数+本年平均增长”的模式进行分配，中小银行发展要求与贷款规模管理不匹配。应加强货币政策与监管政策的协调与联动，有效规范与引导中小银行发展，矫正中小银行发展模式。

（四）进一步完善相关制度，规范票据业务发展

一是随着票据业务的迅速发展，其业务功能已由过去单一的支付手段逐步演变为支付手段与融资手段并重，现行《票据法》已不能适应票据业务发展的现状，应对《票据法》进行修订完善。二是进一步规范银行业票据业务会计核算，所有银行业金融机构票据业务应统一会计科目、统一核算标准，堵塞制度漏洞，防止制度寻租，进一步规范票据业务发展。

（五）严肃监管，严肃查处票据违规与票据风险问题

建议开展票据业务合规性与票据业务风险专项监管活动，严肃查处违规行为与票据风险事件，进一步规范票据业务。

（作者李赛辉，时任江西银监局党委副书记、副局长，
现任湖南银监局党委书记、局长）

银行业支持科技兴农“八策”

农业科技是确保国家粮食安全的基础支撑，是突破资源环境约束的必然选择，是加快现代农业建设的决定力量。在当前形势下，如何进一步充分发挥银行业支持科技兴农的作用，笔者通过调查研究后提出如下八点政策建议。

一、明确功能定位

政策性银行机构要在风险可控的原则下，改进农业科技贷款管理办法，对涉农企业研发及科技育种、农产品改良、土地改良、高效灌溉等基础性农业科技发展的资金需求执行政策性贷款的标准，充分发挥政策性银行对农业科技研究及基础性农业科技发展的支持作用。商业性银行机构应发挥资金规模、信贷产品、结算网络等方面的优势，多元化满足农业科技企业和农户的资金需求。农合机构要利用好了解当地市场微观环境和机构网点分布广等优势，继续发挥支农服务主力军作用。加快在县域设立村镇银行等新型农村金融机构的步伐，为农村小微企业和农户提供贴身服务。发挥信托投资公司的融资优势，加强与银行及地方有关部门的业务合作，选取科技兴农中发展前景较好的项目，妥善制订集合资金信托计划，积极组织资金支持农村经济发展。

二、调整信贷政策

银行业机构要制定信贷政策，优先支持农业产业结构调整，推动科技兴农战略的落实。在涉农贷款中单列科技兴农贷款计划，确保科技兴农贷款增速不低于涉农贷款平均增速，增量高于上年同期水平，对达到要求的银行机构执行较低存款准备金率。将支持科技兴农作为支农工作重点，在信贷投向方面，对涉农龙头企业、农村合作组织、农业产业园给予信贷倾斜，着重支持良种推广、机械化生产、科技兴农项目和农业产业化，支持新型农业生产技术的推广和应

用。降低对贷款对象资产规模的要求，适当放宽对贷款抵押物的限制，建立与涉农业务特点相一致的决策机制和审批流程，提高农村金融服务效率和质量。鼓励银行业机构建立科学合理的科技兴农贷款定价机制，在合法、合规和风险可控前提下，由银行机构自主确定贷款利率，加大对科技兴农支持力度。

三、创新金融产品

银行业机构应顺应农村金融市场竞争格局和农村金融服务需求变化，在金融产品方面谋求新突破。要围绕推动农业产业化、集约化发展，将金融产品创新与农业科技创新体系对接，根据农业科技创新周期长、市场化过程慢、推广体系庞大的特征，设计出针对农业科技创新和推广的分阶段金融产品。结合支持农村产业链、农业产业园区、示范区、农业科技的研发推广及转化、种子工程、研发机构战略合作等开拓创新，使产品创新与农业科技企业产品的市场化过程相对应，进而使金融扶持与农业科技创新相融合。依托各地特色农产品或支柱产业，鼓励开发多样化小额信贷产品，特别是开发促进农业产业化经营和农民专业合作社发展的信贷产品，促进农业规模化发展和产业升级。根据农产品产业链探索“订单信贷”、“保险信贷”、“企业农户信贷”等模式推动农业科技金融服务产品的创新。

四、健全担保方式

银行业机构应在法律允许、财产权益归属清晰的前提下，充分发挥“软信息”的替代作用，有效扩大抵押担保范围。积极探索以农业科技型企业的股权、专利权、商标权、著作权、应收账款、商铺承租权为质押进行贷款融资，解决农业科技抵质押不足的问题。加强与科技、农业部门组建成立的担保公司合作，搭建银行、担保、企业三方合作平台，对农业科技型企业采取固定资产、存货抵押、农业科技专利、订单、林权、土地使用权等多种担保组合方式，尽量满足企业贷款需求。通过开发运用“银行＋保险”、“银行＋担保”、“银行＋保险＋财政补贴”等多种融资工具相配合的融资模式，支持农业科技企业增信融资。

五、改进服务手段

按照“布局合理，功能全面，疏密有度，竞争有序”的要求，统筹网点增设，严格控制农村网点的撤并，并鼓励大中型银行分支机构适当增设县（市）支行，持续加大乡镇及以下网点布设力度，解决农村金融服务不充分的问题。积极支持涉农银行业机构设立“三农”金融服务部，下设农业科技贷款专营机构或人员，按照单列信贷计划、单独配置财务资源、单独客户认定与信贷评审、单独会计核算等原则，实现与县（市）、乡（镇）农业科技项目和服务部门有效对接。要充分利用科技手段做好延伸服务，在农村地区开办手机银行、网上银行和电话银行，布放自助设备，并在少数地域面积大、居住人口少、生产季节性强的村镇提供代理或流动上门服务。大力开展金融服务“进园区、进社区、进农村”活动，主动上门了解企业、农户信贷需求，为客户量身定做金融服务方案。应高度重视金融消费者的权益保护。认真落实商业银行服务价格规范办法和关于整治银行业金融机构不规范经营问题的通知要求，切实规范服务收费和其他不规范行为。

六、优化考核体系

实施战略导向管理，将支农服务要求全面嵌入内部管理绩效考核体系和监管考评体系，督促银行业机构加大科技兴农支持力度。加强农业科技贷款统计监测。在涉农贷款中设立农业科技贷款子项，定期收集、分析辖内银行业机构信贷投入情况，及时改进和加强信贷投放，列入行业管理绩效考核。在绩效考核体系中增设农业科技贷款业务指标，提升支农内在动力。建立健全贷款营销的正向激励机制，鼓励基层分支行和信贷营销人员开展农业科技信贷业务，列入机构高管年度履职评价。开发适合农业科技贷款的监管标准，对农业科技企业不良贷款比率实行差异化考核，适当提高其不良贷款比率容忍度。实施定期支农监管考核通报制度，将考评结果作为行政许可、监管评级、高管履职评价的重要内容，鼓励银行业机构增加农业科技贷款。指导涉农银行机构设计客观有效的信用指标体系，对信用等级较高的农业科技企业，在同等条件下实行贷款优先、利率优惠、手续简化、额度放宽的激励机制。

七、出台扶持政策

科技兴农事业是一项综合系统工程，需要地方政府及有关部门形成整体合力，共同营造一个良好的发展环境。对银行机构支持科技兴农的相关信贷业务，

可给予长期的利息补贴、贷款担保和税收减免等优惠政策加以激励，落实好对农业科技贷款合同免征印花税，执行将农业科技贷款损失准备金税前扣除政策，延长将涉农贷款业务收入减按3%的税率征收营业税的政策。研究制定农业科技贷款呆账核销有关规定，简化呆账核销程序，提高农业科技贷款呆账核销效率。规范与科技兴农相关的行政许可和强制准入的经营服务性收费，加大对乱收费、乱罚款和各种摊派行为监督检查的力度，适当提高涉农科技型企业增值税和营业税起征点，延长并扩大减半征收企业所得税适用范围。结合深化税收体制改革，完善结构性减税政策，建立扶持科技兴农专项基金。如由中央、省级财政各预算安排出一定额度资金，设立扶持科技兴农专项基金，通过无偿资助、贷款贴息方式支持科技兴农。

八、提供风险保障

农业科技具有明显的基础性和公共性，且面临着较大风险，应为银行业支持科技兴农提供扎实的风险保障。地方政府和司法部门要维护银行合法债权，充分利用法律手段，加大对逃废银行债务行为的打击力度。大力开展信用农户、信用村组、信用乡镇三位一体的农村信用工程活动，探索有特色的农村信用体系建设模式。科技等职能部门在乡镇农技站“三权”归县、双重管理模式下，要加强宏观引导，注意筛选项目，严格把关，积极向银行业机构推荐经可行性论证后的项目，避免盲目立项、融资。同时，加强与保险公司互动，推动保险公司对大额涉农贷款的全程保险，有效分散农业贷款风险。

（作者章莳安，江西银监局党委委员、副局长）

关于商业银行机构理财业务发展状况的调研报告

近年来，商业银行机构理财业务发展异常迅猛，但作为一项新兴业务还存在信息不透明、监管法规空白、业务操作不规范、风险计量不充分等诸多问题。对此，山东银监局组织对辖内部分商业银行机构理财业务进行了专项调研，在总结业务发展现状和特点的基础上，剖析了存在的问题和风险，并据此提出对策建议。

一、机构理财业务发展现状和特点

经过近年来的发展，商业银行机构理财业务在产品形式、销售对象、运作模式和管理方式上发生了诸多变化，总体呈现“三多三少”的特点。

（一）实质授信类产品多

随着国家宏观调控政策不断深入，地方政府融资平台、“两高一剩”企业和房地产开发项目等限制性行业或领域融资受阻，相关企业很难通过正常途径获得银行授信，不惜付出较高成本借道机构理财产品进行融资，使授信类机构理财产品发展迅速，目前流行的票据类和信托受益权类机构理财产品多属于此类。

（二）名义非保本型理财多

为规避监管资本约束，商业银行多数都将机构理财产品设计为非保本型。但有些机构为了便于销售和获取更高的收益，在销售产品时提供一些暗保协议或附加回购协议等，使表面非保本的理财产品具备“保本”性质。单从合同明确的产品类型看，机构理财产品市场上大多数为非保本型理财产品。

（三）面向银行机构发行多

目前，绝大部分机构理财产品购买方为商业银行，尤其是以城商行为主的中小商业银行，而且存在商业银行之间互相购买理财产品的现象。这使原本是为企业闲余资金提供投资渠道的机构理财产品，逐步演变成了商业银行之间调

节资金余缺甚至进行监管套利的工具。

（四）风险信息披露少

机构理财主要是银行与机构客户间一对一的行为，基于两方协商之下设计产品并交易，无须对外披露信息。此外，由于多数机构理财产品实质具有保本性质，购买方极少再关注理财产品运作情况，发行银行也不会主动向购买方定期通报产品的风险信息。

（五）银行内部规范少

目前多数商业银行机构理财业务的风控体系不够完善，大多制度规定过于简单而且笼统，缺乏对产品规模、期限、投向、运作方式、会计核算等的明确规定。对于产品可能产生的风险或形成的损失缺乏健全的缓释要求及拨备政策。

（六）业务法律支撑少

银监会出台了诸多办法及通知对商业银行理财业务进行规范，但主要是针对个人理财产品，对于机构理财产品报告制度、风控体系建设、会计核算与风险资产计量、资本占用与拨备计提等，尚无明确的政策规定和规范要求。

二、存在的主要问题和风险

（一）部分信贷资产变身为“影子信贷”，削弱了信贷政策调控效果

面向银行发售的信托受益权类和票据类机构理财产品所对应的资产实质上多为信贷资产，但发行方和购买方均不在授信科目中反映。调研发现，部分银行发行理财产品的融资投向就是自身原有的贷款客户或者是已通过贷前调查拟给予授信支持的客户；部分银行互相购买对方额度相当的理财产品，产品类型均为信托受益权类，以此互相逃避贷款规模管控，形成了事实上的“影子信贷”，在一定程度上影响了信贷调控政策的实施效果。

（二）银行记账方式不够科学审慎，影响了部分监管指标的真实性

一是虚高了资本充足率指标。由于多数非保本型机构理财产品被赋予了保本性质，购买行将其视同保本型理财产品不计或少计风险资产，发行行则按非保本型计提风险资产，导致风险资产总量计算不足，进而使银行资本充足率水平出现虚高。二是调减了存贷比指标。部分发行行将募集的同业资金纳入一般性存款核算，虚增存款规模，加之信贷规模变相减低，导致存贷比指标被调减。三是调增了拨备覆盖率指标。发行行及购买行均不将授信类机构理财产品计入信贷资产，在拨备覆盖率指标的计算中未将其合并入分母，致使拨备计提不足

或拨备覆盖率指标虚高。

（三）理财产品风险承担主体错位，信用风险多由发行行承担

对占绝对比重的非保本浮动收益型机构理财产品而言，根据买卖签订的理财合同，购买方应承担产品到期兑付风险，发行行主要承担声誉风险。但调研发现，理财产品发行行与购买行通过“隐性契约”或“阴阳合同”，使正式合同成为名义合同，甚至部分银行直接在理财产品附加合同中注明该基础资产到期时，以银行发放的流动资金贷款作为还款来源，一旦产品到期无法兑现本金和收益，发行行往往会按照隐性条款或合同，采用各种方式保证兑付，实际承担着融资方的违约风险。

（四）理财业务与自营业务间缺乏防火墙，难防收益和风险的相互转移

商业银行在配置理财产品资产时，有时需要通过自营账户进行购置，然后再过渡给理财产品销售部门，导致理财业务所持有的资产与自营业务持有的资产缺乏物理性的防火墙，给银行机构利用理财业务资产和自营业务资产转移风险或收益提供了方便。调研发现，多数商业银行的理财业务部门与货币市场业务部门未完全分设，只是在内部划分为两个不同的科组，部门总经理就有权作出自营资产与理财资产的划转决定，潜在很大的道德风险和操作风险。

（五）资产池管理模式不够规范，引发诸多风险隐患

商业银行目前实行较多的资产池管理模式潜藏着诸多风险隐患：一是流动性风险。若理财产品到期后，新理财计划无法顺利发行，发行行需先行垫付资金以兑付到期产品，期限错配对银行的流动性管理造成较大压力。二是合规性风险。资产池管理模式未将理财产品与投资资产一一对应，而实行分离定价，客户的产品说明书无法准确披露产品具体投资方向，违背了发行理财产品“成本可算、风险可控、信息充分披露”的基本要求。三是账外经营风险。由于资产池管理模式下理财产品是滚动发售，理财产品和资产难以完全期限匹配，因此总有部分收益留存在资产池内不能及时入账，潜藏了被用于账外经营的隐患。

三、对策建议

（一）实施准入制管理，督促商业银行全面加强机构理财业务的风险管控

对商业银行开办机构理财业务实施准入式管理，督促商业银行按照“内控先行”的原则，建立科学的业务操作流程和风险控制机制，建立符合本行实际的销售控制体系，并对业务规模、交易对手控制、风险敞口、会计核算、拨备

提取等制定书面化的政策或规定。

（二）规范合同文本签订，严防商业银行利用隐性保证条款实施监管套利

建议对机构理财产品的合同文本要素及关键要素的表述做出明确要求，以规范交易双方对业务合同的签订。如明确合同文本名称要直接表明理财产品的类型，是保本型的还是非保本型的；明确合同中要清楚注明产品最终风险由谁承担，风险资产由谁计提；明确在合同显著位置增加“除合同正本及附件外再无其他隐性协议”的双方承诺。

（三）明确会计记账原则，规范商业银行机构理财产品的会计核算

对于授信类的机构理财产品，根据最终的风险归属，分别由发行行和购买行计入本行授信资产，进行贷后管理、资产分类、拨备计提，统一纳入存贷比核算考核。对于结构性理财产品，按照销售对象进行拆分，售给一般企业客户的产品，纳入一般性存款核算，而售给同业机构客户的产品，则计入同业存款来进行管理和核算，并据此测算相关监管及风险指标。

（四）改进资产池管理模式，防范资产捆绑运作产生的道德风险

在机构理财产品对应资产的管理上，按资产的类型、风险及流动性，设置若干资产池，每个资产池都对应编制一张资产负债表，随时记录资产价值的变动及收益情况。同时，对部分理财产品和客户约定收益上限，超过部分继续留在资金池内，以便个别非保本型产品出现亏损并发生纠纷时予以抵补。

（作者刘悦芹，山东银监局党委委员、副局长）

村镇银行与小额贷款公司的比较分析

村镇银行、小额贷款公司这两类机构市场定位和经营宗旨基本类似，即服务“三农”和小企业。两类机构在股权结构、性质上等存在不同，使其在利率水平、金融产品等方面存在较大差别。本文通过对海南村镇银行、小额贷款公司开展调研，对比分析两类机构，提出建设性意见。

一、两类机构出台背景

为解决农村地区银行业金融机构网点覆盖率低、金融供给不足、竞争不充分等问题，银监会在2006年出台《关于调整放宽农村地区银行业金融机构准入政策更好支持社会主义新农村建设的若干意见》（银监发〔2006〕90号），提出组建村镇银行、农村资金互助社、贷款公司三类新型农村金融机构。2008年，银监会、人民银行出台《关于小额贷款公司试点的指导意见》（银监发〔2008〕23号），提出组建小额贷款公司的指导意见。

2010年4月，海南第一家村镇银行、第一家小额贷款公司开业。截至2012年10月，海南省共成立9家村镇银行，21家小额贷款公司。村镇银行、小额贷款公司均为改进海南农村金融服务，缓解小企业贷款难，解决“三农”问题发挥了积极作用。

二、村镇银行与小额贷款公司的特点分析

（一）两类机构的基本情况

截至2012年10月，9家村镇银行资产总额14.78亿元，负债总额13.24亿元，所有者权益1.54亿元，实现净利润199.36万元，资产利润率0.13%，资本利润率1.29%。21家小额贷款公司资产总额26.32亿元，负债总额2.8亿元，所有者权益23.52亿元，实现净利润1.05亿元，资产利润率3.99%，资本利润

率4.46%。

（二）二者存在七大相同

一是盈利模式相同。二者主要收入来源均为利息收入。截至2012年第三季度，村镇银行手续费及佣金收入仅占营业收入的1.07%，小额贷款公司手续费及佣金收入占营业收入的比例为0。

二是市场定位相同，均以支持“三农”为主。《村镇银行管理暂行规定》第三十九条规定“村镇银行发放贷款应首先充分满足县域内农户、农业和农村经济发展的需要”。《海南省小额贷款公司试点管理暂行办法》第十九条规定“小额贷款公司在坚持为农民、农业和农村经济发展服务的原则下自主选择贷款对象”。

三是贷款流程相同，方便快捷。与大型银行等金融机构相比，二者审批程序简单，一定金额以下贷款可由信贷人员直接审批，不用上报审批委员会。二者均承诺在材料齐全的情况下，2～7个工作日就可以发放贷款，对熟悉的老客户可做到当天发放贷款。

四是均有贷款集中度的监管要求。《村镇银行管理暂行规定》第四十一条规定“村镇银行对同一借款人的贷款余额不得超过资本净额的10%”。《海南省小额贷款公司试点管理暂行办法》第二十条规定“同一借款人的贷款余额不得超过小额贷款公司资本净额5%”。

五是二者均享受支农财政补贴等优惠政策。《海南省农民小额贷款财政贴息和奖补资金实施办法》、《海南省支持金融发展若干意见》、《海南省金融发展专项资金管理暂行办法》等文件均对二者适用。

六是资金来源渠道狭窄。由于受到制度安排和自身信誉等因素的影响，二者均存在资金来源不足的问题。

七是未开通征信系统，未获得支农再贷款。二者均未开通征信系统，造成二者在发放贷款时，无法准确识别和判断申请人风险。从成立至今，二者也未从人民银行获得任何支农再贷款。

（三）二者有十大不同

一是性质、监管机构不同。村镇银行属吸收公众存款类银行机构，其筹建、日常监管均由中国银监会负责；小额贷款公司不对外吸收公众存款，其筹建、日常监管工作均由海南省政府金融办负责。

二是运行模式不同。村镇银行的发起人必须为银行业金融机构且持股比例不得低于15%，高管、科技负责人等业务骨干等均由主发起行派人参加，操作流程、IT 系统、内控制度等基本沿用发起行的模式，可以视为主发起行的“复制行”；小额贷款公司的持股比例由股东自行决定，没有固定的经营模式，自主开发 IT 系统、制定内控制度、操作流程。

三是客户群体不同。小额贷款公司的客户群体主要为短期内急需资金的客户，贷款用途主要为解决流动性等资金需求，贷款期限均为一年以内，最短的甚至只有 1 个星期；与小额贷款公司相比，村镇银行的客户主要为辖内农商贸企业、居民。

四是资金成本不同。村镇银行属于吸收公众存款类机构，其主要资金来源于公众存款等廉价资金；小额贷款公司不对外吸收公众存款，除股东出资外，其资金来源为银行借入资金。

五是贷款利率不同。截至 2012 年 10 月，海南村镇银行共发放贷款 5.05 亿元，平均贷款利率为 8.9%；截至 2012 年 10 月末，小额贷款公司共发放贷款 21.0 亿元，平均贷款利率为 18.5%。

六是业务范围不同。与小额贷款公司相比，村镇银行除吸收存款、发放贷款外，还可以办理国内结算、票据承兑与贴现、从事同业拆借、从事银行卡业务，代理收付款项及代理保险七项业务。

七是风险控制能力不同。村镇银行的风险管理模式与发起行保持一致，风险管控能力强。截至 2012 年 10 月，海南村镇银行不良贷款率为 0，正常类贷款为 99.98%，关注类贷款为 0.02%。截至 2012 年 10 月，小额贷款公司不良贷款率为 2.88%，正常类贷款为 96.26%，关注类贷款为 0.86%。

八是资本实力不同。小额贷款公司的最低注册资本要求为 5 000 万元。21 家小额贷款公司平均注册资本为 9 960 万元，最高注册资本为 3.0 亿元，最低为 5 000 万元。村镇银行的最低注册资本要求为 300 万元。9 家村镇银行平均注册资本为 1 722 万元，最高注册资本为 3 500 万元，最低注册资本为 1 000 万元。

九是发起人地点不同。21 家小额贷款公司中有 14 家发起机构为海南本地企业。根据《村镇银行管理暂行办法规定》，村镇银行最大股东或唯一股东必须是银行业金融机构。

十是分布地区不同。小额贷款公司注册地集中在海口、三亚等经济发达地区，可在全省范围内开展业务。《村镇银行管理暂行规定》第五条规定“村镇银行不得发放异地贷款”。9 家村镇银行分布在海南 9 个县市，村镇银行只能在注册地市县开展业务。

三、六项建议促发展

（一）强化“三农”市场定位

村镇银行和小额贷款公司应始终坚持“三农”市场定位，坚持把农户和涉农小微企业作为主要服务对象，要探索开发适应农村经济发展和区域产业特点的金融产品，逐步形成适应当地市场且具有鲜明特色的发展模式。

（二）加大政策扶持力度

一是加大税收减免优惠范围和力度，并予以长期化、制度化而发挥财政政策对新型农村金融机构发展的扶持作用。二是政府应加大正向舆论宣传，提高二者社会认知度。三是政府应协调人民银行等部门，解决小额贷款公司、村镇银行无法查询征信系统等问题。

（三）鼓励村镇银行和小额贷款公司加强创新，积极探索适合海南特点的服务品种和方式

村镇银行和小额贷款公司要认真研究海南“三农”、小企业特点和需求，积极研发服务产品，努力打造自己的品牌特色，坚持差异化、特色化竞争。

（四）增加资金来源渠道，有效解决资金不足

一是小额贷款公司可与其他金融机构合作，获得批发性贷款或再贷款。二是可以通过财政投入资金的示范效应吸引二者深入农村，让其成为支持农村经济发展的主力军。三是村镇银行要积极开展业务创新，开发适合农村经济发展和满足客户个性化需求的金融产品。

（五）鼓励村镇银行增资扩股，增强资本实力，提高抗风险能力

海南 8 家村镇银行的注册资本金均在 2 000 万元以下，抗风险能力弱，也制约了业务发展。海南银监局鼓励村镇银行及时增资扩股，现已有 2 家村镇银行制订增资扩股计划，其中 1 家计划将注册资本金提高到 1.0 亿元。

（六）鼓励村镇银行在乡镇增设分支机构，延伸服务范围

鼓励村镇银行加快营业网点、自助机具、电子化建设进程，尽快把金融服务向镇以下区域延伸，支持开业已满一年的村镇银行在乡镇增设分支机构，进一步完善农村地区金融服务功能，提高农村地区金融服务水平。支持村镇银行在城市设立 ATM 等自助设备，满足客户多层次的金融服务需求。

（作者吴乾奋，海南银监局党委委员、副局长）

积极推动海南金融业创新
扎实助推国际旅游岛建设

一、国际旅游岛建设为金融业发展提供了广阔舞台

《海南国际旅游岛建设发展规划纲要》（以下简称《规划纲要》）中明确提出，“到2020年，将金融业发展成为重要的支柱产业”。这充分说明，海南省委、省政府对金融保险业在国际旅游岛建设中地位的重视，将其作为国际旅游岛建设的一项重要内容，这就为海南金融业的发展提供了广阔的舞台。

二、国际旅游岛建设为海南金融业发展带来重大机遇

（一）海南省经济将持续高速增长，金融业进入发展创新黄金时期

建设国际旅游岛的国家发展战略为海南经济社会的发展注入了强大的动力。这也为海南金融业带来了前所未有的发展机遇，使之成为吸引资金的“洼地”。区域经济的强劲增长必然带动区域金融业的快速发展，致使全行普惠。

（二）政府高度重视，政策效应带来巨大吸引力

中央给予了自海南建省办经济特区以来力度最大、范围最广的支持，这些举措吸引了国内外的大批战略投资者。政府鼓励创新投融资机制，将设立三大产业基金、三项专项资金，推进企业上市发债，省级财政设立七项专项资金等重大举措，为投资银行业务提供了前所未的有发展机遇。

（三）投资企业纷至沓来，房地产业和服务业发展强劲，信贷需求旺盛

根据《规划纲要》安排，2010—2020年，按前6年年均增长20%、后5年增长15%估算，全省固定资产投资累计将达到3.52万亿元，这将是海南自建省22年以来固定资产累计投资额的5倍。在保护生态环境的前提下，投资主要集中于旅游房地产业和现代服务行业两大板块。除此之外，还包括基础设施建设板块、海洋经济板块、文化体育板块、现代物流和商业会展业板块、软件信息

板块。

（四）产业链进一步完善，产业集群效应催生新的经济增长点，带来新的业务机会

随着海南区位优势和政策优势的强势显现，旅游地产、酒店、交通电力、现代物流、文化等重要板块产生联动效应，形成产业集群。这会直接导致企业并购、重组活动更加活跃，为金融业发展提供广阔的市场空间。

（五）国际旅游岛魅力彰显，旅游金融服务迎来发展机遇

国际旅游岛吸引着众多的消费能力较高的海内外游客，多样化的消费需求为金融服务提供了广阔的发展空间，本外币兑换、结汇售汇等外汇业务将会迎来一个黄金发展期。

三、以金融创新助推国际旅游岛发展

为满足海南国际旅游岛建设的发展要求，金融业必须突破传统思维模式和经营理念的束缚，紧密围绕国际旅游岛建设“先行先试”的要求，不断加大改革开放的力度，创新金融产品、金融管理体制、经营机制与监管体系，以构建更具活力的金融服务体系。

（一）金融产品创新

随着国际旅游岛建设推进，所带动的产业对金融的需求将呈现出多元化、综合化、复杂化和个性化的特征。为此，认真研究市场和客户需求，深度挖掘国际旅游岛概念商机，为客户提供更为丰富的金融产品是当务之急。一是零售业务领域创新。尽量提供小企业业主短期融资需求的卡贷一体化产品，积极探索为异地客户提供物业管理委托扣缴费、租赁服务以及资产托管业务等服务创新。二是信贷业务领域创新。积极开发信贷服务，以新产品为突破口带动传统信贷业务的发展。三是国际业务领域创新。积极发展跨境贸易人民币结算、离岸金融以及个人本外币兑换特许等业务，支持外向型企业“走出去”。四是电子业务领域创新。打造海南“旅游电子商务”平台，为海南旅游在线服务、网上购物及银行卡提供高端在线支付和多渠道充值服务。全行业按照“投资贸易便利化、货币兑换便利化”、“刷卡消费便利化、资金汇划便利化”等要求，尽快完善海南省现代支付体系和银行卡运行体系，鼓励辖内金融机构加大金融创新，支持省内大型企业集团参与金融改革，积极运用金融创新产品，加强银企合作，满足国际旅游岛建设对金融产品的新需求，促进海南省金融业做大做强。

（二）融资方式创新

首先，拓宽直接融资渠道，积极培育企业上市融资。海南目前只有22家企业在国内上市，2家企业在香港上市，来自省政府金融办公室的信息表明，海南已建立起包括近60家企业的后备上市资源储备库，涉及农业、制药、高新技术、旅游、水利、城市建设等诸多行业。与此同时，海南一批中小企业不断规范发展，借助金融市场做大做强的意愿越来越强烈。可见，这个市场是巨大的，相关机构可以通过债券、票据、信托、租赁等方式多渠道积极筹措发展资金。其次，创新间接融资方式，以土地担保、银团贷款结构性融资、并购贷款、收费权质押、应收账款质押、产权质押等方式吸纳和聚集资金，扩大融资规模。

（三）金融合作创新

构建政府部门、金融机构、工商企业之间新型、良好的合作关系。政府与金融机构加强合作，双方“共搭平台、共建制度、共筑诚信、共享发展”。具体可以以政府为中介，建立“银行—政府—企业”模式的旅游信息沟通平台，解决融资信息不对称的难题。拓宽合作领域，全面深化与银行机构在信贷投放上的合作，与证券机构在增强直接融资功能上的合作，与保险机构在构建防灾减灾体系和建设社会保障体系上的合作。创新合作机制，围绕转变经济发展方式，定期通报产业政策、货币政策、金融产品、融资需求情况，实现金融需求与供给的有效对接。

（四）金融服务创新

海南作为国际旅游岛，每年接待数以十万计的国外游客，金融需求旺盛，但员工的素质尤其是语言水平较低，造成一定的障碍，应在全行业加快“双语”服务推进力度；确保在重点旅游景区的营业网点具备开办外币卡收单、外币兑换、现汇汇兑、旅行支票兑换等个人外汇业务的资格；进一步扩大自助设备受理国际卡能力；加强金融机构与国外代理行的沟通和联系，不断提高跨境资金清算速度，确保各类跨境资金快速安全准确到达客户账户，使境外客户在海南享受高效、优质的金融服务。针对境外投资国际旅游岛建设的机构，还应特别提供外汇政策解读、资本金开户、收结汇等一条龙优质金融服务，支持国际旅游项目自由落户。积极推行“自助服务”无障碍工程。一方面优化自助设备网络布局，加大在新区、景区的投放力度，进一步改善自助服务受理环境；另一方面不断完善自助服务配套功能，开发出适宜国际旅游岛概念的代缴、充值、支付等服务功能，满足客户全方位需求。此外，还要细分客户市场，优化行业资源配置，针对客户不同的经济实力、理财服务要求，完善与提升物理网点的

服务层次，建立多渠道、立体交互式的电子银行体系，为客户提供全方位、专业化、智力型的高端服务。

（五）金融监管创新

加强地方政府与金融监管部门之间的沟通、协调与合作，形成信息畅通、预警及时、监管到位的金融协调机制。地方政府支持监管部门依法监管，注重对金融业的指导和引导；完善金融规章制度，包括会计、审计、税收以及信息披露制度等。规范金融机构的公司治理结构，建立科学的绩效激励、风险控制和资本约束机制。

（作者刘建平，海南银监局党委委员、副局长）

云南银行业持续推进水利改革发展金融服务

近三年来，云南连续遭受特大干旱，为加强对水利建设的金融支持，云南银监局有效引导金融机构创新金融产品服务、加大水利信贷投入、积极扶持民生领域。

一、银行业支持云南水利发展的初步成效

近年来，云南银监局牢牢把握党和国家支持水利改革发展的精神，积极引导辖内银行业加大对水利建设项目的支持力度。在云南银行业的大力支持下，以“润滇工程”为代表的水源工程建设有了重大突破，全省已建成5 575座水库，蓄水库容达111亿立方米，水利工程年供水能力达157亿立方米，水资源开发利用率达7%，农田有效灌溉面积占全省耕地总面积的38%，已累计解决农村2 461万人饮水安全问题；通过对中低产田地改造和山区“五小水利”工程建设，使高稳产农田达到3 000万亩。

二、银行业支持水利改革发展的实践

（一）强化沟通，构建银政合作机制

云南银行业金融机构建立了与政府及水利部门的信息沟通机制，努力寻求突破水利贷款的制约瓶颈。农业发展银行云南省分行、国家开发银行云南省分行等机构多次向其总行专题汇报云南水利建设情况，争取了倾斜性的信贷和有关政策的支持。如国家开发银行与云南省政府签署《深化桥头堡战略合作备忘录》，把牛栏江—滇池补水、骨干水源、滇中引水、病险水库除险加固、城乡饮水安全和滇池洱海高原湖泊等重点水利工程列为重点支持项目。

（二）优势互补，充分发挥合力作用

一是充分发挥政策性银行中长期贷款支持优势。截至2012年3月末，农业

发展银行云南省分行累计发放水利建设贷款59.93亿元，支持除险加固病险水库1 100多座，治理水土流失5.87万亩，新建和改建了排水设施21个。二是指导大中型商业银行充分运用资金、网络和业务优势，积极支持大型水利枢纽基础设施建设。如国家开发银行云南省分行累计发放贷款76.26亿元，支持了牛栏江—滇池补水工程等102个重要水利项目。农业银行云南省分行，发放贷款224.39亿元，支持掌鸠河、清水海饮水供水及水资源环境改造项目，改善600余万人饮水状况。三是督促地方法人金融机构和邮政储蓄银行的县域机构增加小型农田水利建设的资金投入，因地制宜支持“五小水利”工程建设。

（三）创新服务，破解水利融资难题

一是创新金融产品。如国家开发银行云南省分行以“技术援助贷款”、“软贷款”等金融产品对滇池治理给予了大额、长期的资金扶持，对滇池水环境治理起到了战略性推动作用。二是创新担保方式。扩展第二还款来源范围，多种方式受理担保。如交通银行云南省分行对污水处理厂项目贷款实施了收费权质押担保方式；富滇银行对滇池治理的截污治污工程项目贷款采用了资产抵押与账户质押的组合担保。三是创新服务模式。农行保山市支行以烤烟、甘蔗等经济作物种植户为承贷主体，通过惠农卡发放农户小额贷款，重点解决人畜饮水问题和农作物灌溉所需的小水窖、小水池、小水渠修建问题。

（四）实施优惠，重点扶持民生领域

在信贷规模趋紧、市场利率不断攀升的情况下，云南银行业积极履行社会责任，压缩非涉农贷款，全力保农田水利贷款，并且对农田水利建设贷款实现优惠的利率政策。如农发行云南分行向云南省水利水电投资有限公司发放农业综合开发贷款，利率执行央行同期同档次基准利率下浮8%；云南农村信用联社对所有抗旱应急水源工程专项贷款均按照人民银行同期同档次基准利率执行；邮政储蓄银行云南省分行对没有不良贷款记录的“五小水利”客户给予减免第6个月和第12个月利息的优惠。

三、当前云南省银行业支持水利改革发展的制约因素

（一）投融资渠道单一，支持水利资金总量不足

云南省水利新开工和续建工程庞大，“十二五”期间，全省水利建设总投资规模约1 039亿元，其中，争取中央投资占比为27.72%，省、（州）市政府投资、配套占比为49.85%，其余22.41%均从银行贷款，而且在各级政府配套的

资金中还有相当一部分资金需先由银行贷款垫付。因此，需求与实际投入之间存在较大差距，融资渠道过度依赖于银行信贷。

（二）配套扶持政策不落实，影响了信贷投放的积极性

一是地方政府及相关部门尚未制定对支持水利建设减免税收、财政贴息、风险补偿等配套激励政策和可操作的实施细则。二是水利基础设施投入大、时间长、回报小，承受的自然风险大，发放水利贷款与商业银行"安全性、盈利性、流动性"不相符，影响银行信贷投放的积极性。三是各级政府配套资金难以及时到位，部分地方政府存在拖欠各类水利建设配套资金的情况，增大了政府承诺还款的不确定性。

（三）承贷主体缺失，大型水利项目融资遇到政策障碍

在水利建设和管理中，投入主体主要是各级水利部门及水库管理局，由于这些部门是各级政府的行政部门，不具备贷款主体资格，很多大型水利项目的融资都是通过政府融资平台来取得银行信贷资金。

（四）水利项目与银行风险管控之间存在矛盾

一是资本金到位困难。重点水利项目规模大、投资额大，水利部门、政府和银行都反映现行20%的资本金比例偏高，资本金只能分批到位。云南省地方财力有限，缺乏足额的配套资金支持，资本金难以及时、足额到位。二是抵押担保难。项目本身形成的资产不能提供抵押担保，项目主体无法提供有效的抵质押担保，导致水利建设信贷资金信用风险敞口过大。三是还款来源不确定。公益性水利建设项目本身不能形成充足的现金流，需要财政性资金作为还款来源，而财政资金的投入具有明显的不确定性。四是"五小水利"项目分散，单个项目贷款金额小，但按规定都要经过项目评估、产权登记、环评等一系列报批手续，行政成本较高。

四、对策建议

（一）拓宽多元化水利投融资渠道

逐步建立健全以政府投入为主导、企业投入和社会融资为补充的水利投融资体制。鼓励通过发行地方政府债券方式筹集资金，切实按土地出让总收入的5%计提专项水利资金，加大公共财政对水利的投入。

（二）有效统筹各类政策资源

一是出台针对银行业金融机构的减免税收、财政贴息、风险补偿等配套激

励政策，通过变相补贴增强其盈利能力，提高参与水利建设项目的积极性。二是地方政府建立偿债基金，将财政补贴等资金纳入平台公司或项目单位的收入，解决贷款期限与项目自身收益净现值所要求期限不匹配的问题。三是进一步完善水资源有偿使用制度，合理调整水资源费征收标准，扩大征收范围，严格征收、使用和管理，增加水利建设项目自身的现金收入量，加强对上请示，争取更多的中央补贴、补偿款项。

（三）规范政府融资平台

建议政府向优质平台注入土地等有效资产，赋权经营，充实平台现金流，积极拓宽水利项目还款来源，提高其为水利建设直接、间接融资能力，充分发挥政府融资平台公司在地方水利建设中的积极作用。

（四）实行差别化监管考核

一方面，监管部门对水利建设贷款实施差别化监管，适当降低监管指标要求，给予更大的监管容忍，鼓励和引导各类机构有序参与水利改革发展；另一方面，金融机构可从积极履行社会责任的角度灵活调整对政策性水利项目贷款的考核政策及指标，尝试引入非商业化考核指标，激励分支机构增强对水利建设的信贷支持。

（五）加大金融服务创新

一是支持银行业金融机构大力开展银团贷款，有效分散大型水利项目风险。二是不断创新担保机制，大力探索开展项目收费权质押、特许经营权质押、应收账款质押、地方政府土地抵押和担保公司担保等多种方式贷款。三是鼓励联合融资租赁公司增强对水利建设的支持力度，发展大型水利基础设施设备和中小农田水利灌溉系统融资租赁服务。

（作者李超，时任云南银监局党委副书记、副局长，
现任诚泰财产保险公司党委书记）

对新疆银行业支持文化产业发展问题的调查思考

一、新疆文化产业现状：水平低、发展慢、市场化程度不高

（一）文化资源丰富，但尚未转化为产业优势

新疆是古“丝绸之路”的重要通道，东西方文明交流荟萃地，自古就是一个多民族聚居、多种宗教、多种语言文字和文化并存的地区。既有灿烂悠久的历史文化、丰富多样的民族民俗文化，又有众多的文物资源、非物质文化遗产资源和奇特的自然人文景观。新疆不仅地域广阔，地貌奇特，还与俄罗斯等8国接壤。这些都是发展文化产业的有利因素，但资源优势尚未有效利用，未能形成产业优势。

（二）取得一定成绩，但总体发展水平较低

2010年新疆文化产业增加值为17.88亿元，与前几年相比（2007年文化产业增加值为10.3亿元）取得一定成绩，但仅占新疆生产总值的0.33%，北京、上海、广东、湖南、云南等省市文化产业增加值占其生产总值的比重超过5%，新疆与发达省区相比差距较大。文化企业数量少、规模小，从业人员少，文化产品与服务质量和科技含量不高，没有形成特色支柱文化产业。

（三）不乏艺术精品，但市场化程度不高

虽然在新疆演艺业中，艺术创作精品迭出，但未能走向市场并创造出较好的经济效益，现有各类企业所创造的经济效益也普遍不高。

二、银行业支持现状：增长快、集中度高、固贷比重大

据调查，银行业金融机构对新疆文化产业的信贷支持呈现如下特点：

一是信贷规模增长较快。2009年、2010年、2011年新疆文化产业贷款增速分别为101.61%、116.52%、38.05%。截至2011年末，新疆主要银行业金融机

构对文化产业的贷款余额为 21.64 亿元。

二是支持领域较为集中。2011 年末贷款余额在前六位的分别是：文化会展，数字电视、信息网络传输，文化旅游基础设施，出版发行，影视制作，印刷复制，以上六个领域贷款余额合计占比 96.70%。

三是固定资产贷款比重较大。新疆银行业对文化产业的贷款中，固定资产贷款余额为 15.258 亿元；占比 70.62%，多用于支持文化会展中心建设、文化旅游景区基础设施配套建设、广电网络改造工程等固定资产投资。

四是多采用信用贷款方式。2011 年末，新疆文化产业贷款中，信用贷款余额 15.58 亿元，占比 82.17%。如国开行支持的新疆国际会展中心建设项目贷款、招行向新疆电视台等事业单位发放贷款，均采取信用贷款方式。

五是贷款利率水平适中。如农行向新疆电视台发放的贷款、中行向新疆教育出版社发放流动资金贷款均采用基准利率。

三、银行业支持新疆文化产业的主要做法

（一）建立战略合作关系

如国开行新疆分行 2011 年与自治区党委宣传部签订了《支持新疆文化产业发展规划合作备忘录》，并通过对新疆广电网络有限责任公司进行融资支持，完成全疆广电网络整合，建设覆盖全疆 14 个地州市和 70 个县的干线光缆，对乌鲁木齐市有线电视进行整体数字化改造。工行新疆分行 2012 年与自治区文化厅签约，承诺将为 25 家被自治区文化厅命名为自治区文化产业基地的文化企业提供融资支持。

（二）创新担保方式

一是以景区收费权质押。二是以应收账款质押。三是以玉石质押。如乌市商行依据和田玉文化产业的特点和需求，2007 年率先开办全国第一笔玉石质押贷款业务，截至 2012 年 4 月末，已办理玉石质押贷款 206 笔，累计投放玉石玉雕产业贷款 3.86 亿元。

（三）拓宽融资渠道和产品

一是通过发售理财产品，向文化企业提供融资支持。如工行新疆分行 2011 年为新疆天池管理委员会设计了区域性法人理财产品，募集专项资金 4 708 万元，解决了天池景区基础设施建设资金紧缺问题。二是根据文化企业的资金需求特点，提供适宜的融资产品。

（四）提供综合金融服务

辖内银行业金融机构积极为文化企业提供结算、网上银行等综合金融服务。如工行新疆分行2009年与新疆天池管理委员会建立了电子银行合作关系，为其搭建了天池旅游电子商务平台，从而实现了景区售票的电子化、网络化管理。

四、存在的主要问题

（一）文化企业公司治理结构不完善

新疆较大规模的文化企业主要由政府主导，企业经营和财务管理自主性不足，公司治理机制不完善。据了解，目前新疆的广播影视、新闻出版、文化娱乐等部门既是政府的管理部门，又是产业经营的主体，导致市场主体不明确、事业产业不分。

（二）文化企业经营规模较小

目前新疆文化企业规模较小、实力较弱、核心竞争力不强，且产业化、市场化程度偏低。2010年末，新疆经营性文化产业机构7 607个，从业人员24 458人，平均每个机构创造增加值23.50万元，平均每个机构3.22个从业人员，人均创造增加值仅7.31万元。

（三）没有根据文化企业特点设计信贷产品

文化企业具有“高投入、高风险、高回报”的特点，资金回报期长，原创产品开发难度大，产品投产后现金流不稳定，贷款第一还款来源存在较大的不确定性。银行现行的授信审批条件，如期限、流程、价格等方面的要求，主要适合工商企业类客户，与文化企业特点不相适应。

（四）知识产权等无形资产评估、抵押难

文化产业资产主要由人才、品牌、专利权、特许经营权等无形资产构成，较难客观准确地进行价值评估，将其作为质押具有较大不确定性，银行一般不愿意提供融资支持。如新疆德威龙文化传播有限公司曾成功发行70余张原创音乐专辑，推出刀郎等一大批新疆本土歌手。但该公司以拟发行唱片的版权作质押向银行融资时，银行却无法对其进行授信。

（五）财政贴息等政策扶持力度不够

目前，适应新疆文化产业发展实际及特殊区情的财政支持政策仍然缺失。如新疆广电传输网络有限责任公司，目前有贷款1.64亿元，每年需支付的利息费用近1 100余万元，利息费用占公司全年收入的比重高达33%；又如新疆广电

网络股份有限公司每年利息支出达到2 000余万元，公司感到不堪重负。

五、有关政策建议

（一）自治区进一步完善文化产业发展政策

一是尽快出台新疆文化产业发展重点项目目录。二是深化大型文化企业改制和改革步伐。除按照现代公司治理结构对现有文化企业进行改造，主动总结近些年的经验之外，还应注意积极引入内地成功文化企业的投资入股，引入本地民间资本，吸收艺术家入股（可尝试以无形资产入股）等方式激活现有文化企业。三是积极整合文化产业优势资源，培育新疆文化产业大集团。四是要完善各类配套支持政策，特别是财税政策。进一步加大财政对文化产业发展专项资金的投入，以此促进自治区文化产业重点项目和基础建设。制定文化企业免税或减税优惠政策，文化企业进口设备免税政策，文化产品与服务出口免税政策，以及支持文化产业重点门类发展的贴息和奖励补贴等政策。

（二）积极探索银行业支持文化产业发展的有效途径

一是争取能够出台信贷支持政策。可参考金融支持“三农”发展的措施，将各银行在文化产业信贷投放规模、增长速度等指标列入商业银行考核体系，同时，比照发放中小企业贷款的激励机制，从拨备计提标准、风险容忍度、不良资产核销以及信贷人员尽职免责等监管要求方面对文化产业有所倾斜，提高银行对文化产业发放贷款的积极性。二是高度重视对国内银行机构（如北京银行）这些年在支持文化产业方面的成功经验和成熟做法的学习和借鉴。

（三）推动其他融资方式创新

一是采取财政注资引导，鼓励金融资本依法参与的形式，支持设立文化产业投资基金；二是鼓励风险投资基金、私募股权基金等风险偏好型投资者积极进入处于初创阶段、市场前景广阔的新兴文化产业；三是支持有条件的文化企业进入主板、创业板上市融资，鼓励符合条件的文化企业发行企业债券。

（作者杨绍臣，新疆银监局党委委员、副局长）

当前信托公司异地信托业务存在的问题及政策建议

近年来，信托公司开始加快“走出去”的步伐，纷纷掀起异地展业潮，异地信托业务呈现迅猛发展的态势。异地信托业务对于信托公司广揽客户、拓展资金来源和投资渠道，进而提高信托规模及收益功不可没，但也暴露出一些新的问题和风险隐患。

一、业务特点分析

（一）银行、信托跨地区对接，银信合作类项目居主导地位

近年来信托公司与银行之间在政策、产品、客源等方面的互补性日益明显，双方合作愈加频繁，银信合作类业务发展迅速。如厦门辖内某信托公司 2011 年末信托业务总规模为 717.51 亿元，异地信托业务规模 644.94 亿元，其中银信合作类项目规模为 583.59 亿元，占所有异地信托业务规模的 90.49% ，比 2010 年末增长了 431% ，增长速度“气势如虹”。

（二）信托资金投资方式不断演变，收（受）益权投资逐渐成为新宠

信托资金投向由原先传统的信贷产品、股权、证券投资逐渐延伸至股票收益权、应收账款收益权、物业收益权、信托受益权投资等新生领域，产品结构亦从“收益权 + 回购协议”向“分级受益权 + 回购维护费”、“信托计划受益权之收益权转让”等方式演变。如厦门辖内某家信托公司 2011 年末 644.94 亿元异地信托业务中有 266.77 亿元属于收益权投资类，占比达 41.36% ，占比与 2010 年相比接近翻番。

（三）信托功能以融资类为主，事务管理类信托基本为零

辖内信托公司 2011 年末 644.94 亿元异地信托业务中，融资类、投资类信托金额分别为 458.70 亿元、186.24 亿元，占比为 71% 、29% ，而事务管理类信托呈现空白。这种严重的一边倒格局反映出信托公司目前仍然游离于“财富管理”

角色之外，没有摆脱“通道、平台”角色，离“受人之托、代人理财”的本质地位还有较大差距。

（四）行业利益驱动明显，房地产信托占比较高

由于银行信贷规模受控、房地产行业资金需求迫切、贷款新规增加地产商融资难度等因素的叠加，导致房地产信托异军突起，以贷款、股权投资、收益权投资、组合投资等方式为代表的房地产信托业务规模大幅增长。如厦门辖内某信托公司2011年末644.94亿元异地信托业务中，房地产信托金额达144亿元，占比为22.33%，比2010年末增长了近4个百分点。

二、存在的问题

（一）异地信托业务拓展措施不足，人员配备、营销推介、客户资源为主要短板

虽然目前信托公司异地信托业务如火如荼，但追本溯源，大部分项目主要依赖商业银行代为推介和指定交易对手，信托公司在异地信托业务管理方面尚未建立全面、有效的策略和机制。一是研发、营销团队人员配置不足，产品设计能力滞后，同质同类现象严重，项目跟进及管理专业化尚存缺漏。二是营销推广、客户资源存在瓶颈。受制于不能公开宣传的政策约束，且自身营销、拓展能力较低，未能获取稳定的客户群，未能通过差异化竞争扩大市场份额。三是营销推介环节存在合规风险。大部分由银行推介的异地集合资金信托项目未签订代理推介协议，未实施推介培训，未实现信托公司与客户面签，无法有效明确双方在项目管理中的权利和义务，并确保合同签名的合法有效性。

（二）银信合作形式大于实质，信托公司自主管理责任不足

目前大部分异地银信合作项目主要由银行主导。从表面看，信托公司作为受托人应全面承担项目管理职责，但基于异地业务管理成本高、项目跟进困难等原因，事实上信托公司并未将该方面责任落实到位，同时，平均仅千分之三左右的收益率也使信托公司缺少真正承担起信托计划管理责任的动力。在这种“法定责任人”和“实际管理人”不一致的情况下，信托公司容易低估受托责任风险、放松资产管理，而银行则可能因为无须承担实际法律责任而同样忽视风险管控，从而出现“两不管”的盲区。

（三）银行借助信托渠道规避监管控制，形成监管套利

部分银行通过与信托公司合作设计复杂的信托产品打政策“擦边球”，规避

监管控制。其中最典型的做法是将信托产品“去融资类”或“去银信合作类”，既绕开有关规模控制、转表、计提拨备和资本金等方面的要求，又能降低企业的融资门槛。主要有以下三种模式：一是以“投资收益权”方式将抵质押贷款转为投资，实际上是对融资条件不足的企业变相发放流动资金贷款；二是银行通过受让“傀儡”企业的“信托计划受益权之收受益权”间接介入信托计划，以逃避有关银信合作方面的监管要求；三是采用“分级 + 回购维护费”方式避开“投资附加回购”的限制，达到“去融资类”的目的。以上变通方式从形式上满足了既定的监管要求，但其实质往往并不符合监管规定。

（四）风险管控粗放，事前、事中、事后管理均不到位

信托公司在异地业务开展中往往表现出规模倾向，重视经营效益，忽略风险防范，在项目调查及审核、风险分析、事后跟踪等环节存在较大不足。一是尽职调查不够审慎，未对项目各类风险因素进行全面分析、阐述，未能及时发现交易对手及投资标的的风险隐患。二是信托资金运用项目的合规性不足，部分房地产项目存在“四证”不全、资本金未到位、开发商资质不足等问题。三是融资类业务贷后管理存在较大缺漏，未及时跟踪资金流向，未对借款人、担保物及投资项目进展情况进行监控和分析。四是未对企业实际资金需求进行测算，不能保证流动资金贷款按需发放。五是内部审计纵深度不够，针对风险管控，如尽职调查、贷后管理等方面的审计内容较少。

（五）IT 支持不足，业务信息完整性、及时性亟待完善

一是系统功能框架不够完善，有关项目流程控制、客户信息管理、风险预警等功能基本缺失，且部分系统仅是“单机版”，无法实现多人并行操作。二是数据孤岛现象严重，各系统之间独立、零散，相关数据未能有效交互、整合。三是数据采集不够及时，在数据录入时点方面未有制度性约束，系统数据录入时间常常滞后于业务发生时间，一定程度影响数据的及时性和完整性。

三、监管建议

（一）监管层面

一是重视规制导向，完善异地信托业务管理规范。尽快出台有关异地信托业务管理办法，明确异地机构设置、产品营销、协议签订、监管合作等环节的要求；关注信托业务中的监管套利问题，加大防控力度，避免监管盲区。二是加强跨部门协商，营造公平竞争环境。加强与证券监管、税务、工商等部门的

沟通、协商，针对信托公司在IPO、分支机构设立、财产登记、税收等方面的限制寻求合适的突破方法，同时在监管层面多“疏”少“堵”，合理设定准入条件和风险防范措施，为信托行业的发展营造一个公平、合宜的外部环境。三是加强异地业务监管联动。明确属地局、异地局的职责分工，完善异地业务报备制度，建立异地业务风险监测通报机制；建立全国性信托业务信息管理平台，加强对信托业务数据的收集、监测、分析和预警，及时发现风险苗头，实现对异地业务的全面协调监管。

（二）信托公司层面

一是完善措施手段，增强异地业务拓展能力。加强队伍建设，注重人员的引进与培养，切实提升团队整体素质；坚持“受人之托，代人理财”的功能定位，扬长避短，苦练内功，努力培育自身优势产品；加强品牌宣传，重视客户跟进，建立长期可持续发展的客户资源。二是加强自主管理，健全风险管理体系。应从长远发展角度考虑，积极摆脱“通道”或“平台”角色，突破发展瓶颈，提高产品控制能力。同时应秉持风险为本原则，健全异地信托业务风险管理政策和程序，完善风险识别、计量、监测、化解措施，确保各项风险管控措施及时、有效。三是加强系统建设，提升业务支持能力。增强系统建设主观能动性，在业务拓展的同时，加大、加快配套信息系统的建设力度和步伐加强系统规划，完善系统框架，重视数据治理，实现项目管理、风险控制、客户维护等环节的全面电子化管理。

（作者梁洁红，厦门银监局党委委员、副局长）

两种不良贷款划分标准下流动资金贷款还款方式的比较分析

一、两种贷款还款方式的比较分析

（一）概述

“借新还旧”是指贷款到期（含展期后到期）后未归还，又重新贷款用于归还部分或全部原贷款的借贷行为。在“一逾两呆”不良贷款划分标准下，银行可以通过“借新还旧”改变部分贷款的期限，使贷款没有逾期，将其变成正常贷款，在形式上减少不良贷款的产生。

“还旧借新”是银行将到期流动资金收回再贷的信贷业务。银行采用“还旧借新”的主要原因是“借新还旧”贷款在“五级分类”标准下至少归为关注类。同一笔贷款，同样的借款人因贷款期限错配或者还款能力出现问题而不能还款时，采用以前的“借新还旧”贷款方式将使借款人信用等级下调、银行增加拨备，这是借贷双方都不能接受的结果，而通过“还旧借新”则从表面上解决了双方的困境。

（二）对比分析

在“一逾两呆”不良贷款划分标准情况下，“借新还旧”有利于银行盘活不良贷款，克服诉讼时效的法律限制，进一步明确债权债务关系，并可以要求借款人完善或加强担保，弱化即期贷款风险。但“借新还旧”在一定程度上对社会信用产生负面影响，企业“有借有还”的信用观念进一步弱化，在某种程度上掩盖了信贷资产质量的真实状况，推迟了信贷风险的暴露时间，沉淀并累积了信贷风险。

在“五级分类”不良贷款划分标准情况下，“还旧借新”赋予了银行再贷与不贷的决定权，提高了银行机构控制信贷风险的主动性，同时也对促进企业提高资金周转、加强财务资金管理起到了一定的积极作用。但“还旧借新”也由于其操作的割裂性而催生了社会资本“垫资”热等问题，给实体经济发展带来

了较大的负面影响。

二、当前“还旧借新”存在的弊端

（一）对企业的影响

一是加大了企业财务成本。为了满足银行还旧借新的要求，部分企业不得不临时拆借资金，甚至通过民间借贷等渠道高息拆入资金归还贷款，不仅增加了企业的融资成本，而且也使得银行对借款人筹资能力的压力测试形同虚设。据我局对部分小微企业的调查，当前青岛市民间搭桥贷款一般 5 天利率为 1.5%，折合年利率 109%。

二是降低了企业财务资源使用效率。由于银行贷款“还旧”才能“借新”，部分企业为确保及时偿还银行贷款并获得新的贷款，往往提前 2~3 个月就开始筹措资金，有的企业为获得更多的现金流入，不得不暂时减慢生产进度，减少生产经营资金占用，在一定程度上影响了企业财务资源的使用效率。

三是增加了企业经营风险。个别企业通过向民间借贷机构高息借款来弥补归还贷款与新贷审批发放之间的时间差，但在银行信贷规模紧张或因其他因素导致企业不能及时获得银行“新贷”情况下，企业有可能陷入经营困境，无法承受高利贷带来的巨额财务成本，进而引发企业倒闭。

（二）对银行的影响

一是不利于银行进行信贷风险管理。从贷款分类角度来看，如果企业没有能力从经营收入中偿还贷款，那么企业即使通过搭桥垫资偿还银行贷款，也同样不能再次按照原贷款条件获得银行贷款。按照《贷款风险分类指引》规定，对于借新还旧或者需通过其他融资方式偿还的贷款应至少归为关注类，由于企业经营状况在归还旧贷与新贷发放的短期内难以改善，特别是在银行应知或明知企业暂无还款能力而是通过搭桥垫资偿还旧贷的情形下，贷款质量应当下调分类，而实际上银行并不下调贷款分类，“还旧借新”的本质恰恰掩盖了信贷资产风险。如我局对 60 多户利用地方政府财政资金周转还贷的中小企业来看，这些中小企业在银行贷款五级分类均为正常类，没有如实反映贷款五级分类形态。

二是增加银行的信贷管理成本。对于经营状况良好、有能力从经营收入中偿还贷款的企业，银行完全可以同意企业继续使用信贷资金，而办理“还旧借新”则需重新进行信贷调查、贷款审批、签订合同、办理抵质押手续等工作，降低了效率，增加审批手续负担，提高了银行经营成本。

三是贷款新规无法得到有效执行。企业通过搭桥垫资偿还银行旧贷，银行新发放资金必须归还垫资机构，企业必定通过各种虚假途径和方式逃避实贷实付和受托支付，弱化了流动资金贷款管理办法的有效实施。

四是易滋生银行内部人员道德风险。受绩效考核及信贷风险考核指标的影响，银行客户经理往往仅关注企业能否按时全额还款，对其还款资金来源则调查不充分，甚至明知高利率民间借贷也假装毫不知情，纵容了企业的欺骗行为。在利益的驱使下，一些银行工作人员向从事搭桥垫款的民间借贷机构提供能否“贷新”的信息，甚至个别工作人员直接参与民间借贷，利用其掌握的大量借贷需求信息，为民间借贷双方“牵线搭桥”，从中赚取相应提成。

（三）对社会的影响

一是扰乱了正常的经济金融秩序。由于搭桥垫资业务风险小、收益高、周转快，使得大量的社会资金投入这一行业，为非法集资和非法金融活动提供了生存的土壤。从我局对全市民间借贷情况调查来看，有60%～70%的小企业的流动资金贷款到期后需通过民间借款资金搭桥垫资。据此测算，青岛全年累计搭桥垫资规模约为700亿元。另外，参与搭桥垫资的民间借贷中介机构数量众多，据不完全统计，全市在工商注册的具有自有资金投资管理资质的机构达1 390多家，咨询类机构1 800多家。

二是侵蚀了实体经济的健康发展。贷款“还旧借新”的普遍存在，导致民间借贷市场空前繁荣，受较高利率诱惑，部分企业将闲置资金甚至将生产经营资金投入其中，在银行信贷体系之外形成了一个高利率的资金拆借市场，这一市场较高的资金成本势必会转嫁到位于融资弱势的小微企业身上，侵蚀小微企业利润，损害实体经济的发展。

三、政策建议

在贷款“五级分类”划分标准下，对贷款质量的判断应注重考察借款人的现金流、还款能力等实质性内容，因此，无论是“还旧借新”还是“借新还旧”均不应影响对企业贷款质量的最终判断。在当前形势下，尽快允许银行机构在满足相关条件的基础上对企业特别是小微企业开展贷款还款方式创新，既可以缓解“还旧借新”对企业造成的资金压力，避免企业通过民间借贷等渠道高息拆入资金归还贷款增加经营风险，又能够从源头消除“垫资”的生存空间，净化市场融资环境，维护金融秩序稳定。对此，提出以下建议：

一是调整完善监管制度。修订《贷款分类指导原则》中“借新还旧，或者需通过其他融资方式偿还贷款至少应划分为关注类”的规定，不再将“借新还旧”业务统一划分为关注类，而是由商业银行根据企业实际经营状况进行分类，对部分合理存在的“借新还旧”贷款给予合法性的制度空间。

二是科学设定贷款期限。商业银行应转变贷款到期后均需全额还本付息的“一刀切”还款方式，在对企业生产经营周期、营运资金周转次数等指标测算的基础上，根据企业资金实际需求、占用和回笼情况，合理设定与企业生产经营、资金周转相匹配的贷款金额与期限，采用分期发放贷款和分期归还贷款的灵活方式，为企业留足适应期和缓冲期。

三是建立正确的考核评价体系。平衡经营绩效、内控管理、规范经营、资产质量真实性等指标的权重，合理设定不良贷款指标，特别是明确小微企业不良贷款容忍度，切实落实与之配套的尽职免责制度，避免因资产质量指标要求过高，造成银行基层压力过大，使“借新还旧”再次成为掩盖贷款风险的技术手段。

（作者罗中，青岛银监局党委委员、纪委书记）

创新机制助转型　提升服务促发展

——深圳大型银行服务实体经济的调研报告

实体经济是社会财富和综合国力的基础，我国正处于经济结构转型的关键期，只有大力发展实体经济，才能稳中求进。金融业本身就是实体经济的重要组成部分，“十八大”也指出要健全支持实体经济发展的现代金融服务体系。当下，银行业作为金融市场的主体，大型银行作为银行业的中坚力量，服务实体经济，不仅是自身健康发展的前提，也是不可推卸的责任。

一、深圳大型银行服务实体经济的成效：把握信贷投放总量与结构，推动区域经济战略转型

（一）加强信贷投放的顶层设计，优化信贷投放结构

1. 大力支持深圳特区一体化建设，促进城市更新升级。将信贷资源优先配置到港口码头、轨道交通、能源供应、城市更新建设等重点项目，截至 2012 年 9 月末，辖内五家大型银行重点项目贷款余额 864 亿元，比年初增加 135 亿元。同时还不断拓宽支持方式，通过承销政府债券等有力地支持了地方政府的重大项目建设。

2. 深入推进信贷结构调整，促进产业升级换代。通过制定行业信贷投向指引、优化信贷流程、调整考核机制、创新产品与服务等，加大对战略新兴产业、文化产业的支持力度。截至 2012 年 9 月末，五家大型银行对战略新兴产业的贷款余额达 340 亿元，比年初增加 66 亿元，增幅 24%，高于各项贷款平均增幅 18 个百分点。对文化产业的贷款余额为 198 亿元，比年初增加 60 亿元，增幅达 43%，高于各项贷款平均增幅 37 个百分点。

3. 有效落实绿色信贷原则，促进环境与社会和谐发展。积极培育节能减排、循环经济等绿色信贷市场，严格按照“绿色信贷”相关标准开展业务，积极开

发绿色信贷产品，择优支持核电、风电等清洁能源、节能工程建设等领域的融资需求。截至2012年9月末，辖内五家大型银行绿色信贷贷款余额647亿元，比年初新增95亿元，增幅17%，超过各项贷款平均增幅11个百分点。

4. 严格执行房地产调控政策，助力保障性住房建设。对房地产开发企业实行名单制管理，优先支持居民首套自住购房需求。截至2012年9月末，辖内五家大型银行房地产开发贷款余额918亿元，比年初减少37亿元，下降4%；2012年前9个月累计发放个人首套自住房按揭贷款365亿元，有效支持了居民的自住需求。此外，各大型银行通过制定差异化的信贷政策，加大对保障性安居工程的支持力度，截至2012年9月末，辖内五家大型银行对保障性住房建设的贷款余额50亿元，比年初增加23亿元。

（二）构建小微企业服务体系，改进小微企业金融服务

1. 深化小微企业专营机构，打造专业化服务团队。针对小微企业的融资需求及特点，专设小微企业金融服务部门、团队或中心，对小微企业授信实行专业化管理，逐步形成了以分行专营机构为龙头、支行网点和分中心为网络、共同推动小微企业金融服务的体系。

2. 优化资源配置，增加小微企业服务供给。信贷规模上，统筹调配、内部挖潜，增加对小微企业的额度配给；绩效考核上，单设了小微企业贷款增量、占比等考核指标，给予倾斜和奖励；网点建设上，在小微企业比较密集的区域增设营业网点，布设离行式自助银行，保障小微企业服务的供给能力；授信审批上，优化评审机制，简化缩短流程，提高审批效率。

3. 创新产品与服务，提高小微企业服务水平。如深圳工行的小企业租金贷、深圳农行的1+N模式、深圳中行的短贷通、深圳建行的供应贷、深圳交行的智融通等，分别满足了小微企业不同的融资需求。截至2012年9月末，辖内五家大型银行对小微企业的授信客户达6 314户，比年初增加1 494户，增幅31%，占对公授信客户的62%，比年初增加4个百分点；小微企业贷款余额929亿元，比年初增加131亿元，增幅16%，高于各项贷款平均增幅6个百分点，达到了“两个不低于”。

（三）改善个人消费者金融服务，促进消费升级换代

1. 创新服务模式，提高个人金融服务的便利性。通过打造综合性服务平台，优化服务流程，拓展服务渠道等，提高服务便捷性。如深圳工行的“深圳市民通”综合服务平台，以金融IC卡为载体，集衣食住行用多功能于一身，推动了深圳电子商务城市的建设。深圳建行通过“中后台高度集中”的个贷中心运行

模式，大大提升了服务效率。

2. 创新产品供给，满足多样化服务需求。如针对消费者特定领域的融资需求推出家居、文化、留学、游艇等系列个贷品种，针对临时小额资金需求引入保险公司的个人消费信贷保证保险创新增信方式，针对支付结算方面的特殊需求如企业园区内快速支付提供个性化服务等。

3. 加大消费者权益保护力度，提升个人金融服务质量。深化“以客户为中心”的服务意识，建立消费者权益保护的管理机制；完善产品营销全过程的管理，注重对客户知情权的保护；强化个人信息安全保护，规范客户信息的采集、存储和使用管理；完善客户投诉处理机制，提升客户体验和满意度等。

（四）提高出口金融服务水平，支持实体经济外溢发展

1. 联动境外分支机构，延伸服务网络。充分利用总行境外分支机构及子公司等合作平台，为企业“走出去”提供综合化服务。如对接国际资本市场、运作企业赴港上市的各类服务，提供出口买方信贷和海外银团贷款，进行外管政策咨询、融资方案设计等综合性服务。

2. 紧扣客户需求特点，创新服务模式。通过成立了专业化部门、加强部门协调、优化业务流程、开通绿色通道等，提升与企业合作的广度与深度，提高服务效率。截至2012年9月末，五家大型银行内保外贷余额67亿美元，比年初增长12亿美元，增幅22%，大大超过了各项贷款的平均增幅。2012年前9个月，各大型银行开出国际信用证、发放国际保理、国际结算量的累计发生额分别达481亿美元、38亿美元和3 282亿美元。

二、深圳大型银行支持实体经济中的困难和问题

（一）经济下行趋势明显，有效信贷需求不足

国内经济继续下滑导致企业扩大生产和投资意愿不强，且深圳正处在推进产业升级转型的初期阶段，战略性新兴产业尚未成为经济增长的主力军，对银行信贷需求不大。居高不下的物价水平也抑制了居民的消费意愿，使银行服务实体经济无处着力。

（二）企业信用风险增大，影响银行信贷支持

伴随着经济增速放缓，企业盈利状况恶化，信用风险显著上升，特别是与深圳产业结构密切相关的传统劳动密集型行业，风险有逐渐蔓延和扩散的趋势。同时实体经济受资金掮客、民间高利贷、地下钱庄等非法活动侵蚀，企业因涉

足民间融资陷入困境而违约的事件陆续发生，致使银行经营风险加大。

（三）银行自身服务能力不足，难以提供有效的金融供给

表现为银行的产品和服务尚不能充分满足实体经济的多样化需求，一些新兴产业如文化产业在经营模式上与传统产业存在较大差异，而银行的创新能力存在一定滞后性。同时，银行的风险管理能力尚难适应实体经济发展的需要，银行内部信贷政策更加审慎。

三、对进一步推动银行业支持实体经济发展的建议

（一）监管部门应加强监管引领，注重激励性监管

监管部门应加强监管引领，鼓励银行在差别化发展中找到自己的位置，推动银行把稀缺的信贷资金配置到实体经济急需的领域，提升风险防范的针对性，确保银行体系在有序、稳健的框架内运行，同时处理好金融监管的规范约束与激励引导的关系。

（二）银行应转变经营模式，创新满足实体经济需求

商业银行也应提高主动融入意识，加深对银行与实体经济互利共赢辩证关系的理解，主动贯彻国家的产业政策，主动调整经营模式，优化信贷结构，加强创新能力建设，与实体经济共荣发展。

（三）强化金融生态建设，构建服务实体经济的良好环境

加快社会信用体系和法律体系的建设与完善，营造良好的社会信用文化；强化市场约束，提高信息披露，防范道德风险。加强银行与政府相关部门的信息沟通与共享机制，探索搭建银政之间的金融服务平台，使银行在风险可控的前提下为实体经济提供服务。

（作者穆生明，深圳银监局党委副书记、纪委书记）

利率市场化期待银行监管新思维

党的十八大报告强调要“深化金融体制改革……稳步推进利率和汇率市场化改革”，表明利率市场化已成为我国下一步金融体制改革的核心。随着2012年利率市场化改革步伐的提速，利率市场化对金融市场运行的影响逐步凸显，面对利率市场化对传统静态市场的革命性调整，亟待引入监管新思维、构建监管新框架。

一、利率市场化势在必行，但其对金融市场运行的影响是长远性的内在变革和全局性的格局调整

（一）市场利率将呈上升趋势

从国外经验看，利率市场化之后一定时期内，“利率上升几乎是一种必然现象”[①]。就我国而言，考虑到现行管制利率较低、长期面临通胀压力[②]金融资源竞争日益剧烈等因素，利率市场化之后一定时期，市场利率被推高的可能性较大，由此会加大中国银行业的资金成本，并通过价格传导机制抬升整体社会融资成本，从而对实体经济发展产生一定影响。

（二）市场化定价取代行政管制

利率市场化之后，最明显的变化莫过于央行不再直接干预存贷款定价，银行业对存款的竞争将主要依靠产品的不断创新和利率的灵活调整，以往花样百出的高息揽存手法将淡出市场；银行业同时将失去对以往由央行代为定价的依赖，转而通过自身的利率定价机制对各类业务进行自主定价，各银行机构的资产风险定价和成本精细化管理能力将经受市场检验。

---

① 萨奇：《利率市场化与高利率关系的国际经验》，载《国际金融研究》，1996（1）。

② 引自国家发改委原副主任彭森：适度温和物价上涨难以避免，中国政府网网站，2012－04－16。考虑到我国城市化进程加快、城乡居民消费水平提高，以及经济结构调整和产业升级加快等因素，农副产品、资源性产品价格及劳动力工资和环境保护成本上涨趋势在所难免，通胀控制将面临长期压力。

（三）利率频繁波动成为常态

利率市场化之后，另一个明显变化就是市场利率将出现频繁波动，存贷款利率的频繁波动将使长期处于利率管制环境下的中国银行业一时难以适应，特别是中国银行业的资产负债构成以存贷款为主，且期限错配情况较为严重，其面临的银行账户利率风险以及流动性风险将明显放大，如何通过有效的金融创新和科学的风险管理来规避和分散各类经营风险，将成为关系到银行业持续发展的重大课题。

（四）金融体系面临更频繁冲击

利率市场化之后，随着利率的频繁波动，本外币利差也将出现更为频繁的波动，导致热钱的跨境流动进一步加剧，并反过来对国内的利率波动推波助澜，中国银行业因而将不得不面对更为复杂和难以预测的利率波动状况，进一步加大各金融机构利率管理和流动性管理难度；同时，热钱跨境流动加剧引发的汇率波动也将使银行业持有的外币头寸面临更大的汇率风险。

（五）银行业竞争格局面临分化

利率市场化之后，中国银行业将进入充满竞争、更为自由的新发展阶段，部分经营策略清晰、内部管理规范、创新能力较强、运营效率较高的银行机构将获得竞争优势，并有实力参与国际竞争；不少规模较小、实力不强的银行机构将面临资金成本上升、利差收窄的困难局面，一些银行机构被迫调整经营定位和加强金融创新，努力通过市场细分来获取自身发展空间，一些银行机构也将通过战略联盟①、股权并购等形式抱团取暖，共同应对市场的严峻挑战。

二、对银行业而言，利率市场化的影响不仅是短期盈利波动，更是大浪淘沙式的挑战

（一）存贷利差收窄影响盈利能力

2012 年央行两次非对称降息后，各银行机构存款利率普遍上浮，而贷款利率水平受经济下行影响有所下降，导致其存贷利差普遍收窄，从而对全年利润

① 国内已有银行开始采取行动。据媒体报道，2012 年 4 月 24 日，包括民生银行、包商银行、哈尔滨银行、重庆银行、富滇银行等在内的 33 家中小银行成立亚洲金融合作联盟，该组织致力于为联盟成员提供合作平台、共建风险承担机制，促进联盟成员提升客户服务水平，属于非政府、非营利的组织。类似组织在国内尚属首家。

造成一定影响。以工行深圳分行为例，该行存贷利差收窄28个基点，导致2012年全年利润减少5 000万元，2013年全年利润将减少2.11亿元。

（二）传统经营发展模式面临冲击

由于过度依赖存贷利差，国内银行业长期处于收入结构单一、产品趋同的同质化竞争状态，2012年利率市场化改革步伐加快后，各银行机构普遍出现了存贷利差收窄、盈利下降的问题，各银行机构的一个共识是，要大力开展金融创新和经营转型，开拓新的利润增长渠道，努力通过提供专业化、特色化和差异化的金融服务来增强核心竞争力。

（三）风险管控压力持续增加

一方面，各银行机构的资产负债构成以存贷款为主，期限错配情况较为严重，利率的频繁波动将明显加大其银行账户利率风险。另一方面，由于存贷利差收窄，深圳农商行等中小银行机构已着手或拟调整客户结构，将资金投向更有议价能力但风险更高的小微企业等客户领域，使潜在信用风险增加。此外，2012年央行两次非对称降息后，工行深圳分行、招行深圳分行等机构在下半年出现存款流失迹象，部分机构存款期限结构还出现短期化倾向，由此造成的流动性风险苗头不容忽视。

（四）业务定价和绩效考核机制面临考验

目前除工行、建行、中行和招行等少数大中型银行及汇丰、渣打等外资银行外，多数银行机构尚未建立起符合自身实际的存贷款定价数据库、模型和内部评级体系，成本约束、会计核算等管理手段难以实现逐人、逐笔考核的精细化管理；也未引入以经济资本约束为核心，以风险调整后的资本回报率（RAROC）、股东价值增加值（SVA）和经济增加值（EVA）等为考核手段的现代银行绩效考核机制。

三、利率市场化是对传统静态市场的革命性调整，亟待引入监管新思维、构建监管新框架

（一）适时转变监管理念

一是从微观审慎监管走向宏观审慎监管。利率市场化将改变金融市场基础运行机制，银行业经营的不确定性明显加大，银行体系的系统性风险呈上升趋势，通过建立有效的机制来识别、计量和监控相关风险因素，避免单体机构危机引发的系统性风险，将成为监管部门宏观审慎监管的核心职责。二是从机构

监管走向功能监管。利率市场化将使各银行机构面临更多经营风险，通过加强金融创新来规避经营风险、实现业务转型将成为众多银行机构的必然选择，强化对银行业金融创新活动、高风险表外等业务的功能监管将成为监管部门的重要任务。

（二）适度调整监管重心

一是利率市场化之后，各银行机构对存款的争夺易造成存款“大搬家”，使市场流动性水平出现频繁波动，并导致部分机构因存款快速减少出现流动性困难或引发挤兑风潮，利率风险和流动性风险将成为下一步的监管重点。二是在利率市场化压力之下，银行业将加快以非利息收入为导向的战略和业务转型，其中一些创新型高风险业务如构造复杂的金融衍生产品交易、跨市场业务等将对银行业整体风险产生明显影响，创新型高风险业务将成为下一步监管重点和难点。

（三）积极改进监管方式

一是优化市场准入机制，按照以功能定位为核心的标准对银行业进行科学分类，对各类银行机构的数量、分布和金融服务质量进行准确评估，并制定差别化准入标准，以此引导社会资本有序进入信贷市场。二是完善非现场监测体系，建立对银行业利率、存贷利差、本外币利差波动的定期监测体系，并对流动性相关监测指标进行整合，增强监测指标的有效性。三是转变现场检查方式，更多采取专项调查、专题调查、实地走访等手段，加强对银行业利率和流动性风险管理体系的监督检查和风险评估，敦促各银行机构持续提升风险管理的有效性。

（四）持续完善监管规则体系

一是尽快推动存款保险立法并出台相关制度，明确对小额存款人的保护，并建立对中小银行机构的救助机制；二是加快推进《银行业金融机构破产条例》的制定工作，以此明确对危机银行实施接管、重组、清算、破产等处置手段的具体操作程序；三是制定银行业反垄断和不正当竞争的政策指引，为监管部门查处垄断、操纵市场等行为提供依据。

（五）不断健全监管组织体系

一是适度扩充针对银行业金融创新、高风险表外业务和综合化经营等方面的功能监管架构和职能，功能监管部门的主要职责是针对跨行业、高风险业务和金融创新活动的市场动态实施监控，并牵头相关监管行动。二是充分借鉴香港等地经验，进一步完善技术系列、专业系列等晋升机制和相应的市场化薪酬激励机制，持续引进金融创新、市场风险管理等方面的复合型人才，以此加强监管部门的功能监管能力。

（作者胡艳超，深圳银监局党委委员、副局长）

探索业务新模式
实现中国华融的可持续发展

1999年10月，中国华融资产管理公司为应对和化解金融风险而诞生，13年来走过了一条不平凡的发展道路。近几年的商业化转型为我们开启了一扇门，自此中国华融转换思维，贴近市场，锐意创新，实现了令人惊叹的业绩增长，盈利能力有了极大提升，为今后的可持续发展奠定了坚实基础。公司的股份制改制又为我们开启了另一扇门，使我们的天空更加广阔。我们将以股份制改制为契机，在公司党委和董事会的正确领导下，扎实做好经营工作，更好地顺应我国经济转型和经济结构调整的新形势，不断坚持改革与创新，积极探索业务新模式，强化不良资产经营的主业优势，发挥综合金融服务"组合拳"的业务特色，为改制后中国华融的可持续发展开辟新的源泉。

一、股份制改革，为中国华融探索和创新业务模式奠定了基础

股份制改革，是中国华融转型发展史上的一座里程碑。它为公司探索新的可持续发展业务模式奠定了基础。

一是改革预期更加明确。股份制改革，使中国华融的机构性质从存续期的政策性机构向可持续发展的股份制公司彻底转变，经营目标从单纯完成回收任务向追求股东价值和经济效益最大化彻底转变。改革预期的明朗，为公司的长期可持续发展提供了正向激励。

二是业务来源更加广泛。股份制改革，使中国华融的业务来源从国家"给米做饭"到向市场"找米下锅"彻底转变，不良资产收购范围将从商业银行向信托等非银行类金融机构乃至非金融机构延伸。这为公司强化主业经营实力，提供了市场空间。

三是业务功能更加丰富。股份制改革，使中国华融的业务功能更加丰富。与先行一步改制的中国信达资产管理公司相比，财政部对中国华融改制后的业

务定位有了更大的拓展，这为中国华融打造新的增值服务链和业务模式，强化综合经营优势，创造了先决条件。

二、我国经济转型和金融改革的外部环境，为中国华融探索和创新业务模式提供了强大动力

在中国华融改制之时，恰逢中国经济步入了经济转型与结构调整的加速期。经济与金融体制改革不断深化，利率市场化改革进程加快推进，市场对金融服务的需求更加多元，中国华融转型发展的外部市场环境发生了较大的变化，这些变化既是压力，更是为公司探索和创新业务模式提供了强大动力。

一是潜在金融风险增加，为中国华融以“全周期增值服务”创新业务模式提供了动力。近期的数据显示，国内经济依然面临较大的下行压力。有的企业利润下滑，有的企业陷入流动性困境，有的银行不良贷款有所上升，没有计入不良的逾期贷款明显增加。与此同时，中国公共债务水平居高不下，随着大规模刺激计划的退出，一些相关行业和地方融资平台的不良贷款将有所上升，不良资产的巨大市场潜力与其他资产管理公司的有力竞争，为中国华融创新业务模式，强化主业优势提供了动力。

二是利率市场化的改革深化，为中国华融以“一站式对公金融服务”创新业务模式提供了动力。2012 年 6 月 7 日，央行数次降息并增加银行利率弹性以来，利率市场化改革推进的信号频出。利率市场化改革使利差空间日趋收窄，银行依靠存贷利差赚取高额利润的传统模式将经受较大冲击，直接融资比例将逐渐上升，各种借助资本市场与网络技术、灵活多样的金融业务手段能更好地满足市场需求，更好地服务实体经济，从而更具生命力。公司必须创新业务模式，强化多元化经营优势，努力满足经济转型中快速成长的中型企业和新兴行业的多样化需求，为企业提供“一站式对公金融服务”是业务模式创新的要素之二。

三是外部财富管理市场需求增加和内部资本约束增强，为中国华融以“财富管理”创新业务模式提供了动力。一方面，随着近年来我国富裕人群的迅速增加，银行储蓄资金的“体外循环”，大量社会闲置资金正在寻求“更好”的出路，针对个人高净值客户和企业机构客户投资理财与资金管理需求的财富管理业务迅猛发展。2007 年至 2011 年国内财富管理市场的年均复合增长率高达 45%，其中个人财富管理资产规模从 2005 年的 2 000 亿元人民币增长到 2011 年

末的 20 000 亿元人民币。另一方面，中国华融改制后将面临更高的资本充足性要求，快速发展的各项业务由于资本约束和融资渠道有限难以开展，无法最大程度地为社会创造价值。探索集团层面的财富管理业务，一方面多渠道募集社会闲置资金，另一方面协同整合旗下各项业务，运用多样化的投资工具，设计和筛选满足客户需求的优质产品；一方面实现社会资金的优化配置，让人们更多地分享到我国经济增长的成果，另一方面助力经济转型发展，为高成长的中型企业和新兴行业提供全方位服务。财富管理是业务模式创新的要素之三。

可以说，“全周期增值服务”着眼于从对危机企业的“极端时刻”救助拓展开来，“于危见机”，跨越时间维度，打造更完整的业务链条，持续提升和创造价值；“一站式对公金融服务”则着眼于对目标客户提供更广泛的融资渠道和全方位的金融服务，协同整合公司旗下多牌照业务，助力企业成长，帮助企业有效利用资本市场，降低系统性风险；而集团层面的财富管理业务将为上述集团业务的纵向延伸和横向整合提供更好的实现方式，在有力促进各项业务发展同时，优化集团的资本管理。

三、学习借鉴国内国际经验，为中国华融探索和创新业务模式提供了现实路径

国内资产管理行业经过十多年的探索，一些业务模式的创新已经走在了最前端。国际上，有的金融集团在数十年甚至上百年的发展中，在经历多次经济波动和历次金融危机的考验后，已摸索出了一整套较为完善的业务发展模式和业务组织体系。公司内部先进单位和国内外金融集团的实践经验，给我们以启示。

一是延伸业务链条，夯实客户基础。对于主业经营，主要从“危机救助者”的角色出发，再往前走一步，对具有发展潜力和潜在机遇的各类企业或新兴行业，通过咨询、并购、重组、整合乃至直接融资等方式，延长增值服务链条。于危见机，以终为始，“以真诚打动客户，以实力征服客户”，为赢得客户忠诚、开展长期合作奠定基础。

二是借力资本市场，运用投行技术。借助资本市场（公募与私募）和集团多种业务资源，中国华融可打造自己的“一站式对公金融服务”：在传统的抵押融资以外，更直接地服务于企业客户的战略发展和投融资需求，提供多样、灵活的融资选择；运用自身的投行技术，为企业提供并购顾问、战略咨询等服务，

并开展资金管理、托管结算、投资管理等“轻资本”业务。最终，实现盈利模式从赚取利差收入向赚取财务顾问费、股票债券承销费、管理费等金融中间业务收入转变。

三是加强统筹协调，探索财富管理。将各分公司打造成为财富管理的“营销中心”和客户管理终端，逐步建立统一的财富管理客户动态管理系统。充分利用各家子公司的牌照优势，将子公司打造成产品设计和产品销售中心。集团重点统筹各分公司作为财富管理营销渠道，在帮助重点子公司做大财富管理规模的同时，形成各分公司中间业务收入，逐渐提高非资本耗用的盈利占比。适当时候，组建专门的财富管理部。在“华融财富”品牌标识下，逐步建立华融统一的财富管理平台，以统一的资金融通平台，统一的产品发布和销售平台，统一的客户服务平台，统筹规划与引导集团财富管理业务的开展。

四是完善风险管理，稳妥开展业务创新。业务创新要与风险管理水平相适应。通过加强纵向与横向两个维度的风险管理，为公司业务发展提供有力保证。中国华融将在继续提高各业务条线风险管理能力上下功夫，完善不良资产的风险估值和定价技术；分类设计集团范围内的风险管理机制，在各经营单元之间建立“防火墙”；提高集团风险管理的信息化水平和敏感性，建立科学的风险预警和风险提示机制。

（作者柯卡生，中国华融资产管理股份有限公司党委副书记、总裁）

改革发展篇

关于内蒙古自治区村镇银行运营情况的调研报告

为深入了解掌握辖区村镇银行运营情况，笔者近期实地走访了多家村镇银行，重点对村镇银行在填补农村金融服务空白、促进农村金融市场竞争和助推县域经济发展等方面发挥的作用，以及经营管理中存在的主要问题进行了调查了解。

一、村镇银行运营情况

到目前，内蒙古已组建村镇银行 56 家，总数约占全国村镇银行的 7%，位居全国前列。批准组建的 56 家村镇银行分布于全区 12 个盟市 50 个旗（县、区），服务 383 个乡镇、2.58 万农牧户、4 000 户小微企业。全区 56 家村镇银行共吸收各类资本 27.45 亿元，其中，金融资本 9.16 亿元，社会资本和产业资本 18.29 亿元。员工总数 1 500 多人，资产总额 111.14 亿元，负债总额 89.01 亿元，各项贷款余额 60.3 亿元，各项存款余额 75.36 亿元。

（一）明确市场定位，全力服务“三农三牧”及小微企业

银监局督促指导村镇银行明确“立足县域、支农支小”的市场定位，信贷资金要全部用于支持“三农三牧”及小微企业。56 家村镇银行开业以来累计发放小微企业贷款 37.47 亿元，户均小微企业贷款余额 95 万元；累计发放农户贷款 40.49 亿元，户均农户贷款余额 15.6 万元，投向“三农三牧”和小微企业的资金占比达到 89%，成为支持“三农三牧”与小微企业的新生力量。

（二）不断创新金融服务产品，有效提升农村金融服务水平

银监局始终倡导并要求村镇银行努力克服网点少、社会认知度不高等短板，充分借鉴发起行成熟的贷款产品和服务手段，针对“三农三牧”和小微企业金融服务需求的季节性、周期性以及“短、频、快、小”等特点，积极创新信贷产品和模式，有效支持了农牧户和小微企业发展。如鄂温克旗包商村镇银行推

出适合农牧民的“吉祥三宝”系列惠农惠牧信贷产品，以及“风险金+合作组织担保+农牧民贷款”的贷款模式，解决了当地农牧民、专业合作组织和协会贷款难、抵押难问题，受到当地农牧民的普遍欢迎。到目前，共发放“吉祥三宝”贷款478户，共计4 573万元，其中，专业合作社贷款34户，共计329万元。

（三）科学配置资源，农村金融服务空白和金融服务不充分问题得到解决

银监局始终遵循“先解决服务不充分，后解决竞争不充分”的原则科学配置村镇银行资源，56家村镇银行分布在区贫、国贫县和乡镇的达到25家。随着自治区村镇银行的设立以及通过督促指导其他银行业机构延伸服务和布设机具等方式，在2010年实现了全区农村牧区乡镇金融服务全覆盖，使广大农牧民享受到了普惠性乃至现代化的金融服务，有力地支持了农牧区的经济发展。

（四）完善内控机制建设，有效提升抗风险能力

银监局从村镇银行组建之初就要求其树立“内控先行、风险为本”的理念，督促指导发起行依托自身的内控管理经验，帮助村镇银行完善内控制度，健全内控机制，并要求设立5家以上村镇银行的发起行明确具体管理部门和专职管理人员，对设立10家以上村镇银行的发起行建立村镇银行管理总部。经过近几年的发展，村镇银行的公司治理、内控机制、风险管控能力明显提升。

（五）积极引入民营资本，发展获得社会各界肯定

内蒙古56家村镇银行累计吸引44家民营企业和320名自然人投资入股，投资金额分别达到9.59亿元和8.7亿元，民营企业和自然人投资额占股本总额的97.13%，成为投资组建村镇银行的主力军。入股村镇银行的民营企业和自然人所从事行业涉及能源开采、化工冶炼、农畜产品加工、羊绒纺织、建筑业等，资本构成多样化，股东参与村镇银行积极性提高，为村镇银行后续发展奠定了基础。

（六）盈利能力提高，抗风险能力增强

截至2012年，56家村镇银行实现盈利6 235.65万元，平均单家机构盈利111.35万元。在增加盈利的同时，各村镇银行都能按照监管要求夯实基础、增加积累，各项准备提留充足，抗风险能力增强。到目前，56家村镇银行的资本公积和盈余公积达1 642.5万元，一般准备1 424.21万元，提取比例高于监管要求，发展后劲增强。

二、采取的工作措施

从2006年开始，银监局紧紧抓住作为全国6个新型农村金融机构首批试点地区之一的机遇，迅速行动，精心谋划，周密组织，全力推进村镇银行培育发展。

（一）精心谋划，扎实做好村镇银行的培育发展

银监局高度重视村镇银行培育发展工作，成立了调整放宽农村地区银行业金融机构准入政策试点工作领导小组，提出了“积极稳妥、谨慎适度、稳步推进”的工作原则，制定了《调整放宽农村地区银行业金融机构准入政策试点工作实施方案》以及具体的任务分解和时间表，并多次召开全区调整放宽农村地区银行业金融机构准入政策试点工作会议和推进会等一系列会议，逐地区、逐机构落实任务，确保村镇银行培育发展工作稳步推进。

（二）严格准入标准，确保村镇银行“健康入市”

银监局严把村镇银行组建的“准入关”，认真审核村镇银行发起人资格、诚信、负债情况、入股资金来源、发起人之间关联关系及高管人员任职资格，及时取消存在关联关系等不符合规定的发起人资格，有效防止关联交易和道德风险。建立准入“支农承诺制”，要求所有入股村镇银行的股东都必须对新设村镇银行的支农服务进行承诺，确保新设机构发展方向和服务宗旨准确定位。要求发起行科学制定村镇银行发展规划，坚持“数量服从质量、成熟一家组建一家”的审慎原则，合理把握发起设立的进度和节奏，对部分机构发起过程中存在的不审慎行为，及时通过约见谈话、下发指导意见等方式进行纠正，有效防范盲目发起设立机构的风险。

（三）充分调动各类资本积极参与，实现农村金融资本多元化目标

银监局始终坚持“银行主导、股东参与”的原则，以大型银行、中小商业银行推动发起村镇银行为主，充分调动社会资本、产业资本和金融资本积极参与组建设立村镇银行，多数采取“主发起人+企业法人+自然人”的组建形式，实现了金融资金反哺农村牧区经济、社会资本投资农村金融的目标，为农村牧区经济的发展提供重要的资金支持渠道。

（四）主动加强沟通协调，为村镇银行发展创造良好的外部环境

银监局主动协调各级地方政府出台了有关税收减免、财政补贴和提供营业用房等扶持优惠政策。目前，村镇银行除享受国家定向费用补贴扶持政策外，

地方政府还为设立在金融空白乡镇的村镇银行免费提供了营业场所以及水、电、暖等基础配套服务。

三、存在的问题

（一）法人治理不够健全

部分村镇银行的“三会一层”职责边界不清，村镇银行的董事长或行长由发起行派出及董事长兼任行长的现象较为普遍，尚未形成“三会一层”有效制衡机制。

（二）内部控制能力较为薄弱

由于村镇银行的经营管理尚处于起步阶段，部分村镇银行内控制度建设还不够完善，而且在风险管理和内部审计的机构设置、人员配备和行使监督权的独立性等方面仍存在许多缺陷。

（三）科技风险管控能力不足

全区村镇银行中普遍存在信息科技基础条件差，数据安全管理、响应能力和扩展能力不足，业务连续性应对措施普遍缺乏，科技人员配置与岗位要求不匹配等问题，这些均已成为村镇银行长远发展的约束性短板。

四、对策建议

建议适当放宽对内蒙古不发达地区的挂钩政策，积极引导银行机构优先选择在贫困偏远乡镇和农村金融服务薄弱地区发起设立村镇银行，科学合理配置金融资源。

建议人民银行适当降低村镇银行进入支付结算系统的准入条件，切实解决结算汇路不畅的问题。

建议人民银行取消村镇银行贷款的规模限制，按存贷比控制规模，以更好地提升村镇银行信贷支持“三农三牧”和小微企业的能力。

建议进一步完善村镇银行监管制度，落实主发起行的责任，确保村镇银行合规经营、稳健发展。

（作者薛纪宁，内蒙古银监局党委书记、局长）

对新型农村金融机构发展的调研与思考

吉林省是全国首批放宽农村金融机构准入政策试点省份之一。新型农村金融机构设立发展近 5 年来，在丰富农村金融服务市场、有效提升农村金融市场竞争度和活力、支持“三农”等方面发挥了积极的作用，目前已形成了类型齐全的新型农村金融机构体系。但同时，新型农村金融机构发展程度不同，经济效益和社会效益的差别也日益显现。为更好地引导新型农村金融机构健康、稳健发展，更好地发挥其在改善农村地区金融服务、支持社会主义新农村建设方面的作用，吉林银监局针对不同类别机构采取了分类差别监管措施，近期又对辖区新型农村金融机构开展了全面调研，提出了培育发展新型农村金融机构的建设性意见。

吉林省新型农村金融机构试点工作已开展近 5 年，目前已形成了类型齐全的新型农村金融机构体系。截至 2012 年 5 月末，全省新型农村金融机构总计 26 家，其中村镇银行 21 家、资金互助社 4 家、贷款公司 1 家。新型农村金融机构中，村镇银行发展速度较快，在丰富农村金融服务市场、有效提升农村金融市场竞争度和活力，支持“三农”方面发挥着积极的不可替代的作用，而贷款公司和资金互助社都存在不同程度的风险问题，发展也较慢。为总结探索 5 年来的成功经验和应吸取的教训，吉林银监局进行了深入调研和思考。

一、基本情况

截至 2012 年 5 月末，吉林省新型农村金融机构资产总额 120. 10 亿元，较年初增加 35. 97 亿元；负债总额 110. 03 亿元，较年初增加 34. 94 亿元；所有者权益 10. 07 亿元，较年初增加 1. 04 亿元；实现本年利润 7 648 万元。其中，村镇银行发展势头迅猛，资产、负债及盈利水平均占新型农村金融机构总份额的 98%以上，成为省内新型农村金融机构的主体，且各项监管指标运行良好；其他两类新型农村金融机构发展缓慢，资产、负债及盈利水平等占比低，贷款公司不良贷款率相对较高、拨备提取不足，已经显现出一定的问题。

二、村镇银行发展成效显著

新型农村金融机构成立以来，始终坚持把农户和涉农小微企业作为主要服务对象，既满足了农民的融资需求，又有效促进了农业的规范化经营，实现了企业利润的最大化。特别是村镇银行在支持“三农”和小微企业发展方面成效显著，自身也不断向小型化、特色化、精品化、可持续的社区性农村金融机构的发展方向逐步迈进。一是把握市场、准确定位。村镇银行成立几年来，始终坚持服务“三农”和小微企业的市场定位，累计发放农户贷款 92.8 亿元，累计发放小企业贷款 47.6 亿元。截至 2012 年 5 月末，全辖村镇银行涉农贷款余额占各项贷款余额的 89.7%，增速高于同期各项贷款增速 2.4 个百分点。二是贴近“三农”、高效便捷。村镇银行服务紧紧围绕“三农”，研究拓展农村金融信贷产品和服务方式，简化手续，逐步形成了市场竞争力，一定程度激活了当地金融市场的活力。三是扎根村屯、创新品种。各家村镇银行纷纷采取“公司 + 农户”、“专业合作社 + 农户”、“企业 + 农户 + 担保公司”等多方合作信贷业务模式，创新支农业务品种，增强了农村金融服务能力。四是扶持特色、带动龙头。积极扶持农民农户打造特有品牌，建设现代化设施农业园区，支持了农业产业化发展。五是细分市场、扶持微小。对小企业贷款发放、利率定价、还款方式等进行高效、差异、灵活的业务和服务创新，支持了小企业发展，带动农民共同致富。六是稳健发展、效益显现。部分机构已完全融入当地农村金融市场，成为当地不可或缺的支农力量，逐渐步入优质精品、可持续发展道路。

三、目前的主要风险和问题

虽然新型农村金融机构在经营中取得了一定成绩，但仍存在一些风险和问题，特别是贷款公司和资金互助社运行中暴露出较多问题，潜在一定的经营风险，应引起足够的重视。

（一）公司治理机制不完善，内部管理体制不健全

新型农村金融机构受成立时间短、人员不足等因素制约，部分机构法人治

理机制尚处于起步阶段，股东会、董事会和监事会未发挥应有的监督与约束作用，部分机构高管人员缺位。部分机构在内部制度建设上存在漏洞，大部分规章制度都照抄照搬发起行或其他金融机构的制度，不能因地制宜制定符合本机构实际情况的规章制度。同时在执行方面也存在较大的欠缺，如审贷分离制度执行得较差、内部机构设立重经营轻管理等，没有设立独立的内审及风险岗位、强制休假制度执行不到位等。

（二）部分机构合规意识淡薄，风险管控能力弱

经过几年的发展，新型农村金融机构在信贷业务方面发展很快，但个别机构暴露出风险管控能力差，缺少合规理念，在经营中存在盲目追求效益增长，存在资产质量下降、超比例放贷等问题。部分机构单一客户贷款集中度逼近10%监管红线，也存在一定风险。贷款公司更由于缺乏良好的公司治理，加之人员少，监督不到位，出现信用风险问题甚至案件。

（三）部分机构偏离了支农涉农服务方向

个别机构由于所处地域限制，在经营中偏离了支农服务方向，将大量资金投向了非农、非小微企业，甚至投向了高风险的票据业务。

（四）吸收存款难度大，资金实力较弱

新型农村金融机构成立时间短，无论服务水平还是社会认知度都较低，并且由于农村地域经济结构的限制，资金来源渠道比较单一，欲从有限的存款额中取得一定市场份额难度较大。部分机构负债结构不合理，各项存款中对公临时性存款占比高、储蓄存款占比过低，一旦短期存款大幅波动或形成大量短资长用，都极有可能引发流动性风险。

（五）科技基础薄弱，从业人员素质低，经验不足

新型农村金融机构科技基础薄弱，大多没有自己的经营管理系统，限制了各项业务的发展。此外，多数机构处于偏远、贫困地区，员工基本是新招募的大学生，缺少从业经验，不利于业务的开展。

（六）资金互助社内部管理混乱

辖内农村资金互助社自运行以来问题较多。一是四家资金互助社随意变更股本，但从未经银监分局或银监局核准，存在法律风险；二是资金互助社工作人员基本来源于农民，几乎没有从业经验，易诱发操作风险；三是由于资金互助社按规定不能吸收非社员存款，营运资金短缺，有的机构已陷入发展瓶颈。

（七）相关配套、扶持政策和措施仍亟待完善

一是与人民银行五大系统对接不畅，影响新型农村金融机构业务拓展；二

是农村有效担保物的范围有待扩大，相关中介和职能部门登记、评估配套办法也有待完善；三是一些文件规定制约了财政预算单位在新型农村金融机构开户；四是部分新型农村金融机构没有及时享受到涉农贷款增量奖励资金、减免营业税和所得税等优惠及免税政策。

四、思考与建议

面对吉林省新型农村金融机构发展现状，应坚持区别对待，实施不同的分类监管政策和措施。

（一）继续大力培育和发展村镇银行

对村镇银行发展要兴利除弊，在继续督促村镇银行准确把握市场定位，坚持服务“三农”和小微企业方向、不断增强合规意识和风险管控能力、督促主发起行更好地履行出资人职责、完善公司治理结构和内部控制建设、全面提高各项服务水平、逐步壮大资金实力基础上，继续大力培育发展村镇银行，切实把村镇银行办成小型化、特色化、本地化、基层化、精品化和可持续的社区性银行业金融机构。

（二）加强对新型机构的合规性监管是当前一个时期的首要监管任务

采取必要的监管手段，推动新型农村金融机构形成合规文化，是可持续的关键。一要推动村镇银行合规文化建设，开展各层次、各种形式的培训，引导村镇银行建立健全各项内控制度和执行机制，形成合规经营的自觉性，防范经营风险；二要加强流动性管理，建立流动性风险控制机制，确保在任何时点保持充足的资金头寸，防范流动性风险；三要制定并执行防范操作风险的制度办法，按照银监会案件专项治理和防范操作风险的有关要求，切实防范操作风险；四要将声誉风险和法律风险纳入公司治理及全面风险管理体系，建立和制定声誉风险和法律风险管理机制、办法等相关制度，主动、有效地防范、应对声誉风险和法律风险事件。

（三）推进村镇银行产品和服务创新，适应农村金融市场发展变化

新型农村金融机构要结合当地发展特点，增加适合当地的金融服务品种，加强金融创新，逐步扩大其业务范围，努力扩大营销能力和机构影响力，提高服务水平和社会认知度，适应农村金融市场变化。通过加强服务等手段，增加存款资金来源，逐步扩大资金实力，有效防范各类风险。

（四）加快推进村镇银行基础设施建设，重点是IT系统建设，发挥发起行作用

督促主发起行从长远利益角度和社会责任角度加强对村镇银行的科技服务支持，构建适合村镇银行应用的科技信息平台，既便于主发起行监督管理，又能节省村镇银行开发费用。

（五）审慎对待贷款公司和资金互助社准入

鉴于辖内贷款公司和资金互助社运行中的实际情况和问题，拟将德惠长银贷款有限责任公司改制为村镇银行。针对资金互助社的管理混乱问题，将按照有关规定严格实施监管，加大现场检查频率，限制其现金分红并延期支付，督促其多提拨备、防范风险。今后将审慎对待资金互助社的准入，引导合格发起人在拟设地直接设立村镇银行。

（作者高飞，吉林银监局党委书记、局长）

农村金融深化进程中亟待解决十大突出问题

——对湖北省农村金融服务的思考

我国95%的国土面积、70%以上的人口和60%以上的GDP都来自县域和“三农”，然而，作为支撑县域和“三农”发展重要力量的农村金融，在深化进程中依然存在系列制约因素亟待解决，突出表现为“十缺十不缺”。

一、农村金融深化进程中的十大突出问题

（一）不缺政策，缺对策

中央连续10年发布以支持县域和“三农”发展为主要内容的1号文件，湖北省委省政府将其作为中心工作来抓。银监会一直致力于推进县域金融改革，湖北银监局近些年也陆续开展了“信贷资金回流工程”、“三覆盖一提高”等活动，积极引领银行业加大“支农支小”信贷投入。尽管如此，农村金融供给不足的难题仍未得到彻底解决。政策有了，但基层缺乏落实的“对策”，一是基层部门未沉下心来积极跟进，实实在在拿出“真金白银”和配套优惠政策。二是部分银行未从根本上转变经营理念，没有真正扎根县域，踏踏实实地研究农村金融需求新特点。

（二）不缺体制，缺机制

以湖北农信社产权改革为例，近3年通过引进资本等方式，高风险社从2008年的27家锐减至1家，消化存量包袱127.4亿元，占2008年末的96%，已改制成农商（合）行的农合机构，占全省近半。体制已变，但机制依旧。农村金融缺乏适合“三农”和县域特点的有效机制。

（三）不缺管理，缺治理

农信社等法人机构，除政府部门的监管外，还存在省联社严格的行业管理；其他非法人机构（县域分支机构）则几乎没有自主管理权特别是信贷审批权。

农村金融市场不缺管理，甚至存在“管理过严”之嫌。但农村银行自身的内部治理严重缺位，如县域法人机构，虽然通过改制搭建了“三会一层”的管理架构，但“有形无神”。

（四）不缺市场，缺气场

“十一五”期间，湖北省县域经济快速发展，县域地区生产总值达到全省的56.5%；2011年乡镇规模以上农产品加工企业销售收入增速高出工业平均增速10个百分点，农民人均纯收入同比增长18.3%，增速连续两年超过城镇居民。县域和“三农”市场巨大，发展前景广阔，但银行对其信贷支持却相去甚远（从湖北情况看，2011年末银行业金融机构县域贷款仅占全省的24.79%），原因何在？关键是银行机构对县域未来普遍缺乏良好的市场预期和足够的信心，当然就不可能沉下心来深挖农村潜在的产业链，“人气”自然无法聚集，“千帆竞发”的气场更是遥不可及。

（五）不缺广度，缺深度

突出表现为“四广四不深”：一是网点分布广，但竞争不深。虽已初步实现银行机构与服务在乡镇“双覆盖”，但农村市场竞争主体明显不足，主要是农发行、农行和农合机构，在乡镇，农合机构几乎“一统天下”。二是服务对象广，但产品研发不深。相当部分的银行热衷于“傍大款”、“垒大户”，缺乏对“三农”客户的深入研究和产品开发。三是服务品种广，但运用不深。2011年仅湖北农合机构就开发出信贷产品126个，基本做到了“一县一区一品”，但多数农村地区仍以存、贷和一般结算等传统业务为主，创新产品则主要局限于极少数网点和地区。四是结算工具运用广，但辐射不深。新型结算工具大都在城区使用，村组和部分乡镇至今未普及ATM和转账电话。

（六）不缺存量，缺增量

“十一五”期间湖北省县域存款年均增长24.1%，到2011年末，全省银行业金融机构县域存款达8 785.79亿元，占全部存款总额的36.38%。但县域存贷比仅为46.27%，低于全省平均水平21.63个百分点，这说明县域和农村地区并不缺资金存量，缺的是资金增量。根据哈罗德—多马经济增长理论，经济增长率取决于储蓄率与资本产出比率，高储蓄率通过转化为高投资率，带来经济高速增长。然而在县域，不少银行机构的贷款审批权上收、手续繁琐，门槛过高，且受制于抵押物不足等外部因素，导致信贷投放渠道不畅，资金外流严重。

（七）不缺产品，缺押品

近年来，湖北银行业围绕县域和“三农”推出的信贷产品层出不穷：农信社先后推出农村专业组织成员联保贷款等126个信贷产品，农行新增返乡创业贷款等近10种信贷产品，邮储银行面向“三农”主推了小额信贷等，农发行推出了以粮棉油收购为主的粮食收储贷款等多个信贷产品。但我国特殊的农村产权制度和以农户为主的农业运营模式，导致农村风险缓释手段缺失特别是押品缺失。农村土地承包经营权、农房和林权是农民手中最主要的资产，而我国《担保法》规定，这些不能作为抵押物。农村要素市场尚未建立，押品无法有效流通。

（八）不缺诚信，缺授信

诚信是中华民族的传统美德，现代市场经济的诚信是信用式的，传统的诚信是信任式的。几千年来中国农民传承着“欠债还钱，天经地义”等优良传统，游离于正规金融之外的农村民间借贷盛行恐怕也源于此。诺贝尔和平奖获得者尤努斯所做的放贷实践也证明，穷人是最讲信用的群体。但银行的授信周期、权限、产品和模式等未很好地与农村经济特点对接，导致农村地区缺乏银行授信。

（九）不缺共识，缺知识

县域经济是湖北发展的短板，“木桶原理”告诉我们，只有“做长”这块短板，经济才能迎来快速发展。“长尾理论”指出，广大“三农”客户群汇聚成的“长尾”可产生与城市金融客户群相匹敌的市场能量。因此，大力发展县域和“三农”已成为各界共识。但农村金融知识的普及程度却令人担忧，“三农”客户缺乏金融产品知识、理财知识、汇兑结算知识、金融法律知识等，这些影响了农村金融服务的广度和深度。

（十）不缺服务，缺义务

近些年，在监管部门的引领下，湖北农村金融改革与发展取得明显成效，一批特色金融产品相继推出，极大促进了县域和“三农”发展。但我们也看到，农村目前仍是一个不完全、不充分的市场，在相当程度上仍然存在着市场失灵的情况，而银行又普遍缺乏履行社会责任的义务和对履行义务与投资回报的正确认知。

二、推进农村金融深化的对策

（一）引导银行全面下沉经营重心

2012年起，启动“三个全覆盖”工程，即三年内农商行和村镇银行实现县

域全覆盖，电话银行实现乡村全覆盖，使农民足不出村即可享受到存、贷、汇等“一揽子”便捷、高效的金融服务。

（二）积极推进信贷资金回流农村

实施动态考核，强化支农指标权重，力争实现“两个不低于”，即涉农贷款和小企业贷款增速不低于贷款平均增速、增量不低于上年，同时全省县域存贷比每年提高2～3个百分点。对农业科技型企业实行“六专管理”，即专营机构、专业团队、专属产品、专门流程、专门核算、专项考核，重点支持一批与农户利益联结紧密的龙头企业和合作经济组织。

（三）全面构建适合县域和“三农”的银行内部治理

正确处理好行业管理、外部监管与内部治理的关系，还权于农村银行机构，在内部治理建设上，不仅要重组织架构，更要重实质运行。引导银行构建适合县域和“三农”的金融创新支持机制，该机制涵盖一线信息收集、传递、创新研发对接及跟进评估等各环节，使“三农”供需能实时对接。将“三农”信贷文化融入到银行机制和流程再造中，推动审批服务效能化，打破等客上门、非押不贷、审批程序繁冗等的束缚。

（四）大力培育农村市场环境和支农气场

树立“三真理念”，促进支农优惠政策在基层扎根落地。基层各部门和县域银行都应树立“三真理念”，即投入“真情实感”，做到“真抓实干”，拿出“真金白银”，切切实实地支持“三农”发展。银行机构要坚持“抓大不放小，追高不落后”，切实转变经营理念，将支持县域发展作为履行社会责任和义务的内在要求，真正将战略重心转向县域，深挖产业链，打造核心竞争力，聚集人气，形成“千帆竞发”的支农气场。

（作者邓智毅，湖北银监局党委书记、局长）

对宁夏法人银行实施新资本协议情况的调研报告

近期，我们对宁夏银行、石嘴山银行和宁夏黄河农村商业银行3家主要地方法人银行实施新资本协议的准备工作进行了督导调研，对实施新资本协议面临的困难进行了分析，对实施工作中的相关问题进行了初步思考。

一、实施新资本协议的准备情况

（一）资本管理情况

1. 资本实力逐步增强。近年来，宁夏法人银行以增资扩股、引入战略投资者和内部积累等方式补充资本，资本实力逐步增强。宁夏银行股本由成立时的1.3亿元增加到2011年的16.6亿元，资本净额由2007年末的12.7亿元增加至2011年末的51.2亿元；石嘴山银行、黄河农商行资本净额分别由2007年末的2.8亿元、4.3亿元增加到2011年末的13.6亿元和17.6亿元。

2. 资本充足率稳步增长。宁夏银行、石嘴山银行、黄河农商行资本充足率分别由2007年末的8.6%、8.8%、9.3%增加至2011年末的13.4%、15.7%、25.5%。从调查情况看，这些金融机构已具有一定的资本节约型发展意识，并开始探索实施经济资本管理，逐步发展资本消耗较低的业务，降低资本耗费较高的业务比重，抑制资产规模过快增长，提高资本盈利能力。

（二）主要风险管理情况

1. 信用风险。信用风险是宁夏地方法人银行面临的最主要风险。宁夏银行建立了以分支机构和前台营销部门、风险总监/风险经理和风险管理部、董事会审计部组成的信用风险管理体系以及涵盖营销指导、贷前调查、审查审批、贷后管理等环节的授信业务流程与政策体系。石嘴山银行采用专家判断法结合信用评分模型的方法，分析客户的违约可能性；对行业、产品、地区等不同维度规定不同的授信限额。黄河农商行通过建立“黑名单”制度、严格落实审贷分

离制度、定期对300万元以上的贷款五级分类迁徙进行审核等方式加强信用风险的管控。

2. 市场风险。宁夏法人银行市场风险主要为交易账户债券利率风险且占比较小；外汇业务主要为外汇结算业务，数量较小。宁夏银行2011年末债券投资余额51亿元，占总资产的8.1%；年结汇量约2亿美元。石嘴山银行、黄河农商行2011年末债券投资余额分别为23.4亿元、1.2亿元，占总资产的比例分别为12.9%和0.6%；外汇业务敞口均不足百万美元。

3. 操作风险。宁夏银行由法律合规部负责全行的操作风险管理，以操作风险报告为载体，识别、监测各部门、业务条线及分支机构的操作风险。石嘴山银行建立了“业务自查、风险排查、审计稽核”的操作风险管控体系及操作风险关键指标体系，采用基本指标法计量操作风险。黄河农商行将操作风险依据管理线条划分到相关业务部门，明确了组织协调、风险识别、检查评估、风险控制等程序。

（三）新资本协议实施规划

宁夏银行于2009年聘请外部咨询公司制定了《宁夏银行2010—2014年发展战略规划》、《宁夏银行全面风险管理规划》，对主要风险的管理和计量作出了总体设计。石嘴山银行董事会已确定聘请外部咨询公司于2012年内开展今后三年的风险管理战略规划工作，并开始了信贷风险管理系统的升级改造工作。

二、实施新资本协议面临的困难

（一）风险管理水平低

一是在信用风险管理方面，宁夏法人银行还没有建立成熟的风险计量模型，以风险为导向的资本资源配置机制还不健全。二是在市场风险管理方面，宁夏法人银行尚未建立完善的风险管理和计量政策制度体系。三是在操作风险管理方面，宁夏法人银行尚不能计量操作风险加权资产，未将操作风险体现在资本充足率计算中。四是在流动性风险、集中度风险管理方面，宁夏法人银行风险管理的政策流程不完善、治理架构不健全、计量工具和技术欠缺。

（二）工作基础薄弱

宁夏银行信贷管理、财务管理等业务系统仍在完善中；石嘴山银行、黄河农商行部分核心业务系统实行外包，资产负债管理等业务系统还在规划建设之中。目前，普遍存在数据质量不高和数据不足等问题，部分历史数据仍处于手工记录的状态，短时间内较难满足实施新资本协议对数据的要求。

（三）资本补充压力大

近几年，宁夏法人银行资产以年均20%～30%的速度增长，由于缺乏灵活的资本补充机制，主要依靠增资扩股和利润留存方式补充资本。实施新办法后，按照操作风险加权资产占总风险加权资产10%的比例测算，在资本不变的情况下，宁夏法人银行资本充足率将下降1.5个百分点以上。此外，资本办法中个别风险权重的提高也对中小法人银行资本充足率影响较大。

（四）公司治理需优化

宁夏法人银行公司治理结构存在的主要问题之一是董事会专业性不足，尚不能推动新资本协议框架设计、方法论、风险偏好及相关政策的建设及审批。由于长期实施以营销为导向的经营战略，工作人员实施新资本协议的动力不足。

三、实施新资本协议路径分析

（一）明确实施目标

一是进一步健全全面风险管理体系。通过实施新资本协议建设全面风险管理平台，促进风险管理组织架构优化，全面提升银行风险管理水平。二是进一步增强核心竞争力。在提升银行风险计量技术的基础上，推动产品创新、流程改进、客户选择优化和产品定价精细化，以经济增加值和风险调整后资本收益率作为绩效考核体系的核心指标，实现风险与回报的最优平衡。三是进一步推动发展转型。发挥资本约束作用，引导银行优化信贷结构，转变发展方式。四是进一步形成先进的风险理念和文化。

（二）建立组织体系

一是董事会要完善相应的政策制度，组建新资本协议实施专家组和自评估工作小组，为实施新资本协议提供制度和人才保障。二是成立新资本协议实施领导小组和跨部门的有关项目推动工作小组，负责推进新资本协议实施和新监管标准执行工作。

（三）研究推进措施

一是依托外部力量推动实施。可聘请咨询机构参与实施工作，但内部人员必须全程深度介入具体项目，在实践中培养专业人才。二是建立项目群管理机制。制定统一的质量控制、进度管理的标准及流程，并提供人力及财力资源保障，确保项目高质量、高效率实施。三是分步实施。宁夏银行规模较大、管理

规范、IT 系统及数据基础相对完备，可以先行试点，摸索经验。四是建立成本分担、技术共享的实施机制。可在自愿的基础上按照商业原则建立公共平台，统一计量模型、系统架构、数据集市、返回检验、系统测试等方面的标准。

（四）制定实施规划

第一阶段：2012 年 7 月到 2012 年底，正式启动新资本协议实施工作。一是抓紧完成基本指标法或标准法计量操作风险项目，统一操作风险事件分类分级和数据标准，完善产品线分类及产品收入与会计损益科目的准确影射，实现准确计量操作风险监管资本。二是完善标准法计量市场风险，建立涵盖表内、表外、自营、代客等全口径的资金业务的市场风险限额体系，完成交易账户与银行账户的划分工作，确保按照标准法准确计量市场风险监管资本。

第二阶段：2013 年至 2016 年，完成信用风险内部评级体系建设并投入应用。一是做好数据收集和补录工作，完成零售数据的收集和清理，建立模型开发数据库，为后续模型开发、验证、压力测试等工作打好基础。二是开发非零售客户评级模型，完成行业、区域评级模型及客户评级模型，建立主标尺，解决违约计量的可比性问题。三是开发零售评级模型，完成评分卡开发，划分违约概率池、违约损失率池和违约风险暴露池。四是加快现有 IT 系统整合和升级步伐，研究开发评级系统和风险数据集市，为内部评级体系建设提供有力的技术支持。五是完成开发风险加权资产计算引擎、押品管理系统，开展相关制度修订等相关配套工作。六是开展验证及内部审计工作，查找存在的差距与不足。

第三阶段：2016 年到 2017 年，完成第二支柱内部资本充足评估程序项目及第三支柱信息披露等项目的建设。制定风险偏好制度、修订全面风险管理框架，加强流动性风险、集中度管理体系建设；根据业务发展需要建设市场风险内部模型法项目；推进信用风险内部评级法的深入应用。

第四阶段：2017 年到 2018 年，启动达标评估工作。严格按照新资本协议实施监管要求，逐条查找差距，制定弥补措施，完成自评估报告；申请监管合规评估，确保全面达到监管要求。

四、实施新资本协议中的监管引领

（一）加强组织领导

成立以宁夏银监局主要负责人为组长、各法人银行主要负责人为成员、外部专家为顾问的宁夏银行业实施新资本协议领导小组，统筹规划、督导协调宁夏法人银行新资本协议实施工作。

（二）全程监督评估

将宁夏法人银行实施新资本协议情况纳入日常监管范畴，持续监测各类监管指标变化趋势，深入评估新监管标准实施的影响，防止银行资本水平出现大幅波动，确保实施工作稳妥推进、分步达标。

（三）做好配套工作

根据银监会实施新监管标准的统一部署，做好相关对接工作，加快研究实施新资本协议涉及的模型、验证、评估等关键技术问题，推进自身监管能力建设，提升实施工作的科学性和前瞻性。

（四）探索资本补充机制

指导法人银行提高利润留存比例及拨备水平，扩大内源性资本补充；探索资本补充渠道，支持民间资本以同等条件进入银行业，促进资本来源及股权结构多元化。

（五）开展员工培训工作

将新资本协议作为员工培训重点内容，分期培训银行监管人员和银行业机构中高层管理人员，建设一支掌握核心技术和经验的专业团队。

（作者安宁，宁夏银监局党委书记、局长）

城市化进程较快情况下加强厦门地区“三农”金融服务的调查与思考

2012 年中央一号文件明确要求加大农村金融政策支持力度，持续增加农村信贷投入，提升农村金融服务水平，强农、惠农、富农。但在城市化进程较快地区，随着“三农”经济占比下降，“三农”客户群体不断变化，如何做好“三农”金融服务成为此类地区银行业金融机构面临的难题。

一、厦门地区“三农”的基本情况

1. 农业在国民经济中所占比重越来越小。2011 年末，厦门产业比重结构为 1:51:48，与全国 9:51:40、东部地区 6:50:44 相比，其农业比重远远低于全国、东部地区同期水平。

2. 农村城市化、农民居民化速度不断加快。“镇改街”、“村改居”改造后，2011 年厦门城市化率达到 81%，农村人口减少 17.23 万人，占比从 2007 年的 31.75% 降至 9.91%。

3. 农业产业化不断加深。厦门以龙头企业为重点，大力发展农业产业化经营，并将农副产品与食品加工业列入全市重点扶持的 13 条百亿产值产业链。2011 年，厦门市 33 家农业龙头企业产值占农业总产值的 86.77%，比 2007 年增长 84.21%。

4. 农户非农化不断扩大。现有的 35 万农村人口仅有三分之一从事传统农业，多数从事农村交通运输、工程建筑、房产租赁和乡村农业休闲旅游等“大农业”。

5. 农民增收以非农收入为主。2011 年厦门农民人均纯收入中农业收入仅占 11.9%，工资性、财产性和第二、第三产业经营性收入已成为农民收入的主渠道。

6. 对台农业交流不断深化。厦门专门建设了台湾水果销售集散中心，成立全国首个两岸农产品检验检疫技术中心和海峡农业科技发展中心。2010 年农业部批准在厦门设立“对台农业交流合作基地”。厦门已成为台湾种子种苗企业进军大陆的中转地。

二、“三农”金融需求变化

1. 失地农民金融服务需求多样化。厦门市划分为六个行政区，各区农业及城镇化发展差异较大（见下表）。针对不同发展水平，厦门在全市实施五个类型“村改居”建设①，因此，各类型的失地农民所面临的情况不尽相同，金融需求也呈现多样化，主要为失地农民的养老、生产转型、置业发展、创业、理财和消费等需求。

2011 年末厦门市各区农业发展状况表 单位：亿元，%

项目	思明	湖里	海沧	集美	同安	翔安	全市
地区生产总值	746.56	623.39	380.74	334.62	180.98	269.50	2 535.80
农业产值占比	0.06	0.00	0.54	0.78	6.11	3.15	0.97
城镇化率	100.00	100.00	77.21	71.06	44.84	68.99	80.50

2. 农业产业化和集约化对金融服务需求多层次化。随着农业生产集约化、产业化程度的大幅提高，农副产品与食品加工产业链的建立和发展，农村资金需求主体已从千家万户转变为规模农户和涉农企业，贷款需求从小额分散向大额、规模化集中，从单纯农业生产向农业产业链拓展，要求更高更宽广。

3. 村改居和小城镇建设资金需求突出化。村改居和小城镇建设是一项复杂的系统工程，特别是改善农村的居住环境、完善公共服务配套设施和农村基础设施的村改居工程，需要大量的建设改造资金，信贷需求较为突出。

三、银行业金融机构服务“三农”情况

1. 银行业金融机构种类多，覆盖面广。截至 2011 年末，全市各银行业金融机构 37 家，比 2007 年增加 7 家，营业网点 541 家，比 2007 年增加 68 家，遍布

① 产业园区发展带动型、郊区房地产带动型、城市综合改造型、农村产业服务型和旅游产业带动型。

包括农村地区在内的全市范围。

2. 涉农信贷“两增加”，即发放涉农信贷机构增加、规模增加。截至2011年末，发放涉农贷款的机构数18家，比2007年增加6家，涉农贷款153.81亿元，比2007年增加63.53亿元。

3. 涉农信贷结构不断调整。从2007年与2011年的数据看，农户贷款比重从25.93%下滑至10.09%，农村企业及各类组织贷款则从33.51%上升至48.13%，城市涉农贷款从40.56%上升至41.78%。

4. 涉农金融产品和服务初具特色。如厦门农联社对接市政府惠民工程，推出“老无忧”社保贷款、农村妇女创业贷款和青年创业直通车项目等贷款产品；对接村改居建设，推出“金包银”、“富民安置”等专项贷款；国开行设立富民业务处，专门负责保障性住房贷款等基层民生金融业务。

四、银行业金融机构服务“三农”面临的问题

1. 支农优惠扶持政策未全覆盖。现有的涉农优惠政策大部分只针对县域以下的金融机构，或只针对特定性质的金融机构，如农村信用社、新型农村金融机构，作为取消县域的厦门市，辖内各涉农机构无法享受财政补贴、税收减免等优惠政策。

2. 政银对接不足。厦门政府对“三农”的扶持大部分采取向所扶持的产业、工程、群体或组织直接发放补贴的模式，难以发挥财政补贴对信贷资金的引导和杠杆作用。

3. 实质支农却不纳入涉农信贷统计。虽然各机构有力支持郊区房地产带动型、城市综合改造型的“村改居”建设，支持失地农民的金融需求，然而这些均不符合涉农信贷口径，不纳入统计。

4. “三农”服务发展不平衡。一是区域分布不平衡。厦门岛内营业网点占全部网点的67.59%，岛内涉农贷款占全部涉农贷款的85.47%，农业产值相对较高的岛外地区涉农信贷投放力度不足。二是多数机构对农户贷款支持不足，厦门农联社的农户贷款占全辖农户贷款的82%。三是农民专业合作社信贷支持弱。厦门市农民专业合作社达872家，而辖内只有厦门农联社给予信用评级和授信。

5. 产品创新难以满足“三农”主体不断提升的金融需求。辖内各机构对涉农产品创新缺乏具体规划、战略和研发机构，创新能力不足，涉农产品特色不

突出，不能满足“三农”客户多样化的金融需求。

五、强化“三农”金融服务的具体对策

（一）拓展“三农”内涵和外延，创新支农服务的特色之路

根据厦门“三农”经济、金融服务需求的发展变化情况，坚持实质重于形式原则，将“三农”的内涵拓展为农业产业化企业和农户个体经营者，外延拓展到“三农”基础上发展起来的社区（村居民、失地农民和中小企业），地域由厦门扩大至海峡两岸，不断提升支农广度和深化，逐步走出一条服务城市化进程较快地区“三农”金融服务的新路子。

（二）实施差异化市场定位，形成全方位服务体系

要求各银行分析自身机构特点，找准服务“三农”重点，走差异化服务“三农”道路。如政策性银行可在支持开发性农业、农田水利基础设施建设上做出特色；国有银行和股份制银行可在支持农业龙头企业、农业产业链发展上做出特色；地方性法人机构则主要支持农户、涉农小企业、农业专业合作社等。

（三）加强岛外地区的支农力度，形成错落有效的服务格局

要求各银行明确厦门各行政区的发展策略和营销重点，实施差异化资源配置，单列岛外涉农贷款计划，单独考核，扩大岛外涉农信贷规模，加大岛外电子机具布设、产品宣传力度，提升岛外支农服务覆盖面，形成错落有效的服务格局。

（四）鼓励地方法人机构加强创新，满足需求

鼓励和引导地方法人机构充分发挥自主权，制定业务创新的具体规划、战略，成立产品研发机构，加强业务创新，着力打造适应“三农”需求变化的金融产品。

（五）以准入为抓手，增强支农薄弱地区服务力量

统筹制定全辖网点布设规划，划分金融服务稠密区和稀疏区，要求机构新设网点、布设自助机具和开设自助银行以服务稀疏区为主，以准入为抓手，有效推进网点服务覆盖。

六、政策建议

（一）建立支农优惠政策长效机制，营造良好的政策环境

建议对现有的优惠政策进行梳理、整合，协调建立银行业“支农支小”优

惠政策的长效机制，以机构对“三农”和小微企业的扶持力度为标准，给予机构相应的税收减免、财政补贴等优惠政策。同时优化优惠政策申请流程，简化审批环节，提高兑现效率。

（二）结合地域特色，调整对城市化进程较快地区的涉农信贷考核

建议涉农信贷考核应充分考虑当地社会经济变化情况，及时调整涉农信贷考核范围，如结合厦门海峡两岸农业合作交流情况，将“三农”有关的贸易、物流、科技合作、农业休闲旅游等纳入“三农”范围，充分发挥考核指挥棒作用，引导和鼓励机构将当地特色产业与“三农”对接，为农村和城镇发展提供更加优质的金融服务。

（作者王泽平，厦门银监局党委书记、局长）

我国中小银行发展与监管问题研究

——以深圳为例

依托毗邻香港的地缘优势和市场化的竞争优势，秉承敢为人先的创新精神，以招商银行和平安银行为代表的深圳中小银行①在兼并收购、综合化、国际化经营、内外联动与交叉销售方面形成鲜明的发展特色。随着银行经营形势日趋复杂，当前中小银行的发展和监管面临较大挑战。我们对此进行了调研，并形成若干监管建议。

一、经营发展的主要特征

（一）以转型为核心的发展战略

招商银行实施的“二次转型”，业务结构向资本节约型的零售和小企业倾斜，在资产规模增速放缓的同时实现利润稳步增长。平安银行提出“最佳银行”战略，围绕引领市场、建立声誉等核心目标制定了11项重点战略项目。深圳农商行培育面向传统社区，大力发展中小微企业客户的经营理念，不断深化社区零售银行定位。

（二）以并购为特色的机构扩张

2008年招商银行收购香港永隆银行开创了股份制银行成功境外并购的先河。十年前，新桥投资入股深圳发展银行，拉开了国内银行引入国际战略投资者的序幕。而平安集团从收购深圳市商业银行组建平安银行起步，到平深两行合并，一步步构建起保险、银行、投资并驾齐驱的金融集团，其中深圳发展银行吸收合并原城商行序列的平安银行更是中国银行史上最大的一桩并购案。

---

① 深圳辖内共有9家中资中小法人银行，分别为2家全国性股份制商业银行（招商银行和平安银行）及7家农村银行机构（深圳农村商业银行和6家村镇银行），原深圳发展银行于2012年6月12日正式吸收合并原城商行平安银行，并更名为平安银行。

（三）以集团为依托的综合金融

深圳两家股份制银行代表了金融业综合经营的两种模式。一是以招商银行为代表的银行控股集团。招商银行近年来参股、控股基金、租赁、投行、保险公司，综合化经营的协同效应初显。二是以平安银行为代表的集团控股银行。随着平深整合收官，合并后的新银行将进一步发挥平安集团综合金融平台带来的客户、渠道及产品、服务优势，通过交叉销售和构建小微企业立体化营销网络，满足客户日益多元化的金融服务需求。

（四）以香港为起点的国际化经营

深圳中小银行以香港为基地，不断积累国际化发展经验。招商银行目前拥有香港分行及永隆银行、招银国际两家附属公司，打造了以商贸通、财富通和资本通为特色的跨境金融产品体系。平安银行则将深港金融合作作为国际化战略的重点，该行跨境人民币业务中香港地区占比超过90%。

（五）以服务为内涵的创新发展

深圳中小银行历来就是深圳市场金融创新的领头羊。如招商银行创新推出一卡通、一网通、金葵花理财为特色的零售产品体系，确立了其在零售领域的优势地位；平安银行凭借以供应链金融为代表的特色化产品，在担保方式、信贷模式等方面积极创新，有效占据了市场先机；深圳农商行立足关外社区，积极开拓小企业金融产品，强化科技创新。

二、存在的主要问题

（一）发展战略方面

一是内涵式发展的经营理念转换不到位。各行虽然强调以价值导向取代规模导向，但实际上仍难除规模和速度情结。二是差异化发展的经营方式保障不到位。存在“跟随”惯性和“模仿”思维，未能根据自身业务优势深挖目标市场，难免落入同质化的窠臼。三是战略统筹、制度配套不到位。缺乏强有力的执行力，转型迟缓，综合化经营的协同和联动效应不明显。

（二）公司治理方面

一是股权结构不尽合理，既存在“一股独大”带来的“越位”，也存在股权分散带来的“缺位”。二是董监事选聘机制不尽合理。董事选聘制度流程不够清晰，对监事任免和监事会履职缺乏明确的制度安排。三是激励约束机制不尽合理，尚未建立起行之有效的独立董事、监事考核机制、履职评价机制和问责机制。

（三）经营管理方面

一是未能有效平衡当前利益与长远利益的关系。如资产规模增长主要依赖信贷投放；“资本饥渴症”下不断进行大规模的外部融资；收入和利润对利差的依存度较高。二是未能有效平衡稳健经营和快速发展的关系。片面追求绩效指标而忽视合规的问题在个别机构表现比较突出。三是未能有效平衡单体发展和整体协调的关系。“只见树木、不见森林”的单体机构发展思路已明显不能适应综合化发展需要。

（四）风险控制方面

一是防范风险的内生机制不够完善，风险抵补能力降低。二是风险管理体系不够完善。风险管理尚不能在集团并表层面有效实施，集团内部有效“防火墙”设置不足，关联性强。三是审计稽核制度不够完善。银行内审独立性不够、合规人员配备不足的问题一直未有效解决。

三、监管建议

（一）切实加强战略规划和战略管理

中小银行必须根据国内外经济、金融环境、资源状况、战略能力、企业文化及利益相关者的期望，制定总体及分阶段发展战略，并定期对战略目标实施效果及战略管理的有效性进行后评价，确保银行总体战略目标与分阶段战略目标有效衔接，总体战略目标与各条块管理目标动态融合。要持续深化观念、架构、流程等多方面的变革，打破阻碍战略执行的一些思维定势和既得利益，探索解决客户管理、考核体系、交叉销售与利益补偿等关键问题，积极推进保险文化与银行文化的有效融合，实现宏观战略规划与微观战略管理的有机统一。

（二）不断增强公司治理有效性

一是进一步探索符合各行实际的最佳治理模式。对大股东绝对控股的银行，着力强化控股股东的长期承诺责任和有限参与原则，保持银行战略规划、人才管理和风险管控的独立性；对于股权过于分散的银行，可通过引进战略投资者以及内部股权适当集中等方式，增强股东的约束力。二是加强董事、监事履职行为监管。建议将外部监事任职资格纳入行政许可范围，在准入环节统一独立董事、外部监事任职资格标准，探索行之有效的独立董事诫勉谈话机制、履职问责机制和市场退出机制，切实提高董事、监事的履职意愿和履职能力。三是

打造良好的治理文化。推动各行公司治理工作由简单的制度安排上升为深层次的文化塑造，着力培养董事、高管层、监事的大局意识、责任意识、专业能力和专业精神，确保相互之间按既定的规则既相互尊重、相互信任，又相互监督、相互制衡。

（三）进一步提升绩效考核的战略价值

一是完善绩效考核指标体系。适当增加合规经营、风险管理、业务转型和社会责任等非财务类考核指标。二是提高绩效考核的科学化水平。进一步强化经济资本占用、经济增加值等指标在绩效考核中的运用，全面核算不同机构、业务、产品和客户的价值贡献，逐步加入市场风险和操作风险的资本占用管理，提高经济资本计量和管理的精度。三是提升绩效考核的战略导向。绩效考核是连接银行长期发展与短期经营管理的关键因子，因此，绩效考核一方面必须体现战略意图，对于重点支持的区域、业务，绩效考核要有足够的灵敏度，确保指挥棒的信号强、方向明、力度够。另一方面绩效考核还应以战略规划为依据，将指标细化到各个考核单元并使其明确在全行的责任和目标。

（四）建立科学、严密的内控体系

要进一步强化高管层的内控责任。在明确董事会对内控体系负有最终责任的同时，尤其要强调高管层的控制责任。无数事实证明，搞好一家银行仅靠一个人的努力是不够的，但搞垮一家银行一个人就足够了，特别是“一把手”和高管层。要重视制度执行力建设。让员工理解制度制定和执行的意义和价值，不断提高风险意识和责任意识，建立严格的问责机制。同时注重培育良好的内控文化，而内控文化本质上就是“钉是钉、卯是卯”的执行文化。要加强内部审计。着力提高内审的独立性、客观性、有效性，揭示问题不护短、严格问责不手软。不断优化内部审计报告路线，充实内审部门人员力量，并注重把监管要求与内审计划有效衔接，增强对内审质量的监管指导和责任追究。

（五）高度重视合规文化建设

塑造良好的合规文化要切实树立四个意识。第一，合规是银行风险管理的最低标准和基础要求。合规管理既要重结果、更要重过程，银行对于员工的违规行为，即便没有形成风险和损失，也要严格问责。第二，合规必须从高层做起。合规文化建设离不开管理层的重视、倡导和参与。如果高层合规意识差甚至带头违规，就会在制度上、程序上留下可以通融的漏洞，影响合规管理的系统性、严密性，甚至败坏全行的合规文化。第三，要强化主动合规意识。主动发现和暴露合规风险隐患或问题，并相应地在业务政策、行为手册和操作程序上进行及时改进。通过合规与监管的有效互动，避免过去银行与监管者博弈的“猫鼠游戏”。第四，合规创造价值。良好的合规管理有助于塑造竞争优势、提高工作质效、提升品牌价值、减少经营损失，不仅打造最赚钱的银行，同时塑造最受人尊敬的银行。

（六）大力推动金融制度、产品和服务创新

一是建立健全金融创新机制。要牢固确立以客户为中心的创新理念，加强对金融创新的统一领导、统一筹划，建立科学的创新项目跟踪分析机制，确保创新在市场快速响应中立于不败之地。二是营造有利于创新的企业文化。观念上鼓励创新，制度上支持创新，资源上保障创新，对创新尝试可能出现的问题要秉持宽容态度，原则上只要没有道德风险和明显的合规问题就应予免责。三是鼓励金融创新服务实体经济。将金融创新与前海开发开放、香港人民币离岸中心建设、资本市场特别是中小企业板、创业板发展、扶持小微企业、战略性新兴产业发展有效对接，全面开展制度、技术和服务模式创新，提升金融创新的广度和深度。四是注重防范金融创新的各种风险。对任何一项创新的潜在风险都不漠视、不怠慢、不侥幸，力求风险看得清、控得住、管得好。

（作者熊良俊，深圳银监局党委书记、局长）

培育和提升核心竞争力
推进金融资产管理公司持续科学发展

党的十八大报告提出，要“把全面协调可持续作为深入贯彻落实科学发展观的基本要求，把握发展规律、创新发展理念、破解发展难题，深入实施可持续发展战略”。对企业来讲，要实现可持续发展，关键在于提升核心竞争力。本文就金融资产管理公司（以下简称 AMC）在国家经济金融发展中的地位和作用、面临的机遇和挑战进行了分析，并结合对中国长城资产管理公司（以下简称“长城公司”）改革发展情况的调研，提出了打造核心竞争力、推进可持续发展的思路。

一、AMC 在我国经济金融发展中的地位和作用

作为我国金融体系的重要组成部分，AMC 兼具三大优势及三大功能：

一是“风险化解”优势与“金融稳定器”功能。在经济处于下行周期时，AMC 可运用不良资产收购处置、金融机构救助、并购重组等功能，发挥化解金融风险的“金融稳定器”作用。以长城公司为例，累计收购运作了 7 000 多亿元的不良资产，首创开发了金融不良资产估值定价系统，建立了全国性金融资产交易平台，2012 年被北京国际金融博览会评为“杰出金融资产管理服务商”称号。

二是“综合经营”优势与“经济助推器”功能。在经济处于上行周期时，AMC 可运用综合经营金融服务优势，发挥“经济助推器”作用，支持实体企业、助推经济发展。以长城公司为例，已形成“资产经营管理、阶段性投融资、特色化中间服务、专业化平台业务”4 大类、70 余种产品的综合经营业务体系，及“融资增信、融资担保、融资租赁、融资咨询、股权融资”五大支柱为主体的综合金融服务体系，在 2011 年北京国际金融博览会上，被评为“最佳综合金融服务商”称号。

三是“融合创新”优势与“创新探索者”功能。AMC可将专业风险防范化解技术与多元综合金融服务手段结合，探索“融合创新”，成为金融业的领先探索者。以长城公司为例，创新开发了“中小企业财务顾问及不良资产收购综合服务”、“中小企业集合票据（债券）远期收购承诺与资产管理”等特色业务，目前正在研发对中小企业“全生命周期”的金融服务链条。2012年被中小企业协会特聘为副会长单位。

二、AMC改革发展中面临的机遇和挑战

一是改革机遇。国民经济和金融发展“十二五”规划及财政部《关于金融资产管理公司商业化转型有关问题的通知》，都提出要促进AMC的商业化转型。国务院2011年“4·27”会议，对AMC提出了“一司一策、突出主业、综合经营、加快发展”的明确思路。近年来，AMC的改革发展明显加快。信达2010年7月率先进行股改，2012年3月引进战投；华融2012年10月完成股改；长城也上报了股改请示及初步方案，已经获批启动。

二是主业机遇。受金融危机和欧债危机的持续发酵影响，国内经济下行，银行业不良贷款呈现增势。2012年2月，财政部、银监会联合印发《金融企业不良资产批量转让管理办法》，将AMC收购处置不良资产的范围，扩展到政策性银行、信托、财务公司、信用社及其他金融企业。此外，即将出台的《金融资产管理公司收购非金融机构不良资产管理办法》，也将拓宽AMC不良资产收购通道。

三是创新机遇。党的“十八大”报告提出，要实施创新驱动战略，推进金融创新。国民经济和金融发展“十二五”规划分别提出，要稳妥推进金融业综合经营试点，提高综合金融服务水平；国家有关部门也在研究制定《金融资产管理公司业务创新监管指引》。这将促进AMC“综合经营”优势与“经济助推器”功能、“融合创新”优势与“创新探索者”功能的更好发挥。

尽管AMC面临难得的发展机遇，但能否可持续发展，取决于能否解决好三个问题：

一是能否形成可持续的盈利模式。当前AMC的业务和产品尚处于研发、使用和完善过程，形成“稳定业务构架、成熟产品体系和持续盈利模式”依然任重道远。

二是能否建立起有效的风险管控。当前AMC集团化的经营管理构架，对风

险管控提出了更高要求。如何有效防范风险特别是集团管控风险，需进行深入研究。

三是能否形成自身的核心竞争力。我国金融体系中，有银行、证券、保险等专业化经营金融机构和中信、光大、平安等综合经营控股集团。国际上，更有众多专业金融机构和跨国金融集团。AMC 要在竞争中持续发展，必须打造“核心竞争力”。

三、长城公司要重点提升七个方面的核心竞争力

（一）提升战略管理能力，统领改革发展全局

长城公司制定了“五年两步走”中期发展战略，第一步（2012—2013 年）以股改为核心，重在“打基础、建机制”；第二步（2014—2016 年）以上市为目标，重在“创品牌、上台阶”。2013 年作为“第一步”战略的收官之年，要确保既定目标圆满完成，并做好规划评估、完善及与“第二步”规划的衔接，还要统筹好远期战略，以建设国际化的现代投行为方向，打造“百年金融老店”。

（二）提升业务创新能力，构建稳固盈利模式

重点抓好三个层面的创新：一是围绕服务中小企业和打造“优秀的综合金融服务商”品牌，加快特色业务创新，形成对中小企业“全生命周期”的金融服务链条，做到“人无我有”。二是围绕提升主业竞争力和打造“专业的资产管理服务商”品牌，加快主业创新发展，培育提升专业技术，做到“人有我优”。三是围绕推进综合经营和打造“领先的金融创新探索者”品牌，推动融合创新，做到“人优我特”。

（三）提升市场应变能力，培育优质客户群体

一是做好市场细分，通过“强化内海”巩固已有市场，通过“进军红海”拓展共有市场，通过“开发蓝海”做大新的市场。二是做好客户分类，通过实施“立体式”客户开发战略，巩固重点客户、转化一般客户、发展潜在客户。三是完善配套保障，通过优化审批流程，提高决策效率，提升信息技术，形成对市场变化和客户需求的快速反应能力。

（四）提升协同发展能力，充分发挥集团效应

以打造“全能型分公司、专能型事业部、牌照型子公司和协同型集团总部”为目标，探索协同发展的最佳模式。一是全能型分公司，发展为综合业务运作

前台、产品营销前台、客户服务前台和利润创造前台。二是专能型事业部，负责重点行业开发和重大项目运作，发挥创利带动和创新引领作用。三是牌照型子公司，提供金融服务手段和市场准入工具，辐射和带动系统的代理业务。四是协同型总部，统筹集团战略规划和协调运作，促进各经营板块的安全、高效、协同运转。

（五）提升风险管控能力，确保安全稳健经营

要控制三个层面的风险：一是操作层面，将风险控制到项目，实行全流程管理，落实回收保障措施，随时做到保本止损。二是制度层面，将风险控制到业务，建立监测体系和拨备制度，及时发现风险并通过拨备予以消化。三是体系层面，将风险控制到单元，加强风险隔离和集团并表管理，严防集团内部的风险传递。

（六）提升人才凝聚能力，打造优秀员工队伍

一是以事业吸引人，将公司的事业发展与员工的个人成长紧密结合，为员工提供施展才华的舞台。二是以待遇留住人，不断提升经营业绩和推进分配机制改革，保持员工收入稳定增长。三是以机制用好人，坚持“人尽其才、才尽其用”的理念和“能者上、庸者下”的机制。四是以文化凝聚人，持续推进企业文化的落地深植。

（七）提升品牌培育能力，树立良好企业形象

要培育打造四个方面的品牌：一是特色业务品牌（专业的资产管理服务商、优秀的综合金融服务商、领先的金融创新探索者）；二是卓越管理品牌（决策科学、管控到位、协同高效、技术领先）；三是优秀文化品牌（“以人为本、效益优先、诚信至上、奉献社会”的核心价值观和“财通天下、智融长城”的品牌形象）；四是责任企业品牌（化解金融风险、提升资产价值、服务经济发展），并逐步建立品牌培育、推广、管理、维护的专门机构和完善体系。

（作者郑万春，中国长城资产管理公司总裁）

着眼“六个提升” 全面助推“二次腾飞”战略转型

——中国民生银行基层企业文化建设调研报告

为及时深入了解基层文化建设的新情况、新做法，掌握基层文化发展对经营管理、团队建设、组织绩效等方面的新推动、新成效，2012 年第二季度，我先后对成都、福州、泉州、厦门等分行进行了专题调研，主要情况如下。

一、企业文化建设总体情况

调研发现，在基层文化建设中，各分行都能够着眼于全行“二次腾飞”战略转型的整体目标，在实践中把中长期目标的同一性与实现手段的多样性统一起来，探索具有统一理念又兼具分行特色的企业文化建设思路和操作方法。各分行从所处经济环境、经营管理整体状况、员工队伍等情况出发，在确定各自企业文化建设阶段性目标、具体内容和方式方法时，将总行的总体要求、宏观指导与分行的实际情况结合起来，既体现出本地区、本分行企业文化建设的特点，又体现出总行企业文化建设的总体部署和普遍性要求。

尤其是“六个提升”教育活动开展以来，“六个提升”作为价值标准、行为准则在全行深入人心，已经成为民生特色文化的有机组成部分，“六个提升”作为全行核心价值观的地位得到确立、巩固和强化。“六个提升”教育实践活动对有效激发二次创业激情，强化各级党组织建设、行政建设和核心团队建设发挥了重要作用，对引领全行转型起到了突出作用。在推动分行“二次腾飞”战略转型的过程中，以“六个提升”教育活动为代表的新时期企业文化建设充分发挥了实现观念再造、强化战略执行、推动转型发展的作用，促进了各分行经营业绩、团队建设、品牌形象、市场地位等方面的全面提升。

二、企业文化建设强化了对战略转型的理解和认同，增强战略转型的感召力

在深化对“二次腾飞”战略转型的理解和执行过程中，各分行通过多种方式，不断提升认识，增强基层员工执行战略的自觉性和主动性。

成都分行通过党委中心组学习、组织员工进行大讨论、各部室开展专题研究等形式系统回顾“一次腾飞”历史，将“一次腾飞”的增长方式归纳为“四个依赖”，即“依赖外延式、粗放型扩张，依赖机构网点和人员外部扩张，依赖关系型为主的营销，依赖贷款投放派生存款”。通过比照“二次腾飞”的总体要求，成都分行分析查找了在团队建设、经营发展模式、创新思维、进取意识等方面存在的诸多不足，尤其针对在推进“两个银行”建设和“三个定位”转型过程中遇到的小微业务发展滞后、支行规模提升缓慢等问题，分行上下形成共识：这些困难、问题的破解，一方面要深化“六个提升”，为“二次腾飞”提供有力的思想动力和精神支持；另一方面，要结合分行实际情况深入理解“二次腾飞”战略转型的总体思路、实施背景、实现路径，强化对战略转型的理解和认同。福州、泉州、厦门分行也通过各种形式，将广大员工真正定位为战略转型的参与者、实践者，通过员工的充分、广泛参与，使“二次腾飞”战略转型的理念深入经营发展全过程，“三大战略业务”和效益银行、特色银行的建设目标成为全行的统一意志，围绕“二次腾飞”战略转型的整体目标，企业文化建设走上“全民参与”与“全民互动”的良性发展轨道。

三、企业文化建设着眼战略转型落地实施，提高战略转型的执行力

在推进战略转型过程中，总行把企业文化建设的“务虚”和银行经营发展的“务实”有机结合起来，有意识、有计划地设定主题，通过研究、破解战略转型过程中的关键性问题，引导、促进全行经营管理水平的提升。

各分行积极落实总行要求，紧密围绕战略转型过程中的区域特色、专业化支行建设、小微金融服务提升等关键课题，明确思路，探索各自的特色化、差异化发展道路。

泉州分行从区域产业上寻求特色，实现产品差异化；制定了以特色支行建设为突破口，民营企业、机构业务、零售（小微＋私银）齐头并进的“3＋1”

发展总体战略。经营战略的调整，快速推动了业务发展，分行市场存款占有率4.92%，较2011年5月提高2.16个百分点；分行综合业绩排名当地股份制银行前列。

福州分行提出内涵式提升和外延式发展并举的发展思路，从谋发展、创特色、增效益、求突破四个方面，分别确定未来三年的细化发展目标；围绕专业与特色，成立海洋专业推动部门——海洋产业金融部，实现全产业链开发；鼓励县域支行率先走专业化支行的道路，围绕核心企业开发产业链内上下游中小微企业。消灭了规模在2亿元以下的支行，10亿元以上的支行从2010年末的2家增加到2012年7月的5家。

泉州、福州等分行通过做透市场产业链，民营、小微、私银三大战略协同发展，实现综合效益提升快、成本收入比下降快，转型的成果初步体现。战略转型执行力的体现和提升，使得在基层分行中谋划转型、践行转型、推动分行科学发展成为广大干部员工的自觉行动和主动选择。

四、企业文化建设围绕客户文化、创新文化、家园文化，强化战略转型的生命力

一流文化造就一流企业，创建符合战略发展的客户文化、创新文化、家园文化，才能在企业文化中注入最活跃、最具生命力的因子，构筑银行发展和战略转型的坚实根基。

民生银行将以客户为中心的理念视为企业文化的灵魂。福州分行在经营过程中提倡“用心服务客户、用爱储蓄客户、用智提升客户”和“客户才是银行核心资产”的服务理念。为全面认知和评价客户，分行开发了客户成长评价系统，基于客户成长评价系统，逐步实现授信定价政策透明化，帮助客户有效降低财务成本。在创新服务上，根据不同的客户成长阶段提供差异化服务，提升客户关怀的内涵。

创新是民生银行发展的重要武器，总行从理念孵化、平台搭建到机制保障，基本形成了一整套开放式创新体制，以创新力量助推战略转型。成都分行在创新上，强化“产品创新与运用”的特色，依托投资银行、发债业务等产品服务综合运用，在信贷资源有限的情况下，实现了存款和利润的持续、稳定增长。分行深入研究分析四川的经济特点，选取白酒行业作为特色产业，打破传统部门架构，全力打造白酒金融品牌，深耕区域特色业务。

民生银行始终强调以人为本，着眼“家园文化”建设，形成了浓郁的家园氛围，显著增强了员工的凝聚力与归属感。在“家园文化”建设上，各分行都按照总行的统一部署，根据实际情况为“家园文化”建设注入特色化内容。厦门分行提出了“凝心聚力、安居乐业”的文化创建目标，强调“大爱、大气、有序”的理念；福州分行着力建设“开心工作、开心生活”的家园文化，提倡“安和乐利、特色效益”团队文化；持续举办“阳光心态”等各类培训，提升员工价值；在社会责任上，与福建省血液中心共同组织“学雷锋树新风”无偿献血活动，踊跃参与云南盈江地震、日本地震灾区援建、城乡困难居民重特大疾病医疗救助行动。

总体来说，从调研的情况看，四家分行展现了民生银行企业文化建设的阶段性成果，是全行 32 家分行、500 余家基层网点新时期企业文化发展的一个缩影，从一些典型事例和工作方法上反映出文化建设对经营发展、战略转型、团队提升的重要推动作用。

从着眼于“二次腾飞”的中长远规划、满足银行改革发展的需要上看，民生银行的企业文化建设和基层文化引导还或多或少存在一些发展中的不足，如企业文化建设总体上仍不能适应和满足战略转型需要的问题、制度管理的刚性对企业文化生命力影响的问题、企业文化理念的持续更新问题等。全行上下必须进一步充分认识企业文化的重要性，立足本行发展的环境和进程，充分借鉴国内外成功的企业文化发展经验和方法，持续建设有民生特色的企业文化，为下一阶段民生银行的发展提供持久的生命力。

（作者洪崎，中国民生银行党委书记、副董事长、行长）

当前地方法人银行发展面临的问题及对策

按照银监会“守底线、强服务、严内控、促转型”的工作主线，天津银监局紧密结合地区实际情况，切实履行法人银行属地监管职责，指导督促两家地方法人银行（渤海银行和天津银行，以下简称两家银行）平稳健康发展。

一、地方法人银行监管取得的经验

1. 加强监管理念传导，促银行经营不断迈上新台阶。近年来，两家银行认真落实天津银监局“稳中求进、稳中求好、稳中求快”的监管思路，实现了较为稳健、科学、快速的发展。一是规模不断壮大，总资产和各项贷款增幅超过同业平均水平；二是盈利水平快速提升，两家银行净利润增幅达50%以上；三是抗风险能力逐步增强，主要风险监管指标稳步趋好。

2. 加强监管督导，促银行转型发展不断取得新进展。两家银行根据监管政策指引，加快转变发展方式。一是信贷结构更加合理，小企业客户授信占比持续提升；二是资产结构进一步优化，优质流动性资产占比大幅提高；三是收入结构多元化趋势更加显著，中间业务收入比率逐步提高。

3. 加强经营风险疏导，促银行管理不断达到新水平。一是内控管理体系更加完备，内控管理手段有所完善；二是案件防控工作明显强化；三是内部审计有效性和独立性有所加强，内部审计资源进一步丰富。

4. 加强窗口指导，促银行金融创新不断实现新突破。渤海银行在基金托管方面，被媒体称赞为“资产托管最具成长性的银行”。天津银行相继推出了科技小巨人贷款、“金链条”贸易融资等二十多个具有特色的创新产品。

5. 加强政策引导，促银行服务能力不断站上新起点。引导两家银行一是在直接股权基金、离岸金融等方面先行先试；二是清理纠正金融服务中的不合理收费；三是充分激发和调动小微企业金融服务的积极性，小微企业贷款高速增长。

二、当前地方法人银行发展面临的突出问题

在看到成绩的同时，我们更应关注在当前国内外复杂的宏观经济金融形势背景下，银行发展面临的突出问题。

（一）关注资本管理问题

1. 资本约束成为银行发展瓶颈。一是资本消耗型特征突出，导致资本充足率逐步向监管指标下限逼近；二是经济资本管理目前尚未在两家银行考核体系中发挥主导作用；三是历史遗留问题和政策性因素致使银行获得外源性资本补充的难度增大。

2. 《商业银行资本管理办法》的实施将产生进一步制约作用。据测算，受操作风险资本计量、同业资产风险权重上升等因素影响，两家银行的资本充足率将有不同程度下降，渤海银行降幅达 112 个基点。

（二）关注发展模式问题

1. 特色化、差异化经营取向还不明显。一是营销模式和金融产品基本效仿同业，真正体现本行经营特色的产品较少；二是金融创新能力不强导致其盈利仍主要依靠利差收入；三是授信客户群、行业选择上与大型银行趋同。

2. 经营行为短视化倾向依然存在。一是部分业务增长模式尚缺乏计划性、规范性和可持续性；二是基层行为实现短期利润目标而不惜冒政策风险的经营行为仍值得警惕。

3. 盈利能力还有待提高。渤海银行资本利润率、资产利润率分别低于同业平均水平 6. 85 个和 0. 56 个百分点，反映出银行的经营管理仍显粗放，经营成本控制水平不高。

（三）关注银行经营中的传统风险

1. 潜在信用风险加大。受实体经济下行期间风险暴露等因素的影响，两家银行不良贷款反弹压力加大，2012 年上半年关注类贷款增加了 14. 9 亿元。在现场检查中发现，两家银行贷款风险分类还存在偏离，有 1/4 的被抽查贷款风险分类应下调。

2. 操作风险隐患仍不容忽视。主要表现在内控合规制度和监督机制建设还不完善；对相关内控合规制度执行不力，存在人情大于制度、习惯优于制度、领导指示高于制度的情况；案件防范意识和职业操守仍需提高。

（四）关注流动性风险

一是流动性指标不容乐观。“短借长贷”问题长期存在，流动性缺口率、核

心负债依存度等指标低于同业平均值。二是资金来源稳定性不高。流动性监管指标期间波动较大，靠保证金拉动存款的情况依然存在。三是流动性风险管理能力不足。内部管理的职责分工不清晰，流动性风险计量和管理的自动化水平不高。

（五）关注声誉风险

近年来，关于地方法人银行的负面舆情被媒体反复炒作，造成了极大的负面影响。而另一方面，银行应对声誉风险防控水平不高，主要表现在：一是缺乏有效的快速反应意识和专业化水平；二是舆情应对机制及紧急处理预案等基础性工作尚不完善；三是处置经验不足，无法有效落实应急处置预案的相关措施。

（六）关注信息科技建设

面对信息科技重要性日益突出和信息科技风险快速上升的双重压力，两家银行信息科技建设已明显滞后。一是银行决策层未予以足够重视，没有将信息科技与本行发展战略相融合。二是 IT 系统支持业务能力不足，存在关键的系统功能缺失，系统数据质量不高。三是信息科技风险防范亟待加强，存在“重建设、轻管理”现象，检查发现银行存在大量数据安全与泄密隐患。

（七）关注激励约束机制问题

是未有效落实《稳健薪酬监管指引》。薪酬延期支付比例低于 40% 的监管要求，福利性收入占比处于较高水平，中长期股权激励计划的缺失助长了银行经营行为的短期化倾向。二是绩效考评机制不够科学。稳健经营的引导作用未能充分体现在绩效考评体系中。三是激励约束机制执行不到位。考核体系未充分体现监管导向，不利于形成积极向上的企业文化。

三、今后地方法人银行监管工作思路

（一）始终坚持稳健经营的理念不动摇

努力通过有效的外部监管推动，督促地方法人银行建立稳健的公司治理架构和运作机制，提高经营效率；建立稳健的发展战略及市场定位，正确处理规模扩张与内涵式发展的关系，讲总量、重质量、抓特色；建立稳健的资本补充机制，在争取外源性资本补充的同时，更加注重内源性资本补充；建立稳健的风险管理架构和科学的绩效考核机制，强化风险防范意识，夯实银行改革发展的基础。

（二）始终坚持内控优先的理念不动摇

督促地方法人银行不断提高合规经营水平，尤其要结合内部检查部门和外部监管部门发现的问题和整改意见，认真吸取历年来发生案件的沉痛教训，做好内控制度和流程控制等方面的梳理。同时，进一步优化激励约束机制，逐步培养积极向上的企业文化。

（三）始终坚持全面科学风险管控的理念不动摇

重点是督促地方法人银行持续完善风险管理体系，针对经营中存在的各类风险隐患，在认真研究国内新监管标准和借鉴国际银行业科学经营理念和先进风险管理经验基础上，丰富风险识别、预警技术和风险处置手段，全面提高风险管控水平。

（四）始终坚持服务实体经济的根本不动摇

要努力引导地方法人银行坚持“有保有压、有扶有控”的政策要求，把加强和改进小企业和“三农”金融服务作为根本任务抓实抓好。同时，根据本地区建设存在大量资金需求的实际状况，在确保手续合规和风险可控的前提下，保证对重点项目的资金支持。

（五）始终坚持改革创新不动摇

一方面，银行要立足实际，根据自身特点及时优化发展战略，充分利用地区优势做文章，积极开展金融创新，满足客户需求，实现特色化经营；另一方面，管理部门也需要积极研究适宜的经济政策，以充分调动银行金融创新的积极性，实现银行经营创新与支持地方经济发展的双丰收。

（六）始终坚持依法监管、服务式监管、联动监管不动摇

监管部门要根据新形势，进一步提升监管效能。一是统筹监管资源，综合运用各种监管手段，加强宏观形势辅导、监管政策宣讲和风险预警提示。二是善于与兄弟银监局、银行监事会、合规内审部门、外部审计等各方面联动，扩大监管覆盖面。三是加强分析研究，根据经济发展新形势和银行业经营中的新问题，摸清风险底数，及时采取监管行动，保一方经济金融平安。

（作者李均锋，时任天津银监局党委副书记、副局长，
现任贵州银监局党委书记、局长）

对中国建设银行河北省分行深化战略转型情况的调研报告

当前，商业银行加快转型已成为一个重要的战略性课题。国有商业银行省级以下机构如何转？怎样转？转型中带来的问题是什么？效果如何？近期，我们对建行河北省分行进行了调研。该行共有机构713个，其中，1个省级机构，12个二级分行（营业部）、435个支行、147个分理处、118个储蓄所，员工17 190人，是较为典型的大型商业银行组织架构下延模式。从2011年起，通过推进事业部制改革，提升差异化竞争力和深化结构调整积极探索转型之路，收到较好效果。2011年，该行全口径存款、各项贷款新增均达到同业第一，不良贷款降为五大国有银行最低，获评省政府金融贡献奖第一名，等级行考核跃居系统一类行第十位。

一、着眼于内部，推进事业部制改革，盘活存量资源

2011年7月，该行先期选择规模相对较小的沧州、承德、衡水、直属4个行正式启动了事业部制改革试点。2012年8月，又在张家口、秦皇岛、廊坊、邢台4个二级分行进行推广。

（一）改革的主要内容

一是明确范围。对公、对私同步改革，城区支行一步到位、与事业部直接对接，县域支行根据具体情况分步到位。二是调整架构。规定改革后二级分行职能部门数量不超过9个（不含工会）。成立公司业务事业部和个人业务事业部，其内部团队或中心数量分别不得超过6个或5个。对中后台部门进行全面整合，成立综合管理部。三是风险归口。将原分散在对公对私多个部门管理的柜面业务操作风险统一由二级分行营运管理部牵头管理，营运管理部再将管控职责分解到两大事业部前台，事业部既管业务又管风险。四是人员派驻。二级分行相关部门向事业部派驻计财、人力、风险审批、信息技术等专业人员，向基

层机构委派纪检监察特派员，营运管理部向基层机构委派业务主管。五是理顺关系。明确事业部与网点之间是经营主体和营销服务平台的关系。事业部负责条线产品的研发、管理、销售、售后服务支持以及产品流程优化设计工作；营业网点建立适应营销服务型网点业务开展的组织架构。六是完善机制。事业部在考核指标设置上，具有一定的资源配置和人事调整权，承担具体的业务指标。通过拉开前中后台之间的收入差距，鼓励中后台人员向前台流动。

（二）改革后的优势

一是营销服务力量明显增强。如沧州分行公司和个人条线员工由改革前的137人增加到了294人，增幅达到了115%。二是专业化经营水平提高。实现了从经营“产品”向经营“客户”的转变。三是管理效率提高。事业部和网点一体化经营，减少了管理层次。四是市场反应速度提高。事业部客户经理能够在第一时间获取客户需求信息。五是责权利高度统一。事业部拥有一定的人力资源调配权和财务资源配置权。六是风险控制内控体系更加严密。操作风险的管控职责分解到两大事业部前台，形成了层次分明、前后有序、各负其责的“立体操作风险防控体系”。

（三）改革后的效果

经过改革的二级分行初步形成了“前台强大、中台高效、后台集中”的经营管理格局，形成了管理顺畅、运行高效的事业部体制。如沧州分行各项业务全面开花，KPI考核排名从2010年的全省末位跃升至2011年的第一位。

二、着眼于属地，推进差异化竞争，用好特色资源

该行在改革转型中提出了“一行一策”的发展方略，具体而言，就是“中心城市抓提升，县域经济抓特色”，围绕“抓特色、出亮点、上台阶”加快发展。

一是明确市场定位。制定了“一行一策”区域差别化指导意见，各业务条线及综合考核部门根据差别化指导意见修订有关办法，完善相应的产品配套、渠道支持、激励约束等政策措施，以实现经营差别化、考核特色化。

二是着力细分客户。对客户群体按照资产、区域、行业等不同的标准进行细分，筛选出最有价值的客户，实施名单制管理，成立任务型团队，开展针对性分层营销维护，提供综合化和个性化的金融服务方案。

三是着力细分产品。针对不同地区的经济特点和客户的不同需求，主动提

供有针对性的、符合客户需求的产品和服务，通过差异化定位，避开同质性竞争，以获取更加广阔的市场机会。

四是着力细分渠道。加快物理网点调整和新建，对于存量机构以结构调整、布局优化为重点，新设机构按照网均产出水平进行规划布局。加强电子渠道建设，加大自助设备、转账电话投放力度。推进客户经理队伍建设，根据各行客户数量和业务发展潜力，“一行一策”地落实各行客户经理配备数量标准和人员结构。

五是探索完善与之相适应的考核机制。省分行通过设置差异化指标，最终体现总体平衡。鼓励二级分行探索实施适合本行实际的考核机制，最大限度地挖掘区域特色、优势和潜力。

三、着眼于质效，推进结构调整，挖潜增量资源

受河北省特殊产业结构影响，该行存在钢铁、水泥、交通等行业集中度和客户集中度高、中长期贷款占比高、产品结构不合理等问题。针对这些问题，该行以信贷结构为重点，全面调整客户、行业、产品、渠道和收入结构。

一是深化信贷结构调整。在坚持资产带动方针的同时，该行按照大客户、中小型客户、个人客户信贷余额占比各为三分之一的原则，持续加大信贷结构调整力度。向建设银行总行申报区域差别化信贷政策，将信贷资源优先投向中央和总行鼓励、对存款和中收带动效应明显的行业和客户。大力拓展综合回报率高、资本占用较低的国内保理等。贷款规模优先满足小企业、个人类贷款的需求。

二是深化客户结构调整。坚持大中小并举战略，进一步完善客户分层管理、分级维护制度。加快推进财富管理中心向私人银行转型，推动高端客户维护层级上移，提升高端客户营销维护水平。全面推进社区金融，瞄准特色产业集群、工业园区和结算类市场，主动走入社区、校园、企业、园区，有效拓展了大批优质客户。

三是深化产品结构调整。完善产品创新机制。研究产品创新奖励办法，鼓励开展自主型、移植型和组合型创新，对产品创意也进行评奖和激励。加快新产品创新步伐。注重融智增值型投资银行产品的创新推广，满足客户的投融资需求。加大产品组合销售力度。对现有产品进行优化组合，为客户提供组合式销售或套餐式销售。

四是深化渠道结构调整。第一，大力推进网点建设。加大新设机构建设力度，调整优化网点布局，实现网点新设、离行自助银行与网点装修工作统筹兼顾，机构网点覆盖面不断扩大。第二，强力提升客户经理队伍营销服务客户的核心骨干作用。足额配备专职客户经理，提高客户经理专业专注服务能力和整体作战能力。第三，全面推动电子渠道跨越式发展。探索实施电子渠道收入双边记账，继续加大自助设备投入，加快推进自助设备集中专业化管理。

四、深入推进转型过程中应关注的几个问题

（一）推动分支机构建设向县域延伸

要向有发展潜力的县域、大型社区、新兴中小城市等地区增设配套设施齐全的机构。明确规定县域机构所吸收资金主要支持当地经济发展。将部分信贷业务权限下放基层支行并充实信贷人员，以满足县域客户的金融需求。

（二）打造适应新技术革命的智能型银行

要以新技术革命为契机，实现手机银行、网上银行、家庭银行、企业银行、随身银行等能够与传统的柜台银行融合互补。

（三）积极推进财富管理

要真正树立“以客户为中心”的经营理念，进一步挖掘个人和机构两类客户的财富管理潜力，努力实现客户的精准营销和客户价值的深入挖掘，大力构建基于流程银行的财富管理运营体系，积极探索多元化的盈利模式。

（作者李莅春，河北银监局党委副书记、副局长）

关于省级联社职能转变的现实思考

——以河北省农村信用联社为例

从2003年河北农村信用社改革以来，农村合作金融机构产权制度由合作制、股份合作制逐步明确为股份制，而省级联社的职能转变却相对滞后，已严重影响着农村合作金融机构的长远改革与发展。

一、积极作用

2003年国务院推行农村信用社改革，确立了资格股、投资股并存的产权模式，并确定了省联社“管理、指导、协调和服务”的职能定位，河北省联社随着国务院确定的第二批试点省份于2005年6月成立，在推进农村合作金融机构深化改革、防范化解风险和整章建制等方面发挥了重要作用。

（一）经营规模持续扩大

河北省联社成立后，采取多种措施，促使全辖农村合作金融机构经营规模实现跨越式增长，整体实力不断增强，存贷款等主要指标增幅均衡，盈利水平逐年提高，不良贷款余额、占比双下降，整体由资不抵债转成资能抵债，抗风险能力显著增强。截至2011年末，资产总额6 971.6亿元，比2005年末增长106.7%；各项贷款余额3 631.8亿元，比2005年末增长167.9%；负债总额6 638亿元，比2005年末增长102.6%；各项存款余额5 730.3亿元，比2005年末增长152.1%；所有者权益333.6亿元，比2005年末增长248.6%；资本充足率整体由负转至5.9%。全省农合机构累计投放农业贷款11 027亿元，其中累计投放农户贷款4 708亿元，农业贷款余额达到2 895.7亿元，比2005年末增长143.54%，农业贷款余额、新增农业贷款均占全部金融机构的90%以上，新开发个人类信贷产品12个、企业类信贷产品13个，显著提升了支农服务水平。

（二）产权制度改革取得成效

一是全面完成了县级联社的统一法人社建设，抗风险能力增强。二是组织全辖农合机构完善法人治理结构，转换经营机制。所有县级机构都建立了三会一层的法人治理架构，多数县级机构有健全的三会制度并逐步建立起较为科学的经营机制。三是股份制改造开始起步，逐步向现代金融企业制度迈进。2011年以来共计批筹农村商业银行9家，上报银监会14家，批筹股份制农村信用社4家。

（三）风险防范机制逐步建立

省联社成立以来，先后制定了近千项规章制度和操作规范，为合规经营奠定了制度基础。一是贷款发放逐步规范。制定新增贷款不良率不得超过3%的管理“红线”，严格落实贷款新规，加强对信贷业务的风险提示和服务咨询。二是建立了统一的计划财务和会计管理制度。实施综合柜员制、会计委派制，强化岗位授权监督，加强财务会计内控管理。实施费用预算管理，提高了综合经营管理水平和合规操作能力。三是初步建立稽核监督体制。建立了三级稽核监督体系、稽核制度体系，健全稽核工作机制，抓好序时稽核、后续稽核和专项稽核，深入排查风险隐患。省联社组织全省性稽核检查17次，累计查处违规责任人近万人次，对问题特别突出的9家县级机构派驻工作组进行整顿。

（四）服务水平大幅度提升

完成了全省农合机构数据大集中，实现了对公、对私、银行卡和中间业务的整合；开通了财务管理系统、稽核管理系统、人力资源管理系统、信贷管理系统和办公自动化系统，管理决策的科学性和有效性逐步增强；改进了支付结算渠道，建设并投入使用了现代化支付、银联清算、农信银清算、票据影像支付等系统，架起了河北农信支付结算的“高速路”，跻身于全国金融机构电子支付先进水平行列。截至2011年末，全省农合机构信通卡存量达到1 257.3万张，发展特约商户23 857户，布放POS机26 219台，安装ATM 1 695台，开通电话银行146万户，开通短信服务业务106万户，布放EPOS（自助服务）终端1 750台，有144家县级机构开通网上银行，其中47家机构正式对外办理业务，有4 074个营业网点实现了全国范围内跨行资金的实时汇兑，全省支票影像系统和支付密码系统上线运行，有效畅通了结算渠道。

二、制约因素

目前，农信社的法人治理和内部控制还不够完善，管理水平较低，与自主经营、自我约束的要求差距很大，在这种情况下，赋予省级联社管理权限是必然选择。但随着农合机构产权制度改革的加快，省联社履职中的问题逐步显现，官本位浓厚、行政观念强烈、服务意识淡漠，消极作用日益凸显，影响和阻碍了农合机构的改革发展。

（一）部分农合机构还不具备“四自”能力

从河北省县级农合机构的现实情况而言，省联社职能转变的过程其实就是县级机构完善法人治理的过程。现阶段，还有多数农合机构自我约束能力与监管要求相比距离很大，法人治理仍不健全，自我发展机制薄弱，内部人控制的现象仍很严重，存在很大的道德风险，过快放松管理，极易产生新的风险。因此，省联社转变职能要按照“好的少管或不管、差的多管”的原则，逐步实施。

（二）农合机构存在严重的风险隐患

截至 2011 年末，河北省农合机构平均资本充足率为 5.98%，0 以下机构 36 家，占机构总数的 23.2%；实际不良贷款率为 17.33%，8% 以上机构有 94 家，占机构总数的 60.6%；整体拨备覆盖率 42.06%，103 家机构低于标准值，占机构总数的 66.5%；2010 年发现案件 3 起，2011 年发现案件 2 起，2011 年在银监会组织开展的假冒名贷款专项整治活动中，发现假冒名贷款 20 740 笔、金额 100 077 万元；高风险县级机构 97 家，占县级机构总数的 62.6%。这些机构普遍基础差、风险大，靠自身力量很难走出困境。

（三）相关法律法规和监管政策仍不完善

目前基层农合机构基本消灭了资格股，章程所规定的为社员服务的目的也就失去了法律依据；省联社是由省内农合机构自愿入股组成的具有独立企业法人资格的地方性金融机构，法人联合体的组织属性决定了省联社要代表社员社的利益，为社员社提供服务，省联社却行使着行政管理者的实际权力。因此，亟需出台相关法律法规及监管政策，确定基层农合机构的性质，重新界定省联社的履职定位。

（四）在发展中实行职能转变

截至 2011 年末，全省农合机构仍有 36 家县级机构资不抵债，有 27 家县级机构有历年亏损挂账，省政府应承担对农合机构资金损失的责任。省联社是省政府授权的管理机构，应根据辖内农合机构发展实际情况逐步弱化其行政管理职能。

三、工作建议

（一）制定规划

一是要充分考虑法律法规依据。在法律法规以及国家政策赋予省联社的职能定位范围内，规范省联社的履职行为。二是要充分考虑省联社的履职能力。农村信用社改革以来，省联社在加强管理方面也发挥了重要作用。三是要充分考虑职能转变各个阶段的进程。应根据各省基层农合机构法人治理、管理水平、经营机制的现实状况，科学把握转变职能的进程，不宜“一刀切”。

（二）分类管理

各省银监局和省联社要结合县级机构公司治理水平、风险管理水平和金融服务水平，制定本省分类管理的职能转变实施细则，科学把握省联社职能转变工作进程，根据监管评级结果实施差异化的行业管理和服务。一是对资不抵债的农合机构，允许采取直接接管的方式，并采取多种帮扶政策，用省联社在调剂资金运营过程中的收益弥补上述机构历年挂账亏损；探讨对严重资不抵债的县级机构实行控股，依靠政府的强大后盾力量帮助清收不良贷款。同时，协调政府部门采取给予税收优惠政策、优质资产置换、直接注入资金等方式使其尽快走出困境。二是对已成立农村商业银行、股份制县级机构的，要放手促使其按照“四自”模式经营，督促其按照现代金融企业的标准规范经营行为，落实监管部门和省联社的发展规划，人、财、物权应制定大的原则，充分发挥其公司治理和内部控制的作用。同时，加强审计工作，发现违规苗头的，要及时介入，处罚纠正。三是对介于前两者中间不良贷款较高、盈利水平较低但资能抵债的农合机构，要尊重其独立法人地位，指导其从健全法人治理结构入手，通过加大稽核审计力度，监督检查引导健全决策机制、约束机制、激励机制和发展机制，督促农合机构依法选举理事和监事，选举、聘用高级管理人员。同时，帮助其制定降低不良贷款的具体措施，积极向政府部门争取相关优惠政策，促使其早日改制为农村商业银行。

（三）增强服务

一是加强全面风险管理机制建设。要利用自身资源优势，完善风险管理制度建设，制订培训计划，加大培训力度，努力培育“合规人人有责、合规创造

价值”的合规理念。二是继续提供资金清算和信息咨询传统服务。保证资金汇划及时到账，资金交割清算及时完成，建立区域内农村信用社资金余缺调剂平台，促进系统内资金高效配置和安全流动。三是做好业务产品创新。借助资金和信息化优势，及时发掘和捕捉市场需求，分析需求变化趋势，遵循新产品开发的基本原理和路径，有针对性地设计研发相应的产品和服务。

（四）调整职能

一是突出办事处稽核审计职能。实现稽核审计工作思想观念的深层次转变和稽核审计职能的全面调整，要研究办事处稽核审计的组织结构、工作职责、业务流程、人员管理、制度建设等，进一步发挥办事处贴近一线的优势，把违规操作消灭在任何决策环节和关键业务环节，做到及时发现、及时纠正、及时处罚。二是做好调研统计分析工作。通过调研统计分析及时发现当地经营过程中的问题，以及好的典型和做法，为科学决策提供支撑。三是为基层农合机构改革发展服务，省联社利用办事处的工作力量，协调当地政府开展工作。四是弘扬企业文化。办事处了解当地的区域民情，同时也掌握现代金融企业的经营理念，对培育特色文化、做好自身形象宣传、开展员工合规操作教育与培训将起到不可替代的作用，充分利用办事处的力量培养员工合规操作意识，逐步提高全体员工综合素质、建立农合机构企业文化长效机制。

（作者田耀金，河北银监局党委委员、副局长）

农村金融机构健康可持续发展须不断提升创新动力

金融创新是银行业的永恒主题，良好的金融创新实践对经济金融发展具有巨大的推动作用。近年来，吉林银监局积极督导全省农村信用社坚持服务“三农”的市场定位，主动顺应形势变化，加大金融创新力度。2011 年 5 月，伊通满族自治县农村信用合作联社（以下简称伊通农联社）在全省率先推出“贷款远程集中审查审批系统”，实现了贴近“三农”、改善服务、强化管理和防范风险的多重目标，为进一步提升全省支农金融服务水平提供了经验参考。

随着农村经济快速发展和产业结构加快调整，农村金融市场变化日新月异。作为农村金融市场的主力军，农村合作金融机构如何适应发展变化，在强化“三农”金融服务的同时加强风险管控，是我们一直关注和思考的课题。近期，我们走进伊通农联社，访农户、问需求、求证监管效果。工作中，该社一项小小的业务创新引起我们注意：2011 年 5 月，该社在全省农合系统率先推出农户“贷款远程集中审查审批系统”，既提高了办贷效率、减少了农户贷款成本，又实现了强化信贷管理和防范风险的多重目标。这一创新的技术含量不高却发挥了巨大作用，也带来了深刻启示：创新是银行业的永恒主题，对农村金融机构尤为重要；农村金融市场潜力巨大，只有通过创新金融产品、手段和工具，才能不断提高服务“三农”的水平并实现良好的自我发展。

一、农村金融市场需要产品创新，更需要理念、管理和技术创新

（一）新需求需要新观念、新服务

当前农村金融需求呈现以下新特点：一是资金需求多层次、多元化趋势明显。在吉林，备春耕贷款发放让每年第一季度成为农信社最忙的旺季，但近年来，这种情况悄然改变，农信社贷款业务成为常年开展的工作。在党和国家一

系列惠农政策扶持下，全省农业现代化步伐加快，农民生产经营领域不断拓宽，信贷资金需求出现变化。以粮食生产为主的传统农业，其信贷需求具有较强的季节性，额度相对较小、需求分散但时效性强，信贷需求占总需求比重逐年下降；规模型、集约型现代农业，其信贷需求额度相对较大、需求集中但实效性相对弱化。二是由单一信贷资金需求向多样化金融服务需求转变。调查显示，农民思想观念出现转变，他们打破旧有生产模式，发展规模化种养业，品种单一的农贷难以满足其需求；此外，农村消费信贷需求逐年增加，理财产品、信用卡甚至网上银行业务在农村悄然兴起。三是信贷需求的时间弹性在递减。随着农村市场货币化和信息化程度加深，快捷高效日益成为农村金融需求的新特点。四是农村资金流动性日益增强，资金交易量加大，频度增加。上述变化突破了传统农村金融供给方式，但受体制机制等因素影响，涉农银行机构仍存在观念落后、管理守旧和创新乏力等问题，难以有效满足“三农”日益增长的多层次、多元化金融服务需求。切实提升支农金融服务质量，更好促进“三农”加快发展，迫切需要涉农银行机构的创新驱动。

（二）新管理需要新模式、新流程

农户贷款具有小额、分散、管理半径大和成本较高等特点，同时，农信社信贷人员队伍庞大、素质欠佳，增加了农贷管理难度，潜在较大信用风险和操作风险。如何创新农贷审批管理模式，实现“贴近‘三农’、改善服务、强化管理和防范风险”的有机结合，成为农信社健康可持续发展的要务。

（三）新标准需要新工具、新手段

银监会“三个办法一个指引”着重强化银行机构贷款全流程管理，推动了农信社贷款从传统粗放管理模式向精细化管理模式转型，客观上要求其综合运用信贷管理和IT等手段，重塑并完善贷款操作流程，提升信贷管理质量，增强风险防控能力，保障资产安全。

二、小技术、小投入、小创新见大作用、大成效

“农户贷款远程集中审查审批系统”由伊通农联社与沈阳欣天辰公司合作研发，投资百余万元，操作简便，实用性强，已在四平地区农信社全面推广。系统前台主要对贷前调查真实性负责，包括信贷营销岗、贷前调查岗和复核岗；具体流程：信贷营销员审核基本材料、审核借款人主体资格，负责受理→贷款调查岗进行双人调查，负责出具详实调查报告→复核调查岗负责材料复核，进

行综合判断，提出明确综合结论。中台主要对贷款合规、合法性负责，包括资料审查上传岗、审查审批中心岗；具体流程：资料审查上传岗对上传材料的完整、合规、有效、清晰负责→审查审批中心岗负责权限内审批和权限外上报→审查审批中心审核贷款发放条件落实情况。后台主要对贷款档案整理和提示贷后跟踪负责；具体流程：贷款发放→档案集中→督促前台贷后跟踪及贷款收回。主要成效：

（一）提高审核效率，满足借贷需求

系统运行后，人均每天审核贷款75笔，不考虑退回因素，含审查、面谈、面签程序在内每笔贷款平均审核时间9分钟。其中：直补保贷款、农户小额信用贷款每笔平均用时7分钟；联保贷款、保证贷款用时12分钟；抵押贷款用时15分钟。同时，即时贷款审批的6个审批岗位在工作时间内随时在线，实现了快捷办贷，减少了客户等待时间及费用成本，体现了客户至上的服务理念。

（二）合理控制风险，确保贷款真实

系统投入使用对防范信用风险和操作风险发挥重要作用。一是确保法律证据有效。采取音频、视频介入技术实现“面谈面签”，有效解决贷款清收诉讼中缺少视频影像证据的问题。二是可及时接入公安部门身份证核查系统，确保贷款发放给真实借款人，有效避免“借名、假冒名贷款”和变相“垒大户”的情况发生。三是减少风险点。系统上线后，贷款审查审批风险点由36个降至6个。四是明确了责任边界。制定操作流程，明晰岗位职责，调查岗对调查真实性负责、审查审批岗对贷款合规性负责，各岗位相互分离、相互制约。

（三）档案存储先进，管理科学规范

根据现有贷款品种授信要件数量，在系统内进行明确设置，不完整的信贷资料，系统拒绝提交，强制规范了信贷档案的建立和审核。调查发现，档案合格率从上线前的47%升至95%以上，保障了资料真实、完整、合规。利用远程审批系统对贷款资料进行存储，便于非现场检查和基层调阅，为内外部监督提供了确实证据和考核要件。

（四）提升队伍素质，重塑业务流程

伊通农联社以系统上线运行为契机，及时加强培训，提升信贷员道德素质和风险防控意识；坚决分流问题员工和不符合岗位要求的员工，进一步提升队伍素质。同时，系统用科技手段和规范化流程取代旧有操作程序，较好实现了合规经营。

三、几点思考

（一）严密防控风险，加大“人防”和“技防”投入

创新是农村金融服务的永恒主题，但前提是完善制度流程、加强风险防控。伊通农联社开发的系统对防范信用风险和操作风险具有积极作用，但从全省农信社情况看，还应从“人防”和“技防”入手，大力加强风险防控。“人防”主要是健全内控制度，梳理工作流程并科学调整完善，明确各岗位职责权限；“技防”主要是完善监督制约机制，加大执行力度，确保在科学的流程下开展工作。

（二）加强科技创新，为推动试点业务提供技术保障

信息科技是农村金融机构各项业务发展的重要后盾，新时期，应加大投入，加速改造升级农合机构 IT 系统，增加农村自助机具布设及在具备条件的地方试点开展网银业务等。

（三）重视人才培养，为农村金融创新发展提供智力支持

农村金融创新需要强大的智力支持。当前，应不断加强人才队伍建设，培养引进满足业务发展要求的复合型人才，为农村金融创新打下良好基础。

（作者张新东，吉林银监局党委委员、副局长）

黑龙江省大型银行绩效考评现状、问题与对策

一、大型银行绩效考评现状

（一）绩效考评体系日臻完善

经过不断发展修订，工商银行、农业银行、中国银行、建设银行和交通银行五大行现行绩效考评体系基本体现了《银行业金融机构绩效考核监管指引》（以下简称《指引》）中稳健经营、合规引领、战略导向、价值核心以及综合平衡的精髓要义。工商银行设置绩效与风险、经营转型与业务发展、业务协调发展三类综合考评指标；农业银行采取综合指标计分和单项指标排名相结合的模式，在综合考评基础上对“三农”业务实施单独考评；中国银行实施分组考评，采用平衡计分卡模式；建设银行建立了以等级行评定和 KPI（关键业绩指标）考核为主要内容的考评体系；交通银行形成了主体业务、战略推进和内部管理的综合考评体系。

（二）全面风险价值管理逐步成熟

五大行在经营效益类指标中均设置了经济增加值（EVA）、风险调整后资本回报率（RAROC）等指标，对不同期限、风险的资产设置不同经济资本系数或违约概率（PD），强化了经济资本激励约束机制。其中，工商银行采用内部评级法计量信贷业务风险成本和经济资本，对信贷业务实行 RAROC 刚性控制。建设银行将经济增加值指标权重提高至整个绩效考评体系的 29%。交通银行将经济利润增量与绩效奖金直接挂钩，提高经济资本占用系数至 12%，并下达经济资本约束指导性计划。

（三）风险内控管理考评力度不断增强

为满足《指引》的相关要求，各行均加大了对风险管理及合规经营的考评力度。其中，工商银行调增全面风险管理评价权重和内控评价扣分权重，并增设经济资本占用率指标；农业银行增设安全生产运行指标，提高“三化三铁”

达标率和整改工作指标权重，合计高于总行制定权重0.87个百分点；建设银行增设良好贷款下迁比例，并调增风险类指标权重；交通银行将案防工作、责任事故作为综合加减分指标。

（四）绩效考评战略导向作用日益显著

五大行均加大了对核心指标的关注度，引导分支机构调整经营结构，发展重点业务，加快业务转型。农业银行对“三农”业务专设考评指标考核，并设置经济增加值单项指标，客观评价“三农”业务的价值增值能力；中国银行为调整负债结构，改善息差水平，在考核口径中提高活期存款调节系数，剔除高息存款，并增设人民币付息负债单位成本指标；交通银行将绩效考评体系框架调整为“主体指标+战略推进指标+内部管理指标”模式，以支持战略转型和客户结构调整。

二、大型银行绩效考评存在的主要问题

（一）绩效考评指标体系尚未健全

五大行均未将《指引》规定的五个方面十七类指标体系作为绩效考评的核心框架，基本沿袭了2011年原有绩效考评指标体系。具体表现为：一是大类不全。五大行均未设置真正意义上的社会责任类指标，部分机构混淆发展转型类指标，将业务增长率、产品销售量及网点建设作为社会责任类指标进行考核，而未能涵盖绿色信贷、公众金融教育等内容。二是小类不全。五大行的风险管理类指标均未设置市场风险和声誉风险指标，发展转型类指标侧重考核业务增量和存量，未将不规范经营行为等作为扣分项，对基层行提升金融服务水平的激励作用不足。

（二）绩效考评办法科学性和精细化不足

一是绩效考评指标与年度经营计划不相契合。除交通银行外，其他四行均在绩效考评指标体系外单独下达年度经营计划指标（体系），其中相当一部分指标超出了绩效考评指标体系，易导致“两层皮”现象。二是绩效考评办法未能体现区域特性。除农业银行设置地方经营业绩调节系数计算考评综合得分、中国银行实行分组考核外，其他三行均未设置差别化考评指标，易加剧机构之间“同质化”现象。三是“类时点”考评方式依然存在，“重规模”导向较强。工商银行对存款按日均和月均7:3比例计算考核得分；建设银行在等级行评定办法中，对一般性存款分别考核日均余额和关键时点余额，权重各占50%。

（三）风险管理与合规经营考评力度仍显薄弱

一是指标分值和权重设置不合理，“重经营，轻管理”现象较为突出。农业银行风险合规类指标权重为25%，低于发展转型类指标权重41.67%；中国银行风险管理类指标权重为25%，而发展转型类指标权重高达60%；交通银行风险管理类指标权重为12%，低于经营效益类指标权重20%及发展转型类指标权重64%。二是指标设置未能有效突出重点风险防控。五大行均未对房地产贷款等重点风险防控领域作出专项考评，仅中国银行将平台贷款管理作为扣分项，弱化了绩效考评对银行审慎、合规经营的引导作用。

（四）考评标准“加码”现象依然存在

一是经营计划“逐层加码”。2012年工商银行省分行下达人民币存款增量任务上浮高达66.67%；建设银行省分行下达存款日均余额任务上浮1.26%，中间业务收入任务上浮0.45%。二是在考评体系外单设考评指标产生隐性“加码”。工商银行省分行在总行规定外增设了14项重点推进奖励产品，并提高了部分产品的奖励标准。其中代理和理财业务手续费收入、个人中高端客户数、信用卡新发卡有效发卡量等考核指标与省行绩效考评体系部分指标产生重复评价，导致考核力度不恰当放大。

（五）经营计划的合理性及前瞻性有待改进

主要表现在对利润和中间业务收入计划增幅设定偏高，未能充分考虑宏观经济环境走势、同业竞争及政策因素影响，应进行适时调整。五大行中，除中国银行2012年计划利润下调2%外，其他四大行计划利润平均增幅为37.93%，其中建设银行和交通银行利润未能完成三季度序时计划。五大行中间业务收入计划增幅均在23%以上，其中工商银行高达39.92%，但第三季度末仅完成计划的56.41%。除中国银行省分行外，其他四大行均未能完成中间业务收入三季度序时计划。

（六）以经济资本和EVA为核心的绩效考评机制仍需完善

主要表现为经济资本计量方法较为粗略。除工商银行采用内部评级法外，其他四大行采用权重法或权重法与内部评级法并轨的计量方式。中国银行以监管资本代替经济资本核算经济增加值，未能真实反映被考评单元的资本占用和风险承担，降低了绩效考评效力。建设银行对资金类和投资类业务信用风险及操作风险经济资本计量采用业务量和近三年主营业务收入平均值乘以相关系数，未能实现业务逐笔核算，难以精确计量非预期损失。

（七）绩效考评结果应用较为片面

各行考评结果主要用于机构、管理层与员工绩效奖励挂钩分配。除建设银

行外，其他四大行均未将考评结果用于评定等级行，且未能与员工的长期福利、成长规划和教育培训挂钩，缺乏长期激励机制。

三、政策建议

（一）健全绩效考评指标体系

各行应按照《指引》要求调整现行绩效考评指标体系，明确社会责任类指标概念，完善风险管理类指标内涵，增设绿色信贷、公众教育、市场风险及声誉风险等考评指标，并将不规范经营纳入发展转型类指标考评。

（二）提高绩效考评办法的针对性和精细度

一是各行在制定绩效考评指标时应以年度经营计划为主要依据，确保考评指标与经营计划紧密接轨。二是应结合各分支机构的经济环境、区域特点、业务、客户结构等因素，科学、审慎制订经营计划，设置差别化考评指标，兼顾即期发展与长期规划。三是精简“类时点”考评指标，禁止在体系外设定单项或临时性考评指标，自行提高考评标准及相关要求。

（三）考评指标设置应进一步突出风险合规导向

一是各行应加大风险管理类与合规经营类指标的权重设置，逐步达到《指引》规定“明显高于其他类指标权重”的要求。二是指标体系设置应体现重点风险防控和监管要求，将平台贷款和房地产贷款等重点风险防控纳入考评体系。

（四）围绕经济资本管理，完善绩效考评机制

各行应不断完善经济资本分析和数据处理技术平台，提高经济资本计量和管理的精度，加大经济资本相关指标考核力度，引导基层机构压缩高资本消耗业务，减少经营短视行为。

（五）建立多元化激励机制，深化绩效考评结果应用

各行应进一步加大等级行评定、管理授权、信贷资源和费用分配与绩效考评结果的挂钩力度，同时丰富考评结果应用，使其与员工职务晋升、教育培训、长期福利相结合，形成绩效考评长效机制。

（作者刘峰，黑龙江银监局党委委员、副局长）

全面客观看待在华外资银行的发展战略

对于外资银行的发展及其影响，业界寄予了很高的期望，也产生了很多争论。

一、市场普遍的认识

第一，认为外资银行市场份额较小。外资银行经过三十多年的发展，特别是中国加入世界贸易组织，中国银行业全面开放以来，外资银行保持了较快的发展速度，增长水平也超过其集团。但是，外资银行在银行业的市场份额始终在2%左右，在金融市场中处于小众。当初加入世贸组织时曾有专家学者预测，今后5～10年，外资银行在中国银行业的市场份额达到5%～10%是完全有可能的。这个预测并没有实现。

第二，外资银行市场影响不如预期。在当时加入世界贸易组织之际，中国银行业始终是市场普遍担心的领域，担心“狼”真的来了，担心中国银行业的生存。但是，现在中国银行业反而越来越强大，即使在全球金融危机时期，中国银行业也独树一帜。当初的担心没有发生，外资银行在华的发展始终不温不火，没有对中资银行构成实质的竞争，外资银行的市场影响也不如预期。

第三，外资银行分行在当地的发展普遍不如中资银行。经过几十年的发展，外资银行在全国各地设立了较多的网点。目前，外资独资银行和合资银行在全国设立了272家分行，全国仅4个省没有外资银行分行。但综观这些分行网点，除了几个沿海城市的，普遍发展不快，有些地方的分行几年下来做的业务不如中资银行几个月的业务量。与所在地中资银行分行相比，外资银行分行在当地的规模较小，影响较小。

第四，外资银行总体盈利能力远不及中资银行。近两年，中资商业银行的ROE和ROA分别为1.1%和19.2%（2010年），以及1.3%和20.4%（2011年）；而同期外资银行整体ROA和ROE分别为0.45%和4.1%（2010年），以

及0.78%和7.9%（2011年）；整体的盈利能力差距明显。

二、如何正确看待

市场的普遍论断有一定道理，但不全面，也不完全客观。看外资银行市场份额和影响力要全面客观分析：

一是既要看普通贷款，又要看特色业务。外资银行的贷款市场份额只有2%，但其特色业务的活跃度和影响力要高得多。如外资银行在外汇业务、贸易融资、银团贷款、现金管理、结构性理财、人民币跨境业务等方面都具有特色。

外汇业务的优势比较明显。以上海市场为例，全面加入世贸组织时，上海辖内外资银行外汇贷款占上海市场份额为56.3%。随着外资银行本地化业务的不断深入，外汇贷款市场份额虽有所下降，但仍超过40%，继续保持外汇贷款市场的引领作用。银团贷款方面，外资银行也相对具有特色。按照牵头金融计算，2012年1—9月，上海外资银行占上海银行业银团贷款17%的份额。

另外，外资银行利用自身业务优势，积极参与跨境人民币结算、内保外贷和离岸金融等业务，不仅对相关业务领域作出了积极的贡献，也为自身业务创造了发展机遇。2011年上海外资法人银行新增人民币存款中25%来源于跨境业务。另据央行上海总部数据：2012年1—9月，跨境人民币交易排名前10位的银行中，有4家是外资银行，这4家外资银行占比为19%。

二是既要看表内又要看表外。在华外资银行虽然表内资产和贷款的市场份额始终只有2%左右，但表外资产的发展却远快于表内资产。目前，外资银行表外资产已经达到了表内资产的3倍多，而同期中资银行表外资产仅为表内资产的1/4左右。表外资产近90%是衍生品交易，目前，在华外资银行衍生产品交易占全国银行业的34%，仅次于国有银行。在具体产品方面，据业内估计（没有公开数据），外资银行占利率产品30%～50%、占外汇产品20%～30%的市场份额。

三是既要看自身又要看战略投资。外资银行在海外市场的发展非常重视协同效应，自身有机增长和战略投资并重。两条线不仅仅限于银行业务，同时拓展到证券、资产管理、基金和保险等领域。从集团的角度看，在中国投资收益要远大于自身增长数据所反映的成效。如汇丰中国2011年税前利润对集团的贡献度只有近3%，但中国的战略投资给集团的贡献度达到17%；恒生中国2011年税前利润对母行贡献度只有2.5%，但其投资兴业银行的税前利润贡献度达到 19%。

四是既要看境内又要看境外。在中国企业境外业务发展的大潮中，外资银行充分借助其母体在海外市场的优势，为中资企业提供全方位的跨境业务。如汇丰中国利用其集团国际网络，在海外各地设立了 14 个中国办公室，积极为“走出去”的中国企业提供好服务。如该行同中国中交集团在 20 多个国家有业务联系，在 40 多个国家为华为集团提供金融服务。渣打中国利用“全球 + 当地”业务模式，通过量身定做的跨境联动服务，满足企业跨境金融服务需求。境外影子收入并没有簿记在中国的资产负债表。如渣打中国境外影子收入达到渣打中国的 60% 左右，规模稍小的外资银行如华侨中国、法国巴黎（中国）其境外影子收入已能够与中国子行的收入相当。

外资银行战略有以下特点：

一是更追求平衡。以上海十家典型外资法人银行和三家中资法人银行两个群组 2011 年的数据为例，外资银行利息收入和非利息收入占比分别为 79% 和 21%，中资银行则分别为 90% 和 10%。

利息收入中，中资银行存贷款利差占 75%，而外资银行为 52%。非利息收入中，手续费收入、投资收益、其他收入三大类非利息收入结构，外资银行的占比分别为 53%、5% 和 42%；而中资银行分别为 94%、-5% 和 11%。外资银行在其他收入上有明显优势。

二是更追求全面。外资银行在华的发展战略不是拘泥于在华自身有机增长这个小的视角，而是站在集团的视角，来部署和规划中国相关的业务，注重协同效应。其一是综合业务协调效应，通过自身发展和战略投资，为客户提供综合金融服务；其二是境内外协同效应，借助境外优势拓展境外业务，带动境内业务的发展。

三是更追求质量。其一是重视质量。虽然短期内成本收入比和 ROE 以及 ROA 总体上不突出，但有潜在优势。第一，外资银行很大一块收入并没有反映在中国的资产负债表上。第二，不考虑零售亏损的效益好得多。如以花旗中国为例，目前整体的资本收益水平在 16% 左右，但公司业务的资本收益（ROIC 部门资本收益）却可以达到 23% 左右。第三，典型外资银行的经营绩效已初露端倪。以汇丰中国为例，其盈利能力已赶上同等规模的中资银行。其二是强调风险管控。重视第一道防线、第二道防线和第三道防线在内控管理中的作用。

四是更追求可持续。在认识外资银行的发展战略上，要区分“我们认为”和“银行认为”。我们总是觉得外资银行零售业务长期亏损，担心零售业务走的

路子不对；各地外资银行分行业务规模上不去，担心外资银行经营是否出了问题。这些都是“我们认为”怎么样，而“银行认为”怎么样与我们的观点有出入。在做零售的银行看来，零售业务本身就是长期投入，亏损五年十年都是可以接受的。另外，不少地方外资银行分行经营没有规模，银行也并不如外界所担心的那样，而是重点服务集团跨国客户，对于本地的优质中资企业和高端个人客户则深耕细作，稳健拓展，这符合银行的发展战略和风控战略。

三、监管应该做什么

1. 要创造公平竞争的环境。总体上，外资银行的发展比2%市场份额所表现的市场影响要强，从市场的角度和从监管的角度要全面客观看待外资银行的发展战略。政策上要做的就是为中外资银行创造公平竞争的环境，消除影响公平竞争的障碍。

2. 鼓励中资银行战略规划。外资银行的发展战略对中资银行的发展也值得借鉴。比如在利率市场化的环境下，如何采取更加平衡全面的战略，更加重视发展的质量，更加重视可持续性。另外，跨境服务始终是一个重要挑战。中资银行如何服务企业“走出去”的跨境金融需求也需要早谋划、早部署。

3. 不要用中资银行的管理思路看待外资银行。在中资银行主导的市场中，对外资银行很容易有中资银行的管理思路，如自觉不自觉用资产或贷款的规模来判断银行发展的好与坏，用资产和贷款指标来比较不同银行的经营成果，用资产负债表内业务看待一家银行的全貌等。要充分认识中外资银行集团所在地和发展历史的不同，经营模式的差异，市场化程度的高低，全面客观看待外资银行发展战略。

（作者马立新，上海银监局党委委员、副局长）

关于构建银行业规范经营长效机制的思考

2012年，按照银监会部署，福建银监局督促指导辖区银行业机构深入开展不规范经营专项治理活动，并深入剖析存在问题及成因，探索构建银行业规范经营的长效机制。

一、当前银行业机构经营规范性方面存在的突出问题

（一）现行利率定价方式潜藏不规范经营隐患

当前银行业机构通过测算客户综合贡献度确定贷款利率，客户综合贡献度主要指其对银行存款和中间业务收入的贡献程度，测算的主要因素包含年日均存款、购买基金、保险、理财产品和结算套餐及当期财务顾问费等，银行抓住客户希望降低贷款利率的心理，提出增加存款、购买基金、保险等附加不合理条件。

（二）部分单项服务捆绑打包增加收费

一是对免除收费的项目变换名目继续收费。银监会等三部委联合通知免除的34项收费项目中，包括密码修改重置手续费、个人账户开户手续费和存折开户更换工本费，个别银行在新收费名录中将以上几种免费项目捆绑起来，以“存折挂失”名目等套餐服务形式继续收费。二是服务打包，协议定价增加收费。某银行将开户办理、账户维护、对账单打印、资信证明、电子银行等有明确收费标准的单项服务捆绑打包，以现金管理服务费名义通过协议定价方式向客户收费，提高了收费标准，加大了收费浮动空间。

（三）浮利分费、服务收费、质价不符问题仍然存在

部分银行业机构未提供实质性服务，将部分上浮利率以财务咨询费、贷款安排费、账户管理费等名目向客户收取相关费用。有的银行将向外部咨询公司购买的相关资料转手给客户，收取高过几十倍的财务顾问费或咨询费。

（四）相同服务项目收费差距较大

以ATM本行异地转账费用为例，同样转账1万元，最高的收取100元，最

低的仅收5.5元，差异近20倍，引起了不少客户质疑。

二、银行业机构不规范经营成因分析

当前银行业机构贷款附加不合理条件和不合理收费行为，有其自身机制和管理上的原因，也有制度法规建设的问题，还与宏观经济背景密切相关。

（一）考核激励导向偏差，经营计划不切实际

当前银行业机构经营考核强调规模导向，以业务发展和同业竞争为主线，经营计划和考核指标逐年增加、层层加码，脱离实际和发展规律。以中间业务为例，某大型银行总行下达给辖内省分行中间业务收入指标2012年是上年的1.5倍，该分行2012年上半年仅完成全年计划的35%。在不断增大的考核压力下极易诱发不规范经营行为。

（二）法规制度滞后，监管缺乏明确规定

长期以来，我国商业银行服务定价实行政府定价模式，2003年出台的《商业银行服务价格暂行办法》只初步确立了物价部门和银监部门监管的范围，对定价模式、收费项目、监管方式等未进行明确详尽的规定，与当前银行业机构收费业务较快发展、规范管理要求不断提高的态势相比，明显滞后。

（三）定价制度不够完善，内部管理薄弱

近些年国内银行业机构金融产品、服务项目、服务渠道不断创新，收费项目和价格由银行自行确定，但银行内部尚未建立完善的服务收费定价与管理监督制度，内部授权不明确、价格浮动随意性大，难以有效规范服务价格和收费行为。

（四）信贷资源有限，市场竞争不充分

近两年，信贷资源有限，银行议价能力明显提升，加上市场竞争不够充分，在利润和中间业务考核指挥棒下，往往容易引发利率一浮到顶、浮利分费等行为，也极易产生银行借发放贷款搭售产品和不合理收费的行为。

三、构建银行业机构规范经营长效机制的建议

随着我国银行业经营环境、市场结构和发展模式的不断变化，客观上要求从多方面进一步加强对银行业机构收费价格管理，建立健全长效机制，切实纠正贷款附加不合理条件，科学定价、合理收费，更好地支持实体经济稳增长。

（一）科学合理定价，完善银行服务价格管理

1. 适当扩大政府定价范围。建议国家价格主管部门适当加大对银行服务收费的定价范围，特别是将与人民生活密切相关的基础性服务收费纳入政府定价范围，将一些成本投入较低的服务项目也纳入政府定价范畴，确保金融消费者低价享受最基础的金融服务。对实行市场调节的服务收费价格，建议有关部门制定相关管理制度，对银行业机构的定价权限、收费价格管理等作出明确规定，强化政府的指导作用。

2. 引导督促银行合理定价，明确权限流程。引导各银行业机构进一步提高对自主定价服务收费项目的定价管理水平。一是兼顾多层次社会利益，充分考虑个人和企事业单位的承受能力、消费习惯及同业收费情况等因素，科学测算成本支出，合理定价，明码标价；二是针对不同产品服务、不同客户群体，实行差异化定价策略，最大限度减免对低收入阶层和弱势群体的服务收费，充分践行社会责任；三是坚持法人机构统一定价原则，建立内部职责分工明确的服务价格管理体系，强化内部授权管理，杜绝随意定价和调价行为；四是规范信息披露流程，在制定和调整价格前向社会公示；五是继续通过技术优化与业务创新，合理配置资源，提高服务效率，降低运营成本。

（二）完善内部管理，进一步规范银行业经营行为

1. 校正经营导向，优化绩效考评。督促银行业机构从源头抓起，一是统筹兼顾业务发展与合规经营、风险防控间的关系，消除单一、粗放的业务规模和收入增长类考评指标，适当增加和提升合规管理和风险控制等指标在绩效考核体系中的权重，建立综合平衡的绩效考评指标体系；二是制订下达科学合理的经营计划，校正不切实际追求业务规模和同业市场份额的经营考核导向，防止出现业务发展年年加速、考核指标层层加码、各级员工人人加压的现象。

2. 强化制度流程建设，加大教育检查力度。督促银行业机构规范流程和行为。一是定期梳理服务项目及收费标准，及时修改完善相关制度规定，有效规范贷款发放和审批、服务价格制定和调整等行为；二是强化流程建设和系统升级，对能够通过 IT 系统设置参数实现系统自动控制收费的，均通过机控实现，以减少人为因素产生的操作失误或故意违规；三是强化对依法合规经营的教育和检查，提升规章制度执行力，做到服务收费依法合规、服务匹配、协议完备、客户自愿。

（三）推进改革发展，实现银行业持续规范经营

1. 进一步推进中间业务发展转型。推动银行业发展不占用经济资本、服务

型的中间业务，开发个性化、差异化、特色化的金融产品，为客户带来实质性效益，在此基础上收取合理的服务管理费，拓展非利息收入，促进中间业务良性循环发展。

2. 进一步推进利率市场化改革。通过适当加快利率市场化步伐，促进银行业市场充分竞争，逐步缩小利差空间和服务收费价格差异。一方面减少银行业以贷搭售、以贷收费等不规范经营行为，使服务收费更趋公平合理，另一方面推动银行业业务结构综合化，改变过于依赖存贷利差的盈利模式，优化盈利结构，实现可持续发展。

（四）加强监管引导，完善社会监督制约机制

1. 进一步加强监管督促引导。通过监管部门继续加大监管力度，一是督促银行业机构按照《商业银行绩效考评监管指引》的要求，建立健全科学合理的绩效考评制度，合理制定下达经营管理指标，引导走健康可持续的发展道路，从源头杜绝因经营导向偏差而产生的不规范经营行为；二是加强监督检查，结合举报投诉，对仍然存在贷款附加不合理条件和不合理收费行为的银行机构，发现一起、查处一起，并严格责任追究。

2. 完善投诉处置和消费者保护机制。尽快制定金融消费者权益保护法律法规，设立专职权益保护机构，为金融消费者的合理诉求提供法律依据和专业化服务。通过银行业协会或消费者协会调解、仲裁机构仲裁、社会舆论监督等方式，不断促进银行业规范经营。

（作者于战勇，时任福建银监局党委委员、副局长，
现任福建银监局副巡视员）

我国政策性银行改革转型之路的探索与思考

我国政策性银行体系于1994年初建以来，国家开发银行、中国进出口银行和中国农业发展银行（以下简称开发银行、进出口银行、农发行）3家银行已设立近18年，在支持国家重点建设、促进机电产品和成套设备出口、保护和稳定粮棉市场等方面发挥了不可替代的作用。随着经济金融环境的变化，政策性银行存在着影响其持续发展的多种因素，亟待改革转型。

一、我国政策性银行改革的必要性

无论从更好发挥政策性银行功能，还是从风险防范的角度出发，推进政策性银行改革、以解决其存续过程中由体制性弊端导致的矛盾，都刻不容缓。

（一）立法滞后，职能定位与差异化监管有待明确

世界上绝大多数政策性银行依法成立、经营并接受监管，而我国政策性银行至今尚未形成专门立法规范，经营和外部监管均处于失据状态。

1. 职能定位弱化，业务边界不清。政策性银行成立初期，其职能明确定位于承担四大专业银行所分离出的政策性金融业务，然而在经营过程中，它们一方面需将资金投向一系列市场失灵的领域，另一方面需在低成本、资金有限、风险补偿机制缺失的情况下实现财务可持续。这种政策性导向和市场化运作双重矛盾促使政策性银行扩张商业性业务，职能定位和业务边界日趋模糊。

2. 差别化监管问题困扰监管当局。由于业务经营和主要风险与商业银行存在较大差异，政策性银行不能完全适用商业银行的监管规则，不能简单照搬资本充足率、债信、集中度等审慎监管工具，审慎性监管手段应用受到较大制约，给监管工作造成一定困扰和难度。

（二）资本金不足，资金来源有限

2011年末，3家政策性银行的资产规模合计已突破9万亿元，3年内增长63.78%，随着业务规模的迅速扩张，资金来源渠道有限问题日益凸显。

从资本金看，政策性银行资本金均由财政部核拨，补充渠道单一，权益性资本长期得不到及时、充分的补充。虽然开发银行在2008年股改后增资至3 000亿元，资本充足率达到11.31%，但随着资产规模快速增长，资本充足率迅速下降；农发行和进出口银行的资本金自成立以来则始终未增加，资本充足率也远低于监管要求。从资金来源看，发行金融债券是政策性银行的融资主渠道。2011年，3家政策性银行债券融资规模创历史新高，其中开发银行发债规模首破万亿元，债券余额约占负债总额的80%。金融债券大规模发行不但增加筹资成本，而且与贷款期限错配严重制约了资金的长期使用。

（三）商业化业务规模快速扩张，风险隐患突出

政策性银行的风险补偿机制未健全完善，单一发展政策性业务难以实现保本微利的目标，促其先后开办商业化业务，新风险隐患不断增加。

1. 合规风险。随着商业性业务的快速扩张，合规风险苗头有所显现。以农发行福建省分行为例，近年来其信贷业务逐步向土地收储、农村基础设施建设两大商业性领域倾斜，部分分行介入城市或工业园区开发建设，贷款投向偏离支农定位。2012年6月末，全辖51个土地收储类项目中，有43个项目的土地开发后均不同程度地规划用于商服、商住地、工业园区等非农区域。

2. 平台贷款风险。政策性银行是政府融资平台贷款的主力军。2012年6月末，福建辖区政策性银行平台贷款余额和新发放额占全辖比例分别达55.08%、65.07%，还款来源主要依赖土地出让收入和财政拨付。从近年地方财政收入增幅下滑和贷款集中到期的情况看，信用风险不断积累。

3. 国别风险。近几年，开发银行和进出口银行境外资产业务迅速增长，两行均存在境外贷款管理半径长、人手不足、业务风险管理难度高等问题，国别风险比较突出。福建银监局对辖区开发银行的印尼贷款项目检查中发现：贷款项目还款来源过于依赖政府补偿，项目仅有总统令签署的财政部担保，未办理其他商业保险，也未将项目作抵押或提供其他担保，风险缓释不足。

二、政策性银行发展与改革的国际经验

从各国情况看，政策性银行的发展阶段有所差别，但都着重解决了监管依据、资金来源和风险控制三大问题。

（一）解决监管依据问题——立法先行

各国政策性银行大都由政府发起、出资创设，甚至直接经营，这一特性决定其

经营难免受到政府部门的影响和干预。通过专门立法明确政策性银行的职能定位、业务范围和内外管理体制，可以防止政府随意干预政策性银行业务，有利于其经营管理和外部监管。大多数国家都对政策性银行专门立法，例如德国、日本、韩国三国分别通过了《德国复兴信贷银行法》、《日本政策投资银行法》和《韩国产业银行法》，规定政策性银行的政策、计划、预算等重大经营方针由政府指定和监督。

（二）解决资金来源问题——财政融资和市场融资

从各国情况看，政策性银行的资金来源可分为财政融资和市场融资两大渠道。财政融资包括财政提供资本金和财政借款两种方式。国外政府不仅向政策性银行注入实收资本，而且注重增加资本准备，如德国复兴信贷银行（KFW）实行全额免税和利润全部拨入准备金政策；财政借款是由政府组织资金、转借给政策性银行，如日本政策投资银行财政和公库借款约占其资金来源的60%。市场融资包括发行债券、吸收存款和借入外国资金三种方式，其中发行债券是最主要的方式，如德国复兴信贷银行（KFW）的发债筹资占其资金来源70%以上。国外政策性银行还设立最低资本金的要求以防止其信贷过度扩张。

（三）解决风险控制问题——组织架构和法规双重约束

为了避免政策性银行借助国家信用、政府资源与商业银行不公平竞争，以及向财政转嫁商业性亏损，各国进行许多积极的探索，大致可分为两种类型四种经营模式。

1. 单一经营型。单一经营型即指在市场失灵的领域设立单一型政策性银行经营政策性业务；在政府减少或取消支持的领域转型为商业银行。单一政策化经营模式严禁与商业银行竞争，高度依赖政策扶持；单一商业化转型模式是通常建立在成熟金融市场的前提下，政策性银行开启民营化进程，且商业资本成为其运行主导，政府的直接参与完全或大部分停止。

2. 综合经营型。综合经营型即政策性银行兼营商业性业务，实现政策性和商业性两类业务的综合经营，在政府目标和商业化经营之间取得平衡，主要有分账管理和母子公司两种模式。分账管理模式通过设立特别账户或信托基金，实行专项管理，隔离政策性业务和商业性业务；母子公司模式是由政策性银行成立专门的子公司来提供商业性服务。

三、政策建议

（一）分别制定管理条例，提供规范法律依据

政策性银行作为商业性金融的补充存在形式，其监管应有别于商业性金融。

国内包括农业和进出口在内的领域仍需要大量非营利性金融资源的投入，全面商业化并不现实。建议维持农发行、进出口银行的政策性定位不变，按“一行一策”的原则制定政策性银行管理条例，为经营和外部监管提供规范的法律依据。

（二）动态调整业务范围，明确风险补偿机制

建议监管部门定期对政策性银行业务范围进行审查和动态调整，以适应不断发展的形势需要，避免其盲目扩张和以创新为名的超范围经营。在严格界定业务分类基础上、明确政策性业务的风险补偿机制，实行分账核算，保证政策性银行在实现可持续发展的同时，能立足自身定位，弥补商业金融的不足。

（三）多元化筹融资渠道，提高风险抵补能力

建议建立财政与政策性银行之间的有效衔接机制，实现多元化筹融资。一是强化政府支持，增加政策性银行权益性资产；二是实行税收优惠，例如免缴所得税和营业税，利润留成转为一般风险准备；三是面向市场融资，允许以信贷资产证券化等资产转让方式，分散中长期业务风险，增加资产的流动性。

（作者张新潭，福建银监局党委委员、纪委书记）

关于银行业支持县域经济发展问题的调查与思考

近年来，在中央、地方政府和各级金融管理部门的引导支持下，一系列经济金融政策出台实施，有力推进县域银行业实现了前所未有的发展。但同时，面对县域经济的新特点、新趋势以及对金融服务的新需求、新要求，县域银行业与县域经济的协调持续发展还存在若干现实矛盾有待解决。

一、山东县域经济发展现状和特点

（一）县域经济发展的新特点、新趋势

一是县域经济综合实力逐步增强，其经济重要性地位日益凸显。截至2011年末，山东省县域生产总值突破4万亿元，占全省的89.7%；地方财政收入突破2 000亿元，占全省的61%；县域规模以上工业实现利税9 043.6亿元、利润3 984.5亿元，分别比2008年增长83.2%和95.2%，年均增长22.4和25%。县域日渐成为当前扩大内需最具潜力的经济领域。

二是县域经济“三化”进程明显加快，可持续发展潜力和后劲增大。农业产业化迅速发展，逐渐实现由传统农业向高效、特色农业和产业化经营转变；工业化发展大力推进，县域经济承接产业转移的态势更加凸显，县域工业占三大产业比重不断提高，工业占县域经济的比重高于全省总体水平；城镇化水平不断提升，一批规划科学、布局合理、功能完备、特色鲜明的强县（市）镇加快崛起。2011年山东县域城镇化率达50.9%。

三是县域特色经济蓬勃发展，逐步成为经济转型发展的着力点。围绕山东“四色经济”发展战略，县域特色经济聚集效应不断凸显，各地充分发挥资源优势和比较优势，以龙头企业为依托，以工业园区为载体，以特色产业乡镇为重点，以“专精特新”为方向，形成了一批规模比较大、特色比较明显的产业集群。

四是县域民营经济活力大增，成为最具潜力的增长点和生力军。县域经济对外开放度不断提高，所有制结构日趋多元，民营经济规模壮大，并逐渐成为县域经济的主体和最具活力的增长点，相当部分县（市）的民营经济已占据当地经济的半壁江山。

（二）县域经济发展对金融服务提出的新需求

一是融资需求更加旺盛。县域经济“三化”的纵深发展带动县域居民消费信贷需求急剧扩张升级，需求融资缺口有增无减，集中体现为农业金融供给不充分，中小企业融资难、融资贵等问题。

二是需求内涵更趋多元。农村社会阶层、职业分化引发财富分层，丰富了金融产品与服务需求的层次和形式。小微企业主、务工高收入者、农村智力劳动者等非农经济主体大量产生，新型富裕农民不断涌现，对金融服务多样化需求日益渴求。

三是金融创新更为迫切。农村社区化、县域城镇化、农业产业化的推进，使得城乡融合不断加速，县域环境变化需要金融服务加快创新，县域特色经济迫切需要金融创新研发更具针对性、个性化的特色金融产品和服务。

四是综合功能亟待提升。新农村建设推动城乡一体化和城镇化进程提速，农业产业化深度发展，产业链条结合更加紧密，农业金融需求规模化、链条化、集中化趋势愈加明显，对县域金融的综合服务和有效性提出了更高要求。

二、山东县域银行业发展现状

（一）县域银行业组织体系日趋完善、功能增强

随着各类银行业机构改革深化，纷纷向县域延伸下沉，全省县域已初步构建起政策性银行、合作性银行、商业性银行，功能互补、分工协作的银行业组织体系，良性竞争局面开始形成，银行业服务合力效果持续提升，金融服务功能不断增强。

（二）县域银行业产品创新力度明显加大

为适应县域金融需求日趋多元化的现状，县域银行机构不断加强推进专营机构建设，创新业务品种，小企业信用联盟、大联保体贷款、专业市场信用联盟等多种信贷新模式和林权、采矿权、海域使用权、仓单、应收账款、知识产权抵（质）押等新型担保方式不断推陈出新，有力提升金融服务水平和质量。

（三）县域银行业服务覆盖面显著提高

在监管部门督导推动下，县域银行业牢固树立社会责任意识和普惠金融意识，因地制宜采取标准化网点与简易便民服务相结合的方式，增设机构网点和便民服务设施，实行流动或定时定点服务，各地涉农银行机构于2009年提前实现了乡镇金融服务全覆盖的目标。

三、面临的现实矛盾

（一）县域金融资金配置不均衡与总量供给不足的矛盾

县域经济对信贷资金需求日益扩大的现状下，县域金融资金在当地运用不充分，加大了资金供需缺口，县域信贷投入占比与经济总量占比不匹配问题突出，山东银行业县域贷款占比落后于存款占比，县域存贷差额占全省银行业存贷差总额的一半。

（二）县域经济多样化金融需求与银行业单一金融供给的矛盾

银行业组织体系尚待再优化，国有银行基层网点少，邮储银行业务开办少，新型农村金融机构服务能力有限，农信社“独木撑天”，县域市场竞争不充分，金融服务水平提高缓慢。金融服务功能短缺，银行服务多集中于存贷汇等传统业务，中间业务产品缺乏，金融产品针对性不强，适合县域各种新型组织和经济体特点的创新型特色产品不多，服务半径难以延伸到乡镇农村。

（三）县域经济弱质特性与银行支持动力不足的矛盾

从产业构成看，县域经济以农业为主，涉农经济融资需求资金量大、周期长、风险相对高，农业脆弱性和农民弱势性决定了县域经济的弱质特征。从企业构成看，县域企业多以中小企业为主，规模相对小、经营管理不规范、市场竞争力弱、可抵押资产少，银行支持意愿低。从金融基建配套看，县域经济以农村为主，基础设施建设落后、公共投入不足、融资中介及相关配套体系发展滞后。从金融环境看，县域金融外部环境不够理想，基层经济主体诚信意识欠缺，非法集资和民间融资混乱，逃废银行债务现象比较严重，信用环境建设有待加强。

（四）县域经济结构不合理与银行经营管理导向的矛盾

县域农业产业化、集约化、现代化程度较低，资源型工业占比大，部分县域产业“两高一耗”企业占主导，资源环境压力大，区域发展不平衡，质量效益不高，产业结构雷同等深层次问题依然突出。尤其在当前经济运行趋缓背景

下，商业银行出于安全性、盈利性和风险性考虑，信贷投放更为审慎稳健。

（五）县域经济发展支持政策多与落地实施难的矛盾

近年来，中央和地方相继出台了专项财政贴息、信贷风险补偿、机构设立和信贷投入奖励等一系列支持县域经济和“三农”发展的政策措施，但实际执行中相关利益风险补偿政策往往难以落实，造成实际上的政策“虚化”，难题仍未有效破解，政策实质性作用难发挥。这说明当前县域经济金融发展缺的不是政策，而是政策的可操作性和真正落地实施的“对策”。

（六）基层银行业迅速膨胀与县域监管体系不完善的矛盾

受多种条件限制，县域银行业监管力量较为薄弱，县监管办人员数量少、年龄结构老化、专业素质滞后，与县域金融的迅速发展形成鲜明反差，县域监管体系的缺失和监管资源配置的严重不足，致使监管主业难突出，引领作用难发挥，风险把控难到位。

四、工作着力点及政策建议

（一）完善县域金融组织体系，拓宽县域资金供给渠道

着力增加满足不同层次金融服务需求的金融机构数量和种类，引导各类银行机构扩大县域覆盖面，继续推进建立符合县域特点的专营机构，充分发挥各类新型农村金融组织作用，探索建立各类银行与县域法人银行的资金批发运用机制，引导城市富余资金支持县域经济发展。

（二）加大金融服务创新力度，满足县域多元化金融需求

推动银行机构加强信贷管理创新，探索建立符合县域特点的授信审批机制，完善差异化信贷激励约束机制，拓宽县域资金回流渠道。探索创新服务机制，继续完善各类金融服务产品和新型服务方式，为不同客户群体提供专业化、差异化和有针对性的金融服务，丰富县域金融服务形式。加强信贷产品创新，灵活创新信用模式和扩大贷款抵押担保范围，积极探索建立针对性产品定制服务和有效的信用风险分散转移机制。

（三）加强金融配套基础建设，健全金融政策扶持体系

兼顾各类银行机构及县域经济弱质性特点，实行差异化扶持政策。加强县域金融配套建设，完善担保体系和评估体系建设。优化县域经济结构和产业结构，通过承接产业转移来实现产业结构优化升级。强化社会信用意识，严厉打击企业逃废债以及民间融资、非法集资活动，净化金融发展环境。

（四）完善县域金融监管体制，强化监管保障功能

按照权责对等的原则，科学合理地确定监管办事处属地监管职责，更好地发挥县域监管对基层银行机构的引领推动作用。探索构建小额贷款公司、民间互助组织等机构的中央和地方分层监管体制，完善县域金融监管体制建设。

（作者王忠坦，山东银监局党委委员、副局长）

关于河南银行业支农信贷改进措施的调研报告

为支持河南省加快建设中原经济区，打造金融支持农村经济发展大省，全面提升农村金融服务的满足度和满意度，河南银监局成立调研组，选取部分典型地市，通过召开座谈会，深入走访政府机关、银行、农业企业、农民专业合作社、种养殖户等方式，就支农信贷政策环境、贷款主体、金融服务、金融监管等方面存在的问题进行了深入调研，并提出相关政策建议。

一、支农服务现状

近年来，各银行业机构涉农贷款投放逐年增加，涉农贷款占比不断提高。截至 2012 年 10 月末，全省涉农贷款余额 8 335.19 亿元，占全部贷款的 41.47%，较年初增加 1 226.17 亿元，增速 17.25%，超过全部贷款增速 3.4 个百分点。其中，主要涉农机构（农发行、农行、邮储银行、农合机构、村镇银行）涉农贷款余额总计 5 481.25 亿元，占全部涉农贷款份额的 65.76%。

（一）加强农村金融产品与服务创新，努力满足农村经济发展需要

各家银行积极探索适应农村经济发展的抵押担保新模式，不断创新支农金融产品。例如，农合机构开办了“金燕快贷通”小额农贷业务，无须担保，按照“一次核定、随用随贷、余额控制、周转使用、阳光操作”的办法进行动态管理，简化办贷程序，使贷款像存款一样方便。

（二）依托农业产业化龙头企业，突出支农金融服务工作重点

各家银行不断优化信贷结构，把支持农业产业化龙头企业作为信贷支农重点。例如，农行信阳分行以产业化龙头企业为核心，围绕龙头企业上下游产业链进行支持。截至目前，该行对国家级农业产业化龙头企业河南华英农业发展股份有限公司贷款余额达到 4.48 亿元，同时围绕华英公司产业链，累计发放农户贷款近亿元。

（三）以农村产权制度改革为突破口，突破农村贷款两难困境

以信阳市为例，从2009年起，该市抓住被批准为河南省农村改革发展综合试验区的机遇，积极开展金融服务创新，大胆探索破解农村“难贷”与“惜贷”的难题。一是有序推进农村“五权”确权颁证，使农民现有资产有了清晰的权属，具有了可用来抵押担保贷款的法律凭证。二是在乡镇设立信用担保和物权交易中心，为农户贷款提供反担保、办理委托物权交易、提供金融服务等。三是市政府投资成立市级担保集团，并建立市县两级贷款风险补偿基金。

二、支农服务存在的问题

（一）政策环境方面

1. 风险分散补偿机制不健全。地方政府设立的支农贷款风险补偿金覆盖面过窄且未及时启动。例如，安阳市政府于2009年出台了《关于设立银行“三农”风险贷款补偿调剂资金的指导意见》，各县均设立了风险贷款补偿资金，然而该资金仅针对农行，未包含辖内其他涉农金融机构。且政策出台后未及时启动，截至目前，仅林州市补偿农行风险贷款5.5万元，其他县、市均未启动风险补偿金。

2. 扶持政策落实不到位。一是相关政策持续性不强。从2008年至今，国家有关部门出台的13项“支农支小”优惠政策中，4项于2010年末到期，1项将于2013年末到期。二是优惠扶持政策适用性不够。《财政部、国家税务总局关于农村金融机构有关税收政策的通知》规定“农村金融机构5万元以下农户小额贷款利息收入免征营业税”，当前，农户对贷款的需求额度大多在5万元以上，导致农村金融机构很难享受到该税收优惠。

（二）贷款主体方面

1. 抵（质）押物普遍不足。一是缺少有效抵（质）押物。国家现行《物权法》、《担保法》等法规规定农户宅基地、承包的土地山林、房产不能作为抵押物，从制度层面上限制了农户以自有资产抵押贷款的权利。二是抵（质）押物变现难。由于农村要素市场尚未建立，抵押品无法有效流通。

2. 农业产业化率不高。一是龙头企业带动能力有限。各地农业产业化龙头企业数量相对较少，规模和发展程度还处于较低水平，带动农户共同致富的能力有限。二是农民专业合作社自身条件不足。目前，全省大部分农民专业合作

社属于松散型，作为承贷主体的法律地位不明确、内部管理不规范、财务制度不健全等，导致银行无法对其发放贷款。

（三）金融服务方面

1. 农村金融服务体系不健全。目前，县域涉农金融组织体系中，农发行政策性信贷业务不断下降、农业银行逐渐收缩农村网点、邮储银行主要以中小企业和个体工商户为服务对象、村镇银行规模有限，农合机构依然是服务“三农”的主力军。

2. 银行业机构支农动力不足。从服务成本上看，农村金融服务地域广、业务量大、单笔金额小、管理成本高，导致一些银行不愿意投放支农贷款。

3. 农合机构支农作用发挥不够。一是存量包袱沉重，风险管控能力弱，大量不良资产占用，削弱了支农服务的能力。二是服务方式和金融产品尚不能满足农村金融服务需要，现行信贷体制不能完全适应农村信贷需求。

（四）金融监管方面

1. 涉农贷款统计方面需进一步改进。一是核心标准存在缺陷。目前，涉农贷款统计中只要承贷主体是农户、农业企业或涉农的经济组织，其贷款均归入涉农贷款范畴，这种统计方式已不适应现代涉农经济的发展现状。二是人为调整涉农贷款口径。个别机构将与农业挂钩的贷款都归入了涉农贷款，导致涉农贷款数据存在偏差。

2. 涉农贷款考核目标有待优化。银监会提出涉农贷款“两个不低于”的要求，一定程度上有利于引导银行加大涉农贷款投入，但是对于不同的金融机构，单一、粗放的指标考量不尽科学。

三、相关对策及建议

（一）以打造中原经济区农村金融改革试验区为契机，积极争取国家层面的金融扶持政策

建议河南省政府依据国务院《关于支持河南省加快建设中原经济区的指导意见》中“支持中原经济区研究设立农村金融改革试验区，开展农村金融改革综合试点”的有关精神，尽快出台中原经济区农村金融改革试验区建设方案，开展农村金融改革先行先试。鉴于河南是农业大省，把河南打造成全国粮食生产核心区和现代农业基地已上升为国家战略，理应构建国家层面支持中原经济区建设的金融配套政策体系和财政转移支付制度。

（二）搭建农村产权确权颁证与交易流转平台，切实破解农民抵（质）押物不足难题

建议国家尽快修订和完善农业、农村物权和权属登记、评估、流转、确权等系列法律法规，通过立法破解农村产权制度障碍。河南省政府应统一出台全省农村产权确权颁证管理办法，成立农村产权交易机构及农村产权交易担保公司，开发农村产权信息管理与网络交易系统，组建全省农村产权登记与交易数据库，打造一站式产权交易服务平台。

（三）营造良好政策环境，激发银行支农信贷积极性

一是政府有关部门应对现有银行业“支农支小”的优惠政策进行梳理、规范，协调建立长效机制，积极帮助农合机构有效化解历史包袱，增强发展活力。二是地方政府应提高对支农贷款奖励、税费减免、不良贷款补贴的兑现率，科学优化有关优惠政策的申请流程，简化审批环节。三是监管部门利用差别化监管政策引导银行加大支农投入，通过采取开辟市场准入“绿色通道”、差别化监管资本要求和推进利率市场化等手段，引导各银行业金融机构到县域及以下设立网点，形成合理的金融服务格局。

（四）拓展农村金融服务广度和深度，持续提升金融支农服务水平

一是增加涉农金融机构。引导民间资本设立村镇银行等新型农村金融机构，实现金融机构对农村地区的“广覆盖”，满足农村地区金融服务的需求。二是提升农村地区金融服务效率。基层金融机构要创新涉农贷款模式，减少信贷审批环节，加快审批速度，提升信贷支农效率。三是丰富符合本土“三农”特色的金融产品。基层金融机构应根据当地农业生产周期，开发与之相匹配的具有地方特色的信贷产品，进一步提升信贷支农效能。

（五）完善“两个不低于”的考核要求，进一步提高涉农贷款考核的科学性、针对性和有效性

一是细化考核要求。除以涉农贷款增速为重点的单一指标考核外，还应对涉农贷款增量及增量占比进行考核，消除考核基数变动因素的影响。二是建立指标体系。加大对涉农贷款不良额、不良率的考核，引导银行业金融机构从注重规模增长向质量、效益和规模并重转变。三是明确长远规划。将涉农信贷业务纳入中长期规划，明确五年内涉农信贷投放目标和分期实施计划，建立长期、持续、稳定的信贷保障机制。

（作者张安顺，河南银监局党委委员、副局长）

发展转型视角下大型银行分支机构绩效考评体系的评估与建议

科学合理的绩效考评体系对商业银行稳健经营和科学发展具有引导作用，有利于加快银行业机构发展战略转型，实现差异化发展、内涵式发展和均衡式发展。近期，湖南银监局专题调查显示，辖内大型银行绩效考评体系框架日渐成熟，考评指标更加注重价值管理、风险管理和特色发展等目标定位，依托绩效考评，加快实现发展转型取得一定成效。但仍存在部分指标设计欠科学、薪酬延期支付难执行到位、考评结果运用不理想、考评信息化建设滞后等问题，需进一步加强督促和引导，推动大型银行及分支机构加强绩效考评机制建设，更好地实现发展转型。

一、大型银行分支机构绩效考评体系的特点

（一）体系趋向健全合理

一是全面绩效考评体系初步形成。随着大型银行股改上市和银监会有关薪酬和绩效考评指引的出台，辖内大型银行更加注重通过绩效考评来加强战略管理，各行绩效考评主要包括综合绩效考评体系和具体经营指标考评，与《银行业金融机构绩效考评监管指引》的要求基本相符。二是规模类指标有所减少。各大型银行在绩效考评中取消了单项业务和时点性规模指标，弱化了市场份额和市场排名考核，增加对日均和人均指标的考核力度，较好地执行了监管要求和政策导向。三是分支机构考评合理性增加。辖内大型银行按照监管要求，结合实际对总行绩效考评部分指标进行了适当调整和优化。如湖南农行在考核中淡化了科技管理、法律事务和数据质量等指标，提高了绩效考评的可操作性和针对性。

（二）更加注重价值管理

近年来，辖内大型银行先后引入了风险调整后收益（RAROC）的相关指

标，强化经济资本和经济增加值（EVA）的应用，充分考虑资产期限与风险延期暴露等因素，更好地平衡风险与收益、盈利能力和相对价值的关系，加快由利润管理向价值管理转变。如工行湖南省分行今年将“经济资本占用率”指标的考核权重由10%提高到15%，进一步强化分支机构的资本约束和内涵式发展意识。

（三）日益突出风险管控

银监会绩效考评指引出台后，辖内大型银行补充完善了内控管理考核指标，提高了风险内控类指标比重，增加了案件事故、违规违纪、内控建设和外部评价等考核内容，从源头上引导分支机构重视并加强内部控制和风险管理。如中行湖南省分行和交行湖南省分行均规定考核期内发生重大案件或违规违纪事件造成严重经济损失或恶劣影响的最高扣20分。随着绩效考评体系的不断完善，其对业务经营和内控管理的导向作用日益显现，依法合规意识增强，风控和内控管理水平提高，近两年辖内大型银行没有发生案件和重大风险事故。

（四）逐步突显特色经营

一是完善特色业务考核。目前各行均引入协调发展类指标对其重点业务和特色业务进行考核，引导分支机构克服同质化经营，坚持走特色发展道路。二是突出业务转型考核。各行指标设计注重业务转型和结构调整，集中体现在中间业务规模和收入的考核上，从具体指标设计和权重看，部分行更加注重细分业务品种和收入来源，加强对中间业务分布和收入结构进行考核。

二、大型银行分支机构绩效考评存在的不足

（一）绩效考评指标仍欠科学

一是考评整体偏重于收益。财政部对大型银行绩效评价重点放在了收益类指标，盈利能力和经营增长两项指标的权重达到55%，对利润增长显著上升的还特设了加分条款。在当前盈利模式下，迫使大型银行通过规模扩张才能完成考评指标，一定程度上影响风险防控和稳健经营。二是部分指标超出分支机构实际经营能力。如2010年、2011年和2012年前三个季度农行湖南省分行未完成总行下达的综合经营指标分别有2项、2项和3项，分别占指标总数的25%、15%和21%，建行湖南省分行也分别有40%、19%和22%的指标任务未完成。

（二）薪酬延期支付难以执行到位

调查发现，部分银行因正从执行国家事业单位工资制度向以岗位为基础的

现代薪酬体系过渡，其工资构成、项目确定、发放方式等在短期内还难与银监会指引规定完全适应，薪酬延期支付对风险防控的约束作用难以发挥。目前，大部分银行主要针对高管人员实行绩效工资延期支付，高风险岗位员工并没有包含在内。如农行湖南省分行反映，由于该行收入水平总体偏低，如果全面执行40%以上绩效薪酬延期支付，会对部分员工的生活带来较大影响，因此暂时只对高管人员绩效薪酬增量部分的50%采取延期支付。

（三）绩效考评结果应用不理想

一是未与资源配置全面挂钩。调查显示，绩效考评结果与工资奖金收入直接挂钩，与授权管理和信贷资源配置联系不紧密，在一定程度上激励手段变成单纯的收入奖励，约束手段变成单纯的奖金扣减。二是对高管约束作用有限。考评结果与各行“一把手”的绩效有一定关联，但与其他高管人员联系不大，在一定程度上制约了考评效果，影响银行业务的稳健发展和风险防范，难以有效遏制短期逐利行为。三是对员工激励效果不明显。部分大型银行仍在执行事业单位工资制度中的“行员等级工资制”，绩效考评结果对普通员工影响甚小，对一线员工激励作用不明显。

（四）考评信息系统建设较为滞后

好的绩效考评体系有利于实现对分支机构、不同业务和产品的长效动态管理，对真实风险和价值贡献进行多维度科学衡量。但建立一个好的绩效考评体系需拥有强大的信息技术支撑，包括风险定价系统、内部资金转移定价系统以及管理会计系统等多个技术平台。调查发现，目前大型银行绩效考评的信息技术支撑还较为薄弱，部分指标收录停留在手工阶段，部分信息资源尚处于分割状态，难以对各类信息集中统一管理，无法向各级管理人员提供绩效测算、控制和考核资料。如关于经济资本和经济增加值的核算，各行现有系统还不能对各分支机构、岗位和产品的收益、成本等数据进行完全精确归集。

三、依托绩效考评加快大型银行发展转型的建议

（一）做好“加减”法控制，完善绩效考评体系

一方面，大型银行应完善中间业务考核指标，发挥该类指标对经营转型的导向作用，更加注重优势业务和特色业务的考核，适度控制规模类指标的运用和考核权重，彻底取消业务时点性指标，防止因业绩压力过大而诱发违规风险；另一方面，应充分考虑各分支机构在地域环境、机构规模、经营特色等方面的

差异，在分支机构的考核指标上实行区别对待、各有侧重，引导其加快发展转型并实现可持续发展。

（二）加强“软硬”件建设，落实绩效考评指引

一是加强绩效考评文化建设。各大型银行与分支机构之间应建立稳定的上下沟通联系机制，及时做好工作沟通与意见反馈，最大限度提高绩效考评体系的执行效果，充分发挥绩效考评对经营管理和业务发展的引领作用。二是加强绩效考评信息系统建设。各大型银行应加强绩效管理系统的技术支持和保障，及时收集和分析各种绩效信息，全面反映各部门、各分支机构业务活动的成本收益情况，实现动态监测与评价，及时为决策层和管理层提供信息，不断提高绩效考评的准确性和及时性。

（三）调动“内外”部力量，做好督促引导工作

一是督促各行将绩效考核机制建设作为审计稽核等内部管理的重要内容，督促各分支机构严格执行财务会计制度，抑制盲目扩张规模和非理性竞争行为，确保绩效考评制度合理并执行到位。二是监管部门应加强与财政部、大型银行董事会的沟通，使银行的绩效考核更注重风险调整后的经济增加值，而不是单纯依据账面收益和利润指标。三是监管部门应加强对大型银行及分支机构绩效考评的指导，加强对银行绩效考评体系的分析和评估，必要时通过窗口指导、风险提示、监管意见书等形式，引导银行业机构加快实现结构调整、方式转变和战略转型。

（作者朱远荣，湖南银监局党委委员、副局长）

关于湖南城商行投资业务发展状况的调查报告

受经济发展水平和自身经营等多重因素影响，湖南辖内两家法人城商行（以下简称湖南城商行）存贷比较低，富余资金较多。2012 年 9 月末，湖南城商行存贷比仅 54%，比全省银行业机构和全国城商行分别低 15 个和 9 个百分点；投资占总资产比重 28.8%，高出全省银行业机构平均水平 23 个百分点。从近期银监局对湖南城商行投资业务的调查结果看：投资业务有利于优化资产结构、节约资本消耗、加强流动性管理和拓宽盈利渠道；同时，如何完善多维度投资业务风险管理亟需各方关注。

一、城商行投资业务发展主要特点

（一）投资业务持续快速增长，占据生息资产半壁江山

2011 年 6 月，长沙银行投资余额突破 500 亿元，占总资产的 42.3%；并首次超过贷款余额，升至目前的 1.24:1。华融湘江银行在 2010 年 10 月取得债券投资资格后，投资余额从建账日的 56.2 亿元快速增至 196.84 亿元，投资与贷款比从建账日的 2:5 升至 3:5。

（二）投资业务“效益”明显，收益约占总收入的四成

2012 年 9 月末，长沙银行和华融湘江银行实现投资收益 14.35 亿元和 6.65 亿元，分别占 2011 年全年投资收益的 88% 和 122%。近三年，长沙银行投资收益占总收入的比重保持在 40% ~50%；华融湘江银行投资收益占总收入的比重从建行初期的 11.6% 上升至目前的 32%，9 月末同比增幅达 122%。

（三）投资品种与渠道日益多元化，债券投资仍是“主角”

投资品种已从传统的债券投资、票据贴现、票据转贴现、票据逆回购、理财产品等扩大到信托计划、信托受益权、票据定向资产管理计划等领域。债券占比较高，但呈下降趋势。9 月末，长沙银行债券投资占全部投资的比重从 2010

年的70%降至46%。债券投资以国债和政策性金融债为主，两者占全部债券资产的72%。

（四）债券交易量排名靠前，保持较高的市场活跃度

长沙银行债券交易量2万~3万亿元，全市场排名居于30名左右。华融湘江银行尚未取得公开市场一级交易商和政策债承销商资格，但其债券交易量呈上升趋势。2011年债券交易量仅为1 800亿元，2012年9月末交易量就达到3 460亿元，市场活跃度迅速提升。

（五）多因素促使投资受到追捧，高回报使银行热衷投资

受信贷规模控制、存贷利差收窄等因素的影响，投资成为城商行的一条主要的资金“出路”。如长沙银行1997年成立时，不良率高企，致使信贷投放保守谨慎，信贷基数偏低，存贷比长期保持在50%左右。2011年，该行各项存款净增175亿元，按其信贷基数，信贷投放规模为65亿元，尚有110亿元资金需要“寻求出路”。当年末，该行债券投资比年初增加132亿元。同时，净息差缩小后，投资业务更成为城商行“另辟蹊径”的现实选择。2011年，华融湘江银行债券投资加权平均收益率4. 05%，超过同期市场水平56个基点，理财及信托投资加权平均收益率达5. 625%，而同期净息差不足3%。

二、城商行积极探索投资业务风险管理模式

（一）完善制度流程设计，力争覆盖各类风险

长沙银行从事投资业务已经有15年，制度流程设计比较完备，制定了《债券投资交易业务管理办法》等37项制度，基本覆盖了信用风险、市场风险、操作风险和信息科技风险。华融湘江银行投资业务刚起步，制定了《理财业务管理办法》等制度，但科学性、合理性和严密性尚需实践检验。

（二）完善风险管控机制，严格执行“三分离”

按照前中后台相分离、自营与代理分离、交易与清算相分离的监管规定，长沙银行搭建了较完备的投资业务风险管控框架。董事会风控委拟定投资风险管理政策，审定授权书和分级授权书，是决策与协调机构；资产负债管理委员会制定投资管理、利率风险管理和资本金管理等政策；金融市场业务决策委员会审议授权授信、新业务开办等事项；金融市场部负责具体运营管理，属前台部门；风险管理部设置负责相关风险的识别、监测、计量和控制；运营管理部负责结算和清算工作；计划财务部负责风险资本的计提和信息披露；内控合规

部负责检查风险控制措施落实情况。

（三）完善风险识别计量，合理配置品种结构

从长沙银行的情况看，市场风险主要采取计算风险价值（VAR）、敏感性分析、情景分析等方法对债券进行风险计量。信用风险主要根据交易对手及债券发行人的资信情况和机构性质进行授信。操作风险方面，中台人员定期对授权和转授权实施情况监督检查，严格执行前中后台分离的原则。流动性风险方面，主要根据内源资金的增长趋势、市场流动性的变动状况，合理配置投资业务品种和结构。

三、城商行投资业务发展中存在的问题和风险隐患

（一）贷款“借道”信托异化为投资，风险管控难以到位

部分信托投资业务虽从法理上不违规，但存在以下风险隐患：一是异地信托牵涉多个地区，风险管控难以到位，有的委托人和受托人均身处异地，难以落实对企业“投后跟踪管理”。二是部分信托投资业务实属规避贷款规模控制“体外循环”“信贷型”业务，削弱宏观调控效应。三是降低了授信“门槛”，一些不符合授信条件的企业和项目“借道”信托获得资金，放大了信用风险。四是信托投资产品涉及多个区域，实施联动监管的难度较大。

（二）票据业务异化为调节工具，表内外腾挪易致监管真空

一是调节信贷规模。利用省内外个别地区农村中小金融机构在会计科目上的漏洞（交易对手，特别是逆回购交易对手九成为省外村镇银行、农信社），通过票据正、逆回购交易快进快出，以规避信贷规模管理。二是调节资产负债规模。通过买入返售业务增加资产规模；在买入返售期限内，又通过卖出回购业务增加负债规模。三是调节存款规模。存在签发100%保证金银票做大存款的现象，有的银行保证金存款占比偏高。特别是签发的异地银票，无法确定其贸易背景的真实性，跟踪监管难以落实。

（三）理财产品异化为揽存工具，存在监管套利的现象

存在频繁“滚动”发行理财产品形成资金池，银行资金与客户资金混用，理财资金没有独立托管，客户资金投向不清或不能一一对应等问题，如发行理财产品投资范围笼统为“投资债券”。

（四）债券投资总额及占比屡创新高，利率风险和市场风险加大

目前投资仍以国债、政策债和金融债为主，但是受国内外经济金融发展不

确定性因素的影响，受存款准备金及非对称降息等因素的影响，利率浮动区间不断扩大，债券市场也将经历较大的波折，市场风险和利率风险值得关注。

（五）投资管理支撑力不足，操作风险上升

目前，城商行依然有“规模情结”、“速度情结”，投资规模快速扩张与风险管控能力不相匹配。如信息管理系统建设滞后，业务交易、管理、数据采集分析、内部控制等大多数由手工完成；投资业务风险计量及管理也不够完备，人力资源配置相对薄弱，技术力量不足等。

四、防范城商行投资业务风险的对策建议

（一）完善法律法规，压缩监管套利空间

建立和健全信托投资、理财业务、票据业务监管政策和指引，对基本准则，资金来源、资金投向、用途、金额、期限、利率及交易背景的真实性等细节作出明确规定，避免银行“打擦边球”以实施监管套利。督促银行强化资金用途的合规性审查，防止资金流向国家限制性行业和领域。

（二）提升银行投资风险管控能力，全面防范各类风险

加强信托投资，特别是异地信托投资业务的管理，避免投后管理出现委托人和受托人两头落空的问题；对“信贷型”投资类业务视同贷款进行风险管理，切实履行投前调查和投后跟踪。建立与本行实际相适应的、具有可操作性的市场风险管理体系，加强综合分析与预测，提升流动性管理的精细化水平。

（三）加强联动与协调，避免出现监管真空

属地银监（分）局要完善与异地银监（分）局、外部中介机构的配合联动，增加纵向横向信息共享，形成监管合力，及早发现和防范投资业务跨地域风险。

（作者艾建华，湖南银监局党委委员、副局长）

四川小微企业在银行贷款成本调研分析报告

一、基本情况

调查共选取银行业机构①55家、小微企业139户作为样本，调查方式包括与银行有关工作人员面谈、查阅信贷档案、会同有关部门召开银担企参加的座谈会、走访有关政府部门等。调查发现，四川小微企业融资成本总体较高。截至2012年9月末，139户样本企业在银行贷款额62 827万元，支付各项费用②6 839.34万元，平均费率（各项费用占贷款额的比重，下同）为10.89%。超过七成的样本企业费率超过10%，最高的达16.67%。小微企业贷款支付的费用主要包括银行贷款利息、政府相关部门收取的抵（质）押登记费及中介机构收取的评估费、担保费等。

（一）利息——小微企业贷款的主要成本

总体来看，利息占小微企业贷款各项费用比重最大，这本身与贷款是企业向银行购买货币资金使用权的性质相符。但在不同贷款方式下，利息占比不一样。如信用贷款和联保贷款利息占比达100%，担保公司担保贷款、存货质押贷款和林权抵押贷款利息占比分别为78.62%、86.57%和93.59%。

（二）中介机构收费——占贷款成本比重最高超过20%

调查涉及的中介公司包括担保公司、金融仓储公司、评估公司和保险公司，担保公司、金融仓储公司收费对小微企业贷款成本影响较大，占比分别达20.78%和13.41%。

（三）政府相关部门收费

调查涉及的政府相关部门包括房产交易中心、国土局、工商局、林业局、公证处、车辆管理所、人民银行等。因担保方式不同，单笔贷款可能只涉及一

① 含国有商业银行1家，股份制商业银行2家，省外城市商业银行成都分行2家，城市商业银行法人机构13家，农村合作金融机构21家，村镇银行16家。

② 包括银行贷款利息、政府相关部门抵（质）押登记收费、担保费等中介机构收费。

个或几个部门。政府收费一定程度上增加了小微企业贷款成本。如采砂船抵押登记费、房产抵押登记费、车辆抵押登记费占贷款各项费用的比重分别达4.61%、1.68%和0.88%。

二、小微企业融资贵原因分析

（一）经营风险大、信息不透明是小微企业贷款贵的主要原因

一是大多数小微企业“做大做强”欲望强烈，片面追求短期收益。如雅安融积公司生产经营已涉及养猪、汽修、超市等8个关联度较低行业，但仍希望通过银行融资拓宽业务范围。二是多数小微企业财务管理水平较低，未建立规范的财务管理制度，资金往来全靠企业主手工记录。同时，部分小微企业习惯使用现金交易，不重视银行结算账户和银行卡交易记录的积累，导致银行小微企业贷款管理成本、人力成本增加，贷款利率上浮幅度较大。调查中，利率上浮超过40%（不含）的小微企业贷款达107笔，占样本总数的76.98%，最高上浮达130%。

（二）利率定价机制不健全、金融创新力度不够

一是部分银行业机构利率定价仍处在粗放式阶段，主要依靠以往利率水平和经验判断，部分市场前景好、风险水平低、信誉度高的小微企业难以享受差别化的利率优惠。二是部分基层银行业机构因缺乏专业的小微企业业务人员或囿于传统的“当铺文化”，一律要求借款人提供足值有效的第二还款来源，评估、登记、担保等费用增加了小微企业融资成本。139户样本企业中，采用房产、土地抵押及担保公司担保贷款的企业共101户，占比达72.66%。

（三）中介机构实力不强，不规范收费行为存在

一是担保公司担保能力不够强。因注册资本金不足、信息披露不充分、少数担保公司将自有资本用于高风险投资等原因，四川担保公司总体担保能力不够强，经担保公司担保的小微企业贷款利率仍较高。调查中，利率上浮比例超过50%的担保公司担保贷款达28笔，占担保公司担保贷款的63.64%。同时，大多数担保公司除担保费外，还按担保额10%~20%的标准收取保证金（部分达30%），直接增加了小微企业融资成本。如四川科华展示设备有限公司贷款100万元，利率8.528%，担保费率2.75%，保证金比例20%，实际融资成本达14.1%，比名义成本高了2.82个百分点。二是评估公司对专利权、著作权等知识产权的评估能力有限，创新创业型小微企业难以用知识产权抵押获取贷款。

如成都洪梦文化传播有限公司发展前景良好，但因知识产权无法得到权威的价值认定，至调查时仅获得10万元小额信贷支持，融资需求难得到满足。

（四）相关职能部门收费较高，个别存在捆绑收费、指定评估公司等不规范现象

一是同类服务项目在不同地区间收费标准不一，价格合理性受到质疑。如德阳市6个区（县、市）在办理土地抵押登记中，其广汉市不收费，而旌阳区、什邡市按50元/笔的标准收费，而中江县、罗江县、绵竹市则按照土地面积收费，最高达2万元。二是有的地区存在捆绑收费、指定评估公司等不规范现象。如巴中市一些区（县）房管局办理抵押登记时要求借款人到指定的房地产评估机构进行价值评估等。

（五）对小微企业贷款政策扶持力度不够

一是部分地区权证办理时限较长。如绵阳、雅安等市2008年购买的土地直到2012年才办理完毕土地使用权证。二是部分资产缺乏相应的登记机关。目前，四川还无行政部门可办理采矿权、钢结构厂房、股份合作制企业股权等资产的抵押登记。三是银企对接机制有待进一步完善。各地搭建的银企对接交流平台多为“运动式”开始、“运动式”结束，长期持续的银政企信息发布、对接及持续跟踪机制未有效建立。四是政策性担保公司发展乏力。政策性担保公司对小微企业给予优惠担保费率，且一般不额外收取保证金，但受财政收入限制，四川各市（州）政策性担保公司注册资本金较少，担保能力有限。五是相关优惠政策未有效落实。如小微企业贷款风险补偿机制、减免小微企业融资收费等政策未完全执行到位。

三、对策建议

（一）增强金融意识，主动加强合作

小微企业要切实转变粗放发展方式，提高经营管理水平，规范财务管理，提高透明度，主动了解金融知识，加强与银行沟通，了解银行信贷条件、产品与服务，加强与银行合作，让银行更好掌握企业真实经营信息，建立良好信用合作关系。

（二）加强金融创新，提高服务质效

一是银行业机构要进一步加强利率风险定价机制建设，根据国家产业政策、贷款风险程度等，建立体现“扶优限劣”原则的贷款利率定价指标体系，确定

差异化的利率浮动幅度，以发挥利率对资源配置的杠杆调节作用。二是要进一步优化信审流程，创新金融产品和风险控制手段，在风险可控前提下综合采用内部评估、协商评估等方式对抵押物进行评估，探索应收账款质押、存货质押、权利质押等，降低小微企业贷款中的评估、登记、担保等费用。三是要加强小微企业客户经理培训，通过“请进来”、“走出去”等方式，提升其技能和水平，鼓励客户经理在所在社区建立广泛的社区关系，更好地收集信息和监督授信使用情况，努力降低融资成本。

（三）狠抓落实，加大小微企业扶持力度

一是切实落实各项优惠政策。目前国务院等部委已出台许多小微企业的支持政策，但贯彻执行力度还不够。有关部门要提高效率，及时为小微企业办理土地使用权等权证，明确采矿权等资产的抵押登记部门。降低抵（质）押登记收费标准，清理不规范收费行为。二是大力推进担保体系建设。通过财政补助等方式扩充政策性担保公司注册资本金、对小微企业贷款担保给予费用补贴、加强对担保公司的日常监管和信息披露，规范担保公司经营行为，提高其担保能力。三是推进银企信息沟通机制建设。定期收集小微企业经营情况、融资需求等信息，通过政府部门网站等主动向银行业机构公开，降低银行信息收集成本。四是探索建设小微企业贷款风险补偿机制，对银行小微企业贷款给予适当风险补偿，或对小微企业贷款基准利率范围内的利息收入，给予一定幅度的所得税减免等优惠政策，提高其积极性。

（作者王国成，四川银监局党委委员、纪委书记）

“引银入黔”效果和实证分析研究

一、“引银入黔”工程的背景和推进过程

2008年，针对贵州此前无一家全国性股份制银行和外资银行机构的局面，贵州银监局在银监会和贵州省委省政府的支持下，积极实施“引银入黔”工程。

（一）主动邀约，热情服务

主动拜会未在贵州设立分支机构的多家银行总部，积极宣传贵州发展战略和比较优势，邀约银行来黔实地考察，协调相关部门提供贵州经济金融发展状况、投资环境等情况，大力做好宣传与服务，努力营造良好的发展环境，为银行入黔铺好路。

（二）优先审核，提高效率

对有意在贵州设立分支机构的银行，积极创造条件，在市场准入方面主动提供政策咨询等服务。开辟严谨高效的市场准入“绿色通道”，积极向银监会争取政策倾斜，在保证审批要素齐备的前提下，缩短审批时限、提高筹建效率，以优良的作风和高效的服务“引银入黔”。

中信银行于2008年提出申请，当年10月获准筹建贵阳分行，并于次年7月8日正式开业，成为首家落户贵州的外来银行。2010年，浦发银行、招商银行、花旗银行、南充市商业银行、重庆银行的贵阳分行相继开业；2012年，兴业银行、光大银行的贵阳分行获批开业。

（三）推进入黔银行可持续发展

贵州银监局定期通报贵州银行业改革和发展情况，充分发挥监管政策对金融服务的引导作用，对已开业入黔银行加大政策支持和督促工作力度，积极牵线搭桥，协调有关部门提供政策和资金支持，推荐战略合作伙伴和融资项目，使之持续稳健发展。入黔银行很快融入本地，业务经营实现良性发展。为弥补网点少、客户办理业务不便的不足，鼓励入黔银行在符合监管要求的前提下继续增设网点，扩展业务覆盖范围，延伸金融服务领域，提高服务质量。目前，8

家入黔银行已增设分支机构10个，服务网点数达18个。

二、“引银入黔”给贵州带来的积极影响

“引银入黔”，从无到有，不仅仅是一个数字概念，而是如同预期产生“鲶鱼效应”，五“力”助推贵州经济金融快速、健康、稳定发展。

（一）壮大了贵州银行业的整体实力

“引银入黔”工程实施以来，极大地完善了贵州的金融机构体系，贵州银行业经历了前所未有的市场结构变革，结束了没有股份制银行和外资银行的历史，形成政策性银行、国有商业银行、股份制商业银行、外资银行、城市商业银行和农村中小金融机构等多个种类机构相互竞争、相互补充的较为完善的市场格局，活跃了金融市场，全省银行业实现了快速发展。

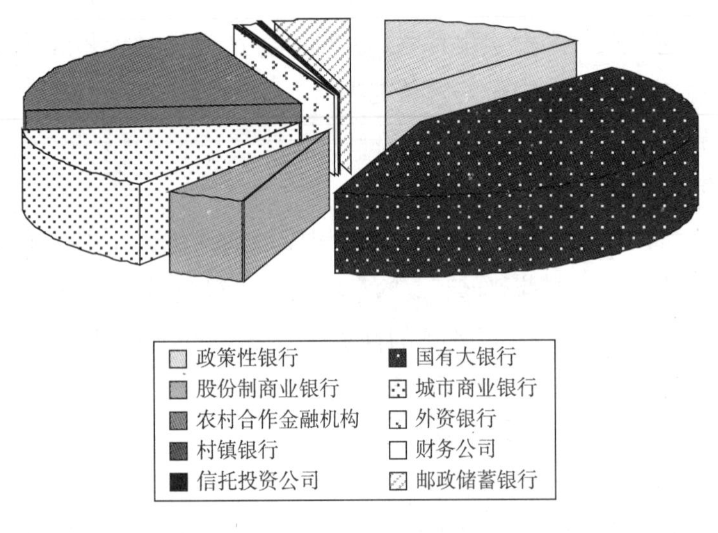

图1　贵州省银行业市场格局不断完善

2012年11月郭利根副主席到贵州局视察时指出，贵州银行业存款余额从新中国成立到2009年，用了60年时间达到5千亿元，而从5千亿元到1万亿元仅用了3年时间，充分体现了贵州银行业近几年的飞速发展。同时，贵州银行业的贷款余额也快速增长，不良贷款率保持较低水平，经营效益不断提高，银行业稳健运行，整体实力明显提升。

入黔银行在其中发挥了积极作用，机构数量逐渐增加的同时，充分发挥机制灵活的特点和各自产品、创新方面的优势，明确市场定位，注重和加强服务，

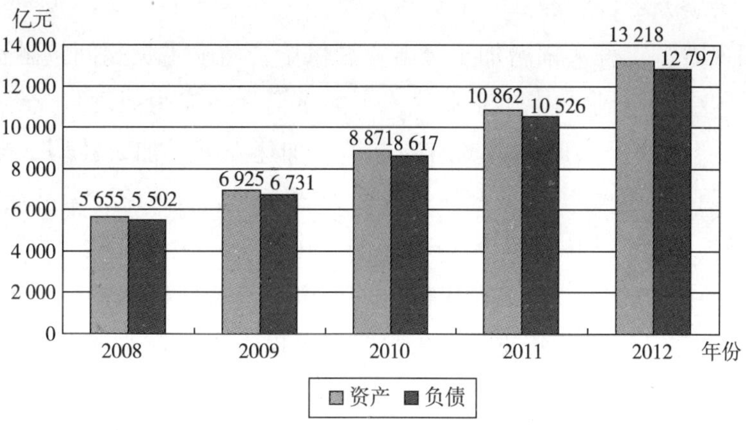

图 2 贵州省银行业金融机构资产负债规模保持较快增长

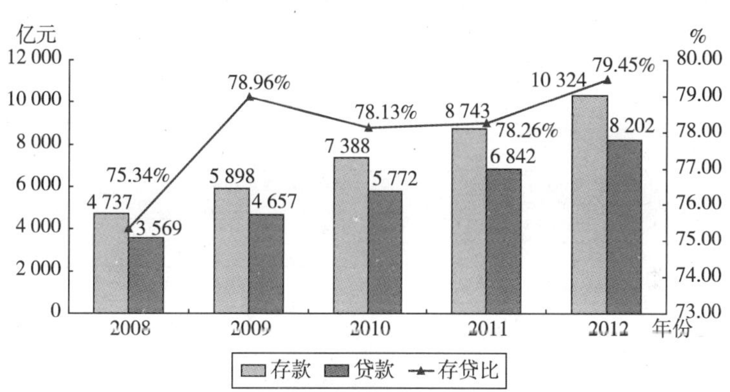

图 3 贵州省银行业金融机构存贷款余额及存贷比（2008—2012 年）

各项业务发展突飞猛进。目前，入黔银行资产总额 857 亿元，负债总额 839 亿元；存款余额 439 亿元，贷款余额 385 亿元，实现良性稳健发展。

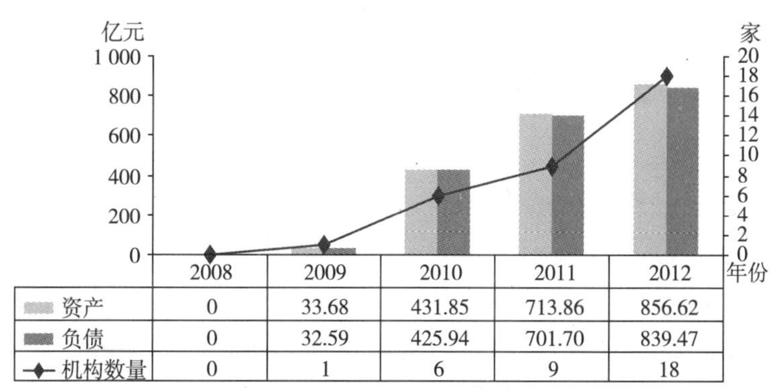

	2008	2009	2010	2011	2012
资产	0	33.68	431.85	713.86	856.62
负债	0	32.59	425.94	701.70	839.47
机构数量	0	1	6	9	18

图 4 入黔银行数量及规模快速增长

（二）为贵州经济社会注入了发展动力

“引银入黔”工程大幅增加了金融资源供给，增强了贵州间接融资的力度，为重大项目、重点产业和中小企业注入了大量资金，成为拉动贵州经济发展的“新引擎”。“十二五”时期，贵州确定了“加速发展、加快转型、推动跨越”的主基调，明确了重点实施工业强省战略和城镇化带动战略，全社会固定资产投资年均增长要达到30%以上。2012年的“国发2号文件”又为贵州带来了新的发展机遇。因此，各入黔银行积极向总行申请信贷规模，积极为贵州经济社会建设的资金需求提供信贷支持。入黔银行不仅为本地企业提供项目融资、银团贷款、并购重组、资产管理、财务顾问等方面的金融服务，2009—2012年分别新增信贷投入54亿元、188亿元、234亿元和1 044亿元，打开了一个增加贷款规模的新通道。

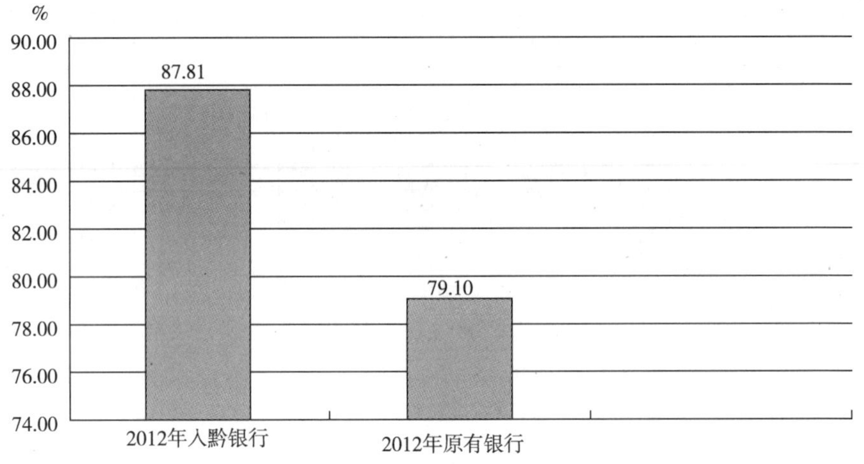

图5　入黔银行存贷比高于原有银行

入黔银行还通过短期融资、中期票据、融资租赁、信托和委托贷款等方式引入省外资金，重点领域和薄弱环节信贷投放力度加大，积极为实体经济提供了有力支持。

（三）激发了贵州银行业金融机构的竞争活力

从入黔银行的表现来看，“引银入黔”在贵州银行业形成更充分的竞争，提高了金融资源分配效率，正效应十分明显。入黔银行已站稳脚跟，逐步融入本地市场，实现了规模、质量、效益的协调发展。同时，入黔银行提供就业岗位近千个，促进了银行业人才的合理流动。

（四）优化了贵州银行业的服务能力

“引银入黔”活跃了贵州金融市场。一方面，入黔银行带来新的金融理念、经营特色和管理经验；另一方面，促进原有银行深刻分析优势与不足，在细化市场、金融产品创新、改善服务质量、加强企业管理等方面展开了积极应对，主动创新思维、创新理念、创新产品，促进了金融市场服务多元化，提升了服务质量和服务效率，有力推动贵州银行业加快发展。

（五）扩大了贵州银行业的影响力

“引银入黔”工程引来新华网、新浪网、网易和贵州日报、贵州都市报、贵州商报、金黔在线、贵州政协报等媒体的大量报道，并得到本地社会公众的高度关注。百度引擎搜索“引银入黔”，结果达3万多个。贵州省委、省政府高度重视，连续几年将“引银入黔”纳入年度重点工作进行部署，2012年扩展为“引金入黔”，大力开展金融招商。

三、下一步工作思路

（一）在总结过去经验的基础上，继续稳妥地推进实施“引银入黔”工程

鼓励股份制商业银行、外资银行来黔设立分支机构，积极为有意向的银行提供服务。随着贵州经济的发展，将会有更多的银行进入。贵州银监局将持续关注辖区银行业竞争状况和银行机构的经营压力，防范可能出现的无序和不合理竞争，维护规范的市场秩序和公平的市场环境，打造统一开放、有序竞争、严格管理的金融市场。

（二）积极争取政策倾斜和资金支持

把握好国发2号文件的战略性机遇，督促各银行业金融机构多向总行争取资金、规模和优惠政策，加大对贵州的政策倾斜和资金支持力度。

（三）加大金融生态环境建设力度，更好地发挥“引银入黔”的“金融招商”作用

提请贵州省委、省政府进一步加大对银行业的支持，推动相关部门出台“引银入黔”优惠政策。加快社会诚信建设，构建和谐金融生态环境，切实维护银行债权和保护存款人利益。搭建政、银、企交流平台，提高信息的对称性、完整性和充分性，促进银行与企业的有效对接。为银行业发展创造有利的软、硬件环境，使银行业更好地支持实体经济发展。

（四）依法加强监管

在保护合理市场竞争的同时，以地方中小法人银行业金融机构为重点，推

动完善公司治理机制，推进科学管理。支持原有银行开展金融创新，实行差异化经营战略。鼓励银行开发适应本省中小企业和农村金融市场需要的新产品、新服务，提高市场竞争力，巩固和拓展县域及农村市场。

（五）大力加强金融人才队伍建设

推动出台优惠的人才引进政策，千方百计吸引优秀金融人才来黔工作。加大交流力度，更好地学习发达地区的经营理念和经营方式。优化金融人才结构，建立科学有效的人才激励机制和流动机制，通过人尽其才和合理流动促进银行业的快速发展。

（作者刘丽岩，贵州银监局党委委员、副局长）

关于进一步加强小微企业金融服务工作的调研报告

截至2012年6月末，全省银行业小微企业贷款余额2 236.38亿元，比年初增加156.32亿元，增长7.52%，低于全部贷款平均增速1.24个百分点，未实现“两个不低于”目标。按银行机构统计，其中仅有6家机构全部完成，9家机构均未完成，其余8家机构只完成增量或增速指标。作为分管小微工作的局领导，我对当前该项工作存在的问题进行了深入调研。

一、未完成“两个不低于”目标的主要原因

（一）小微企业划型调整造成期末小微企业贷款余额减少

依据《中国银监会关于支持商业银行进一步改进小型微型企业金融服务的补充通知》（银监发〔2011〕94号）的要求，小微企业划型标准于2012年1月1日进行了调整。调整后，在金融机构服务小微的过程中，出现了小微企业发展成为中大型企业，相关信贷业务数据随之从小微企业业务余额中划出，造成业务数据真空，支持的企业发展越快形成的真空就越大，就单纯的数据统计而言，会对银行支持小微企业发展的真实情况造成偏差。仅华夏银行昆明分行因为划型的调整，就造成期末小微企业贷款余额减少10多亿元，从结果上看，是造成该行期末小微企业贷款余额较年初增长不大的重要原因。

（二）小微企业贷款数据统计口径不全导致部分支持小微企业的贷款未纳入统计范畴

小微企业贷款数据来源于人民银行，依据统信处数据编制，未包含个人经营性贷款和村镇银行贷款，而个人经营性贷款和村镇银行贷款实为支持小微企业的贷款。截至2012年6月末，个人经营性贷款1 258.14亿元，村镇银行贷款29.02亿元，两项分别较年初增加246.34亿元、5.01亿元；6月末全部小微贷款余额为3 523.54亿元，比年初增加407.67亿元，增长13.08%，高于全部贷

款平均增速4.32个百分点，增量高于上年同期214.94亿元。此外，符合小微企业标准的政府融资平台贷款也未纳入统计范畴，仅广发银行昆明分行一家就有15.19亿元的平台贷款符合小微企业标准但未纳入6月末小微贷款余额统计。

二、存在的主要困难及问题

（一）经营机构方面

1. 小微企业自身存在不足，贷款风险较大。一是云南省小微企业大多科技含量不高，技术装备较差，优势产业及优秀的高新技术项目不足，可供银行信贷选择的余地较小。二是云南省小微企业普遍存在财务制度不健全，缺乏有效担保，信贷不良率高的问题，部分还存在诚信意识缺乏的现象。三是一些小微企业经营管理水平低，市场竞争力差，加大了银行的信贷风险。

2. 担保机构总体规模小，担保能力弱，担保门槛较高。一是财政推动担保体系建设与小微企业贷款需求和信贷的增长仍有一定的差距，银行小微企业贷款担保率仍然很低。二是小微企业在银行贷款过程中基本都缺少有效抵押物，在增信过程中过度依赖担保公司的信用增级作用，但受担保公司规模、实力和规范程度的影响，广大小微企业的增信平台仍较窄。三是担保方式还比较单一，担保门槛较高。

3. 小微企业贷款风险容忍度难以落到实处。由于一直未出台执行小微企业贷款不良率差异化考核标准的具体细化措施，部分银行继续实行以小微企业不良率考核为基础的分级分类管理，因不良率高而导致分级分类低的基层分支行对小微企业贷款的自主权受限，造成放宽信贷政策、下放审批权限的措施没能有效落实，同时形成的贷款风险“容忍度”难以落到实处，使放贷人员心有余悸。

4. 配套的政策措施缺乏统一性。一是不同部门出台的促进小微企业发展的办法和措施不能有机结合，使银行机构在推进小微企业金融服务的过程中由于政策合力不足，推进缺乏统一性。二是尚未建立涵盖工商、税收、评估、银行等对小微企业的征信系统，使银行贷款时难以全面掌握小微企业具体情况。

5. 小微企业对金融产品和服务的认知度较差，缺乏与银行机构建立业务联系的意识。许多小微企业对银行产品的认识基本局限于贷款，还有一些小微企业由于怕麻烦，不愿意配合银行进行调查，融资通常通过企业间、私人间借贷解决，待企业发展到一定程度，需要银行支持时，往往由于信息不对称及相互

不了解而增加融资难度。

（二）监管部门方面

1. 监管资源不足。云南银监局小微企业金融服务工作由股份处牵头，但股份处同时承担辖内10家股份制商业银行昆明分行的市场及高管人员准入、现场、非现场、功能监管等工作，全处仅10人，均系1人多岗及兼岗，无法保障每家分行配备1名专职监管员，无专职人员从事小微企业金融服务具体工作，监管资源存在严重不足。

2. 数据统计不全且数据获取在时间上存在一定滞后性。各银行业分支机构依总行考核标准的不同而有不同的小微企业贷款统计口径，云南局无法从分支机构获得统计口径一致的小微企业贷款数据，故目前一直采用人民银行小微企业贷款统计数据，但该数据未包含实为支持小微企业的个人经营性贷款、村镇银行贷款以及符合小微企业标准的融资平台贷款，因此，在“两个不低于”的执行结果上存在一定的数据偏差。除此之外，小微企业贷款数据获取在时间上也存在一定的滞后性。人民银行昆明中心支行最快只能在次月15日得到人民银行总行反馈下来的上月小微企业贷款初步数，而反馈到云南局则要到次月20日左右，正式数据还更滞后些。

三、进一步加强小微企业金融服务工作的意见和建议

（一）加强规范引导，提高小微企业自身的竞争力

规范和引导小微企业的发展，鼓励小微企业通过加快改制、管理创新、技术改造和产品更新等系列措施，改善融资条件和形象，提高经营管理水平及竞争能力。

（二）健全和完善信用担保体系

一是建立多层次、多形式的担保服务体系，增加担保覆盖面；二是对现有担保公司进行整合，扩大担保综合实力；三是大力引导和推进企业、自然人之间的联保互保；四是创新担保方式，探索经营权、仓单、应收账款、保单、林权、渔权等权利抵（质）押担保方式。

（三）适度调整监管指标，探索差异化监管政策

一是对银行开展小微企业金融服务给予一定激励，在监管问责上采取差异化对待，实行分类监管、差异化监管，不断提高监管技术和监管有效性。二是各银监分局可因地制宜制定科学、审慎的小微企业金融服务市场准入细则，在

风险可控的基础上，按分类指导原则，适当放宽市场准入标准，提高小微企业不良贷款比率容忍度。

（四）密切与有关部门的沟通协调，优化小微企业金融服务外部环境

一是努力增进政府、银行、担保、企业之间的合作，共同促进小微企业的健康快速发展。二是积极推进中小企业信用制度建设，建立信用信息征集与评价体系，实现中小企业信用信息查询、交流和共享的社会化。三是密切与相关部门沟通，加强数据获取的时效性。

（五）引导辖内银行机构提高认识，加大宣传，增强工作主动性

一是引导辖内各银行机构转变观念，把支持小微企业发展作为增强核心竞争力的根本措施，把扩大小微企业信贷投放作为经营转型的重要手段。二是加大宣传力度，提高小微企业对银行机构产品和服务的认知度。三是各银行分支机构要抓住西部大开发和桥头堡建设契机，争取总行在信贷资金、规模和审批权限上倾斜支持；地方法人机构要积极发挥地缘优势，深挖潜力，千方百计加大对小微企业的支持力度。

（六）调整统一数据口径

小微企业贷款数据来源于人民银行，由于村镇银行不直接向人民银行报送数据，故该数据未包含村镇银行贷款数。另外，按照银监会有关文件规定，小型微型企业贷款，含商业银行向小企业、微型企业发放的贷款及个人经营性贷款，则个人经营性贷款应纳入小微企业贷款范围。据此，建议将村镇银行29.02亿元贷款及个人经营性贷款1 258.14亿元全部纳入小微企业贷款统计。

（作者郭雁，云南银监局党委委员、副局长）

西藏银行业支持西藏经济社会发展的实践与思考

近年来，西藏银行业金融机构坚持以科学发展观为指导，以建设具有“中国特色、西藏特点”的社会主义新西藏为目标，以全面贯彻落实中央第五次西藏工作座谈会精神为切入点，以提升西藏农牧区基础金融服务水平为突破点，优化信贷结构，提高信贷质量，助推了西藏经济跨越式发展和社会长治久安。

一、基本做法

（一）立足区情，争取政策，营造支持发展的良好氛围

长期以来，特别是中央第五次西藏工作座谈会以来，中央赋予了西藏一系列特殊优惠政策。在藏各银行业金融机构充分结合区情，深入贯彻落实特殊优惠金融政策，积极支持西藏经济发展。

1. 积极落实特殊优惠政策。根据自治区政府制定的“一产上水平、二产抓重点、三产大发展”的发展战略，各银行业机构及时调整信贷策略和信贷结构，主动改进金融服务，正确处理好支持经济发展与防范和化解金融风险的关系，继续加大对农牧业的信贷支持力度，切实用好、用活、用足特殊优惠货币政策。

2. 积极争取差异化的管理政策。在藏各分支机构积极争取总行在国家支持西藏发展的大形势、大政策下对西藏有关信贷政策差异化和单独考核办法等方面给予特殊政策、特殊安排、特殊对待，加大信贷投放力度，支持西藏发展，取得实际成效。

（二）完善体系，拓宽领域，增强支持经济发展的能力

1. 差别监管，推动银行业服务西藏经济发展。结合西藏经济金融实际和特点，坚持“贷款不出藏、维稳不出错、案件不出名、风险不出格”的监管原则，对在支持地方经济发展和金融创新等方面有特色、有成绩、有进步的银行业机构给予监管特殊支持；对支持地方经济发展不积极、不作为，不良贷款余额多、

上升快、风险管控薄弱的银行业机构进行重点监测、重点检查，增强监管的针对性。通过采取对银行业实施差别化监管的办法，推动西藏银行业服务西藏经济发展。

2. 完善体系，增多做强服务西藏经济发展的金融主体。积极加强向银监会汇报，并多次与各商业银行总行沟通，完成了工商银行进藏设立分行、邮储银行西藏分行的设立、国家开发银行西藏代表处升格为分行的工作。目前，国家开发银行、工商银行、农业银行、中国银行、建设银行和邮储银行均在西藏设立了分行；西藏信托完成重组，停顿多年的信托业务重新开办，发展势头良好。2012 年，西藏银行正式挂牌营业，中国农业发展银行西藏自治区分行开业，标志着西藏金融体系得到进一步完善，金融市场更加丰富。

3. 强化服务，不断提高县域金融服务水平。农行西藏分行及其分支机构充分发挥在西藏县域和广大农牧区金融服务主力军作用，进一步延伸金融服务空白乡镇的服务领域。邮储银行西藏分行结合区政府开展的“邮政服务到农家”工程，大力开办邮政储蓄代理业务，在乡镇一级邮政所建立邮政储蓄业务的代理网点，并逐步在没有设立自营业务网点的县设立县支行。同时，推动其他行在没有设立网点的地（县）逐步设立分支机构，开展银行金融服务。

（三）突出重点，加大投入，支持西藏经济结构转型

1. 服务“项目”，支持基础设施建设。近年来，西藏银行业加大对国家及自治区重点项目、基础设施建设提供信贷支持和金融服务的力度。截至 2011 年 12 月末，西藏银行业金融机构基础设施建设贷款余额为 74. 08 亿元。

2. 服务“三农”，支持新农村建设。农行西藏分行着力推进“三农”事业部制建设，服务“三农”和县域经济。大力支持全区农牧民安居工程建设，更好地支持西藏“三农”的发展。截至 2012 年 6 月末，农行西藏分行累计发放涉农贷款 77. 55 亿元；累计发放安居工程贷款 40 亿元，有力地支持了全区 20 多万户、110 多万农牧民群众改善居住条件。

3. 服务“小微”企业，支持实体经济发展。主动加强与区工信厅等政府部门的协调沟通，合力推进小企业金融服务工作。在银行业的支持下，一些具有成长性的企业快速发展起来，规模由小变大，由弱变强。截至 2012 年 6 月末，西藏银行业机构为近 400 户中小企业提供了信贷支持，中小企业贷款余额达 159. 83 亿元。

二、存在问题

一是银行业支持经济发展“作为难”。在目前西藏经济社会跨越式发展的形势下，资金的需求量越来越大，中央财政对西藏每年的转移支付达数百亿元，大投资、大项目、大企业基本上实行财政供给制，基本上是财政包揽，给予银行的业务空间有限，有钱贷不出去，难贷款的问题十分突出，西藏银行业支持经济发展“难作为”。截至2012年6月末，西藏银行业金融机构存贷比仅为37.15%，低于全国平均存贷比近33个百分点，近三分之二的信贷资金只能上存。

二是财政政策与货币政策“联动难”。主要表现在以下几个方面：第一，小企业风险大、管理水平低，财政在对小企业的政策支持上没有出台风险抵补、担保扶持、税收优惠等政策措施，使得银行难有作为，有钱不敢贷。第二，财政对银行贷款的费用补贴政策，由于缺乏因地制宜的差别化实施办法，使得银行信贷资源配置出现了严重的地区集中和行业集中问题，不利于全区的统筹协调发展。第三，西藏担保企业匮乏，财政对担保企业的扶持力度不够，使得资本金严重不足。第四，因多数小微企业无法提供足值有效的抵质押品、保证人等，成为阻碍小企业贷款发放的主要原因。截至2012年6月末，西藏银行业金融机构虽然对小微企业贷款增速上升较快，然而小微企业贷款总量仅占全区贷款总量的13.03%。

三是基层基础金融“服务难”。目前，西藏只有农行西藏分行承担“三农”金融服务的职责，银行网点覆盖率仅为52.14%，农村基础金融服务不充分、均等化水平低的问题非常突出。与此同时，村镇银行、贷款公司等新型农村金融机构在西藏的设立没有实质性进展，仍处于空白状态。

三、对策建议

一是强化“市场”意识，促进信贷与财政资金搭配结合。各银行业金融机构要不断加强同发改委、财政、国资委等部门的沟通和协作，创造机会、发现市场、寻求支持；按照市场经济规则，充分发挥市场的调节作用，在重点项目和重点企业的融资工作中积极介入，推动信贷资金和财政资金的搭配使用，并逐渐加大信贷资金比例，激活西藏经济发展的微观基础，加快市场化发展进程，并以此推动实现西藏经济的可持续跨越式发展。

二是强化“基层”意识，提升“三农”金融服务水平。各银行业金融机构要切实加大对农牧业产业化龙头企业、农牧区基础设施建设、农牧民安居工程建设和农牧民消费的信贷资金支持力度，确保“三农”贷款增幅高于平均贷款增幅。农行西藏分行要加快推进“三农”事业部制改革，继续做好“四卡”的发放和管理工作，提高金融服务“三农”水平。

三是强化“助推”意识，增强服务实体经济能力。把支持小企业发展、缓解小企业融资难作为工作的重点，强化监管服务，主动加强与政府相关部门的协调沟通，合力推进小企业金融服务工作，督促指导银行业金融机构落实小企业金融服务“六项机制”，深入推进并大力改善小微企业金融服务工作。

四是强化“服务”意识，提高县域金融服务水平。各银行业金融机构要始终坚持“立足西藏、服务西藏”的经营方针，逐步向县域增设分支机构和营业网点，创新金融服务产品，改进金融服务手段，提高金融服务质量，为西藏县域经济社会发展增加更多的金融服务资源，促进县域经济发展。

五是强化“合作”意识，大力推进银团贷款工作。针对西藏水电、交通、能源等基础设施建设项目的融资，各银行业金融机构要积极参与、相互协作，利益共享、风险共担，形成整体合力，努力促进西藏银行业自身加快发展，以西藏金融的稳定发展推动西藏经济社会的跨越式发展。

六是强化“引导”意识，推动西藏经济社会发展。实行差异化监管，厘清支持和限制的界限，按照“尽职者免责、失职者追责”的监管原则，监管激励和行政处罚并重，增加银行的压力和动力，以监管政策引导，鼓励银行大胆探索、积极作为，优化信贷结构，加大信贷有效投放，推动西藏经济社会的发展。

（作者赵霖，时任西藏银监局党委委员、副局长，
现任四川银监局党委委员、副局长）

关于陕西种粮大户融资状况的调查报告

一、陕西种粮大户发展概况

（一）尚处于起步阶段

一是参与主体较少。据不完全统计，全省近700万农户中，从事规模化粮食生产的种粮大户仅万余户，主要集中在关中粮食主产区和土地易流转且集中连片的陕北地区。二是种植规模较小。全省种粮大户种植面积大多在10亩至70亩之间，超过100亩的较少，千亩以上的更是屈指可数。三是技术含量较高。种粮大户大多通过自购、租赁等形式使用农业机械，通过聘用技术员、有偿咨询农技站等方式取得生产指导，而且生产的技术含量与种植面积成正比。

（二）组织形式较为单一

现阶段，陕西种粮大户基本都属于单一农户形式，但与传统农户相比，这些“大户”均体现出“有经验、有想法、有实力”的特点，即种粮经验丰富，拥有良好的人脉资源和基础农机设备，而且注重学习和运用农业科技知识。一些种粮大户牵头成立了粮食专业合作社，个别起步早、思想活的种粮大户，则通过成立农业科技公司或农业科技示范园等方式实现了公司化运作。

（三）发展方兴未艾

一是顺应农业发展规律。随着工业化、城镇化的发展，农村人口不断外流，土地流转渐成气候，种粮大户集约土地、规模化种植的条件不断成熟。二是面临良好的政策环境。无论是严守18亿亩耕地红线的制度约束，还是一系列稳产增产政策的出台，以及维持粮价良性增长区间的种种举措，都为粮食规模化生产营造了良好环境。三是有着较强的主观能动性。由于规模效应，种粮大户单亩纯收入要高出小农100元至300元不等，因而他们乐于从事规模化粮食生产。

（四）面临一定困难

调查表明，种粮大户普遍有扩大规模的需求，但面临的最大难题是集约耕地。受传统观念制约，多数农户宁肯薄收甚至撂荒也不愿出让土地使用权，加之现阶段的土地流转缺乏相应法律保护，致使种粮大户无法从长期发展角度流转土地和进行投入。此外，粮食生产的自然风险相对较重，而针对规模化粮食种植的农业保险几乎还是空白，不利于争取银行贷款等外部支持。

二、陕西种粮大户融资状况

（一）种粮大户的资金需求情况

一是整饬土地和购买农用机械支出与规模成正比，亩均投入数百元至数千元不等。二是土地流转费用。年亩200元至300元的土地流转费用在陕西较为普遍。三是直接生产成本。通盘考量种植小麦、玉米以及一年一季、一年两季等因素，亩均年直接生产成本在200元至1 000元之间。

（二）种粮大户的融资途径

1. 使用自有资金。相当多种粮大户认为银行贷款太麻烦，还要背利息，能自己解决就尽量靠自己，故使用自有资金是种粮大户满足生产资金需求的重要途径，而且规模越小，自有资金在生产投入中所占的比重越大。

2. 寻求银行信贷。随着农村消费支出的不断增加，即使是小规模种粮大户，自有资金也逐渐无法满足生产资金需求。调查显示，目前陕西种粮大户寻求信贷支持的主要方向是农村合作金融机构，农合机构提供支持的主要途径是农户小额信用贷款。按照陕西农合机构相关标准，农户小额信用贷款授信上限为20万元，保证贷款为50万元，抵押贷款为200万元，若落实到位，基本能满足现阶段种粮大户的资金需求。

3. 利用民间借贷。种粮大户利用民间借贷解决生产资金需求，主要限于两种情况：一是应急支出，二是自有资金和银行信贷无法满足的支出。调查显示，种粮大户利用民间借贷应对生产资金需求的情况并不普遍。

（三）种粮大户融资中存在的问题

总体而言，银行信贷成为解决种粮大户生产资金需求的主要途径，但现实中一些现象值得关注和重视。

1. 种粮大户自身条件不足。一是缺乏金融知识。走访的不少种粮大户对银行服务知之甚少，搞不懂、嫌麻烦、怕求人等思想直接制约了其寻求银行信贷支持。二是缺乏有效担保。同普通农户一样，现行法律框架内，作为种粮大户主要财产的土地、宅基地、住房、农机具等都不适宜作抵押物，严重影响其获得较大额度的信贷支持。

2. 银行服务跟进不够。一是机构不够。绝大多数种粮大户唯一的银行融资对象是农合机构，农行、邮储银行等涉农银行机构很少涉足。二是宣传不够。如富秦家乐卡是我省农合机构发行的与小额信用贷款挂钩、授信额度内随用随贷的较为成熟的金融产品，但很多农户对此不了解，关键是银行机构宣传不到位，金融知识普及力度不强。三是贷款不够。虽然农合机构小额信用贷款授信上限定为20万元，但出于风险考量，基层网点的最高贷款额很少超过5万元。四是产品不够。调查表明，目前农合机构还未开发适合种粮大户的个性化信贷产品，没有设计出针对种粮大户的信贷流程，不能有效满足种粮大户的服务需求。五是营销不够。调查中，不少农合机构信贷员反映资金不好投放，而很多种粮大户却为提高产量或扩大规模缺钱而发愁。

3. 配套支持机制不完善。目前各地设立的担保机构，主要是针对小微企业的，面向种粮大户的担保机构或为其提供服务的机构还是空白，与此同时，尽管农合机构试点了土地流转经营权、农村住房抵押贷款等信贷产品，但产权交易市场缺失所导致的供求信息不对称、价格形成机制不健全等问题，对进一步拓展抵质押贷款业务形成较大限制。

三、对做好种粮大户金融支持工作的几点建议

（一）营造种粮大户健康发展的良好环境

一是理顺土地流转机制。各级政府应加大引导力度，规范流转程序，完善有关文本，特别是以政府为主导建立土地承包经营权交易市场及保障运行的相关制度、办法。二是加强农村信用工程建设。三是加大公共服务力度。对于有潜力可挖的连片贫地整饬、具有可观效益的重大技术改进等项目，应纳入政府公共服务范畴。

（二）提升金融支持种粮大户的能力和水平

1. 发挥涉农银行机构的合力作用。在继续发挥农合机构支农主力作用的同时，引导其他涉农银行机构共同服务种粮大户。在环节上，农合机构、邮储银行侧重支持前期生产，农发行则重点支持后期收购；在对象上，农合机构、邮储银行注重对中小规模种粮大户的服务，农行等大型银行加大对大规模或实施公司化运作的种粮大户的支持。

2. 完善细化金融服务工作。一是丰富服务种类。试点开发土地承包经营权、农机具、粮食仓单、合作组织股权及动产抵押贷款等品种，研究提供“期货+

订单”等金融服务。二是增加贷款额度。在严格评级基础上适当增加面向种粮大户的富秦家乐卡信用贷款额度，在控制风险前提下适当降低保证贷款担保要求；对规模较大的种粮大户，可视为小微企业提供金融服务。三是提升工作效率。针对种粮大户信贷业务“投资大、周期长、季节性”的特点，在满足授信尽职要求前提下，适当简化信贷手续，减少报审环节，缩短审批时间。四是加强宣传营销。要进村入户，本着让农民能懂、能接受的原则，采取召开现场会、散发宣传单、播放宣传片等多种方式，广泛深入地加强信贷政策、金融服务的宣传解释工作。要积极培育客户，确定重点联系的种粮大户名单，主动了解其资金需求情况，根据信息反馈不断改进金融产品。

（三）建立健全金融支持种粮大户风险分担补偿机制

一是建立种粮大户保险赔偿机制。在现有保险体制下，政府应激励保险机构在微利条件下推出种粮大户专项保险等新险种，合理设定保费，提高保险额度，积极受理灾后理赔。二是健全服务种粮大户的担保机制。以政府为主导，以保本微利为原则，成立专门为种粮大户提供担保服务的担保机构，指定既有的专业融资担保机构为种粮大户提供定向担保业务，鼓励种粮大户进行联保、互保等。三是完善服务种粮大户金融机构的补偿机制。地方政府应进一步增加对种粮大户的贷款贴息，通过税收返还等方式对种粮大户的信贷投放持续给予政策上的优惠或扶持。

（作者吴一民，陕西银监局党委委员、副局长）

关于甘肃农村信用社信贷支农情况的调查与思考

近年来，甘肃农村信用社积极调整信贷结构，突出信贷支持重点，不断拓宽服务领域，着力改进服务方式，确保了对甘肃“三农”发展的有效支持。2012 年 6 月末，甘肃农村信用社涉农贷款 1 092. 34 亿元，占全辖银行业涉农贷款的 45. 64%，充分发挥了支农金融主力军的作用。

一、甘肃农村信用社信贷支农成效明显

（一）有效支持特色农业产业化发展

甘肃农村信用社坚持“按地域确定支持重点、按重点配置信贷资金”的思路，因地制宜地支持优势明显的特色产业，实现了农村信用社信贷服务与当地经济发展的有机结合。在甘肃中东部地区和祁连山冷凉灌区，大力支持马铃薯产业发展；在沿黄灌区、内陆河及泾渭洮河流域，着力支持反季节蔬菜、高原夏菜产业；在平凉等四个市，重点支持苹果产业带和经济林建设；在定西等地，主要支持中药材和花卉产业发展；在甘南州等地，着力支持畜牧业的发展。截至 6 月末，甘肃农村信用社特色农业贷款余额达到 230. 17 亿元，占其各项贷款的 18. 54%，较年初增长 14. 54%。

（二）全力推广农户小额信用贷款

甘肃农村信用社把推广普及农户小额信用贷款作为破解农民“贷款难”的主要突破口，采取扩大对象、拓宽用途、提高额度、简化程序等措施，使农户小额信用贷款覆盖到广大农户，使广大农民普遍享受到最基本的金融服务。2012 年 6 月末，全省已评级授信农户 305 万户，占全省总农户的 68%；授信总额 464 亿元，累计向 82 万农户发放小额信用贷款 137 亿元，农户小额信用贷款余额 106. 9 亿元，占各项贷款余额的 12. 9%。

（三）大力支持县域小微企业发展

按照小微企业贷款投放“两个不低于”的要求，甘肃农村信用社加大对县

域小微企业的信贷支持力度，创新信贷产品，先后研发了“惠企通”、“汇商通”、“陇药通”等特色化信贷产品。同时，积极参加银企合作平台，与相关企业成功对接项目达412个，融资金额51亿元。截至6月末，甘肃农村信用社小微企业贷款余额248亿元，较年初增长32%，贷款余额和贷款增速较上年均实现了“双提升”。

（四）积极扶持弱势群体发展

一是积极发放灾后重建贷款。甘肃农村信用社累计向29.03万户发放各类灾后重建贷款54.22亿元，占甘肃银行业金融机构灾后重建贷款的98%，代理发放国家开发银行32亿元的灾户住房重建贷款。同时，发放舟曲特大山洪泥石流灾后抗灾救灾专项贷款5 100万元。二是合理开办妇女小额担保贷款。全力推广妇女小额担保贷款，重点扶持了有创业能力和帮带能力的农村妇女。6月末，全辖妇女贷款余额143亿元，支持36万名农村妇女创业致富，贷款余额位居全国同业之首。三是有效拓展下岗失业人员再就业担保贷款。6月末，甘肃农村信用社发放下岗失业人员再就业小额担保贷款19亿元，惠及下岗失业人员4.1万户。

（五）切实提升支农基础金融服务水平

一是提高科技支农服务层次。在农户小额信用贷款运行模式的基础上，研发了集贷款、结算等功能为一体的“福农卡”小额信贷业务。6月末，累计发行福农卡60.2万张，卡内贷款授信77.1亿元，累计发放福农卡贷款69.6亿元。二是提高强农惠农资金代理业务覆盖面。2009年开始，为甘肃各级财政部门开设了强农惠农专项资金和补贴资金专户，为全省95.5%的农户发放了专用存折。三是提高农村金融服务均等化水平。通过建立流动服务站、开通服务终端等方式，使金融机构空白乡镇的金融服务覆盖率达到99.3%。

二、目前面临的主要困难和问题

（一）当前信贷管理体制机制与“三农”需求不完全适应

一方面，信贷授权授信机制运行不畅。县联社信贷审批决策链条较长，基层网点缺乏灵活的贷款定价权限等。另一方面，信贷激励机制不完善。省联社对县联社信贷经营目标考核注重规模忽视质量，县联社对基层网点和信贷人员涉农贷款责任追究采取“一刀切”，导致其缺乏贷款发放的积极性。

（二）信贷资金运用管理不够科学

一方面，存贷款期限匹配严重错位。6月末，甘肃农村信用社定期存款余额

只占全部存款余额的29.31%，而中长期贷款占全部贷款的62.83%。另一方面，贷款运用不够充分。2010年1月至2012年6月，甘肃农村信用社存款增幅高于贷款增幅2.69个百分点，两年半时间存贷比反而下降1.22个百分点，6月末存贷比仅为70.43%，资金使用明显不足。

（三）涉农贷款风险较大

农村信用社发放贷款大部分为农户小额信用贷款，由于农业抗风险能力很弱，贷款风险较大。6月末，甘肃农村信用社不良贷款率达3.45%，高于全辖银行业不良贷款率1.11个百分点；7月末，灾后重建贷款有5.78万户、12.26亿元形成不良贷款，不良率达83.29%。

（四）支农信贷产品创新能力不强

目前，甘肃农村信用社在小额信用贷款方面只有“福农卡”等少数几个产品，在小微企业贷款方面有“惠企通”、“汇商通”等少数产品，与辖内地方性城市商业银行相比，无论产品种类还是产品品质，都存在不少差距，且全辖形成统一模式，缺乏地域性和灵活性特点，信贷产品创新能力不足。

（五）政府扶持政策不到位

一是支农贷款贴息拨补不及时。2012年6月末，甘肃农村信用社仅下岗失业人员再就业、小企业和妇女创业三类政策性贷款贴息欠补4.19亿元。二是支农奖励资金落实不到位。对农村信用社支农贷款余额超过15%部分的奖励资金，多数地方财政未全额兑现。三是风险补偿机制不健全。目前政府没有对农村信用社涉农贷款建立起风险补偿制度，也没有对贷款担保机构和农业保险机构实施风险补偿。

三、加强农村信用社信贷支农的对策和建议

（一）创新农村信用社信贷管理机制

强化县联社的法人地位，严禁省联社干预信贷的行为，同时合理确定信贷审评权限，减少决策链条，提高审贷效率。大力推广和发展农村各类“联保”模式，积极尝试开展抵押质押循环贷款，探索建立农贷与保险的联动机制，降低信贷风险。科学制定绩效挂钩和责任追究办法，调动信贷人员的积极性。

（二）改进农村信用社信贷服务方式

按照便民惠民原则，建立信贷“绿色通道”，简化贷款流程，提高放贷效率。推行涉农信贷公开制度，实施“阳光放贷”，提高农民获得公平贷款权的机

会。积极探索，进一步完善小额农贷推广及考核机制，不断提高覆盖率，彰显品牌效应。要改进管理，关注农村妇女创业、下岗职工再就业等问题，推进信贷支持民生建设。

（三）加大支农服务产品创新力度

要严格按照市场导向，逐步满足农村信贷多样性和差异化需求。瞄准农业产业化向区域化布局、专业化生产、规模化经营的趋势，积极研发适合农业产业结构调整的信贷产品，加大特色农业的支持。按照“一村一品、一乡一业”的思路，积极研发特色鲜明、类型多样的信贷产品，有效支持优势产业专业村、专业乡镇以及专业合作社的发展。

（四）积极推动支农优惠政策落地

要多方争取国务院2008—2011年先后出台的支农相关补贴和业务税费优惠政策得以续存，重点落实农户小额信贷免税、妇女小额担保贷款贴息和涉农贷款奖励等政策，调动农村信用社支农的主动性和积极性。要建立和完善农村信贷风险补偿机制。

（五）争取差异化金融政策支持

要制定和实施差异化支农监管措施，适当降低各类民间资本进入农信社系统的门槛，适当放宽新业务准入、存贷比、资本充足率、不良贷款率等监管指标考核限制，发挥监管政策对涉农信贷的引导作用。要对西部经济欠发达地区的农信社实行最低优惠存款准备金率，加大支农再贷款的倾斜力度，推行富有弹性的信贷规模控制政策。

（六）着力推进农村金融服务均等化建设

要在消除金融服务空白乡镇成果的基础上，力争3年内实现全辖金融机构空白乡镇的全覆盖，有效解决农村金融服务难问题。要积极引导国有商业银行向县域及农村延伸网点、积极稳妥发展“新三类”金融机构，进一步培育农村金融服务市场竞争主体，促升农村信用社支农经营管理水平。

（作者贾锐，甘肃银监局党委委员、副局长）

关于辖内大型银行绩效考核的调查与思考

一、大型银行现行绩效考核的主要特点

（一）经济资本管理理念日渐突出

各大型银行股改以来普遍引入经济资本管理的理念，构建了以经济增加值（EVA）和风险调整后的资本收益率（RAROC）为核心的绩效考核体系，实现风险控制与效益增长平衡的绩效考评，强化经济资本对风险资产总量的约束和资本回报对经营管理的要求，充分体现资本的价值，关注存在的风险，更加重视降低成本及经济资本占用。目前，工行和农行强化资本节约与资本回报意识，在绩效考核体系中设立了经济资本回报率和人均经济增加值考核指标，同时引入经济增加值指标并进行单项排名；交行以经济利润增长为核心，在绩效考核中把经济资本占用系数由8%提高至12%，加大资本约束压力；中行进一步强化经济资本约束，绩效考核体系中设立了以经济增加值指标和风险调整后的资本收益率指标为主的综合效益指标，并且把经济资本占用超标设为倒扣分项加以严格控制；建行坚持了价值最大化理念，在绩效考核体系中建立了以经济增加值为核心的关键业绩指标（KPI）体系，在等级行考评中设置了风险调整后资本回报率指标。

（二）内控合规经营意识逐渐形成

传统的大型银行绩效考核指标体系普遍包括经营效益类（利润、成本收入比、经济增加值、风险调整后的资本收益率等）、发展规模类（各类存款、贷款、中间业务、同业占比等）、风险管理类（不良资产率、不良资产清收率、到期贷款回收率等）三大类指标，普遍强调经营效益和业务发展，其中经营效益和发展规模类指标权重占比较高。近年来各行内控合规经营意识不断加强，逐步引入了内控合规类考核指标内容，引导各级机构严格力争合规操作、稳健经营。工行设立了风险管理评价、内控评价和监察监督等风险控制类考核指标；农行增设了“三化三铁”达标率、安全保卫工作和整改工作指标等内控合规类考核指标；建行设置了内部与操作风险管理评价指标，并规定若年度中发生案

件或重大责任事故评定结果依次后调一类或将对应薪酬按照80%确定；交行和中行加强了对业务合规性的要求，将依法经营、案件事故等发生情况纳入绩效考核，实行扣分管理制约。

（三）绩效考评体系建设日趋成熟

目前大型银行绩效考核体系日趋科学，农行构建了经营行综合考核和“三农”县域考核并重的绩效考核体系，确立以经济增加值单项考核指标排名与综合指标计分相结合并以部门专项考核为补充的绩效考核模式；工行实行了综合考评指标与单项指标监测相结合的考评方式，综合考评指标运用统一的指标体系和指标权重对各行进行综合评价，单项指标按照指标值的高低进行监测；交行建立了综合绩效考核办法、绩效工资分配办法和履职工资考核办法等三大模块共同形成的绩效考评体系；中行引入了平衡计分卡工具，启动矩阵式绩效管理模式，形成了囊括财务、客户、工作进程、员工学习与成长四个维度考核的绩效考评体系；建行则完善了由绩效考核、等级行考评、关键业绩指标考核三部分构成的绩效考核体系，注重等级行和关键业绩指标考核结果与员工绩效分配的关联效应。

（四）绩效考核“指挥棒”作用日益显现

目前辖内大型银行绩效考核都以总行的发展经营战略为导向，结合各自分行的业务发展特点来设置和确定当年绩效考核指标及权重，对所辖分支机构经营和发展起着重要的指挥作用。工行在绩效考核中落实“三个突出”原则，即突出经济资本考核，突出对业务转型特别是中间业务发展的考核，突出对渠道分流的考核，更好地促进全行经营转型和可持续发展；中行在绩效考核指标设置上充分体现引导全行调整业务结构，提高资本使用效率，扩大客户基础，加快网点转型和业务创新；交通银行则体现了以“效益”、“质量”、“发展”、“客户”为重点，以战略推进指标和内部管理指标为补充的考核导向；农行则突出以业务经营转型和竞争力提升为重点的考核指标体系，并且通过建立单独运行、具有农行特色的“三农”县域考核体系，加快了服务“三农”战略的有效实施；建行则贯彻“以效益为中心、以存款为基础、以质量为重点、以安全为保障”的经营管理原则，关注年度发展核心要素，加快重点业务发展，加强基础客户拓展，促进产品结构优化。

二、大型银行绩效考核存在的主要缺陷

（一）内控管理和重点风险防范考核不到位

辖内大型银行现行的绩效考核在指标及权重的设置上，仍侧重于经营效益

等财务指标，对风险管理类指标考核相对较弱，在追求规模扩张和经营利润的过程中，忽视了业务盈利性和风险性的平衡，内控管理和重点风险防范不到位。部分行的绩效考核体系中，风险管理指标普遍被设置为扣分指标，并且还设有扣分上限，在一定程度上弱化了绩效考核在加强内控和风险防范机制建设等方面的导向作用；个别行风险管理类指标只涵盖了资产质量的内容，没有囊括内部控制和案件防范等内容；某行在等级行考评中虽然设置了内部与操作风险管理评价指标，但其权重仅占5%。同时各行在现行的绩效考核体系中，都没有对监管部门强调的重点风险如政府融资平台贷款、规范经营活动等及时作出直接反映和考核。

（二）业务发展规模及同业扩张的导向性过强

受传统经营观念等影响，部分行现行的绩效考核体系突出了发展规模和同业占比类指标考核，规模类指标权重仍为首位，纯时点性的考核指标在个别行仍然存在，“冲时点”行为仍难杜绝，造成存款剧烈波动，对银行流动性管理形成挑战。某行在关键业绩指标考核中规模类指标的子指标有二十二项，权重合计达62%；某行绩效考核体系中发展规模类指标也有二十二项，权重合计达50%，同时还设立了以同业市场份额为主的竞争力指标；某行设置的规模类指标达十四项，权重合计达40%，同时强调市场份额类的考核，设立了同业比较指标，采取捆绑式方式，按市场份额变化幅度及确定的计分标准进行加分、扣分；个别行设置的规模贡献类指标权重占全部权重达70%；某行虽已不再直接考核同业占比指标，但仍将其作为相关指标的调节项进行考核。虽然近年来监管部门强调银行应取消时点性规模考核指标，但个别行仍保留了时点存款新增指标和时点性的储蓄存款考核指标，同时在其分支机构绩效考核办法中存款的时点、日均指标和个贷时点新增等规模类指标仍被列为重要的考核内容。

（三）考核指标计划的分解确定不尽合理

部分大型银行现行的绩效考核偏重于当期效益指标考核，重视当期的盈利表现，忽视了银行长期盈利能力和长远发展，将计划指标逐级分解、层层加码，易导致基层分支机构为完成“超高”指标而不惜违规经营，形成风险隐患。某分行向下属分支机构分解的存款计划额较上年实际净增数增长了24.18%，比总行计划的增幅多73.38个百分点，增量与增幅均明显过高。某行向下辖的各经营机构下达的储蓄存款平均余额增量计划高于总行下达的计划25%；某行对下分解的贷款新增计划分别比总行下达的综合经营计划增加25.97%。

三、建议

（一）进一步健全银行绩效考核机制

完善的银行绩效考评机制是大型银行绩效考核工作的基础。一是落实科学发展观，牢固树立科学的绩效考核观，形成正确的战略导向和合规引领，遵循经济资本管理的理念，积极转变经营思路，真正实现稳健与合规发展、内涵式与均衡性发展，不断提高服务实体经济的能力。二是加强绩效考核组织建设，要提高考核工作的透明度和员工参与度，加强协调与沟通，确保绩效考核办法既符合总行的发展战略目标，又适应分支机构的实际情况。三是完善约束纠偏机制，加强对考核结果的跟踪评估，发现经营行为发生偏离既定目标情形时，要及时分析原因，调整指标设置，不断地加以改进和完善考核办法。

（二）建立科学全面合理的考核指标体系

科学合理的考核指标体系是大型银行绩效考核工作的关键。一是完善考核指标内容，使考核指标统筹业务发展与风险防控，涵盖效益与风险、财务因素与非财务因素、当期成果与可持续发展等各方面。二是考评指标及权重应向合规经营类和风险管理等倾斜，效益指标应体现风险调整后的资本收益情况，逐步淡化同业占比类考核指标。三是指标设置应体现银行履行社会责任和对监管部门强调的重点风险和监管要求的落实情况等专项指标。四是必须纠正过度的短期激励，引入长期激励办法，尝试引入实行奖金延后支付等激励办法。

（三）强化绩效考核体系的外部监管机制

有效的外部监管机制是大型银行绩效考核工作的有力保障。一是引领大型银行按照银监会颁布的《商业银行稳健薪酬监管指引》和《银行业金融机构绩效考评监管指引》，认真履行监管职能，将绩效考核实施情况纳入年度监管评价内容，对绩效考核全过程实施动态监管，并与监管激励措施挂钩。二是充分发挥非现场监管和现场检查效能，提出完善改进绩效考核意见和建议，督促大型银行不断完善绩效管理工作。三是加大对绩效考核工作的考评，对绩效考核工作不符合监管要求的银行，要依法责令限期整改，整改不到位的，要依法实施监管措施或行政处罚。

（作者樊秋惠，宁夏银监局党委委员、副局长）

对新疆“三农”金融服务情况的调查与思考

新疆地域辽阔、物产丰富，农林牧业用地面积占全区总面积的37.9%，乡村人口占总人口的49%，是典型的农牧业大区。新疆银监局积极响应中央的战略部署，集银行业合力支持新疆跨越式发展和长治久安，引导银行业金融机构把改善“三农”金融服务作为工作重点，推进新疆由农牧业大区向农牧业强区转变。

一、农村经济发展方式和结构的变化对金融服务提出新要求

（一）新疆转变农牧业发展方式的新需求

新疆以推进国家优质商品棉生产基地、国家粮食安全后备基地、特色林果业生产基地、优质畜产品生产基地等“四大基地”建设为重点，优化农牧业结构，提高农牧业综合生产能力。在政策引导下，目前基本形成了适宜当地水、土、光、热等资源特点的粮、棉、特色林果和畜产品生产区域布局，初步具备了规模化生产能力。

新疆地区农牧业逐步由资金需求小、生产周期短的传统种植业向资金需求大、生产周期长的设施农业、林果种植、养殖及产业化加工业发展。传统金融服务方式已不能满足农业生产发展的需要。此外，农户对农用固定资产投入、消费信贷和理财等金融服务均提出了新需求。

（二）改善农牧民生产生活条件的新政策对金融服务提出新要求

新疆将改善200余万户农牧民的生产生活条件列入“十二五”发展目标，五年内完成全区150万户农民安居和8.5万户游牧民定居目标任务，覆盖675万农牧民。该举措一方面改善了农民基本生活条件，另一方面拉动了农村投资及消费市场。2012年开工建设30万户安居富民和1.25万户定居兴牧工程。

中央财政、自治区财政、援疆单位对“两居工程”建房进行一定的资金补助，对于农户自筹资金部分，自治区财政出台了通过银行贷款的贴息政策。从2011年执行情况看，新疆农村信用社、农行按照客户信用程度选择部分客户给

予了支持，“两居工程”贷款15.8亿元。由于投建规模大、涉及农户多、资金需求大，多数地区存在建设资金缺口。

1. 定居兴牧建房按照政策标准，建房资金个人自筹部分较少，基本不需要银行贷款，但因生活配套基础设施建设尚存在资金缺口，与定居标准还存在较大差距。部分地区由于地方配套资金和配套设施建设的缺乏，牧民搬迁积极性不高。

2. 安居富民建设各地执行情况和标准不同，除标准补贴外，建房户自筹资金还取决于当地财政补助资金。当地财政补助多的建房户，总体需通过银行贷款解决自筹资金3万~5万元。此外，针对种养业大户和部分较富裕农户相对较高的住房要求，农户自筹资金仍需银行贷款8万~10万元。

3. 按照农牧民自愿申请建房定居的原则，后期未定居的大多是经济能力差和无自筹资金来源渠道的农牧民，不符合银行贷款条件，由银行解决资金缺口问题存在一定困难。此外，一些农牧民对政府关于“安居富民、定居兴牧”工程金融信贷支持新政策的理解存在偏差，认为贷款不用考虑还款问题，使当地农村信用社存在潜在的风险隐患。

（三）区域发展不平衡对差异化金融服务提出新要求

由于全区各地经济发展水平的差异，金融服务需求旺盛和需求不足并存。经济基础及发展水平相对较好的地区，农牧民经营方式较灵活对金融服务多样性的需求较旺盛。农村信用社等银行业金融机构涉农金融产品服务形式多样，且积极配合国家各类扶持政策的产品种类丰富。农业银行、邮储银行和农发行也开始介入各类农村金融服务，开办不同种类的涉农信贷业务。经济基础发展水平好的地区，信用乡村占比较高，奠定了金融服务的基础。

反之，经济基础及发展水平相对落后地区的金融服务需求不足，金融服务仅保障基本种植业生产资金需要和传统存取款业务，当地农村信用社业务也多以代理支付财政发放各项补贴资金为主，必须备足大量现金以应对农民集中领取补助资金。当地农业银行基本只做存款和结算业务，依靠上存资金盈利。国家级贫困县信用环境建设相对滞后，农牧民还款意识较差，给银行带来了潜在风险隐患，制约了地区金融服务的推广进度。

二、当前农村金融服务存在的问题

（一）国有商业银行大量撤并机构，信用社不堪重负

近些年，在商业化的改革中，国有商业银行向大中型城市转移，不断撤并

农村金融网点和上收信贷管理权限，使基层机构的业务发展缓慢、存贷业务不平衡，大量储蓄资金外流。

目前，虽然农村信用社在农村金融市场中处于"主力军"的地位，但其仍然面临着诸多困难：一是资金来源有限，短期存款难以满足长期贷款的需求。二是存贷比指标偏高，增加了农村信用社的流动性风险，制约了农村金融服务发展方式的转变。三是承担国家惠农政策的任务重，农村信用社的运营成本及持续经营的难度大。四是"两居工程"自筹资金的硬缺口大，农村信用社筹资困难，地方政府支持力度有待增强。

（二）农村金融服务品种单一，难以满足现代农业发展的金融服务需求

农村金融机构业务经营范围仍然主要局限于传统的存、贷、汇业务，贷款也主要以农户小额信用贷款为主，现有信贷产品及信用方式工具无法满足现代农业资金需求，金融服务功能未得到全面有效发挥。同时，受技术、人才、资金、交通等因素的制约，电子化程度低，结算渠道不畅，对农民关注的咨询服务类、投融资等业务品种基本未涉足。

（三）农民产权不清晰，农村信用保证体系不完善，制约了银行授信业务的发展

农村土地流转后，土地及其附着物及产出品仍不能作抵押，农户大额贷款抵押受到限制；县乡级担保中介金融机构无法为农户提供有效的担保服务；特色农业企业及种养殖大户无法及时筹集资金满足产业扩大化、规模化发展。部分县乡级农村信用保证体系的组织架构尚未健全完善；涉农金融机构信贷业务缺乏有效的风险转移和分散机制，影响其信贷投放的积极性，制约了银行授信业务的发展。

三、完善农村金融服务体系的政策建议

（一）加快建立多元化多层次农村金融服务体系，加快农村金融服务产品创新

一是加快涉农金融服务机构业务转型改革，充分发挥国有大型银行、农业发展银行、邮政储蓄银行县域机构网点优势和专业优势，分层次解决不同层面的金融服务需求。二是在县域乡镇广泛动员民间资本，引进、组建村镇银行、小额贷款公司等新型农村金融机构，增强农村金融服务能力和竞争活力。三是结合农村经济结构变化的需求和农产品投入产出特点，改进农业信贷期限结构、探索创新抵押担保方式、推动涉农金融服务产品的创新，在农业保险上扩大农

业保险的覆盖面。

（二）加快推进农村信用社改革进程和农村信用体系建设

一方面通过股权结构改革壮大资本实力，完善公司治理规范经营增强发展后劲，发行债券等方式稳定资金来源。另一方面通过建立有效的农村信用担保体系、巩固农村信用工程建设、广泛开展农村金融知识普及教育、建立农村农民征信系统等方式有效改善农村金融生态环境。

（三）加大对农村金融服务的差异化财政补贴力度

建议对边远乡镇和高原地区的农村金融服务，给予特殊的财政补助和实行税收减免政策，支持金融机构对边远地区金融服务的持续发展。提高农业贷款拨备提取比例和不良贷款容忍度、加快核销不良贷款进度，鼓励金融机构业务向农村、农民、农业的倾斜。

（四）合理统筹全区“富民安居、定居兴牧”工程建设规划和资金来源

一方面保证农民盖房后不因还贷压力影响生产经营、不降低生活水平；另一方面不扩大标准，不增加农民建房负担。鼓励各类银行在风险可控、贷款可清偿的前提下发放农户建房贷款。

（作者买买提依明·吐尔逊，新疆银监局党委副书记、副局长）

实施分类管理　形成服务合力　全力推动“三农”发展新格局取得更大成效

——大连银监局关于大连市“三农”金融服务情况的调查报告

近期，大连银监局党委派出由班子成员任组长的3个调查组分赴大连瓦房店、庄河和普兰店对“三农”金融服务情况展开实地调研。调查情况显示，近年来，大连市政府积极推进现代都市型农业发展，各类农业生产主体融资需求得到进一步满足。当地农业呈现出传统自然农业加速向现代农业转变的新格局。在新格局的演变过程中，各类农业生产主体逐步分化为萌芽期、初创期、发展期和成熟期4种类型，融资难点各有不同，对此应具体分析、区别对待。破解“三农”融资难的一个有效途径，是将农村金融服务作为系统工程，政府、银行、监管各方应当在分类管理的基础上，明确重点，统筹协调，逐一破解融资瓶颈。

一、新格局下不同发展阶段生产主体的金融服务难题

（一）处于萌芽期的农户融资能力受参与农业规模化程度影响较大，且银行存在服务不匹配问题

新格局下，新型农民参与现代化农业生产建设的兴趣和愿望与日俱增，这部分农户处于现代农业发展的“萌芽期”。但这类生产主体管理松散，缺少致富“带头人”，诚信意识相对淡薄，增信约束力不强，加之政府尚未找到行之有效的配套管理措施，因此，银行一般很难介入。如哈尔滨银行大连某支行刚成立时，与当地政府商定以诚信为载体，以联保为纽带向800多户农民发放小额贷款，但2012年却有近20%的贷款逾期，联保与政府增信均失去作用，由此这家银行对小额信贷业务产生了顾虑，不再涉足此项业务。截至2011年末，全市小

额信用与联保贷款余额分别为8.74亿元、6.05亿元，前者比年初下降36.49%，后者仅增长1.17%。

调查还发现，银行服务普遍存在与“三农”不匹配问题。如农户小额贷款额度、基层农信社信贷权限设置、流动贷款期限设置等均不符合农业生产特点，且机构网点偏少、竞争不足、自助设备覆盖面较低。

（二）处于初创期的企业与新型农村经济组织因诚信问题融资能力受限

部分处于这一时期的生产主体已经成为当地致富标杆，但就其影响力和凝聚力来看，尚未达到理想水平，其内部协调性和一致性仍然存在不足，经营过程中面临的困难和矛盾较多，基层政府特别是村委会的指导帮助力度不够。亟须通过诚信建设和缔造诚信主体作为重要支撑，来弥补信息不对称造成的信用风险。如全市目前80%的农民专业合作社仍处于初创期，有的有名无实，甚至仅为套取国家补贴而成立，有借无还现象时有发生。这将造成“劣币驱良币”的不利局面，去年末全市农民专业合作社的贷款余额仅为1.17亿元。当前，基层政府特别是县以下政府推动诚信建设的力度并不均衡，缺乏完善的企业及个人诚信档案和对诚信环境建设必要的考核。

（三）处于发展期的企业与新型农村经济组织多数面临抵押担保难问题

在农村地区，这部分群体致富“带头人”的地位已经确立，并得到当地村民的认可。处于这一时期的生产经营主体主要表现为一般性合作组织（公司）向“合作组织（公司）+农户”的新型经营模式的过渡及跨越，它们具有较好的管理模式与盈利能力，且大部分已与银行建立了合作关系，但普遍存在土地承包经营权、林权、海域使用权难以抵押等问题，加上担保收费高、农业保险保额低以及银行普遍缺乏新型抵质押贷款业务品种等原因，加重了融资难问题。

二、“三农”新格局下应实施分类管理，形成服务合力，共同破解金融服务难题

（一）强化政策引导，夯实基础工作，为“三农”新格局下不同农业形态主体提供优良的融资环境

1. 政府要统筹规划、协调指导、强力推进诚信建设，为“三农”金融服务提供坚实基础。一要推动诚信建设落到实处，将诚信建设情况纳入对（市）县政府、街道、乡镇、村政府的业绩考核指标当中，并建立起农业信息共享机制及失信惩戒机制。二要实行区别对待的补贴扶持政策，基层政府部门要继续通

过财政补贴、政策奖励、税费减免、税后返补等方式持续增加“三农”资金投入。三要完善新型抵押登记流转制度。地方政府要继续推动建立与完善林权、土地承包经营权、海域使用权、商标和股权等新型抵押权的权利登记、评估、处置等流转制度和机构安排。四要完善担保与保险体系建设。发挥财政杠杆作用，通过财政出资设立农业担保基金或农业担保公司，完善政策性农业保险体系，有效分担信贷风险。

2. 银行要明确服务定位、构建服务“三农”的长效机制。银行要建立专业化的管理模式、城乡差异的信贷管理及风险管理体系以及反哺“三农”的考核评价机制，不断提高产品创新能力和服务水平。

3. 监管部门应加强窗口指导。持续加强涉农贷款“两个不低于”目标的考核工作，鼓励银行在县域地区特别是村镇以下设立营业网点，允许各机构农村地区新增不良贷款率和迁徙率适当高于城市地区1个至2个百分点。

（二）实施分类管理，细化各项措施，合力破解“三农”新格局下不同农业形态的金融服务难题

在改善融资环境的基础上，当务之急是制定标准，准确定义4种农业形态。政府部门在制定标准时，应针对农业生产季节性、周期性明显的特征，结合企业生命周期理论的判别指标进行划分。在此基础上，可按照农林牧渔等行业分类，将各类生产经营主体详细分类为萌芽期、初创期、发展期、成熟期4种农业形态；设置分类台账，分别制定针对性的帮扶措施，并建立起银政信息通畅的“对接通道”。政府可根据各类农业发展主体的成熟度制定针对性的帮扶措施；银行可依据政府分类对涉农贷款实施名单制管理，区别各类生产经营主体设计有针对性的金融产品和服务，实事求是地做好支农工作；监管部门组织银行与政府有效对接，积极引导银行强化涉农服务工作。

第一，针对萌芽期的农户应积极引导帮扶其参与规模化生产经营。政府要积极营造诚信氛围，切实研究解决设施农业的土地纠纷问题，为小额信贷提供良好的生存土壤。大力培养致富“带头人”，积极引导普通农户加入“合作社（公司）＋协会＋基地＋农户”等农业产业化经营体系。银行应重点对进入产业链条的农户制订针对性的金融服务计划，逐步扩大小额信贷与联保贷款的额度与支持范围。

第二，针对初创期的生产经营主体要助其规范管理，打造诚信主体。政府应从加强诚信宣传和教育入手，积极培育信用观念，财政投入不搞普惠制，要做到“见花浇水”，对信用标杆进行补贴倾斜、政策支持和担保支撑，带动社员

树立“守信光荣、失信可耻”的思想理念，提高经营透明度和诚信度。银行要加强对企业“三品”和“三表”的调查，弥补企业信息不规范、不透明的弊端。

第三，针对发展期的生产经营主体应着力改善融资环境，强化金融服务。要打造企业根深蒂固的信用理念和依法合规的经营理念。要大力褒奖致富“带头人”，鼓励他们带动农民共同致富。银行要积极创新，为不同类型企业量身打造金融服务产品。

第四，针对成熟期的生产经营主体要强化扶持力度。政府要继续支持农业龙头企业发挥致富“带头人”的引领和辐射带动作用，有条件的应加速农村城市化建设。鼓励科技创新和上市融资，逐步扶强做大一批龙头企业。银行应继续扩大信贷支持力度，通过信贷产品的设计与创新，帮助其继续发展壮大。

（作者张连发，大连银监局党委委员、副局长）

宁波地区城商行法人机构有效监管研究

——以差异化监管为探索重点

2012年，宁波辖内两家银行完成改制并成立城市商业银行，形成了宁波银行、宁波东海银行、宁波通商银行三家城商行法人机构“三足鼎立”的局面，对三个法人的有效监管提出了挑战。本文对三家城商行法人机构在公司治理、规模实力和内控基础等方面存在的差异性进行分析，并提出有效监管和差异化监管的思路和建议。

一、宁波城商行法人机构差异化现状

目前，宁波辖区二家城商行法人机构呈现明显的梯队，宁波银行已进入发展成熟期，在全国城商行中处于领先地位；宁波东海银行和宁波通商银行于2012年分别在城信社和外资银行基础上改制设立，基础均较为薄弱。

（一）公司治理差异

一是股权结构和股东影响方面。宁波银行作为上市银行，股权结构最为分散，也最为优化；宁波东海银行股权结构逐步优化，但企业背景的大股东在银行重大决策方面较强势；宁波通商银行主要为企业股东且由市政府主导，这对该行施加了较大的盈利压力。二是“三会一层”方面。宁波银行高管层与董事长紧密团结，高管人员专业素质较高；宁波东海银行高管层正处于调整变革期；宁波通商银行“三长”专业背景不尽相同，开业初期仍处在互相磨合阶段。三是战略投资者方面。宁波银行与新加坡华侨银行的战投合作已成为成功典范；宁波东海银行和宁波通商银行均尚未成功引进银行背景的战略投资者。

（二）机构规模实力差异

一是业务规模方面。三家机构在业务规模上差异迥然，资产从几十亿元到几千亿元不等。二是业务复杂程度。宁波银行业务产品齐全，除传统业务外还具备了金融衍生产品交易的业务资格；宁波东海银行目前业务品种较为单一，仍以传统的存贷款业务为主；宁波通商银行开业后半年内实现了业务的快速转型，且同业业务发展活跃，在资产中占比达到60%以上。三是资本实力方面。宁波银行注册资本为28.84亿元，且为上市银行，具备得天独厚的融资优势；宁波东海银行改制后注册资本为5.09亿元，融资优势在于其大股东较强的资金供应能力；宁波通商银行以1亿美元的资本金起步，开业后资本金已增加到52.2亿元。

（三）内控管理基础差异

一是内控基础方面。宁波银行内控管理框架相对成熟，内控制度经过多年的磨合已逐步成型；宁波东海银行内控基础薄弱，规章制度较为粗浅，制度执行力不强；宁波通商银行由外资银行改制，内控制度全部重新搭建，规章制度尚需梳理完善和实践检验。二是风险管理能力方面。宁波银行搭建了全面风险管理框架，风险管理在城商行中处于领先水平；宁波东海银行整体风险管理水平落后于同业，全面风险管理尚处于起步阶段；宁波通商银行风险管理框架在改制过程中重新搭建，整体风险管理能力还比较薄弱。

二、有效监管路径下差异化监管思路和建议

（一）实施差异化的现场检查频率

宁波银行已经进入稳定发展期并具有良好的风险抵御能力，对该行的现场检查频率和范围可相对减少。宁波东海银行和宁波通商银行由于刚处于起步阶段，内控体系和风险管理尚不健全，存在较多脆弱的环节，因此，需要对其进行全面体检，开业一年后实施全面现场检查，后两年开展检查后续跟踪回访。

（二）实施标准化的市场准入尺度

对三家城商行法人机构的市场准入严格按照行政许可标准和要求合规推进，并掌握如下原则：一是在管理到位、风险可控的前提下支持法人机构的发展需要。二是市场准入与监管要求紧密挂钩，对于监管要求执行不到位的机构在一定程度上限制市场准入。

（三）实施重点突出的非现场监管

要对3家城商行法人机构实施有效监管，就要根据各行差异化的特性制定“一行一策”，并明确各自的重点监管领域，将有限的资源放到监管重点上。对

于法人机构实施有效监管的重点是加强顶层建设、优化战略规划和强化自我约束和自我监督机制，监管的最终作用力在于银行本身，银行自我运转的机制顺畅了，有效监管才真正实现了落地。

（作者施先强，宁波银监局党委委员、副局长）

关于深化事业部改革两个核心问题的调研报告

我行自2007年启动事业部改革以来，地产、能源、交通、冶金四大行业部逐步形成专业化经营的特点，在商业模式创新、产品服务、风险管控、综合资源配置等方面日渐显示出良好的体制优势。但在运行中仍然存在一些问题，需要不断优化体制机制给予解决，使行业部成为我行打造“特色银行”和“效益银行”的重要力量。

从深化事业部改革的整体要求看，行业部与分行业务合作，以及行业部分部落地管理是当前影响行业部经营发展的两个核心问题，也是事业部管理体制中亟待解决的深层次问题，即“权”与“利”的问题。这次调研主要针对以上两个方面，在对成都、广州、南京、上海、合肥、长沙六家分行进行实地调研的基础上形成了本报告。具体内容如下。

一、关于分行与行业部业务合作

（一）存在的主要问题

从反映的情况看，行业部与分行在对公业务合作的认识和机制上均存在一定问题，导致多头营销、客户服务协调性不足，这也是互评考核中满意度最低的方面。

1. 双方对业务合作的认识理解不统一

行业部站在全国市场的高度布局业务，根据客户需求和市场覆盖能力确立“有所为、有所不为”的发展战略，而分行更多以区域客户、人脉资源等为出发点，使分行与分部对业务合作等问题的认识不统一，从而导致一方面行业部对区域内部分客户开发“力不从心”或“抓大放小”；另一方面，分行由于业务边界限制无法对该部分客户开发，造成一定程度的客户开发资源浪费。

2. 业务合作机制不完善

目前总行对分行和行业部按照客户和业务归属进行资源/费用配置，不利于

协销工作，合作营销只能通过分行和行业部分部私下“单笔协商分成”，总行缺乏有效的分成办法和标准，导致很多业务因分利问题谈不拢难以叙做。总行曾计划推出分行和分部捆绑考核及事业部内部管理资产等举措，但因在该模式下难以落实而搁浅。

（二）加强分行与行业部分部业务合作的建议

总行在深化事业部改革中应加强对“利”的顶层设计。一是理顺业务协作体制机制；二是调整资源配置方式，以增量配置促进协作，以综合效益及规模效益覆盖费用成本。具体建议如下：

1. 在坚持专业化营销和风险管理的前提下，适当开放业务边界

（1）对行业部核心客户实施名单制管理，对列入名单的客户由行业部分部专营，名单以外的客户（地产事业部除外）适当向分行开放。

（2）鼓励分行开发边界内核心客户的上下游企业及其零售业务，带动中小、小微、私银及负债、中间收入等综合业务，提供全面客户服务，提高客户满意度和市场竞争力。

（3）规范和引导分行开发二级分行、县域支行等异地边界（地产事业部除外）内客户，确保异地有价值客户的适度覆盖。

（4）分行开发事业部边界内客户必须服从事业部专业化营销和风险管理，使用事业部评审通道，接受事业部贷后管理指导，落实事业部贷后管理要求。

2. 提高行业部分部设置灵活性

行业部分部设置和分行无须一一对应，应根据区域特色和资源禀赋决定分部设立、合并或撤销，整合力量开发行业资源富集地区的业务。

3. 创新资源配置模式，加快总行基础配套

（1）对分行开发的事业部边界内客户，采用双向计价，影子业绩考核。资源配置方面，将协销业务费用全额配置分行，规模和创利实计分行，虚计行业部。摒弃经营机构业务分成的思路，为体现行业部专业服务、输出管理的价值，总行额外拿出一定比例费用配置给行业部，并明确配置标准。

（2）加强总行配套支持。一是调整、完善总行财务资源管理模式，对分行和行业部合作销售研究制定专项费用办法和配置比例，匹配行业部专业化管理的成本和价值，比例可逐年优化，使双向计价能够切实推行。二是加快和优化管会系统平台建设，实现在产业链开发情况下准确切分核心客户与上下游客户业务贡献，使双向计价进一步落地。

二、关于行业部分部落地管理

（一）存在的主要问题

由于管理半径长，基础业务平台在分行，行业部总部委托分行对分部进行落地监督和服务管理。从调研情况看，由于责权利不统一等体制机制原因，表现出以下问题：

1. 费用暗补模式下缺乏有效的落地管理激励约束机制

总行对分行落地服务提出“服务有偿、奖优罚劣”原则，但费用采取调整FTP价格的方式进行暗补，费用兑现不直观，服务质量与服务评价难以形成有效约束。

2. 互评考核流于形式

由于分行和分部在当地都具有一定不可选择性和不可替代性，双方从长远和谐角度考虑配合互评工作，考核的实际意义不大。

3. 代管机制下分行严管业务而疏于管人

分行对行业部分部日常行政管理不具有终审权和执行权，同时，分行对分部人员的任职、行级调整、晋升、业绩兑现等缺乏制度约束，决定了分行代管分部人员的意愿不高。但对合规、放款等事务，由于分行承担监管协调责任和声誉风险，出问题后又缺少处理手段，事前趋向执行高标准，行业部分部抱怨不公平。

4. 沟通机制缺乏效率，纪检职能弱化

分行和行业部间的联席会议没有约束力，大多靠负责人觉悟推动，交流问题和信息浅层化、表面化。分行纪检部门对分部员工有问责建议权，无处分权，问责容易引起扯皮、推诿。

5. 组织分离，利益独立，分部人员归属感弱

分行与分部党工团组织分离，活动经费分立，分部参与分行组织大型活动的积极性不高，主要分行负责人的重视程度偏低。行业部员工职业发展通道单一，归属感、集体感淡化，有边缘化趋势。

6. 办公场所分开，管理难兼顾

部分分行与分部办公场所分开，对人员管理、劳动纪律等管理很难到位，分部员工多为市场人员，日常出勤不易把握，事后也没有相应的报送、通报等配套规定。

7. 业务流程不同步等引起的其他问题

工资发放、年金代缴、员工报账等由于从总行到分行下发流程不同步，或额度未切分等，导致出现延误、错误和管理难问题。另外，目前系统提供的分行和分部业务数据信息不共享，不利于相互及时掌握客户和经营信息，不利于从区域整体了解和控制经营风险。

（二）加强行业部分部落地管理的建议

1. 完善机制设计，体现权责对应，服务与费用对等

（1）费用由暗补改为明补，促使分行和分部利益捆绑，提高分行落地管理服务的积极性。将总行对分行落地管理与服务配置专项费用，分为基础费用和浮动费用。其中，基础费用根据分部人员数量及业务规模核定，并体现地域差异，年初下发兑现；浮动费用按照分部当年新增创利占分行新增创利的比例及行业部对分行落地服务考核结果，在基础费用的一定比例内进行配置，年末兑现。

（2）分部员工考勤由分行参照分行市场人员标准统一管理，纳入分行考勤系统，给予分行从代发薪资中对分部人员进行处罚扣款的权力，通过系统自动完成。

（3）提高分行对分部负责人任免、职级调整的考核参与度（30%）。对行业部拟聘分部负责人的人选，分行明确反对的，行业部应综合考虑分行意见，适当调整任职人选。

（4）明确分行对分部代理行使纪检监察职责，将分部员工管理纳入分行统一管理体系，并将其作为分部负责人和相关人员任职、职级调整的考核依据。

2. 其他操作层面的措施

（1）督促有条件的分行尽快解决分部集中办公的问题。

（2）分部日常行政管理参照分行部室执行，统一考勤、统一员工行为规范、安保、品牌等日常管理，推广放款专门通道、业务档案专库管理、人事档案专柜管理等好的经验。

（3）由总行财务会计部牵头，就目前集中反映的工资发放、社保代缴、报账、公摊费用等流程及标准进行梳理。

（4）由总行科技开发部牵头，解决分行与分部业务数据互通的问题。

（作者邢本秀，中国民生银行党委副书记、副行长）

关于加强私人银行业务员工道德风险防控的思考

一、对私人银行业务和员工道德风险的基本认识

（一）国内私人银行业务的发展现状

从国际私人银行业务发展实践来看，私人银行业务具有客户信息的私密性、私人银行家的职业化、服务和产品的个性化、服务区域的全球化、客户关系管理的系统化等特点。但是国内私人银行业务尚处于产品驱动阶段，还没有实现从“销售产品”向“提供解决方案”转变。同时，私人银行业务发展也带动了信托、阳光私募、PE 等行业的快速扩张，促进了全社会直接融资规模的增长。从客户端来看，随着经济快速发展，国内私人财富市场蕴含着巨大的价值，随着国内金融监管政策的调整、金融市场的成熟以及金融创新产品的日趋丰富完善，私人银行最终将实现真正意义的以代客资产管理为核心的财富管理运营模式和盈利模式，也将成为银行重要的利润中心。

（二）对银行员工道德风险的基本认识

对银行员工来讲，道德风险可以定义为“违反诚信正直、合法合规、尽职尽责的职业操守，不考虑对国家、社会、银行可能造成的不良后果，而实施的违规违纪或违法犯罪行为”。道德风险由于是内部人作为，天然具有隐蔽性强、潜伏时间长等特点，所以道德风险的不可避免也就意味着防控工作是一项长期艰巨的系统工程。

二、现阶段私人银行业务领域员工道德风险的主要表现形式、特点及基本成因分析

（一）从业务特点分析

一是私人银行整合了银行、证券、保险等行业的前沿业务，也涵盖了金

融行业所能提供的所有增值服务，道德风险既独立存在，又与法律风险、监管风险、声誉风险、市场风险、流动性风险、信用风险等各类风险相互交织存在，情况较传统业务更为复杂。二是私人银行业务不同于信贷等传统业务，客观上，包括私人银行团队员工在内的银行所有员工都可能成为私人银行客户，因此，私人银行业务领域与银行员工自身履职过程有可能会发生利益冲突。

（二）从领域分布角度分析

产品研发、产品销售、授信、客户服务等各项业务中都存在道德风险环节；财富顾问团队、产品团队、风险团队、运营支持团队也都可能成为道德风险事件乃至案件的实施主体。可以说，道德风险潜藏在私人银行业务的各个团队、各个层面和各项业务中。

（三）从手段方式角度分析

一是操作手法多样化。既包括违规操作的情况，也有参与或协助客户从事骗贷、洗钱、转移资产出境等违法犯罪活动，甚至有利用工作便利，买卖客户资料等重要信息获利或利用相关信息进行投资交易等间接获利。二是行为更为隐蔽。私人银行领域不当获利行为不仅隐蔽而且技术含量极高，除非信息公开或司法、证券监管等部门介入调查，否则很难发现。三是调查取证困难。除非有客户举报或开展隐密调查乃至“钓鱼”执法，否则很难取证。四是潜伏期长，问题暴露滞后。除非资金链断裂后当事人举报，否则很难发现。

（四）从行为动机角度分析

一是当事人为满足物质需求而谋取更多的货币收入所形成的。二是利用目前银行业普遍存在的利益冲突界定不清晰，回避机制不健全等缺陷，打“擦边球”或者“钻空子”。三是为完成业务指标，采取不正当手段或违法违规违纪方式追求即期业绩数据，更有甚者，协助、参与洗钱等违法犯罪行为。四是碍于亲情、面子而进行违规、越权、逆程序操作，以人情替代制度，以关系替代规章。

（五）从形势特征角度分析

一是有很深的货币紧缩“烙印”。例如非法集资和民间借贷，甚至于挪用客户资金、银行信贷资金参与民间借贷套利等。二是与商业贿赂、不正当交易等某些行业潜规则或市场陋习相交织。三是利益输送平台的多元化。当事人往往内外勾结，通过资金输送、信息输送、业务输送乃至权力交换等方式构建利益共同体，实现“利益共享”，从而侵害银行、客户和公众利益。四是监管空缺积聚风险隐患。

三、加强私人银行业务员工道德风险防控的措施建议

（一）加强团队建设

一要把好“进人关”。严格录用标准，积极选拔热爱银行事业，致力成为职业私人银行家的人员执业。积极推行拟招募员工测试及外部调查，对于存在不良职业记录的人员一律实施禁入。二要把好“用人关”。应建立完善各岗位资格准入认证和年检认证制度，强化专业素质培养提升。并且要把好“监督关”，积极防范社会不良思潮侵入员工思想，严格落实强制休假制度、定期“轮岗”制度以及入职前报告个人重要事项制度，加强公私护照管理。三要把好“教育关”。持续开展党纪国法行规等日常教育，定期举办诚信宣誓仪式，并且通过开展巡讲、组织现场警示教育、推进家庭助廉工作，推动廉洁从业文化建设。四要把好“奖惩关”。坚持公平公正的考核导向，确保奖罚分明。

（二）规范权力运行

一要加强私人银行客户及其资金来源合法性调查。提升私人银行客户洗钱风险等级，加强客户身份识别，了解资金来源、性质和流向。严格私人银行客户开户审查，对于政府官员、国企高管及其家庭成员等进行尽职调查；对存在不良记录和不良行为的私人银行客户，加强预警，建立隔离带。二要实行产品销售和额度分配的公开化，防范“人情额度”，避免内部恶性竞争。三要推行集中统一定价和标准化、市场化定价。建立标准定价模型，避免内部恶意竞争。加强对价格谈判过程的监督，强化价格公允性审查，建立价格后评估制度，防止利益输送。建立完善私人银行业务独立评审体系，推行全行统一的分级审查、集中终审制度；建立和完善专家库，实现专家独立审批；严格高端客户授信的贷前调查、授信审批。

（三）提升技防水平

一是提升网银功能和电话银行服务功能。通过提供网银或电话银行全球下单，电话银行交易核对确认并录音，后台审核办理的流程化服务，满足客户业务办理便利化需求，有效解决违规代办业务、擅用客户账户等问题。二是建立撮合等业务管理系统，实现信息集中管理，业务自动撮合，项目统一

审批，价格标准透明，有效预防越权审批、逆程序操作和暗箱操作。三是推动客户关系管理的系统化，逐步实现业务办理、客户服务的全流程痕迹管理。

（四）强化过程监控

要坚持“了解客户”原则和“双人”原则，在保证客户私密性的同时，尽可能做到双人协作开发、共同服务和相互监督。同时加强客户信息保密管理，组织员工签订客户信息保密协议，实施客户信息分级管理和授权管理，定期进行检查，强化岗位履职监督。并且通过售后回访或电子渠道等方式主动与客户进行对账，核对业务情况。要建立道德风险预警机制。对于存在风险苗头的员工，纪检监察部门进行约谈和提示。

（五）构建利益冲突解决机制

完善员工回避制度，加强员工外部兼职管理，规范员工个人投资理财行为。

（六）完善合作单位监管

一要审慎选择合作机构。要综合评价合作机构的价值取向、价格水平、团队素质、服务质量、历史业绩及与银行目标的契合度。二要加强合作机构的日常监督。定期跟踪评价合作机构的履约情况、经营动态，特别是关注其外部不良信息。对无明确监管机构的合作机构和有我行离职人员从业的合作机构予以重点关注和管理，建立合作机构黑名单、灰名单机制。

（七）重视投资者教育

一要定期进行员工身份认证通知和岗位调整通知，弱化客户资源私有化特征，确保服务的真实性。二要定期向客户通报本行产品销售情况，进行风险揭示，并对 IPO 股东适格性等一些投资条件进行主动宣传。三要将对员工的职业规范和廉洁从业要求纳入财富大讲堂、客户见面会等客户宣传工作内容，提升客户监督意识，正面树立银行形象。

（八）形成监管合力

一要加强行业监管。建议监管部门尽快出台私人银行业务管理办法或监管指引，对私人银行的准入门槛、经营模式、可投资范围、行业标准等作出进一步的明确规定。建议国家相关职能部门强化 PE、信托等私人银行合作机构的监管，推动银行客户信息保密立法，维护客户权益。二要推动建立银行系统从业人员管理沟通协作平台，如建立银行从业人员违法违纪信息登记平台，违规违纪行为协查平台、责任追究联动平台等，实现信息共享和风险联防。三要在各网点建立行长信箱、邮箱，设立公示牌，公布监督举报电话，接受社会各界监督。

（作者吴透红，中国民生银行管理咨询委员会常务副主席）

队伍建设篇

当前银行业党的作风现状分析及有关建议

经过三十多年的改革开放，我国银行业的产权结构、业务种类、技术构成、资产规模与资本实力、抗风险能力和国际竞争力都有了长足进步，银行业已经成为现代服务业的支柱产业。这些成绩的取得，与银行业党组织和广大共产党员长期以来弘扬党的优良作风，带领广大员工不懈奋斗是分不开的。从总体上看，银行业党的作风状况是健康向上的，党员领导干部勤奋学习、求真务实、开拓进取、清正廉洁是主流，但也存在一些不适应新形势要求、不符合党的性质和宗旨的问题，必须高度重视，加以解决。

一、我国银行业面临的挑战和加强党的作风建设的重要性

共产党员特别是党员领导干部是推进银行业改革发展和防范风险、维护金融稳定的领头雁，他们的作风状况决定银行业的发展前景。在全面建成小康社会、实现中华民族伟大复兴“中国梦”的新阶段，要充分认识加强银行业党风建设的重要性。第一，加强银行业党的作风建设，是构建和谐金融的需要；第二，加强银行业党的作风建设，是提升银行业核心竞争力的需要；第三，加强银行业党的作风建设，是推进反腐倡廉建设的需要。从现实情况看，银行业依然是消极腐败案件易发多发的重点领域，反腐倡廉形势依然严峻。因此，我们应当将党的作风建设摆在银行业党建工作的重要位置，以锲而不舍的精神抓出成效。

二、当前银行业党的作风上存在的主要问题及其原因

我国社会主义市场经济体制正处于完善过程中，经济体制深刻变革，社会结构深刻变动，利益格局深刻调整，思想观念深刻变化，各种文化思潮交流、交融、交锋，这些都会对党员的思想和行为产生影响。党的十七届四中全会和

党的十八大指出的全党作风上存在的问题，在银行业党员、干部中也有不同程度的表现。在调查研究中，我们发现主要有以下五个方面。

（一）脱离实际部署工作，反映出思想作风不纯

面对日益激烈的市场竞争环境，有的党员领导干部仍然用单一的行政方式和陈旧理念来开展工作，一方面表现为墨守成规，另一方面也表现为偏激冒进。

（二）学理论照抄照搬或者断章取义，反映出学风不正

个别党员领导干部存在着重视业务开拓、轻视理论学习倾向，认为经营绩效考核是硬任务，必须完成；学习理论是软任务，可学可不学，因而缺乏学习理论的动力和自觉性。

（三）宗旨意识淡薄，反映出工作作风不实

银行业少数党员、干部忘记了党的全心全意为人民服务的宗旨，想问题、办事情不是将广大员工的需求作为第一信号，对群众疾苦不关心，不愿意也不善于问需于民，问计于民，与广大员工貌合神离。有的党员领导干部脱离群众，说话官腔很浓、行事官味十足，热衷于不必要的吃吃喝喝和迎来送往，不仅挥霍了国家和人民的宝贵资财，也损害了党员领导干部在人民群众中的形象。

（四）形式主义、官僚主义比较严重，反映出领导作风粗暴

近年来随着我国银行业实力的提升，少数党员领导干部滋生了沾沾自喜、高高在上的情绪，自视“救世主”，怀有银行业荣衰“舍我其谁也”的心态，听不进逆耳之言，形式主义、官僚主义有所抬头。一些党员领导干部干工作追求花拳绣腿和轰动效应，有哗众取宠之心，无实事求是之意。

（五）铺张浪费、追求享乐，反映出生活作风不清廉

经过三十多年的改革开放，我国银行业金融机构办公及营业场地、设施技术装备、员工特别是领导人员生活条件和薪酬水平等方面都有了较大改善。随着物质条件的变化，少数党员干部特别是党员领导干部滋生了贪图享乐的倾向，存在追求享受和盲目攀比物质待遇，工作缺乏应有的事业心和进取心，不比成绩比待遇，不比奉献比职位。工作若稍遇挫折，精神则萎靡不振，甚至牢骚满腹。有的党员领导干部为人情世故所累，利用手中掌握的贷款审批权，违规向不符合国家产业政策、不具备贷款条件的企业或项目发放贷款。

银行业党的作风上存在的上述问题，其原因是多方面的，既有受社会上消极腐败因素的影响，也与一些党员政治素养不高、要求自己不严有关。一是面对市场经济大潮，一些同志放松了对主观世界的改造，经受不住权力、金钱、美色的诱惑，导致理想信念动摇，作风不正。二是一些党员领导干部单纯业务

观点突出，在经营管理活动中过分强调经济手段的作用，不善于甚至放弃做思想政治工作，致使部分党员逐渐削弱了对党性、党风、党纪的追求，久而久之就抛弃了党的优良作风。三是在建立现代银行制度过程中，忽视党建工作，缺少对党的作风的定期分析制度，抓作风建设流于形式，上级有部署就动一下，出了问题就突击抓一下，处于应付了事的状态，不注重建立促进优良党风养成长效机制和不合格党员的评价退出机制。

三、加强银行业党的作风建设的着力点

（一）坚持实事求是，切实端正思想作风

这是加强银行业党的作风建设的根本，领导干部思想作风是否正确，直接影响其日常经营管理行为和监管行为的科学性。

（二）坚持理论联系实际，学用相长，切实改进学风

理论联系实际的学风是党的作风的重要内容，党员领导干部要具有求知若渴、放下身段、崇尚实践、不耻下问的品格，切实端正学风。学习要体现有利于科学理论武装、培养世界眼光、有助于把握规律、激发创新精神的要求。

（三）密切联系群众，切实改进工作作风

银行业党员干部成长在社区沃土，生活在百姓之中，应当与员工、金融消费者及其他客户保持密切的联系。结合本职工作身体力行党的群众路线，适应金融消费者的新期待，来设计和开发业务品种，热心为他们服务，诚心接受他们的监督。

（四）坚持民主集中制，切实改进领导作风

银行业实行党的组织和干部、业务工作垂直管理，营业网点分布全国，总部管控半径大、看得见的管不着、管得着的看不见，这就要求党员领导干部真正了解基层情况，自觉执行民主集中制。稳步推行基层组织党务公开及政务公开、行（司）务公开和民主评议党员活动，保障员工的知情权、参与权、表达权和监督权。党员领导干部要牢固树立群众观点和公仆意识，深入基层营业网点，特别是条件艰苦、问题多的营业网点调查研究，了解员工困难，倾听他们的呼声，帮助解决矛盾。

（五）艰苦奋斗、崇尚清廉，切实端正生活作风

银行业以经营货币资金为本，管理和经营着巨额的社会财富。“银行有钱”、“高管高薪酬”成了老百姓街谈巷议的话题。银行业党员领导干部要牢记“两个

务必”，认真执行中央有关厉行节约、反对铺张浪费的规定；带头勤俭办事，进一步控制经营管理成本、监管成本和一般性支出，将财力更多地用于为员工办实事和扶贫济困等社会公益事业上，积极履行企业公民的社会责任。

四、落实党建工作责任制，保证银行业党风建设取得实效

一是要认真学习贯彻党内有关制度，二是要落实主体责任，三是要强化舆论宣传，四是要加强督促检查，五是要切实加强领导。

各级党组织要将党的作风建设列入落实党员经常性教育、党员联系和服务群众等制度的重要内容，纳入党建工作责任制的范围，形成党委统一领导，有关职能部门各司其职、密切配合抓作风建设的工作格局。党委书记是抓党的作风建设的第一责任人，分管领导是直接责任人，领导班子其他成员根据分工抓好职责范围内的党的作风建设工作。党委及其党建工作领导小组要定期召开会议，听取党的作风建设工作汇报，研究解决有关问题，督促完成党的作风建设的任务。党委要结合党的作风建设实际，确定一定时期的重点课题，组织力量进行调查研究，形成理论成果，指导实际工作。

党委要将基层单位党组织和党员作风状况作为创先争优的重要内容，形成正向激励机制。党委每年要向上级党委书面报告抓党风建设的情况。党委成员要结合工作分工，建立党的作风建设联系点，特别要注意选择那些党组织建设薄弱、党风政风问题较多的单位建立联系点，加强具体指导，努力将联系点建成作风建设示范点，以点上经验推动面上工作。党委成员要将抓党的作风建设情况作为述职述廉的重要内容。

（作者廖有明，银监会纪委副书记、监察局局长）

以机制建设为核心　以作风建设为内容
加强基层党建工作

一、对基层党建工作的认识和思考

新形势下，基层党建工作面临前所未有的挑战。外部宏观上看，当前世情、国情、党情正在发生深刻变化，我国经济社会发展呈现出新的阶段性特征，出现了一系列新情况新问题，管党治党的任务越来越艰巨，党建工作面临许多新的挑战。从省局实际看，近年来随着银监局成立的时间越来越长，监管工作外部环境改善的空间越来越小，监管责任和压力不断增大，干部职工长期处于“高强度、超负荷”运转状态，队伍中出现了“疲劳期”现象，思想政治工作也面临着“疲劳期”问题，基层抓班子、带队伍、抓工作的难度明显加大。同时，党建工作自身也存在薄弱环节，如缺乏系统性的机制设计和建设，党建资源整合和合力不足等，一定程度上制约了党建工作成效。

党建工作内容虽然繁杂，但对于基层派出机构来讲，作风建设应该是重点。首先，我们党历来高度重视作风建设，特别是在重大历史转折时期更加突出地强调和抓紧作风建设。抓住作风建设，就抓住了新形势下全面推进党的建设一个十分重要的环节，抓住了提高党的领导水平和执政水平、提高拒腐防变和抵御风险能力的一个十分重要的切入点。对于银监会系统来讲，省局以下基层是派出机构，基层派出机构主要职责是贯彻落实会党委决策及各项工作部署，重在结合辖区实际，抓好贯彻落实。提高执行力，关键在于干部作风，通过加强队伍作风建设，带动各项工作有序开展。

我们切实感到，要让党建工作真正落到实处，关键在于机制建设，要使党建和监管工作相互融合。黑龙江银监局党委经过反复调研、多次论证，有针对性地提出了“以机制建设为核心、以作风建设为内容、全面加强基层党建工作”的思路，制订当前及今后一定时期党建工作规划。其基本思路是：一是明确围绕中心抓党建。按照“围绕监管抓党建，抓好党建促监管”的基本原则，通过抓党建、促作风，带队伍、促业务。二是突出作风建设这一重点。结合当前部分党员干部思想与工作状况，确定了党建工作的重点任务就是要突出抓好作风建设。三是遵循循序渐进原则。按照“一年抓一个重点，一年推进一步，积小胜为大胜”的总体思路，有针对性地抓好思想、工作和廉政作风建设。四是突出党建工作合力。完善党建工作治理和职责分工，充分整合党务各职能部门资源，形成党建工作合力。五是以机制建设为保障。党建职能部门要将党建工作渗透、分解到监管工作中；业务部门也要把党建工作作为不可分割的组成部分。

二、加强基层党的作风建设的主要举措

（一）把握思想作风建设方向，着力提升班子的领导力

加强和改进党的作风建设，必须把思想作风建设摆在第一位。黑龙江银监局将思想作风建设作为领导班子建设的核心和灵魂，突出“四讲、四注重”予以狠抓。一是讲学习，注重提升素质。创新中心组学习方式，将学习与专题研讨、专家辅导、调查研究有机结合，激发了班子的创造活力。二是讲团结，注重形成合力。完善了党委会、局长会决策机制，班子成员分工负责、步调一致、协同作战，提高了合力共振效应。三是讲人本，注重执政为民。将预算调整资金全力向监管一线、基层分局和艰苦地区倾斜，有效解决了基层待遇偏低的问题。四是讲务实，注重工作实效。为提高监管绩效、降低监管成本，构建了机制合理的内部组织架构。狠抓重点风险防范，加强形势研判，集中整治违规问题，取得明显效果。

（二）围绕工作作风建设中心，着力提升队伍的执行力

党的工作作风是党风的最直接体现。黑龙江银监局努力弘扬“四个作风”，着力打造讲大局、作风硬、能战斗的监管队伍。一是弘扬顾全大局之风。深入开展党史教育、核心价值体系教育，引导党员干部强化宗旨意识，提高执行力；结合监管文化建设抓党建，培育党员干部共同认知的价值取向，提升党建软实力。二是弘扬密切联系群众之风。完善下基层调研和联系点制度，对各级班子提出“三个一”要求，即每年至少与职工谈一次心，每年至少带队开展一次现场检查，每年至少深入基层开展一次调研。三是弘扬求真务实之风。科学制定年度规划，分解任务，落实责任；完善督办考核制度，分阶段抓好工作推进；精简了会议文件，建立分层次局长会制度，建立了无会日、无会周制度。四是弘扬敢抓敢管之风。各级监管部门通过科学监管、严格执法，督促银行业机构

规范经营、严控风险、科学发展；对违规问题加大查处力度，改变了“查而不处、处而不严”的局面。

（三）依托廉政作风建设保障，着力提升党组织的公信力

坚决惩治和预防腐败，关系人心向背和党的生死存亡。黑龙江银监局党委始终把反腐倡廉建设摆在突出位置，着力打造清廉的干部队伍。一是以落实《建立健全教育制度、监督并重的惩治和预防腐败体系实施纲要》为重点，推进惩防体系建设。研究制定了实施意见，建立了360度惩防体系工作机制；健全完善了党风廉政建设责任制实施细则、考核办法等廉政制度。二是以推进廉政文化建设为重点，开展反腐倡廉教育。树立“抓廉政促监管”的廉政文化建设理念；推行360度全方位教育模式，通过多种形式，营造廉洁监管氛围。三是以强化权力运行监督为重点，推行依法阳光行政。严格执行述职述廉等制度；编撰了《依法行政工作指南》，通过聘请监督员等形式，接受外部监督；重大财务支出、干部选拔，纪委全程监督。四是以加大核信办案力度为重点，惩处违规违纪行为。近两年核查各类信访举报办结率100%；认真组织庆典研讨会论坛和公务用车专项治理活动；在公务接待等方面，严禁奢侈浪费等不良现象。

三、完善基层党建工作的保障机制

（一）着力构建分工协作的党建治理机制

健全党委统一领导、部门齐抓共管、一级抓一级、层层抓落实的党建工作格局。成立了党建工作领导小组及办公室，组长由党委书记、局长担任，成员由其他党委委员和局领导组成。领导小组下设党建办公室，由党委办牵头。党委办、组织部、宣传部、纪委办、工会办围绕服务中心工作进一步明确职责、密切配合、实现合力效应。

（二）着力构建党建与监管工作融合机制

通过完善激励约束机制，有效促进党建与监管工作相互融合。一方面，将党建工作融入业务工作，在党建工作中体现服务中心工作。将基层组织党建情况纳入年度考核体系中，将民主评议党员结果作为年度考核重要依据。对“两优一先”在年度考评、干部选拔等方面给予优先考虑，把监管部门作风建设情况融入党风廉政建设责任制考核范围。另一方面，将业务工作融合到党务工作之中，在监管工作中体现作风建设要求。以部门为单位健全基层党支部，对干部职工思想政治工作等负总责。

（三）着力构建人才培养机制

黑龙江银监局以监管人才培养为重点，完善了人才培养机制，按照分级分类原则开展教育培训。利用“专家讲坛”、“周五论坛”、处级干部进修班等形式，广泛开展培训。坚持“三会一课”制度，建立了局领导与分局及机关处室党建联系点制度，基层党员、党务工作者定期轮训制度。坚持正确用人导向，实行公开选拔、竞争上岗等方式，注重在监管实践中选拔干部。推进干部挂职交流，有计划选派干部到复杂环境、关键岗位和监管一线接受锻炼。

（作者赵江平，黑龙江银监局党委书记、局长）

大连银监局员工思想文化状况调研报告

2006年以来，大连局以“管人格”、“管成长”、“管利益”、“管环境”为着力点，积极推进员工思想文化建设，为监管和其他各项工作“上水平、争先进、创一流”发挥了重要作用。然而随着监管方式不断转变和形势任务不断变化，如何进一步提高思想文化工作的针对性、时代性和实效性，从而更好地服务监管工作，成为基层监管单位的重要课题。为此，我采取问卷方式对大连局员工思想状况进行了深入调研，共有110人参加问卷，占全局员工的95%。

一、调研目的

主要检验过去几年员工思想文化建设的主要成效、基本经验和方法，发现、分析和解决当前员工思想文化工作中存在的主要问题，从而进一步明确今后努力的方向。具体目的：了解和掌握各层次员工对近年来局处两级班子建设与人格管理、业务建设与成长管理、福利建设与利益管理、文化建设与环境管理的满意度及存在问题；对监管事业的忠诚度和归属感；对工作压力的感受和态度；同时对员工尚未知晓的事实和政策，尚未清晰的认识和观点进行针对性疏导。

二、调研原则

一是实事求是。凡向员工提出的问题都是大连局一直倡导并实实在在做过的事情。二是解决问题。坚持实事求是，不回避任何问题，特别对一些敏感问题采用了递进问答方式，力求发现一些深层次问题。三是边问边疏。对员工尚未知晓的事实、政策及尚未清晰的观点进行有针对性的疏导，引导员工端正认识回归理性思维。

三、调研情况分析

（一）从班子建设与人格管理情况上看

89%的员工认为局领导能够自觉坚持“四项管理理念”①；92%的员工认为局领导能够严格履行“班子32字承诺”②；90%的员工认为局领导能够带头弘扬“忠诚履职、追求卓越”的监管精神；95%的员工认为局领导有较强的宗旨、使命、责任和大局意识；92%的员工对局领导近一年履职行为表示满意。总的来看，现任领导班子是个注重自身建设，敢于任事、勇于担当、有所作为的班子。但值得关注的问题：一是调研工作开展得不够；二是缺乏创新思维。

（二）从业务建设和成长管理情况上看

95%的员工认为自己在过去一年或半年获得了成长锻炼；98%的员工认为“个人成长永远离不开团队成长”；74%的员工认为努力工作的目的是“实现自我价值”和“为监管事业作出贡献”；对干部选拔方式，90%的员工表示认同。总的来看，大连银监局员工有追求、有抱负，团队意识强，热爱监管事业，对局党委采取的“业务与成长”方面的管理举措十分认同。但值得关注的问题：一是员工对从事统计科技（3%）、法律事务（4%）、综合调研（6%）的意愿不够强烈；二是干部选拔过程中存在“拉票”现象（44%），员工比较反感；三是36%的员工认为晋升空间有限；四是部分员工对“个人职业生涯规划”不够认同。

（三）从福利建设和利益管理情况上看

74%的员工对“人民银行行员制和商业银行经营绩效体制下的工资福利水平比银监局参公体制下的水平要高”表示理解；76%的员工对“局领导高度重视员工福利建设”表示认同；95%的员工一年内加过班，但多数属特殊或偶然情况，全员休假率已达86%。总的来看，员工对局领导在严格遵循国家财经纪律框架下，为推进福利建设所作的各种努力和付出表示理解。但值得关注的问题：一是福利建设的政策和资源压力与员工要求越来越高的矛盾仍是当前利益管理的主要矛盾；二是应急性工作多、人手不足是员工加班及休不完年假的主

---

① 四项管理理念：加强人格管理，推动班子建设，提高向心力；加强成长管理，推动业务建设，提高驱动力；加强利益管理，推动福利建设，提高凝聚力；加强环境管理，推动文化建设，提高感染力。

② 班子32字承诺：心系群众、立党为公；坦诚相待、团结协作；坚持民主、创造和谐；严守纪律、维护形象。

要原因；三是不顺心时，97% 的员工选择自我调节或向家人倾述，但没有 1 名员工选择主动找领导谈心。

（四）从文化建设与环境管理情况上看

92% 的员工对大连局文化表示非常和比较认同；94% 的员工认为自己能够自觉按照文化倡导的价值观和理念为人处事；96% 的员工认为干群关系融洽；93% 的员工对党建工作表示认可。总的来看，大连局员工精神状态较好，归属感强，对文化的认知度和认同感逐步提升，对党委全力打造的环境氛围[①]表示认同。但值得关注的问题：一是 32% 的员工认为由于个人缺少远大理想信念或职务长期得不到晋升导致状态一般。二是“成长机会”、“福利待遇”、“文化氛围”受关注度较高，已成为员工选择去留的三大主要因素。

四、改进思想文化工作的思考

根据调研分析，我认为大连局思想文化工作还必须继续深入抓好四项工作：

（一）继续加强以人格管理为核心的班子建设，进一步提升团队向心力

加强以局级班子为引领，处级班子为支撑的两级班子建设，进一步强化大局意识、责任意识和使命意识，树立正确的人生观、价值观、荣辱观和科学事业观、成长观、利益观，努力做到慎独慎微、慎言慎行。坚持“一岗双责”，推进学习型领导班子建设。同时进一步抓好调研工作，不断开阔视野、开阔思路，养成创新、发散和多角度哲学思维习惯，从而从根本上解决创新不足、调研不足的问题。

（二）继续加强以成长管理为核心的业务建设，进一步提升团队驱动力

一是进一步强化目标管理。将全年工作任务与不断强化监管精细化水平，增强监管有效性结合起来，与银监会对班子年度考核和各条线劳动竞赛结合起来，与员工职业生涯规划结合起来，切实将目标任务整合成团队与员工成长锻炼的平台，让员工在完成目标、解决问题和比学赶帮超中获得锻炼成长。

二是进一步完善干部选拔晋升机制。进一步强化“四能”[②] 和“四重”[③] 标准，不断探索改善干部选拔任用方式，切实提高选人用人的科学性、准确性和公信力，力争达到“每提拔一个干部就能激励一批干部”的正向效果。着力帮

① 局党委全力打造的环境氛围：公平正义、公开透明、五湖四海、简单和谐、民主健康、积极向上。

② 四能：能想、能写、能说、能干。

③ 四重：以业绩为导向，重品德、重素养、重能力、重民意。

助有成长瓶颈感的员工寻找适合他们进一步成长晋升的机会，减少消极因素，确保队伍始终保持“忠诚履职、追求卓越”的精神状态。

三是进一步营造成长环境。持续开展职业理想信念教育，引导员工正确对待个人成长、自我价值实现和职务晋升的关系。继续打造“竞争、民主、公平、公正、公开、透明”的成长用人平台。将领导力建设纳入处级干部职业生涯培训计划，不断提升处级干部的领导力水平。采取有效措施坚决防止干部选拔过程出现“拉票”行为。进一步完善人岗匹配机制，平衡好任务、成长、能力、意愿的关系。

（三）继续加强以利益管理为核心的福利建设，进一步提升团队凝聚力

一是进一步加强思想疏导。让员工做好“五个充分了解”：充分了解银监会财务预算体制；充分了解国家财经纪律；充分了解人民银行行员制、商业银行经营绩效制与银监局参公体制下薪酬管理之间存在的本质差异；充分了解从事银行监管事业对个人成长的有利因素；充分了解会党委为推进福利建设所做的艰辛努力。

二是进一步强化具体措施。在有效完成上级交办重点工作基础上，积极向上级反映基层诉求和建议；积极争取银监会相关福利政策支持；积极争取政府廉租房、保障房和经适房政策，千方百计为新员工解决住房问题；秉承开放理解态度，对不满足大连局福利现状并有意调离的员工敞开出口。

三是进一步缓解工作压力。进一步改进工作方法，提高工作前瞻性，在确保完成上级各项任务基础上，力争让每个员工都能休完年假，不断改善身心健康。进一步落实领导干部谈心制度。通过经常性谈心活动，帮助员工解疑释惑、化解压力、疏导情绪，提高亲和力。积极开展局外活动，如趣味运动会、兴趣小组等。继续采取有效措施，缓解人力资源紧张问题。

（四）继续加强以环境管理为核心的文化建设，进一步提升团队感染力

一是进一步深入开展监管文化建设，引导员工树立正确的人生观、价值观和利益观。开展以学习之窗为平台，以形势报告、理论宣讲和专家讲座为载体的职业理想信念教育，进一步提升员工整体精神状态，打造一支有精气神的团队。

二是进一步推动文化落地生根。抓好局处两级班子作风建设。将领导干部作风建设纳入党员领导干部民主生活会，开展批评和自我批评。不断完善业绩考评、干部选拔和评选创优等机制，坚持与文化倡导的价值观保持一致，让员工真信、真懂、真用，从而形成良好的思维方式和工作习惯。

三是进一步提高党建群团工作的针对性。不断完善组织、宣传、纪检、工会和团委等部门协调机制，坚持围绕中心，服务大局，创造性落实上级部署，科学合理地组织一些喜闻乐见的活动，将广大员工的积极性、主动性和创造性充分调动起来，并有效转化为全面完成上级各项任务的强大动力。

（作者原飞，大连银监局党委书记、局长）

深入学习贯彻党的十八大精神　推动中国华融改革转型又好又稳科学可持续发展

党的十八大胜利召开以来，中国华融高度重视、认真学习、深刻领会、迅速传达、狠抓落实、务求实效，迅速掀起学习贯彻十八大热潮。我认为，中国华融深入学习贯彻十八大精神，贵在理论联系实际，重在狠抓落实，关键在于实实在在的效果。2012 年，中国华融在党的十八大精神的指引下，在上级部门的领导和指导下，开拓进取、奋力拼搏，努力克服严峻复杂的国内外宏观经济形势和经济下行压力加大的不利影响，在推动公司科学发展中取得了十个方面的显著成效：一是坚定政治方向，践行国企社会责任，在全系统深入开展学习贯彻十八大精神活动，助推公司又好又稳可持续发展。二是圆满完成股份制改制工作，中国华融资产管理股份有限公司正式挂牌成立。三是公司硬实力明显增强，正能量不断积聚，实现拨备前利润 120 亿元，连续四年翻番，实现又好又稳发展。四是构建“五位一体”的现代公司治理结构，逐步建立和完善中国华融股份公司治理结构和管理体制。五是创新效应明显放大，中国华融被授予“全国企业创新示范基地”称号。六是中国华融获央行批准进入银行间同业拆借市场，进一步拓宽了筹资渠道。七是大客户战略取得了明显成效，全面战略合作客户和海内外业务合作客户不断增加。八是银监会开展现场检查提示风险，揭示问题，引起公司上下高度重视，进一步加强风险管控工作，完善内部管理。九是进一步加大员工培训力度，“创建学习型组织、争做知识型员工”成效明显。十是企业文化建设不断增强，员工“精气神”、企业软实力明显提升。

展望未来发展，2013 年是中国华融“转变方式质量年和风险管理效益年”。我们将继续深入学习贯彻党的十八大精神，坚持“底线思维、稳中求进”的发展基调，努力转变发展方式，努力完成“重学习、抓治理、转方式、强资本、创利润、防风险、带队伍、促发展”八项中心工作，实现中国华融又好、又稳、科学可持续发展。

一、充分认识党的十八大精神对于中国华融改革转型发展的重要现实指导意义

作为中央国有金融机构，中国华融学习贯彻党的十八大精神，以十八大精神指引自身改革转型发展，我认为，必须在思想观念、道路选择、转型方向、发展方式、经营理念上提高“五个认识”：

一是必须把科学发展观贯彻到中国华融改革转型发展的全过程。科学发展，是十八大报告的“主题”。科学发展观，第一要义是发展。没有发展、丧失了发展速度，中国的事情就办不好，中国华融也是如此。中国华融改革转型，首先必须在思想观念上牢固树立“大发展小困难，小发展大困难，不发展最困难”等科学发展观念，把以人为本的核心立场、全面协调可持续的基本要求、统筹兼顾的根本方法贯彻到转型发展的全过程。二是必须坚定不移走中国特色金融资产管理公司改革转型发展道路。习近平总书记说，道路决定命运，要坚定不移走中国特色社会主义道路。包括中国华融改革转型在内的中国金融业改革发展，将是这条道路的重要组成部分。中国华融从政策性机构向商业化转型也没有成熟的国际经验可供借鉴，因此，我们需要坚定“三个自信”，与中国特色经济增长与转型相伴同行，奋力开拓一条既符合国际惯例，又适应国情、司情的改革转型发展之路。三是必须把服务实体经济作为中国华融改革转型发展的大方向。实体经济是国民经济之根。百业兴，才能金融兴；产业强，才能金融强。十八大强调，要牢牢把握发展实体经济这一坚实基础。作为中央国有金融企业，中国华融必须讲政治、顾大局、看长远，坚持金融服务实体经济的本质要求，以提供“一揽子”综合金融服务为促进实体经济发展和经济结构调整发挥应有作用。四是必须加快转变中国华融改革转型的发展方式。加快转变经济发展方式，是十八大报告的“主线”，是关系中国发展全局的战略抉择。贯彻十八大“把推动发展的立足点转到提高质量和效益上来”的精神，在“转方式”中大力调整业务结构，大力调整资产结构，加强经济资本核算，实现有质量、有效益、有内涵的发展。五是必须把创新作为中国华融改革转型发展的重要驱动。十八大报告里，“创新”两个字被提到了56次。报告强调，要实施创新驱动发展战略，把全社会的智慧和力量凝聚到创新发展上来，坚定不移走中国特色自主创新之路。改革开放30多年来的实践雄辩地证明，创新的确是中国金融企业转型发展乃至中国金融改革发展的重要驱动。中国华融近年来所取得的超常规、跨越式发展的良好业绩本身就是坚持创新的结果，中国华融未来的改革转型本身就是一种道路创新，转企改制是一种体制机制创新，而未来的转型发展，更需要加快形成中国华融自主创新体系，以创新驱动改革转型又好又快科学发展。

二、运用底线思维，守住“五个底线”争取中国华融改革转型的最好发展结果

最近，习近平总书记多次强调，要学会运用“底线思维”，从最坏处着眼，争取最好的结果。所谓“底线思维”，就是客观地设定最低目标，立足最低点，争取最大期望值的一种积极的思维方式。从中国华融的发展实际出发，下一步我们要牢牢守住“五个底线”：

一是公司发展的底线。发展仍然是公司不断前进的主旋律、硬道理。随着资本、资金、资产的规模硬约束及审慎监管政策的强化，中国华融理性发展不是片面盲目地追求过高、过快的速度，而是要追求又好又稳的可持续发展速度。当前情况下，公司较为理性合理的发展速度底线应该是利润增长20%～25%。二是业务风险的底线。风险仍然是中国华融发展的硬约束，各项工作的重中之重，丝毫不可掉以轻心，忽视风险管控。做到“创新不违法、业务不违规、行为不违纪”，确保不出现重大项目风险和流动性风险。三是员工收入保障的底线。以人为本是科学发展观的核心立场，万事皆靠人。中国华融坚持“发展依靠员工、发展为了员工、发展成果与员工共享”和“为员工创造价值”、“辛苦理应得到回报”的企业文化理念，把实现公司发展与员工收入同步增长作为根本出发点，力争员工整体收入每年都有合理适度的增长。四是组织用人的底线。坚持“德才兼备，以德为先”，坚持“公正、公平、公开”，坚持“年力、学历、经历、能力、体力”五力（历）干部的评价和考核标准，坚持“五重五看”：重品德修养，看才华更看品行；重真才实学，看学历更看学识；重实干能力，看汇报更看业绩；重实际经验，看经历更看经验；重优秀有为，看年龄更看本领。五是个人行为规范的底线。坚持“讲话把握一个准、做事把握一个度、用权把握一个廉、行为把握一个正”，做到“不违规、不违纪、不违法”，严防个人道德风险，确保“不发一案、不倒一人”。

三、正确处理好“八大关系”，推动中国华融改革转型又好又稳科学可持续发展

中国华融商业化转型后，成为完全市场化的经营主体，税收、拨备、资本、

杠杆率及流动性监管约束强化，要实现又好又快科学发展，知易行难，面临大量现实的考验。这要求我们在下一阶段发展中，要秉承科学发展观“发展的第一要义、以人为本的核心立场、全面协调可持续的基本要求、统筹兼顾的根本方法”，既牢牢把握好“稳中求进”，更要在“稳中求新、稳中求变、稳中求实”上下功夫，正确处理好“八大关系”。

一是速度与质量的关系，又好又稳，“好”是质量、是内涵，“稳”是速度、是节奏，要强调经营管理的科学化、规范化和安全性、流动性、盈利性，实现高质量的合理速度增长；二是效益与风险的关系，既要实现利润，又要防范风险，在发展中化解风险，真正做到成本可算、风险可控、效益可获；三是创新与合规的关系，把握好监管政策，准确理解监管标准，创新不违法，经营不违规，行为不违法；四是总量与结构的关系，适应最低监管资本规定，控总量、转方式、调结构，既开源、又节流，提高集团资本管控能力，实现一个健康的客户结构、产品结构和业务结构；五是集权与分权的关系，既要做好“顶层设计”，强化集团统一管控，又要放手、授权，发挥“基层首创精神”，完善对分公司的授权管理和对子公司的股权管理，做到效率优先、兼顾公平、正向激励、有效问责；六是当前与长远的关系，统筹兼顾公司当前发展需要与实现永续经营、长期可持续发展的两个需要；七是条条与块块的关系，在“一体两翼”的战略构架下，要充分考虑“纵”向垂直关系和“横”向平行关系，既充分发挥经营单元的市场主体和盈利中心作用，又发挥好协同优势，打好综合金融服务“组合拳”；八是发展成果与员工共享的关系，要建立健全更为市场化的绩效考核和激励机制，建立员工成长进步保障计划，切实为员工办实事、办好事，让发展成果与员工共享。

中国华融深入学习贯彻十八大精神，就是要进一步从自身改革发展实际出发，不断提高“五个认识”，坚守“五个底线”，正确处理好“八大关系”，推动公司股份制改革又好、又稳、科学可持续发展，努力构建“有尊严、有价值、有内涵、有实力、有责任”的现代金融企业，用实际行动和实实在在的发展成果进一步体现学习贯彻十八大精神的实际成效。

（作者赖小民，中国华融资产管理股份有限公司党委书记、董事长）

传承信达案例文化　促进公司转型发展

从2005年至今，中国信达先后公开出版了七本业务案例集，收入了160个精选案例，共200余万字，内容涵盖了资产经营、托管清算、客户开发、企业管理、文化建设、社会责任以及国际经验等，系统总结了银行业不良贷款成因、管理和处置经验以及公司在商业化转型方面所作的有益探索和大胆尝试，基本反映了中国信达的发展历程。应该说，中国信达案例工作取得了非常好的成绩，为推动公司转型发展发挥了重要的作用。

一、公司案例工作面临的新形势和新要求

总的来看，公司案例研究工作卓有成效，对公司整体工作的推进、业务水平的提高、社会影响力的扩大起到了非常重要的作用。同时，我们也应清醒地认识到，随着公司商业化转型和宏观经济形势的变化，公司案例研究工作要与时俱进，不断适应新形势的发展。

首先，公司正面临从政策性机构向商业化机构脱胎换骨的变化。原来是完成国家政策任务，现在是自己到市场上去闯，这必然会更多地受到宏观形势、市场形势的影响。以前宏观形势对我们的影响相对少一些，现在我们时刻是市场的一员，是市场主体，这必然会对案例研究工作提出一些新的要求，需要我们更多地考虑行业的发展，更多地考虑宏观金融走势方面的影响。

其次，公司正从单一处置不良资产转向综合经营。原来我们主要是关注不良资产处置，现在是要往综合经营方向上走；原来是单一企业的概念，现在是企业集团的概念，有很多需要协同的东西，将对案例研究工作产生重要影响。

最后，公司正从以项目为中心转向以客户为中心。以前我们一笔项目做完了，任务就算完成了。下一步要讲可持续发展，必须以客户为中心。没有客户，没有服务对象，怎么能可持续发展呢?！可持续发展，没有一定的业务量是支撑不了的。要可持续发展，不光要解决投资项目的问题，还要解决资金来源的问

题。只有把资金来源、运用问题都解决好了，才能实现可持续发展。

这些新情况、新问题都会给案例工作带来新的要求，需要我们在继承好的做法的基础上有所创新。单个案例是不可复制的，每个项目有每个项目的条件和情况。但方法是可复制的，若干个案例组织到一起后，归纳出一些共性后就能找出一些方法来。规律更是如此，如果我们能通过案例分析，找出某一类资产和业务的规律，对我们工作能力的提升作用就更大了。

一方面要充分肯定成绩，另一方面也要看到当前案例研究工作还存在一些与公司下一步发展不相适应的地方。

第一，过于偏重实务。有些案例项目细节写得比较多，但在理论提升、方法和规律总结方面还需要加强。不仅仅是案例研究本身，更多的是从集团研究力量整合的角度，看怎么把理论研究和案例研究很好地结合。我们的单个案例很有说服力，但国家和监管部门需要我们从更高层次、更大范围来讲清楚这些问题。

第二，研究的问题过于微观和具体，很多还停留在经验交流的层次。要从制度规范、组织架构、业务模式、商业策略等更高层面上进行分析，而不是就项目而论项目，变成一个经验介绍的东西，要有一定的理论前瞻性。

第三，过于偏重自身内部交流。以前我们处置不良资产的案例很多是站在自身内部交流的角度，谈如何提高处置回收率、提高处置收益等。但是我们向商业化转型后，别人更关心的是你为客户创造了多少价值。内部交流方面不是说不需要，但不能光说我们自己这一块的效果如何好，商业化转型必须以客户为中心，需要我们更多地关心如何为客户创造价值。只有为客户创造价值，才是客户喜闻乐见的，业务才是可持续发展的。

第四，偏重不良资产处置，在综合经营、业务协同方面研究不够。不光有新客户的开拓，还要有老客户的维护、深化和拓展；不光有主业，还要有和主业相关的资产管理、金融服务协同的案例。随着公司业务的逐步发展，我们应从这个角度挖掘和探索出好的经验和做法。

第五，总结经验比较多，总结风险和教训不够。这个方面有一个怎么用的问题，我们自己不能老是陶醉在“过五关斩六将”的故事上，要有忧患意识，对工作中有哪些不足，要及时地去分析和改进。这对业务健康发展是非常重要的。

案例研究方面的不足，体现的还是我们在业务发展方面的不足。案例是业务现状的客观反映，说明我们在业务上有些方面还存在欠缺。实际上，案例不是写出来的，是做出来的。没有实践的创新，肯定也没有理论的创新。想出精品的案例，首先要有精彩的实践。因此，我们必须按照公司商业化转型的总体要求，按照公司战略规划纲要的指引，不断去创新，去探索。

二、传承信达案例文化，促进公司转型发展

当前宏观经济形势正在发生深刻变化，公司转型发展的内外部因素相当复杂。从外部经济环境来看，欧债危机还没有很好地解决，美国经济状况也没有完全恢复过来，中国经济下行的压力也非常大。从公司自身看，也面临着严峻挑战。

为了有效应对内外部环境变化带来的巨大挑战，顺利完成国家交给的改革试点任务，实现公司可持续发展，公司在充分吸收和借鉴国际知名战略管理咨询机构意见的基础上，制定了 2011 年到 2015 年的战略发展规划纲要，提出了“以不良资产经营为核心，以资产管理和金融服务为发展重点的综合化、国际化的金融集团”的转型发展战略。这反映了中国信达新的战略定位：一是要从不良资产经营业务的领先者向综合金融服务解决方案的提供商转变；二是说明信达的战略核心还是要坚持不良资产主业，走差异化发展道路，避免同质化竞争；三是在业务结构和盈利模式上要发生大的调整和优化；四是反映公司未来的发展趋势是综合化和国际化。

根据集团战略，公司也布置了一些具体的战略实施措施正在研究。结合这些情况，在案例研究工作方面要有所提高。

第一，要把案例研究和理论研究结合起来。一方面案例要在实务上有可供大家借鉴的经验，另一方面也要能促进集团整体理论研究水平的提高。

第二，要把宏观研究与微观研究相结合。公司商业化转型和宏观经济、市场变化是紧密相连的。案例研究工作在做好微观分析的同时，也要多关注宏观、行业方面的问题，提出有前瞻性的观点和意见，为公司决策提供理论支持。

第三，要把战略研究和战术研究相结合。总部的一个重要的功能是指导，要通过不断总结实践经验，加强对业务发展趋势、政策走向以及监管尺度的研究，在战略上做很好的把控。

第四，要把业务研究和体制机制研究相结合。我们的研究工作，不光是要关注业务方面，还要关注体制机制方面，研究哪些方面是好的，哪些是不适应的，怎么去改进。

第五，要把案例研究和产品研发相结合。要从市场需求和客户体验出发，把案例研究和产品研发很好地结合起来，把项目中好的灵感和创意，变成可以投资的产品和服务。

案例工作为我们构建学习型组织、推动业务创新提供了非常好的平台，对公司干部的成长、能力的提高起到了非常重要的作用。案例研究工作既体现了中国信达的探索创新精神，体现了信达的文化，体现了我们的理想胸怀和社会责任感，也是中国信达的核心竞争力所在。

（作者侯建杭，中国信达资产管理股份有限公司党委书记、董事长）

构建基层廉政堡垒　筑牢权力制约的基石

银监会基层单位直接面对被监管机构，是监管权力直接和最终的行使者，更是体现优良作风的窗口。五年来，随着惩治和预防腐败体系五年规划的深入推进，基层廉政建设取得了突出的成绩，权力监督机制日益健全。但是，由于基层部门人员少、任务重，无法设置独立的内部监督机构和专职的监督人员，因此，尚不能完全解决部门权力缺少有效的内部监督、部门负责人权力过于集中等问题。因此，加强对一线部门权力的监督，特别是对部门负责人的监督，不断强化基层单位的廉政建设和作风建设，仍然是当前廉政工作的重点和难点。

一、基层廉政监督的成效

（一）决策程序更加民主、科学

近年来，随着社会文明程度以及领导干部政治修养的不断提高，民主意识不断增强，基层领导干部的管理风格也更加民主、阳光。集体领导和分工负责相结合的原则得到认真执行，一些涉及行政处罚、市场准入的重大决策、重大项目安排，能够按照民主集中制原则实施集体讨论研究。同时，事前公示、征求各方意见的做法得到普遍认可，一些涉及被监管对象切身利益的重要制度、处罚决定，基本可以做到在决策前广泛征求各方的意见，保障被监管对象的知情权和话语权。

（二）监督途径日益拓宽

随着监督方式的改进、监督内容的丰富、监督渠道的拓宽以及监察手段的增加，对基层部门权力的监督效果明显改善。“现场检查情况监督卡”实现了双向监督；开展行风评议活动，及时了解监管权力的使用情况，形成了对部门权力的有效监督；建立以效能监察、执法监察、内部审计三位一体的内部监察机制，从多个角度对一线部门权力运用情况进行监督制约。

（三）政务公开工作促进了阳光监管

《中华人民共和国信息公开条例》的实施，极大地推动了各部门的政务公开

工作。一些涉及人民群众、金融消费者和被监管机构切身利益的行政法规、政策措施、行政许可等重要举措或决定均通过网站、报刊等渠道进行公布，接受全社会的检验和监督。使被监管机构及社会公众拥有更多的知情权和监督权，促进了廉政勤政。

（四）基层部门和领导的廉政意识不断提高

各基层部门能够认真贯彻落实党委、纪委关于党风廉政建设的各项要求，并将党风廉政建设工作与日常监管工作紧密结合，基本做到有计划、有部署，增强了“一岗双责”的自觉性。实行重要岗位双人监督、环节制约、岗位分离等权力制衡机制，防止了权力过分集中等问题的发生。

二、基层廉政监督过程存在的主要问题

（一）部分人员廉政意识淡薄

许多基层领导干部由于业务繁忙，工作任务重，往往抽不出时间进行必要的廉政学习，放松了自己的思想改造，认为自己的行为是符合市场经济的行为，是正常的社会形态。在接受监督时，本能地予以抵触，错误地认为有关部门的监督是对自己的不信任、找别扭，是吹毛求疵，认为监督工作影响了正常的业务开展，更影响了内部的安定团结，对待监督工作不配合、不支持，甚至有意阻挠，影响了正常的监督工作。

（二）考核激励机制有待进一步健全

作为工作的“指挥棒”，当前对基层领导干部的考核工作，重点集中于业务方面，廉洁自律、作风建设、道德水平等方面虽然也有所提及，但是多为主观评价，不易进行量化，因此评价往往流于形式。同时，在现行考核体系中，评价一个部门领导干部廉政建设情况的主体往往不是纪检部门，更多的是其他人员所给予的感情评价。这种考核机制决定了领导干部不能将廉政工作与业务工作同等对待，不利于“一岗双责”要求的落实。

（三）管理信息系统的建设比较薄弱

一项业务“一竿子插到底”，虽然可以提高工作效率，但同时也会造成信息垄断，不利于党委掌握全面情况，也不利于对权力的监督。信息系统对于数据的分析处理能力还有差距，对于主观信息的依赖比较大，人为因素影响较多等。拥有监督职权的纪检监察部门，受制于信息不对称的影响，对实际情况不很了解，监督质量不高。

三、加强基层权力制约的几点建议

（一）加强内控机制建设

构建全方位内控体系，实现对权力运用的有效监控，切实加强对基层部门负责人的监督和制约。一是建立分权制约的组织架构和治理机制。按照一体化的设计理念，合理统筹各职能部门的权责划分。前台部门负责对被监管机构实施非现场监管、现场检查和市场准入初审等工作，行使对被监管单位的监管权和检查权。中台部门负责对前台部门发现的违法违规问题进行认定和处罚，分析监测非现场上报的各项统计数据，行使对被监管机构的处罚权、指导权，对监管工作的管理权、测评权。后台部门负责对前台、中台部门职权行为进行全程监督和评估，实现以分权制衡权力、用流程规范权力的效果。二是完善内控制度。建立部门主要负责人定期轮岗制度。通过换手操作及时发现领导干部履职过程中存在的问题，并采取必要的纠正措施。完善授权制度，对部门领导行使职权进行授权，明确具体的权责范围，避免因权力边界不清，造成权力使用过度的问题。三是加大督察力度。充分运用执法监察、效能监察、内部审计等手段，及时发现各个一线部门在监管、准入、处罚等方面存在的问题。四是建立整改机制。对于发现的领导干部在管理活动或内部控制方面的不足，应立即向党委进行报告，并根据规定采取必要的措施，立即进行整改。

（二）建立均衡的奖惩机制

一是建立鼓励廉政的考评激励机制。在对基层部门负责人进行业绩考评时，除关注其在工作业绩方面的成果外，还应重点关注其在廉洁自律、个人道德修养等方面的情况，并将相关方面的考评结果纳入对领导班子和“一把手”的综合评价体系中，并实行重大问题一票否决制。二是发挥外部约束的作用。进一步加大党务、政务公开力度，凡涉及金融消费者切身利益的政策、决定、制度等，应该在不违反保密原则的情况下予以公示，接受社会各界的监督。三是加大责任追究力度。落实责任主体，对于严重失职、渎职的领导干部，不管是现职，还是已经离职，都要予以责任追究，给予纪律处分或组织处理，使追究工作真正起到追究一人、警示一片的效果。

（三）加大廉政教育力度

实践证明，一些党员干部腐化堕落，走上违法犯罪道路，都是逐步放松了思想道德修养和世界观的改造，从而导致私欲膨胀、利令智昏，滥用手中的权

利。加强廉政教育，一线干部员工的思想作风端正了，精神境界提高了，能更加自觉地履行廉政要求，约束自己的权力。一是加强廉政文化建设。廉政文化建设是行政单位建立有效权力控制机制的基本要素。通过不同形式，营造“按规矩办事、按程序办事”的内控文化氛围，提高员工，特别是领导干部的思想认识和职业操守。要使干部员工认识到自己作为部门的一员，部门如果出现权力滥用甚至出现腐败问题，也将对个人发展造成严重影响，自觉扮演基层监督员的角色，在发现问题时及时向相关部门和上级领导报告。二是抓住廉政教育的重点。领导岗位，重点学习重大事项决策、民主集中制、领导干部廉洁从政若干准则等方面的制度规定；监管岗位，重点学习监管制度规定、检查纪律规定、银监会约法三章等方面的廉政规定；其他重要岗位，重点学习财务制度、采购管理、银监会内部监督办法、廉政责任制实施办法等方面的廉政规定。

（作者邓琦，天津银监局党委委员、纪委书记）

新加坡金融监管的成功经验及其借鉴

一、新加坡金融监管的理念与原则

新加坡从一个弹丸小国迅速成长为全球著名的国际金融中心，除了精英政治的智慧、“区域经济催化剂”的准确定位、高度可信的亲商环境与机制以及高端人才的汇聚之外，与新加坡金融管理局（Monetary Authority of Singapore，MAS）科学驾驭金融发展和监管创新息息相关。1971 年，MAS 正式成立，负责货币政策和银行业监管，及整体货币与金融稳定；1977 年，接管监管保险业的职能，1984 年接管监管证券业的职能（达到混业/统一式监管），2002 年接管货币发行。MAS 的监管使命是“促进持续性，非通货膨胀的经济成长，发展一个健全与先进的金融中心”；其主要职责为实施货币政策，发行钞票和发行政府债券，管理国家储备金，执行统一（混业）式金融业监管与维持金融系统的稳定性，促进金融中心的发展。在体制机制方面，MAS 和财政部职责分明，分别负责货币与财政政策。MAS 向国会负责，其权力受限于国会通过的法令，在法令授权下可出台第二级法规。在促进与发展金融中心方面，MAS 负责向国际机构推介新加坡，招揽与发展金融专才，开拓金融服务领域，创造有利于外国人工作与生活的环境。

MAS 最为著称的监管理念与原则包括：强调监管工作的“三性”，即金融体系的稳定性、银行财务的审慎性和市场行为的公平性。提出六大监管目标，即安全可靠的金融基础设施、公平有效的市场机制、信息充足的金融消费者、健全稳定的金融从业者、透明公平的中介机构、最终实现金融体系的稳定性。制定十二项监管原则：（一）风险为本的四项原则，即强调以风险为导向的监管方式；评估金融机构对应其业务风险性的风险管理措施；根据金融机构所承担的风险及其对金融体系可能造成的冲击来分配监管资源；采用跨产业整合监管（Integrated Basis，Cross Industry）与跨地区并表监管（Consolidated Basis，Across Geography）方式。（二）多方努力的四项原则，即遵循及维持国际最佳监管做

法，降低金融机构倒闭可能对整个金融体系造成的影响或冲击，但不保证任一金融机构不会倒闭；要求金融机构董事会与高管层担负起风险监督的职责；与参与金融业经营活动的专业人士及机构共同分担管理与监督责任。（三）信息披露的两项原则，即以信息披露取代“家长式”监管作为保障消费者利益之根本途径；创造有利环境以促使消费者为自己所作的决定负责（买者自负）。（四）亲商氛围的两项原则，即在实施审慎监管的同时也应注意维系市场所需的竞争环境、营运效率及金融创新；提倡开放式的监管方式。

二、新加坡金融监管的做法与特点

MAS 采取“董事会—执行总裁办—职能部门”的治理结构模式，董事会由政府官员及财政金融界、法律界的资深要员组成。金融监管职能由“金融机构监管部门”实施，该部门由银行署、保险署、证券期货署、市场体系与风险顾问署、监管政策署、监管法律服务署六个部分组成。银行署内设的“资本市场部”负责对银行相关资本市场、期货业务的监管。这种统一监管、统一规则的模式，避免了重复监管和监管漏洞，监管的效率和效果都得到加强。此外，相关技术部门为 MAS 提供专项服务，较好地保障了监管所需。

严格的金融监管帮助新加坡成功化解 1987 年和 1997 年两次金融危机的冲击，并助其从容应对 2007 年以来的这场危机。亚洲金融危机后，新加坡政府转变了金融监管理念，在审慎基础上实施“风险导向”区别化的灵活监管，提出监管的终极目标是推动发展，主要的改革体现在以下五方面。一是突出“披露为本”的监管。MAS 严格监督金融机构，提高信息披露度，确保风险控制能够满足审慎监管要求。二是加强审计监督。通过制定最低审计要求标准、实施审计公司名单制管理、参与审计等方式，推动提高审计信息质量。三是强化信用评级。MAS 要求商业银行只能从经授权的国际评估机构获取信用评级，以增强评估信息的可用性。四是推动审慎监管。为保持金融体系的稳健，建立资本监管预警系统，实施差别监管政策，加强贷款集中管理等。五是成立存款保险公司。进一步树立了金融稳定的信心，加大对存款人的保护。

三、新加坡金融监管的经验与启示

从 20 世纪 70 年代至今，MAS 不断根据本国经济发展状况以及国际金融发展和金融创新的趋势，适时调整金融监管的目标与重心，果断采取与时俱进的改革举措，使新加坡正在朝着一个高水准的国际金融中心迈进。这其中有许多值得我们借鉴的经验。

（一）监管文化方面：中学为体，西学为用

新加坡金融发展与监管能够得到全球推崇，以中华文化为根基的亚洲共同价值观发挥了极其重要的作用。如国家至上，社会优先；求同存异，协商共识；用人唯贤，与时俱进等治国理政理念，无不体现中华传统文化的内涵与精髓。东方人特有的“储蓄思想”、“量入为出”等文化传承是其成功抵御1997年亚洲金融风暴和本轮全球金融危机冲击的重要支撑。因此，我国在积极借鉴国际新的监管规则和要求的同时，不能放弃传统的、优秀的理念与文化，审慎性监管、稳健性经营和安全性考量都不可或缺。洋为中用，中西合璧，要以实现矛盾的普遍性与特殊性的有机统一为基础。

（二）监管模式方面：没有最好，只有更好

新加坡金融监管经历了由分业到逐步混业再到统一监管的不断探索过程，这与金融发展阶段密切相关。我国目前实施的“适度综合经营，严格分业监管，注重联动协调”的监管架构和工作机制与金融发展水平现状基本匹配，加强顶层设计、强化高层治理、突出信息共享、集成监管资源则是大势所趋。为此要充分发挥“一行三会”的协调机制，调动各职能部门的积极性和创造力，加强信息披露，强化联动密度，注重跟踪督办，在分业监管模式下提升联动监管的成效。

（三）监管方法方面：依托定量，并重定性

为应对金融控股集团混业经营及金融环境快速变化导致金融机构风险状况的快速转变，MAS建置了统一风险评估机制，称为“通用风险评估架构与技术”（Common Risk Assessment Framework & Technology，CRAFT）。这种以业务活动或业务模块为基础的风险评估机制较具弹性，可适用于具有不同产业特点或监管重点的金融业务与金融机构。目前，银监会对大型银行有腕骨（CARPALS）评级体系，其他机构也有参考CAMELS评级等。我们应该博百家众长，进一步完善适合国情的行之有效的指标体系。

（四）监管重点方面：以人为本、权益保护

新加坡非常重视对金融消费者的保护，除了成立“金融争议调解中心”（FEDRIC）外，还督促有关机构做好日常的客户培训与风险教育。MAS主要职责在于确保消费者拥有充足信息，加强买者自负教育，投资风险提示及建立一

个公平、高效、可负担的争议协商机制。银监会最近也成立了消费者保护局，彰显了中国银行业对客户权益的充分重视与保护。工作机制方面可借鉴新加坡在客户风险度识别、社区金融普及、监管评级挂钩等方面的做法。

（五）监管创新方面：你中有我，我中有你

总结起来，从20世纪60年代末至70年代初，“中东油钱”催生新加坡发展金融业开始，至离岸业务、证券、理财、期货、债券、保护本地银行、打造全球性风险管理中心等金融业务拓展及政策完善，新加坡走的是一条“秉承社会主义的心、发挥资本主义的脑、用足实用主义的手”的创新之路。MAS以监管引领持续推动创新的经验，为我国监管部门妥善处理好发展、改革、创新的关系提供可借鉴模式。一手抓监管防风险，一手抓创新促发展。通过创新化解风险，通过监管培育创新，进而通过监管与创新的良性互动，实现金融与经济的有机结合，推动国民经济持续、稳健、科学发展。

（作者王俊寿，天津银监局党委委员、副局长）

对银行业信息科技风险动态监管制度设计的思考

相对于银行业经营风险，信息科技风险更难以量化，也更难以从预警的角度进行监控。信息科技非现场监管更侧重于静态监测信息科技风险，无法动态地对运营中的信息系统风险进行监管，难以及时发现银行业信息科技运行的风险并预测风险变化趋势。本文从信息科技风险监管现状入手，就信息科技动态监管的必要性、实施动态监管的基本原则与指标体系等方面进行了研究探讨。

一、信息科技风险动态监管的现状

相对于银行业经营风险，信息科技风险具有难以量化、随机性强、影响面广、难以从预警的角度进行监控等特点。经过几年的信息科技监管实践，中国银监会已建立了信息科技非现场监管体系和信息科技现场检查规程。上述两种手段，对银行业信息科技中的运维、安全、开发风险监管时效性偏弱，难以及时跟踪银行业机构信息科技运行情况以及风险变化趋势。

目前在国内外其他行业，信息系统的动态监督管理的基本定义为：采用现代化管理手段，监测整个系统运行的生命周期，准确掌握各种设备使用状态，并依法对系统安全状况进行实时跟踪管理的全过程。在信息科技风险动态管理的探索中，部分商业银行利用自身的信息监控系统，实现了对容量、变更、安全等技术方面的动态风险管理，但在银行整体运营层面还缺少动态的分析与管理。另外，银行主要关注的重点是单体信息科技风险因素对业务运营的影响，注重的是微观层面的风险控制，而不是行业整体风险与宏观方面的风险控制。

二、银行信息科技风险动态监管的必要性

（一）中国银行业发展现状的要求

在全球信息安全问题日渐突出的大环境中，我国银行业信息科技的安全运行和健康发展也面临着严峻考验，这不仅直接关系到银行稳健经营，更关乎银

行声誉、金融安全和社会稳定。在当前银行业务快速发展与信息科技高度融合的背景下，实施信息科技的动态监管，有利于准确、及时地反映中国银行业信息系统的运行状态。

（二）新形势下信息科技监管工作的要求

2011 年 4 月，银监会发布了《中国银行业实施新监管标准指导意见》，数据和 IT 系统是新监管标准实施的基础和关键。这要求监管机构应督促银行业加强数据治理和数据标准建设，确保风险管理信息的精细度、准确度，确保新监管标准的顺利实施。信息科技动态监管的关注重点是风险的变化情况，突出风险信息的精准化监管，与指导意见原则高度契合。

（三）提升监管有效性的要求

信息科技风险动态监管用新的监管视角与手段实施监管，提升了监管的及时性和前瞻性。通过具体的动态数据采集，及时识别、判断银行的信息科技风险状况和严重程度，进而实现对商业银行信息科技风险的持续监管和分类监管。这丰富了监管工具与手段，提升了监管时效性，对健全和完善信息科技监管体系具有重大意义。

（四）提升银行业风控水平的要求

国内银行信息科技风险管理水平与国际银行业相比较依然有很大差距。以国内银行信息科技风险管理水平较高的大型银行为例，虽然建立了包含数百个数据信息的监测体系，但仍缺乏风险分析与动态管理内容，且监测体系没有形成统一的标准和行业规范。通过实施信息科技动态监管，可推动银行业实现监测与控制的标准化与合规化，提升全行业信息科技风险控制管理水平。

三、信息科技风险动态监管的基本原则

针对银行业信息科技中的开发、运维、安全等层面风险因素，选取关键风险指标，持续跟踪风险变化全过程，实现银行业信息科技风险水平、变化趋势和管理能力的有效识别和判断，是信息科技风险动态监管的立足点和着眼点。因此，信息科技风险动态监管设计要遵循以下几个原则。

（一）与现有监管体系相融合原则

信息科技风险动态监管不是一个独立的监管体系，而是信息科技的非现场监管和现场检查的有益补充。因此，信息科技动态监管遵循分级负责、属地监管、重在法人、风险为本的监管理念。以为现场检查提供数据支持为主旨，解决目前现场检查中风险数据提取难、切入点不准确的困难。同时，信息科技风

险动态监管结果，作为评价要素纳入银行机构的信息科技评级体系，并逐步成为银行的业务准入依据。

（二）定量评价原则

信息科技风险动态监管基础是定义有效的可量化风险指标。指标按照信息科技不同风险领域选取，重点突出生产运行、应用研发、信息安全等领域，并按重要性等级建立风险水平计算方法。根据风险水平计算出风险得分，建立全行业风险监测数据模型，形成行业风险水平的评价报告，实现对各机构的动态风险水平的评定与趋势预测。

（三）检查监督可操作原则

信息科技风险动态监管通过建立有效的动态监测指标，根据风险程度设定不同风险数值，与不同等级的信息安全风险、事件进行对应。从而依据《商业银行信息科技监管指引》、《商业银行信息科技应急管理规范》等相关制度对商业银行采取不同监管措施。信息科技风险动态监管也遵循非现场监管规程，管理并考核被监管机构数据质量与真实性，并依据相关信息的规定进行披露。

（四）逐步推进原则

信息科技风险动态监管工作不是一蹴而就的，作为一个前沿的监管思路，指标的选取需要广泛地征求行业意见，以使指标更贴近监管实际。具体在行业基准参考值的设定上，可由银行业信息科技风险高层指导委员会负责确定信息科技风险动态监管指标体系的行业基准参考值，在实施中也需根据机构信息科技成熟度的不同，分步实施。

四、信息科技风险动态监管数据指标体系的设计

信息科技监管是对重要信息技术和应用系统的风险管理。因此，构建银行业信息科技风险动态监管体系，应着眼于两个方面：一是信息科技风险动态监管应反映银行机构各运营阶段的动态风险状况；二是通过监测银行业信息系统运行的指标，动态衡量银行业信息科技风险管理能力、风险水平及变化趋势。其设计内容主要包括以下三个方面。

（一）数据指标的选取

指标选取要具有代表性，能客观反映银行业对信息科技风险控制和支撑业务拓展的基本能力；要具有全面性，能涵盖银行业信息科技风险存在的主要环节；要具有波动性，能体现银行业信息科技风险在各重要时期的变化特点，能

科学反映其变化规律；要具有可获取性，能通过信息系统直接获取或通过数学模型计算间接获取。

（二）数据指标的采集

通过完善的银行业监测统计信息系统，将采集的相关数据，根据机构、产品、系统等不同维度和周期设计出数学模型，计算和生成各类监测数据。在进行数据采集时，应注意采集的范围要涵盖各级机构和各类重要信息系统。数据指标的定义和范围应具有一致性，并能保证可追溯，以满足趋势性分析、波动数值比较，以及事件追索的需要。

（三）数据指标的分类

在指标计算与评价的分类上，既要考虑能直接反映银行业信息科技风险的数据，也要考虑可间接反映银行业信息科技风险的数据。因此，数据指标可考虑分为三类：稳定性指标、安全性指标和规模性指标。其中，稳定性指标和安全性指标可直接反映商业银行信息科技风险，规模性指标可间接反映商业银行信息科技风险。通过对这三个指标进行风险加权计算，可得出一个风险综合评价分数。

五、思考与展望

随着银行业务的发展，新的风险因素将不断出现，监管的方法和技术也需要不断发展与改进。因此，动态数据指标需要在统计各种信息科技风险和安全事件的基础上，建立海量的数据知识库，借鉴国际主流的信息科技风险管理方法和思路，对现有的风险指标体系进行改进和充实，以增强指标体系的科学性和可操作性，使之符合银行业信息科技风险监管的现实和发展目标。

在信息科技风险动态监管实施工作过程中，可能会遇到以下问题：一是在指标的选取上需要在实践中进一步检验和完善；二是预警分析模型能否达到预期的目的，需要银行数据作支撑，也与监管人员的数据分析能力直接相关；三是在目前大部分银行机构的监测体系没有得到完善的条件下，数据的采集还存在一定的难度；四是在监管机构的数据采集、统计、分析平台没有建立健全的情况下，动态监管的手工工作量很大，可能会对动态监管的时效性产生一定影响；五是银行机构的类别不同，信息科技发展水平不同，会对信息科技动态监管的标准和规范的统一造成一定的影响。

（作者陈炳华，河北银监局副巡视员）

廉政风险防控管理的实践与思考

一、临汾银监分局廉政风险防控的实践探索

（一）主要做法

1. 加强组织领导和思想发动。临汾分局成立了廉政风险防控工作领导组，负责对整个防控工作的组织领导、检查督导及协调保障工作；制定了工作方案，明确廉政风险排查防控的指导思想和主要任务、方法步骤、时间安排；开展了廉政风险防控“大宣教”活动，使广大干部职工深刻认识到开展廉政风险防控是深入推进反腐倡廉建设的客观需要，是保障银监队伍健康成长的必然要求，是促进监管工作科学发展的有力保障，进而提升了廉政风险防控的自觉性和主动性。

2. 开展“三知”活动排查廉政风险。2011 年初，临汾分局按照权责一致的要求，本着“科学、适用、规范、可操作”的原则，采取“自己找、群众帮、领导提、组织审”的方式，在全辖组织开展了“知悉岗位职责、知悉岗位风险和知悉工作行为规范”的“三知”活动，全面厘清了对监管对象行使的各项职权，梳理定位（或设置）岗位职责、业务运行流程和完善规章制度 70 多项，重点排查出风险点 260 条，提出化解和预警风险提示 73 条。

3. 出台《重要岗位廉政风险预警指引》（以下简称《指引》）。《指引》第一方面是对重要岗位主要职责及风险进行提示。根据监管职能划分出行政管理、监督管理和综合管理三大类别，明确了领导管理岗、部门管理岗、行政许可岗、非现场监管岗、现场检查岗、干部管理岗、财务管理岗、采购管理岗、机要保密岗、后勤保障岗和信访岗 11 个岗位的主要职责，并对其可能出现的 52 个廉政风险点进行了预警分析。第二方面是对工作人员行为准则及纪律进行规定。主要包括国家工作人员行为准则、银监会工作人员守则及纪律规定等，重点收集了《公务员法》、《保密法》、《银监法》和《廉政准则》等法律规定。第三方面是要求廉洁从政做到“知行合一”。基于每个工作人员在知悉自己的岗位职责，

知悉国家法律和银监会、山西银监局规章的基础上，进行持续的廉政思想教育，不断增强法制观念和纪律观念，严格按照程序依法办事，不越级、不越权、不侵权，不推诿，真正做到“知行合一”。

4. 建立《廉政风险操作流程》。绘制了分局廉政风险预警防控流程图，通过图表的形式，将防控工作的“五个阶段”和“35 个规定环节”直观地绘制出来，环环相扣、一目了然。明确了分局班子成员、局长与各银监办、各科室内部“一岗双责”责任分工图，即反映分局党委书记、局长与班子成员，分局党委书记、局长与银监办主任，分局班子成员与各科负责人、各科室内部之间履行“一岗双责”的责任分工图。设计了 11 个重要岗位操作流程，按照对重要岗位各个环节的工作步骤和程序进行绘制，图文并茂，便于操作和记载。细化了廉政风险排查防控表，主要有《个人岗位廉政风险防控表》、《权力清权确权情况表》、《权力运行风险等级情况表》、《廉政风险排查防控监督登记表》和《权力流程规范意见表》。

（二）取得的成效

1. 增强了“查找风险，防微杜渐”的意识。全局干部职工逐渐理解到，查找风险点不是要“整谁”，其目的是为了减少发生腐败的可能，是为了从根本上保护干部职工。充分认识到，每个权力岗位都有可能产生腐败，包括贪念和侥幸心理、制度不完善导致的监督管理“空档”或者“灰色地带”、自由裁量空间等。只有找准了廉政风险点，才能无病早预防、有病对症治，才能消除和远离腐败。

2. 形成了“一岗双责，以廉促政”的格局。领导岗位权力运行廉政风险防范提示、科室办权力运行廉政风险提示、权力运行廉政风险防范示意图等，犹如一面面警钟，时刻警示着责任人员规范自己的工作行为，时刻鞭策着领导干部履行“一岗双责”；又如一声声温馨提示，时刻提醒着服务对象维护自己的权利，时刻恳请社会各界予以监督。

3. 达到了“一减一增，密切配合”的效果。随着风险防控工作的逐步推进，干部职工的思想观念、工作方式、工作作风在悄然转变。曾经认为是“革自己命”的，现在说这是工作的“减压阀”，对纪检监察干部来讲，却是个“增压器”。这“一减一增”，让大家进一步感受到预防的重要性。

（三）存在的不足

在思想认识方面，对这项工作重要意义的认识有待进一步提高，在一定程度上存在“重部署、轻落实”的现象；在工作机制方面，核定权力清单、绘制权力流程图、权力公开透明仍然是廉政风险防控工作的“短板”，主要表现在廉政风险防控与监管工作的融合、与科技手段结合不够；在政策制度方面，导致腐败行为发生的体制机制因素在一定范围内仍然存在，廉政风险信息收集、定期分析、教育提醒、责任追究、考核评估等工作机制有待进一步健全；在预警处置方面，监控措施还不够到位，虚监、弱监、失监、难监等现象较为突出，社会监督、群众监督、舆论监督等外部监督的作用没有得到充分发挥等。

二、推进廉政风险防控管理的理论思考

从临汾分局开展廉政风险防控的工作实践与笔者的理论研究看，要推进廉政风险防控管理，关键是思想认识要深化，工作重点要突出，制度建设要跟进。

（一）廉政风险防控管理的前提是深化认识

思想是行动的先导。对廉政风险防控管理认识的高度直接决定了工作推进的质量、效果和成败。客观地说，当前一些单位和一些干部对廉政风险防控管理还存在一些认识上的误区和不足，广大基层组织和党员干部只有提高了广大干部职工的思想认识，才能把思想统一到中央和银监会的决策部署上来，从而确保基层组织的广大党员干部能以正确的心态、积极的姿态和良好的状态投入到廉政风险防控工作中。

（二）明责查险是做好廉政风险防控的基础

廉政风险防控的实质是对权力配置和运行中可能出现的苗头性、倾向性问题和体制性、机制性的漏洞防微杜渐，从而实现对权力运行的前期预防、中期监控和后期处置。因此，查找风险既是推进廉政风险防控的基础性工作，也是重点和难点工作。要找准廉政风险，必须紧紧围绕各单位（部门）“三定”方案，摸清本单位（部门）的主要职能、岗位职责、岗位权力，并结合自身职能，找准岗位职责风险点。必须认真查找制度机制风险点，重点看制度在制定和执行过程中，是否存在缺失，是否存在操作难、执行不到位、自由裁量权过大等廉政风险点。必须认真查找广大党员干部的思想道德风险点，重点查找是否存在疏于学习和思想改造，导致理想信念动摇、宗旨意识淡薄、自律观念不强，甚至思想道德严重滑坡的廉政风险点。

（三）廉政风险防控管理的根本是制度跟进

廉政风险防控是一项系统工程，需要党委的正确领导、有关部门的齐抓共管、全体干部职工的积极参与。无论是重点岗位和重点部门的风险排查，还是

思想道德、岗位职责、业务流程和制度机制等关键环节的制度制定，都是为了最大限度地降低风险。所有这一切都需要长效的制度机制作保证，重点是前期有预防、中期有监控和后期有处置“三道防线”。要着眼于前期预防，建立健全廉政风险教育长效机制，通过教育筑牢思想防线，增强广大党员干部的自律意识，减少贪腐、渎职等消极腐败的主观“动机”；要着眼于中期监控，建立健全廉政风险信息预警机制，立足于“早发现、早化险”的原则要求，引导党员干部防患于未然；要着眼于后期处置，建立健全廉政风险纠错惩处机制，确保廉政风险防控延伸效果。

（作者祁绍斌，山西银监局党委委员、纪委书记）

安徽银监局监管文化建设实践与思考

党的十八大报告中指出“要扎实推进社会主义文化强国建设。加强社会主义核心价值体系建设，全面提高公民道德素质，丰富人民精神文化生活，增强文化整体实力和竞争力”。作为银行业监管部门，如何以核心价值观为指引，加强自身监管文化建设成为需要深入思考的重要课题。

一、安徽银监局监管文化建设的实践

安徽银监局党委高度重视监管文化建设，特别是近年来按照银监会党委《关于推进监管文化建设的指导意见》，结合监管工作实际，逐步形成以“和谐文化、执行文化、制度文化、廉洁文化、创争文化”为主要内容的五种文化。

（一）和谐文化——以人为本的根本所在

加强组织建设、队伍建设和开展文明创建等，在内形成良好工作氛围，在外树立良好监管形象。一是提高思想认识，加强组织建设。开展基层党组织和党员公开承诺活动，引导基层党员践行党员使命。加强领导干部理论学习，提高领导班子的领导水平和决策能力，加强领导班子自身建设，形成坚强领导核心。二是培养优质人才，加强队伍建设。进行年度考核，激励人人自觉严格要求，注重提高素质；实行正副处级领导干部竞争上岗，提高干部队伍整体素质；注重日常培训，改善知识结构，提高理论水平。三是开展各类活动，抓好文明创建。印发局系统《关于推进监管文化建设的实施方案》，要求开展丰富多彩的集体活动，落实职工定期体检、重要节日慰问等制度，营造和谐氛围，积极参与社会公益活动，树立良好的行业形象。

（二）执行文化——尽职高效的动力

执行文化是监管机构工作的核心，体现在各部门之间融会贯通，以科学统筹机制，持续有效监管。一是强化监管措施。督促银行业全面排查潜在风险隐患，夯实风险管理基础；开展内控强化年和案防制度执行年活动，增强银行业

可持续发展能力；开展不规范经营专项治理，促进银行业依法合规。二是加强政策扶持。加强绿色信贷管理，促进全省银行业调整信贷结构；推进金寨县农村金融综合改革，完善当地农村金融服务体系，突破农村经济发展瓶颈；实施小微企业金融服务差异化监管等，有效增加小企业信贷投入。三是加强监管协作。召开每周工作例会，落实银监会监管政策，指定牵头部门研究落实措施，及时传导被监管机构。建立督办制度，办公室分解督办事项，各分局（部门）结合实际制定落实措施，及时反馈，形成科学统筹、协作执行的联动机制。

（三）制度文化——完善执法标准的依托

制度文化是银监局开展工作的规范体系，通过各类制度的完善，实施更有效的监管。一是完善各项规章制度。2011 年，新一届银监局党委按照“依法监管、科学监管、文明监管、高效监管”原则，深入开展“管理规范年”活动，结合新形势，废止、修订、补充、完善相关制度，形成新的《中国银监会安徽监管局工作规则》等 44 项制度。二是增强制度约束力。在系统内开展“制度、职责、流程规范活动”。把制度执行作为经常性、基础性工作，提升银监局系统各项工作的精细化、科学化水平。

（四）廉洁文化——公正才能立威

倡导廉洁奉公、诚实守信、勤勉尽责、公道正派的廉洁文化，树立监管权威。一是建立廉政制度约束保障机制。制定局系统《廉政文化建设工作规划》，坚持“抓廉政促监管促发展”的理念，推动反腐倡廉“五个机制”建设，构建以廉洁从政从业为核心和以教育、制度、监督为主要内容的廉政文化体系。二是采取多种形式廉政教育机制。遵循“以人为本，教育为主”的指导思想，以参观警示教育展、观看廉政教育片等形式，强化教育。三是增强廉洁文化监督机制。层层签订“党风廉政建设责任书”和“廉洁从业承诺书”，实现廉政建设全覆盖。以局长接待日、民主生活会、职工大会、设置建议箱、社会公布举报电话等形式和机关党委、工会、共青团等联系党员群众的纽带组织，合力发挥党内监督、内部监督、社会监督和群众监督作用。

（五）创争文化——不断进步的动力

开展创争活动，围绕提升监管有效性，深化创争活动内涵，营造“比学赶超”的浓厚氛围。一是开展“创先争优”活动，提升综合素质。推进学习型党组织建设，加大相关政策法规、业务知识等培训力度；完善现场、非现场监管机制，提高检查发现问题、督促整改的能力；改进机关作风，强化服务质量。二是开展“评先创优”活动，弘扬先进典型。建立评选推荐机制、监督机制和推广机制，促进评选制度化、规范化；使干部职工学有榜样，追有目标，形成点面结合的文化建设氛围。三是开展创争文化活动，激励前进动力。根据银监会党委要求，积极开展“建功‘十二五’ 奉献在岗位”劳动竞赛活动；激励员工提高学习能力，进一步增强自身素质。

二、监管文化建设的思考

监管文化建设是一项重要的综合性工作，必须与规范性建设、评先创优、核心价值观教育、廉政文化建设、职业规划、文体活动等相结合。一是必须紧紧围绕监管工作中心开展。监管文化建设必须和监管工作目标同向、领导同心、措施同力、成果同要，坚决不搞“形式主义”，不搞“两张皮”。二是需要不断创新。只有不断丰富监管文化形式，创新监管文化载体，才能提高监管文化建设的针对性、主动性和有效性。三是人人都是参与者。监管工作和监管文化建设的主体和参与对象是人，监管者只有不断总结经验，发现问题，深入调研，赋予监管文化人本内涵，促成人人参与的局面，才能创新监管模式，促进监管有效性。

三、构建监管文化建设长效机制

文化是软实力，文化助推监管，抓文化就是抓根本、抓重点、抓长远，监管文化建设需要扎实构建长效机制。

（一）建立理论武装的长效机制，打造学习型组织

坚持开展党委中心组集中学习，坚持理论与实践紧密结合。班子成员经常深入基层，联系实际开展调研，撰写调研报告，提高解决实际问题的能力。组织各类学习培训，成立青年编译组、开展监管知识讲座和“传帮教带”等活动。树立尚学理念，创建勤学机制，不断拓宽知识外延。

（二）建立推动落实的长效机制，打造实干型组织

坚持把文化建设与银监局发展相融合，有效发挥引领观念更新、提高干部职工素质、推动发展的作用。局党委将监管文化建设纳入年度重点工作，列入考核内容，成立监管文化建设领导小组，持续分解落实监管文化建设各项工作。紧密结合实际开展调研，着力解决监管文化建设中的问题和难点，推进监管文化建设。

（三）建立创建活动的长效机制，健全组织激励

推进创先争优，带动监管队伍的能力建设。持续开展文明单位评选和评先创优，坚持向基层倾斜，把业绩突出、岗位贡献较大的一线普通优秀监管人员作为表彰重点。大力宣传文明单位、学习型组织标兵、监管标兵等先进典型，引导干部职工以高昂的热情、严谨的作风做好监管。建立先进干部职工休养机制，把休养活动建成弘扬先进、建设和谐家园的关爱平台。

（四）结合地域特点，培育特色监管文化

各具特色的监管实践与探索，为监管文化建设植入了传统精神与活力。要在价值取向、监管理念、行业精神、职业道德、行为规范等方面不断探索，培育和实践，充分整合、推动、发掘区域特色监管文化，在深度和广度上加快推进步伐，营造“风正、气顺、劲足、心齐、绩优”的良好工作氛围，促进监管事业和谐健康发展。

（作者李大林，时任安徽银监局党委委员、纪委书记，
现任安徽银监局副巡视员）

对当前监管办事处运作模式及存在问题的调查

党中央、国务院历来重视“三农”和县域经济金融的发展。随着近年来各项政策效应的逐步显现，“三农”工作稳步推进，县域经济金融日益活跃。相伴生的金融监管和银行业监管面临新的挑战。近日，山东银监局就监管办事处运转现状及存在问题，下步机构设置、职责定位、工作机制建设、内部管理等情况进行了专题调研，深入剖析当前监管办事处运作模式及存在的问题和矛盾，并探索研究解决之道，提出了有针对性的建议。

一、运转情况

山东银监局成立之初，共设监管办事处 92 个（其中省局直管 4 个，分局管理 88 个），划转 350 人，人员编制 346 名，平均年龄 37 岁。截至 2012 年 3 月末，实际保留监管办 76 个，上收分局 11 个，合并 5 个；监管办实际人数 181 人，较成立之初减少 169 人，减幅 48%，平均年龄 47 岁。

（一）运行模式

目前，县域银行业监管主要采取三种方式：一是在县域设监管办事处，承担本县域的银行业监管职责。辖内 12 个分局的 67 个监管办采取此种模式，有效发挥了属地监管、及时监管和贴近监管作用。二是相邻县合并设一个监管办事处，承担多个县域的银行业监管职责。辖内 3 个分局的 5 家监管办采取这种模式，适当缓解了单家县域办事处监管力量分散、难以形成监管合力的问题。三是在县域不设监管办事处，由分局直接承担县域银行业监管职责。辖内 5 个分局的 11 家监管办采取这种模式，在节约监管成本的同时，适当整合了人力资源，一定程度上缓解了分局机关人员紧张的局面。

（二）履职安排

山东银监局 2007 年下发了《山东银监局县（市）监管办事处管理办法》，

确定了辖内监管办事处职责，部分分局结合实际进行了适当调整。目前，职责定位主要有四种：一是承担县域银行业监管职责，辖内12家分局明确监管办职责主要是负责县域相关银行业机构的监管，重点是农合机构、新型农村金融机构和邮储银行的非现场监管，配合做好市场准入、现场检查、履职考核等工作。二是以协调沟通为主要职责，辖内2家分局5家监管办职责定位于沟通协调，负责与当地政府沟通联系，保持与当地金融机构的正常监管事项沟通。三是承担分局辖区机构监管工作，将监管办人员集中到分局，不再承担县域监管职责，而是承担分局辖区某类银行监管工作。四是分局监管科室承担县域监管职责，辖内5个分局11家监管办人员集中后，县域银行业监管职责由相应监管科室承担。

（三）日常管理

一是人员管理。各监管办事处一般配备2名人员，日常在驻地工作，现场检查时由分局统一调配。二是工资福利。监管办事处人员工资由分局统一发放，基本实现同工同酬，部分分局给予异地工作人员适当交通补贴。三是考核管理。各分局结合实际，分别采取与科室一并考核或单独对监管办事处考核等多种方式进行考核评优。四是办公运转。多数监管办事处无自有办公场所，在人民银行或租借银行业机构办公场所办公；办公经费多采取统一管理、实报实销方式，部分监管办实行定额包干制，多数监管办配有1部公务用车。

二、存在的问题与矛盾

（一）角色定位与工作职责的矛盾

一是职责定位不统一。对内，分局把监管办作为一个科室对待，不是一级机构，相对独立性不强。对外，地方政府和金融机构认为是一级监管机构，在县域要依法履行监管职责，加强与地方政府的沟通汇报，维护金融消费者合法权益。职责定位不清晰导致某些监管办存在感不强，难树监管权威。二是监管主业难突出。监管办既要履行监管职责，又要完成分局安排的抽调检查、信访核实、会议培训等工作，对外还要处理好与地方政府的关系，参加地方各类会议、活动等，在人员紧张的情况下，导致监管往往处于被动应付状态，工作质量难以提高。

（二）区域风险把控不足与全面风险防控需要的矛盾

目前，监管办主要负责农村中小金融机构和邮储银行的非现场监管工作，国有银行、股份制银行、城商行的非现场监管工作则由分局负责，客观上造成监管办对县域银行业整体经营和风险状况掌握不全面，信息了解不充分，风险把握难到位，在县域大银行回归、小银行下乡、村镇银行活跃的发展态势下，区域性风险防控要求难以落实，站岗放哨、贴近监管作用发挥不够。

（三）人员有限与“守土有责”的矛盾

辖内多数监管办仅 2 人左右，且人员日趋老龄化，平均年龄达 47 岁，已难以完全胜任县域监管职责，监管办人员数量、年龄结构、专业素质滞后于迅速发展的县域金融监管新形势新要求的矛盾日趋突出，导致某些领域风险监管缺位、监管覆盖面不够、监管措施不到位、监管成效不明显的问题不同程度存在，风险防控压力日益加大。

（四）保障乏力与依法履职的矛盾

当前监管办履职保障方面主要存在两大难题：一是办公经费不足。在经费紧张的实际情况下，核定给监管办的费用普遍不足，部分监管办为压缩费用支出，不得不适当控制部分业务活动，影响了正常监管履职。二是办公场所紧张。监管办的办公场所多数设在人民银行或临时租赁，且办公条件简陋，一定程度上影响了对外形象。

（五）监管办事处回归与现实困难的矛盾

随着县域银行业监管任务和压力的日趋增加，分局、监管办、银行机构及政府部门对保留监管办、做实功能、加强县域监管服务达成了高度共识，但目前整合的监管办已上收 4 年左右，在生活和费用支持上存在回归的现实困难，比如个人家庭分居、子女照顾困难、住房问题、交通工具困扰等；另外房屋租赁费、交通费也将对分局捉襟见肘的财务经费提出更高的要求。

三、工作建议

（一）机构设置和人员配备要科学合理

一是因地制宜设置监管办事处。在现行监管办事处体制未作较大调整的监管框架下，要根据本单位人财物等实际情况，结合县域金融发展和银行业风险状况，按照有利于监管服务、有利于风险管控、有利于当地金融秩序稳定的总体原则，因地制宜合理确定监管办设置模式。二是充实配强监管力量。规范分局现场检查人员抽调，对与监管办关联度不大的活动可不安排其参加，保障监管办集中精力做好县域银行监管工作；争取地方政府的理解和支持，除与金融

监管相关的会议、活动外，减少参与其他政府活动的频率；建立监管办人员补充机制，完善监管部门与商业银行人员交流锻炼的长效机制，适当选派银行机构优秀人员到县域基层锻炼成长，通过监管实践促进规范经营。

（二）职责定位和监管机制要优化明晰

按照权责对等的原则，科学合理地确定监管办事处职责，应主要集中于地方法人机构监管，扎实履行好属地监管职责，确保其想作为、能作为、有作为。顺畅监管工作流程和机制，理顺监管办与分局监管科室的工作关系，融入分局监管工作流程，通过上下联动发挥监管合力。比如在非现场监管方面，监管办事处主任应作为县域法人机构主监管员，形成非现场监管分析和报告；在现场监管方面，应赋予监管办一定的现场检查和行政处罚事项建议权；在市场准入方面，可根据职责范围赋予监管办一定的审核权限，增强其在当地银行业中的话语权和影响力。

（三）考核评价和廉政监督要务实有效

一是积极探索适用于监管办事处特点的绩效考核办法，建立目标式管理考核和跟踪评价机制，推行监管办工作日志制度和定期工作汇报制度，完善履职评价机制和领导干部联系点制度，定期开展监管办人员满意度测评和目标工作督办通报，加强对监管办的联系下访，协助解决实际困难。二是加强廉政监督，可以采取签订廉政责任书、建立定期述廉制度、纪委书记定期走访、纪检监察部门不定期开展监督检查、完善外部监督机制等方式，经常性开展警示教育和廉政提醒，合理安排监管办事处主任交流任职，强化监督约束。

（四）保障支持和关心关注要到位有力

针对监管办事处普遍存在的经费不足、办公场所简陋等问题，要制定切实可行的有效措施逐步予以解决，为其依法履职提供有力支持。实行监管办与分局人员同工同酬，提高监管办员工归属感，关心其生活，帮助解决实际困难，跟进做好思想政治工作，暖人心、聚人心。重视监管办事处人员的成长进步，妥善解决职业发展问题，调动工作积极性。

（作者解晓非，山东银监局党委副书记、副局长）

关于加强监管办事处廉政建设的几点思考

随着县域银行业的日益活跃和快速发展，作为银行业监管最基层的监管办事处（以下简称监管办），在县域金融领域的地位和作用越加重要。然而，受人员编制、管理体制等因素限制，对监管办的监督管理，难以与其在县域的地位和作用相匹配，特别是廉政建设面临较大风险。为加强监管办廉政建设，山东银监局深入实际做了一些初步的调研。

一、监管办现实状况为监督工作提出了新的更高要求

截至目前，山东银监局辖内共设立监管办 76 个。其中，省局直管 4 个，分局管理 72 个，人员 180 余人。与成立之初相比，监管办自身及面临的经济金融环境都发生了很大变化。

（一）承担的监管任务日益繁重

目前，山东县域银行业机构数量近 200 家，营业网点 7 000 多个，占全省营业网点近 56%。截至 2012 年上半年，全省县域银行业存贷款余额分别是 2004 年的 4.2 倍和 4 倍。但反观监管办，由成立之初的 92 个减少为 76 个（11 个上收分局，5 个与其他监管办合并）；除去临时借用人员，工作人员减少近 50% 且日趋老龄化。以潍坊辖内寿光监管办为例，人均监管资产达到 90 亿元，即使包括借用人员，也接近 50 亿元，人员现状难以胜任日益繁重的监管任务。

（二）行使的监管职权不断增加

近年来，各分局积极探索重心下沉，对监管办的职权定位强调有位有为，推行监管权适当下放，相当数量的监管办承接了过去由分局监管科室掌握的部分权限。由于监管办地处前沿、了解情况多、掌握资料全，分局对县域银行业机构的监管措施很大程度要听取监管办的意见，虽然最终决定权在分局，但监管办在市场准入、监管评级、现场检查、行政处罚上较以前更具有发言权。

（三）县级政府的重视程度越来越高

在农村信用社改革、大中小银行增设机构、新型农村金融机构试点、县域

金融服务创新等政策的落实上，县级政府更多地要求监管办协调解决。因此，普遍将监管办作为一个行政部门看待，重要的经济金融会议均要求派人参加，并经常听取县域银行业经营及监管工作汇报。相关职能部门遇到金融领域的问题也向监管办咨询。总之，尽管不是一级机构，但其在县域金融领域越来越受到重视。

因此，把监管办列入内部监督管理特别是廉政建设的重点之一，着力解决可能影响其健康运转的各类问题，确保更好地履行属地监管职责，十分重要和必要。

二、监管办廉政建设存在的隐患

（一）监管办员工思想不够稳定

山东银监局辖内监管办员工主要是人民银行县支行划转的监管骨干，初期对个人成长和事业发展满怀期望。随着时间推移，现实状况与心理预期发生了偏差，监管精细化要求不断提高，监管问责的压力也逐步增大。更让大家心理不平衡的是，职务晋升的机会越来越少，个人成长空间日益狭窄，工作的积极性、主动性及对个人的要求不断下降。如何理顺他们的情绪，防止其在与银行业机构不理性的攀比中迷失自我，成为加强监管办廉政建设的当务之急。

（二）监管办点多面广，监督的实际效果有待加强

一是上级监督远，难以及时了解基层情况。监管办距离分局较远，人员较少，缺少开展廉政教育的氛围，对分局组织的学习活动，积极性不高，效果也不甚理想。二是同级监督软，难以有效约束监管权力。监管办员工一般共事多年，即使廉政上出了一些苗头，多碍于情面不会主动提醒。财务开支、公车管理等大事小情基本由监管办主任说了算，也极易产生廉政风险。三是外部监督虚，难以真正发挥应有作用。目前，各分局多是让被监管者监督监管者，无论是调查问卷，还是座谈会，好话说得多，问题讲得少，形式意义明显大于实际效果。

（三）监管办与银行业机构的交往日益频繁，个别方面出现了越界

一是打擦边球。面对日益繁重的监管任务和上级临时性安排，监管办除依靠分局外，有时不得不借助被监管机构帮忙。此外，辖内近 40% 的监管办租借银行业机构的办公场所，其中 80% 基本无偿使用。二是个别员工出现触碰红线的苗头。近年来，反映利用职权吃拿卡要、向被监管机构安排亲属、违规贷款

担保等问题的信访件占有相当比例。此外，在当前形势下，很难排除个别监管办员工以基准利率甚至更低利率，从农村信用社等基层机构贷款参与民间借贷等高风险活动。

（四）政府奖励资金难以管控，潜在较大风险隐患

从调查情况看，相当数量的县级政府根据监管办对金融业的贡献度每年进行考核奖励，数额从几千元到几万元、几十万元不等。但是，监管办不是一级组织，对该类资金的管理存在诸多困难。首先，因不能单独开立银行账户，通常借用其他账户存放，或直接划入员工个人账户，资金的核算方式难言规范。其次，目前银监会未出台对监管办获得政府奖励资金的相关管理制度，分局对该类资金的管理师出无名。最后，资金的日常使用管理，主要由监管办主任负责，基本依靠个人自律，对支出的必要性、真实性、合规性缺乏有效的监督管控，潜藏较大廉政风险。

三、加强监管办廉政建设的几点建议

（一）纳入管理视线，进一步理顺监管办管理体制

2010年以来，山东银监局的年度工作会议均要求监管办主任现场参会，直接学习领会上级监管政策和廉政要求；省局领导也多次深入监管办调研，增加对监管办工作状况和县域经济金融的直观了解。下一步，山东银监局将继续加强对监管办的关注，同时建议银监会加大政策倾斜力度，全方位对监管办进行规范。

（二）完善相关制度，进一步提高监管办廉政建设规范化水平

一是完善监督制度。各分局可结合实际，进一步明确监督主体及职责、监督内容及方式、工作程序、责任追究等内容，使监管办监督有章可循。二是探索监管办主任定期交流制度。综合考虑任职年限、履职回避、监管资源配置等，有计划地安排任职时间过长的监管办主任异地交流，促进依法公正履职。三是做实廉政监督员制度。建议主要从地方人大、政协、司法部门、社会媒体等无利益牵连者中聘请廉政监督员，确保外部监督实际效果。

（三）加强监督管理，约束监管办权力运行

除常规监督方式外，可借鉴党委巡视的做法，通过听取全面汇报、与监管办及有关单位人员座谈、查阅档案资料等，实地了解监管办的党风廉政建设、监管履职、借用人员管理、车辆使用及费用支出情况，克服上级监督的距离感

和滞后性。此外，对地方政府奖励资金的管理尽量做到双人保管，账款分离，相互制约；在使用上严格按照政府文件列支，用于弥补办公经费不足，严禁挪作他用，并建立支出台账；分局纪委定期不定期加强监督，严禁中饱私囊或列支不合规费用。同时，建议尽快出台统一的规范性制度，使政府奖励资金的管理有章可循。

（四）严肃责任追究，有效震慑违规违纪行为

一方面，继续严格执行履职问责相关规定，使“尽职免责、失职问责”的要求进一步内化为自觉意识；另一方面，始终保持对以权谋私、吃拿卡要等违规违纪行为的“零容忍”。不仅追究行为人的责任，还要根据《党风廉政建设责任书》上追监管办主任乃至分局领导的责任，使各项禁止性规定真正成为悬于头顶的红线。

（五）注重人文关怀，积极做好思想政治教育工作

充分利用领导干部下访、局长接待日等渠道，主动了解监管办员工的现实困难，力所能及地解决实际问题。工作中，以保障县域银行业监管为主，非本县的现场检查尽可能不抽调监管办员工，必要时分局党委应主动联系地方党政，减少不必要的会议、活动；生活上，应理解监管办员工的难处，工资福利尽可能同工同酬，子女上学、家人生病等要最大限度体现组织的关怀和温暖；个人成长上，不断加大监管办员工教育培训力度，并在选拔任用上提供公平竞争平台，充分调动其积极性和主动性，进一步激发其投身监管事业的热情。

（作者张孟军，山东银监局党委委员、纪委书记）

关于构建廉政风险防范体系架构的几点思考

廉政风险防范体系主要以制度建设为重点，充分借鉴银行金融机构的风险防范理念，通过积极搭建多部门的会商协作平台，最大限度地调动全体干部参与廉政工作的积极性，在认真梳理、合理界定廉政风险点的基础上，建立及时准确的廉政风险信息上报制度；通过专项调研对形势作出准确研判，以行为监督为抓手，以教育为导向，以提升纪检干部素质为手段，把事后监督惩治变为事前防范预警，真正做到规范到位，督防有效，构建一个立体的、全方位和多维度的廉政风险防范体系框架，从而在制度和机制上保障反腐倡廉工作的高效开展。

一、明确廉政风险防范机制重点，完善制度保障体系

中央和中纪委高度重视廉政风险防范工作，建立了以惩防体系工作规划为机制，廉政准则和重大事项报告等为核心制度的廉政风险防范体系，银监会纪委也出台了一系列配套制度，但到了省局和分局，由于工作对象和环境的不同，廉政风险防范工作中不同程度存在浮于表面的现象。要建立一套以廉政风险点为导向，以权力制衡为基础，以层级管理为纲，以责任追究为辅，符合基层纪检监察工作实际的廉政风险防范制度保障机制，解决基层实际操作中存在的突出问题，将“虚功”做实。

1. 分岗查险。通常我们讲的廉政风险可分为思想道德风险、制度机制风险、岗位职责风险、业务流程风险、外部环境风险五种类型。省局和分局纪检监察干部就是要针对这些具体的风险做“解剖麻雀”的工作。对监管工作进行全流程监督，才能有的放矢地防范和解决问题。

2. 分险设防。在科学合理地界定风险点和风险级别的基础上，借鉴国外银行业防止利益冲突设立“防火墙”的做法，首先着重做好“权、钱、人”等重点领域中的分类防范措施。其次是要控制好在执行过程中的外在因素影响。如

行政、监管业务流程和审批过程中执行人的个人感情、行为偏好、地域规则、民俗习惯等相关因素，通过制度规定将可变因素转变为刚性约束，实现科学量化管理。

3. 分权制衡。一是加强对领导干部的监督，凡遇重大事项必须采用集体研究决策；二是加强对重点部位的监督，让权力在监督下运行；三是加强公务公开，详实公开各种款项收支使用情况，自觉接受广大干部职工的监督；四是充分发挥纪检监察部门的监督作用，坚持重大敏感事项必须要有纪检干部参加并监督；五是强化巡视部门的监督作用，加强对领导人员的经济审计；六是充分发挥职工民主管理和监督作用；七是积极发挥被监管对象及社会公众的监督作用。

4. 分级预警。分级预警是指根据纪检监察部门条线管理的权限，对本级管辖范围内出现或可能出现的廉政风险进行提前预警和干预，同时根据廉政风险的级别和影响范围的大小，及时向上级纪检监察部门报告的制度。

5. 分工追责。工作中往往存在有责不追，追责不严的情况，导致有令不行，有禁不止。因此必须根据分工对出现廉政风险和产生严重后果的人或组织分别追究其相应责任，从而达到责权统一。

二、立足专项研究，加强调研分析和形势预判

要完成监管的再监督职能，不仅要求我们“吃透上情”，还要“摸清下情”。这两年，广东银监局纪委除完成上级重大专项调研课题任务，在围绕监管中心工作落实上级重大决策部署方面也认真开展专项督导性调研，坚持做到“四个到位”：一是政策理解到位。纪委对上级的重大决策部署和监管工作要求不仅组织专门学习，还邀请相应的业务处室领导和骨干授课，力求及时理解消化到位。二是工作部署落实到位。省局党委书记每年都在纪检工作会议上提出希望和要求，我们及时将惩防体系工作规划进行分解，对党风廉政责任和“一岗双责”也一抓到底。三是宣传发动到位。省局、分局纪委通过墙报、内部网络、短信等信息传播方式和猜灯谜、廉政警言等活动，组织人员编撰《廉洁从政52个不准画册》，将廉政工作的要求传递给广大干部群众。四是检查考核到位。在年终考评分局和领导干部个人调整提升时，广东银监局将党员领导干部的“一岗双责”和廉政从政落实情况作为重要参考条件，实行一票否决。

在正确认识和准确把握宏观形势的前提下，广东银监局纪委实现了“四个

确保”：一是确保重大监管政策落到实处；二是确保辖区银行业持续稳健发展；三是确保监管工作依法、合规进行；四是确保纪检监察干部队伍素质和能力不断提升。

三、完善廉政风险信息报告统计制度，建立重大廉政风险信息快速上报制度

1. 快速上报制度。一方面需要干部要有较强政治敏感性和敏锐的判断力，另一方面更需要有制度的保障。原则上将廉政风险信息分为重特大、重大、普通和轻微四类。其中，要求重特大风险必须在1小时内报告，重大的3小时内必须报告，普通的24小时内必须报告，一般的48小时内必须报告，并且严格规定由哪级领导按照什么程序上报。凡知情、隐情不报者或管理疏漏导致迟报、漏报者，造成严重后果的追究其相应纪律责任。

2. 准确统计制度。廉政风险预判虽然含有较多的主观判断，但也应该有一个相对客观的标准和依据作为参考，从制度上保障统计的准确性和及时性。其中应包含两部分内容：一部分如同大陆法系的法则，以制定法为法律的主要渊源；另一部分如同英美法系的法则，以案件判例作为法律的主要渊源。只有综合两者的长处，才可能做到准确统计廉政风险，为上级决策提供参考。

四、强化行为监督，确保监管纪律和规定落实到位

1. 强化政治纪律，确保政令畅通，重大政策部署督导到位。广东银监局纪委为确保政令畅通，充分利用监督检查权开展工作。2011年对贷款新规和“三农”金融服务进行了督导性调研，2012年又选取了小微企业金融服务进行调研，通过我们合理化建议纠正了一些偏差，保证了政令畅通，同时锻炼了干部队伍，受到了省局党委的肯定。

2. 强化执法监察，确保公正、公平履职和权力制衡。利用执法监察，突出形式上的合规性审查，以规范行政许可权、金融违规违法行为处罚权为重点，对程序和文书、档案资料进行合规性审查，以及形成对本职岗位的权力制衡和监督，以确保在行使职权过程中做到依法合规，公平、公正。

3. 强化效能监督，确保廉政勤政，治理庸、懒、散现象。如果把贪污腐败比作是“致命伤”，那么“庸懒散”则是一种“慢性病”。因此，广东银监局纪

委以提高监管有效性为目标，以促进依法监管、合规履职为出发点，按照银监会纪委要求积极开展效能监察，“治庸、治懒、治散”，坚持长期抓、务实抓，取得了实效。

4. 强化廉政监察，确保行为规范，防治腐败。银监局掌握着上级授予的各种监督管理权力，为确保正确使用这些权力，促进银行业有序运转和稳健经营，切实将中央、银监会监管要求落实到位，广东银监局针对本系统中存在的各种行政监管工作的腐败现象及时开展廉政监察，保障监管中心工作健康运行。

五、加强协作，推进廉政教育，筑牢思想防线

纪检监察部门是一个协调监督部门，因此加强协作是完善廉政风险防范体系，更好发挥职能作用的有效途径。一是深入走访调研。在对辖内分局走访调研中通过不断传达工作思路和政策规定，提高基层对纪检监察工作的认识，同时对存在的问题要拿出切实可行的解决方案。二是加强资源整合。对机关各部门要加强沟通，争取相关部门的支持，扩大纪检监察部门廉政宣传的影响力。三是加强交流互动。对辖内地方纪委、检察院、法院和银行业金融机构等系统外单位要勤走动，定时召开廉政风险防范和治理商业贿赂联席工作会议，通过双向互动，不断完善廉政风险防范体系建设。

有效的廉政教育可以促进良好行政氛围形成，并引领广大干部群众筑牢思想防线，做到拒腐蚀永不沾。首先，重点教育领导干部。对新提拔的领导干部进行任前教育，对后备干部进行必备的基础知识教育，对出现违纪苗头或已经违纪的干部进行诫勉和惩戒教育。其次，普遍教育广大干部群众。一是以岗位廉政教育、从政道德教育为抓手，落实《公务员职业道德教育大纲》。二是坚持领导干部定期讲廉政党课制度。三是加强示范教育、警示教育，注重宣传先进典型，组织观看警示教育片，加强警示教育。四是营造廉政氛围。广东局结合自身实际打造“五个一”工程，将基层党建文化和廉政文化融为一体，协调推进。五是打造廉政辅助线，开展廉政家庭活动，积极发挥家庭的监督作用。通过形式多样、潜移默化和行之有效的教育，筑牢干部群众拒腐防变的思想防线。

六、加强培训指导，构建清廉严明的执纪队伍

广东局纪委一直致力于建立一支“政治坚强、公正清廉、纪律严明、业务

精通、作风优良”的纪检监察干部队伍，积极搭建学习交流和沟通平台，为开阔视野，开展跨省区纪检监察干部联合培训，收到了较好成效。同时还注重采取多种培训形式，在培训对象上，以分局纪委书记和监察室主任为重点，并有序地对新任纪检监察干部进行任职培训；在培训内容上，以能力素质为导向，着力提高纪检监察干部保障和促进监管的能力；在培训方式上，综合运用讲授式、研究式、案例式、模拟式等教学方法，着力提高教育培训质量；在培训机制上，坚持集体组织为主、自主选学为辅，积极探索加强纪检监察干部教育培训工作的有效途径，推进学习型纪检监察组织建设，增强为监管中心工作服务的能力和自觉性。

（作者文振新，广东银监局党委委员、纪委书记）

创新思路　注重实效　服务监管
深入推进廉政文化建设

云南银监局自成立以来，一直高度重视并充分发挥廉政文化建设在树立廉洁理念、规范廉政行为、促进依法监管中的引领和导向作用，积极采取措施，大力推进各项创建工作。几年来的探索和实践，全系统初步形成了“三个互动”、“三个结合”、“三个平台”、“三项监督”、“三项机制”的“五个三”创建格局，牢固树立了以廉为荣、以贪为耻的良好风尚和职业情操，为银行监管事业提供了强有力的思想支持和纪律保障。

一、深入强化廉政意识，有力构建“三个互动”

（一）注重纪检监察工作与监管工作之间的责任互动

在廉政文化创建过程中，从各单位各部门坚持“一岗双责”，做到纪检监察工作与监管工作责任相互衔接、相互协作、相互推动，形成责任良性互动机制。坚持“两手抓，两手都要硬”，把党风廉政建设作为加强干部队伍建设和监管工作的重要内容，围绕监管中心工作，全面对照反腐倡廉规定和要求，局长抓“总”，纪委书记、分管副局长抓“片”，部门负责人抓“点”，一级抓一级，层层抓落实，细化分解任务，跟踪督办考评，确保成效体现到位。

（二）注重纪检监察工作与监管工作之间的协调互动

一方面，注重抽调纪检监察干部参与监管工作，如抽调纪检监察干部参与现场检查、行政许可及银行高管人员任职谈话等工作；另一方面，注重抽调监管干部参与纪检监察工作，如在行政监察等工作中，抽调监管部门人员参与。从监管部门抽调部分业务熟悉、写作水平较高、综合协作能力较强的同志参与纪检监察调研。

（三）注重纪检监察部门人员与监管部门人员之间的交流互动

纪检监察工作是一项综合性工作，涉及全局各个方面，对纪检监察干部的综合素质要求高。因此，必须选配政治素质高，熟悉监管业务，党政工作经验丰富的同志充实纪检监察岗位。

二、多方拓展创建领域，着力打牢“三个结合”

（一）廉政文化建设与监管文化建设紧密结合

各级纪检监察部门在日常工作中，统筹协调、群策群力，把廉政文化建设与监管文化建设切实结合起来，针对一些苗头性、倾向性、突发性问题采取切实有效的措施积极加以解决。同时，建立健全协调机制，做到廉政文化建设与监管文化建设的内容、形式有机融合，实现建设资源科学调配、建设力量整合运用、建设效果整体发挥。

（二）廉政文化建设与弘扬地域优秀传统文化紧密结合

在廉政文化建设中注重充分挖掘和依托区域传统文化，发挥当地革命传统、人文景观和历史积淀优势，开展重走长征路、参观革命纪念馆、参与民族文化节等多种活动，努力推进廉政文化建设与特色区域文化的融合，丰富廉政文化建设内容，提升廉政文化建设品味，使广大干部职工在耳濡目染革命传统和优秀民族文化的过程中，不断汲取各种优秀传统文化的精华，陶冶思想情操，锻造依法廉洁从政从业的自觉意识。

（三）廉政文化建设与创先评优工作紧密结合

把廉政文化建设融入丰富多彩的精神文明创建活动之中，将廉政文化创建活动与“文明单位”、“监管标兵”、“青年文明号”、“职工之家”等评先创优活动载体紧密结合起来，在评比工作中更加突出廉政建设，对表现良好的予以优先考虑。

三、充分运用有效载体，切实搭建“三个平台”

（一）充分运用各类宣教工作平台

全系统结合办公场所和工作实际，整合各类宣传教育平台，因地制宜地开展各种廉政文化创建活动。一是廉政文化上桌面。在干部职工办公桌上摆放廉政格言警示牌，使廉政警示语天天见面，时时提醒，不断加强自律，规范廉政行为。二是廉政文化上墙面。充分利用办公楼走廊或显著位置建设廉政文化墙，将银监会“约法三章”、“现场检查八不准”等规定进行醒目提示。三是廉政文

化上版面。在内部刊物上定期开设廉政文化专版，刊登廉政典型、体会文章、经验做法等，加强廉政信息传播与交流。四是廉政文化上网面。在内网开辟廉政文化建设专页，设置“廉政法规”、“专题讲座”、“警示课堂”、“廉政警句”等栏目，及时反映报道反腐倡廉要求和动态。五是廉政文化上书面。开展读书思廉活动，组织学习讨论交流；编辑廉政文化系列丛书，发放给每位干部职工学习警示。

（二）深入抓好廉政作品创作平台

组织干部职工大力开展廉政文化作品创作活动，组织廉政演讲和廉政歌曲演唱，开展征文、书法、摄影、绘画等群众性比赛活动，以“文”论廉、以“艺”颂廉、以“媒”传廉、以“情”助廉、以“史”赞廉等形式，实现文艺搭台、廉政唱戏，努力发挥廉政文化作品潜移默化、润物无声的感召作用。

（三）积极构建家庭助廉平台

有的分局结合实际，积极开展家庭助廉教育，以清廉家风促进党风行风建设。通过召开家属座谈会、走访干部职工家庭、印送家庭助廉手册和读物、开展“廉内助”评选活动等形式，拓展廉政文化建设领域。利用元旦、春节等时机，以向职工家属寄送支持廉政工作感谢信、树廉洁家风倡议书或家庭倡廉贺年卡等形式，共同构筑拒腐防变的思想道德和纪律防线。

四、紧贴监管中心工作，扎实做好“三项监督”

（一）做“严”现场监督

在现场检查人员进场前开展廉政规定学习，在现场检查中指定一名检查人员担任临时廉政监督员，现场检查后对被查机构反馈的廉政监督卡反映的问题进行及时处理。

（二）做“深”执行监督

对贯彻落实国家经济金融政策、宏观调控举措、银监会重大工作部署等情况进行监督，作出客观监察评价。

（三）做“细”访察监督

由纪检监察部门和廉政监督员组成廉政督察小组，不定期深入基层明察，到监管一线、到被监管机构暗访，走访党政部门和经济主管部门听取意见和建议，针对发现的问题及时进行查处纠正。

五、努力提升创建质效，大力夯实“三项机制”

（一）夯实组织领导机制

各级党委把廉政文化建设摆到重要议事日程，党委书记负总责、纪委书记具体负责，把廉政文化建设纳入本单位工作总体规划，融入党的宣传思想工作和精神文明建设总体部署，寓于惩治和预防腐败体系建设的各个环节。纪检监察部门统筹协调监管、宣传、工会、共青团等部门发挥其职能优势，形成创建整体合力。

（二）夯实履职责任机制

实施履职评价与履职问责一体化，建立“优职褒奖、尽职免责、失职问责”考评机制。对完成工作情况及时通报，督办工作时时跟踪，对不履行或不认真履行责任的失职渎职行为，采取诫勉谈话、通报批评、组织处理、党纪处分等措施，维护党纪政纪的严肃性。

（三）夯实创建长效机制

一是开展理论研究。在认真总结银监系统廉政文化建设工作经验的基础上，深入开展理论研究和创新，为廉政文化建设提供正确指导，减少工作上的盲目性。二是科学制订规划。明确推进廉政文化建设的指导思想、总体目标、基本原则和主要任务等，并对5～10年的建设作出整体规划，做到长计划、短安排，增强建设的系统性和针对性。三是坚持着眼长远与立足当前相结合。在总体部署、统筹安排基础上，立足当前的工作实际，着力解决干部职工思想上、作风上、行为上的实际问题。四是建立制度体系。建立完善工作汇报、任务督察、调研检查、情况交流等制度，全面掌握开展情况，及时发现和解决问题，不断总结和推广经验，促进廉政文化建设工作机制有效运行。五是强化费用保障。坚持因地制宜、勤俭办事，努力为廉政文化建设提供资金支持，保证各项创建活动顺利进行。

（作者黄朝杰，云南银监局党委委员、纪委书记）

夯实青年工作之基础　托起银监事业之未来

——对云南银监局系统青年工作的调查与思考

青年，是银行监管事业的现实生力军与希望所在；青年工作，既需要立足当下，又要着眼未来。近期通过实地走访部分分局、多方座谈、问卷调查等方式，对云南银监局系统开展青年工作的特点、主要经验和做法以及目前存在的问题进行了深入调研，形成了以下的初步认识。

一、云南银监局系统青年工作主要特点

截至2012年末，云南银监局系统青年占职工总人数的28.9%，云南银监局设系统团委，配备专职团委书记，各银监分局设分局团委或团支部，并配备专人负责青年工作。近年来，云南银监局系统青年工作呈现以下特点：一是党委高度重视青年的教育与培养。全局系统各级党委始终把青年的教育培养当做有效提升干部队伍战斗力和监管有效性的重要抓手，建立起各级党委分管领导亲自抓、团组织具体抓、青年工作负责人直接抓的工作机制，努力为青年创造学习实践的机会、为青年搭建施展才华的平台，关心青年成长、支持青年进步，多措并举，为青年的学习成长提供了强有力的保障。二是青年工作的开展方式与时俱进。针对当前青年独立性和自尊心较强、阅历较浅及心理承受能力较弱等特点，在开展青年工作的过程中主动调整方式，注重与青年的沟通交流，更多地采取正向激励的方式，具体问题具体分析，得到系统青年的普遍认可。三是系统青年综合素质不断提高，成才愿望强烈持续。系统青年本科及以上学历占比超过90%，他们普遍希望党委、团委能够为青年成才提供更多的服务，通过参加各种教育、培训、学习、进修以及实践锻炼等方式，不断提升自身工作水平和个人综合素质。

二、云南银监局系统青年工作的主要经验与做法

全局系统青年工作认真落实银监会党委和团委的工作部署，多维凝聚、奋发努力、创先争优，取得明显成效。

（一）思想凝聚，引导青年建立正确的价值体系

是否能够锤炼出一支“敢打仗、打硬仗、能打赢”的合格银行监管队伍，青年人才的培养是关键；是否能够培养出一批批优秀的青年监管人才，思想工作是首重。云南银监局系统各级党委、团委高度重视青年思想工作，积极帮助和引导共青团组织探索创新团员青年思想政治工作的方法和手段，构筑适合新时期青年特点的思想政治工作体系。以创先争优活动为载体推进党建带团建工作再上新台阶，通过积极组织参加银监会举办的各类青年活动、推广各级党委书记给青年讲党课与面对面交流及“走基层、查实情、促监管”调研实践等活动，帮助和引导共青团组织全面领会和贯彻落实党的路线、方针、政策和局党委的各项工作部署，保证青年工作正确的政治方向。鼓励青年“学党史、知党情、跟党走”，引导青年树立正确的世界观、人生观、价值观，树立全局意识，提高责任感和使命感，组织开展一系列丰富多彩的文娱和联谊活动，营造团结和谐的工作氛围，增强了青年的归宿感。

（二）事业凝聚，帮助青年搭建建功成才的平台

事业是催生人才的酵母，是凝聚人才的最好平台。云南银监局各级党委、团委把促进青年成长和发挥青年作用放在突出位置，努力营造支持青年干成事业，帮助青年干好事业，激发青年干大事业的良好氛围。精心组织干部竞争上岗，持续推进干部交流，选派青年干部赴兄弟局挂职锻炼，为其搭建施展才华的舞台。以“送金融知识下乡”、“促监管政策进基层行”等为抓手，强化系统青年加强对银监事业的认知度，帮助青年构建全方位、立体化的职业框架，“比业务、干事业、求进步、谋发展”的和谐氛围在系统青年中日益浓厚。红河银监分局充分相信青年员工，敢于给优秀青年压担子，全面整合青年人才资源，安排参与分局重点项目、现场检查和调研工作，并担任重要职责，使青年员工在磨砺成长的同时不断得到鼓舞与激励。曲靖银监分局在青年中全面开展建功立业竞赛活动，鼓励并引导青年从如何高附加值地完成本职工作、做好重点领域风险防控、支持“三农”和小微企业发展等方面加强研究与思考，为青年员工搭建展示才华、智慧、风采的平台。

（三）创新凝聚，构建适应新形势的青年工作机制

创新是一个民族进步的灵魂，是一个国家兴旺发达的不竭动力。近年来，全局系统青年工作持续砥砺创新，主动拓宽服务工作的范围，不断创新工作方式，鼓励青年勇担重任，把青年工作做深做细。以争创“青年文明号”、争当“青年岗位能手”为载体，充分发挥正向激励效应，积极引导和激发系统青年立足本职、争创一流业绩。迪庆分局牵头组织成立以金融系统广大青年为骨干的“迪庆金融民兵应急大队”，定期组织训练，并受到国防部长梁光烈上将检阅，获得高度肯定。西双版纳分局积极倡导“爱岗敬业”、“责任与权力并重”，以“传、帮、带”机制，借培训、轮岗等工作丰富手段，促进青年员工人力资源转化为人力资本。大理分局积极探索建立以“关心青年成长，支持青年建功立业”为核心的青年员工帮促机制，采取多项措施，为青年带好路、压重担、树榜样，切实帮助青年员工茁壮成长。

三、做好云南银监局系统青年工作的思考

近年来，全局系统青年工作积累了很多良好的经验和做法，但在工作中也存在一些问题：在组织建设方面，目前基层团组织和团干部人力资源建设有待加强；在学习培训方面，需进一步对现有团干部进行定期、系统化的培训，以保障基层青年工作保持常做常新、与时俱进。针对以上情况，结合基层青年工作特点和云南银监局系统实际，提出以下思考。

（一）明确职责定位，树立青年工作新观念

共青团的服务对象是青年，银监会系统基层团组织要把服务青年作为工作的出发点和落脚点，围绕他们的学习、生活、工作等方面的需求开展好工作，赢得青年信赖，增强团组织的凝聚力和战斗力；不断扩大共青团工作面，团的活动应多组织青年党员和广大青年参加，并且尽可能与党的活动、工会活动相结合；适当加大基层团组织工作的横向与纵向的沟通联系。树立“青年之家”理念，让青年问题能够通过团组织得到解决，让青年在团组织里面有回家的感觉。新的形势需要我们的团干部深入青年中开展调查研究，不断发现新情况，解决新问题，探索新方法。

（二）紧跟形势需要，打造一支过硬的青年干部队伍

调研表明，过硬的基层团组织队伍需要有健全的团组织架构，也需要有综合素质优秀的青年干部。这要求在基层尽快建立健全青年工作的组织架构，并

要以全面发展的“复合型”人才标准来衡量和培养青年干部，政治要坚定、业务要精湛、工作要热情、发展要全面。要重点关注细节，通过细致入微的观察开发青年资源，活跃青年思想，建立和谐的工作环境。同时，加大基层团干部的培训力度，采取“走出去、请进来”的方式，将理论与实践有机结合，定期或不定期对全系统青年干部进行轮训，巩固团的基本知识，传达上级最新方针、政策和精神，让全系统青年干部都能与时俱进。

（三）坚持以人为本，充分运用载体激发青年工作激情

树立现代人本管理理念，以构建青年良好的职业道德、提升青年优良品质为目标，在青年多元价值取向中找到共同的需要与价值目标，在共同价值目标的激励下，促使青年人找到自我的价值定位和能力发展方向。一方面可以开展青年员工“职业生涯规划”，根据他们自身的特点量身打造个性化的职业生涯，帮助他们正确定位职场发展方向；另一方面应多开展“心理咨询”等解压活动，缓解现代快节奏生活、工作压力等因素给他们带来的烦躁情绪。同时，基层青年组织可以充分利用好“青年文明号”、“青年岗位能手”等载体，以“青年文明号”和“青年志愿者”的价值使命引导青年的价值取向。

（作者王焰红，云南银监局副巡视员）

以深入扎实的工会工作推动银行监管工作

随着我国银行业改革的深入推进，西藏的银行业也在迅猛发展，监管工作压力越来越大，西藏银监局监管资源不足与监管任务繁重、职工健康状况不佳与坚守高原工作、家庭困难重重与爱岗敬业的矛盾十分突出，职工的思想观念、思维方式和价值取向呈现出多元化态势。在这样的形势下，工会工作面临着极大的挑战。工会工作如何才能适应新形势、发挥出应有的作用，为推动西藏银行监管事业的发展提供强有力的思想保障，一直以来都是我们思考和要解决的问题。

一、充分认识当前形势下基层工会的重要性

工会组织作为职工之家，在加强职工的思想、业务和作风建设，维护职工的合法权益，活跃职工文化生活，调动职工积极性和创造性，构建和谐机关，促进银行监管工作任务顺利完成等方面发挥着不容忽视的作用。

1. 工会组织是学习型组织。工会把创建学习型组织作为主要任务，开展实施职工素质教育、理论知识武装、银行监管业务钻研等活动，为推动职工队伍知识化进程发挥积极作用。让职工在学习中工作，在工作中学习，同时能让职工体会到工作中生命意义之所在。从创建学习型组织的内容来看，这是当代最前沿的管理理论或最先进的人力资源管理理论。

2. 工会组织是落实党的重要方针的推动者。工会是党领导下的群众组织，是党密切与职工群众联系的基础，与职工群众紧密相连，是贯彻落实党的全心全意为人民服务重要方针的重要推动者，其工作开展得如何，直接关系到工会桥梁纽带作用的发挥。工会通过健全职工民主管理、民主参与、民主监督制度，完善公开办事制度，能够最大限度地把职工凝聚到一起，把职工的积极性、参与性和创造性发挥出来。

3. 工会组织是职工群众合法权益的代表者和维护者。工会以“三个代表”

重要思想为武器，以鲜明的职工代表者和维护者的身份，把维护职工合法权益作为基本职责，具有强烈的责任感和使命感，坚持原则，敢于为职工群众说话办事，在职工遇到困难时，及时给予有力的帮助。

4. 工会组织是建设“职工之家”的重要载体。“职工之家”是工会引导职工思想的主阵地，通过开展经常性的文体活动凝聚人心、展示活力、促进和谐，把职工紧紧团结、凝聚到监管事业和共同进步、全面发展上来。

二、加强工会工作的举措

科学发展的模式、科学发展的路径，是工会的生命所在。只有深入贯彻落实科学发展观，不断创新工作，推动工会可持续发展，才能更好地履行工作职责，发挥作用。

1. 树立和落实科学发展观的理念。从工会工作的实际出发，围绕党委、行政和职工关注的焦点、难点和热点，积极拓展工会工作发展新空间，引导广大员工广泛参与到银行监管业务、机关内部管理之中，从而有效推进工会各项工作的全面发展。

2. 深化工会工作的宗旨和目标。紧密结合本局实际情况，了解和掌握职工在新形势下的思想状况，进一步深化工会宗旨、工会理念，强化服务意识，关注职工，把为职工服务作为工会工作的出发点和落脚点，更好地发挥出“上为党委分忧、下为职工解愁”的职能作用。

3. 畅通沟通交流渠道。从人文关怀出发，关心职工、贴近群众，把畅通诉求渠道、倾听职工呼声作为做好职工思想工作的重要内容，依靠党委作后盾，建立健全谈心机制，畅通多种形式的征求意见渠道。在内部管理上，把与职工切身利益密切相关的热点、难点和疑点问题，作为局务公开的重点。通过多种方式，与职工交流思想，增进理解，疏导情绪，进一步增强各级领导的民主管理意识，在营造和谐氛围中发挥好纽带作用。

4. 切实加强正面引导。针对目前职工的思想日趋活跃，攀比福利待遇，工作产生疲劳感，进取精神减弱等现状，积极应对，不能回避。善于对职工进行正面引导，以共同理想为基础，引导职工树立正确的人生观和价值观，维护正确思想信念，坚持在做深、做细、做实、做活上下功夫。把握职工精神和心理需求，把服务职工与组织教育职工紧密结合起来，把提高职工道德素养放在首位，采取生动多样的方式，开展爱党爱国、爱岗敬业、继承和发扬“老西藏精

神”教育活动，培养职工的理想和信念，为银行监管事业科学发展奠定坚实的思想基础。

5. 深入开展创先争优活动。在创先争优活动已经形成组织健全、各方配合、典型带动的良好格局下，着力在深化主题上下功夫。注重在劳动竞赛中培育标杆，大力开展监管业务与法律法规知识、计算机知识以及征文等竞赛评选活动，帮助职工获取知识，疏解工作压力，为高质量地完成本职工作奠定基础。

6. 着力解决实际问题。职工是单位的核心资源，维护职工的合法权益是工会的基本职责。找准围绕中心、服务全局的着力点，把推动和谐发展与维护职工权益结合起来，协助党委做实职工思想工作。在和谐中为职工排忧解难，对职工有特殊困难、生病住院、红白喜事等事项时，及时了解情况，组织慰问，向职工伸出援手，让职工感受到组织的温暖，赢得职工的信赖。

7. 大力激发职工活力。充分发挥“职工之家”的作用，着力拓宽资源，凝聚员工力量，激发工作热情。坚持“四四六”监管理念，大力培育有西藏特色的监管文化，增强职工爱岗敬业、廉洁奉公、忠实履职的责任感和使命感。最大限度地把职工吸收到工会组织的各项活动中来，让职工开开心心工作，快快乐乐生活。

8. 切实加强工会部门自身建设。工会工作人员要坚持全面贯彻落实“三个代表”重要思想，在推动工作创新发展上下功夫，在务求实效上下功夫，加强学习，学以致用，把所学理论知识融入、渗透到工作中去，不断提高自身的综合素质，提高工作技能，科学判断新形势下工会工作的新情况、新问题，准确把握工会工作规律，迎难而上，与时俱进，不断创新工作思路，丰富工作内容，拓宽工作领域，改进工作方式，在创新中形成新思路，在发展中开创新局面，在各项具体工作中体现新举措。

（作者宋丽霞，西藏银监局党委委员、副局长）

加强人文关怀和心理疏导
焕发思想政治工作生机与活力

党的十七大提出“加强和改进思想政治工作，注重人文关怀和心理疏导，用正确方式处理人际关系”的理念，对于开展思想政治工作具有十分重要的指导意义。西藏高寒、缺氧，自然环境恶劣，又处于反分裂斗争的前沿，银监局成立以来，始终坚持思想政治工作贴近实际，贴近生活，贴近职工，注重解决职工内心的困惑和心理的问题，取得了一定的实效。但随着干部队伍面临的人员老龄化、监管资源不足、维稳任务繁重等实际，如何更好地运用“人文关怀和心理疏导”这一重要手段，进一步增强员工对银监局的依赖感、归宿感，提升员工对监管事业的责任感和使命感，是当前和今后需要面对和解决的问题。

一、润物无声，着力增强干部职工“五种意识”

几年来，西藏银监局从增强干部职工“五种意识”着手，努力加强思想政治建设。

（一）以班子的行为感染人，增强干部职工职业道德意识

班子成员以身作则、率先垂范，努力用自身勤政廉洁的表率感染人，用团结务实的行为影响人，用实际行动发挥“火车头”的作用，增强思想政治工作的感召力，树立了西藏银监局良好的局风和形象。

（二）以有效的途径关心人，增强干部职工归属意识

一是搭建互动交流平台。通过职代会，领导干部接待日、局长信箱等，认真听取职工的意见和建议，并及时予以答复和解决。二是搭建职工思想工作网络。在各部门成立工会小组，适时了解掌握工作人员的思想动态。三是积极拓宽局务公开渠道，使职工的知情权、参与民主管理的权利得到有效保障。

（三）以良好的环境关爱人，增强干部职工敬业爱岗意识

从有利于监管工作大局、有利于调动职工积极性、有利于维护干部队伍稳

定出发，选拔想干事、能干事、干成事的同志走上领导岗位；鼓励干部职工通过各种途径参与在职学习，以不断提高学识水平及专业技能；选派监管骨干前往内地银监局挂职锻炼，为干部职工的成长成才搭建平台。

（四）以真切的情意温暖人，增强干部职工主人翁意识

针对职工工作、生活中存在的实际困难，通过组织出面等方式，积极出主意、想办法。为解决部分职工夫妻两地分居，局领导多次找到相关单位领导进行协商并发函请求给予解决，先后帮助7名职工解决了夫妻两地分居的问题。同时，长年坚持“四必访”制度，即在职工生病住院、亲人去逝、家庭遇到特殊困难、重大节日时候组织慰问，带给职工组织的温暖，让职工在感受组织的关心与温暖的同时以更好的精神风貌投入工作。

（五）以“老西藏”精神启迪人，增强干部职工的责任和奉献意识

西藏银监局75名干部职工来自五湖四海，大家牢固树立“三个离不开”的思想，互相信任、互相谅解，像爱护自己的眼睛一样维护好民族团结、班子团结和同志之间的团结。全局干部职工默默无闻，无私奉献，继承和发扬“老西藏”精神，为西藏的社会进步和经济金融发展贡献了自己的力量。自2007年我局承担扶贫工作任务以来，相继投资60余万元开展了农田水利设施建设，购置了农机具，为困难农户提供了房屋修缮补贴等，不仅使达扶贫点的老百姓感受到了祖国大家庭的温暖，也为达那普乡的经济发展、社会稳定注入了新的活力。2008年，全局职工旗帜鲜明，立场坚定，经受住了“3·14”血与火的洗礼，并主动肩负起了维护稳定的重任。2011年，我们积极响应西藏自治区党委作出的“强基惠民”活动决策，驻村队4名同志克服恶劣的气候和艰苦的环境，坚守在海拔4 700米的日喀则谢通门县达那普乡彭冲村开展工作。

二、当前思想政治工作中存在的难点

西藏地广人稀，气候恶劣，作为肩负银行监管使命的西藏银监局，面临任务重、要求高、难度大的严峻挑战，由于思想认识、工作要求、责任担当的不同，在思想政治工作中也存在着一定的难点。

（一）监管资源的紧张与思想压力的增大，使思想政治工作面临新的要求

目前，西藏银行业金融机构已从原有的5家增至9家625个营业网点。而西藏银监局现有的干部职工，由于种种原因，实际承担监管和行政工作的只有40余人，在120万平方公里广袤的土地上，提高银行监管有效性，需要付出更多的

努力；支持西藏经济跨越式发展，实现稳中求快和到2020年同全国人民一道进入小康社会的目标，需要付出更多的心血。而“一个萝卜几个坑”的工作状况使部分干部职工产生了较大的思想压力、工作压力。特别是长期在高原工作生活，许多同志不同程度患有高原性疾病，抵抗力差、记忆力下降，身体呈现亚健康状况的职工高达90%以上，简单的说教已不能疏导员工的压力。

（二）思想观念的变化，使思想政治工作面临新的挑战

随着改革进程的加快，分配方式、利益关系的调整，各种新的观念、新的文化相互交织、相互激荡，给人们的思想观念带来了巨大冲击。主要表现为：干部职工的思想观念空前活跃，思想活动的独立性、选择性和差异性特征日益明显。几年来，为了不留下“子欲养而亲不在”的终生遗憾，为了使自己有更好的发展空间，为了使下一代有更好的成长环境，也因为遭受疾病的困扰，先后有7名同志调动、辞职回内地工作，占职工总数的10%。

（三）待遇的期待与现实的差距，使思想政治工作面临新的难度

随着社会经济发展、物价水平大幅上涨和生活成本支出的增加，干部职工对收入水平、福利待遇等普遍比较关心，也存在一些期望，“工资会不会减少、待遇会不会下降”始终是一些干部职工茶余饭后谈论的话题。

三、加强人文关怀和心理疏导，焕发思想政治工作的生机与活力

（一）关注职工心理变化，努力让职工拥有阳光心态

一是倡导和谐理念，培育和谐精神，引导职工用和谐的方法和思维方式认识事物、处理问题，培育乐观、豁达的情怀，培养理性平和、健康向上的良好心态。二是在处理人与人的关系上，引导职工合理竞争、共同进步，提倡包容和协作精神，形成既关注个人发展，又尊重、爱护和协助他人发展的风尚。三是进一步丰富职工的文化生活，满足职工的精神文化需求。适时组织开展各类文体活动，用健康丰富的文化生活有效调节职工的情感和心理，消除忧郁、失落等不良情绪。

（二）关注职工多方面的感受和需求，积极为职工搭建平台

一是要对职工多一些理解、多一些关爱、多一些鼓励，努力创造让每个人都能发挥聪明才智的环境，使人人都有凭借自身能力实现人生目标的机会。二是要努力营造给想干事的人以机会、给能干事的人以平台、给干成事的人以荣誉、给不干事的人以危机的氛围。三是要引导职工加强自身修养，提高精神境

界，根据自己的实际情况确定志向和目标，从劳动、从付出、从自己的创造与别人的关爱中获得幸福。四是坚持尊重职工的人格，用实际的行动去影响人、感动人、教育人。五是针对干部职工最关心、最直接、最现实的利益问题，尽最大的努力切实为他们办实事、解难事，减少干部职工发展的后顾之忧，最大限度地消除引发他们心理失衡的外部诱因，为培育心理和谐提供有力的环境支持。

（三）立足人文关怀和心理疏导，构建长效机制

一是坚持不断完善思想政治工作定期分析制度，及时掌握分析新形势下干部职工思想的新情况、新特点与新变化，研究新形势下思想政治工作的新思路、新方法与新规律。二是进一步健全和完善局务公开工作机制，规范局务公开程序，让职工“知局情、明局务、识局政、管局事”，取得思想政治工作的主动权。三是创新思想政治工作机制，通过有效强化思想政治工作制度，切实做到“思想上解惑、精神上解闷、文化上解渴、心理上解压、能力上解弱”。四是引导职工从全局出发，把个人发展与西藏银行监管事业的发展有机统一起来，在有效的监管工作中实现自身的价值。

（作者余文楠，西藏银监局党委委员、纪委书记）

陕西银监局系统员工满意度调查与分析

员工满意度调查是组织管理过程中的一种常用工具。通过开展员工满意度调查，能够倾听组织中员工的意见、建议和心声，发现组织工作中可以改善的地方，增进组织的效率，维护员工队伍的稳定性。为了解陕西银监局系统员工满意度状况，进而有针对性地采取更为有效的激励策略，我组织局人事处对系统内员工满意度进行了调查。

一、员工满意度评价指标体系的构建和问卷设计

进行员工满意度评价，首先应明确影响员工满意度的主要因素，建立满意度评价指标体系。国内常用的工作满意度调查问卷，其构成主要包括工作本身、工作群体、组织满意度三个方面。美国模型知识管理专家玛汉·坦姆仆对知识型员工的激励问题做过大量研究，他指出："对知识型员工的激励，不能以金钱刺激为主，而应以其发展、成就和成长为主。"他认为，知识型员工最关注的前三个因素依次为个人成长、工作本身和工作群体，第四位关注的才是物质利益。鉴于银监局系统的员工均为知识型员工，在调查开始前，我们从工作本身（规章制度及资源配置）、工作氛围和人际关系、培训和个人发展、薪酬福利等四个维度，设计了员工满意度评价指标体系。调查结果采取 5 分制计分方法，1 分表示非常不满意，2 分表示基本不满意，3 分表示不确定，4 分表示基本满意，5 分表示非常满意，每个指标的权重相同。

二、陕西银监局系统员工满意度调查与分析

（一）数据采集

本次调查我们在陕西银监局机关部分处室及辖内 9 家分局进行了数据采集。共发放问卷 650 份，收回 582 份，回收率为 89.5%，有效问卷 540 份，有效率

83%，数据具有典型性，样本分布广泛且基本符合陕西银监局系统实际。

（二）数据分析

（1）员工满意度整体分析

经我们问卷调查得到的陕西银监局系统员工满意度得分情况见表1：

表1　　陕西银监局系统员工满意度得分情况

满意度因子	员工满意度内容	分值	平均分值
工作氛围人际关系	同事之间的人际关系状况	3.2	3.28
	同事之间的行为、礼节与礼貌	3.2	
	同事之间的沟通、交流状况	3.5	
	同事之间的工作配合与协作	3.2	
	你和同事工作的灵活性与技巧	3.4	
	你和同事的工作效率	3.0	
	你和同事的工作质量	2.9	
	你和同事的责任感及能动性	3.3	
	同事的学识水平及经验	3.1	
	你和同事的工作关系是否融洽	4.0	
	同事在工作过程中的计划条理	3.2	
	大多数同事的品格及修养	3.2	
	与同事的信息共享	3.6	
	同事的观念是否跟上时代	3.1	
个人发展	是否经常参加培训	3.2	2.80
	是否经常获得培训机会	2.6	
	专业知识和社会知识的进步	3.2	
	能力的自我提升	2.8	
	工作挑战性	2.9	
	个人能力的发挥	2.8	
	领导及同事对自己工作的认可	3.6	
	工作是否感到乐趣	2.9	
	工作的成就感	2.7	
	对单位的认同及归属感	2.4	
	社会地位	2.2	
	员工的士气与心态	2.1	
	是否经常受到表扬	2.9	
	单位的尊重和关怀	2.9	

续表

满意度因子	员工满意度内容	分值	平均分值
薪酬福利	福利待遇是否满意	1.5	2.28
	住房公积金的缴纳	1.9	
	食堂卫生及饭菜质量	2.6	
	职业病防护及保健	2.0	
	出差补贴	1.9	
	假期安排	2.6	
	文体、娱乐活动安排	2.3	
	报纸、图书杂志	2.5	
	内部宣传工作	2.7	
	工作环境舒适度	2.8	
规章制度及资源配置	规章制度及资源配置	1.3	2.67
	上下班时间的安排	3.0	
	请假制度	3.1	
	管理创新及改进	2.6	
	各种规章制度制定得是否足够	3.2	
	各种规章制度制定得是否合理	3.0	
	各种规章制度实施的效果	2.7	
	资源配置的效率	2.4	
	新设备的配备	2.7	

注：分值越大表示满意度越高。

由表1可以看出，陕西银监局系统员工对系统内工作氛围及人际关系的满意程度最高，其中对于同事之间工作关系的融洽程度满意度最高；对薪酬福利的满意程度最低，其中对于福利待遇的满意度最低。

（2）员工满意度方差分析

对不同类别员工群进行方差分析，可以看出不同组别在满意程度上是否有显著差异。经我们计算得到的陕西银监局系统员工满意度方差分析结果，结合问卷调查结果进行分析，可以看出：

①不同机构层级的员工对培训、个人发展、薪酬福利、本单位规章制度及资源配置的满意度存在显著差异。分局在获取培训的机会、个人发展的空间、薪酬福利水平、设备的配备等方面不满意程度更高。

②不同性别的员工对薪酬福利的满意度存在显著差异。男性员工对薪酬福利的满意度明显低于女性。在中国社会传统观念中，家庭的物质依靠主要为男

性，因此，男性对薪酬福利的期望值较女性要高，与实际值相比，更易产生落差，满意度相对女性要低。

③年龄和工作年限对满意度的影响具有相关性。不同年龄、工作年限的员工对工作氛围、人际关系及薪酬福利的满意度存在显著差异。满意程度由高到低依次为：35 岁以下，46～55 岁，56 岁以上，36～45 岁；工作 2 年及以下，11～20 年，3～10 年，21 年以上，基本呈“V”形变化趋势。参加工作时间短（年龄小）的员工更为关注知识的积累，能力的发挥，对薪酬福利的期望不高，与实际落差不太大，因而满意度最高。而 36～45 岁员工正值生活负担最大的阶段，并且大部分已经成长为各岗位的业务骨干，对单位的期望也较高，由于期望值与实际产生了落差，因而满意度较低。随着年龄和工作年限的继续增加，由于在单位中已经有了一定的地位、掌握了一定的资源，以及“跳槽”、“转行”的各种成本增加的原因，使得员工对单位的归属感、忠诚度逐步增加，满意度也随之有了提高的趋势。

④不同学历的员工对培训、个人发展以及薪酬福利的满意度存在显著差异。硕士及博士研究生对培训及个人发展的满意度显著高于本科及大专员工，对薪酬福利的满意度也最高。目前高学历群体一部分是系统内近年来招录的研究生，由于处在就业兴奋期，满意度较高；另一部分人员目前大多处于关键岗位，得到了单位的重点关注和培养，因此，满意度也相对较高。

⑤不同职务层次的员工在对培训、个人发展、薪酬福利以及内部规章制度、资源配置方面存在显著差异。

在对培训以及个人发展的满意度上，处级领导职务满意度最高，反映出处级干部以及省局干部提供的培训机会多于分局一般干部的实际情况。

在对薪酬福利的满意度上，职务层次高的好于职务层次低的，省局机关人员的满意度高于分局人员。满意度最低的两个类别为乡科级领导职务以及科员，这两个层级的干部主要集中在分局，这也反映出分局干部对薪酬福利的意见更为突出的现状。

在内部规章制度话语权及资源配置上，职务层次高的多于职务层次低的，领导职务多于非领导职务，因此，满意度高低也依据此规则排列。

三、陕西银监局员工激励策略选择

针对上述调查与分析，为进一步提高陕西银监局系统员工满意度，提升工作效能，建议采取以下措施：

1. 既要坚持加强对重点人才，包括省局机关人员、高学历人员、高职务人员的管理和培训，也要加强对基层一线员工的关注。

2. 把握员工职业发展规律，深入研究员工不同职业阶段的主导需求，采取针对性的激励措施。重点关注 36 ~ 45 岁、工作 3 ~ 20 年的员工，尽量提高该人群的满意度，提高该人群对单位的归属感、认同感和依赖感。

3. 创造良好的工作环境。要设法创造一个能够使员工发挥潜能、焕发激情的环境，在工作过程中营造出让员工间彼此尊重、融洽的氛围，让员工在彼此的沟通和交流中建立起相互的信任。同时，要着力满足员工在成长过程中的需求，为员工提升自身素质、个人发展提供良好的环境。

4. 避免单调的工作。要有针对性地建立岗位轮换制度，增加员工工作的多样性和复杂性，克服其工作的枯燥感，提升他们的综合工作技能，使员工体验到工作的意义、乐趣和责任。

5. 重视员工间人际关系，建立开放的沟通系统。上下级之间应可以自由沟通，增强员工的参与意识，促进上下级之间的意见交流。要加强系统文化建设，使员工具有向心力和凝聚力，无形中对员工发挥激励和鼓舞作用。

6. 统一责权利，明确岗位职责。责权利相统一是管理的基本原则，其中任何一点的失衡都将打破平衡，使员工落入不公平的逆反情绪当中，产生抱怨和不平，影响员工的士气和心情，导致工作效率的下降和满意度的降低。

（作者田贵庚，陕西银监局党委委员、纪委书记）

关于现场检查质量控制的实践和探索

2012年前9个月，甘肃银监局共开展现场检查35项，检查机构1 265个，检查业务金额433亿元，发现问题558个，发现问题涉及金额56亿元，给予2人行政处罚，采取1项审慎监管措施，提高了现场检查的有效性和威慑力。

一、完善了现场检查质量控制框架体系

（一）明确了现场检查质量控制要素

现场检查质量控制一般包括四个要素：即现场检查主体、现场检查过程、依据的法律法规及现场检查环境。现场检查质量控制就是通过对上述四个要素的优化组合，使现场检查结果达到现场检查目标的一系列筹划、措施和程序。对银监局层面而言，检查主体和检查过程是可控因素，法律法规和检查环境相对属于不可控因素。

（二）明确了现场检查质量控制流程

现场检查质量控制是对现场检查要素进行事前、事中和事后控制的动态过程。甘肃银监局梳理明晰了现场检查质量控制流程，通过绘制现场检查质量控制流程图实现了现场检查的动态全覆盖。

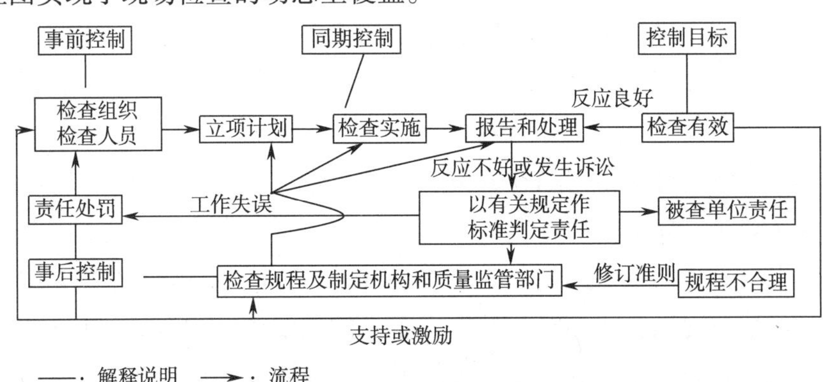

图1　现场检查控制流程图

（三）明确了现场检查质量控制目标

现场检查质量控制目标的确定需要与现场检查重点相适应。总体来看，甘肃银行业机构在全国排名比较落后，现场检查重点仍是合规风险。分机构看，辖内地方法人机构现场检查目标是督促其完善公司治理和内部控制，依法合规经营并有效化解风险，核实非现场监管数据真实性，为监管评级提供依据。辖内非法人机构现场检查主要是为法人监管服务，目标是满足银监会和法人属地监管当局的要求，并对非现场监管数据真实性进行核实，为监管评级提供依据，促进分支机构不断提高经营管理水平。

二、比照框架体系采取了有效的控制措施

（一）加强了对现场检查流程的质量控制

1. 科学制定现场检查计划和实施方案。在确保完成银监会既定检查任务的前提下，由主要监管人员依据非现场监管和过去检查情况以及其他监管人员意见提出现场检查计划，区分项目的轻重缓急，掌握检查的频率和范围，减少现场检查的随意性。计划报经局办公会审定后实施。由现场检查主查人负责制定现场检查方案，方案宜细不宜粗，以每个检查人员都可据以实施为标准。

2. 加强了现场检查工作记录控制。要求检查人员熟练掌握和运用银监会《现场检查规程》关于工作记录的规定，严格记录内容，不仅要在形式上符合有关要求，更要在内容上具有完整性和充分性，提高适用性。检查记录均由相关责任人进行复核，主查人全程进行控制，组长对整体进度和重大问题进行控制。

3. 提高了现场检查意见书和报告的质量。要求现场检查意见书和报告逐项反映经认定的事实确认书和事实与评价所描述的问题，并逐项提出处理意见，未反映的要有文字说明留档。我局建立了现场检查意见书和报告的三级审查制度，即检查组所在部门对现场检查意见书和报告进行一级审查，法规处对现场检查意见书和报告适用法律和证据的充分性、完整性、适当性进行二级审查，局领导最终审定，确保了现场检查报告的质量。对重大问题和重要事项提交局长办公会议讨论，并进行最终审定。

4. 建立了汇报和交流机制。在检查组内部，适时交流检查方法和检查信息，要求检查组成员在遇到人为干扰、发现重大问题线索、取得阶段性成果等情况下，及时向检查组主查人和组长汇报情况，由主查人和组长视情况向上级领导汇报或提出下一步工作要求，全面掌握工作进度。检查组组长和主查人分阶段

听取工作汇报，及时布置下一步工作，必要时提请上级领导和有关部门修改现场检查方案。分管局领导有重点地赴现场督促、把关，及时听取阶段工作报告，加大了现场检查控制力度。

5. 强化了现场检查后续整改跟踪和检查成果的利用。高度重视现场检查后续整改跟踪，建立了整改台账，促进被查机构提升内控水平和风险管控能力，同时强化检查成果的利用，对于在现场检查中发现问题较多、整改不彻底的机构，在行政许可工作中作为重要参考标准与有关准入事项挂钩，提升现场检查的综合效益。

（二）加强了对现场检查法律法规和环境因素中可控部分的控制

1. 完善了现场检查工作制度。2012 年，我局在对局内检查质量控制工作现状进行全面检查剖析的基础上，对会、局两级十多个涉及现场检查质量控制的文件进行整合提炼，梳理出关键控制点和控制要求，并加以编排细化，研究制定了《甘肃银监局现场检查质量管理实施细则》，真正做到了以制度管事、以制度管人，使检查质量管理进一步制度化、规范化、科学化。

2. 督促被查机构做好检查配合。通过专业监管会议、通报会、座谈等多种途径与银行高管沟通现场检查配合问题，要求建立现场检查联系人制度，在现场检查期间，由机构配备一名专职人员负责联络、调阅等配合工作，检查项目全部实行了联系人制度。

（三）加强了对检查主体的控制

1. 加大了培训力度。2012 年共组织业务培训 926 人次，其中省局机关自主培训 150 人次，平均每个检查人员接受培训 15 次，共 52 小时。确定了每年对现场检查人员进行一次脱产现场检查技能培训的制度，并制定了考核办法。

2. 对检查人员实施指标化的激励约束。建立质量评价制度，每年抽取 10% 的项目进行质量评价，年终组织专门力量对现场检查项目质量进行从方案、记录、取证、报告等方面逐一进行全面检查考核，作为年终综合考核的重要内容之一，并在局内进行通报。

三、现场检查质量控制存在的主要问题

（一）控制标准不够明确

目前，现场检查质量控制基本上是由检查组长和主查人进行的事中控制，控制标准和指标尚未细化，控制范围不够全面，实际工作中主要凭借现场检查

组组长和主查人的经验判断作为控制标准，控制效果还没有达到预期目标，质量控制框架还没有充分发挥作用。

（二）质量控制手段比较有限

在控制手段上，大多检查项目还停留在复核作业记录、听取汇报、布置工作任务、协调资源等，重事中控制，轻事前和事后控制，未有效发挥信息技术手段的作用，对非现场监管人员、现场检查人员和部门负责人缺少可度量的尽职评价和问责约束，难以全面保证检查质量。

（三）现场检查的技术和手段还不够丰富

现场检查手段电子化、科技化水平有待提升，EAST系统应用范围和深度还不够，检查项目、典型案例、违规信息等方面的数据信息建设工作还比较滞后。对延伸调查权的运用还不到位，抓住线索一查到底、水落石出的案例比较少。

四、现场检查质量控制工作建议

（一）进一步细化控制标准

在银监会《项目质量评价要素参照表》的基础上，比照《现场检查规程》和《现场检查质量管理办法》的有关要求，细化评分指标，逐条列示每个步骤的操作要求和对应分值，对检查前准备、检查报告及事后控制阶段尝试设置可度量的指标内容，将质量控制工作制度化、标准化。

（二）加大现场检查考核力度

将现场检查质量指标纳入年度考核内容，考核结果与部门及个人评先评优挂钩。对现场检查受到上级和相关部门表扬的，加分加档予以奖励；对现场检查发生事故或发生诉讼、复议被有权部门撤销或变更的，扣减考核分值，取消评先评优资格。

（三）加强对现场检查成果的总结和利用

为达到交流工作体会、总结经验、扩大成果的目的，可以考虑建立大型项目总结会制度。在大型项目或重点项目结束后，召开检查后总结会，检查组长或主查人就项目的总体思路、方案评估、检查方法及重大线索追查情况、检查成果及成果反映情况、成员履职情况等方面进行交流总结。进一步提高检查人员的业务水平和实战能力。

（四）通过专业技术培训提高检查人员专业判断水平

培训的内容主要包括：检查准则和检查程序、宏观政策、金融发展动态等。

培训不应当限于泛泛的、短期的一般性培训，而应当是专业化的、针对性强的、系统化的深度培训。另外，每一个检查人员不可能全面掌握和运用所有的先进检查技术方法，可以组织一批专家，专门研究这些技术方法，并为检查人员在实施中应用这些方法提供务实可操作的专业指导。

（作者柳楼，甘肃银监局党委委员、副局长）

提升中小法人机构监管统计数据质量策略研究

一、引言

银监会开展“数据质量良好标准”评估的目的，是推动银行全面提升数据质量。评估要素中的5个方面——制度建设、组织机构、系统支持、质量控制和数据报送，既是评估的主要环节，也是银行和监管层的努力方向。然而，地方中小银行实力有限，统计人员配备薄弱。而基层监管部门工作繁重，能直接从事统计评估的人员更加缺乏。为此，本文根据宁波辖区监管实践，尝试应用AHP方法，分析工作任务重要性排序，以便银行和监管者都能集中精力重点突破，获得更好的工作效果。

二、推进良好标准的最优步骤

根据AHP原理和良好标准内涵，将匹配性、实质性、前瞻性作为原则层，再根据五个方面评估要素，构建具有3层混合结构递阶模型，如图1所示：

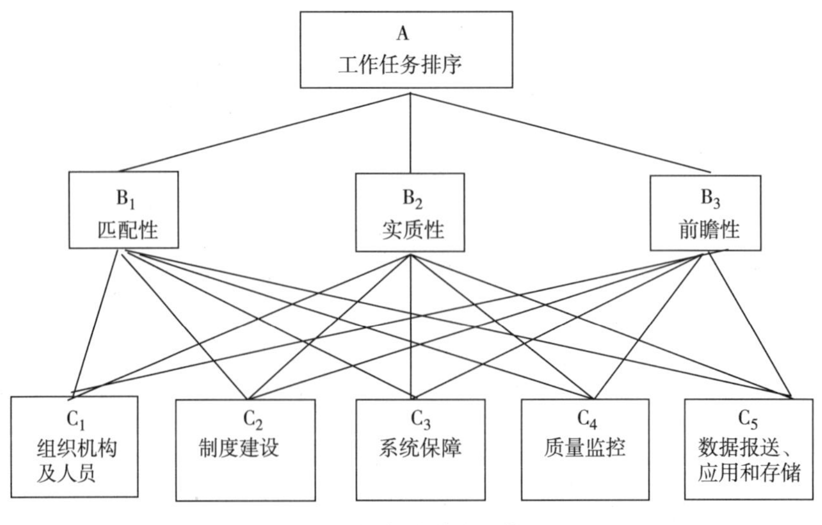

图1　良好标准递阶结构图

确定各因素相对重要性，如表1所示：

表1　以工作任务排序为准则的判断矩阵

A	B_1	B_2	B_3	W_I	W_I^0	C. R.
B_1	1	1/3	2	0.24	0.72	0.02 < 0.1
B_2	3	1	4	0.62	1.89	
B_3	1/2	1/4	1	0.14	0.41	

“数据不出错”是基本要求，因此，将“实质性”原则重要性排在首位。“匹配性”和“前瞻性”原则都强调统计质量与银行发展动态适应性。由于中小机构欠账较多，因此，“匹配性”重要性大于“前瞻性”。

表2　以匹配性为准则的判断矩阵

B_1	C_1	C_2	C_3	C_4	C_5	W_I	W_I^0	C. I.
C_1	1	1/3	2	3	5	1.58	0.25	0.04 < 0.1
C_2	3	1	3	4	5	2.83	0.44	
C_3	1/2	1/3	1	2	4	1.06	0.16	
C_4	1/3	1/4	1/2	1	3	0.66	0.10	
C_5	1/5	1/5	1/4	1/3	1	0.32	0.05	

以“匹配性”为原则的各要素排序，制度建设最重要，其次是组织机构、系统支持、质量控制和数据报送环节。这样排序是因为：

一是良好的制度是数据质量的基础。中小机构现行制度偏重于原则性规定，与其业务复杂程度不符合。二是制度滞后因素导致中小机构统计部门力量薄弱。三是由于人力、物力投入有限，机构IT建设不足，导致质量控制和报送环节漏洞不可避免。

表3　以实质性为准则的判断矩阵

B_2	C_1	C_2	C_3	C_4	C_5	W_I	W_I^0	C. I.
C_1	1	1/3	1/2	1	3	0.87	0.13	0.07 < 0.1
C_2	3	1	2	3	8	2.7	0.42	
C_3	2	0.5	1	2	4	1.52	0.24	
C_4	1	1/3	0.5	1	3	0.87	0.13	
C_5	1/3	1/8	1/4	1/3	1	0.32	0.05	

以“实质性”为原则的各要素排序，仍是制度建设居首，但其他要素顺序变化为：系统支持、质量控制和组织机构（不分先后），以及数据报送等环节。这样排序是因为：

一是统计制度不合理是导致数据出错的主要原因。数据来源、取数规则、报数流程等规定不当，会产生各种错误。二是与组织机构因素相比，系统支持较差导致报表自动化生成率不高，加上校验功能较弱，因此，系统缺陷对数据质量影响更大。三是数据质量控制需要全员参与，但是中小机构没有将此纳入全行控制体系中，直接影响了准确性。四是就数据报送而言，目前各中小机构自评不详细，不足以为外部评估提供参考。

表 4　以前瞻性为准则的判断矩阵

B_3	C_1	C_2	C_3	C_4	C_5	W_I	W_I^0	C. I.
C_1	1	1/3	1	3	0.5	0.87	0.13	0.03 <0.1
C_2	3	1	3	6	3	2.77	0.43	
C_3	1	1/3	1	3	1/2	0.87	0.13	
C_4	1/3	1/6	1/3	1	1/3	0.36	0.06	
C_5	2	1/3	2	3	1	1.32	0.20	

以“前瞻性”为原则的各要素排序，依然是制度建设居首，其他要素顺序为数据报送、组织机构、系统支持、质量控制等环节。这样排序的考虑包括：

一是良好统计制度确保的数据可靠性是风险防范的基础，也是银行发展的必备条件。二是中小银行高管层对统计工作重要性认识不足，有必要施加更大监管压力。为此，对数据报送环节必须充分重视。三是从评估实践看，法人机构的监管统计报表内容繁杂，迫切需要银行充实统计队伍，更好地配合监管人员进行评估。

综合以上结果，可计算出工作任务重要性最终排序由大到小为制度建设、系统支持、组织机构、质量控制、数据报送环节。

三、对策建议

一是督促商业银行尽快完善统计制度。为此，需要将评估结果及时向银行董事会通报，并且逐步将良好标准纳入日常监管，并体现于整改要求中。

二是要求商业银行加强 IT 系统和专业队伍建设，注意力集中于银行整改落实过程是否真正加大资源投入。

三是要在银行充实统计队伍的基础上，监管部门加强培训和指导。此外，还要完善良好标准的可操作性，通过案例加强对各银监局的评估指导。

（作者曹嫣红，宁波银监局党委委员、纪委书记）

当前银监会系统推进廉政风险防控工作的难点和对策

银监会系统推进廉政风险防控工作，有利于加强自身反腐倡廉建设，对进一步规范权力运行、提高监管有效性具有重要意义。本文结合银监会系统廉政风险现状，就推行廉政风险防控工作的暂时困难及对策进行了思考。

一、银监会系统推进廉政风险防控工作的重要性

（一）廉政风险的客观性

廉政风险是指实施公共权力的主体产生或发生滥用公共权力谋取私利的可能性，即党员干部和国家公职人员在行使公共权力中发生腐败行为的可能性。廉政风险具有客观性，任何有业务处置权、有职责的岗位都有风险。

银行业监管权是一种公共权力。公共权力最终由专业人员行使，实际行使时容易受个体因素左右，可能产生利益冲突，进而发生变质，导致国家或公众利益受损。为防范工作人员违背工作职责利用监管权力设租、寻租、以权谋私等监管腐败问题发生的可能性，银监会客观上需要推进廉政风险防控工作来加强对监管权的监督。

（二）廉政风险的损害性

廉政风险具有损害性，一旦风险发生，对本人有效履行职责，对事业、对社会等各方面都会产生不良影响，不仅给公共利益造成损失，还会降低公共部门的公信力，侵蚀社会的诚信度。银监业监管权，辐射社会经济生活各个层面。行使不当，势必影响银监会系统的公信力和监管权威。

廉政风险防控把具体岗位职责分解为若干监控要素，不仅警示工作人员遵循应该怎么办的原则要求，更重视对相关制度在具体操作过程中的量化细化，侧重于衡量权力运行是否依预定的时序、方法、步骤合法运作，能有效预防权力失控、决策失误、行为失范的现象，从而保证监管权的正确实施。

（三）廉政风险的可控性

廉政风险具有可控性。充分发挥廉政风险防控的预先防控功能，能最大限度降低腐败和不正之风发生的概率。督促干部树立廉政风险防控意识，筑牢思想防线，使我们的干部不犯或少犯错误，是从根本上爱护和保护干部的具体体现。

二、银监会系统廉政风险产生的原因

（一）工作人员个人行为所引发的廉政风险

个别工作人员不深入学习和钻研业务，对相关政策和法律法规的理解有偏差，在具体工作中监管不到位，造成廉政风险。个别工作人员人生观、价值观不正确，辨别是非能力低，不能严格自律，造成廉政风险。

（二）岗位职责不明晰所引发的廉政风险

近年来，银监会不断推动监管组织架构改革，努力在监管责任明确、内外协调顺畅、监管信息完整、监管联动加强等多重目标间寻求合理平衡。各派出机构积极稳妥推进内设监管处室调整，取得了较好的成效。但目前仍处于磨合期，加之银行监管工作前后各个环节联系紧密，互为因果、相互依存，单独界定责任较难，在具体事项上可能出现职能重叠或职责不清，一定程度上存在监管不到位风险。

（三）内部监督手段有限所引发的廉政风险

银监会系统自成立以来，高度关注廉洁从政从业制度建设工作，廉政制度建设取得长足进步。“约法三章”、履职回避制度、“一把手”异地交流等制度，有力地防范了可能存在的利益冲突，对规范监管行为、强化权力监督发挥了很好的作用。《银监会工作人员履职问责试行办法》在推进工作人员依法行政、增强责任意识、提高工作能力和水平等方面发挥了重要作用，但该办法也仅侧重于风险发生以后的追究，而对风险的预防和控制仍缺乏有效的监控手段。

（四）外部环境复杂带来的廉政风险

当前经济趋紧的情况下，不排除银行经营者为拓展市场采取各种手段向监管者争取相对宽松的政策自由度。工作人员公正履职面临诱惑，存在风险隐患。

地方政府对银行支持地方经济建设的要求多有干预，甚至可能会与审慎监管的原则相互背离。银监会工作人员坚持原则正确履职面临一定压力，尺度掌握不好就很容易出现廉政风险。

三、银监会系统目前推动廉政风险防控工作的难点

（一）工作人员思想认识上有一定差距

部分工作人员不清楚廉政风险防控的重要意义和方法，认为查找风险点是公开“腐败点”，担心带来负面影响。等待观望、被动执行心态强，主动性和积极性低。

（二）廉政风险防控基础工作有待进一步夯实

清权确权是推进廉政风险防控的重要基础性工作。各权力点要绘制“职权目录”和“权力运行流程图”并加以公开，以加大对各廉政风险点的监控力度。银行监管工作程序化、互联化的特性明显，大多数监管权力的行使并不单独局限于某个岗位，上下级之间、同级部门之间、政府与银行之间，都存在着千丝万缕的联系，清权、确权、公开权力的途径较难确定。

（三）廉政风险点查找方法难度较大

找准风险点是廉政风险防控管理的关键。按照现代管理理论，量化考核标准是保证风险点作用效益最大化的重要前提。银监工作职责无法简单量化考核，廉政风险点比较难确定。如较难建立一个客观的参照指标体系评价干部思想修养情况、思想道德教育的效果等。再如，监管部门的工作业务性很强、涉及面广，定性、定量工作无从着手，极容易出现业务和廉政“两条线”、管理和预防“两张皮”现象，降低了廉政风险防控的成效。

（四）廉政风险防控管理的难度不容忽视

按目前的体制，廉政风险防控由各派出机构党委统一来组织推行，由纪检监察部门来落实。纪检监察部门内部监督手段有限，无论从人力、从对各个监管专业领域的精通度、从现有工作方式方法等方面来说，与形势发展有一定差距，想推动各处室、部门真正有效贯彻存在难度。

四、工作建议

（一）加强教育，营造氛围，构筑廉政风险防控思想防线

一是提高思想认识。通过广泛宣传教育，帮助工作人员了解相关工作部署，增强责任感和紧迫感。

二是消除思想误区。加强政策宣讲，引导大家认识廉政风险对事不对人，

排查风险不是找问题，帮助大家打消顾虑，提高主动查找风险、主动接受监督、主动防控风险的自觉性。

三是增强防范风险意识。通过宣传查找廉政风险的正确方法，引导工作人员自我反省、自我教育、自我防范和自我监督，加强职业道德修养。

（二）广泛发动，夯实基础，构筑廉政风险防控制度体系

排查风险点是防控的基础和前提。风险点排查不出来，或者找不准、找不全，建立防控机制就没有针对性，既“防不住”，也“防不好”。银行监管不同于一般公共管理部门。各派出机构查找标准和查找方式不一，一定程度上会降低廉政风险防控机制的权威性和系统性，影响执行力和防控成效。建议银监会加强指导，分业务条线，从环境风险、体制风险、权力风险、管理风险、人员素质风险、政策风险、岗位风险等各方面拟定大类别风险点排查指导意见。各派出机构根据自身实际情况，以大类权力为点，梳理具体流程，分析可能发生人为干预行为或发生运用自由裁量权的节点，并制定防控具体措施，有效构建以各项权力为点、以具体业务流程为线的廉政风险防控体系。

（三）持续开展，提高成效，构筑廉政风险防控长效机制

一是加强对廉政风险点的监控。应不断完善领导班子监督、监察室专门监督和人事、财务会计部门专项监督及各部门自我监督的立体监督体系，增强合力，加强动态监测，早发现、早提醒、早纠正，把问题解决在萌芽中，避免严重违纪违法行为的发生。

二是要加强对廉政风险的实时分析和动态管理。廉政风险防控重在对工作流程的梳理、对工作权力的规范，是实际意义上的流程再造。规范后的流程随时间的推移可能不符实际，工作职责也可能发生变化，需要同步更新，不断回馈和修正，实现内循环。要注重与巡视、执法监察、效能监察、制度后评价等内部监督工作相结合，定期对风险防控体系的运行情况进行全面系统的考核评估，查找问题，改进措施，启动下一个循环，实现螺旋式上升。

（作者邹志豪，厦门银监局党委委员、纪委书记）

围绕中心抓党建　抓好党建促监管

——深圳银监局党建工作的实践与思考

深圳银监局党委高度重视党的建设工作，将党建工作作为加强领导班子建设，推动党员队伍素质全面提升和提高监管有效性的重要抓手和原动力，针对不设分局、人员相对少、党政综合部门人员配备精练、监管任务繁重等特点，积极探索和实践新时期加强机关党建工作，围绕中心工作抓党建，促进银行业监管有效性的途径和方法。经过不断努力，深圳银监局党建工作治理架构日趋合理，党员思想教育进一步增强，党组织和党员作风得到不断巩固，党组织战斗力不断提升。①

一、党建工作的主要探索和实践

（一）抓治理架构，建立完善党建工作体制机制

为促进党建工作的制度化、规范化和科学化水平，成立党建工作领导小组，负责统筹党建工作。在全局建立一把手总牵头，分管领导协助组织，党建领导小组办公室具体负责统一组织协调、推动落实，各职能部门按照职责分工开展工作的工作机制，形成了分工明晰、相互配合、运转有序的工作推进机制。

（二）抓支部建设，筑牢基层党组织基础

局党委积极引导和推动支部建设，实现“五个结合”，即与学习型组织建设

---

① 2012年9月，深圳银监局开展了“党建工作问卷调查”，全体党员对党委各职能部门在相互分工协作、形成合力方面认为“效果好”和“效果较好”的达到93.75%；对党支部建设和组织生活方面“满意”和“较满意”的达到95.83%；对支部书记履行“一岗双责”情况“满意”和“较满意”的达到92.71%；对干部选拔使用和培训情况“满意”和“较满意”的分别达到86.46%和88.54%；对监管文化表示“认同”和“较认同”的达到98.96%；对党员思想作风情况表示“满意”和“较满意”的达到92.71%；对党风廉政建设情况“满意”和“较满意”的达到96.88%；对工会和团委工作表示“满意”和“较满意”的分别达到89.5%和92.71%。

相结合，与监管文化建设相结合，与创先争优相结合，与党的十八大代表选举工作相结合，与开展基层组织建设年活动相结合，充分发挥党支部的作用并在活动中增强其活力和战斗力。通过“五个结合”全面夯实党支部建设基础，加强党员思想教育，提高党支部和全体党员的理论和实践水平，促进党员干部养成良好的工作作风，并以此推动党支部工作，提升支部执行力。

（三）抓队伍建设，提高党员队伍的整体战斗力

1. 加强带头人队伍建设。一是加强党委班子建设，不断健全和完善党委中心组学习制度，学习范围扩大到各支部主要负责人层面；学习内容上做到“三结合”，即政治理论学习与政策法规制度学习相结合，与讨论班子和队伍建设相结合，与研究监管工作相结合；学习方式方法上逐步形成专题发言讨论模式。建立局领导调研责任制和上党课制度，有效推动了班子和党员队伍建设。二是加强班子成员作风建设，高度重视民主生活会。三是加强党支部书记队伍建设，进一步明确职责，加强党性修养、作风建设和培训交流，提高领导力。

2. 加强党员队伍建设。坚持正确的用人导向，探索建立了竞争上岗与民主推荐相结合的干部选拔机制，拓宽了选人用人视野，为能干事、肯干事、好共事的干部脱颖而出创造条件。建立与地方政府部门、兄弟银监局和商业银行互派干部挂职锻炼机制，多渠道、多层次培养干部。通过增强培训工作的计划性和针对性，积极开展赴港培训，加强新员工入职培训，改进和加强“三大模块”组织工作等方式加大培训力度，提升员工素质。

（四）抓文化建设，以文化认同感提高全体党员的向心力和凝聚力

深圳局始终把监管文化建设作为提升有效监管能力和树立良好监管形象的重要举措。形成了“和谐、专业、严谨、创新”8个字的监管文化理念。8字诀镶刻在局里墙壁上，让大家随时能感受其浓厚气息。采取多种形式和利用多种载体，丰富监管文化宣传教育的形式和内容。广大党员群众的积极参与推动，使监管文化内涵和核心价值观不断深入人心，深化了党员群众对“有效监管、防范风险”核心价值观的理解，在党员群众中树立了良好道德水准、行业作风和职业操守。

（五）抓思想教育，坚定党员干部理想信念

面对当前社会深刻转型、文化思潮活跃、价值多元化的局面，大力推进党员干部的思想教育。一是通过支部学习、上党课、读书活动、知识竞赛、观看影视片等多种形式，促进党员加深对党的认识和了解，坚定理想信念，树立爱岗敬业、勇于进取的人生观和价值观。二是通过纪念建党90周年等主题活动，

到爱国主义教育基地踏寻革命先辈足迹，缅怀革命先烈，重温党的奋斗历程。三是通过创先争优活动突出党员意识的培养和党性观念的升华，激发党员干部的光荣感和责任感，近年，创先争优活动中涌现出一批先进典型：7 个处室荣获银监会系统“先进基层党组织”、“文明单位”等称号，12 人荣获“优秀共产党员”、“优秀党务工作者”、“监管标兵”等荣誉。

（六）抓作风建设，不断提高各级党组织和党员干部良好作风的养成

深圳局着重从“四风”建设入手，打造一支作风强劲、有战斗力的队伍。一是树立大局意识。通过和谐文化建设等形式将大局观潜移默化地根植于广大党员心中，使各部门、各支部和全体党员做到一切从全局出发，以大局为重。二是倡导真抓实干。提倡讲真话、干实事、出实效，加大工作业绩考核力度，落实督办制度，不断完善监管工作规范化建设，推动监管有效性不断提高。三是密切联系群众。领导干部带头开展调查研究，加强与员工的沟通交流，注重各项制度执行情况的公开透明，坚持群众路线，接受群众监督。四是培育服务意识，坚持躬身践行执政为民，全心全意为人民谋利益，采取有效措施务实解决群众关心的突出问题。

（七）抓党风廉政建设，为公正廉洁高效监管提供有力的作风和纪律保障

始终高度重视党风廉政建设责任制的落实工作，统筹谋划协调推进“惩治和预防腐败体系建设”的实施。一是做好工作规划，将党风廉政建设与监管工作同部署、同落实，形成党委统一领导，党政齐抓共管，纪委组织协调，各部门密切配合的良好工作机制。二是坚持开展“廉政教育警示月”活动，利用多种形式、多种载体，强化廉洁自律意识，营造“以廉为荣、以贪为耻”的良好氛围。三是认真贯彻落实《廉政准则》的要求，探索建立制度后评价机制。近年来，先后开展了对涉及会议管理、年度考核、信息工作管理、接待费管理等方面的 7 项内部制度和监管工作规程、非现场监管操作手册、市场准入委员会工作规程、现场检查委员会工作规程等 4 项监管工作制度的检查及后评价工作，有效促进了我局内部管理的规范和监管效能的提升。四是强化监督制约，严格执行领导干部报告个人事项有关规定，认真落实“一报告两评议”工作，对干部选拔任用实行全程监督，落实任前谈话、述职述廉等各项制度，将预防腐败的关口前移。五是狠抓重点工作的督导检查和执法监察及效能监察。开展了融资平台监管工作的监督检查和市场准入执法监察、现场检查整改效能监察、现场检查规范性效能监察。对各处室进一步加强内部管理，规范监管行为，落实工作责任起到极大促进作用。六是扎实开展行风评议活动，不断完善评议活动

的方式内容，自觉接受监管对象、政府机构及新闻媒体的监督。几年来，我局党风廉政建设取得扎实成效，形成了风清气正的良好氛围。

（八）抓群工组织建设，营造和谐的职工之家

通过党建带工建、党建带团建，充分发挥工会团委职能。大力推行民主化管理建设，积极反映民声民意，关心关爱职工；加强青年思想教育，引导青年树立远大理想，勤奋学习，建功立业。积极引导党员群众投身学习型组织建设、参加“建功‘十二五’、奉献在岗位”系列劳动竞赛活动和“送金融知识下乡”等公益活动；开展丰富多彩的文体活动，调节机关气氛，丰富职工生活，促进和谐文化建设。

二、党建工作存在的问题和下一步思考

深圳局党的建设工作取得了显著成效，有力地促进了监管中心工作。但是在提高基层组织活力方面、在党务干部队伍建设等方面仍然存在一些不足，需要在今后的工作中不断加以思考和改进，以提高工作的有效性。

1. 创新工作方式方法，提高党组织和党员队伍的活力，以适应新时期银行业监管工作的需要。

2. 完善党建工作机制建设，使党建工作更好地与监管等中心工作相结合；建立党建工作考核评价和激励约束机制，以促进各部门党建工作的持续深入开展。

3. 加强党务干部队伍建设。通过适当增加党务干部配备，实行党务与业务干部定期轮岗，加大青年干部重点培养，实施内外交流等措施不断提高党务干部履职能力。

4. 加强党员干部队伍建设。进一步加大员工职业规划管理，增加培训机会和增强培训的针对性；拓宽员工个人发展空间，帮助员工实现个人价值。

5. 丰富党员学习教育内容和形式。多安排党员喜爱的内容；多采取专家辅导和实地参观学习等生动活泼的形式，提高党员教育的效果。

6. 关心关爱党员。积极采取措施，努力改善党员实际困难，有效缓解生活压力，使员工积极投入到工作中去。

（作者穆生明，深圳银监局党委副书记、纪委书记）

依法履行监督职责
推动中国华融健康可持续发展

2012年9月25日，中国华融资产管理股份有限公司创立大会成功召开，开启了中国华融第二次创业的新历程，标志着中国华融步入了稳健经营、科学发展的新的历史时期。作为中国华融现代法人治理结构的重要组成部分，监事会将按照法律法规及《公司章程》规定，忠实履行监督职责，努力贯彻好股东的意志和监管部门的要求，切实维护全体股东、公司和员工的合法权益，与董事会、经营层一起，共同推动中国华融依法合规、健康可持续发展。

一、依法履行监督职责，严格落实监管要求，以风险监督为核心开展监督工作

中国华融实施股份制改革，目标是要打造“产权清晰、责权明确、政企分开、管理科学”的现代金融服务企业，实现公司健康可持续发展。监事会为实现这一目标，必须恪尽职守，加强内外沟通，维护各方利益。对内要贯彻股东意志，与董事会、经营层共同确立实现股东利益最大化的工作目标并推动落实；对外要配合上级监管部门开展工作，发挥内外部监督机制合力，推动公司依法合规稳健经营。

（一）努力贯彻股东意志，依法维护股东权益

一是要处理好监事会与股东大会之间的关系，监事会向股东大会负责，接受股东大会监督，监事会要依法行使职权，努力贯彻好股东大会的意志，服务于股东大会制定的公司发展战略；二是中国华融作为财政部控股的国有大型金融机构，肩负着国有资产保值增值的使命，监事会要及时提示经营风险，督促董事会和经营层完善经营管理机制，防范和化解风险，真正做到“风险可控、利润可获”，从而协助股东实现国有资产保值增值的目标；三是要正确处理好监事会与公司董事会、经营层的关系，“三会一层”相对独立又相互配合，共同落

实好股东大会的要求，维护好股东的权益。

（二）严格落实监管部门要求，有效发挥监督作用

中国华融作为国有金融机构，接受以银监会为主的上级监管部门的监督管理和指导，依法合规开展业务，监事会与监管部门有着相同的风险监督目标。监事会应全面学习领会并严格落实监管部门各项要求，促进公司实现稳健经营的发展目标。一是监事会要根据监管部门制定的各类监管条例、监管指引，严格按照监管部门要求开展监督工作，推动公司依法合规开展经营活动；二是监事会要借助上级监管部门的力量，充分利用银监会依据《金融资产管理公司并表监管指引》开展的现场及非现场检查和监控成果，监督公司资本运用的合规性、安全性及盈利性；三是监事会要配合监管部门开展监督检查工作，以监管部门检查为契机，发现问题，协助董事会、经营层解决问题。

（三）以内部控制监督为主线，推动公司建立、实施与持续改进内部控制体系

财政部等五部委联合下发的《企业内部控制基本规范》要求“董事会负责内部控制的建立健全和有效实施，监事会对董事会建立与实施内部控制进行监督，经理层负责组织领导企业内部控制的日常运行”。监事会监督内部控制的执行情况，需要做好以下工作：一是督促董事会、经营层建立良好的内部环境，设置科学的内部机构，合理分配权责，制定有效的内部控制制度，培养员工内部控制意识及企业文化；二是监督董事会、经营层实施有效内部控制措施，厘清关键岗位职责及重要业务流程，推进公司严格执行授权审批流程、不相容岗位分离等关键控制措施；三是协助董事会、经营层完善信息与沟通制度，通过跟踪内部控制相关信息的收集、处理和传递程序，确保公司内部信息与沟通制度良好运行；四是结合内外部监督检查情况，定期开展内部控制有效性评价，推动公司不断完善内部控制体系。

（四）以风险监督为抓手，突出重点，开展监督管理工作

中国银监会主席尚福林在《准确把握银行业改革重点》一文中明确指出：“董事长是风险防范的第一责任人，行长是风险控制的第一责任人，监事长是风险监督的第一责任人”。监事会是公司内部风险监督的最后一道“防火墙”，必须从中国华融的实际出发，完善工作机制，创新工作方式，既要全面监督，覆盖全部业务领域和各个经营管理单元，又要以风险监督为核心，突出重点，致力于监督“人、财、事”中的核心问题和关键环节，防患于未然，提高监督效率。一是以建立全面风险监督体系为目标，促进公司董事会和经营层高度重视

风险管理工作，构建和完善覆盖全面、管控有力的全面风险管理体系，推动公司形成健康的风险管理文化；二是以重要经营事项决策监督为核心，发现经营管理中可能存在的风险和隐患，推动董事会完善内部控制体系，督促经营层及时化解风险；三是以财务监督为重点，监督公司财务报告的真实性、准确性、完整性，监督公司资本运用的合规性、安全性及盈利性，促进公司财务稳健运行；四是以董事、高管人员履职监督为关键，建立董事、高级管理人员履职评价制度，定期评价履职情况，监督履职行为，督促其不断提高履职能力和工作水平。

二、加强自身建设，完善工作机制，努力打造有效的监事会

（一）依法合规履职，着力提升监事会的权威性和独立性

《公司法》与《公司章程》赋予了监事会监督公司经营管理的职责，它既是一种不能沉默的权力，更是一份重于泰山的责任。监事会必须以身作则，依法合规履行职责，做遵纪守法的表率。监事会必须抓好自身的制度建设，做到每项监督工作都“有章可循，有据可依”，确保监事会履职的合规性，着力提升监事会的权威性和独立性。

（二）加强业务学习，着力提升监事会的专业素养和工作能力

监事会工作对政策水平、专业能力和综合素质要求很高，需要一支政治强、业务精、纪律严、作风硬、工作实的队伍。监事会及其工作人员必须尽快适应新的工作环境，强化全局意识和责任意识，加强政策法规和专业知识学习，不断提高专业素养与履职能力，认真做好监督工作，充分发挥监督作用，切实推动公司依法合规科学发展。

（三）创新工作方式，着力提升监事会服务公司科学发展的能力

面对公司业务多元化、组织管理集团化的实际情况，监事会要积极创新工作方式，根据监督事项的不同要求，采用现场检查与非现场检查相结合、业务监督与人员监督相结合、内部监督与外部监督相结合、静态监督与动态监督相结合等多种工作方式，全方位、多侧面、多角度了解情况，不断扩展监督的深度和广度，不断提升监事会服务公司科学发展的能力，真正发挥监事会的保驾护航作用。

中国华融已经大踏步走上了第二次创业的新征程，公司监事会将不辱使命，与董事会、经营层共同努力，推动公司做强主业、做大利润、做响品牌，实现

依法合规、健康可持续发展，为公司构建主业突出、多元化经营的现代金融服务企业发挥应有的作用。

（作者隋运生，中国华融资产管理股份有限公司党委副书记、监事长）

关于事业部深化改革问题的调研报告

2012年3月26日至3月31日，梁玉堂副行长率队先后对郑州分行、南宁分行围绕事业部深化改革问题进行了调研，听取了分行和落地事业部分部关于事业部运行情况及公司业务经营情况的汇报，并对分行重点业务进行了营销推动。现就分行公司业务及事业部深化改革调研情况报告如下。

一、分行公司业务经营发展概况及建议

（一）郑州分行

1. 公司业务经营发展概况。开业三年来，郑州分行以实施民企战略和金融管家战略为核心，抓住发展机遇，明确发展定位，实现了公司业务快速发展，经营规模先后超过招行、光大银行，授信客户总数超过招行、光大银行、广发银行和兴业银行，交易融资业务发生额跻身同业前三位，中小企业客户数量排名同业第二位。但也存在一些问题：一是面临中原经济区建设加速推进所带来的市场机遇，我行的政策跟进还不到位；二是金融管家服务需要加大力度；三是中间业务开发能力有待提高。

2. 对分行的建议。一是要加强产品综合运用，机构存款和企业存款两手抓，继续突破负债瓶颈；二是要积极把握中原经济区建设机遇，深入研究河南省经济特点，深挖特色行业，大力拓展特色业务；三是要进一步打开思路，与事业部在更广、更深的层面上开展合作，努力实现共赢。

（二）南宁分行

1. 公司业务经营发展概况。开业一年来，南宁分行公司业务克服诸多不利因素和困难，以创造利润为核心，以拉动负债业务增长为目标，以金融产品创新营销为抓手，扎实推进各项工作，基础客户群体逐步建立，存款稳步增长，特色业务逐步显现，成为广西金融市场上一股不可忽视的力量。但也存在一些问题：一是负债业务发展相对缓慢；二是民企客户群基础薄弱；三是资产收益

水平亟待提升，结构亟待调整；四是交易融资业务还处于起步阶段，重点领域开发进度相对缓慢。

2. 对分行的建议。一是要继续发展和壮大分行客户经理和产品经理队伍，建立专业的投行业务团队，解决企业的直接融资问题，针对特色行业、特色领域加强与事业部的协作，如冶金、地产、中小企业等。二是要继续夯实客户基础，为大客户继续提供稳定优质的服务，为中小客户提供专业化服务，以产业链为依托发展小微业务。三是要创新适于拉动负债业务的产品，开展公私联动，积极带动负债业务增长。

二、事业部体制运行情况及下阶段深化事业部改革建议

（一）分行调研情况

1. 总体情况

（1）事业部专业化优势逐渐显现。从调研分行落地事业部分部业务发展情况来看，事业部充分发挥了专业化管理、专业化队伍、专业化经营的体制机制优势，充分发挥决策机制高效、产业链金融优势明显、经营政策传导快等特点，市场营销不断取得新突破。

（2）分行对事业部分部落地管理服务及双方业务合作情况良好。从调研分行来看，分行主动帮助事业部协调政府和监管部门的关系，相关部门和分支机构积极配合事业部拓展市场，事业部也积极向分行推荐客户，分行与事业部形成了相互支持、优势互补、合作共赢、协调发展的良好局面。分行为事业部提供了良好的办公环境和条件，提供就餐、理发、健身等生活服务，解决员工后顾之忧，邀请事业部参加分行工作会议、党工团等各项活动，使事业部员工充分感受到民生家园的温暖。

2. 存在的主要问题及经营机构建议

（1）营销合作方面。一是现阶段事业部与分行执行的是“单笔协商分成”模式，分行普遍认为效果不好、效率较低；二是在对私业务领域，总行缺乏促进业务合作的制度安排；三是在区域内存在多头营销、客户内部寻租的情况，内部客户关系资源、政府关系资源、服务支持体系分散，营销的整体优势发挥不足。建议总行完善合作销售及利益分配机制，实行双向计价。

（2）落地管理与服务方面。一是事业部总部管理半径长，对事业部分部在地方没有统一管理，管理和营销偏弱。二是事业部发展与分行没有直接利

益关联，分行行使分部落地管理及营销支持职责的责权利关系匹配不充分，分行去管理、服务事业部的积极性不高，在落地服务存在效率低、不配合的情况。建议总行优化分行与事业部间考核机制，明确分行与事业部的责、权、利。

（二）对下阶段深化事业部改革建议

1. 落实行业事业部与分行捆绑考核，构建区域市场利益共同体

目前，全面实施公司金融事业部的条件尚不充分，暂不能从根本上解决同一区域多个利益主体问题。从制度层面推动分行与事业部利益协同，形成区域竞争合力，是当前更为现实的选择。

（1）经营计划双线下达。分行对民生银行区域市场业务份额和经营成果承担总体责任，将事业部分部应承担的主要经营指标同步下达到落地分行。

（2）经营目标双线考核。事业部落地分部主要经营指标完成情况按一定权重纳入分行平衡计分卡考核指标体系。事业部带动分行零售、小微、私人银行业务相关业绩，纳入事业部平衡计分卡考核。

（3）双向配置财务资源。事业部落地分部实现的责任利润实线核算至事业部同时，虚线捆绑核算到分行。对于捆绑核算到分行的责任利润，以 2012 年 6 月末为基期，分存量和增量，按一定比例配置财务资源。

2. 搭建区域规划与事业部规划对接平台，建立分行与事业部营销协同机制

在当前资源约束越来越紧、结构调整难度日益加大背景下，经营机构销售行为均应充分体现全行战略转型及集约化经营要求，强调在同一市场内事业部分部与分行的协同效应。

（1）总行进一步明确分行与事业部的业务协同发展责任，强调在同一市场内事业部分部与分行的协同效应，并搭建区域规划与事业部规划对接机制，确保区域规划的完整性及市场营销的协同性。双方开展协同销售，不再实行单笔利益分成，代之以整体利益捆绑。

（2）分行有义务协助事业部实施重点客户开发、组织市场营销活动、拓展维护公共关系，并充分利用客户资源优势，向落地分部推介事业部专营边界内的新客户。

（3）事业部落地分部有义务协助分行营销开发专营边界客户高管私人银行业务、零售业务以及产业链上中小企业、小微型客户。

3. 重申分行落地服务与管理职责，强化事业部落地分部日常管理

将事业部落地分部的服务管理工作作为分行一项重要职责，从利益捆绑、

行政要求等方面予以强化。

（1）重申分行落地服务管理责任。明确分行行长（负责人）为事业部落地分部服务管理的第一责任人，对落地业务监管协调、法律合规检查、分行落地服务质量及人员日常行为管理承担首要责任。

（2）提升落地服务质量。总行除继续优化实施事业部与分行的落地服务、管理的互评考核外，建立落地服务管理督导与投诉机制，定期组织对全行落地服务管理情况进行巡视调研，受理事业部和分行投诉，对落地服务管理中存在的问题，督导协调相关部门予以解决。

（3）明确分行行使日常管理的职责，并赋予分行相应的管理手段和权力，强化分行管理结果的运用。

（作者梁玉堂，中国民生银行副董事长）